策划力
全媒体采编从入门到精通

李德明　黄春梅

清华大学出版社
北　京

内 容 简 介

本书系统地审视全媒体365天的内容生产规律，将一年四季各个关键节日、节气、节点的报道和各类别新闻的策划脉络一一透析，理出一些带有共性和规律性的东西。本书旨在探寻新闻生产的系统化组织化之道，试图帮你解决“写什么”的困惑；提供大量“怎样写好”的新点子和新思路，帮你把新闻写鲜活、写精致、写全面、写系统；探讨策划新闻活动、从事广告经营的新思路，让新闻与经营协同并进。

图书在版编目（CIP）数据

策划力：全媒体采编从入门到精通 / 李德明，黄春梅著．—北京：清华大学出版社，2021.5
ISBN 978-7-302-56827-8

Ⅰ．①策…　Ⅱ．①李…②黄…　Ⅲ．①新闻采访②新闻编辑　Ⅳ．①G21

中国版本图书馆CIP数据核字（2021）第057552号

责任编辑：陈　莉　高　屾
封面设计：周晓亮
版式设计：方加青
责任校对：马遥遥
责任印制：杨　艳

出版发行：清华大学出版社
　　网　　址：http://www.tup.com.cn，http://www.wqbook.com
　　地　　址：北京清华大学学研大厦A座　　**邮　　编**：100084
　　社 总 机：010-62770175　　**邮　　购**：010-62786544
　　投稿与读者服务：010-62776969，c-service@tup.tsinghua.edu.cn
　　质 量 反 馈：010-62772015，zhiliang@tup.tsinghua.edu.cn
印 装 者：三河市国英印务有限公司
经　　销：全国新华书店
开　　本：185mm×260mm　　**印　　张**：27.75　　**字　　数**：692千字
版　　次：2021年7月第1版　　**印　　次**：2021年7月第1次印刷
定　　价：98.00元

产品编号：083763-01

序言

不断增强“四力”　讲好中国故事

2012年11月3日，为纪念第13个记者节，湖北省记协在武汉举行“主流媒体改版和主题宣传创新”研讨会，来自全省新闻界的40余名论文入选特邀代表与会。开幕前，特邀代表、《三峡商报》编委李德明同志抱着他的书稿找到我，说这是他当夜班编辑、值班编委8年多的心得体会、夜班手记。这期间，他坚持以全国多家主流实力大报为研究蓝本，研究这些报纸的新闻策划和内容生产，同题对比，分析优劣，反思自身值班中存在的问题，探寻各类报道中的策划路径和生产模式，悟出了一点带有规律性的东西，伏案两年整理成书。

我与李德明同志因新闻结缘。2004年3月27日《三峡商报》头版头条刊发了李德明采写的《技师董伟无偿培训农民工》。我当时担任宜昌市委副书记，分管农业，此前担任过多年市委常委、宣传部长。当年2月，中国第一个以“三农”为核心的“中央一号”文件发布，强调要千方百计提高农民收入，发展打工经济，提高进城打工农民的待遇。看到报道后，我认为这是宜昌市贯彻“中央一号”文件一个突出的亮点和重大典型。因为像董伟这样主动要求免费培训农民工的典型，为我们打开了帮助进城农民工提高就业水平的新思路，意义重大。当天下午，我到董伟家登门看望，向他表示感谢。

《三峡商报》随后的报道，在社会上引起了强烈反响。为了将这件好事做实做好，积极发挥舆论力量，凝聚社会共识，我亲笔修改李德明采写的关于董伟培训的关键性报道，给报道定调子，出主意。

4月11日，在《三峡商报》和社会各界的努力下，在李德明同志的直接张罗下，由董伟发起的宜昌市首个农民工培训班在湖北三峡职业技术学院开学，我出席了这个特别的开学典礼。6月1日，历经45天的培训，首批农民工圆满结业，我再次来到农民工学员们中间，见证了他们的学习成果，参加了这个与众不同、具有深刻意义的毕业典礼。

在我的提议下，《三峡商报》以此为契机和有关部门联手推出了第一期“九行业十户百人培训计划”，宜昌由此掀起了培训农民工的热潮，形

成了帮助农民工的良好社会氛围。

2005 年我调任省委宣传部后，也曾多次到《三峡商报》编辑部看望过那些可亲可敬的采编人员，这些年来我亲眼见证了《三峡商报》从创办到成长为湖北省发展速度最快的市州都市报、中国十大地市报、中国都市报品牌创新力十强。

这一切，缘于《三峡商报》是一片滋养新闻人才的沃土。与《三峡商报》共成长，李德明同志也由一名普通记者成长为主任、编委。他长年战斗在新闻夜班一线，把夜班当夜校，把辛苦化作追求的快乐，除了出色完成本职工作，还心无旁骛，沉静下来思考、琢磨、钻研“新闻策划”这一重大课题，并做出了自己具有开创性的有益探索。不论他书中提出的观点是否精辟，但是他身上所体现出的对新闻事业的执着追求，难能可贵，值得新闻界同仁学习。

新闻策划是媒体内容生产的核心工作。就像报道董伟事迹一样，本书也开启了关于新闻策划、新闻内容生产的新思路。李德明同志以编辑的视角，将全年的新闻生产、新闻策划细化到每个月、每个周，甚至每个重要节日和每个关键节点，像剥笋子一样，条分缕析，层次分明，具备很强的操作性和参考性。

更重要的是，本书是作者当夜班编辑得失问诊分析的宝贵结晶，还凝结了作者对全国众多媒体内容生产成功之道的研究理解，对于广大的新闻采编人员，从事宣传工作的宣传干事、宣传员、通讯员，热爱新闻宣传报道事业的在校大学生们，具有较强的借鉴意义和启发意义。

党的十八大报告提出，扎实推进社会主义文化强国建设，兴起社会主义文化建设新高潮。新闻事业是党的事业的重要组成部分，将会随之有更大的发展、更广阔的前景。新闻宣传是建设中国特色社会主义的重要推动力量，要充分认识做好新闻宣传工作的迫切重要性。面对日益激烈、复杂的舆论斗争，媒体要大力提高传播力、引导力、影响力和公信力，广大新闻采编人员要不断掌握新知识、熟悉新领域、开拓新视野，增强脚力、眼力、脑力、笔力，讲好中国故事，传播好中国声音。

本书是一本管用的新闻工具书，书中既有通俗易懂的理论，又有大量丰富的实战案例，很具有启发性，适合作为各类新闻采编人员的自学参考教材和新闻宣传报道操作手册。

在此，我谨向新闻界朋友、有志从事宣传事业的朋友们推荐此书。

是为序[①]。

时任湖北省委宣传部副部长、省新闻工作者协会主席
文成国
2013 年 2 月 27 日

① 本书内容与架构承袭作者《新闻策划实战宝典》一书，在此基础上做了全面的更新与修订，以呼应“与时俱进，开拓创新”的时代要求。本文沿用《新闻策划实战宝典》的序言，将原标题“一本管用的新闻工具书”修改为现标题，并对个别字句做了修改。

自序

【一】

新闻界有一句行话：一个记者成熟起码要三年，编辑再要三年。

这话能不能改写？能不能再缩短？更短？

能不能“大树进城”？能不能一毕业就上路？能不能不要摸索三五年才摸清新闻操作规律？当我们“一能”都还不会时，就面临当全媒记者、全媒编辑的挑战，如何实现个人成长的飞跃？

传统意义上的新闻新兵，都是在实践中摸爬滚打、跌跌撞撞、日积月累中摸清方向、找到感觉、站稳脚跟、迈开步伐、急起直追。新闻人才成长曲唱得很累很辛苦！

信息技术革命给全球传媒业带来了巨变，这也使得新闻从业人员感受到了前所未有的冲击。2008 年金融危机以来，全球多少报纸杂志停刊，电视频道合并，网站新媒体关闭。今日之传媒竞争，如水下湍流，剧烈而无声。媒体暗战越来越残酷。传媒人才培养更加紧迫。大量的基础新闻业务培训一直都在进行，月复一月，年复一年。搞了没多久的记者跳槽了，当了没多久的编辑也跳槽了。新记一来没摸清门道就要写深度，新编一来没摸过版子就要编头版，新媒体人才严重急缺，这就是今天之传媒写照。

快鱼吃慢鱼，大鱼吃小鱼。正如有的报台网所说，市场不容许我们咿呀学语，一诞生就要成熟。

竞争不容新闻人慢悠悠。记者一直在路上，永远在奔跑，只是跑得比以往更快。

新时代迫切需要记者、编辑快速成长，快速成熟。

核心就是要快速提高新闻专业技能。

【二】

然而，现实并非如你所愿。

这似乎已成传媒业的一个病征：多少次记者招聘考试，男生几乎全军覆没，女生一统天下，而很多岗位如夜班编辑、突发事件采访，又特别需要男生。想招几个男生何其难！有的媒体不得不一而再、再而三地降低男生进入新闻业的门槛。结果问题出来了，新闻从业的第一关，语句通顺关都没过。“新闻基本技能在相当一个层面上存在较大的问题。”业内专家如是说。

不是满腹新闻理论，你就可以当好一个记者；不是所学非新闻，你就干不好记者。

新闻界不缺理论。学子们感叹：我们身边新闻理论性的书籍太多，但是可操作性的不多。学了4年，有些人还是不会写新闻，也不会发现新闻。

为什么？因为我们从一开始新闻思维能力训练就不足，而新闻是一门实践性极强的学科，来自实践的真知与理论存在较大的反差。

在这个全媒体时代，人人都是麦克风，人人都是"记者"。有道是：资讯愈发达，噪音杂音愈多，人们选择和判断愈困难，愈需专业人士提供甄别。铁打的报台网，流水的记者，记者的出路在哪里？编辑的出路在哪里？

在专业！

专业是我们的核心竞争力。我们靠专业取胜，靠专业赢得未来。

我们如何才能变得更专业？

靠策划！

唯有策划，才能给受众用户天天端的是新闻盛宴。

【三】

干新闻，每一年每一天都会遇到两个永恒的"么"：记者——写什么，怎么写；编辑——编什么，怎么编；值班总编——值什么，怎么值。

对地市报台网来说，稿荒是常态，是家常便饭。受地域局限，新闻资源贫乏，新闻线索吃紧，本土新闻版时常现"无米下锅"或"无好米下锅"的尴尬，还受中省媒体和县媒的夹击与分吃，要办好地市报台网十分不易。

怎么解决稿荒的问题？

靠策划！

唯有策划才能解决新闻的源头活水。

移动优先，新媒体率先传播，报广电做的是"二次传播"的旧闻了。该如何对旧闻加工提质呢？

靠策划！

唯有策划，才能实现新闻的差异化和高质量。

【四】

新闻策划是办报办台办网办新媒体的"战略导弹"和"核武器"。

20年新闻出版工作经历，我到过很多现场，看到、听到许许多多故事，而这些故事在其他地方也在发生着，不断重复着。开会、投产、车祸、矿难、坠机、沉船、暴雨、地震、破案……其实，很多事件都在不断重复。

历史往往有许多惊人的相似之处，但它从来不是简单地原样复制。

很多时候，我们在唱"同一首歌"，可是唱着唱着就跑调了，失声了。

著名哲学家怀特海说过，太阳底下没有新事物。记者要做的就是用一种看起来比较新颖的方式重新讲故事。

传媒人总是热衷于不停地寻找新鲜的东西，总是在创新，过去好的坚持不够，像猴子掰苞谷，掰一个扔一个。

抑或是满足于发稿挣工分，很少停下回头看一看，梳理梳理；抑或是人员的快速变动或流失；抑或是作风漂浮，敷衍塞责；抑或是工作久了产生职业倦怠，反应迟钝，得过且过，许多好的经验和做法没有得到良好的传承。会议消息怎么写，突发车祸怎么报，重大典型怎么挖……不管例会周周讲，还是培训年年搞，老是犯同样的错误，评报指出的问题还是那些老问题。

采访前的问题、采访中的问题、写作中的问题、编排的问题……我们的体会是，新闻采编、全媒经营中的多数问题皆可靠策划迎刃而解。

而只有领先一步、高人一筹的策划，才能让媒体立于不败之地。

【五】

新闻策划到底是什么？如何做好新闻策划？新闻策划有何规律可循？

2004 年 7 月，我走上夜班编辑岗位。夜班就是夜校。前辈说，“不上夜班，你就永远只能在新闻圈的边缘徘徊。”夜班会遇到很多在我这个“新编”看来棘手的新情况，老总们的点拨犹如醍醐灌顶，同行们的帮助犹如打开另一扇窗，真是快哉乐哉。好记性不如烂笔头。我把每天的夜班问题和感受，以及各种场合领导和同仁们关于新闻的精彩讲评，都认真记录下来，哪怕是一两句。为了发现和找到自己的差距，我几乎每天都对同城三家报纸做同题比较，还连续多年订阅全国多家大报进行同题比较学习，把这些报纸好的项目、好的标题记下来。

2010 年我开始参加报纸值班，得以全面、深入地了解报纸业务。过去是以一个记者视角、编辑视角、主任视角看问题，难免偏狭，现在则采用完全不同的视角，即要用全局视角、系统视角、竞争视角来审视这张报纸，审视新闻内容生产，审视稿件写作，审视新闻策划，审视报纸管理，审视值班、评报中发现的各种问题，这种感觉和体会大相径庭。

为什么有些失误一犯再犯？人家策划高明在哪里？这个报道是哪里没搞好？是哪个环节出了问题？为什么我当时没有想到？我们赢了，又赢在什么地方？一个一个的疑团萦绕在脑际。

2008 年至 2010 年，我受单位委派参加了华中科技大学 EMBA 工商管理总裁研修班，两年坚持不断地聆听了全国数十位管理名师的课程，获益匪浅。虽然专家教授们讲的都是工农业产品的企业管理，对文化产品的企业管理极少触及，但传媒有自己特殊性的同时，也应遵循一般产品生产的基本规律，应该有自己的流程、标准与模式。那么它们是什么呢？而这些课题鲜见于国内新闻教科书。

循着这些思路，我开始求证，寻找答案。我将过去的那些笔记，那些好的报道经验以及好标题一一整理。慢慢地，我发现成功的报道和策划都有相似性、相近性或相同性，都有其内在的规律或套路可以循迹，可以模仿，可以复制。

就在本书接近完稿之际，2012 年 10 月 27 日，我聆听了由湖北省记协主办的《三峡日报》典型报道研讨会。“要研究报道模式，没有模式不成方圆。有了模式再创新，不创新就是模式化了。”华中科技大学新闻与信息传播学院教授、大学教材《新闻报道策划》作者赵振宇的一席话，道出了报道模式的重要性，也廓清了我对新闻策划的认识。

在理论上，我们曾很纠结：报道模式能不能像 Photoshop 工具书一样，可以“依样画葫芦”，拿来就用，上手快？现在则可答曰：“当然可以。”

【六】

有人会说，报道会有雷同抄袭之虑。第一次复制为“炒现饭”，第二次复制就成了“嚼锅巴”。这个担忧完全多余。年年岁岁花相似，岁岁年年人不同。策划的形式可以复制，但内容都是新的，人物不同，故事不同。新闻产品不同于工业产品，没有完全一模一样的复制。严禁将去年的稿子拿来换个时间换个地点，杜绝将异地他人的稿子“按”在自己头上。创意可以借鉴，标题或正文可以参考，从开始的伪造到本土化改造，再到形成自己的创造。

刘勰在《文心雕龙》中说：“通变则久。”“通”就是继承，“变”则指创新。继承和创新是创作的源泉。缺乏继承，就如同井绳过短，是打不到水的。

新闻策划的前提是继承，是复制，不是一切从零开始，不是推倒重来。

工业化大规模生产的一个很重要的标志就是快速复制。很多企业的成功，不是创新的成功，而是复制的成功。如果我们对以往通过艰难的探索取得的成果，没有充分总结和利用，就继续做同样艰难的创新尝试，这不是舍近求远吗？

做新闻策划也同理。70%是对“过去的成功”的复制，30%才是创新。创新其实很简单。即使是“现饭”，稍加点料就可炒成诱人的“花饭”；即使是“锅巴”，加点“八宝”就可煮成香喷喷的“柴火锅巴粥”。

坚持过去成功的项目和活动，并结合当下的新大局、新思想、新情况等优化设计，使之更具时代性、针对性、新闻性。只要持续不断地打造，这些新闻项目或活动就会成为媒体的拳头产品、知名品牌，从而提升媒体的影响力。

复制策划并不轻松，执行中若管控不当、把握不准、人员更换，也会走样，甚至会把过去成功的东西做死，丢掉已形成的特色。

经验和教训启示我们，成功的项目若我们不复制，则对手极有可能搞“拿来主义”，变为他们的策划，从而让受众用户形成一种心理认知，即“这个项目是他们创造的”。结果，我们给对手做了嫁衣，则“捡了芝麻丢了西瓜”。

要把自己和人家好的东西积累下来，传承开去，发扬光大。

【七】

每天的办报办台办网都是一场考试，媒体天天接受评判。受众用户是业余裁判，媒体领导和专家同行是专业裁判。记者成天忙于采访、拍摄、写作，编辑忙于策划、组稿、编审，一个任务刚完成，另一个任务又来了。日复一日，疲于奔跑，疏于总结，能够静下心来学习的时间并不多，以至于面对大事件，部分记者、编辑不知该如何下手。

莫言说：“用嘴说出的话随风而散，用笔写出的话永不磨灭。”如何写新闻，如何编版面，如何搞广告，有些话讲了很多年，还要从头来过。许多曾经的优秀案例和先进的经验被遗忘，被束之高阁。很多丢失的宝贝，必须捡回来，必须打捞上来。

出于这种抢救性保护的想法，也为了新闻同行们前行中少一些跌跌撞撞，过河有石头或大石头可摸，我萌生了写一本书的冲动，力图记录这些策划之道，去穿透新闻策划的内核，让那些优秀策划成果在我们内心沉淀和流转。

本书主要以《三峡日报》《三峡商报》《三峡晚报》《楚天都市报》《都市快报》《晶报》《广州日报》为核心研究蓝本，花费8年跟踪版面，对比学习实践，许多是我和同仁们新闻生涯失败与成功案例的思考与总结，汲取了全国320家知名报纸、广播、电视、新闻网、新媒体的经典案例与新鲜成果。

本书完全贴近实战，以全局的视角、融合的视角、经营媒体的视角来探讨新闻策划，系统性审视全媒体365天的内容生产规律，将一年四季各个关键节日、节气、节点的报道和各类别新闻的策划脉络一一透析，理出了一些带有共性和规律性的东西。本书明显不同于市面上众多单纯以记者视角阐述单篇新闻写作的书籍，更具有贴近性、操作性、实用性。

本书旨在探寻新闻生产的系统化组织化之道，试图帮你解决“写什么”的困惑，还提供大量“怎么写好”的新点子和新思路，帮你把分类新闻写鲜活、写精致、写全面、写系统。本书告诉你如何学会新闻策划的顶层设计，提供一系列新闻策划的实现路径，为广大的新闻记者编辑通讯员提供一套可资借鉴的采编操作指南和报道应急预案，可让你少走弯路，快速成长，驾轻就熟。

阅读本书，会让你不因找新闻而发愁，不因写新闻而苦恼，不因想新闻而无策，不因处理新闻而失准失重。同时，本书也开启了举办新闻活动、从事全媒经营的新思路，让新闻与经营有效协同。我们相信，无论你是记者、编辑，还是值班总编，本书中的许多窍门都会对你有所帮助，让你碰到任何新闻都敢于亮剑，胸有成竹，迎刃而解。

从深层意义上讲，本书是关于新闻思维的训练教程，探讨的是新闻策划模式和思维观念，将帮你厘清全媒体策、采、编、发、营的思路，助你提升强大的新闻思维。

思路通，则百通。

【八】

著名建筑师姚仁喜说过一句话:“一个男人一生要做四件事: 生个孩子，种棵树，盖栋房子，写本书。”生孩子的过程让人学会收敛自己，种树可以从中感受自然，盖房子能体会因果关系，写书能完成一个完整的思索过程。这本书也是我对自我新闻生涯的一个追问，一次深造。

受自身视野和思维局限，以及个人新闻理论素养欠缺，站得不高，看得不远，想得不深，书中难免存在概念性或技术性差错。唯愿各位专家、同行、受众用户给予理解和包容，并赐教指正 (13032708016@qq.com 或 593975390@qq.com)。

我们希望这本书能像一盏灯，给在新闻道路上探索的新闻界宣传界同仁们提供一点光亮。仅此而已。

李德明于三峡白龙岗

原创于 2012 年 11 月

修订于 2021 年 5 月

前言

党的新闻舆论工作是党的一项重要工作，是治国理政、定国安邦的大事。

党的十八大以来，习近平总书记高度重视意识形态和新闻宣传工作，发表了一系列重要讲话，作出了一系列战略部署，形成了具有时代性、系统性、创新性的新闻舆论思想，推动意识形态领域发生了深刻而巨大的变化。在习近平新时代中国特色社会主义思想指引下，传统媒体与新兴媒体正在深度融合发展，不断探索、创造出新鲜经验、成功案例。

本书 11 篇 111 章，有以下 4 个特点。

一、充分体现了习近平关于意识形态、新闻舆论工作的重要讲话精神。习近平关于党的新闻舆论工作的一系列论述，是新时代新闻舆论工作的根本遵循和行动指南。增强“四个意识”，坚定“四个自信”，做到“两个维护”，自觉对标看齐，融会贯通。为顺应传播融媒化国际化趋势，提升传媒人围绕中心服务大局的能力，本书特别撰写了“一带一路”新闻策划和全媒体新闻策划两个章节。

二、充分吸纳了 1990 年以来 30 届中国新闻奖作品成果。中国新闻奖作品共分 6 大类 35 小类，品种繁多，数量丰赡，典型性强。具体如下。

文字类：消息、评论、通讯与深度报道、系列（连续 / 组合）、新闻版面、副刊作品。

广播类：消息、评论、新闻专题、系列（连续 / 组合）、新闻访谈、现场直播、节目编排。

电视类：消息、评论、新闻专题、系列（连续 / 组合）、新闻访谈、现场直播、节目编排。

网络类：新闻评论、新闻专题、新闻访谈、网（界）页设计。

综合类：新闻摄影、新闻漫画、新闻专栏、新闻论文、国际传播。

媒体融合类：短视频现场新闻、短视频专题报道、移动直播、新媒体创意互动、新媒体品牌栏目、融合创新。

三、荟萃了全国 320 家报台网新媒体采编经营经典案例。其中融入了 2013 年以来我们搞新闻出版、全媒经营的实践感悟，大量吸收了全国各大报台网全媒体的最新探索和先进经验。

四、充实完善了节日节气节点全媒体新闻策划。本书按节日节气节点系统纵论新闻采编，以便更好地引导全国新闻工作者和自媒体人在日常报道、活动举办中弘扬中华优秀传统文化，传播文化自信。

移动传播时代，信息的流动方式与传播模式发生了颠覆性的变化。策、

采、编、审、发(播)、评、营，流程更复杂，要求更高。无论媒体形态怎样变，党管媒体的原则和媒体的属性不会变，媒体的初心和使命不能变，内容为王的法则永不变。

我们希望，本书能有助于全国广大新闻工作者和宣传战线通讯员、芸芸自媒体人，不断提高新闻采编业务能力和综合信息服务能力，为人民奉献更多有思想、有温度、有品质的作品。

李德明

目录

第 1 篇　新闻策划新说 / 001

第 2 篇　节日新闻策划 / 017

第 1 章　元旦新闻 / 018
第 2 章　腊八节新闻 / 022
第 3 章　春节新闻 / 024
第 4 章　元宵节新闻 / 030
第 5 章　学雷锋日新闻 / 032
第 6 章　妇女节新闻 / 035
第 7 章　保护母亲河日新闻 / 038
第 8 章　警察节新闻 / 041
第 9 章　植树节新闻 / 043
第 10 章　消费者权益日新闻 / 045
第 11 章　安全教育日新闻 / 047
第 12 章　世界水日新闻 / 049
第 13 章　“地球一小时”新闻 / 051
第 14 章　儿童图书日新闻 / 053
第 15 章　清明节新闻 / 055
第 16 章　读书日新闻 / 058
第 17 章　劳动节新闻 / 060
第 18 章　青年节新闻 / 063
第 19 章　护士节新闻 / 064
第 20 章　母亲节新闻 / 066
第 21 章　旅游日新闻 / 070
第 22 章　助残日新闻 / 072
第 23 章　无烟日新闻 / 074
第 24 章　儿童节新闻 / 076
第 25 章　环境日新闻 / 079
第 26 章　端午节新闻 / 082
第 27 章　父亲节新闻 / 084
第 28 章　禁毒日新闻 / 087
第 29 章　建党日新闻 / 089
第 30 章　七夕节新闻 / 091
第 31 章　中秋节新闻 / 094
第 32 章　国庆节新闻 / 097
第 33 章　重阳节新闻 / 102
第 34 章　环卫节新闻 / 105
第 35 章　记者节新闻 / 107
第 36 章　消防日新闻 / 109
第 37 章　光棍节新闻 / 112
第 38 章　法制日新闻 / 114
第 39 章　志愿者日新闻 / 116

第 3 篇　时政新闻策划 / 119

第 40 章　地方两会新闻 / 120
第 41 章　省级两会新闻 / 124
第 42 章　全国两会新闻 / 126
第 43 章　会议新闻 / 129
第 44 章　中心新闻 / 136
第 45 章　“一带一路”新闻 / 145
第 46 章　军事新闻 / 150
第 47 章　时事新闻 / 154

第 4 篇　灾难新闻策划 / 163

第 49 章　飞机失事新闻 / 164
第 49 章　重大车祸新闻 / 167
第 50 章　重大火灾新闻 / 170

第 51 章　防汛抗洪新闻 / 173
第 52 章　矿难新闻 / 177
第 53 章　地震新闻 / 179

第 5 篇　社会新闻策划 / 183

第 54 章　热线新闻 / 184
第 55 章　案件新闻 / 191
第 56 章　庭审新闻 / 196
第 57 章　舆论监督新闻 / 198

第 6 篇　经济新闻策划 / 203

第 58 章　民生新闻 / 204
第 59 章　物价新闻 / 208
第 60 章　财富新闻 / 212
第 61 章　市场新闻 / 215
第 62 章　“三农”新闻 / 220

第 7 篇　科教新闻策划 / 227

第 63 章　备考新闻 / 228
第 64 章　高考新闻 / 230
第 65 章　放榜新闻 / 234
第 66 章　中考新闻 / 236
第 67 章　招生新闻 / 238
第 68 章　寒暑假新闻 / 241
第 69 章　中小学开学新闻 / 244
第 70 章　大中专开学新闻 / 247
第 71 章　教师节新闻 / 250
第 72 章　科技新闻 / 252

第 8 篇　气象新闻策划 / 257

第 73 章　节气与天气新闻 / 258
第 74 章　下雪新闻 / 277
第 75 章　气象日新闻 / 280
第 76 章　狂风暴雨新闻 / 282
第 77 章　高温酷暑新闻 / 285
第 78 章　重大干旱新闻 / 290

第 9 篇　健康新闻策划 / 293

第 79 章　爱耳日新闻 / 294
第 80 章　睡眠日新闻 / 297
第 81 章　结核病日新闻 / 299
第 82 章　抗疫新闻 / 301
第 83 章　哮喘日新闻 / 308
第 84 章　爱眼日新闻 / 309
第 85 章　献血日新闻 / 311
第 86 章　肝炎日新闻 / 313
第 87 章　爱牙日新闻 / 315
第 88 章　高血压日新闻 / 317
第 89 章　精神卫生日新闻 / 318
第 90 章　糖尿病日新闻 / 320
第 91 章　艾滋病日新闻 / 322
第 92 章　其他健康日新闻 / 325

第 10 篇　文体新闻策划 / 329

第 93 章　文化副刊新闻 / 330
第 94 章　体育新闻 / 334
第 95 章　赛事新闻 / 337
第 96 章　娱乐新闻 / 343

第 11 篇　综合新闻策划 / 347

第 97 章　典型人物新闻 / 348
第 98 章　讣闻新闻 / 357
第 99 章　公益新闻 / 362
第 100 章　文明创建新闻 / 368
第 101 章　职场新闻 / 371
第 102 章　婚恋新闻 / 374
第 103 章　年终盘点新闻 / 378
第 104 章　春运新闻 / 381
第 105 章　社区新闻 / 384
第 106 章　动物新闻 / 387
第 107 章　视觉新闻 / 391
第 108 章　深度新闻 / 396
第 109 章　专刊专题新闻 / 400
第 110 章　全媒体新闻 / 407
第 111 章　其他特定日新闻 / 419

参考文献 / 423

附录　新闻、活动日历大全 / 424

后记 / 428

中国新闻奖作品和经典案例所涉媒体一览表 / 429

第1篇　新闻策划新说

【阅读建议】

这是一本独特的新闻工具书。

从你翻阅本书开始，请在内心尝试沉淀“融合”“系统”的理念和思维。媒体融合是我们面临的一项紧迫课题，必须把融合思维贯穿到新闻策采编发全过程。新闻工作不研究系统，无法把握全局，很难明确重点。本书从融合角度系统、全面地探索新闻策划之道和新闻内容生产模式，可作为你采访拍摄、写作编辑、活动筹办、广告经营时的参考，放在办公桌前，当你“断电”“短路”时翻一翻，或能令你茅塞顿开。

为了便于你快速阅读和汲取精髓，我们给出如下建议。

◎ 如果你是一名刚刚踏入新闻界的新兵，或是一名从事宣传工作的通讯员，正就某个新闻的采写找不到报道点位或切入角度而苦恼时；如果你是一名责任编辑或主任主编，正就某个项目推进、版面策划寻找创意时；如果你是负责媒体把关的值班总编、编委，眼下正在做一个大策划时，可直接翻到本书相关具体章节，本书为你提供了丰富且完全贴近实战的策划案例，并就全年度重要节日节气节点新闻或某一个、某一类新闻策划做了详细阐述，提供了一整套完全解决方案，可克隆借鉴，从中选二三个做重点策划，也可在此基础上发散创意。

◎ 如果你并不满足于某个新闻实战，而是想触类旁通，全面探究策划的规律，全面掌握各类新闻策划的技巧；如果你想在新闻策划上寻求自己独立的见解与思考，那就需要对新闻策划做较全面的了解。建议你从本章节开始逐一浏览。

◎ 如果你是一名在校大学生，对新闻工作很感兴趣，更梦想有朝一日成为一名光荣的新闻记者，不论你学的是什么专业，哪怕你对新闻知识一窍不通，只要你具备一定的文笔功力、吃苦勤奋的毅力、敏锐的洞察力，我们相信，这本书能帮你在新闻殿堂如虎添翼，游刃有余，成就你的精彩。

◎ 本书撷取了大量堪称经典的标题，这些好标题是作者长年摘录累积的，写作时做了分门别类与融合处理。细细品味，既可模仿之，亦可悟之化之。本书还撷取了全国部分主流大报的经典版面，透过这些版面，管窥其大手笔、大思维、大匠心，或许能帮你提升欣赏力和版面表现力。

一、新闻采编求“新”的困惑

恩格斯说：“记者的伟大和难当之处，就在于天天要处理一个‘新’字。”新闻工作，战战兢兢，如临深渊，如履薄冰，时时求新，每天归零。这是天下新闻工作者的真实写照。

“最近有没有新鲜事啊？”记者跑战线单位，碰到人说的最多的就是这句话。跑了一圈，回到编辑部平台，碰见主任和编辑，被问的最多的一句话是：“今天有什么料啊？”

地市级报台网受地域局限，新闻资源贫乏，新闻线索吃紧，本土“要闻”“热线”闹稿荒，是家常便饭。还有许多突发事件，地方宣传部门管得紧，要么不能报，要么发个两三百字的通稿。而同样事件，省报台网或通讯社或自媒体因不受其管辖，报道详尽充分，让地方媒体羡慕又无奈。

天天都在找新闻。新闻在哪里？在会上，在材料里，在闲谈中，在大街上，在热线那头，在眼前，在现场……然而，我们要么熟视无睹，不识新闻；要么见着新闻，不知怎么办。

上头“指导”过于“宏观”，下头无奈又无措。“来，我们策划一下吧。”总编主编召集会商，因为主题不明、占有信息不全、方法不当、思路不清等，策来策去，也没理出个脉络，结果记者无法“按图施工”，编辑只好“就汤下面”，导致很多报道、很多版面粗糙不堪，寡淡无味。

二、常见的新闻问题

在不考虑文字、标点符号、人名地名、职务等各类差错的情况下，我们从记者采写视角、编辑审稿视角、值班总编视角以及受众用户视角出发，结合个别调查与值班分析，梳理了新闻中最常见的问题。

从记者视角看稿件采写问题

①新闻点摸不准，不知哪些是新闻；②采访主题模糊，目标性不强；③报道点位不清晰；④价值判断不准，抓不住重点，无关紧要的内容多；⑤切入点选择不准；⑥想做深、做厚但不知怎样着力；⑦不知怎样把稿子写生动；⑧极易忽略身边民生琐事或有趣小事。

从编辑视角看记者稿件问题

①信息单一肤浅，动态居多，蜻蜓点水；②新闻要素不全；③抓不到重点，写偏，写的多是细枝末节；④一锅煮，一稿多事，什么都报；⑤把单位工作当新闻；⑥主题不够突出；⑦新闻纵深不够；⑧标题信息单薄，单标题多；⑨抓不到热点，不鲜活；⑩采访对象不具典型性。

从值班总编视角看版面编辑问题

①对稿件新闻价值判断能力不足，经常性失误；②选稿不准，所有网络都发头条的稿子，编辑竟不选，或处理成很小的边条；③新闻策划不够，看不出有组织的生产；④生产标准幼儿化，看不懂、说不清、故意复杂、不点睛，有些标题问题很严重；⑤报纸或节目总体给人“杂、乱、浅”的感觉。

从受众用户视角看报台网问题

稿件方面：①事件性硬新闻过少，新闻偏软；②新闻价值判断不准，主次重轻不分；③标题核心信息缺失；④挑错核心事件、核心信息；⑤稿件臃肿，打通铺，无小标题；⑥标题制作不准确、不精炼；⑦过于琐碎，事不大，无看点；⑧版面页面元素单一，消息居多；⑨标题和正文缺乏情感；⑩废话多，官腔多，套话多。

版式方面：①无重点，四平八稳，平均分块，静如死水；②图片缺乏或冲击力不够；③呆板，欠缺美感；④专栏刊头设计粗糙；⑤逻辑混乱，杂乱无章，造成阅读障碍；⑥缺少装饰符号元素；

⑦留白少，拥挤，沉闷。

分析以上问题，我们发现少部分属于技术性问题，多数属于新闻的认知问题。而解决这些问题最为有效的手段就是新闻策划。

三、何为新闻策划

采写新闻时，最头疼的应该是“捉点子”，有了“点子”，便下笔如有神。“点子”就是我们常说的“策划”。

“策划”，《现代汉语词典》为“筹划、谋划”，《辞海》里解释为“计划、打算”，本质是预见性和创造力。

新闻策划是什么？新闻界并没有统一的定义。所谓新闻策划，就是让新闻传播达到最佳效果而采取的有创意的谋划与行动。新闻策划不仅是对报道节奏的设计调控，而且是对报道采编所作的精打细磨，对传播推送所作的资源配置。

新闻界有一句名言：我不能影响你怎么想，但我能影响你想什么，谈什么。如何在有限的版面、页面、时段上作出让受众用户好读、好听、好看，读好、听好、看好的东西，唯有策划。新闻选题要策划，主题角度要策划，稿件谋篇布局要策划，标题怎么做也要策划。版面布局、页面设计、色调运用、专栏构成、文字风格等都离不开策划。内容打磨、人员调配、发稿安排、形象设计，都属策划范畴。可以说，微到一个采访选点，小到一篇报道写作，中到一个版面处理，大到一个项目设计与推进，一张报纸、一档节目的整体运作，都离不开策划。可谓天天要策划，事事要策划。可以这样说，策划是新闻职业的生命。

一个版面，一档节目，一次推送，你是种花还是种草？市里没有会议，本土要闻版怎么办？没有火灾、没有车祸，热线新闻版做什么？我们靠什么解决稿源危机？怎样生产好稿？唯有策划。策划就是变“等米下锅”为“找米下锅”，把新闻生产的工序前移到稿件采写以前，提前介入，提前策划。

细细掰一下，你会发现党委政府和职能部门做的事都是有规划、有计划的，比如今年开哪些会议、办哪些活动，上年末就做好了计划、编制好了预算。年年大都是那些事，只是发生的时空不同而已。那些历史长河中的大事件，往往是可以预见的。要把这些可以预见的事件变成好新闻，实属不易。

同样是“四季歌”，即使年年唱，不同的人，唱功不一样，效果也不一样。有的翻唱赛过原唱，有的走调变样，一次不如一次。如何把“四季歌”唱出新意新花样，百听不厌？年年岁岁花相似，岁岁年年“歌”不同，要靠策划之手去开掘，去助推，去包装。

上馆子，说的最多的一句就是：“老板，有什么特色（菜（啊？”吃菜要吃特色菜，看报读屏要看特色稿。作为编辑，你怎样把这道“菜”炒得有自己的特色呢？要靠策划。

策划彰显新闻的力度和亮度。举个例子：同样是一碗米，怎样去策划，策划水平的高低，决定其价值大不一样。家庭主妇把它变成一碗米饭，值一块钱；小商人把它变成粽子，值四五块；大商人把它酿造成一瓶酒，值上百块。一碗米变成一碗米饭，这是绝大多数人的选择。但是，一碗米变成一瓶酒，方实现其更大价值。

一个报道策不策划，效果大不一样。而且策划水平的高低，对受众用户的影响也各不同。但凡好的新闻作品，都是成功策划的产物。

常见的新闻策划分三类：第一类是阶段性报道策划，宜以季度为时段；第二类是战役性报道策划，多围绕某个主题或专题进行系统报道策划；第三类是重大突发事件报道策划。

无策划不新闻。没有策划，媒体就会死气沉沉。谁不策划，谁就无法立足。

新闻选什么“点”？踩哪个“点”？哪个“点”最显耀？许多记者很迷茫。如何寻找报道点？可以说是记者每天遇到的“最大考验”。而且，多数采访活动都是记者单独完成的，后方并不能精确掌控前方“军情”，这就需要前方记者具备灵活处置的应变能力，即策划力。

我们认为，唯有具备觅食力的记者、编辑，才有一席之地。觅食力很大程度上依赖策划力，策划力高，个人竞争力才会强。传统的新闻生产流程是记者抓回素材再进行编辑加工，全媒体时代则是先策划，记者按编辑意图和方案去采集、挖掘新闻，或边采集，边策划。

四、新闻生产标准

标准能把事做大。

标准是什么？标准是衡量事物的准则，标准是劳动分工的产物，标准是统一的规范，标准是市场准入的门槛，标准是做事的最低要求。

评价一个稿子写得好不好，评价一个版面编得好不好，评价一张报纸、一档节目水平高低，都离不开一个标准。媒体需要厘清：好新闻的标准是什么？好版面的标准是什么？一家好媒体的标准又是什么？

写稿编版，没有对错之分，只有高低之别。这个“别”是建立在标准之上的。而你的标准高低，决定了你对事物的看法程度。

翻报读屏看电视，要么找不出标准，要么标准模棱两可，似有非有，界定不清，让编采人员找不着北。刊头或栏目就好比版面页面的一顶帽子，下面怎样穿戴更好看，不清楚。有的编辑就是搬运工，胡乱搭配，版面页面上看不到编辑的痕迹。

报台网全媒体作为特殊的文化产品，有自己特定的产品属性。工业化大生产的主要特点是标准化、自动化及流水线、大规模。新闻生产能不能像工业化大生产那样做到高速、高效、高质呢？

如果将编辑部比作一个工厂，那么各部室就相当于一个个车间，每个版面、每档节目就相当于一条条流水生产线，而每天生产的新闻，就相当于流水线上生产的产品。这个新闻生产线如何组织生产，要策划到每条稿子如何写，每个画面如何拍，每条视频如何剪，策划要落实落细落小，落到每个版面、每档节目。

文虽无定法，但报台网全媒体应有自己的作业流程，按标准生产。每个版块都应有一个基本的生产作业标准，即采访写作标准、拍摄标准、选稿标准、编排标准。没有标准，报道就会走样。没有标准，版面就会五花八门，甚至一天一个样。

新闻生产如何做到科学运作？除了制度性的保障外，需要像工业产品生产那样，建立健全一套规范性和操作性强的标准。

没有规矩不成方圆。得标准者得天下。标准是制胜的制高点。

按标准做事。产品定位是媒体生产的基础标准。2012 年初，《三峡商报》根据新的办报理念重新梳理各个版块的新闻生产标准。每个部室都来讨论如何制订“版面定位说明书”，进一步明晰“版面定位”“版面取向”“实现路径”“存在问题”“改进方法”等，规范了报纸的流程、标准和整体风格。

结合新闻界的许多经验和共识，加上我们的思考，下面整理了一套新闻生产标准。

(1) 好新闻价值评判标准：“七性”，即新闻事实的重要性、显著性、新鲜性、接近性、可读性、参与性、趣味性。用 5 个字概括，即“新、短、快、活、强”。好文章应是“凤头、猪肚、豹尾”，即开头要像“凤头”短小亮丽、先声夺人；主体要像“猪肚”充实丰满、多姿多彩；收尾要像“豹尾”简洁有力、耐人寻味。

(2) 好新闻生产标准：新闻要素齐全、主题深刻显著、事件有血有肉、逻辑层次清晰、标题鲜活传神、文风清新生动、体裁灵活多样。真正的好新闻要让人看（听）得懂、记得住、叫得响、传得开、留得下。

(3) 好标题评判标准：准确、简洁、生动。用三个境界形容，即由一针见血、一目了然，到一见倾心、一唱三叹，再到一曲难忘、一生回味。层层递进，无穷尽也。

(4) 好版面评判标准：新闻显著、重点突出、亮点闪耀、标题传神、体裁丰富、设计精美。

(5) 好报纸评判标准：视野开阔、内容鲜活、重点突出、栏目新颖、精致大气。内容稳定，不大起大落；特色鲜明，有个性差异；风格统一，浑然一体。

报台网全媒体采编工作，要出彩就要抓好“七个重大”，即重大主题、重大典型、重大对外、重大节会、重大活动、重大事件、重大特色的报道策划。要抓关键时机，集优势兵力，行重大举措，造重大影响，创重大效益。

标准并不是一成不变的。一个阶段或一个时期的报台网全媒体，要根据受众用户的需求，市场竞争的需要，而做相应的调整或改变。

五、新闻生产模式

只要是一再重复出现的事物，就可能存在某种模式。

模式，即事物的标准样式。把解决某类问题的方法总结归纳到理论高度，那就是模式。一个好的模式可让你事半功倍，让你快速找到解决问题的最佳办法。

模式赢天下。麦当劳模式缔造了餐饮神话。长沙远大集团认为建大楼就是“搭积木”，首创工厂化模块制造技术，创造了“15 天建成 30 层酒店”的神话以及“一天建成上海世博会远大馆”的奇迹。

一座大楼可被分成若干个空间模块，一张报纸、一档节目也是如此。每天的办报办台办网办新媒体内容生产活动，就如在建一栋“新闻大厦”。记者编辑所做的工作就是搭建“新闻积木”。著名记者艾丰说：“记者要善于用堆积木的办法写作，准备好各种写作用的素材或组成的单元，这些单元可以随时应报道的需要而‘随便’拆装，又不违背新闻写作真实性的要求。”他还说：“新闻作品的结构最好像积木一样，这样摆可以，那样摆也可以。拆掉其中的某一部分也不会造成很大的问题。”前面我们探讨了“新闻积木”的生产标准，有了标准，“积木”生产就变得有章可循，变得轻而易举，使之流程化大规模批量生产变为现实。一个个“新闻积木”按照一定的规律最终组合成了“新闻大厦”。这个规律就是新闻生产模式，亦称新闻报道模式。它是新闻传播所依循的准则和样式。要遵循新闻规律，用“道”做新闻。

报道模式十分重要。2012 年 10 月 27 日，华中科技大学新闻与信息传播学院教授、大学教材《新闻报道策划》作者赵振宇博导在《三峡日报》典型报道研讨会上说：“要研究报道模式，没有模式不成方圆。有了模式再创新，不创新就是模式化了。”

但凡一个完整的报道或一张报纸、一档新闻节目，都要齐唱策划“七部曲”。

(1) 第一步搞规划：明确媒体理念、媒体定位、报道选题等。

(2) 第二步定框架：确定报道版块，敲定报道思路。

(3) 第三步造“积木”：记者采写报道，按模块生产“积木”，“积木”有大有小，有好有坏，有优有劣，有方有圆，千变万化。

(4) 第四步搭骨架：主编责编定版面、定专栏、定主稿、定重点，值班总编定当日媒体重点亮点。

(5) 第五步码“积木”：编辑做编排处理，若码得混乱无序，则“积木”会崩塌。

(6) 第六步精装修：美编做视觉设计，提档升级。

(7) 第七步摆家具：值班总编让版面灵动起来，让气流动，风行其间。

为便于理解和记忆，我们暂且将这套策划“七部曲”模式称为“新闻积木理论”。

从这七步我们不难看出，策划贯穿新闻生产的全过程，尤其是前四步，可谓步步都需策划先行，靠策划来支撑。

策划什么？怎么选稿？怎么编？如何让版面页面精美？为什么同题的稿件人家处理得更抢眼？其背后都有一个潜在的模式。

进一步梳理发现，新闻报道模式由报道设计模式、“积木”生产模式、编辑“装修”模式构成。

为了便于记忆和操作，我们将自己摸索的一套报道“组合拳”称作“七步鲜”报道模式。孙子兵法云：“以正合，以奇胜。”用奇谋，出“七招”，走奇路，出奇兵，制奇胜。七步通吃，所向披靡。

“七步鲜”通用推送模式（见图 1–1）：①官方微博；②新闻客户端；③新闻网；④微视频矩阵；⑤微信矩阵；⑥第三方平台；⑦报纸广播电视。

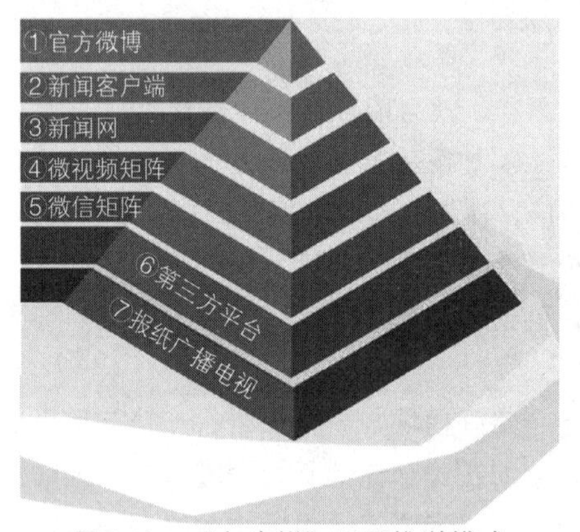

图 1–1 “七步鲜”通用推送模式

“七步鲜”通用报道模式（见图 1–2）：①新闻主体（核心提示、主体正文）；②现场特写；③新闻背景；④通讯深度；⑤图表搭配；⑥资料链接（政策、法规、知识、事件回放）；⑦言论微议。

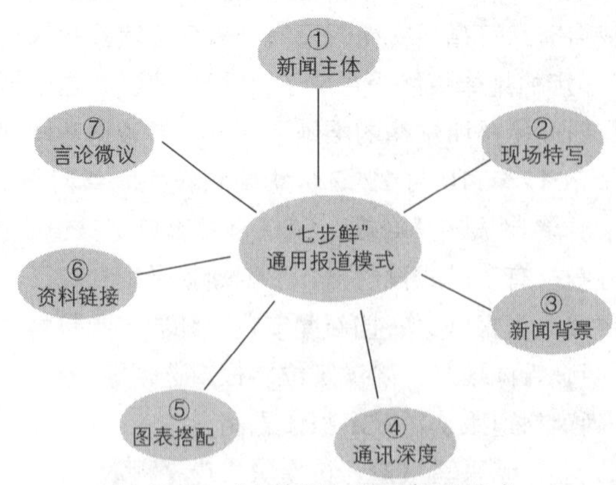

图 1–2 “七步鲜”通用报道模式

如车祸“七步鲜”报道模式包括：①主体消息；②现场直击；③紧急救援；④惊魂一刻（当事人、亲历者、目击者讲述）；⑤事故原因（交警调查）；⑥交警提醒；⑦视频影像（图片、三维立体制图、漫画、视频）。

如高考“七步鲜”报道模式包括：①动态篇；②直击篇；③故事篇；④意外篇；⑤作文篇；⑥点评篇；⑦视觉篇。

如节气“七步鲜”报道模式包括：①天气新闻；②节气表情；③时令养生；④各地习俗；⑤特色活动；⑥民间谚语；⑦诗画欣赏。

“七步鲜”是一种组合模式，不是一个固定公式，不是模子，不是机械地组装模块。它就像一个排列组合，7 个元素中任何一个或几个可以任意组合搭配；它就像一个魔方，可以通过变换呈现各种各样报道形式。这种组合模式，不仅让“平面”报道“立体化”，还增加了新闻信息密度，传递了更多的信息，让新闻“重”起来。

我们在值班中进行过多次尝试，碰到事件循着“七步鲜”报道模式做新闻策划，屡试屡爽。如报道车祸，我们的记者尝试用“七步鲜”报道模式，同场竞技同比最优。

模式本身不代表成功，只是一个壳、一个技术手段，核心还是新闻价值本身。

好的内容生产模式能创造奇迹。精细分工 + 成熟模式 = 高效率，这个公式不仅适合工商领域，在新闻行业同样如此。

就拿 2012 年震撼全国的《中国好声音》来说。10 期节目耗 8000 万元巨资，创下中国节目投入之最，也创收视效益之最。北京大学文化产业研究院罗蔓撰文称《中国好声音》的成功是“模式的胜利”。这实质是浙江卫视全方位引进荷兰原版《The Voice》的节目形式和制作细节，诸如灯光的色彩、选手的站位，甚至评委那英等人拍按键的动作表情都是根据原版模式全套克隆而来的。红极一时的《中国达人秀》也是从英国购买的节目模式。一个好模式会带来天价的效益。江苏卫视单凭《非诚勿扰》一个节目，2012 年就带来近 30 亿元的广告效益。

六、新闻策划原理

理念是行动的先导。新闻“五个 W”齐全，并不能代表新闻就有了“营养”。增加报道“营养”要靠策划，策划要靠理念支撑。

在新闻采编中，最难的是价值判断与表达呈现；在新闻活动或全媒经营活动中，最难的是写策划方案，往往展得不开，站得不高，谋得不深，想得不细，走得不远。新闻千变万化，活动千差万别，为此，我们收集和分析了全国各大媒体的成功案例，结合我们二十年的新闻经营实操，提炼了一套行之有效的新闻或活动策划法则，姑且称为“新闻七创策划法”或“活动七创策划法”。

① 创义：义者正义，公道正直人间大义，报道或活动要弘扬正确的义利观，引领导向。

② 创意：意者心思、情态，报道或活动要主题好，意义大，意境深。

③ 创异：异者不同，报道或活动要标新立异，别具匠心，推动进步。

④ 创议：议者争议，报道或活动要能引发话题，制造爆款。

⑤ 创忆：忆者回忆，报道或活动要创造令人回味称道的价值。

⑥ 创谊：谊者友谊，报道或活动要能结下良好的友谊，播下合作的种子。

⑦ 创益：益者收益，报道或活动能创造良好的社会效益和经济效益。

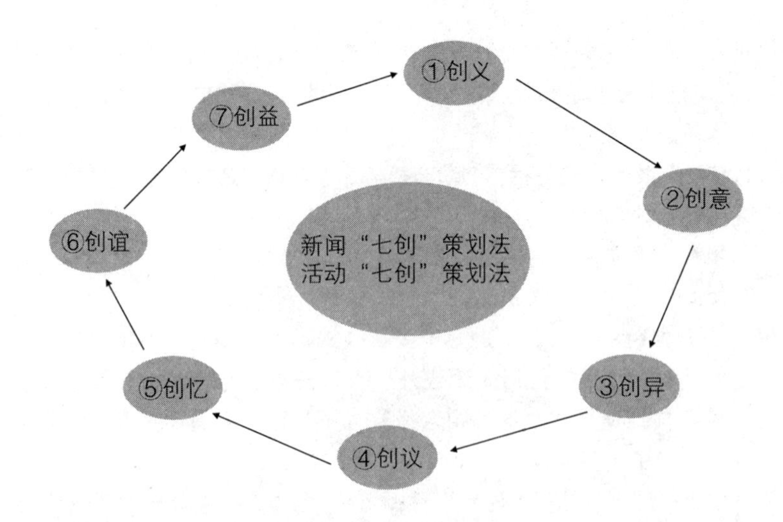

但凡新闻价值判断，皆可用“七创”检测之；但凡新闻作品评价，皆可从“七创”方面论述之；但凡撰写方案，皆可围绕“七创”谋划之；但凡举办新闻活动或全媒经营活动，亦可依“七创”设计之。

综合全国320家知名报台网全媒体的优秀采编成果，吸纳新闻界前沿的新闻论断和精辟观点，我们从以下5个方面梳理了一套新闻策划“30条兵法”，简称“新闻策划原理”。

这些带有规律性的理念和方法，普遍适用于传统媒体和新兴媒体，满足全媒体融合传播之需要。

媒介篇

(1) 移动优先，视频直播，融媒交互，可视智能，全网传播，影响全球。

(2) 以策划竞争代替自然竞争。

(3) 头版封面化、编排模块化、新闻规模化、专题系列化、专版连续化、版式杂志化。

(4) 每天“三抓”：抓热点、抓大事、抓民生。三者中每天放大一个，没有热点就放大事件，没有事件就放大民生。所谓放大，就是做成“新闻导弹”，而不是“子弹”，并靠上靠前重点处理。

(5) 不仅要有本土视野，也要有区域、全省和全国视野，甚至全球视野。小报小台小网要立志办大事，不能“小家子气”，要多打大仗，多搞战役性报道。

(6) 集中一切力量抓精品，通过报纸、广播、电视、网络、短视频、微电影、原创歌曲等各种手段打造同名产品体系，形成一个新闻超级IP[①]。

版面篇

(7) 每期报台网全媒体要有一个爆款，每个版、每档节目、每个页面要有一个看点。

(8) 用规模制造眼球，用规模比拼卖点，用规模争夺用户。

(9) 给版面营造一个重点，没有重点，就没有中心，平淡无味。

(10) 时政新闻信息化、经济新闻社会化、社会新闻人情化、科技新闻生活化、服务新闻实用化、文化新闻大众化、典型报道个性化、外地热点本土化、理论宣传通俗化。

(11) 报上报下、线上线下、屏里屏外互为流量入口，同步联动，同频共振。

① IP，英文为intellectual property，原指知识产权，随着媒体融合趋势的发展，IP内涵逐渐扩展，其更多地指向基于粉丝认同的文化创意平台。

事件篇

(12) 价值很多，要找到新闻中存在的最大价值。

(13) 首发要“一炮打响”，发射的不是“子弹”“手榴弹”，而是“导弹”。

(14) 榨干吃尽，每次采访提交多文多图多视频，不给对手跟进的机会和空间。

(15) 人无我有，人有我优，人优我特。

(16) 独家新闻难求，新闻竞争前移，更多地靠独家策划而获取。以独特视角、独特观察、独特处理、独特观点、独特服务来实现新闻差异化。

(17) 报道不要做“一锤子买卖”，变新闻单本剧为连续剧，一追到底，产生可持续的价值。

(18) 新闻“陌生化”处理，给人一种“熟悉的陌生感”。

(19) 一个点上突破，伤其十指不如断其一指。

主题篇

(20) 先人一秒就是创新，快半步就是创新。

(21) 制造概念、制造热点、制造兴奋点。

(22) 大策划，要有排山倒海之气势，一波未平，一波又起，不断制造兴奋点和关注点。

(23) 大题要大作，按全体裁、多形态、跨时空方式设计报道。

活动篇

(24) 举办活动“三原则”：以活动养活动、品牌提升、拉动经营。

(25) 媒体卖流量、卖活动、卖牌子。

(26) 不停搅动你的受众用户，让他们处于亢奋状态。

(27) 策划不能只是制造、模仿，要有自己特色的东西。

(28) 对手有活动，我们不能按兵不动，应立即进行反制。

(29) 缺乏硬新闻时，媒体就要通过策划有影响力的活动，引起受众用户的关注。

(30) 活动组织成功不算成功，活动报道成功才是真的成功。要从活动中抓有价值新闻。

七、新闻策划的 12 个技巧

(1) 提升报道影响力，策划时要重点考虑增强媒体生产的仪式感，如举办出发仪式、采访分享会、成果交流会等。

(2) 关键节点，挑战极限，大手笔，大制作。如《北京青年报》迎接新千年策划，派“本报记者”奔赴全球 24 个时区发回报道。

(3) 尽最大可能一个节日、一个节点推特刊，举全媒之力，集全员之智，办好特刊，办出效益。

(4) 多设置一些交锋性较强的话题，亮出各方观点引起争鸣。没有争论和交锋的空间就没有看点。

(5) 对不合情理或不正常的新闻事实，不妨设疑，并努力追寻，或许有新的发现和收获。

(6) 新闻不再是只说事实，令人耳目一新的角度、观点和评论，才是赢得和留住中高端受众用户的“最后晚餐”。

(7) 无论是做新闻还是办活动，都尽可能实现报纸、广播、电视、微博、微信、微视、网站、户外 LED 联播网等的全媒融合传播。

(8) 反其道而行之，开掘“冰点”“盲点”，往往会发现“亮点”。

(9) 人家挖了“金元宝”，我们不能不管不问，要立即介入，后发制人，争取挖出“藏宝洞”。

(10) 策划不仅仅是策划活动，更要策划报道，由一条简单的新闻线索，进行发散性策划，做系列报道。

(11) 编辑要善于把同城报台网全媒体放在角落、弱化处理的新闻“做大”。

(12) 跳出“冰山一角”的报道模式，转型做全景式呈现。

八、如何推进和实施策划

一件事值不值得策划，价值判断是前提。策划之道，宏观为要。重大题材的策划，首要考虑时代性。

策划需要好点子，一个好点子可点燃创意的火花。然而，新闻策划不仅仅是出几个点子，而是整体思维、融合传播的系统工程，涉及信息捕捉、选题分析、组织架构、实施流程、人员协调、报道设计、发稿安排、效果评估等各个方面。新闻策划实质是创造性整合资源以达到最佳传播效果的过程。通过整合来制造影响力，影响受众用户，影响行业，影响社会。

策划是有套路的。下面的方法可助你快速掌握策划的精髓。

策划选题

很多报道推着推着就出现“肠梗阻”，问题出在哪里？在选题！

新闻策划首要的是提高选题决策水平。选题第一，采编第二。决策不当，一旦发布，覆水难收，就会对媒体产生隐性杀伤力。选题要从大多数人最关心、最迫切需要解决的问题切入。找到最动人的“新闻眼”、最撩人的“兴奋点”，是报道成功的关键。选题就是热点、焦点、关注点、期待点、需求点，抓到点上，才会与受众用户合拍共鸣。

美国著名心理学家弗雷德·菲德勒说：“一个普通人最感兴趣的是他自己，其次就是他的邻居。”一个人总是愿意看到那些与自己相关的新闻，包括职业、年龄、经历、地域、心理爱好等。我们搞策划做报道，都要从这些“相关”入手。

搞策划要有三个准备：一要掌握有价值的新闻线索；二要及时发现社会生活中的新矛盾、新问题、新动向、新事物、新现象，切准主流和大事脉搏；三要有思想的团队做有思想的媒体。

俄国作家果戈理说：“写作的人……要紧的是叫手学会完全服从思想。”他还说：“要用思想火花照亮你的素材。”新闻策划，真正比拼的是思想。即使做采访，先动的一定不是手，不是脚，一定先是思想。

往往有这样的现象：有时一推好几版、好几档、好多条，但让受众用户可看、可赞、可用、可说、可议的信息却很少。策划成了应景或交差。让受众用户看到我们的思想吧！全面问诊事实，深挖主题和细节，多做 2.0 版、3.0 版的策划。

大策划都是社长台长总编拍板，但中小策划和日常策划一般都是责任编辑、部门主任发起，值班总编定夺的。值班总编最重要、最难的就是决断。脑子清不清醒，要看信息搜集得多不多。拿不准的可吸纳别人的意见，但认定对的就应毫不犹豫地坚持下去，或请总编辑决断，决不轻易被下属旁言所惑所扰，因为下属所站角度和视野与值班总编还是有所差异的。

策划会

策划并不是空想。策划要群策群力。智慧在民间，要靠全员策划，人人都来出点子。每名采编经营人员要掌握一点“策划之道”。

采前会、编前会不是分食会，也不是值班总编的“一言堂”，而是“诸葛亮”会，是深度碰撞的创意会，是集中攻创每天重点的会。集中力量、集中版面、集中时段，每天做一个重点新闻，其他版面、其他时段都要为之让路。主任、编辑们先说，值班总编再来归纳升华。这样一来，记者的采访路径厘清了，报道思路厘清了，编辑的处理思路也廓清了。

重大项目要开专题策划会。譬如活动或报道，如何开始，如何结束，要达到什么效果，可能遇到什么困难，如何解决这些困难，在策划中应尽可能设想得多些，实际操作时遇到的困难也就小些。

工作中，我们深深地感受到做策划其实并不难，最难的就是思维打不开，新闻没想法。为什么没想法？因为我们陷入做也做不完的事务中。既要埋头做事，还要抬头看路望天。策划，走多数人走的路就是“死路”，闯出一条新路来，换个角度就会看到不一样的风景。

策划会就是脑力激荡。美国人奥斯本发明的“头脑风暴法”，即多人自由畅谈，点燃激情，不论对错，不许打断和反对，让大家一起享受想象的快乐。好的策划往往要来几轮头脑风暴会。有些策划是眼前闪过的一道灵光，立即抓住则大放异彩。交流产生火花，让创意活水奔涌不息。交而未流，难有激荡。

须知，一次策划会要弄清“七个一”（见图 1–3）：一针见血（选题对准哪个方面、哪个点）、一线串珠（报道的主题、主线是什么）、一网打尽（主线下有几大活动支撑，设计一个主活动多个小活动）、一脉相承（考虑连续报道、活动互动、深度报道、专访对话等全体裁、全媒体）、一气呵成（报道的时机选择与节奏控制）、一柱擎天（报道的思想性与高端性在哪里）、一鸣惊人（报道要达到什么样的效果）。

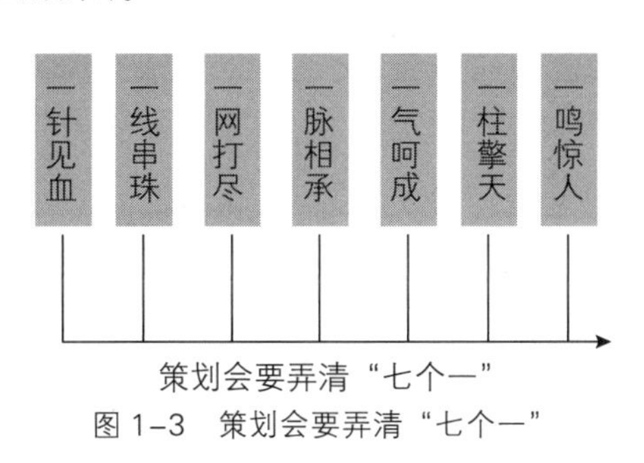

图 1–3 策划会要弄清“七个一”

策划方案

重大主题策划，先要有详尽的方案，然后就是大刀阔斧地推进云案的实施。

办报办台办网办新媒体，需要动脑子、勤思考。领导要给下属更多、更大的思考空间。总编或值班总编是方案的总策划人、总把关人、总督办人，主任或责编是策划案的第一提交人、第一落实人。逐级呈报，修改完善。

我们根据自己多年撰写策划方案和举办各类新闻活动、经营活动的实践与体会，梳理了一套原创性的策划方案撰写心法，以供参考，具体如下。

(1) 方案设计要着重体现报道的“七度”，即准度、广度、高度、热度、强度、亮度、深度，如图 1–4 所示。

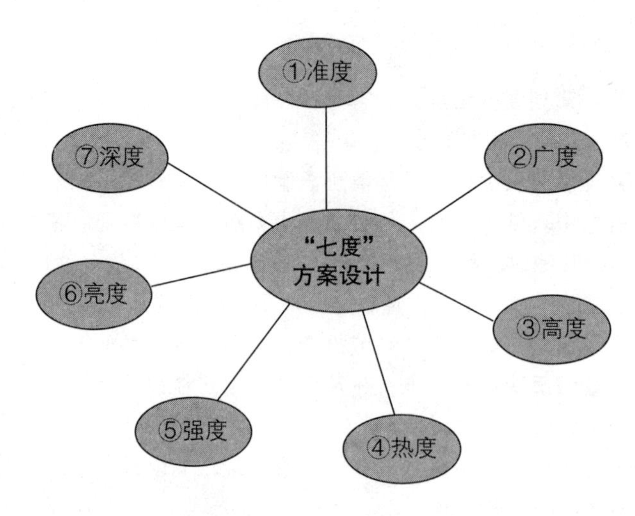

图 1-4 "七度"方案设计

(2) 一个大型报道的实现路径可概括为"七部曲"，即预热、起步、中盘、纵深、高潮、升华、收尾，如图 1-5 所示。

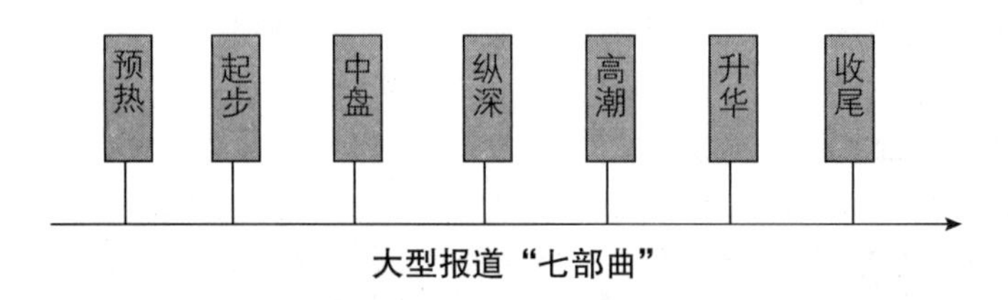

图 1-5 大型报道"七部曲"

(3) 一个完整的新闻策划流程应至少包括 7 个环节(见图 1-6)：①选题讨论；②拟订方案；③选题申报与修正；④实施准备(力量配置、分工部署、经费保障、辅料制作等)；⑤精采精编；⑥全媒推送；⑦反馈评价。

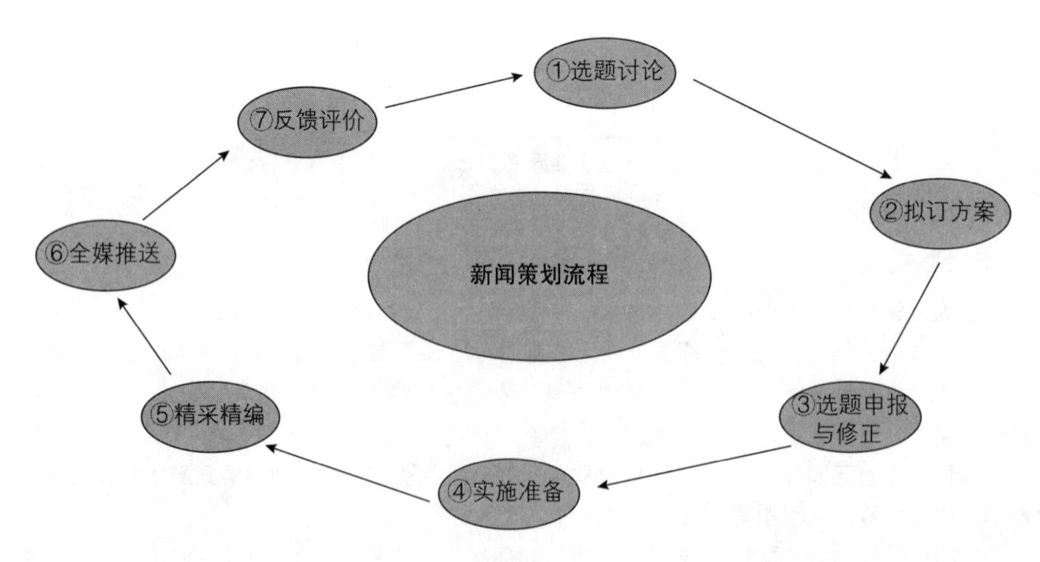

图 1-6 新闻策划流程

(4) 一份完整的报道策划方案应至少包括 7 个部分(见图 1-7)：①策划背景；②目的意

义；③框架结构（阶段设计）；④报道模式（专栏设置、体裁设计、深度安排、互动体验等）；⑤发稿安排；⑥专班分工；⑦报道要求。

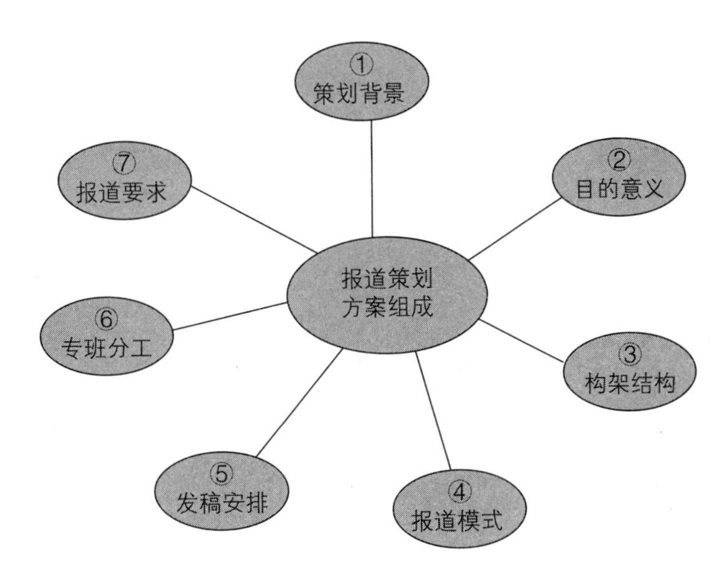

图 1-7　报道策划方案组成

(5) 一份完整的活动策划方案应至少包括 7 个部分（见图 1-8）：①目的意义；②举办机构（主办方、协办方、承办方）；③活动框架；④活动流程；⑤专班分工（活动专班、报道专班）；⑥实施举措（招商、保障、应急）；⑦发稿安排。

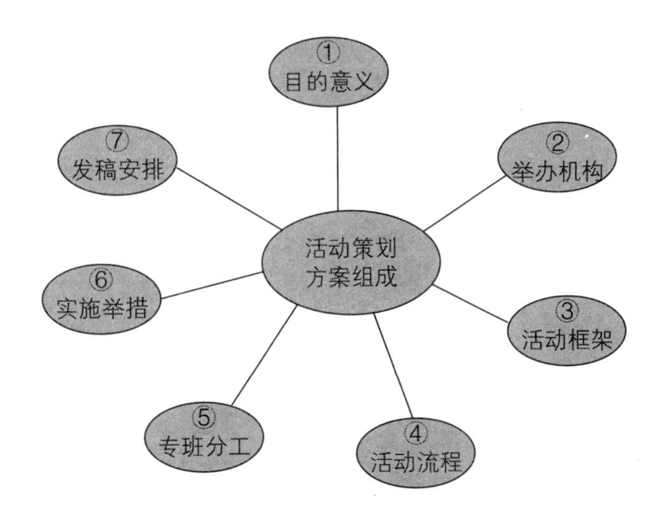

图 1-8　活动策划方案组成

思路决定出路，结构决定结果。一个新闻项目的策划结构，分三个层次：大结构就是一个项目的整体安排，中结构就是版面、页面、时段的结构，小结构就是单个报道的结构。

做策划就像放风筝，既要善于“放”光芒，惊艳登场，稳健起飞，高空蹁跹，也要懂得“收”锋芒，不疾不徐。做策划犹如钓鱼，既要善于抛出报道“诱饵”，放长线钓大鱼，还要能把鱼儿拉上岸。多数中小报道就像扔进河的一个个“石子”，激起阵阵涟漪即可，而大型报道则要做“回环闭合”结构设计，起承转合、巧妙衔接、波澜起伏、收放自如。

年年搞的媒体品牌活动，每次都应精心设计方案，不可凭着感觉走。比如，活动开幕介

绍到场领导和嘉宾，竟遗漏了重量级领导，你叫领导做何感想？领导上场秩序、站场位次都要精心设计并彩排。领导和代表讲话，站在哪里讲？要有专人导引。讲些什么？讲话稿要统一归并审定，因为有的领导或发言代表可能会偏离主题，漫无边际地乱说一通。主持人站在哪里？也要设计，不能抢位，抢了领导的位。现场氛围营造如何做到隆重简朴热烈？活动方案均要做到周密细致，滴水不漏，难挑毛病。

有些人喜欢把方案挂嘴上。走一步算一步，脚踩西瓜皮，滑到哪里算哪里。这样没有计划地推，报道极易走样变形，甚至有头无尾。面对突发事件，即使抢时间抢发稿，也要有一个粗略的方案或大致的思路，实施过程中不断修正，视新情况调整完善。

策划执行

策划打天下，执行定乾坤。一个大型报道能否成功，关键在于能否策划到位，能否执行到位。纵使方案如天仙，如果执行不力，也会花容尽失，无人侧目。“到位”即我们要知道自己在做什么，怎么做，想达到什么效果。

华中科技大学教授、大学教材《新闻策划》作者赵振宇博导说：“要建立编辑主导的报道机制。”他指出，编辑主导策划，出思想，出计划，出采访路线，记者去给跑回来，编辑加工做标题等。

对此，我们深有同感。其实，策划的源头在编辑，策划的关键在主任，策划的核心在总编或分管总编、值班总编，策划的落实在记者。赢在中层，作为承上启下的主任们，其核心工作就是“四抓”：抓项目、抓策划、抓方案、抓执行。以项目为抓手，用策划激活团队、激活版面、激活媒体。

全媒体编辑要具备一体化策划能力。从发现线索，分析价值，预见效果，到设计采访切口、报道体裁，再到选择报道对象，操控报道节奏，确定发布终端，编辑介入在记者采访之前就已开始，而不是等记者交稿之后。我们认为，编辑起着核心作用，灵魂作用。只有编辑指挥记者作战，才能找到适销对路的“活鱼”。从这个角度上讲，传媒编辑的角色还应定义为新闻策划“指挥官”。所以，编辑的“新闻预见力”要格外强。预见新闻并提前到达那里，经验比精力更重要。

策划方案达成共识后，就需要卓越高效的执行力来保障项目顺利实施。执行力就是抓落实，落实决定项目成败。换言之：想好就搞，搞好就发，片刻迟疑或“好心”迁就，都会贻误战机，令媒体被动。

综上所述，我们得出结论，新闻策划是一项复杂的系统工程，各块之间绝不是分割的独立单元，不只是动点脑子耍点嘴皮，而是要将美好的蓝图变成璀璨的现实。从这个意义上讲，新闻策划也是一个管理问题。譬如上下左右沟通协调、力量的调配、人员的分工、监督与检查、激励与考核、化解责编与美编理念差异、编辑部内外的沟通协作等，这些都属于管理上的问题，但直接攸关执行效果。越是发展全媒体，越要重视精细化管理。所以，一个优秀的新闻策划人，不仅要精通新闻业务，还要懂得一些管理之道。每个记者要自我管理好新闻线索和人脉资源，每个编辑要管理好版面页面，管理好项目和供稿团队。

过程检查尤为重要，可以说关系项目的生死、优劣。新闻策划人还是“项目管理人”，要对所负责活动或报道进行全过程监督、检查指导。值班总编、主任、责编要随时检查项目进展情况。大的项目总编要亲自过问，纠偏、调整、加派力量。大的活动要多次彩排，查细节，找纰漏，总编还要实地检查督导筹备情况，一项一项地梳理。

没有执行力，就没有竞争力。有了力，才有气。执行的关键在于细节管理。天下大事，必作于细。细节决定成败，细节决定生死。郭台铭勉励富士康员工：胸怀万里，心细如发。在报台网全媒体同质化越来越严重的今天，精耕细作是制胜的法宝。

执行的最高境界是创新。按照领导和策划方案去办，只能把事情做对，但很难出彩。用心去做，注意细节才能把策划做精致。追求极致，不断创新，才能创作出令人拍案叫绝的佳作。

九、策划中易出现的问题

有些策划方案粗制滥造，“实施安排”不周密不精细。发稿安排应细化到每一天、每个版、每条稿子、每张图片、每个视频、每个人，否则执行中会找不到责任人，到时就“拉郎配”。

有些报道起了个头，慢慢地“煮”成“夹生饭”；有些报道不了了之，中途夭折，成了“烂尾新闻”；有些活动则“雷声大雨点小”。

查找出现这些问题的原因，发现有：策划流于简单化、流于肤浅、流于应付，监督检查不力，工作交接断档，采编处置不当等。

之前想得不清楚，之后就是虎头蛇尾。我们想着开始一场大型报道或活动时，就要想着如何风光收尾。

减版减量必须精采精编。有的主任喟叹部室没有几个人，做不了大策划。2006 年，我负责《三峡商报》新闻策划部，当时策划部只有两个人（一个主编和一个记者），但我们的策划数量和 A 等质量月均都是最高的。我的体会是：兵不在多，而在于精；将不在广，而在勇。一两个人也可作出大策划大报道。

由你部室提出、设计方案，但执行并不限于所在部室，而应放眼全社全台全网，从各部室抽调精兵强将，组成项目组。经常性地这样锤炼自己，你就会具备操控大阵仗、大团队、大项目的能力。

执行过程中往往会遇到很多始料未及的困难。考验团队要执着坚定，迎难而上，着力排解难点。遇到困难时要善于借脑、借力，向上借，向外借，向旁部门借。大策划尤其要争取社长（台长）、总编的支持，这样可以获得巨大的资源，即思想支持、力量支持、经费支持、版面时段支持等。当执行犹豫不决时，策划者本人要清楚路在何方，心中有数，执行者才会勇往直前。

搞策划，要有丰富的想象力、执行力和坚持力。好的策划，好的经验，要坚持、坚持、再坚持。好的报道要储存报道模式，好的题材和模式要固化下来。每个人都要挖一口属于自己的井，年年都挖那口井，才能挖出永不干涸的甘泉。好的东西要一抓到底，反复抓，抓反复。

任何一个职业从事久了，难免会生出倦怠感。如何消解策划惰性、策划僵化？管理者可以从两个方面着手，一是引入竞争激励机制，二是打造学习型创新型组织，这样可让团队和个人永葆策划活力。

以上关于策划的探讨，只是我们的一点浅见。

办报、办台、办网、办新媒体，实质是一个系统策划与执行的过程。无论是一个版面、一档节目，还是一条报道，都需要做系统性的思考。只要我们把思维的触角延伸到平常难以企及，即看不到、想不到的地方，只要我们比对手想的多一点、长一点、精一点、深一点，就一定会天天打胜仗。

若用一句话概括本书的主旨，即：改变我们的思维模式，改变我们的生产模式。

策划不是万能的，没有策划又是万万不能的。策划并不能“包医百病”，并不能立马让新闻鲜活起来。对“新闻大厦”而言，“骨架”（形式）与“装修”（内容）同样重要。新闻

单位的特点就是“新”，传媒人必须站在时代的前沿，用最新的思想理念、最新的办法解决新问题。

中国特色社会主义进入新时代。我国社会主要矛盾已经转化为人民日益增长的美好生活需要和不平衡不充分的发展之间的矛盾，传媒应坚持以人民为中心的发展思想，加快从信息传播向价值传播转型升级，共建和呵护人民美好生活，更多发掘“美”“好”新闻，更好满足人民对美好生活的需要。党的十九大以来，《人民日报》关于人民生活幸福感的提升和对美好生活追求的报道明显增多。新闻策划的最终落脚点还是新闻本身，内容永远为王，坚守新闻初心，把每条报道、每个版面、每档节目、每家媒体办精彩。

接下来，本书对日常新闻策划做了精细的梳理与审视，既绘出了各类新闻实战最棘手的报道“框架”，也提供了大量做深做透单个新闻的切入点和详细路径，也将新闻与经营策划有效协同，有助于你快速轻松驾驭新闻。

第2篇 节日新闻策划

节假日，国人放假，但多数报纸没有放假，电视台、广播电台、新闻网、新媒体更是天天要播发新闻。真可谓“人可放假，新闻不放假”。然而，节假日却是新闻的淡季。因为各类公务活动和公司活动减少，人流、物流、信息流、资金流、商务流均不再活跃，新闻报道受其影响容易呈现淡季的疲软态势。

“这两天没什么好写的。”节假日闹稿荒，新闻“淡”得让人不安，“淡”得令人心焦。

我们唯一要做的，就是想法子使报台网全媒体淡季不淡、淡中求旺。

节假日报纸都会减版，但本土新闻版还有3个以上；电视“新闻联播”从来都是30分钟；新媒体无时无刻不在推送。如何拓宽节假日期间的稿源？唯有策划，无中生有的策划。

面对一个节日，报台网全媒体如何开一次花，结一次果？如果每逢节日，报台网全媒体都开花结果，就会形成一种策划的常态。

我们的经验是，特定的节日、假日以及五花八门的纪念日，都要做应景策划。全媒体尽量提前出特刊专题，将经济价值开发到最大化，不是“临时抱佛脚”，想到哪里搞到哪里。

坚定文化自信，要聚焦本地传统节日及相关传说起源地的节日活动，要特别重视对春节、元宵、清明、端午、七夕、中秋、重阳等传统节日的报道策划与活动举办，展现节日习俗，挖掘文化内涵，培育家国情怀，让传统节日成为爱国节、文化节、道德节、邻居节、文明节，推动传统节日更好地走进人们生活、浸润人们心田。

节日年年过，捕捉新亮点。可关注节日新气象，发掘新事新风尚，如关注街巷里弄社区文化活动，关注吃、住、行、游、购、娱等热门行业动态，以及假日经济的思考。

媒体之间节日报道的暗战与较量，更多地体现在对零碎新闻的整合处理上。通过策划，化零为整，达到整合出规模、整合出影响、整合见功力、整合现高低的奇效。

第1章　元旦新闻

1月1日，是新年第一天。国家规定，元旦放假三天。元旦小长假，忙碌了一年的人们都会放下手头工作，放松心情。

记者没有放松的时候。记者是要求24小时在岗的职业。和多数行业不一样，记者永远在奔跑，永远在思考。放假了，这三天的报台网全媒体如何办，尤其是本土新闻何处有？实际工作中，每每遇到双休或放长假，负责本土新闻的责编、部门主任、值班总编常常会遇到各种挡箭牌，如“(省)市直部门都放假了，没有线索，没有新闻”。

记者糊弄编辑，编辑糊弄主任，主 任糊弄值班总编。无论怎么糊弄，报台网全媒体终究是不能开天窗的，这是底线。球又踢回到记者这个原点。

难道真的是“巧妇难为无米之炊”吗？

报台网全媒体还要办，还要继续努力办好。怎么办？着力点在哪里？在策划！

一、策划要点

关键词：新

辞旧迎新，喜迎元旦，报道突出“新”。新年新气象，如本土籍各路明星都有什么喜讯等。新的一年，各地城市和乡村又会有什么新变化，又有哪些大事值得期待、值得挖掘。

关键词：收官

元旦是新的开始，也是过去一年的结束。总结过去，展望未来。12月31日，省市区各地财政零点结算情况如何，各行业各单位盘点业绩如何，这些都是很好的线索。

关键词：欢乐

元旦，突出“欢乐”。欢乐是永恒不变的主题。报台网全媒体上要有快乐的符号，甚至全套大红，主持人出镜着红装。

12月31日，跨年狂欢迎新年。很多城市会举办元旦长跑活动。刊头主题可拟诸如“奔向2022”“为爱奔跑”等。

元旦前夕，关注本土大中小学校和幼儿园的喜迎元旦活动。

元旦，很多新人会选择在这一天走上红地毯。1月1日还是全国冬泳日。这一天，直播“泳”往直前，冬泳爱好者渡江迎新年。

关键词：祝福

迎新祈愿，拥抱新年。街头海采移动直播普通市民的新年愿望。如深圳《晶报》在2011年1月1日邀请11位市民畅谈新年愿望、新年梦想。讲他们在过去一年中的收获和感动，新的一年有什么期待，如此可做一两个版。

華西都市報

四川日报报业集团主办 华西都市报社出版

责任 新锐 主编 2012年1月1日 星期日 农历辛卯年十二月初八 今日16版 国内统一刊号CN51-0030 第6134期 华西都市网:www.huaxi100.com

2011年度致敬人物特别奖
广元安区人民诚信还贷群体

致敬 2011

华西都市报
2011十大年度致敬人物
颁奖典礼昨日举行

华西圆梦基金
现场捐出万元 资助癫痫女孩

央视名嘴张泉灵
诚信还贷群体 让我热泪盈眶

文艺评论家何开四
致敬人物评选 提高道德力量

P02

2011年度致敬人物烈士刘先东 杨磊
战友为其领奖

吴建明 2011年度致敬人物
安康妈妈 2011年度致敬人物

致敬人物王森 未婚妻为其领奖

曾广辉 2011年度致敬人物

廖林 2011年度致敬人物

致敬人物周厚隆 学生为其领奖

许尚峥 2011年度致敬人物

王宗慎 2011年度致敬人物

魔码一下

靳建中 2011年度致敬人物

跨年血拼
67家卖场开到凌晨
P03

跨年晚会
天王天后纷纷出动
P04

华西周末·星期天
光绘2012

王福耀吴泽刚杨克宁分别当选阿坝州人大常委会主任、州长、政协主席
P03

备战魔码春晚
中粮地产"露一手"
P05

省气象台预计,2日到4日我省有一次降温降水天气过程,气温累计下降4到6℃

大雾袭川
12条高速封闭
P04

启航 2012

张艺谋
为本报读者题词
祝"新年快乐"

P05

《华西都市报》的读者朋友
新年快乐!
张艺谋
2011.12.31.

那英
跨年演唱会
为本报读者圆梦 祝生日快乐
P06

魔码一下 P06

扫魔码刷和信通卡
苏宁买家电 千人享优惠
今日扫任意魔码 赢南湖梦幻岛门票
那英演唱会精选图集

达陕高速 局部通车
预计今年3月全线贯通
P03

质检总局发布通告
蒙牛未新发现 黄曲霉毒素M1超标
P07

华西都市报恭祝读者朋友们

新年快乐 阖家幸福

今日成都市区 5℃~10℃

24小时报料热线 028-86969110

本期定价:1元

2012年1月1日《华西都市报》版面元旦专题

二、实战心得

【元旦前夕】

聚焦各大商场的促销举措，反映城区新貌，以及报道各地各部门迎新年的新举措、新行动。

◎对城管拆违、环卫清扫、市场打假、添新公交、外贸货轮新出口、旅游新景等做整合报道;

◎关注交通出行安排，如《元旦期间公交延迟收班》;

◎娱乐版可聚焦各卫视“跨年大戏”，收视预告及当日播报，打探本土元旦文化活动。

◎在本地标志性地点，搞全媒体直播迎接新年第一缕阳光。

【元旦当天】

这一天，各媒体要刊发“本报(台、网)新年寄语”或“编辑部的新年献辞”。总结过去的一年或者过去的岁月，向朝夕相伴的广大粉丝汇报媒体发展的情况，媒体未来的规划和打算。有的媒体也会在这一天实施全新的改版，以崭新的面孔迎接新的一年。

这一天，头版头条是国家主席发表新年贺词新闻，用贺词金句当主标题。

这一天，头版大照片一般是欢乐图景，如《万人热舞迎新年》。

这一天，体育版可发布新的一年国内外及本土重要赛事。

这一天，国内版可刊发“元旦起这些政策将影响我们的生活”。

这一天，国际版可聚焦全球各地跨年盛况。

这一天，摄影记者眼里的“最后一天”。12 月 31 日夜，记者用镜头记录市民迎接新年的欢乐图景以及城市地标美丽夜景，用视频影像定格各地迎新盛况。

元旦前后，各地各大卖场都会掀起购物热潮，销量、营业收入和平时比情况怎么样？商务部门通常会有统计数据，各大卖场商厦也会有数据。做报道，关键的不是经济数据的罗列，要抓住人们抢购的现场，要有火爆的故事、生动的特写、经济数据背后的分析，折射出当地经济发展、民生幸福。

如《元旦阴雨绵绵 商战热气腾腾——商报记者现场“播报”元旦见闻》，这是一个守势的新闻。当我们没有稿件或稿件不够时，可这样主动策划，组织记者写稿。见闻，关键要落在事上。

【经典案例：2011 年 1 月 1 日，《楚天都市报》推出“香满江城”郁金香种植大赛，与武汉植物园共同举办，旨在“让幸福像花儿一样常伴您左右”。在 2011 年第一天，5000 个郁金香种球，送到 1000 户居民家中。《楚天都市报》派出多路记者深入武汉市民家送郁金香。这其实是一种很特别的报纸营销和品牌提升活动。**】**

【元旦次日】

元旦假期，人们是如何度过的呢？如《卖场扫货 影院跨年 婚宴赶场 高山滑雪(引)探亲访友多彩元旦，市民“嗨”着过(主)》。《三峡商报》派出多路记者打探市民度假生活，组合稿有：《购物：“折”声一片，抢购防寒衣物》《旅游：神农架滑雪受热捧》《娱乐：影迷齐聚跨年影院加场忙》《餐饮：婚宴唱主角，有人赶场忙》。

这些稿子具体应该怎样写？

(1) 写婚庆：元旦结婚多，影楼乐开怀。婚宴扎堆，一天多少场？婚宴一桌多少钱？酒店一天婚宴收入可达多少？婚庆公司元旦三天小长假共接多少婚礼，婚礼主持人有多忙？婚庆市场蛋糕有多大？整体是什么趋势？

(2) 写消费：卖场销售情况，哪些东西最火？哪些商品降价最大？人们花钱大方还是节省？

(3) 写出行：水陆空铁公交地铁客流么样？如《寒风冷雨算个啥？三千人元旦登黄鹤楼》。

(4) 写游乐：公园、景区、图书馆、博物馆等人流情况，和往年同期相比有何变化？

(5) 写新颜：腊梅花开，城市新景。

元旦报道，要重点在“新”字上做文章，突出开门红，如宾馆饭店宴席爆满，餐饮业新年开门红。

可关注元旦表情，如聚焦整理全球或本土悲喜、惊险、惨痛、新奇稀罕之事。

【元旦结束】

统计各地假日办公布旅游人数及旅游收入等数据，并做当地景区接待分析。盘点水陆空铁运输情况、120急救、社会治安、消防火灾、12315、图书馆等情况，如《元旦期间菜价小幅上扬》《东南方向航班犹如“空中巴士”》。

如此，在其他新闻欠缺的情况下，可重点策划消费盘点。

第2章　腊八节新闻

农历十二月俗称腊月，农历十二月初八即“腊八节”，亦称“腊八”。在这一天，喝腊八粥是全国各地老百姓最传统、最讲究的习俗。史上曾涌现出一大批专为“腊八节”而创作的诗词作品。

对“腊八”这样沉寂太久、被国人遗忘的传统节日，重拾并张扬之，是传媒义不容辞的责任。报台网全媒体既要做先进文化的引导者、传播者，也要做中华优秀传统文化的抢救者、保护者、传承者和弘扬者。

一、策划要点

关键词：喝粥

腊八到，粥飘香。庆腊八，煮甜粥。按照传统习俗，腊八节都要喝上一碗腊八粥。喝腊八粥已有千年历史，报台网全媒体可链接“腊八粥的典故”“腊八民谣”。

腊八将至熬粥忙。报道粥店、餐厅让市民免费品尝腊八粥善举，如《社区欢度腊八　传递邻里温情》。直播各地寺院普施“腊八粥”，此乃“粥香袭人，福慧双至”，如《3万人排队喝腊八粥》。

关键词：粥文化

◎地域特色：全国各地腊八粥所用材料各有不同，争奇竞巧，品种繁多，可解读之。

◎健康题材：腊八粥并非人人适宜，选购食用都有讲究，报台网全媒体可请本地著名中医讲解；还可请巧妇或名厨授腊八粥熬法技巧；新媒体可拍短视频。

◎放心消费：报道执法人员查处问题散装八宝粥情况，让人们放心喝粥；报道超市卖场五谷杂粮专柜，人气节节攀升；聚焦腊八粥原料涨价，罐装粥热卖。

◎节日差异：对很多年轻人而言，“腊八”与往日并无多少差别，中老年人则更注重感受腊八节的气息，可做话题讨论之。

关键词：爱心

俗话说：“腊八腊八冻掉下巴。”腊八也是一年中最寒冷的时候。短视频讲述“过了腊八就是年”的民间说法。腊八这天大家要吃腊八粥，泡腊八醋，正正式式地过一个腊八节。

与人为善，奉献爱心，如《腊八热粥　情暖老人》。从这一天起，各地寒冬腊月送温暖纷纷展开。报台网全媒体的温暖品牌活动要高调启动。腊八粥熬出浓浓亲情，“腊八粥，爱的味道。”报道有关单位给福利院孩子和敬老院老人赠粥。温暖送给孤寡老人，给他们送去御寒衣服和食品，一起欢度“腊八节”。

腊八粥传递城市温度，如《武汉晚报》联手金泉书院等开展街头公益施粥；《荆州晚报》与商家搭建“爱心棚”，设“奉粥台”，邀市民免费品尝。

二、实战心得

中国古代，“腊”是一种祭礼，“腊八节”是一个祭祖祈福、寄托人们美好愿望的节日，

“腊八粥”也叫“福寿粥”“福德粥”“佛粥”。

腊八节报道，要主打“亲民”牌。下面是一组好标题：《明天腊八节　一起来做粥》《腊八节我们一起喝粥》《今天，喝碗腊八粥祈福》《腊八节：民工兄弟　请喝一碗粥》《动物腊八节大吃特色八宝饭》。

腊八节推“腊八粥施粥指南”，方便市民就近取粥，详细公布本地免费派发腊八粥的地点和时间，展现本地市民红红火火过腊八。

传统节日的深度思考。西方节日，因为不断注入新元素，加上商家的营销炒作，逐渐成为一种时尚，被年轻人热捧，而中国传统节日在题材挖掘、创新等方面还不够，缺乏宣传，被国人淡忘。“为何年轻人认同度不高？”“向西方学习，怎么捧红我们的传统？”报台网可采访本地民俗协会会长等，阐释腊八节的来历、传说和习俗，以期引起人们的关注。

拍摄视频影像，捕捉人们喝粥时开心、喜悦的表情。

第3章　春节新闻

元旦过后，春节一天天临近，市场格外热闹，年关新闻可围绕过年、回家、送温暖等做文章。年后，踏上新征程，以新姿态新追求迎接新春天。可重点报道各地谋划发展大计、围绕新目标转换新理念、推进重大项目。

一、策划要点

关键词：年货

打年货，是过年的重头戏。这些年，中国食品行业“病”得不轻：大头娃娃、三聚氢胺、瘦肉精……食品让人格外不放心。如何置办放心年货，家家户户都关心。比如，《羊城晚报》新闻摄影《瘦肉精事件》获中国新闻奖二等奖。

年关近，报台网全媒体要主动介入，因势利导，引导群众放心消费。走街串巷看年货，看出变化。可推出“年货监督台”系列报道，移动直播市场执法人员检查年货，曝光假冒伪劣产品。

开辟“记者陪您打年货”专栏，直播年货新花样，请“老买手”传授各种年货选购技巧，如“专家教您几招选腊肉”。

一些报台网联合商家举办“年货节”，策划“看大戏，赶大集，打年货”活动，绘制“年货地图”，推荐展示“放心年货”，出版《新春年货大集》特刊。

关键词：年味

元旦过后，年关逼近，年味渐浓。腊月廿三、廿四小年前后，报道如何体现浓浓年味？可用视频影像“迎春”，抓拍公园、街头、闹市、饰品店颇具特色的迎春符号，拍摄批发市场选购春联、红灯笼的场景，定格那一张张欢快的笑脸、一盏盏耀眼的红灯笼、一副副喜庆的春联，以及那欢庆的秧歌、盛世的腾龙。可策划推出《年味》系列创意视频。

【**经典案例：**湖南广播电视台纪录片《湘当韵味·年味》获国际传播类中国新闻奖三等奖。作品以“年”为轴，以“味”为线索，细数传统手工美食背后，那些被现代人忽略却始终源远流传的团圆风俗。记者们用美食地理去描摹湖南村落的质朴风情，用年味习俗勾勒出湖湘文化的人文情怀。一道菜一个故事，中国人对文化传统、家族观念、生活态度与“故土难离”的细腻表达，都在简洁流畅的画面、精练有力的旁白、食物最原始的状态记录中娓娓道来。】

关键词：回家

春运，每张面孔都写满回家的渴望。无论在哪里过年，家都是永远的守望，永远的牵挂。有钱没钱回家过年，报台网全媒体可做有关“回家”的新闻和街头同题海采话题或直播。

全媒体可推《春运自驾疏导指南》，发布全国各地车流情况及旅游消费看点。

关键词：经济

(1) 关注本土特色年货。透视本土腊货市场，如《宜昌腊肉品牌为何“叫不响”？》，其报道模式是：①现状；②调查；③瓶颈；④建议。

(2) 扫描本土年会市场。直播本土各大公司特色年会，剪辑年会最精彩片断，推出短视频，引爆舆论。最惊爆的年会奖品有哪些？哪些行业年会最出彩？全媒体探讨创意年会该如何办。

(3) 挖掘本土生肖经济。生肖金银玉石饰品、生肖挂历日历台历……都会受追捧。如兔年，兔子热，养兔热，吃兔肉热。

“节”到了，“省”才是硬道理。本地各服装市场年末清仓甩货，可策划“带你节前扫货大直播”，帮粉丝用最实惠的价格淘最完美的过年新装。

关键词：安全

年底是骗局偷盗高发期，除了报道典型个案，可集纳各类年终高发的诈骗、盗抢等案件，一一请公安、金融、消协等方面专业人士揭秘，传授防范招数。其报道模式是：①案例；②剖析；③支招。

年关临近外伤多，可到急诊科里找新闻；也可暗访烟花爆竹违规售卖，关注娱乐场所、重要宾馆酒店以及卖场、市场火灾整治；还可关注农村熏腊肉引发大火的事件。

二、实战心得

春节前后新闻，从素材来源上讲，呈前多后少；从采编难易程度上讲，呈前易后难。纵使线索再少，采编再难，也有规律可循。

【年关新闻】

年关给困难群众送温暖。报道当地党委政府慰问困难群众的行动、举措，如《“给您拜年！”（主）市领导慰问城区市民（副）》。

寻“年”尝“年”。《打年货喽！》，用视频影像反映市民打年货；《吃年饭喽！》，从农历小年起，直播社区百家宴、千家宴、万家宴。

说说寒冬里的暖心事，捕捉迎年善举。如《连续十二年请吃团年饭》报道省农科院七旬研究员自掏腰包办宴席，座上宾客是留守农民工和社区低保户。

一份年货、一份祝福、一份爱心、一份期许、一份牵挂。

【**经典案例：**《三峡商报》2011 年举办“万副春联送市民”爱心活动，组织本土书法家为市民写春联，纸张、奖品等由商家赞助。先征集“原创春联”，发动广大市民编春联、说春联、话春联、写春联，集中刊登一批，供全市群众选用。再邀请大书法家，组织小书法家——小记者现场写春联。既是墨香润城，传统回归，又是书写大爱，传递爱心。】

免费送春联、送全家福活动不仅可在城区中心广场举办，还可深入到各社区一场一场地办，方便社区居民就地领取。

让年洋溢爱心。全媒体发起“爱心家庭邀贫困生共度新年”活动，总有一批外地在本土求学的大中专贫困学生和留守儿童不能回家，媒体可策划活动，帮他们过个快乐年。

爱心年夜饭，温暖特困户。《晶报》策划“为特困家庭送年夜饭”活动；《京江晚报》策划“爱心年夜饭”公益行动，2018 年募集爱心善款 43.56 万元，1485 个贫困家庭过上舒心年。

亲人盼团圆，如《妹妹疑患重病离家失踪，苦寻未果的哥哥托本报带个话——（引）小妹，全家人都等你回家过年（主）》。

他们还好吗？春节来临之前，回访即将过去的一年被本媒重点报道的那些新闻人物，听听他们被报道后的生活变化、对春节的打算、过年的过法、新年的愿望。

报纸推出《春节服务全攻略》，涉及用水、用电、供气、天气、交通、特产、健康、加油、购物、住宿、团年、健身、嗨歌、旅游、观影、读书、展览、导视、找工、祝福等，解读如下。

(1) 出行篇。刊发水陆空铁春节重点线路班次信息、公交春节营运方案。

(2) 话题篇。如何科学发年终奖？探讨过年囧事，如租个女友回家过年。

(3) 健康篇。提供本土各大医院春节门诊安排。

(4) 团年篇。过年找什么样馆子团年？直播名厨教你做团年宴，短视频播放“专家推荐的春节最‘刮油’的食物”。

(5) 找工篇。提前打探新春招聘会，把本土各地大型招聘会用表格罗列出来。

(6) 玩乐篇。春节去哪玩？推春节游玩指南，如《在川过年 159 个“耍点”看过来》。

(7) 体育篇。春节期间全国全球重要赛事预告。

(8) 明星篇。明星大拜年，全媒体策划让本土籍明星拿一些有中国年味的“福”字、“大吉大利”、“恭喜发财”等条幅拍摄视频影像，把明星的搞怪、亲切等通过造型、服装、姿态表现出来，营造轻松、快乐的年味。关注本土籍明星登央视春晚情况，短视频播发其新年祝福。

(9) 祝福篇。过年是乡音乡情表达最浓烈的时候，可推本土“方言大拜年”H5。新媒体携手商家开展给粉丝送福利活动。新编辑部亮相，通过视频影像“晒”记者们的拜年情景。

过年放假前的最后一期报纸头版要有“敬告读者”，把出版安排预告公众。

【过年特刊】

很多报纸放假前推过年特刊，如“春节消费特刊”或“春节 7 天乐”特刊，将春晚、电影、电视全景呈现。将与过年有关的新闻、趣闻、轶事、典故、故事一网打尽，特刊取名有讲究，如虎年特刊《虎虎生威》，兔年特刊《宏兔大展》，龙年特刊《龙行天下》。

下面是一份特刊模板，供参考：

①春晚篇（央视春晚大戏）；②影院篇（本土院线档期）；③综艺篇（全国各大电视台著名综艺节目）；④演艺篇（本土歌舞剧团档期）；⑤荧屏篇（台网热门电视剧）；⑥健康篇（春节本土门诊信息、健康养生指南）；⑦情感篇（如“两头都是妈，该回哪个家”等话题）；⑧习俗篇（本土过年民俗）；⑨明星篇（本籍明星过年活动安排以及给家乡人民拜年祝福视频）；⑩阅读篇（推荐几本最适合春节看的书）；⑪新车篇（买辆新车回家过年）；⑫赛事篇（过年期间全球重大赛事看点）；⑬年饭篇（名厨推荐团年美食）；⑭馆子篇（城区过年不打烊的餐饮酒店大全）；⑮出行篇；⑯安全篇；⑰理财篇；⑱玩乐篇；⑲出游篇；⑳购物篇。

【过年期间】

春节期间，多数报纸停刊，但电视、新媒体不歇。这个时候，是各新媒体比智慧、拼创意、晒技术、亮成绩、出作品的大好时机。可以策划媒体或各单位拜年短视频，开展抢红包送流量活动，聚焦各地民俗文化。除此之外，还可抓住春运、回家、团圆、坚守、春晚、祝福、年味、新风、期盼等关键词，推出系列报道或短视频节目。

【**经典案例：**央视财经客户端、央视财经微信公众号推送的《幸福照相馆》H5，获新媒体创意互动类中国新闻奖一等奖。采用腾讯天天 P 图的“多人脸融合”技术，通过全家福影像记录改革开放 40 年来的巨变，制造春节的浓情蜜意，为更多的中国家庭创造更多跨越代际、除夕围炉的话题和温情互动。】

【节后上班第一天】

新年后上班第一天，人们还沉浸在浓浓的年味中，大多数工厂、商户没有上班开张，新闻在哪里呢?

《楚天都市报》秉承多年传统，推出保留项目《17 地市州书记向全省人民拜年》;《三峡商报》也曾推《13 县市区委书记给全市人民拜年》，刊发书记们的照片、新年寄语，简单总结过去一年，展望和谋划新的一年，然后附书记亲笔签名。其实，这些稿件的组稿工作，均在春节放假之前联系各地宣传部约稿审定，如果等到年后做，肯定来不及。原则上，头版头条宜采用大红标题;各版主标题建议采用春联诗歌，颇有气势。

下面是《楚天都市报》刊发的一组排比对仗标题:

金牛奋蹄　荆楚处处奏捷报

玉虎啸春　豪情万丈写新篇

天道酬勤　国强民富上层楼

新春祈愿　祈江城市民安康

虎年祝福　祝三镇再铸辉煌

过年后一上班的报道还可从以下 5 个方面着手。

(1) 盘点春节的那些事儿。梳理春节期间本土各条战线上发生的与我们生活息息相关的那些事儿，如消费、餐饮、门诊、火灾、春运、旅游、治安、书市、环卫、文体，以及中国、国际上近期大事，整合成几个篇章。打探春节期间消费、物价、商务、旅游投诉情况、水电气使用情况、春节交通出行情况，回访本媒去年聚焦的那些新闻人物的过年故事。

比如，分析春节期间 120 急救疾病，如《外伤醉酒的少了，“伤心”伤胃的多了》。抓出新年新花样新鲜事新鲜味，如《吃饭不如流汗，过个时尚运动年》。

挖掘过年中的烦心事，如大年三十万家团圆，水管爆裂小区停水，数百居民提水桶路边接水。

(2) 节后重点报道春运。节后一周要重点推送返程出行资讯。

(3) “帮你找工作”大型报道。全媒体可同人社部门、各人才市场举办新春招聘会，还可视本地人外流的重点地域联合外地强势媒体，帮助即将外出的本地人提前打探当地的用工信息，提供最新鲜的用工资讯，绘制用工地图，出版招聘特刊、求职手册。

报台网还可特派多路记者为农民工打工探路，可做三个方面的报道:一是打探当地的用工信息及变化;二是实地了解本地农民工在当地的工作和生活、心理状况和遭遇的问题及其心声;三是报道各地发展先进经验、模式、动向，给本地党委政府和企业提供启示。

(4) 春节见闻。搞“新春走基层”报道竞赛，用文字或 vlog 记录记者回乡过年、异地境外所见所闻所感。

(5) 街头闹新春。用视频影像记录城乡多姿多彩的春节。

【节后阶段】

从正月初七至元宵节这段时间，仍是传统意义上的春节，如何做报道?可参考下面的节后报道“七步鲜”。

(1) 过节报道。直播大街小巷节庆活动，报台网还可举办彰显自身影响力的庆春活动，如 2012 年《楚天都市报》主办迎春舞龙大赛暨锣鼓大赛。

(2) 收心提神鼓劲。春天播种，惜时如金。年后上班，报台网全媒体要动员人们迅速投入紧张的工作中，收心归位干活，围绕新春新气象、新局面、新喜讯抓报道。一年之计在于春，可推“新春走基层，喜探开门红”或“全媒记者探项目”系列报道，记者深入重点项目工地、龙头企业、出口企业，报道各地各条战线各单位谋划新一年奋斗新举措新行动，讲述新时代

春天的故事。

其报道模式：①项目介绍（100字）；②项目进展（100字）；③现场特写（800字以内）；④负责人（局长、老总）谈打算（200字）；⑤记者手记（100字）；⑥现场视频影像；⑦拟新建重大项目汇总。

(3) 打探新春用工行情，或者举办云招聘大型直播活动，为求职者和招聘方提供最丰盛的前沿资讯。用工荒愈演愈烈，波及所有行业，全媒体可推"看大企业如何破解用工难"系列报道，打探本地各行业龙头企业，问招工信息，问破解之策。

(4) "春节综合征"典型个案。记者可到各大医院急诊室找故事。

(5) 寒假以及春季开学报道，具体见"科教新闻策划"相关篇章。

(6) 设置热点话题。如"巨额压岁钱"，该不该给？谁来支配？如何管理？每年央视春晚都会产生一些脍炙人口的"热词"，年后做标题时可灵活巧用。如《撞倒环卫工还逃，你摊上大事了》，"摊上大事"就是2013年春晚热词。

(7) 举全报全台全网之力，全媒体展播新春祝福贺岁广告，实现广告经营"开门红"。

河北日報

权威·成就·影响力

HEBEI DAILY

今年我省将绿化造林420万亩

[illegible]

新春 走基层·京津冀共团圆

北京日报、天津日报、河北日报共同策划

社会主义核心价值观

富强、民主、文明、和谐

自由、平等、公正、法治

爱国、敬业、诚信、友善

河北人在天津——

河北小伙的首次"异乡年"

[illegible]

河北人在北京——

除夕夜，顶着高温查隐患

[illegible]

省政协确定今年协商工作14项议题

[illegible]

燕赵论坛

为官如何慎『好』

[illegible]

编者按

[illegible]

天津人在河北——

60公里路，连起一家情

[illegible]

北京人在河北——

在曹妃甸迎新春曙光

[illegible]

今日热闻

行进河北·精彩故事·新春走基层特别策划

国家发改委加快推进价格制度改革 今年全面实行阶梯水价电价

河北日报报业集团全体员工 向全省人民拜年

2015年2月19日《河北日报》版面获中国新闻奖二等奖

第 4 章　元宵节新闻

农历正月十五元宵节，又称为“上元节”、春灯节，是中国民俗传统节日。吃元宵、赏花灯、舞龙、舞狮子等是元宵节最主要的民间习俗。

一、策划要点

关键词：赏灯

“三十的火十五的灯”。正月十五元宵节，本城最美的灯光在哪里？哪里是最佳赏灯地？最美丽的城市夜景在哪里？报台网全媒体可发起市民评选本城最佳赏灯地段、最美夜景图，如《璀璨夺目元宵夜　灯光人影两相恋（引）江城公布 9 处最佳赏灯地段（主）》。

关键词：汤圆

包汤圆庆团圆。关注巧妇晒元宵的若干种做法和吃法。直播社区干部包汤圆比赛；关注超市汤圆的价格波动情况；分析市场“唱主角”的汤圆；探讨本土汤圆如何崛起等。

关键词：大戏

关注文旅部门在公园广场举办的元宵庙会。庙会上最受欢迎的大戏有哪些？哪些绝活最新鲜？艺人们有什么样的故事和感慨？记者还可走街串巷，直播社区居民闹元宵。

关键词：送年

元宵节意味着欢乐春节的实质性结束。自古以来，就有元宵节“煮汤圆，闹花灯，舞彩龙，耍狮子，放焰火，再团聚，好送年”。报台网全媒体可专题盘点“春节的那些事儿”，涉及春节春运、团圆宴、节日门诊、节期火灾、消费支出、旅游玩乐、烟花爆竹安全、社会治安等。

二、实战心得

元宵节前，报台网全媒体应提前重头预告元宵“大戏”。

元宵节报道应突出一个“闹”字。庙会上有哪些绝活表演？有哪些特色演出？比如龙灯舞狮、灯谜竞猜、赏灯诗、观踩高跷……可以把人们的欢乐喜庆通过“元宵喜乐汇”视频影像记录下来。

过节不忘弱势群体。给孤寡老人过节、送爱心元宵关爱农民工等，可到街办社区、总工会、民政等部门和单位去捕捉关爱线索，报台网全媒体还可发起送爱心汤圆活动。

央视元宵晚会是重头戏。娱乐版提前披露元宵晚会节目和看点。连线元宵晚会上的本土明星，全媒推送。

万家团圆是你的心愿，也是我的心愿。巧作思念、奉献的报道。《重庆晚报》的通讯《家人等他吃团圆饭，他为救人献出生命——（引）元宵夜，这家人最难熬的半小时（主）》，获中国新闻奖三等奖。

【经典案例：《十五的月亮》脍炙人口。《兵团日报》微信公众号抓住元宵节点，推出

H5 作品《我们合家团圆他们为国守边　元宵节为生命界碑点赞》，运用图片、文字、视频等融合形式深情展现了兵团戍边英模的故事，获新媒体报道界面类中国新闻奖三等奖。】

通过议题设置，在节日报道中增强媒体的话语权和引导力，如《本报元宵节调查结果出炉　一半市民不再自制汤圆》。

关注元宵经济。商家元宵节促销情况如何？关注节后礼品回收话题——过剩礼品怎么办？谁在回收？利益链条是怎样的？有哪些黑幕？

近年来全国媒体举办庙会，方兴未艾。这得益于非遗保护和传承获得了较大的进展，各地都涌现许多怀揣绝活的民间艺人，但他们多活跃在乡村田野，缺少城市表演的大舞台。就像央视“星光大道”一样，地方报台网全媒体也可介入，打造本土“梦想大舞台”。

报台网全媒体可主办或参与举办庙会，征集和引进全国全省或全市州民间艺人、手工艺展示、名优小吃、地方特色文艺戏剧、杂技表演等多项文娱活动，展示历史年俗与民俗文化，提升庙会文化内涵，为广大市民提供丰富多彩的节日文化活动。

【**经典案例：**《合肥晚报》连续多年举办“徽园庙会”，举办盛大的庙会开闭幕式暨元宵晚会。天津《今晚报》连续多年举办“沽上春好”灯展庙会，“庙会经济”红红火火。《山西晚报》也连续多年参与举办“太原庙会”。】

如何报道媒体自己办的庙会？基本思路：重磅宣传、全媒传播、广告招商、精彩特刊。涉及的报道点：今年庙会有哪些新鲜亮点？将展示哪些新奇好玩意？将上演哪些精彩节目？庙会开幕前，全媒体“揭秘”庙会布展情况及筹备情况；庙会举办期间，全媒记者陪市民一道逛庙会、品民俗，共享精彩纷呈的庙会盛况，体味浓浓民俗文化带来的惬意。

第5章　学雷锋日新闻

雷锋，深刻影响了一代又一代的中国人。

3月5日，是“学雷锋日”。1963年3月5日，《人民日报》发表毛主席亲笔题词“向雷锋同志学习”。此后，全国人民掀起了向雷锋同志学习的热潮，每年3月5日便成了“学雷锋纪念日”。这一天，也是“中国青年志愿者服务日”。

一、策划要点

关键词：好事

“学习雷锋好榜样……”又到3月5日，这首歌再次被人们唱响，“学雷锋　做好事”，帮扶助人再度升温。雷锋精神是乐于助人、舍己为人、爱岗敬业、全心全意为人民服务的精神。简言之，就是做好事。

雷锋曾说过：“做一件好事并不难，难的是一辈子做好事。”学雷锋，让人们感受春天般的温暖，关注志愿者社区里学雷锋，关爱留守老人，排解老人寂寞，乐当交通文明使者，街头义务劳动，清扫垃圾死角，擦洗行道护栏等。

关键词：标兵

晒晒身边的“雷锋”，争做时代的先锋。报台网全媒体聚焦一批学雷锋标兵(道德模范、身边好人)。其报道模式是：①人物；②图片；③事迹；④雷锋日前后的活动；⑤标兵对传承雷锋精神的感言与收获(文字+视频)。

关键词：雷锋传人

雷锋精神代代传。全国很多地方都有雷锋班、雷锋连、雷锋中学、雷锋车队、雷锋协会……踏寻雷锋的足迹，报道他们在雷锋纪念日的活动。

宣传雷锋精神也要与时俱进，有新意。听雷锋班班长讲雷锋精神，第15任雷锋班班长李仕库说：“不仅要做好人，还要做能人；不仅要做好事，还要长本事。”这对我们挖掘那些新时代的活雷锋典型有启发价值。

关键词：观点

今天我们拿什么纪念雷锋？今天，我们怎么学雷锋？有人在质疑：学雷锋何必“扎堆”？媒体在拷问：莫让“雷锋”三月来四月走。

雷锋精神永不过时。但是，时代在变，雷锋精神传承的形式也会变。“80后”“90后”“00后”……年轻人怎样学雷锋？小学生、初中生、高中生……是如何理解、如何践行雷锋精神的，全媒记者不妨去听听他们的心声，搞街头同题海采直播。

关键词：活动

报台网全媒体可和团市委等有关单位联合举办“学雷锋纪念日”特别晚会，现场讲述身边好人、道德模范的先进事迹，现场颁奖，重点展示新时期“活雷锋”的感人事迹和精神。

二、实战心得

2011 年秋，党的十七届六中全会《决定》提出，要让“学习雷锋活动常态化”。2012 年党的十八大报告提出“推动学雷锋活动常态化”。从 2012 年开始，从中央到地方，全国掀起新一轮的大规模学习雷锋活动。

学雷锋年年搞，怎么出新？如何做得精彩？

学雷锋，报台网全媒体要积极主动、高调高唱，形成“鼓励善举、提倡美德”的良好社会氛围。

学雷锋集中报道不只是 3 月 5 日这一天，大致从 3 月 1 日就开始，5 日至 6 日达到高峰。梳理常见的学雷锋报道，大致有以下 14 大类。

(1) 动态。本地学雷锋的动态报道，如《“雷锋日”里济南处处“小雷锋”》《西安街头涌现“雷锋”潮》《“洋雷锋”献血》。

举手之劳皆雷锋。《“学雷锋，从我做起！”》，报道大中小学生、解放军、警察、的哥的姐、残疾人等通过聊天读报、节日问候、理发按摩、洗衣叠被等方式，帮助孤寡老人、留守儿童、福利院娃娃。

(2) 典型。近些年来本土涌现出来的道德模范、英模人物、学雷锋典型，挖掘“身边的雷锋故事”，采访不同年代的学雷锋代表。

【**经典案例：**大江网荣获中国新闻奖二等奖的网络访谈《对话南昌雷锋群体 章金媛爱心奉献团》，邀请了爱心奉献团组织者章金媛，以及社区居民、社区主任、文化馆和省社科院专家等嘉宾做客大江直播室，一起畅谈和点评章金媛爱心奉献团的发展历程和社会价值。网页由访谈背景、访谈实录、在线提问、微博直播、现场图片等构成。】

(3) 记忆。重温雷锋生前的故事以及全景扫描不同时期的全国雷锋传人。

在“学雷锋日”这个充满中国特色的日子里，做好事、帮助人成了每一代年轻人的集体记忆。大家有什么样的“学雷锋”记忆呢？记者可筛选有各自时代特色的代表人士做采访，聆听他们的新事心声，重温感动时刻。

(4) 传承。《不一样的岁月 同一样的“激情”》讲述本地涌现出的志愿者群像，如公交司机、社区好人、三好学子，义工社团。《河北日报》的通讯《留住“雷锋”的城市》获中国新闻奖三等奖。

(5) 知识。摘录雷锋名言。

(6) 互动。温暖你我，感动常在，向全城“征集我的雷锋故事”。

(7) 话题。在学雷锋活动中，有尴尬，有欣喜，更有期待，如《青岛早报》的《养老院雷锋日档期爆满 学生哀求给 10 分钟拍照》讲述学雷锋别流于形式。

今天，我们需要怎样“学雷锋”。如《温州都市报》的《学雷锋日“雷锋”的尴尬》，讲的是一群大学生志愿者冒着小雨来到温州火车站广场，想为来往旅客提供力所能及的帮助，但令他们尴尬的是，大多数旅客对他们的热心抛以冷眼，拒绝了他们的援手，并由此引出“重拾诚信”的深度话题。

(8) 评论。策划上要打组合拳，报台网可组织刊发一些与学雷锋有关的短评。南京电视台的《学雷锋的队伍走了以后》获中国新闻奖二等奖。

(9) 调查。如《齐鲁晚报》街头同题海采调查：“3 月 5 日是什么日子？”“3 月 5 日是学雷锋纪念日，你在这一天会怎么做？”

(10) 讨论。可搞报台网全媒体圆桌会议畅谈雷锋精神。如《长沙晚报》就“学雷锋要不

要留名”这一问题进行讨论，出镜的有省市相关部门负责人、道德模范、学雷锋先进代表、志愿者代表，以及各界群众。比如，湖南广播电视台广播专题《我对雷锋说句话——祥和中国节·清明祭雷锋》，获中国新闻奖三等奖。

(11) 出击。可重磅策划“记者走进雷锋城，走进雷锋班”系列报道。

(12) 特色。如《续写“雷锋日记”38 年　师生诠释“坚持”含义》，就显得别具一格。

(13) 活动。2011 年 3 月 5 日，“山西晚报社区服务日”，街头为市民免费理发，提前征集爱心美发店、培训院校或个人。该报还成功举办了“山西晚报社区义诊服务日”，让 29 个社区近 4 万居民受益。

(14) 另类，如《城市晚报》的《30 多个老板跪雷锋　只为提高自己 EQ》。

第 6 章　妇女节新闻

3 月 8 日，是国际劳动妇女节，全称是“联合国妇女权益和国际和平日”，中国又称“三八”国际妇女节、“三八节”，是 18 岁以上所有成年女性的节日。国家规定，妇女放假半天。

一、策划要点

关键词：过节

祝福献给女同胞，芳菲三月，你最美。为天下女性过节，可谓愈来愈热烈隆重。党委政府、社会各界、各单位一般会举办纪念表彰活动，女劳模、三八红旗手、女企业家等各界女性参加。

表彰活动如何报道？不能仅仅发个“表彰消息”了事，还可延展。因为，人们最关注的是这些杰出女性有怎样的事迹？她们如何平衡家庭与事业之间的关系？有怎样的育儿经？又有怎样的困惑？如《羊城十女杰　事业棒育儿精》。

别样“三八”，如《高墙里的三八节：女子监狱里的别样温暖》。

关键词：权益

“三八”妇女维权，是该节日的主要内涵之一。对于遭遇家庭暴力、冷暴力，就业歧视，性侵害等女性，报台网全媒体可聚焦一些典型案例或以案说法，帮弱势女同胞维权。

关键词：女人经济

可聚焦如下问题：给老婆送什么样的礼物？本地鲜花康乃馨价格涨势如何？

除此之外，还可反弹琵琶，让人眼前一亮，如：《旅行社“三八”促销盯上男人》《“三八”节＝花钱日？》《“他消费”沾光“她消费”》。

二、实战心得

21 世纪是女人的世纪。杂志封面清一色美女，各地风行《女报》。爱美之心人皆有之，报台网全媒体要特别关注女性。“三八节”仅一天，但是报台网全媒体可造节、造商、造产。提前启动，将节日拉长，打造一个“女性时尚消费文化周”，推出“三八妇女节纪念特刊”或系列小特刊。如“她管家”小特刊，专题聚焦本土金融界女理财师、女行长、女经理，并探讨女性理财的话题等，由此推及地产界女老总、营销女状元，商界女企业家、女店长，旅游界女老总、女导游，时尚界女老总、女模等。

“三八”期间，还可做如下报道。

(1) 动态篇。始终围绕把女性写活写美。如《“妆”点三八》《“夕阳”也爱俏　美在春天里》《柴米油盐添细纹，今我为你画娥媚》，抓拍社区里温馨的亲情画面，表现对家庭的珍视、对女性的尊重。

(2) 报告篇。报告本土女性在健康、教育、经济、社会保障、政治状况、婚姻家庭、生活方式、法律权益、性别观念等方面的发展状况。

【**经典案例**：连续多年，《三峡商报》浓情推出“三八节”重磅报道《宜昌年度婚姻状况白皮书》，发布宜昌婚姻年度动态，分析宜昌人的婚姻走势，剖析离婚率居高不下的原因。

白皮书涉及的关键词有：结婚年龄、婚姻门槛、婚介机构、年龄差距、再婚成功率、生育年龄、婚后和父母同居、结婚成本、农民离婚、离婚官司、离婚后谁带孩子、离婚主力、离婚原因等社会热点，还有女性健康（如哪类病困扰女性）、女性职场穿着、女性生育等。】

(3) 人物篇。推出《她们》特刊，聚焦一批特殊女性、巾帼女杰、非常女人，讲述她们的故事。关注各方面各阶层的女性代表，如百岁老人、女博士、女老战士、女代表委员、女企业家、十佳警嫂、最美幼师、商界女老总、楼盘美女顾问、车模小姐、大学最美校花、军营女兵、技能女状元……

同样，可策划编辑部全体女记者采访女官员、女董事长、女演员、女律师、女将军、女教授、女校长、女医生……写这些优秀女性的成长、成就、爱好、家庭、婚恋、育子、感悟等。

(4) 直播篇。记录各地庆“三八”活动，如厨艺展示等。

(5) 话题篇。围绕女性的婚恋、事业、生活、家庭，以及剩女、干得好不如嫁得好等争议性热门话题展开之。

(6) 全国篇。正值全国“两会”在京召开，可策划“两会‘半边天’”专题，用镜头定格女代表委员、礼仪小姐、女记者、女服务员等忙碌的身影。

(7) 互动篇。“三八节”当天，可邀本土各级妇联主席做客编辑部搞维权直播。

(8) 活动篇。不能唯活动而活动，要从丰富多彩的“三八”活动中彰显女性美。如“三八节背媳妇比赛”，取意“为爱向前冲”，背起的是幸福，赛出的是甜蜜。可用“现场特写”刻画一对恩爱夫妻，记录他们恩爱镜头，讲述他们恩爱故事，挖掘他们对爱情、对家庭的认识，以及对人生的规划、未来的憧憬等。报台网全媒体可和景区合作举办“庆三八邀 38 位巾帼免费游”，邀请环卫女工、女作家、军嫂、女劳模等各界女性参加；与影院联办“38 位最女人观影”活动；和有关医院联合推出“三八”节送健康免费体检活动，如给全城的姐免费送体检；可和医疗机构、保健品商家联办准妈妈“孕”动会等。

香城都市报

2019年3月8日
星期五 戊戌年 二月初二 第1591期 今日40版
咸宁日报社主办 国内统一刊号:CN42-0115

城市名片 读者知音
服务热线 8210000

（▲不知道怎么表达心意的男士，本报只能帮你到这里了）

致敬！亲爱的“她”！

——本报今日重磅推出“三八”妇女节纪念特刊 ●2-40版

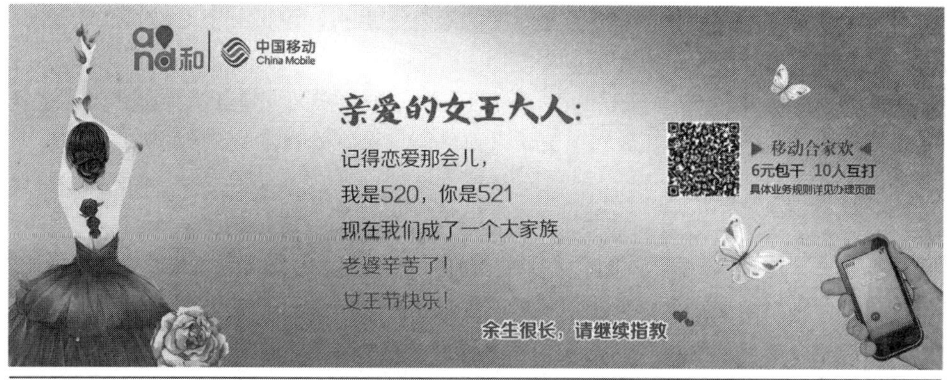

总策划：李建文 统筹：查生辉 执行：程昌宗 刘玉关 程统 值班总编：袁立新 责任编辑：周 阳 美术编辑：戴轶民 刘北凡

《香城都市报》2019 年 3 月 8 日推出“三八”妇女节纪念特刊

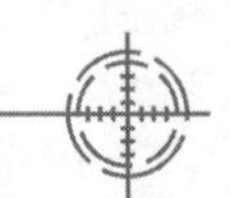

第 7 章　保护母亲河日新闻

3 月 9 日，是保护母亲河日。保护母亲河行动由团中央、水利部等发起，目的是动员社会力量植树造林、保持水土、防治污染，倡导生态环境意识，共建生态文明。

一、策划要点

关键词：行动

保护母亲河，我们在行动。“华声在线”推出“关注母亲河，徒步湘江行”活动，百公里毅行湖湘，吸引数千人长征。

下面是一组关于行动的好标题：《保护母亲河　从我做起》《小手牵大手　保护母亲河》《保护母亲河　共建宜居城》《保护母亲河　种下生态林》。除此之外，还可聚焦小学生“捐零花钱保护母亲河”，社会名人和有识之士为“母亲河”献爱心等。

关键词：污染

看看我们的母亲河，水污染危机严重，如《污染触目惊心　“母亲河”还在“喝”脏水》《为母亲河留下“生命水”》。可策划“呵护我们的母亲河”系列报道，如央视“关注黄河水危机系列报道”，华声在线《关注“湘江之痛”》大型报道。央视专题《洋河污染导致大片农田绝收》、黑龙江电视台电视系列《松花江水体污染事件》、河北电视台电视系列《这条“龙须沟”还要臭多久》，均获中国新闻奖二等奖。

谁在损害母亲河？谁弄脏了母亲河的“脸”？我们的运河还有多少“痛”？《三峡晚报》2011 年“运河大调查”系列报道，成为宜昌“两会”提案建议，引发宜昌运河大整治。

【**经典案例：**浙江卫视根据省委省政府的工作安排，策划《寻找可游泳的河》大型新闻行动，以“清清河水，共同呵护”为主题，在全省范围寻找可游泳的河流，对水污染进行全面分析。通过摆事实、讲道理，揭示问题，寻求答案，并由此推出大型电视问政节目《问水面对面》，获得中国新闻奖一等奖。】

陕西西部网的《问水陕西——家乡的河流还好吗？》，获网页设计类中国新闻奖三等奖。《经济日报》的《城市河流，让我们重新认识你》，获系列报道类中国新闻奖三等奖。

关键词：人物

关注那些保护母亲河的草根勇士。如浙江电视台钱江都市频道《新闻 007》连续播发“第三只眼护卫母亲河”系列报道。“第三只眼”即除了环境部门之外的民间志愿者，他们数年如一日，关注着家乡的环境保护。他们如何在行动？他们有怎样的成果？他们又有哪些困难和忧虑？媒体给予他们力量。

报台网全媒体重点关注为守护母亲河做出突出贡献的基层河长、湖长、库长。聚焦他们管理河（湖、库）的经验、做法、成绩，倾听沿河（湖、库）人们的心声。

关键词：活动

报台网全媒体举办“保护母亲河行动”公益广告大赛，组织本地诗书画名家参与举办保

2018 年 8 月 17 日《浙江日报》版面获中国新闻奖二等奖

护母亲河书法展。为报滴水恩，与水利部门联办“赞美母亲河”大赛，航拍本地河湖风光，发动本地文艺人士和中小学生为家乡每一条河流每一座湖泊写一首诗、作一首歌、画一幅画、办一台晚会。

【**经典案例：**长江云新媒体创意互动作品《听，长江说！》获中国新闻奖三等奖。该作品运用拟人手法，以长江为第一人称，记者采集各地保护动物原声，并手绘长江，巧妙地将整个作品设计成一款答题游戏，充分展现了“共抓大保护，不搞大开发”的重大主题。】

二、实战心得

作为中华民族的母亲河，长江、黄河对流域经济社会发展的承载能力几乎已到极限。如今她们病了，而且病得还不轻，亟须精心呵护。

保护母亲河日这一天，团中央等给“母亲河奖”颁奖，报台网全媒体可重点报道有关本省或本土的获奖个人或集体、社团组织。

动态报道水利、环境、林业、住建等相关部门和政府机构为了一江（河、湖、库）清水而采取的有力措施，重磅报道本土黑臭水体和饮用水水源的整治工作。通过对母亲河的报道，唤起人们对身边生存环境的重视。如《让母亲河干净地沐浴春光》，媒体发倡议，推系列评论。

遍访本地河湖。继《千湖新记》大型系列报道之后，《湖北日报》推出大型生态系列报道《荆楚百川》，每周一期，每期一河，每河一版。记者探源头、听民声、查典藏，展现荆楚水文化，记录湖北生态文明建设历程。有认识，有感动，有细节，有激情，产生直击心灵的真实效果。《湖南日报》的消息《洞庭湖长大五分之一》获中国新闻奖一等奖。

建设智库媒体。《三秦都市报》联合西部网举办陕西“渭河论坛”，不仅为渭河水环境工作贡献“金点子”，还展示水文化，探讨水资源保护与开发。

同饮一江水，共护“母亲河”。一条河流串起数个省市，一河清水需要沿河人民共同努力。可做跨地域全媒直播报道，见证沿河两岸的生态改变。

【**经典案例：**中央人民广播电台的《黄河日记》，唤起民众对黄河流域的更多关注。组织采访车队沿黄河进行7000公里穿越式采访，从黄河源头出发，走向黄河入海口，对黄河文明历史和流域内经济社会发展的相关情况进行实地采访，展示黄河沿线各省区的建设成就、发掘新闻热点。《经济日报》的《黄河断流万里探源》系列报道获中国新闻奖二等奖。】

《山西晚报》开展《千里走黄河》大型报道，对黄河入晋的19个县市深入走访，以全媒体的方式报道黄河沿线的风土人情、地理历史、政治经济、文化生态以及重大变化和现场见闻。以县为单元，制作“飞越黄河”“话说黄河”“唱响黄河”系列视频。

怎样喝水更健康？喝水有讲究，水种大不同。报台网可重点关注城市瓶装水、桶装水及自来水质量。2013年，《京华时报》高调与农夫山泉打“水仗”事件震惊全国。

关注本地个别乡村饮水难以及饮水遭污染事件。

第 8 章　警察节新闻

经党中央批准、国务院批复，我国从 2021 年起，将每年的 1 月 10 日设立为“中国人民警察节”。从此，人民警察这个群体，和教师、记者、医生、护士一样，有了属于自己的行业性节日。设立“警察节”，主要目的不是给警察放假，而是通过“警察节”，推动人民警察队伍的革命化、正规化、专业化、职业化建设，让广大老百姓了解警察，支持警察工作，促进警民关系更加和谐。

一、策划要点

关键词：过节

报道本地党政部门主要领导看望慰问人民警察，关注社会各界感谢警察暖心小故事，如小朋友给警察献节日花，理发店免费为民警理发，以表达对公安民警节日的问候。

关键词：人物

警察节，说说关于警察的那些事。从奋战在扫黑除恶战场中的铁血刑警，到禁毒战线上刀尖起舞的禁毒民警；从执着坚守护卫国门无虞的移民管理警察，到为百姓守护好钱袋子的经侦民警；从守护高铁民航平安的铁路民航公安，到为道路交通安全日夜坚守的交通警察……讲述他们忠诚担当、英勇奉献的警察人生。其报纸报道模式是：①标题；②人物照；③地点；④姓名；⑤职业感言；⑥正文。

关键词：体验

跟“警”脚步，“警”彩一天。提升“四力”，媒体策划推出记者体验 110 民警的一天，体验片警、交警、刑警、辅警、便衣警察、边防民警的一天，记录“派出所的一天”。可推《值班民警的一天》vlog 视频以及出警直播系列短视频，展现抓捕现场。

“警察节”过把“警察瘾”。策划“警察节，我来为您站天岗”市民换位体验活动，体验交警的艰辛与不易，深刻感受遵守交通规则的重要性。

二、实战心得

人人都渴望风平浪静的生活，但总要有人去面对猝不及防的风浪。“时时在流血、天天有牺牲”，是人民警察这个群体的真实写照。

警察已成为和平年代牺牲最多、奉献最大的职业群体之一，他们是“和平时代最可爱的人”。人民警察，一个神圣的职业，在他们身上不只有惊心动魄的故事，更多的是平凡的工作。他们给我们的生活带来了安全感和幸福感。可推系列人物通讯或用视频影像展示最美基层民警、特级优秀人民警察的故事，展现一家三代警察的生命交响，警察夫妻的苦乐年华。

1986 年 1 月 10 日，广东省广州市公安局率先建立我国第一个 110 报警服务台。1996 年，全国推广“漳州 110”的经验做法。110 是人民群众遇到危难时最先想到的选择，被誉为“人

民的保护神”。端出“本地110报告”，解读之分析之，抓出好新闻，比如《8成110报警属于“搞搞震” 110生日愿望：有难请拨 没事别打》。

警察开放日，市民进警营。关注“走近110开放日”活动，亮家底，过把瘾。报台网可和公安局联手举办“走进警营”活动，如《特警秀绝技，市民呼过瘾》。可用视频影像全面展现警营里的特种装备、特色活动。

“警营开放日”报道，报纸可做如下设计：一是主体消息；二是精彩镜头，刻画几个场景和片断，写几个“最”；三是现场感言，如体验者穿排爆服，民警、市民、体验者各有怎样的心声；四是“110”一年的接警情况；五是介绍新装备；六是头版发一张大照片、一个大标题。

可在警察节这天采访公安局长，重点报道“局长回应市民关注热点”，问了什么，怎么答的，要细腻如实地展开。可就热点制作专题，比如学生面对校外“擂肥”[①]如何是好？

贴心关怀，情暖警察。尽管警察很风光很神圣，但也有不为人关注的情感和生活。警察这个职业没有节假日，工作还很危险，这让警察成了婚恋的“老大难”。报台网可和本地公安局联办“帮警察找对象”相亲活动，集中刊登征婚警察照片，定能吸引粉丝。

报纸可推警察节特刊，电视台可和公安部门联办警察节颁奖晚会，展现本土公安的荣誉成绩、队伍英姿、英雄人物、服务能力等，增加警察与人民群众之间的鱼水情谊。

---

① 擂肥：武汉方言，泛指通过恐吓、威胁等手段非法获得他人钱财，一般定性为抢劫或敲诈勒索。现在通常指小混混、不良少年敲诈勒索中小学生的钱财。

第 9 章　植树节新闻

3 月 12 日，是植树节，也是中国伟大的革命先行者孙中山先生逝世纪念日。孙中山生前提出全国要大规模造森林。国家定该日为植树节，也是为了缅怀孙中山先生的丰功伟绩，象征中山先生生前未能实现的遗愿在新中国实现并且实现得更好。

一、策划要点

关键词：植树

3 月也称植树月。在“3・12”植树节前夕，南方各地会掀起植树热潮，北方则在植树节后 (3 月中下旬) 进入实质上的植树节。关注“人进沙退”的壮举，《内蒙古日报》的通讯《种树“种到”联合国》获中国新闻奖一等奖，《甘肃日报》的消息《六老汉的头白了 八步沙的树绿了》获中国新闻奖三等奖。

关键词：活动

相约春风里，共圆绿色梦。除了报道各地各部门植树的动态情况外，报台网和林业等部门可共同发起大规模的植树活动，征集热心市民、小记者等各界人士，共植亲子林、媒体林、爱情林、情侣林、小记者林、相思林……通过植树活动，增强自身媒体的影响力，塑造品牌形象，如《植树节 120 名小记者种下“希望”》。

2008 年 3 月，北京奥运火炬传递中，《三峡商报》在全国率先发起“万人共植奥运林”活动，空前成功，其间更有日本女青年乘飞机前来，共植奥运林友好绿。

【**经典案例：**《江城晚报》2004 年起举办“我为家乡添绿荫”大型公益活动，在企业、商家以及社会各界大力支持下，数万株树苗被植根于城市各个角落。发放植树纪念卡，植树现场立下纪念牌，来年邀请植树者共赴当年植树地喜看树苗成长。】

关键词：经济

《萧山日报》记者捕捉《植树节里寻商机—新街一天苗木销售 500 万元》，与众不同。还可策划诸如“美丽中国　生态桂林”大型林业特刊，聚焦本地各级林业部门及园林公司成就与经验；展示本地林企特色林产品，如特色乡村、森林氧吧、美丽画卷等；报道本地稀有动植物种的生存状态与保护；深度扫描本地的林产业、花卉苗木种植、根艺盆景开发等；聚焦本地的园艺达人、林长。有的报台网全媒体还与植物园、花卉单位和有关机构联办盛大的花卉展、园艺展等。

关键词：毁绿

《植树节当天，200 棵老树被砍　园林部门希望市民帮助查找“凶手”》《近百棵柏树被砍，谁干的？》，关注毁绿行为、乱砍滥伐。不管是街道树木还是天然林，抑或是农民经济作物林，报台网全媒体要抓住一个突发典型案例，给予“穷追猛打”，推动森林公安部门严查，直至事件“水落石出”，体现舆论监督的威力。同时，以深度报道或评论对毁绿事件做出反思。比如，湖北人民广播电台广播专题《“造林”还是“造字”》获中国新闻奖一等奖。

二、实战心得

植树，不仅是义务，更是责任。《重庆晚报》记者采写《一年植树60棵才够我一人呼吸》，让人们了解植树的重要性，避免了板起面孔动员人们去植树。

又到植树节，树往哪里栽？植树节，我们到哪里去植树？追随城市的拓展版图，播下希望的树种。城市发展到哪里，树就植到哪里。年年植树，城里已没有足够多的地方给我们植树了。

文章《我想植棵树，咋就这么难？》引发了人们的思考。难道我们植的树足够多了吗？也不是！达到国家森林城市标准的，全国也没有多少。那么，这是为什么呢？植树的成本越来越高，让有关部门望而却步。市民又该如何尽到植树义务？这不妨成为我们深度思考的方向。

【**经典案例：**苏州广播电视总台消息《植树节：是植树，还是过节？》，获中国新闻奖三等奖。报道跳出了原本的政务活动报道思路，通过对现场的捕捉，志愿者、绿化养护工的采访，对形式主义的植树活动进行了批判。该消息播出后，引发了社会各界对植树节乃至整个生态建设如何更有实效的大讨论。】

既然城市、城郊没有地可供植树了，何不转变思路？去植风景树，去植经济林。《杭州日报》记者采写的《种下“摇钱树”　不愁好前景》，邀人们到农村去植经济林，让人大开眼界。《雅安日报》的《植树节来临　大家快来栽竹子》别具匠心。《钱江晚报》发起“寻找1000面裸墙”活动，让全城小区、学校、机关、企业的“灰墙”变“绿墙”。《今年植树节，流行种藤》，为植树节吹来一股清新的春风。

报台网全媒体可和林业园林部门联合科普花卉知识，如策划系列短视频节目教人们识花赏花养花，由此举办线下花卉大讲堂。开展全城评选“我家的最美阳台”活动，并在官方抖音号设置话题，通过拍视频、晒阳台进行评比。

罕见凸显价值。报台网可关注“珍稀树种”的发现和抢救，这是最易出好新闻的领域，如《海南珍稀树种含金藏银》获中国新闻奖三等奖。

做反思性报道。报台网既要鼓励人们积极参与植树，也要对“突击造绿”“植而不活”予以抨击或正面引导，比如《义务植树岂能强制收费》。获中国新闻奖一等奖的《湖南日报》的通讯《欧美黑杨砍掉之后》，聚焦洞庭湖生态环境保卫战。记者深入湖区了解欧美黑杨被清理后的境况，走访居民、志愿者、专家、黑杨种植大户等，通过鲜活表达、现场描述、细节描写，报道融知识性、问题性、研究性和故事性为一体，向社会传达生态文明、生态保护理念。

第 10 章　消费者权益日新闻

3 月 15 日，是国际消费者权益日，全体消费者的节日，于 1983 年确立。假冒伪劣、傍名牌、毒大米、黑心棉、鬼秤、毒奶粉、瘦肉精、陈馅月饼、毒馒头、毒生姜、锯末药……这些令人心惊肉跳的产品，还在侵害国人的身体，我们的消费环境还很不乐观。维权宣传，媒体大有作为。

一、策划要点

关键词：维权

“3・15”国际消费者权益日，消协、市场监管部门“摆摊”听民声，设政策法规宣传台、真假商品识别展示台、现场投诉受理台，现场接受投诉，为市民释疑解惑。

活动主消息怎么写？粉丝关心的不是来了多少部门、来了多少人、发了多少资料，而是好奇——市民反映了什么问题，最具代表性的是哪些问题，职能部门是如何咨询解答或帮助维权的，市民的感受、评价，以及职能部门的声音。记者可现场撷取几个有代表性的民生消费投诉和举报，现场追踪查处情况。“如何快速辨认病死猪肉”等实用性强的生活小窍门对市民有帮助，可在其后加“新闻链接”以丰富报道，或进行新媒体推送。

城市大，咨询点多，可派出多路记者，分赴市内各区维权现场，倾听消费者维权过程中历经的种种艰辛事，其报道模式是：①摆摊点；②维权现场；③维权经历；④维权介入；⑤消费提醒；⑥视频影像。

关键词：揭黑

报台网全媒体可征集“行业深喉”，即消费黑幕和欺诈内幕的亲历者、知情者，了解某个企业欺骗坑害消费者的招数和内幕，请其站出来或以其他的方式揭露医疗、教育、住房、食品、安全、珠宝、旅游等方面的黑幕，比如《胡师傅“胡说”糊弄消费者》。

关键词：斗士

维权斗士、维权英雄，他们是推动消费环境改善的促进力量。全媒体聚焦或对话本地的一批维权人物，讲述他们维权背后的故事、酸甜苦辣、维权感悟。

关键词：互动

“3・15”前夕，报台网邀市场监管部门和消协、商务等部门负责人到编辑部接听热线或微直播，解答广大消费者的咨询，受理消费者的现场投诉。以“一问一答”记录每个部门热线实录情况，配发接热线的照片，在“3・15”特刊重磅刊发。

二、实战心得

“3・15”的策划，可概括为“四个一”：一个直播互动、一个拳头活动、一个大型评奖和一系列特刊。在活动报道方面，报台网可联合文明办、消协、市场监管部门主办 ×× 杯

“万名消费者评诚信”活动，投票评出十大诚信单位，并举行盛大的颁奖活动；也可以推出家居装饰、房地产、车市、家电、婚纱摄影、商业、特产、旅游等行业名牌产品和知名企业展示的系列特刊；还可以组织“本报知名律师团进社区”，为居民讲解如何进行消费维权，并接受居民的现场法律咨询。活动现场要有体现本媒体的标志性符号和元素，如活动条幅、活动牌子、媒体 LOGO 等，视频影像要可见之。

在动态报道方面，可围绕“年主题”做策划报道，如《我市公布十大消费维权案》《十大消费维权典型案例给你提个醒》；还可关注维权手段改进，如新添高科技检测设备等。

在深度报道方面，可审视我们身边的消费环境，哪些应改善，哪些不容乐观，哪些问题比较突出，我们应该怎么做？维权报道要拓宽领域，要创新。除了人们常见的食品、家电消费维权，还要关注那些极易被人们忽视的行业领域。如《重庆商报》联合大渝网推出“股市维权大调查”活动，集结重庆的“小散”们一起来投票，选出证券市场中最易让人上当的陷阱和迷魂阵，并做专家点评；娱乐界对假唱“开炮”；球迷维权将足协告到消委会；央视曝光伪科学等。

每年央视“3·15”晚会是全国消费者的盛宴，往往会曝光几个引发行业大地震的惊天黑幕。如 2009 年曝光没有一丝黄金的黄金甲手机；2010 年曝光包治百病的理疗床；2011 年双汇瘦肉精事件……这些大案要案，应给足版面、时段进行播发，全媒体重点推送。

【**经典案例:** 2019 年 3 月 15 日，江西广播电视台推出两个小时直播节目《3·15 特别报道》，以连续报道、口播消息、直播连线、主播点评、话题互动等创新性的电视新闻节目编排方式，报道了 10 余名记者历时 3 个月，卧底多个行业，进行深度调查，揭露知名品牌、网红门店的乱象和黑幕，获中国新闻奖一等奖。】

“3·15”满足了人们对美好生活需要的新期待、新要求，是报台网全媒体可充分行使的利剑。《每日商报》将《消费维权》设为基本新闻版，《羊城晚报》开设“天天 3·15”专栏，重点做消费维权和黑幕揭露，打造强有力的舆论监督平台。报台网可依托客户端，聚合政务资源，打造本土强势的 12315 舆论监督智慧平台。

权益属于你我，消费改变中国。获中国新闻奖一等奖的中央人民广播电台《天天 3·15》栏目，并不止步于消费维权，而是把 3·15 的概念拓展到经济领域的方方面面，既有对商业领域的监督，也有对社会热点的透视，更有对百姓在经济领域遭遇不公正待遇时的关怀。

第 11 章　安全教育日新闻

每年 3 月最后一周的周一，为全国中小学生安全教育日。幼儿园凶杀案、校门口擂肥、校园踩踏致死事故、校车车祸……诸如此类，层出不穷。2008 年汶川地震，伤亡最大的是中小学生。中小学生的安全环境并不乐观。

4 月 15 日，是全民国家安全教育日。全媒体要深入贯彻总体国家安全观，深刻揭露形形色色的间谍对中国国防和经济社会等各方面造成的破坏危害行为。

一、策划要点

关键词：演练

报台网全媒体聚焦各地学校丰富多彩的安全教育课。下面是一组好标题：《防暴警教中学生如何“一招制敌”》《学生安全教育日　消防员“高空救人”》《紧急疏散最需要带什么？(主) 干粮、水、毛巾和收音机 (副)》。《兰州晨报》记者采写的《“警报”拉响 44 万学生紧急“逃生”(主) 兰州近千所中小学昨举行防灾减灾疏散演练活动 (副)》，描述“演练直击”，呈现演习即时画面，字里行间满是危急和紧迫。

安全教育课上，讲述或展示一些血淋淋的鲜活个案，如《“横穿马路头被撞，想想真后悔”小学生给千余名师生现身说法》。

关键词：调查

安全不是挂在嘴上，安全在于点滴细节，如《安全教育日，记者路口调查发现——(引) 学生闯红灯 15 分钟 28 人 (主)》。

关键词：警醒

安全教育日，念好“安全经”。报台网可提前开展安全格言警句征集活动，在安全日当天播发一批优秀的有本土特色的安全格言警句。新媒体可以设计推送各类安全主题海报和视频。

二、实战心得

父母唠叨、叮嘱、提醒，老师讲一些安全案例，让孩子观看警示片……安全教育天天搞，年年搞，怎样的安全教育最有效果？怎样的安全教育报道最有新意？

(1) 常规动态。每个安全教育日都有主题，围绕“年主题”做报道。各校都有哪些形式多样的安全教育活动？战线记者要提前打探，和学校办公室联系，掌握线索。下面是一组好标题：《呜呜警报响，1200 余学生“浓烟”中撤离》《一声哨响，2000 学生紧急疏散》《小学生演习 90 秒撤离“火灾现场”》《聋生拉着盲生的手逃离“火场”》《为了儿童，请你减速 (主) 本市交警开展护校活动 (副)》。

(2) 话题设置。一些记者对司空见惯的生活现象、街头巷尾谈论的话题，熟视无睹，听而不闻，自以为没意义。殊不知，新闻来源于生活，将“心中有”变成“笔下有”，才能凸显

一个记者敏锐的观察力和思考力，这才是记者的真功夫。

(3) 反弹琵琶，弹出新意。下面是一组好标题：《学校大门提前开 别让学生等在外》《报废“黑”校车挤满学生娃》《“栏杆叔叔对我说，别从我的肩头过；路灯阿姨告诉我，晚上天黑要当心”(引)安全班会娃娃晒出可爱童谣(主)》。

报道要出彩，多在标题下功夫。标题形象生动具体，“一俊遮百丑”。同样是车祸，甲记者看到的是庞大的数字，即《交通事故一年害死四千中小学生》；乙记者看到的则是微观悲情，即《交通意外，全国每天一个班学生殒命》。

第12章　世界水日新闻

3月22日，是世界水日，于1993年确立。3月22日—28日，是中国水周。

1977年，联合国水事会议向全世界发出严正警告：继石油危机之后的下一个危机便是水。严峻的水资源问题成为世界舆论关注的焦点，是中国经济和社会可持续发展不能回避的难点。

一、策划要点

关键词：水意识

今天你节约用水了吗？世界水日，期待你的参与。世界水日当天，关注各地水利部门举办的宣传活动，以唤醒人们的水意识。下面是一组好标题：《120名志愿者绘制高校“水地图”》《采水样给学生上“水”课》《昆明市民体验渴水 一天只喝半瓶》。

关键词：节水

珍爱生命之水从我做起。《世界水日　学节水妙招》讲述的是家庭日常如何节水。报台网全媒体可面向社会征集新窍门，如《海峡都市报》的《世界水日邀您当个节水达人》。

评评谁家最节水，如《长江商报》的消息《青山一家五口　一月水费仅20多元》。报台网全媒体可和水务部门联合评选百名节水家庭。谁家节水招数好？谁家更节水？既宣传了节水常识，也将节水意识深入到每个家庭。

节水到底有多重要呢？可请专家测算如果本地人人都节水，到底会产生多大的效果？《兵团日报》的消息《兵团节水灌溉一年“省”出五个天池》获中国新闻奖三等奖。浪费会产生多大的后果？《水龙头不拧紧会浪费多少水？滴水一个月浪费2.6吨》，报道让点点滴滴的节水成果化、形象化、生动化。

关键词：水资源

每到这一天，人们都不禁自问：我们的水够喝吗？真实的水资源状况怎么样？其实，随着工业和采矿快速推进，城市急剧发展，新农村大力建设，各地水资源无不处于深刻的变化中，如《重庆中度缺水 未来10年还要喊渴》《缺水47亿立方米，河北“口渴”!》。

关键词：活动

《华商报》举办“关注水质量、呵护大秦岭”志愿者大行动，希望通过大家对城市用水的体验和呵护城市水源，更多地了解水知识，保护水资源。报台网全媒体还可邀专家实地考察本地水源地水质，直播全过程，寻访当地居民的水故事。

你是否对自来水复杂的生产过程充满好奇呢？《广州日报》发起《“世界水日”请你参观水厂》活动，参加水厂、污水处理厂开放日。

【经典案例：《长江日报》联合发起“行走江湖”活动，征集环保志愿者，走访武汉的重要湖泊和江河，观察水环境状况，传播环保、运动的生活理念。志愿者们举着“长江日报

行走江湖”的旗帜沿江捡垃圾。水务局向志愿者颁发“湖泊保护志愿者”聘书，请水务专家现场讲解湖泊的保护状况。】

二、实战心得

每年围绕“水日”主题做文章。可绘本土“节水地图”，打探本土日均耗水多少，如《城镇居民每天人均用7桶水》《宜昌人均用水每天50公升　5年后，水资源矛盾将越来越突出》。

拧紧水龙头，节水靠大家。人人都来当“水滴”，开展“水滴行动”。水保行动到底取得了哪些实实在在的硕果呢？如《太原地下水位终于升了》，想必让太原人民转忧为喜。

报台网要抓市民关注话题，如《“世界水日”，市民最关心水价》。城市水价的上涨，哪怕发出的是一个微弱的信号，都会受到最广泛的关注。水价调整是一个极其敏感的话题，对其报道，一要守纪律，不渲染；二要正确反映人民诉求，特别是困难群众的声音；三要聚焦发改部门听证会，将政策全面解读好。

喝放心水，一个看似不是问题的生存奢求。一些北方和大山地区吃水困难，要给予呼吁。我们的水源地保护得怎么样？如《给全市饮用水做“体检”》。不过，随着江河湖库等自然水域清网退渔深入推进，水质正在逐步改善，要大力报道这方面的可喜变化。比如，温州新闻网网络专题《从老板问水到全面治水——温州“变水”全景透视》，获中国新闻奖二等奖。

报台网全媒体要重磅介入“水污染”“水危机”事件。发起全民“随手拍”遭污染的湖泊、江河、沟渠、水库，如《城区污水脏了“水缸”》，又如《温州晚报》的警示《水利专家透露的预测值得警醒　2030年温州要向丽水买水》。

【**经典案例：**2009年10月，湘江干涸断流，历史罕见。《潇湘晨报》推出“湘江告急”连续报道，记者多路出击，对母亲河沿岸人们在特大干旱状态下的生存生活进行全方位记录，并思考母亲河与城市的荣光与梦想、母亲河的伤痛、母亲河的保护行动……报道引发湖南省规模浩大的爱心行动，数万人“到湘江捡垃圾”“为母亲河洗脸”。】

调查类报道，体现媒体的主动作为和舆论引导力。“你是否知道今天是世界水日？你能说一句节约用水的宣传标语吗……”“世界水日”，全媒记者可带着有关节水的问题对本地大、中、小学校进行同题海采，视频推送。全媒体可提前刊发“水污染有奖问卷调查”。

对浪费水的行为进行舆论监督和鞭策。《北京日报》的消息《北京再生水仅1%用于洗车》，获中国新闻奖三等奖。新疆人民广播电台广播消息《耗水大户“水疗城”竞相出现在缺水边城乌鲁木齐》获中国新闻奖二等奖。

水危机是全球性大问题。国际国内新闻版块要在“世界水日”前后加强选稿，如《干旱每年“夺”走粮食600亿斤　航天技术解燃眉之“渴”》。

除了加强对党委政府出台的重大文件进行深入解读外，报台网全媒体也要精心搞点诗性盎然的大策划，如关注江河湖泊，关注生命之水，运用全媒体传播方式，既扩大影响，又提升媒体的品位。

报台网全媒体还可与水利部门联合推出“生命之水”特刊或画刊，举办晚会，聚焦本土水资源、水土保持状况、水利设施与成就、节水英雄，以及推荐展示本地水景、水库、水上人家、放心饮用水品牌、水产品等。

第 13 章　“地球一小时”新闻

“地球一小时”，发起于澳大利亚悉尼，是世界自然基金会应对全球气候变化所提出的一项倡议，希望个人、社区、企业和政府在每年 3 月最后一个周六 20:30—21:30，熄灯一小时，表明他们对应对气候变化行动的支持。

一、策划要点

关键词：倡议

你最想看到哪里熄灯 1 小时？提前三天，报台网全媒体发出倡议，邀各单位共同参与“地球一小时”活动，随后滚动播发响应情况，如《小学生致信省长倡议熄灯》《居民自发“巡游”倡议熄灯》。

关键词：创意

年年都有“全球熄灯一小时”活动，但每年的这一天，除了熄灯之外，我们还能做些什么？《羊城晚报》联手全国 30 家媒体呼吁公民参与“地球一小时”活动，并征集创意方案“熄灯一小时　我们做什么”，如《熄灯一小时听爸妈讲故事》《关灯一小时户外看星星　读者踊跃参与活动推荐新创意》。评选“熄灯计划”，比如：最浪漫的计划，如和好友相约看星星；最孝顺的计划，如陪老爸老妈散步；最温馨的计划，如和家人朋友吃烛光晚餐……

熄灯仅需一小时，环保迈出一大步。《南湖晚报》举行“地球一小时”现场承诺签名仪式。

关键词：活动

《长江日报》与世界自然基金会联办“地球一小时”不插电音乐会，吸引数千市民参与。昆明媒体举办“你关灯　我送水”爱心活动。

二、实战心得

(1) 提前预告。可发倡议，征创意。下面是一组好标题：《今晚，我们“熄灯一小时”》《地球母亲，今夜我为你熄灯》《成都承诺：送给“地球一小时”》《今晚邀您共度“地球一小时”》《多个“地标”今晚熄灯》。

各媒体着重点在于“熄灯一小时” 当晚的报道，安排多路记者到各个“点”上去直播。选哪些点呢？如最繁华商业街、地标建筑、公园广场、大中学校校园、烛光婚宴……

(2) 熄灯直播。熄灯一小时，让电流停止，让我们共同的母亲休息下。《“熄灯一小时”你在做什么？》，写“记者直击”的场景和画面，记录市民多彩生活。报道点有学校、人物、建筑、家庭、算账等。报道切口不要大，如家长将普通灯换成节能灯，教育孩子从小节约能源。看似微小的行动，对千万家庭都有示范意义。

(3) 熄灯算账。相关文章有《熄灯 1 小时　重庆少排 2150 吨二氧化碳》《昨夜熄灯 1 小时　成都省电 3 万度》。

全媒体报道要突出“熄灯一小时”的诗意与意境。下面是一组好标题：《“地球一小时”温州共此时》《熄灯一小时，城市如此美丽》《烛光中静享地球一小时》《让地球和自己都“喘口气”》《熄灯一小时 福州此刻黑暗很美》《一对新人的“烛光婚宴”》。

(4) 街头海采。如《南方都市报》记者巡访发现，中山本地的机构、企业参与响应者寥寥，但市民的热情较高，环保志愿者随机访问了约 200 名市民，半数表示知道“地球一小时”，1/3 的人知道低碳生活，全部人都表示支持该活动。

(5) 深度思考。从熄灯一小时，反观我们的节能，反观我们对地球资源的掠夺式开发和消耗，拷问我们的可持续发展，如《“地球，对不起！”》。

(6) 视频影像。《静享美丽“黑暗时刻”》：亲历美丽的黑暗瞬间，直播熄灯城市夜景和市民快乐的夜生活。

“熄灯一小时”活动，报台网还可延伸至“夏至关灯一小时”，报道方式类似。

第 14 章　儿童图书日新闻

4 月 2 日，是国际儿童图书日。1967 年，国际少年儿童读物联盟为了纪念丹麦儿童文学大师安徒生的诞辰而发起设立，旨在提醒人们重视儿童图书的出版发行，让儿童在阅读中健康成长。2007 年，中国儿童读物促进会把这一天定为“中国儿童读书日”。

一、策划要点

关键词：挑书

一个故事受益一生，给您的孩子送本好书吧。

现在是书籍充盈的新时代。书多得让人眼花缭乱，以致出现了选择的障碍。给孩子找一本适合的好书，好难！怎样给孩子挑选图书呢？报台网全媒体每年都可请各方面专家荐书，“专家”可以是科学家、出版社社长、校长、名师、作家、优秀学子以及优秀学生的家长等。

关键词：调查

《东南快报》记者对市民进行街头海采，问到 4 月都有哪些节日时，很多市民脱口而出的都是“愚人节”，却鲜有人知道“国际儿童图书日”，于是做了《“世界儿童读书日” 家长儿童不知者居多》。《诸暨日报》记者直接将愚人节与儿童读书日对比，报道文章《看书没“整人”好玩 “儿童读书日”遭冷落》，让人们正视儿童的健康成长。

关键词：捐书

报台网要关注少年儿童，关心他们的健康、心理；关心他们的学习、生活环境；关心他们的方方面面。

然而，许多贫困地区的中小学生目前还无法受到与城里孩子平等的教育。部分农村、山区的孩子们，不敢奢望给自己买一本作文选或童话故事。

《南国早报》“一本字典，托起山里娃希望”系列报道，获中国新闻奖二等奖。《三峡商报》《泉州晚报》曾发起“为山区孩子捐本书”活动。报台网全媒体可与本地阅读办联办此类活动，并公开“捐赠活动芳名录”。

报台网可提前发动募捐，在这一日为百户或千户“农家书屋”添置一些少儿图书，也可发起“为乡村少儿办个图书馆”。在中国媒体倡议下，芬兰通力集团在华捐赠了一家爱心流动图书馆，芬兰总统塔里娅·哈洛宁亲自出席活动。

报台网还可发起“捐一本儿童图书，换一根节能灯管”活动，如《千支节能灯管“点亮”有爱的你》。

二、实战心得

你那里儿童图书的现状如何？有哪些可喜的现象？有哪些不好的苗头和问题？记者去本地书店、书摊调查，发现盗版书错字多，语法错误多，还有一些小书店儿童图书涉“黄”等。也可抓反常新闻，如《成人看儿童书，儿童看成人书》。

为何“儿童图书日”遇冷？面对同样的问题，有的记者像水面上的刁子鱼，扭头一转，绕道走了，而有的记者像鲤鱼一样潜下去探个究竟。记者要具备从事物表象抓事物本质的功夫。

以《课外作业繁重　图书价格不菲（引）孩子们离课外读物越来越远（主）》举例，在采前会讨论时，有记者说，这不外乎两点：一是孩子们课后时间都用在写作业上，没空看课外书，课外读物自然离孩子有些远；二是家长不重视。即便如此，我们还是要以“记者调查”的形式通过他人口吻来表达观点，而不能记者自己下结论。

纸质阅读正在显著下滑。有的学生家里摆了很多课外书，可家长就是抱怨孩子坐不下来，不爱看，没有阅读的习惯。怎么办？报台网可请作家支招，在阅读方法、阅读习惯养成上为学生和家长提供指导。

孩子该读什么样的书？有什么样的书可读？反思儿童图书创作，本土有哪些儿童图书作家，重磅聚焦他们及他们的作品，并与之直播互动，甚至办讲座分享会。

美女作家、少年作家风行，儿童图书商业色彩深厚。深度拷问：谁来为孩子们用心写书，谁来为孩子们建立一个健康向上的精神家园？作家们应该如何创作出让孩子们喜欢的作品？

第 15 章　清明节新闻

4 月 5 日前后，是清明节。其大约始于周代，距今已有两千五百多年历史。《历书》记载："清明，盖时当气清景明，万物皆显，因此得名。"清明节是一个祭祀祖先的节日，传统活动为扫墓。

2006 年 5 月 20 日，经国务院批准，清明节列入第一批国家级非物质文化遗产名录。2007 年，国务院将清明、端午、中秋纳入国家法定节假日。

一、策划要点

关键词：祭扫

一朵菊花寄哀思。清明节到，扫墓出行本地公汽线路是怎么安排的？城际铁路、公路客运车次安排有何增减变化？清明扫墓高峰时节，如何避开堵点？这些都受到关注。《清明近　菊花俏》，花价怎样，销量如何？祭祀物品有何新变化？

关键词：思念

清明前启动"清明，思念着你""不曾忘却的遗言"等专栏报道，倾听生者对逝者的怀念心语，回忆逝者生前往事，彰显家风传承、精神激励，并在清明节时推多版"思念"文章。

我们的笔触、镜头更应该对准那些为革命、建设、改革事业牺牲的烈士。《百万烈士安"新家"》就是具有鲜明节点的报道。

关键词：踏青

清明节又称踏青节。下面是一组好标题：《阳春和风暖　踏青正当时》《到植物园看"花花世界"》《梨花风起正清明　何处踏青最相宜？》《赏樱何须跑武大　我家门前花正香》。

策划"醉是踏青时"系列专版专题报道，形成气势。微信端推出诸如"贵阳春游踏青地图"，启动"寻找最美踏青地"活动，发动全城拍客上传最美照片，并写出"最美印象"和"自驾路线"等，方便人们实地赏景；绘制草莓采摘地图和自驾线路，做摘采莓全攻略。

从美食角度做策划，比如：踏青觅野菜，什么样的野菜更爽口？做野菜有哪些花样和做法？报台网全媒体可请烹饪高手直播解说亮招。

从健康视角做策划。阳春三月，桃花风起正养生，如《少碰"发物"多吃"三黑"》《踏青花过敏，吃椿芽晒出红疹　天天盼春来，春来也有烦心事，不妨听听医生意见》。

二、实战心得

从 3 月 20 日前后开始，关于踏青、清明扫墓就陆续开始，报道也随之不断升温。清明祭祀报道要突出移风易俗，倡导丧葬新风。清明祭扫不仅靠香烛、纸钱，还要大力宣传鲜花、网上祭祀、骨灰撒林等祭扫新风。可抓典型个案，做观察思考，如《"绿色殡葬"在宜遇冷，三年仅六逝者长眠树下》。

故人已去记忆犹存，岁月已逝思念依旧。报道要升级，不能老一套。"追忆"新闻，较

多地停留在“个人追忆”上，即追忆父母、亲人、好友、师长，其实，对“城市追忆”“国家记忆”则是更高层面、更高境界的追求，追忆为我们这个城市、这片热土作出非凡成就的，感动我们的英烈、英雄、官员、模范等。以特殊人物的墓志铭为切入点，聚焦那些写在墓碑上的人。

那些“沉睡”烈士，如散葬无名烈士墓，平时少人凭吊，如《又是一年清明至 唤来春风慰英烈》《清明，请为这些公墓献束花》。《淮安日报》推出的“只为烈士不再无名”连续报道获中国新闻奖三等奖。报台网全媒体可和民政部门发起组织市民祭扫先烈或近年来在本土各类事件中牺牲的英雄，如推出“烈士”系列节目，策划“清明祭英烈·共铸中华魂”H5产品。

【**经典案例：**《湖北日报》传媒集团清明节主办“万人祭奠开国先烈”活动，千余武汉人乘50台大巴往大别山老区红安参加纪念活动，盛况空前。】

重点抓典型人物或典型事件的祭扫，做专题报道，如《抗日名将后人来宜祭奠抗日将士》。2008年汶川大地震，同饮一江水的宜昌人民接收了200名灾区孩子来宜读书。2009年清明节之际，《三峡商报》策划了“清明节特别行动——灾区孩子宜昌祭祖”活动。

【**经典案例：**《沈阳日报》历时三年开展“期待重逢·寻找烈士亲人”大型新闻活动。与河北、山东、江苏、湖南、山西等省市报纸联动，记者走访3省14地，找到49位抗美援朝烈士亲人，连续报道了“亲人团队千里赴沈泣泪祭英灵”系列活动。长眠于沈阳抗美援朝烈士陵园50多年的80余位“无亲属”烈士，绝大多数都找到了亲属，结束了这些烈士从无亲属扫墓的历史。】

走近特殊人物。专题报道殡仪馆里的大学生，如“遗体美容师”“入殓师”，是他们让逝者有尊严地离开，关注他们的工作、生活、情感等。

满城春色。全媒体绘制全省（市）春季赏花地图，推出《赏花全攻略》；绘制最新自驾高速线路美景图，展现省（市）内和周边高速主要出口及沿线景点及看点；绘制本城最佳暴走路线，品味沿途历史和沿线看点；征集最美春色视频影像与美文；油菜花开，蜂拥而至，聚焦“春天里养蜂人”，探讨养蜂产业。

最美人间四月天，组织小记者郊外竞走赏春。

【节前报道】

要强化祭扫山火警示的报道，如《坟前烧纸祭先人，不料毁掉一片林》《祭祀山火 一日三起》《本报热线一周接到34起火灾报料 火火火，别烧痛了明媚春光》。

清明节前，殡葬业黑幕是各大媒体揭露的焦点。如《墓价高过商品房》，揭露墓地所有权、公墓续费问题。关注活“死人墓”，《重庆晚报》的通讯《“极品”活墓现黔江》获中国新闻奖三等奖。《殡葬行业“水”到底有多深》，是对本土殡葬行业现状进行的大调查。

找春天。可关注清明旅游，哪些地方最适合外出踏青？

清明前后出游，天气多变，如《感受“春天里的冬天”》《周末短暂降个温 清明难见雨纷纷》《夜来风雨声 春寒知多少》。

清明前一天或4月4日，可策划《清明时节》特刊或专题，分“扫墓篇”“思念篇”“出行篇”“踏青篇”等，具体如下。

(1) 扫墓篇。介绍清明礼仪，采访殡葬管理所负责人，如《上香只三炷 纸钱需亲折（主）烧香烧纸不在多在心诚（副）》《森林公安支招安全上坟（引）祭奠前除杂草 祭奠后浇火堆（主）》。

(2) 思念篇。播发提前征集到的粉丝对逝者的怀念追忆文章或一句话思念。

(3) 出行篇。介绍本土及国内天气、重点景区天气；关注水陆空铁等运力，帮助大家应对清明客流高峰；赴外地注意事项，如《清明去扫墓，看看咋坐车》《清明扫墓出行要注意啥交警部门给大家提个醒》。

(4) 踏青篇。推荐本土及全国赏春最好地方。

【节中报道】

清明三天假期如何做报道？开设“清明小长假播报”专栏，对铁路、汽车站、机场、客港、公汽等做动态报道。可围绕“祭扫”“出行”“出游”“消费””等组织稿源。

对公墓祭扫及丧葬新风进行报道。多做“祭扫特写”，如《手捧父母骨灰，轻轻撒向树林——(引)他们生前爱花木，逝后与树长伴(主)》。

◎清明下雨，下面是一组好标题：《梨花风起正清明　游子寻春半出城　10万返乡旅客挤爆客运站》《冷风冷雨　武汉市民懒出游　风雨无阻　外地游客唱主角》《春雨助游兴　踏青正当时》《车辚辚雨潇潇　美景如画人如潮》《细雨清明湿春花　后人含情慰先人》。

◎清明艳阳，下面是一组好标题：《最是一年春好处　扫墓踏青两相宜(引)昨33万市民出门祭扫　6万游客武大赏樱(主)》《风和日丽 33万人外出扫墓(引)鲜花寄情　陵园几无鞭炮声(主)》。

【节后报道】

清明节结束，可推“清明结”盘点小特刊。这里，“结”具双重含义：一是清明情结，怀念逝者；二是清明假期结束，总结盘点。

明年春色倍还人，透析本土赏春经济，展望来年大好形势。可以这样组稿：关于扫墓人数，如《14家公墓涌入109万扫墓人》；关于交通情况，如《扫墓的路畅通，交警扑了个空(引)踏青的人喊挤，依然不知倦意(主)》；关于节日观察，如《三花同放视觉宴　南方来客独赏樱(引)江城花样繁多，尚需“花招”留客(主)》。

第16章 读书日新闻

4月23日，是世界读书日，又称“世界图书和版权日”，于1995年确立，希望借此鼓励世人尤其是年轻人发现阅读的乐趣，增强对版权的保护意识。

选择4月23日是因为这一天在世界文学领域具有纪念意义。巧合的是，这天是塞万提斯、莎士比亚、维加三位世界著名文学大师的辞世纪念日(1616年4月23日)，又是美国作家纳博科夫、法国作家莫里斯·德鲁昂、冰岛诺贝尔文学奖得主拉克斯内斯等多位文学家的生日。

一、策划要点

关键词：荐书

读书好，好读书，读好书。图书琳琅满目，良莠不齐，眼花缭乱。当代人读书的困惑：不识好书，难寻适合的书。“我眼中的好书”，报台网全媒体可请有识之士推荐一些适合中小学生、社会人士阅读的书目。

【**经典案例：**《深圳商报》《晶报》承办深圳读书月重点主题活动——“年度十大好书”大型评选，邀请全国读书界重量级的专家学者和媒体读书版主编担任评委。读书月让阅读成为深圳人的一种风气、一种时尚、一种生活方式。】

关键词：送书

春意盎然好读书。一些贫困地区的孩子、留守儿童，以及城里的外来务工子女、残疾人，难得有几本新书。在读书日来临之际，报台网全媒体发动城区师生、社会各界为他们赠送一些适合他们的图书。

关键词：活动

报台网全媒体可和文旅局、有关商业机构联合评选十佳读书人、十佳书香家庭、十佳书屋，命名一批书香大院、书香社区、书香小区、书香楼栋等。

每逢读书日，《齐鲁晚报》联合省图书馆联办全省读书朗诵大赛，百名读者共诵经典。

【**经典案例：**浙江广电集团浙江之声《星空朗读》，成为浙江省重要宣传品牌，一年举办25场活动，运营收入达到1500万元。每一场都将一个地域的文化、历史、风貌、特色融入朗诵活动中，让人们感受到本土文化的魅力。】

书，非借不能读也。报台网全媒体可发起换书派对。如《我们一起来换书》，倡导带一本好书来，换一本好书走。更多书种，更加好玩，更多交流。除此之外，还可举办小记者“跳蚤书市”。

二、实战心得

诸葛亮曰：“非学无以广才。”读书明智，以文化人。一日不读书，胸臆无佳想。报台网全媒体要深化“天天都是读书日”的社会共识，一年四季热做读书报道，及时切入与读书有关的各类热点事件和热门人物，运用全媒融合传播手段，在社会上持续产生热烈影响。

(1) 动态报道。报台网全媒体要关注中小学特色读书日活动，如赛诗歌、演讲等，相关文章有《“世界读书日”书香飘京华》《“读书日”您读书了吗》。《新民晚报》的消息《小读者横穿大半个上海来还书》，获中国新闻奖二等奖。

(2) 互动活动。全媒重磅关注各路作家、专家到学校与学生们畅谈读书心得感受，人生成长感悟，撷取他们的精彩观点作标题，如《“读书能提升城市气质”》《“读经典，让孩子多些中国味”》《读书不要逼孩子做笔记》。

(3) 读书调查。少些浮躁气，多些书卷气。不同人群在读什么书？报台网全媒体可开展阅读调查，如《“读书日”调查：近八成中学生没时间读课外书》。是读书还是读网，或许并不重要，重要的是，我们在读什么内容，开展街头海采直播“我最想念的一本书”。

(4) 话题探讨。读书日里话读书。网络时代，捧书本的人越来越少，是否意味着读书人越来越少？或者说当代人不读书呢？可探讨纸质书、电子书的出路与未来。

(5) 扫描书市。收集整理读书日本土各大书店促销举措；思考本地书店生存现状、危机与出路；直播文旅部门关于图书市场的扫黄打非行动。

第 17 章　劳动节新闻

“五一国际劳动节”是全世界劳动人民共同的节日。1889 年 7 月，由恩格斯领导的第二国际在巴黎举行代表大会，会议通过决定把 5 月 1 日定为国际劳动节。1989 年后，国务院基本上每 5 年表彰一次全国劳动模范和先进工作者，每次表彰 3000 人左右。从 2008 年起，“五一”假期由 7 天缩短到 3 天。

一、策划要点

关键词：劳动者

开设“劳动节里的劳动者”专栏，记者走近奋战在各行业岗位上的优秀劳动者，探访他们的工作和生活，了解他们的酸甜苦辣。选取的人物每年要来自不同的行业，其所在行业层面要典型，要与当下本地热点有融合，如重点工程建设者、重大项目施工者、高危岗位工人、最繁忙地段交警、最艰苦环卫工人、新型职业人士等。

【**经典案例：**获中国新闻奖一等奖的央视系列报道《大国工匠》，每年“五一”“十一”聚焦全国各行业顶级技工的有感召力的故事，深入车间、家庭、工地反映工匠们的精湛技艺，记录他们干活时的神态、动作、表情、语气……专于动人细节。展示国之重器，弘扬“工匠精神”，彰显技能报国，既蕴含“爱国敬业”的社会主义核心价值观，又凸显“实干兴邦 空谈误国”的中国梦内涵。】

关键词：出行

“五一”来临前，报台网全媒体提前为粉丝端上《“五一”小长假出行参考》，涉及交通资讯、出行线路和旅行安全方面的信息。打探水陆空铁公交等部门“五一”运输方案。自驾队伍庞大，可推荐自驾线路。

关键词：经济

逢假必抓假日经济。有的记者常拿部门放假当挡箭牌，部门放假了就没有新闻可做了吗？当然不是！既然部办委局没有新闻，我们可将目光转移到各大卖场、各大商家、各大景区。最火爆的商场、最火热的景区到底火什么？最开心的农家乐有何特色？最热捧的旅游纪念品是什么？我们可搞街头海采，问游客、问导游、问商家、问市民等。

只要用心发现，新闻无处不在！

二、实战心得

“我劳动，我快乐。”“五一”，歌颂劳动最光荣。特别聚焦那些节日期间坚守特殊岗位的“新时代奋斗者”，走近他们，聆听他们，感受他们。

可推诸如“中国梦·劳动美”五一特刊，专题聚焦本土涌现出的一批各级劳动模范、劳动奖状奖章获奖企事业单位、工人先锋号、工会十面红旗十大标兵等，展示他们的事迹、荣誉、成就与经验。

关注劳动权益。聚焦典型讨薪事件和案件追踪。黑龙江电视台《关注农民工，讨回打工钱》电视系列报道、深圳特区报消息《56名女工状告工厂搜身侵权》均获中国新闻奖二等奖。

【节前阶段】

节前以动态报道为主。提前一周进入"五一"旅游预热，关注本地假日办公布投诉电话，旅游市场大检查情况，火车站备战客流高峰。游轮客船就位情况如何？全媒体报道各大景区"五一"游接待准备情况，又亮出了哪些新特色？假日游应以安全为首，公园景区游乐设施、旅游车辆检查情况如何？报道之，既是预热暖场，又是传递放心。

小长假是"蜗居"还是出游？如何让蜗居更充实，如何让出游更惬意？报台网全媒体可邀各方达人支招，如《亲，"五一"要哪里耍？》。若"五一"选择留在城里，可参考《"五一"精彩好戏等你来》。假日看病，"五一"哪些医院急诊不停？

策划诸如《"5•1"，晚报带您自驾游》旅游特刊，一日游、两日游线路推荐，采用"游点介绍＋交通线路"的报道方式。新媒体推送"五一出行指南"，可将本土、市郊、周边、省内、全国之好看、好玩、好吃、好听信息梳理。报纸可推出《约惠72小时——"五一"消费导购》特刊，对衣、食、住、行、玩、乐、购等全方位展示。

"五一"来临，节日穿盛装，市容换新颜。全媒体可打探城管、园林、住建等方面的举措，呈现城美景美人更美。

"五一"经济，还可做城区婚宴市场观察。

【节中阶段】

突出节日报道的基调：劳动美、欢乐多、消费旺。

"五一"期间每天的全媒体报道元素，可涉及出行、度假、消费、天气、警示等方面。景区好不好停车？住宿好不好找？酒店价格涨没涨？这些都是人们最关心的，要重点抓那些突发的旅游车祸事件。

策划"关注五一小长假"专题报道，分"资讯""人物""话题""影像"等篇章，具体如下。

(1) 资讯篇，即出行、天气、景区等情况。形容人多，如《游客如织 景区不看景看人》《景区人如织 游客雅兴高》；描写天气，如《上午风和日丽 下午暴雨雷鸣》《天公作美游兴高"五一"出行堪比春运》。

(2) 人物篇，即全媒记者走近"五一"假期坚守岗位的劳动者。可开设"奖章里的故事"专栏，聆听那些本土知名的老劳模的先进事迹和精神。

(3) 话题篇，围绕"热门职业""新潮职业"以及求职、职业维权事件等做劳动和职业话题讨论。《长春晚报》的通讯《长春好钳工比博士难找》获中国新闻奖三等奖。

(4) 影像篇，用视频影像记录各地"五一"旅游盛况，直播人山人海的欢乐场景；展现"五一"市容新颜；曝光旅游中的不文明行为。

【节尾阶段】

假期盘点。假日办公布统计数字，盘点游客人数、旅游收入，分析旅游日均进账。全媒可报道最火爆线路、最受青睐旅游纪念品、旅游秩序、安全出行、旅游投诉等。

此外，还可盘点交通客流、消费花销、刷卡消费、商品房成交、消费投诉等，如《五一

小长假苏州人真敢花钱 一口气刷了4.93亿元》《五一小长假 兰州楼市打“冷颤”》。此外，还可以盘点社会治安、火灾、环卫等，如“五一”期间清理垃圾多少吨？120急救情况如何？

长假后，要关注价格“大跳水”，如机票“白菜价”、景区降价。

“五一”加班，你领加班费了吗？结合本地最低工资标准，可请人社专家帮人们算清3天加班费。哪些情况难要加班费？没领加班费，怕投诉被老板炒鱿鱼，如何维权？这些都可以找人社专家出主意，做全媒体报道。

第 18 章　青年节新闻

“五四”青年节，是为纪念 1919 年 5 月 4 日爆发的“五四运动”而设立的。青年节期间，各地都会举行丰富多彩的庆祝活动，青年们还要集中进行各种社会志愿和社会实践活动，许多高中还在青年节期间举行成人仪式。

一、策划要点

关键词：庆祝

关注各级共青团举行的庆祝表彰活动。如《海南“十佳青年”出炉》，头版刊发“十人”彩照。报台网全媒体要聚焦本土五四青年奖章获奖者、五四青年奖章集体、十佳青年的事迹。最有看头的当属“中国青年五四奖章”和省“十大杰出青年”，这是中国新闻版块必发并应重点处理的内容。若有本地青年荣耀登榜，则应头版头条重处，并应专版报道其事迹，连线谈领奖经过和感受。

关键词：活动

今年“五四”怎么过？《牵手五四　相约青春》，报台网全媒体可和电影院联合举办“青年电影周”，广大团员青年凭本人有效证件（团员证、学生证），可享零售票价“五四”折优惠。

二、实战心得

致青春，话成长，谈理想，聊奋斗。报台网可推诸如“风华正茂”五四特刊或专题。可聚焦本土一批青年领“秀”（大中学生干部、优秀团干团员）、青年领袖（社会各界青年榜样、优秀青年企业家），写他们的创业经历、成败得失、人生理想、青春感悟；展示一批本土五四红旗团委（团支部）、优秀共青团员、干部风采和“青年文明号”；推介一批青年创业项目和服务平台，以及展播以青年人为客户群的各类产品，如探讨青年购房置业，拉动地产广告。

【**经典案例：**《十堰日报》在“五四运动”100 周年之际，推出近 80 版《百年青春梦》，分别以“致百年·不忘初心”“致青春·不负韶华”“致时代·不负使命”为篇章，恢宏地再现了 100 年来五四精神的传承与光大。为放大报道影响，其在城市广场举办特刊巨型报展，引数万人参观。】

国务院规定，凡年满 14 周岁至 28 周岁的青年可在 5 月 4 日当天享受半天假期。《兰州晚报》推出报道《青年朋友，你享受半天假了吗？记者调查发现，大多数青年不知五四青年节放假一事》。《新安晚报》记者做了假日思考，如《是谁雪藏了“五四”青年节？》。除此之外，还可做一些问题新闻，如《“半天假”到底怎么放？》《“五四”青年节 半天假难倒单位》《不放假，发不发加班工资？》等。

第19章　护士节新闻

5月12日，是国际护士节，是为纪念现代护理学科的创始人弗劳伦斯·南丁格尔，于1912年设立的。其宗旨是倡导、继承和弘扬南丁格尔不畏艰险、甘于奉献、救死扶伤、勇于献身的人道主义精神。这一天是汶川大地震日，也是全国防灾减灾日。

8月19日，是中国医师节，策划与下面类同。

一、策划要点

关键词：过节

集中报道各地护士节的缤纷活动，彰显护士职业的崇高和人们对护士的尊敬情感。下面是一组好标题：《这个节日，护士们过得丰富多彩》《护士节，她们这样度过》《喜迎护士节　白衣天使我歌唱你》《“护士妈妈，节日快乐”　地震小伤员祝福献护士》《老护士为新护士“授帽传烛”》。

关键词：比武

护士过节秀出风采，可重点报道医院、医科大专院校举行的护理技能大赛，如《护士现场亮“功夫”》。

关键词：人物

护士做的都是很烦琐、很累人的事。全媒体聚焦一批获“南丁格尔奖”的优秀护士，讲述其“人物故事”，其报道模式：①照片；②标题；③姓名；④职务；⑤荣誉；⑥故事；⑦视频。

如《嘉兴日报》的《护士节，感受“天使”们的快乐与烦恼》，其报道模式是：天使××号，姓名，职务，三个故事片断——“最常做的事：清理各种污秽物”“最委屈的事：病人打进办公室”“最暖心的事：两年后病人还记得我”。

关键词：活动

《三秦都市报》举办“今天我来当护士”体验活动；《长沙晚报》举办“帮护士专场相亲”活动。关注这个特殊群体的婚恋问题，如《长沙百名美女护士“想恋爱”　月老牵线快速配对》《数十护士长集体“走猫步”　为女护士“征婚”》。

《护士节“最美笑脸”惊艳亮相》，为隆重庆祝国际护士节的到来，充分展示护理人员的风采，《江城日报社》联合主办吉林护理精英“微笑天使”评选大赛。

【**经典案例：**谁是最美“白衣天使”？护士节前夕，《温州晚报》联合评选“十大优秀护士”。由各医疗机构推荐或个人自荐，并经卫生部门逐级初评和复评，《温州晚报》公布入选名单，结合读者投票，评选出“十大优秀护士”。】

二、实战心得

看似多余，但说与不说则很不一样。我们的报道开篇就要高举人文情怀的大旗：值此国际护士节到来之际，特向辛勤工作的白衣天使们道一声 “节日快乐”。

出版《天使赞歌》护士节特刊，将新闻和专刊进行整合。聚焦本地护理事业现状，分析亟待解决的问题，展望未来的措施；对本地一些护理临床重点专科进行风采展示。为了把护士节报道作出亮点，还可从以下方面着手。

【拔萃护士】

动态报道方面如何突破？选择人物要典型，要抓高学历护士、全能型护士、突出贡献护士、特殊岗位护士，如《厦门将有首位研究生护士》《“专科护士”渐渐浮出水面》《又一年护士节 她准备着去黎巴嫩维和》。

【男护士】

在人们印象中，似乎护士是女同胞的专属，殊不知也有男护士群体，他们在护理行业里显得格外与众不同。护士节走近男护士，会让粉丝产生眼前一亮的感觉。下面是一组好标题：《80 后“护士先生”喜戴护士帽》《广州大医院热“抢”男护士》《护士比技能　须眉不让巾帼摘桂冠》。

同样是护理技能操作大比武，有的记者看到的是“护士赛技能”过程，有的记者看到的却是《七尺男护士　心比女人细》。

【护士缺编】

审视护士群体，就是审视一个地方医疗发展水平，如：注册护士有多少？本地每年有多少万住院病人，护士缺不缺？每 10 张病床有多少护士服务，与临床需求有多大差距？

比如，《浙江护士人数太少　每 10 张病床只有 3 位护士》《长沙护士仅 1 万缺口大　年轻护士常因偏见辞职》。

深度思考护士短缺到底“缺”在哪里？

【护士生存】

护士吃的是青春饭吗？护士群体庞大，她们长年累月关心病人，其实她们也是一群特别需要关心的特殊群体。

报道就是要抓特殊中的特殊，抓稀有。如在白衣天使的节日里，走近这样一群不同寻常的护士——精神病院的护士们。和精神病人在一起本身就很困难，她们的故事当然与众不同。

面对护士短缺现象，记者可设置议题：为什么大家都不愿当护士？可能有多个理由，但是我们的报道不能面面俱到，否则就是做总结，撒胡椒面。“要抽取最饱满的一穗”。可谈及护士的待遇，如《护士小时收入不及保姆　两成护士转行》。

关注护士的心理疏导，如《心理学专家教护士如何快乐工作》。《萧山日报》记者从一家医院公布的调查结果看到了“白衣天使”的担忧，呼吁全社会要关注护士身心健康，如《萧山八成护士：累了！》。

第20章　母亲节新闻

五月第二个周日是母亲节。1914年，美国国会通过决议案，将母亲节定为全美节日，并促请美国人“公开表示我们对母亲的敬爱”。世界各地相继仿效，遂成为“国际母亲节”。不过，这毕竟是洋节。众多中国有识之士呼吁，应将孟母生孟子这一天定为中华母亲节。

一、策划要点

关键词：孝敬

母亲节，你如何向母亲表达孝心？母亲节来了你准备了什么？你了解母亲多少？有孝心，还要有孝举。下面是一组好标题:《五旬儿叩头献花谢母恩》《母亲节　拥抱妈妈说声“我爱您”》《母亲节，儿女陪你一起过》《母亲节陪妈妈看场电影》。

关键词：人物

“把爱全给了我，把世界给了我……”母亲节讲述母亲的故事。策划一组“母亲节之故事”，讲述几位杰出母亲、优秀母亲不平凡的动人事迹，如“十佳创业母亲”。

不是妈妈胜似妈妈，没血缘的母爱更伟大。那些福利院的妈妈，那些收养孩子的妈妈更伟大。报台网全媒体要走近这些特殊母亲。

关键词：关爱

母亲节关注贫困母亲，如《单亲特困母亲免费学技能》《10名特困母亲接受免费手术》《母亲节探望“癌症母亲”》《社区为老人过“母亲节”》《为单亲妈妈过母亲节》。

那些英烈母亲，不应被忘记，尤其需要社会的特别关爱。为她们过节，看望慰问她们，如陪“伤子之痛”的英雄母亲过节，也是对英烈最好的告慰。

那些在养老院的妈妈们，她们的母亲节将如何度过呢？在别人共享天伦的时候，她们会不会因为孤独湿了双眼？同为母亲，她们的节日是否也能得到祝福？《三秦都市报》征集“爱心儿女”，在母亲节当天，陪伴养老院的妈妈共度浓情母亲节。

【**经典案例：**母亲节，为孤儿当妈妈。《襄阳晚报》与市儿童福利院联合发起“为孤儿当妈妈”活动。征集100名爱心妈妈，这些“爱心妈妈”在母亲节当日与孩子们互动，让孩子们感受母爱。】

关键词：倾诉

如何感恩母爱？《大连晚报》“邀你说出你的感恩计划”。《苏州日报》策划新媒体与纸媒联动“晒母亲美照，帮她留住一世芳华”活动，以口述史形式讲述照片背后的美好故事，抒发对母亲的挚爱和深深的祝福。

关注天下母亲心理健康。报台网可联合心理咨询中心搞微直播，邀天下儿女讲述妈妈的艰难养育之恩，如《残疾妈妈艰难把我养大　这份恩情要我如何报答？》。

关键词：活动

报台网全媒体可联手举办“我们如何做母亲”公益讲座，教妈妈激发孩子潜能，为孩子的成长创造更好的环境。《华商报》举办“母亲节亲子沟通讲座”。《城市快报》联合植物园举办“万朵康乃馨送母亲”半价游园活动。湖北广播电视台开展“最美妈妈”评选，让来自不同领域的妈妈们施展才艺。

【**经典案例**：2012 母亲节来临，《三峡晚报》发起“为留守儿童拍张照寄给父母”爱心活动，选 1 至 2 所留守儿童比较集中的小学，请多名爱心摄影家为 200 名留守儿童拍照。】

策划“给英雄母亲过节”活动，给本土数位养育了杰出儿女而不幸离去的英雄妈妈过节。

策划“报亲恩·送爸妈逍遥游”专题，拉动旅游广告。

关键词：商机

母亲节，商机在爱中涌动，如《母亲节将至，康乃馨价涨五成》。各大商场、家电卖场促销力度怎样，如《“母亲节”火了药店》。《武汉晚报》记者逛街发现，武汉商家在母亲节发动“妈妈攻势”，对准妈妈们青睐有加，但有点冷落老年妈妈，遂将这一社会现象撰写成文。

二、实战心得

天没有母亲的爱广阔，地没有母亲的爱包容，太阳没有母亲的爱温暖。母亲的无私、慈爱、伟大，深深地影响着每一个人。因此，有关母亲或母亲节的话题永远都那么新鲜。

母亲节当天推出“母亲节特别报道”或提前推“春晖”母亲节特刊，可涉及带妈妈看房、买车、购物、出游、体检、美容、全家福等各方面。

感恩是母亲节永恒的主题，如《母亲节，念亲恩》《拿什么感谢您，妈妈》《母亲节，真情报答三春晖》。

母亲节，让母亲好好歇歇，如《母亲节，大量市民举家外出就餐——让母亲从繁重的厨房中“解放”出来，一起过个节》。

【节前一天】

节前发酵。报台网全媒体提前点燃母亲节，提前抛出热点，如《再忙，也别忘了明天是母亲节 帮母亲做家务成网友最想为妈妈做的一件事》。

母亲节将近，怎样一桌菜最适合母亲节？《新民晚报》记者采写的《母亲节，最想请妈妈吃顿饭——吃什么、去哪吃，却让子女伤脑筋》，都是生活中的点滴小事，却最入心、最动人。

多报道那些坚强母亲，她们用柔弱的肩膀扛起各种苦难，她们的事迹或许并不惊天动地，或许不能让粉丝怦然心动，但是，她们身上闪耀着母爱的光辉。那是最真实最动人的生活。

【节日当天】

(1) 煽情导语。记不记得小时候一到儿童节，妈妈会给我们准备很多好吃的？多年后我们挣脱母亲怀抱，可会记得 5 月的第二个周日是她们的节日？今天就是母亲节，你曾对妈妈说过“我爱你”吗？

(2) 祝福母亲。今天是母亲节，祝福献给天下慈母，如《今天母亲节 向妈妈问声好》《妈妈，祝您母亲节快乐！》《今天母亲节　妈妈，您辛苦了！》。

这一天的头版可刊发大图片，营造母亲节的氛围，以及表达媒体的态度，如《妈妈的笑容最灿烂——祝天下的母亲节日快乐》。

(3) 海采直播。报台网全媒体可策划“你为母亲做点什么”一句话街头海采。

(4) 新妈新喜。将笔端和镜头对准那些母亲节喜做妈妈的孕妇。可到本地妇产科去调查统计，聆听她们身为人母的感叹，如《母亲节 23 名孕妇喜做妈妈》《准妈妈也过起母亲节》。记者可全城统计本土有多少宝宝赶在母亲节出生，成为母亲最好的“节日礼物”。可报道一两个新妈妈的孕育艰辛和新妈感受。

(5) 特殊母亲。幸福者的幸福都是相似的，不幸者各有各的不幸。如那些脑瘫儿的妈妈，为孩子操碎了心。还可关注三类警察母亲，即拆爆警、缉毒警、烈士母亲。

《广州日报》记者以《母亲节来了，宝贝你在哪？》为题呈现了两名不知道孩子身在何处的母亲对孩子的无尽思念。《新文化报》报道的“83 岁老母亲照顾 4 个植物人儿女近 30 年”，事件典型，感人至深。

(6) 明星妈妈。娱乐版块可聚焦那些最当红的文体影视明星妈妈和准妈妈们。整合“那些新科潮妈”及“明星后妈”的故事，明星们和母亲的那些感动的、有趣的事，如《天下同庆母亲节　给“星妈”戴朵大红花》。

(7) 最富妈妈。国际版块《全球最富有母亲榜出炉　前 10 名靠继承获财产》，其报道模式是：①消息；②照片；③每个人的财富传奇。

(8) 赞美母亲。副刊可刊登一些“名人名流和母亲的故事”，很有启迪意义。整理一些写给母亲的名诗美文，还可以约请多位本土作家书写自己的母亲。

【节后次日】

(1) 动态报道。记录母亲节这一天的动人故事，如《“拥抱妈妈 30 秒”　小学生台上洒泪》《拳拳慈母心　暖暖少年情》《“琴”动母亲节》《母亲节，我给妈妈绣旗袍》。而《献上美好的祝福　数万人营口望儿山下欢庆母亲节》，地点很典型，场面很壮观。

我们身边的母亲，如何过节呢？组一个报道专班，到社区里去抓，到你所在的小区里去抓，到街头的餐馆和商场里去抓，抓那些打动我们的或令人眼见一亮的画面与故事，如“温情：好好陪她一天”“贴心：让妈妈变漂亮”“实惠：母亲节妈妈不下厨”，再如《母亲节感恩宴火爆堪比中秋》《母亲节我给妈妈做蛋糕》《部分市民母亲节祭奠亲人》。

(2) 提炼新意。新闻的闪光点在于从平凡、普通、常见中提炼、升华出新意，赋予新内涵、新形式、新表达。提炼几个母亲节之“最”，如“最实在：回家就是最好礼物”“最感动：女儿女婿帮妈妈征婚”“最难做：坚持三年逗痴呆母亲开心”“最纯真：我给妈妈做比萨”。

(3) 特殊母爱。《北京晚报》记者采写的《泪水打湿大墙下的“母亲节”》，讲述的是 27 名未成年犯的母亲走进监狱，和正在服刑的孩子们共度母亲节。

(4) 呼唤亲情。央视公益广告画面真实地再现《亲做“母亲”宴，指望热闹下　岂料电话响，儿女都请假》，以及《教育专家晒“清单”　母亲“九大苦难”让儿女汗颜》《“养”蛋两天整　体验母亲苦》《一孩子母亲节写下心愿：爸妈双亲早日和好》。

(5) 悲喜节日。新闻的喜怒忧愁，在特定的日子吟唱，能产生广泛的共鸣和传播效果。遇难新闻，悲情共鸣，如《母亲节　母亲倒在血泊中》《环卫女工母亲节前被撞身亡》。心结疙瘩化解，如《母亲节里　母子喜相认》《少年要钱被拒竟暴打生母　母亲节他当众向妈妈认错》。儿女对母亲思念，如《患病母亲未归　女儿苦寻》《母亲节，人人都在祝愿妈妈“节日快乐”(引)她却在大街上寻找走失母亲(主)》。新媒体还可推送一组节日里的母亲镜头，反映她们的慈爱、呵护、陪伴、守望、孤独……

(6) 节日思考。《北京晚报》的深度报道《母亲节礼物“雷”倒妈妈》，提出了一个令人深思的问题：名贵礼物妈妈难“消受”，妈妈一族最爱“实用”，别让母亲节变味。引用社会学家观点称，像母亲节这类节日，感恩的情感意义更重，过分强调物质回馈而忽略精神上的慰藉，很容易让母亲节变味。

感恩母爱，不只是在母亲节里。天天都是母亲节。

第 21 章　旅游日新闻

1613 年 5 月 19 日，是《徐霞客游记》首篇《游天台山记》首篇之日。2011 年国务院批准 5 月 19 日为中国旅游日，非法定节假日。

9 月 27 日，是世界旅游日，于 1980 年始实行，是世界旅游组织确定的旅游工作者和旅游者的节日。

一、策划要点

关键词：免费

旅游日，各大景区免费游，如《“旅游日”部分景区优惠“羞答答”》《40 景区集体惠民》《冰城 41 景免费逛》《旅游日半价旅游景点等你来》《旅游日赣 200 余项活动捧场》。

关键词：活动

《钱江晚报》推出“旅游日，本报送你免费游”活动，抽取幸运读者，车费、景区门票、中餐、保险，一律全免。

二、实战心得

党的十八大以来，“美丽中国”“健康中国”上升为国家战略，康养休闲旅游业迎来空前大发展大繁荣。旅游是民生大事，习近平总书记先后两次就推进旅游“厕所革命”作出重要批示。“旅游新闻”从新闻家族中的一个支流成长为主流，格外抢眼。

2019 年是文旅融合元年。文化是旅游的灵魂，旅游是文化的载体。搞旅游新闻不能就旅游谈旅游，要体现融合。不仅要关注休闲度假旅游、全域旅游、乡村旅游、红色旅游、出入境旅游，以及旅游市场秩序、公共服务、投资建设等方面，还要深入挖掘地方文化的传承和弘扬。

旅游日到来之际，报台网全媒体可推出“畅游”特刊或专题。

◎关注景区、旅行社的优惠促销活动，如派发旅游券和景区门票。

◎推荐本土、周边和境外热门线路、自驾线路。

◎关注旅游日实况动态，如挤公交情况、自驾拥堵情况、景区接待情况，以及应急处置情况等。

◎展示本土一批优秀旅行社、优秀导游、文明游客典型经验和先进事迹。

◎曝光一批中国公民境内外旅游不文明行为典型案例，刊播一批文明旅游公益广告。

◎关注旅游乱象、消费陷阱、欺客宰客、景区超载等。媒体要高调打击黑导黑社黑车，真心帮游客维权。2009 年，一位黑龙江老人来宜昌旅游受骗，她到报社来反映问题，有记者踢皮球不愿接待，我积极介入，带老人去市旅游局投诉并向重庆市旅游局反映，促使违规旅行社负责人赶到火车站给老人退了钱。老人很感动，回去后写来感谢信，我们成了忘年交。

◎聚焦本土知名民间旅游团体。如徒步“驴友”攀崖探险、露营，写他们如何召集、管理、开展活动、消费支出、避免摩擦、避险等。

◎深度思考做大旅游蛋糕和特色旅游等，邀各路专家谈本土旅游的短板与全国的差距，寻找本土旅游的出路。

◎围绕旅游产业链做文章。旅游的链条很长，按先后大致有：签约（旅行社）→保险（保险公司）→天气（气象服务）→买票（火车站、汽车站）→打车（高铁、客车、出租车）→住宿（酒店、饭店）→赏景（景区）→看戏（文化娱乐）→品美食（地方特色美食一条街、特色餐饮店、特色小吃、农家乐）→喝美酒（地方名酒）→购特产（地方农特产品、工艺品）等。要深入挖掘地方特色，如名菜、名小吃、名宴、名店、名街、名厨、名镇、名村，以及特色旅游纪念品、特色大戏，探讨如何规范街道标识，改善城市旅游空心化等重大命题。

日常如何做旅游新闻？

(1) 各个节假日和重要节点时间段的出游报道。

(2) 日常动态报道。文旅部门的会议、研讨、举措、规划、评比、执法等，旅行社和景区的动态报道，如《市长请业界给三峡游“挑刺”》。

(3) 抓突发事件，如旅游坠崖，紧急救援。全媒体再现抢救过程之艰难、紧急、重视、科学、自救。报道旅游车坠河等重特大交通事故，具体参见“重大车祸新闻”章节。

2010 年，旅游团客车遭劫持后遭遇不测，《晶报》报道《香港 8 名游客喋血马尼拉》，“七步鲜”模式是：① 亲历；②悬念；③内幕；④背景；⑤反应；⑥死伤人员名单；⑦图片。

本地人旅游伤亡事故，如何报道？

◎直播事件现场，采访承接旅行社、旅游局、亲属，了解事件原貌及进展、各方应对。

◎刊播外出旅游注意事项。

◎刊播出事后维权方法与途径。

(4) 挖掘文旅融合故事。从关注“吃、住、行、游、购、娱”等旅游“老六大件”，升级到新旅游“新六大件”，即“商、养、学、闲、情、奇”。

(5) 做好旅游节专题报道。报道要浓墨重彩聚焦亮点，搞全媒互动，推系列深度。借势举办媒体智库活动，如策划全国地市报（省级晚报、新媒体、网络媒体）老总东北行等，巧借政府资源，做成节庆特色，做到极致。

大型节庆活动常放焰火，如何报道？可以“三抓”为切入点：抓安全（如何保障燃放安全和观看安全）、抓讲究（焰火设计以及节目有哪些讲究）、抓看点（探寻最佳焰火观赏点）。雨雾中放焰火，未能尽兴怎么办？报道不能扫兴，《楚天都市报》棋高一招，除了主消息《云层遮不住喜悦　浓雾锁不住豪情（主）——武汉市民世纪之夜“听”焰火（副）》，还有解释性报道《天公不作美，大雾提前来（主）——专家细说世纪之雾（副）》。报道开头这句话体现了记者的匠心：“放焰火的心愿是好的，但老天不给脸色，人们看不见焰火，可谓喜中有憾，憾中有乐”。这样既顺应了民众心情，也扭转了报道格局。

第 22 章 助残日新闻

5 月第三个周日是全国助残日，于 1991 年起实行，主要是为了培育全社会扶残助残风尚、提高全民助残意识。

12 月 3 日是国际残疾人日，旨在促进人们对残疾问题的理解，动员人们支持维护残疾人的尊严、权利和幸福。

一、策划要点

关键词：助残

关注本地在助残日举办形式多样的助残活动，下面是一组好标题：《无线闪光门铃，将惠及江岸 500 户聋哑家庭 (引) 无声世界里，从此可“听”敲门声 (主)》《盲人“听”风景》《民警带着盲人“听”焰火》《赛龙舟，他们靠“听”不靠“看”》《音乐让我听见美丽世界》。

关键词：典型

报道一些自强不息的残疾人典型事迹，如《独臂舞动人生》《无腿女孩走出美丽人生》。当我们的物质生活丰富起来后，很多人却在精神层面迷失了方向，萎靡、轻生、自杀、放纵、不负责任……正是这些顽强不屈的残疾人，为那些四肢健全心理残疾的人们点亮了一盏心灯。

全媒体报道残疾人创业典型。如《眼不明，心要明》，报道盲人创办按摩店。再如《盲人颜昌玉创办全省最大养生馆》，其报道模式是：①消息；②对话；③评论；④图片。

关键词：活动

关爱残疾人，报台网全媒体和残联组织残疾人游城赏景活动，逛新城、赏新园、看风景，体验“都市一日游”。

二、实战心得

我国约有一亿多残疾人，群体庞大。显性的是身残，隐性的是心残。

每年助残日活动的主题，都是依据当年残疾人事业发展的重点工作确立的。报台网全媒体要围绕“日主题”搞策划、做报道。

助残形式多样，如“文化助残”“扶残助学”“科技助残”“爱心赠刊”“爱心赠书”“爱心送戏”等。报台网全媒体还可联合开展“红领巾助残”活动，面向少年儿童开展帮助残疾人，帮助残疾小伙伴，帮助困难残疾人子女。

宜昌在全国涌现了不少残疾名人，如“千手观音”邰丽华、受到胡锦涛夸奖的聋哑少年刘丹阳、蝶舞女孩胡杉杉……在你的家乡有哪些残疾名人？她们在助残日或残疾人日有哪些活动？报台网全媒体要尽可能地充分挖掘本地名人资源和名人效应。

无论是全国助残日，还是国际残疾人日，都可推出至少一个版或专题，选取一个或几个有典型故事的残疾人，写他们的故事、他们的经历、他们的生活、他们的梦想、他们的心里话。当然，还可推出大型特刊，展示本土各地残疾人事业建设发展成就、服务品牌和特色亮点；展示一批助残先进单位和先进个人；展示一批残疾人创业服务基地；剖析服务残疾人各项新政。

全媒体报道残疾人家庭相扶相爱、温馨感人的故事，如《爸爸就是你的眼睛、你的腿！》。

关注无障碍建设。可记录残疾人的“行走”体验，全媒记者一路相伴直播，反映所在城市的无障碍建设情况和水平。报道哪些已到位，哪些存在不足，同时提出改进意见。

【经典案例：《今晚报》的组照《千百次锤炼，只为这一刻的闪光》，聚焦全国残疾人运动会，展现残缺肢体的力与美，残疾运动员的拼搏瞬间，让人震撼，获中国新闻奖三等奖。】

曝光阻碍残疾人事业的个案。比如，《海南日报》的消息《残疾人难登残联大门》获中国新闻奖三等奖。

第23章　无烟日新闻

5月31日，是世界无烟日，于1988年确立，旨在警醒世人吸烟有害健康，呼吁人们放弃烟草，为人类自己创造一个健康的生存环境。

一、策划要点

关键词：亮点

小小一支烟，危害万万千。在5月31日这一天，报台网全媒体可在重要版面刊发《倡议全市停止销售香烟一天》，以体现媒体的声音，还可报道本地举行的“世界无烟日”宣传活动。形形色色的宣传活动本身不是新闻，记者的功夫就是要从宣传活动中挖掘出有新闻价值的信息来，挖出亮点来，如创建无烟医院、戒烟门诊。

关键词：直播

记者可在这一天直播会议室、服务大厅、网吧、临街店铺、市区街头、车站广场等地的吸烟场景，并发出警醒警示，如《世界无烟日　身边烟雾浓》。其报道模式是：①标题；②时间；③地点；④场景；⑤视频影像。

报道要注意谨慎点明单位，或在拍摄中注意保护吸烟者的肖像，以马赛克处理，以免引起不必要的纠纷。

关键词：调查

室内公共场所吸烟情况如何？比例多大？

世界无烟日，记者可做街头调查、办公室调查。下面是一组好标题：《网吧禁烟区烟头堆成山》《世界无烟日　未成年人买烟轻而易举》《“无烟日”　药店戒烟药卖不动》。

关键词：支招

如何戒烟，报台网全媒体可向社会征集戒烟金点子。尽管很多办公室、会议室、公共场合挂起了禁烟标识，但是很多烟民仍我行我素。是不是戒烟无望了？怎么办？请有关专家支招，谈戒烟之策、戒烟金点子。

二、实战心得

中国烟民庞大，人们深受烟草毒害。尽管两次鸦片战争的硝烟早已散尽，但对烟草的危害不能忘记。戒烟宣传是一个持久战。有记者发现曾经名噪一时的戒烟门诊，如今门可罗雀，产生佳作《戒烟门诊　反被烟民“戒”掉（主）多数烟民戒烟半途而废（副）》。

戒烟、禁烟都不能板着面孔说话。我们的报道要放下身子，降低腔调，春风化雨，悄润心田，以情动人。换位思考，以被动吸烟受害者的角度发出戒烟的呐喊，振聋发聩，如《“爱我也要爱自己，爸爸戒烟吧”（主）临近无烟日，10岁女孩给“烟鬼”父亲写了封蛮感人的信（副）》。

【经典案例:《晶报》特稿《商场里吸烟不听劝 华强北两人被拘(主)起到一定震慑作用,但仍有不少烟民在商场内"过瘾"(副)》一文,采用"七步鲜"报道模式:①消息;②解读(政策);③声音(被拘者、警方告示、老板,呈现各方原生态正反声音);④调查(卖场吸烟的状况);⑤深度(透视吸烟被拘,看公共场所如何强力推行禁烟);⑥相关法规;⑦直播(吞云吐雾组图)。】

报道吸烟的危害,要关注国际、国内及本土相关的最新研究成果,如《昨天是第22个世界无烟日 肺癌发病呈低龄化趋势》。关注最易受二手烟毒害人群,如《拒吸二手烟,让肺自由呼吸》。

一个个鲜活的生命在燃烧的烟雾中凋谢,每一个生命都是禁烟的理由。戒烟不仅仅针对男性,女性也要远离烟草。如《女人,请大声对香烟说"不" 香烟把女人伤得更深》。

报台网可做深度思考:"无烟"离我们究竟还有多远?

特别聚焦那些反烟人士,他们是一群有故事的人,如《"反烟斗士"宜昌街头"抢烟"》《"反烟第一人"开始偏重劝青年戒烟 "世界无烟日"前第5次来沪劝人戒烟》《不吸烟的他深知吸烟的危害,为宣传戒烟他又出钱又出力(引)六旬老汉要缴烟民的"枪"(主)》。

报台网全媒体可和有关机构联合征集世界无烟日"禁烟海报"或禁烟视频,既调动本土设计师的创意灵感,在媒体上作为公益广告刊播,又可在当地重要的广场、公园举办禁烟海报展。

第24章　儿童节新闻

6月1日，是国际儿童节，于1949年11月由国际民主妇女联合会确立。儿童是祖国的花朵，家庭的希望和未来。全社会都应关心儿童成长，让每个孩子拥有欢乐的童年。

6月1日还是“世界牛奶日”，于2000年由联合国粮农组织确立。

一、策划要点

关键词：过节

欢欢喜喜庆“六一”。记者可提前为孩子们打探各旅行社、公园、景区等可供游玩的地方，了解“六一”期间有哪些精彩纷呈的节目及优惠活动。比如，公园向小朋友敞开怀抱，“六一”去图书馆读经典，和动物赛跑欢度“六一”，城乡孩子互赠礼物，等等。

关键词：关爱

儿童节前夕，抓那些关心关爱捐助孤残儿童的爱心故事。

可报道留守儿童的课外关爱，如《别让留守儿童“留守又流泪”》。“华声在线”推出“湘西留守儿童”系列报道，文章《爸爸，你什么时候回家抱我》，催人泪下。

对于贫困的孩子来说，一张平静的书桌来之不易。报台网“六一”策划“情牵贫困留守儿童”活动。《威海晚报》发起“快乐六一 牵手圆梦”活动，帮贫困孩子圆“六一”心愿。报台网不应忽视“问题少年”，他们尤其需要关心与关爱。

关键词：活动

快乐童年，放飞梦想。关注“六一”亲子活动，回放上辈人的童年记忆。

“六一”儿童节干什么？发倡议当一天快乐报童卖报，让孩子们体验生活的艰辛，提升孩子的沟通交际能力、口才表达能力。

【**经典案例：**2012年《三峡晚报》举办“把我最美的笑 寄给思念的你——为留守儿童拍照寄父母”活动，20多位摄影志愿者到县市区6所留守儿童集中的小学，拍摄近400张孩子的笑脸寄给他们的父母。以此推出系列深度报道，关注留守儿童的所思所想所盼所忧，唤醒社会的注视。】

关键词：经济

商家说抓住了儿童，就抓住了父母的钱袋子。儿童经济，商机无限，如《“六一”节催火“儿童经济”》《宝贝经济“烤”烫儿童节》。本土商家是如何发掘“儿童经济”的，本土有哪些儿童特色产品，如《看着光鲜亮丽果 处处埋藏隐忧 儿童用品，想说爱你不容易》《“六一”儿童节商家主打“童趣”》。针对儿童用品市场，报道执法检查，反映儿童消费环境。报道还可延展至儿童的零花钱管理以及少儿财商培养等方面，做相关的专题或线下大型讲座活动。“六一”临近，关注理财产品，猛打儿童牌，本地消协发布“六一”消费警示。

二、实战心得

儿童节年年有，但我们的报道绝不可年年“炒现饭”。报道的基调是突出节日的“欢乐”。报道沿着一条主线走，即保障儿童的基本权利，让他们上得了学，吃得了饭，喝得营养，行得安全，睡得暖和，玩得开心，学得丰富。从这 7 个方面去找新闻，你会发现处处都是新闻。

童心童趣多欢笑，五彩缤纷过“六一”。我们希望每个孩子露出灿烂笑脸。我们的镜头要对准“六一”的歌声与微笑，定格欢乐、游园、出行、购物、餐饮、忧愁等。

面对“六一”放假，如何让孩子度过一个快乐而有意义的节日，值得全社会和家长们思考，更需要媒体正面引导，如《儿童节　孩子“蜗”在游戏厅玩“死神”》。“六一”儿童们放假，但是他们的爸爸妈妈却在上班，没人陪伴，有些儿童一放假就被锁在家里。这样的“六一”怎能叫人快乐?

儿童节，该拿什么礼物送给你的宝贝?《儿童节越过越贵　礼物刮起“奢侈风”》，曝光和正视这些畸形的社会现象，警示社会我们该把什么样的传统什么样的教育传递给下一代。可策划“儿童节，孩子们过得怎么样”系列观察报道，透视儿童图书市场新变化、儿童玩具新花样等。

(1) 提前策划“快乐六一”大型特刊。一是展示本土各级受表彰的“十佳”优秀少先队员、少先队辅导员、少先队先进集体。二是报道本地欢庆“六一”盛况，突出以下方面：“快乐的六一”，如集体庆生、六一入队、集体游园、欢庆表演；“安全的六一”，如民警宣传“防拐”知识；“温馨的六一”，如志愿者关爱留守儿童，和灾区儿童在一起等；“别样的六一”，如超龄儿童快乐胜孩子，家长放假一天陪孩子等。

(2) 视频影像聚焦孩子们的世界。在《走近，看看他们的世界》中，环保时装表演反映孩子们的智慧，社会实践基地的“菜艺大比拼”反映孩子们的快乐，特殊教育学校的脑瘫儿训练反映孩子们的坚强等。

(3) 倾听孩子的内心。媒体的视角应是平的，而不是居高临下的，可搞同题海采直播，倾听孩子们期望怎样过节，如《孩子的心愿：好好睡一觉》《作业做不完　瞌睡睡不醒》。

(4) 关注沉重的社会问题。有个留守儿童这样写道：“妈妈，我不再想你了，我已经想不起你的模样，想想心里就难受，还是不想了。”报台网全媒体可刊播一批留守儿童写给爸妈的信。这些“童言”让人揪心，让人流泪，让人深思。农民工进城、父母外地工作，留守儿童问题始终拨动社会的敏感神经。

(5) 关注特长儿童。报道他们成长的故事，启迪更多的父母和孩子。《三峡商报》曾举办“宜昌儿童故事大王”评选。

(6) 着墨懂事儿童。如《贫困少年，扛起风雨飘摇家》，写这些孩子的艰辛之路。

(7) 节日更是生日。他们有个共同的名字叫“六一”。记者可探访城区各大医院，看 6 月 1 日出生多少宝宝，如《准妈妈抢生“六一宝宝”》。

(8) 聚焦热门儿童话题。报台网全媒体针对孩子成长中的问题、家长的烦恼请专家做系列家教研讨，如让宝宝爱上吃饭的几个花招、怎样预防宝宝夏季厌食、妈妈如何挑童装等。

(9) 聚焦近期儿童事件，如儿童车祸案、儿童拐卖案、儿童家庭伤害案。比如，《离别深圳时，他在黑暗中独舞(主)小斌昨出院，父母感恩深圳并渴望孩子平静成长(副)》。我们需要反思和审视当下或这半年来全国与儿童有关的热点事件、热点问题。涉及未成年人的报道，注意肖像权保护与分寸，以免伤害到儿童。

(10) 创意儿童节。全媒体推出“儿童节创意时尚手册”，非“童”一般，全方位扫描儿童的衣、

食、住、行、礼等。搞“吉祥三宝”宝贝大比拼，以风趣的小宝宝照片为主，配搞笑幽默祝福语。

(11) 关爱特殊儿童。除留守儿童外，有些儿童特别需要关爱，如特教儿童、病残儿童、单亲儿童、灾区儿童……特殊孩子更需要家庭温暖，如《劳教所里的儿童节》《“什么都不要，就想见爸爸”(主)8岁女孩晨晨收到特殊节日礼物，看守所里父女团圆(副)》。国际新闻，可关注战火中的儿童、动荡地带的儿童、灾难中的儿童。

(12) 聚焦那些曾经的儿童。文体新闻聚焦明星儿童，回放明星们的童年或晒童年照。

(13) 发掘关心下一代的典型。报台网与本地关心下一代工作委员会合作，报道“五老”(老干部、老战士、老专家、老教师、老模范)关爱后代的先进事迹。

第 25 章　环境日新闻

6 月 5 日，是世界环境日，于 1972 年确立，旨在提醒全世界注意全球环境状况和人类活动对环境的危害，强调保护和改善环境的重要性。

为了那蓝蓝的天空、青青的湖水、绿绿的草地，建设美好家园，建设美丽中国，是我们共同的追求。

一、策划要点

关键词：状况

关注生态环境部门公布的环境质量状况数据。市民最关心的是空气环境质量优良天数和饮水安全、噪声污染、酸雨等。下面是一组好标题：《前 8 个月主城区 202 个优良天》《优良天数比去年同期多 9 天》《江西省环境状况公报公布　南昌最“吵”宜春最“静”》。

关键词：节能

听听节能家庭的小窍门，如《环境日做低碳达人　“低碳达人”分享“环保节能经”》。

关注本土环保事业和产业状况及发展成就，可以策划大型特刊或专题。

关键词：活动

世界环境日，报台网全媒体倡议人们“少开一天车，少开一盏灯”。媒体和生态环境、教育等部门联合举办“环境日绘蓝图”书画大赛，举办“环境日新装修房测空气”活动。

二、实战心得

2012 年底至 2013 年初，史上罕见雾霾笼罩全国大部分地区数月之久。有关权威报告显示，尽管局部环境有所改善，但全国环境总体不容乐观。老污染未彻底解决，新污染又现端倪。可以说，全国各地都存在不同程度的环境污染问题。

近年来，环境突发事件频发，局部地区出现公众健康状况恶化的态势，动植物种毁灭速度加快。

党的十八大提出，努力建设“美丽中国”，实现中华民族永续发展。生态文明建设被提升到前所未有的高度，并写入党章，与经济建设、政治建设、文化建设、社会建设一道共同构成“五位一体”总体布局。尊重自然、顺应自然、保护自然，给自然留下更多修复空间，给农业留下更多良田，给子孙后代留下天蓝、地绿、水清的美好家园。

浓墨重彩地推进生态文明建设，要成为媒体自觉。面对垃圾围城、垃圾遍村、河流污染、空气灰霾等，报台网全媒体不能坐视，要向污染宣战，发出预警，警示或警醒社会，强力介入突发环境事件，切实履行舆论监督权利与义务。一方面要发现并曝光损害生态环境的负面典型，监督与生态文明建设背道而驰的现象与问题，另一方面要呈现本土生态文明现状，发现生态之美，塑造典型，张扬美好。

【**经典案例：**2018年央视推出“共抓大保护、不搞大开发”特别报道《直播长江》，从源头到入海口，水陆空全方位展示长江大保护的生态之美，多视角报道长江经济带建设的生动实践，纵览此时此刻的生态长江，领略万千变化的美丽中国。】

具体到环境日，报道可从以下6个方面着手。

(1) 动态宣传活动。关注各地环境部门举行的宣传纪念活动，公布的年度或近半年环保大案，如《“环保亮剑”揪出38家违法企业》《世界环境日为抚河“看病”》《180余处扬尘源挨个“过筛子”》。围绕“环境日主题”做深度思考性报道。

(2) 回应公众关切。细数身边的环境变化，关注本土“绿色保卫战”，关注本土生态改善，反映人与自然和谐共处，如《“森林进城”引来白鹭安家》。海洋存亡匹夫有责，沿海媒体可做与海洋有关的生态环境报道。

(3) 关注环保公益，如《环境日，把低碳生活“袋”回家》《明天世界环境日 请你做件环保事》《世界环境日，能否不开车》。

(4) 关注噪声污染。《陀螺嗡嗡作响　天天扰人清梦（主）市民建议：开辟专门场地供爱好者玩耍（副）》，报道抛出“市民反映”，并进一步引发“问题思考”。记者深入公园实地探访，推出《晨练“吊嗓子”，能否不“惊梦”》，其报道模式是：①现场直播；②市民声音；③部门说法；④专家提醒；⑤吊嗓视频。除此之外，报台网还可发起“还静”行动。

(5) 关注环保英雄。环保斗士、环保志愿者、环保执法者，他们都有怎样的故事？他们有怎样的忧虑和期盼？

(6) 关注环境卫生。本地哪些街道哪些单位卫生做得好？哪些路段哪些单位做得差？可用视频影像聚焦市容。最美与最差，对比鲜明，如《“管卫生的不卫生”》。

生态文明任何时候都是大题材，记者、编辑及媒体在这一领域也最易出大作品、大成果、大影响。我们不能6月5日一过，相关报道就冷寂下来。

【平时】

平时如何做生态环境新闻？不外乎7个方面，即：谈天、说地、看河、问源、喝水、处污、执法。

天，即空气污染、废气排放；地，即矿渣重金属和工业废水污染，稻田和庄稼地污染；河，即江河、湖泊、水库、沟渠污染；源，即水源地或备用水源地污染，影响大，关注度极高；水，即自来水、纯净饮用水、矿泉水卫生质量；污，即排污措施和污水处理；法，即查处重大污染。

梳理多年的生态环境新闻报道实践，我们从中发现7条可使报道出彩的轨迹。

(1) 关注空气质量。睁眼是天，呼吸是气。很多时候，我们的双眼嗅觉变得麻木。面对灰蒙蒙的天，环境战线记者熟视无睹。天怎么了？是不是遭污染？遭什么污染？空气何时好转？户外活动该注意什么？我们要这样发问！这就是新闻敏感，是提升新闻敏感最好的训练，如《大雾！大误！大污？》。要特别关注空气质量PM2.5。雨过天晴，城市天空为何异常蓝？多问问天，新闻就来了。说空气优良，如《蓝天白云跟我来 我的歌快唱起来》；说沙尘暴袭来，如《细灰扑面来 莫非沙尘天？》；还可关注“起‘黄云’下‘黄雨’”等异常天象。

(2) 关注母亲河之痛，如《水太“肥” 香溪河流域面临“无鱼”之忧（主）专家调查：两取样点仅捕到7条小鱼（副）》。如何还百姓“一池清水”，应当引起我们深深地忧虑。报台网全媒体可发起“救救湖泊”连续报道，具体参见本书“保护母亲河日新闻”“世界水日新闻”。

(3) 关注城乡污染，如《粪水流进鱼塘 4000斤鱼“翻肚皮”》，报台网全媒体要抓住此类事件穷追不舍。关注过度包装、塑料垃圾、禁塑行动。

(4) 介入重大污染事件，如危化车泄露、化工厂爆炸、钻井原油泄露以及轮船损毁造成水体污染等突发环境事件。面对突发环境危机，媒体要早说话、会说话、说好话。要以建设性姿态，反省污染事件，吸取深刻教训。

(5) 关注环境治理。比如，“五小”关停整治，脱硫、酸雨治理，汽车尾气达标整治。关注新科技、新工程、新检测手段、监控新举措等，以及由此产生的重大环保成就、环境改变等。我们平时所说环境新闻易出大作品，就在这里，如《三峡漂浮物处理获重大突破 3 万吨垃圾变 1 万吨原煤》《吞万吨污水 吐一江清水》。报纸体裁方面，可多采用纪实通讯、纪实摄影。

(6) 关注受污染影响的人群，如本地癌症患者、癌症家庭、癌症村，关注个体的命运，关注群体的生存危机与遭遇。

(7) 关注生态文明建设。深入贯彻“绿水青山就是金山银山”理念，加快修复“山水林田湖草”生命共同体。反映本地推进生态文明建设的行动、举措和经验成果。比如，《江西日报》的消息《鄱阳湖回复到原面积》获中国新闻奖二等奖。报道本地开展的生态文明教育、生态文明公益宣传，聚焦本地环保公益组织重要活动和优秀环保志愿者事迹。

第 26 章　端午节新闻

农历五月初五，端午节，又称端阳节、艾节、夏节，原本是夏季的一个驱除瘟疫的节日。端午吃粽子，赛龙舟，挂菖蒲、蒿草、艾叶，薰苍术、白芷，喝雄黄酒。

端午节为国家法定节假日，并列入世界非物质文化遗产名录。各地社会团体也借此举办“诗人节”，以纪念屈原。历代有大量诗、词、歌、赋等文学作品传世。

一、策划要点

关键词：粽情

端午情浓，粽子飘香。哪类粽子热销？市场上粽子又有哪些新花样？比如《老字号甜口粽“一粽难求”》。粽子质量合格几成？如何识别“问题粽子”？粽子“身价”涨跌情况如何？聚焦“天价粽子”，里面到底有什么馅？对于粽子豪华包装，令传统“变味”，媒体除了加以引导，应呼唤人文内涵回归。

“粽”艺大比拼，如《粽子飘香打擂忙 端午浓情友谊长》。报台网全媒体可和有关机构联合征集民间包粽高手，评比“包粽大王”“粽子西施”。

关键词：龙舟

龙舟竞渡闹端午，报道要突出“闹”字，体现“激情”。用现场特写、侧记、花絮、评论、对话、视频等体裁，做全媒融合传播，如《龙舟竞渡迎端午　侨乡儿女竞风流》《处处旗鼓飞扬　艘艘彩龙竞渡》。

关键词：过节

聚焦本地端午节庆活动的看点、亮点。端午有哪些大戏上演？如《端午民俗大戏“粽”情南湖》。

【**经典案例：**《你看，你看，我包的粽子》。《浙江日报》牵手学校、五芳斋集团共同举办以“体验民俗、传承文化”为主题的“走近端午”活动。做香囊、包粽子、听民俗……一系列有趣有味的体验活动，孩子们在家长、老师的带领下，在亲身体验中感受浓浓的传统文化。】

关键词：关爱

粽香情暖。我们一起过端午节，吃爱心粽子，享幸福滋味。飘香粽子送给最可爱的人、最辛苦的人，送给孤老、留守儿童、残疾儿童。相关文章有《端午粽飘香　温馨留心间》《工地吃粽子　异乡品乡情》。

关键词：经济

端午来临，端午经济升温。端午节，活跃的不仅仅是粽子，家电、服饰、海鲜类商家纷纷在端午前打促销牌，如《岛城“粽”动员 各大商场促销火热》《“吃”的端午依然火爆 “买”的端午有些冷清》。

二、实战心得

又到粽子飘香时。端午节是内涵丰富的节日，它是诗人节、体育节、卫生节、社交节和美食节。而对商家来说，则是端午盛“惠”、情深意“粽”。

【节前阶段】

端午未到粽飘香。节前报道要注重端午气氛的渲染和烘托，围绕粽子、粽叶、皮蛋、咸蛋、艾蒿等“节日特征”做文章。

端午小长假放假的前一天，报台网全媒体可推出《粽香情浓》端午特刊或专题，分以下几个篇章。

(1) 佳节篇。端午节报道要突出地方特色习俗和民俗，如《端午吃粽有讲究 一天别超三个晨午食用最佳》，还可寻觅那些代表端午传统的东西，呼唤流失的传统回归。

(2) 出行篇。可报道水陆空铁出行信息；关注天气预测，如《雨中过端午 晴热迎高考》。对于端午自驾大军出游，报台网全媒体可精心推出《端午自驾游手绘地图》。

(3) 服务篇。报道端午节门诊时间安排，水电气信息，公布旅游、市监、商务等投诉热线。

(4) 诗文篇。缕缕粽香入诗来。端午是最具文化意蕴的节日，不仅仅是粽子节，更是诗意端午。报台网全媒体可提前征集本土诗词爱好者寄情端午的诗词散文。

(5) 市场篇。又是临近高考、中考的日子，不少商家灵机一动打出了“吃粽子，粽状元”的口号，不少考生家长都“积极响应”，在考试前让孩子吃上一两个“粽状元”，希望能助孩子一臂之力，如《临近端午 考生流行“粽状元”》；同时，医生建议考生粽子不宜多吃，避免油腻而引发身体不适，影响考试。

(6) 活动篇。报台网全媒体可策划举办“艾”相随大型相亲会。

(7) 广告篇。开发消费类广告、端午特色节令特产广告。

【节中阶段】

可推出《粽情端午》专题，开展端午小长假播报，涉及旅游、天气、交通、消费、治安、祭祀等，还可聚焦本地端午文化大餐。下面是一组好标题：《听涛景区龙舟疾 植物园里彩蝶飞》《节俗产品打头 端午经济火热》《才击中流水 又食龙舟菜》。

(1) 开设几个小栏目，如“数说佳节”（关注景区旅游数据、水陆空铁客流等）、“古礼重现”（挖掘端午民俗，突出佳节传统）、“爱心洋溢”（直播给福利院、救助站送粽子）、“浪遏飞舟”（视频影像聚焦本土各地或全国赛龙舟）。

(2) 彰显节日悲情，如《八旬老父回家过端午 得到的却是儿子死讯》。

(3) 人和动物同过节，如《端午节到动物园 包个荤粽子喂老虎》。

(4) 定格端午表情。下面是一组好标题：《百舸争流 千人竞渡 万人围观》《买把艾草挂家中》《情侣争吃“同心粽”》。

【节尾阶段】

端午小长假盘点。一是对假日办统计情况，以及旅游人数、旅游收入等数据做分析，如《端午迎客超 500 万人次 进账逾 15 亿》；二是报道各大商家销售情况、市民移动支付情况等；三是帮助读者算一算端午加班费。

第 27 章　父亲节新闻

每年6月的第三个周日为父亲节，由约翰•布鲁斯•多德夫人倡议成立。多德夫人早年丧母，姐弟 6 人的生活负担全落到了父亲身上。多德长大以后，深感父亲这种自我牺牲的精神应该得到表彰。1972 年，美国总统尼克松签署建立父亲节的议会决议，标志其成为全美节日，影响世界。“文化自信”的中国，期盼设立属于我们自己的“中国父亲节”。

一、策划要点

关键词：示爱

严厉、刻板、不苟言笑，也许是父亲在大多数人心目中的形象，我们往往忽略了父亲也需要我们说“爱”。

感人导语。《重庆晨报》提出倡议，让我们为父亲准备一份贴心的礼物吧！或许，父亲是世界上最坚强的男人，但他也有疲惫的时候，作为儿女，这一天最贴心的礼物还是给他们揉揉肩，同他们说说心里话。相关报道如《父亲节　我们给父亲揉揉肩》《我给父亲洗次脚》《我给爸爸刮胡子》。

母爱细腻，父爱伟岸。父爱深沉含蓄表达，如《今天，让我们对父亲说声爱》《父亲节爱你在心口难开》。

关键词：过节

父亲节让老爸玩一天。公园、广场、景区里，《江门日报》记者敏锐地捕捉到“父亲节变成了儿童节，孩子乐坏了，家长却直喊累”这一“人人眼中有，个个笔下无”的现象，写就《父亲节：孩子乐　父亲累》。

征集最有创意的父亲节礼物。父亲节当天，报台网全媒体倡议孩子去体验父亲工作的不易，陪同父亲一起工作，作为送给父亲的节日礼物。

【**经典案例：**父亲节该给父亲送点什么？2006 年《河南商报》发起“父亲节为老爸画张卡通肖像”活动，联络众多漫画爱好者，用画笔替儿女尽份心意。你送来父亲照片，他们就免费帮你作画。父亲节当天送父亲卡通肖像。】

关键词：人物

报道那些做出过杰出贡献或有故事的父亲们，如本土知名企业家、文化名人、官员等，聚焦他们的事业、创业及育子之道，讲述他们与孩子的故事，可策划推出专版专题。

将笔墨和镜头对准那些“特殊父亲”，如《父亲节到了，福利院的残疾孩子最想对他们的“父亲”说——(引)爸爸，您不要太操劳(主)》。

关键词：关爱

天下父亲都希望得到亲情关爱，如《父亲节，送上一份悄悄的爱》《“父亲节”带老爸去做免费体检》《影院送关爱　共度父亲节》。父亲节为老爸健康支招，报台网全媒体可和有关医疗机构发起举办“拥抱父亲”大型义诊活动。

那些患重病或贫困的父亲尤其需要关爱，如《大学生义卖报纸　只为父亲节没有眼泪》。

关注那些特殊父亲的情感世界，如《22岁女孩刘洋来到西安晚报，向记者吐心声(引)“父亲节里，想给母亲找个伴”(主)》。

关键词：商机

父亲节，遭遇寒流。多数市民不知道，商家也没大张旗鼓做活动，相关报道如《父亲节成了“羞答答的玫瑰”》《父亲节商家“低调”　市民“含蓄”表达爱》《父亲节商家“面热心冷”》等。报台网全媒体可采访花店、商场、父亲、网友等，谈个中缘由，以及对该节日的看法。

市场“爸”气不足，如《父亲节：“老爸经济”不太火》《父亲节吃母亲节的醋》。《武汉晚报》记者深入探究节中促销真谛，写出《“父亲节”越来越有“女人缘”　商家直言是借男人节赚女人钱》，令人耳目一新。

受畅销书《穷爸爸富爸爸》的启示，报台网还可聚焦父亲节各类理财产品。

关键词：调查

调查性报道，彰显记者的思考力和媒体的引导力。

搞街头同题海采直播“父亲节是哪一天”等引爆性话题，如《一项调查表明：六成市民不知今天是父亲节》《妈妈“吃香”　九成爸爸“空手”过节》。

关键词：星爸

父亲节，娱乐圈爸爸齐过节。星爸们在忙些什么，明星父亲节有何感言，如《巴拉圭队主帅：胜利献父亲》。

二、实战心得

谈起父亲，不能不提朱自清的《背影》。编辑可链接《背影》等名篇中刻画父亲的名句。

报台网全媒体可展播一批为民族复兴而做出重要贡献的中国父亲先进事迹，以励后人；也可结合层出不穷的家庭矛盾和情感纠葛，将报道升华为探讨“如何当一个好父亲”；还可借父亲节之际，组织专家与数百名父亲畅谈家教。

你有多长时间没有喊一声“爸爸”了？你是否还记得爸爸的生日？忙忙碌碌的你，有没有好好坐下来和爸爸吃顿饭？报台网全媒体可策划视频影像栏目“父亲节·心声传递”，道出如山父爱。

【**经典案例：**《广州日报》举办“‘爸爸，我想对您说说心里话’——寻找最感人的真情告白”父亲节特别活动，述说父亲的感人故事和对父亲说的心里话，提供表现父亲个性的生活照片。选用见报者获赠电影票，可在父亲节当天和父亲一起看电影，逛科技馆。】

(1) 动态报道要做出“爸味”，如《今天是“父亲节”　鲜花与爱包围父亲》《校长带头给“爸爸”们磕头行礼》《惦记球赛忘了父亲　今年父亲节有点冷》。

(2) 对比出新意，对比新闻有嚼头。有记者发现，都是“舶来”的节日，情况大不同，写就《父亲节有点冷清　不如母亲节红火》。《杭州日报》记者调查发现“今年父亲节的

销售额或比母亲节减少一半”，写出报道《母亲节情浓 父亲节“寂寞”》，文中发出深度追问：为什么父亲节如此单调?

(3) 喜乐忧愁悲，尽在父亲节。报台网要巧做悲情新闻，勾起人们心底里的丝丝怜悯、牵挂或憎恶之情感。下面是一组好标题：《父亲节，一声“爸爸”喊哭继父》《50 年了我多想喊一声“爸爸”》《“儿子，你在哪里？” 父亲节，一位湖北父亲寻找在深工作的儿子，一年前两人因一次争吵再无联系》《昨日是父亲节 26 位父亲走进高墙看闺女》。

第 28 章　禁毒日新闻

6 月 26 日，是国际禁毒日，于 1987 年确立。毒品问题是当今世界的头等公害。毒品不仅损害人的身体、毒害人的灵魂，而且影响社会安宁。联合国倡导健康有益的生活方式，珍爱生命，拒绝毒品，需要全人类的共同努力。

一、策划要点

关键词：案例

利剑扫毒。禁毒日，重磅关注本地警方或法院向社会公布或宣判的一批有较大影响的涉毒案件，如《禁毒日南京灭了一批“毒虫”　江苏省集中宣判 156 名毒犯》《禁毒日丽水“虎门销烟”　是我市历年销毁毒品数量最大的一次》《酒驾猛于虎　毒驾更可怕 (引) 禁毒日芜湖对毒驾说“不”(主)》。

记者可分析本土一年来的禁毒工作，如《吸毒人群七成是青年》《女性贩毒比例呈上升趋势》等。

关键词：戒毒

走进本土禁毒教育基地，全程感受戒毒康复者的“社区”生活，突出报道“戒了毒还学了手艺”这样的戒毒新生典型个案。报台网全媒体可做视频影像专题，以一个“瘾君子”的戒毒之路与重生为主线，警示人们珍爱生命，莫让毒魔近身边。

也可推出《“瘾君子”走向新生》系列报道，写他们如何与毒品作斗争、内心的挣扎以及对家庭、生活、工作的影响，彰显媒体强烈的社会责任感。

关键词：人物

讲解毒品危害，报道禁毒成效，宣传禁毒工作先进事迹和先进集体、先进个人，增强全社会对禁毒工作的感知与认同。

缉毒警是一支特殊的警种。他们常年与毒品、毒贩打交道，他们有着怎样惊心动魄的人生，细细挖掘几个缉毒警的故事。由于缉毒警卧底多，所以图片、视频镜头是否打马赛克，须与公安部门沟通，莫乱发。

二、实战心得

禁毒日，报道公安部门街头广场摆摊宣传，如《“禁毒斗士”现场“说毒”》《禁毒日，专家教你识别新型毒品》。这些毒品到底是怎样的，报台网全媒体可以集中展示，以“图片 / 视频 + 外观特征 + 毒品危害”为报道模式，便于人们直观逼真地进行了解。

(1) 创新禁毒宣传。抓住重要节点，创新传播方式，掀起禁毒宣传新高潮。比如，《云南日报》的消息《云南为世界禁毒作出重大贡献》获中国新闻奖二等奖。6 月为全民禁毒宣传月，抓住“6 • 1”《禁毒法》颁布实施纪念日、“6 • 3”虎门销烟纪念日、“6 • 26”国际禁毒

日等重要时间节点，集中开展全媒体禁毒宣传，集中刊播优秀禁毒公益广告，还可举办禁毒日名家书画笔会。

禁毒报道如何出彩，关键在于抓一些典型个案，如《“富二代”吸毒两年抽掉 100 万》。可曝光一批涉毒娱乐服务场所及涉毒公众人物，震慑违法犯罪。写几个毒品大案侦破纪实，并附“毒品判案法律条款”的链接。比如，华商报大风视频腾讯企鹅号短视频现场新闻《惊险！陕西警方现场抓捕制毒嫌犯　查获冰毒107.52公斤原料88公斤》，聚焦陕西史上最大毒品案，获中国新闻奖三等奖。

戒毒日前夕，《北京青年报》曾特派两名女记者亲赴金三角这个全球最大的毒窝采访，获取更多的一手资料。

(2) 毒祸摧毁几多青春几多家庭。报道以各类青少年群体为主，记者走进治安拘留所，倾听戒毒人员讲述他们如何走上吸毒这条歪路，如《他用毒品“招待”朋友》《一次吸毒一辈子戒毒》《只试了一次，我就染上了毒瘾》。《楚天都市报》记者走进街头吸毒者的内心世界，动员把她送至戒毒所，给予持续地关注和报道，一直看到她成功戒毒归来，从而形成禁毒报道连续剧。

(3) 互动报道。报台网全媒体可邀请戒毒明星、强制戒毒所所长等嘉宾搞微直播，交流、讨论关于“戒毒、禁毒”的话题，如“谁能帮我走出毒品的阴霾”。

(4) 走近特殊的缉毒功臣——缉毒犬，直播它的训练、它的饮食、它的亲密伙伴等，写缉毒犬现场“查毒”的几个故事。

第 29 章　建党日新闻

7月1日，是中国共产党成立纪念日。1921年7月23日，中国共产党第一次代表大会召开，大会通过了党的章程，选举陈独秀为总书记，宣告中国共产党成立。1941年，党中央决定将7月1日作为党的诞生纪念日。

一、策划要点

关键词：颂歌

报道各地各单位党组织迎“七一”、庆“七一”的精彩活动，如《载歌载舞庆“七一”》《颂歌献给党》。

关键词：人物

聚焦本土一批优秀共产党员的先进事迹，如内蒙古电视台消息《七个党员七盏灯》获中国新闻奖三等奖。开办专栏“我身边的共产党员”，选取的党员要有广泛的代表性。

《嘉兴日报》曾推出“党旗下的南湖儿女”专栏，《延安日报》曾推出“宝塔山下党旗红”专栏。

关键词：活动

报台网可举办“红心向党”大型红歌会，红歌进社区、进校园、进工地、进广场，为期三个月，7月1日达到高潮，还可联合关工委、团委、少工委、教育等部门举办“红心向党　放飞梦想”青少年诗歌、作文、书法、绘画大赛及红色电影进校园活动等。

二、实战心得

党政军民学，东西南北中，党是领导一切的。高举旗帜，引领导向。爱党、忧党、兴党、护党，任何时候都是传媒人的天然职责。党媒姓党，党报言党，报人言党，是务大业、务正业、务专业、务主业，是发挥政治优势，是占领市场高地，是创造党报特色。各级媒体要坚决改变少言党多言其他、在言党不会言党的状况，增强在党言党的自觉性，提高知党言党能力，言出水平，言出影响。

“七一”喜报，向党献礼。策划出版“七一”大型特刊，展示本土各地、各条战线、各部门、各单位在党组织带领下所取得的辉煌业绩、巨大成就和幸福生活，展示受表彰的各级先进党组织、优秀共产党员事迹。新媒体可用一组海报、视频、图片、漫画、动图，加上精练的文字，以融合的形式展现党员风采。

“七一”来临，聚焦特殊人员入党，如残疾人、盲人、高龄、高中生等入党。他们有怎样的故事？有怎样的入党动机或认识？《三峡日报》曾推出《今天是我的入党纪念日》专栏，写“我”回忆当年入党的激动时刻，以及在党旗下成长的故事、思想的进步。

(1) 开展“红色讲述”。如《三峡日报》策划《讲个故事给党听》，报道那些老革命老党员经历的峥嵘岁月，励精图治建设幸福家园的故事。

(2) 重温红色记忆。2011 年建党 90 周年，《武汉晚报》派出 11 位记者“重走革命路”。有的媒体推出“走苏区访圣地”(苏区指赣南闽西的中央苏区，还有鄂豫皖苏区、湘鄂黔苏区、鄂豫陕苏区、陕甘苏区；圣地指井冈山、遵义、延安；革命老区指大别山革命根据地、井冈山革命根据地、沂蒙山根据地、抗日根据地等)大型报道。《楚天都市报》联合团省委推出“十万青年重走大别山”大型主题教育活动，引导广大青年“走红色老区、瞻红色景点、扶老区人民、唱经典红歌”。《三峡商报》推出“五红”报道，即“唱红”(举办大型红歌会)、“讲红”(重温革命前辈的革命故事)、“走红”(踏访红色革命圣地)、“传红”(展示“80 后”党员成长故事)、“送红书”(为山区孩子送红书)活动，还和史志部门联合举行了“红心向党”宜昌“80 后”党员典型代表座谈会，重温宜昌党史，并推出《红心向党》特刊。

(3) 大考结束，游学火热。“七一”临近，红色旅游再掀高潮。报台网全媒体可推“红色经济”观察，涉及红色藏品、红色演出、红色电影、红色景点、红色文化、红色书籍、红色夏令营等红色主题开发与挖掘。

第30章　七夕节新闻

农历七月初七，七夕节，也叫“中国情人节”，又名“乞巧节”“女儿节”。相传这一天牛郎织女鹊桥相会，古代民间妇女会仰望星空，为他们祈愿。由于织女是一位心灵手巧的仙女，凡间女子便在祈愿的同时，为自己祈求智慧和巧艺。

依照旧俗，从农历七月初一起，人们就开始准备过节。七夕节期间，除了祈愿，民间还有穿针乞巧、投针验巧、吃巧果、晒书等传统习俗。

一、策划要点

关键词：说爱

浪漫七夕，邂逅爱情。全媒体聚焦夜晚的江边、湖边、公园，放飞祈福的孔明灯，过浪漫情人节，如《七夕节有爱大声喊出来》《浪漫七夕，大声说“我爱你”》。

关键词：活动

报台网全媒体可举办“爱情电影周”，策划集体婚礼。七夕，我们怎样纪念爱情？发起“情人节邀你写微情书”活动。《兰州晚报》主办兰州家长相亲见面会，亲自挑选未来的“女婿”“儿媳”，替儿女把好婚姻“第一关”，如《七夕“鹊桥”会家长先“对眼”》。

【**经典案例：**《三峡商报》“情人节”品牌活动“热血见证我们的爱情”，与血站合作，年年组织夫妻、情侣、恋人献血，还进社区、进工厂。除了盘点献血总量，还有情侣献血故事和心语。活动产生亮点稿件《情人节里的第51次献血》。】

专刊新闻和新媒体评选城区十大约会场所、城区十大最浪漫餐厅，推荐十大求婚胜地，拉动酒店、旅游、景区广告。

关键词：商机

“七夕”将至，商机何在？商家或扮浪漫捞金，或选择放弃。谁在“含情脉脉”等待七夕节？了解本地商场、餐厅、旅行社的七夕举措活动。

◎节热。下面是一组好标题：《大学生七夕狂卖萤火虫》《商家铆足劲说　七夕抢商机》《“七夕”商家争抢“浪漫商机”》《商家争切“七夕”蛋糕　市民热捧传统节日》《“七夕”搅热汕头“浪漫经济”》《你浪漫地牵着恋人的手　商家甜蜜地牵着你的手》《鲜花空运提前火爆　每天至少4吨玫瑰“飞”西安》。

◎节冷。下面是一组好标题：《七夕旅游，景区有些“单相思”》《“七夕”商机：网上热捧 网下冷清》《七夕节难敌情人节 传统节日缘何遭冷遇》。

二、实战心得

2017年初，中共中央办公厅、国务院办公厅印发了《关于实施中华优秀传统文化传承发展工程的意见》，要求深入开展“我们的节日”主题活动，大力实施中国传统节日振兴工程，利用春节、元宵、清明、端午、七夕、中秋、重阳等重要传统节日，开展民俗文化活动，

引导人们感悟中华文化、增进家国情怀。这是我们做传统节日报道的根本遵循，我们要站在弘扬中华优秀传统文化的高度，来策划一切节日报道。

可喜的是，经过媒体和有识之士的多年呼吁，尽管“七夕”气氛各地不一样，年年也各不同，但是一年更比一年浓。

“七夕”的报道基调是“浪漫”，是“爱”。报台网全媒体可策划“浪漫七夕”或“爱在七夕”特刊或专题。新闻开路，拉动影楼、婚品、西餐、地产、装修、汽车等广告。

新生代逐渐回归，老一辈情有独钟。中国情人节的新闻，可到如下地方寻找，如婚登处、影院里、影楼上、公园角、西餐吧、大卖场、花店、校园、景区、广场、宾馆等，捕捉现场发生的浪漫故事。

放大报道视野。将报道对象从年轻人扩展至老年人，从恋人扩展至再婚者、分手离异者，如《创意七夕　老夫老妻也前卫》《再婚的玫瑰，多数仍是悄悄开》。可到婚登中心去挖一挖离婚的故事。由于中国迎来离婚高峰，舆论要打响家庭保卫战。正所谓，幸福的故事都是一样的，不幸的人各有各的不幸。

【七夕节前】

(1) 出行动态。消防、公交、交通、交警等部门做了怎样的应对预案？记者要了然于胸，提前一天或当天播发推送，以供人们出行参考。

(2) 天气预告，如《云遮鹊桥时有雨　七夕更添清凉意》《七夕之夜或下“相思雨”　提醒帅男靓女：外出约会别忘了带把伞》。

(3) 互动参与。征集“十大过节方式”“十大浪漫约会地点”，如《我们和“七夕”有个约会》。报台网全媒体可绘制《“七夕”约会地图》，推荐“七夕”游玩线路。

(4) 聚焦婚礼，如《好日子“吃紧”催生婚宴“黄牛”》《“牛郎”搭鹊桥俘获“织女”芳心》。

(5) 织女展示。专题聚焦“别样玫瑰”，展示魅力女性、先进事迹、创业人生。

【七夕当天】

今天是“七夕节”，市民可观测牛郎、织女星。当天报台网全媒体可做提醒式预告，如《七夕今宵看碧霄　牛郎织女渡鹊桥》。

报道策划要突出“爱”的主旋律，推几版本土“幸福家庭的故事”，倡导正确的婚姻观、家庭观。

报台网全媒体联手机构举办盛大“七夕相亲会”，如《楚天都市报》举办“楚天之恋·七夕鹊桥会”，撰写特稿《百名“牛郎”“织女”共赴鹊桥》。

娱乐版可重点报道本土影院上映的“爱情大片”。新媒体直播在街头发生的浪漫故事。

【七夕次日】

(1) 浪漫动态。年轻人巧过“七夕”，天上相会地上相亲，如《七夕节，沙头角上演鹊桥会》《七夕秀“爱”》《昨日七夕　“情人味”浓过去年》。婚登处打探城区多少新人终成眷属，访出几个爱情小故事。彰显大爱，如《80后夫妻同签角膜捐献协议　一个人离去时还能留下光明照看对方》。还可以写几多男女醉酒被急救，公园树下缠绵遭抢劫的故事，如《情人节变“情人劫”》。

(2) 记者调查。在有的县市、单位、商业街等，“七夕”只是传说，少有人知晓，很少搞活动，到了“回家洗洗睡”的地步，如《“牛郎和织女”在沉默中“栖息”了》。关注中学生早恋，可调查几个中学，从分管德育的校长、政教主任那里获取素材，也可从警方处获得线索，如《早恋受阻，两学生“情人节”出走》。这是一个情感危机的时代，一个情感宣泄的时代，一个情感抚慰的时代。媒体可与本地大学、婚登中心等联合发布具有本土地域特色的《婚恋调查粉皮书》。

(3) 明星过节。看看国内外明星的情人节，连线播发本土娱体明星的情人节情爱故事。

(4) 情殇离别。总有些伤情别离，令人感怀。一是从警方了解七夕节发生的夫妻、情人间的伤心故事，有噱头有看头，如《七夕节夫妻闹别扭　丈夫喝下两瓶酒“玩跳楼”》。二是从婚姻登记机构了解离婚个案与总案，如《七夕节　留不住情人的心》《新人喜结连理　情人节劳燕分飞》《宜昌上半年3567对夫妻各自飞　年龄多在30～40岁，婚龄多在10年以下》。

(5) 节日思考。浪漫七夕无处不飞情，热闹背后传统文化在复苏。春节围炉、清明祭祖、端午纪念、中秋团圆、重阳登高，但七夕可以干什么，应该赠送什么礼物，应该吃哪种特定的食品，你能告诉我吗？如《昆明七夕虽浪漫　缺点“中国味”》《中式情人节炒到“七成熟”》《七夕礼品缺“国味”》。七夕的浪漫风情如何过得更有中国味？什么才是属于七夕节可赠、可用、可食的特色物品和可玩的特色活动？记者可采访当地民俗专家予以深入解读。

第31章　中秋节新闻

农历八月十五，是中秋节，传说是为纪念嫦娥奔月。因处于秋季之中和八月之中，故民间称为中秋，又称八月半、女儿节，又因为这一天月亮满圆，象征团圆，称为团圆节。

中秋是我国三大灯节之一。

一、策划要点

关键词：赏月

策划"本报(台、网)记者探秘月饼生产基地"，打探月饼生产过程，请月饼专家答疑解惑，消除市民认识上的误区。报台网可与食品行业协会推荐展示一批"放心月饼"。

盯紧月饼市场大检查。2001年央视曝光《南京冠生园：年年出炉新月饼，周而复始陈馅料》，引发行业"地震"，致该公司破产，此消息获中国新闻奖二等奖。

打探本土月饼市场，如《年年岁岁月相似　岁岁年年饼不同(主)——今秋月饼市场前瞻(副)》。

吃月饼有讲究，如《一天一个月饼　吃到胆结石复发》《一个月饼=6杯奶　多食引肥胖 吃月饼一次别超过1/4个》。

大闸蟹横行天下。全媒体集中轰炸，讨论大闸蟹的各种吃法，深入养殖基地探蟹，从而拉动广告。有媒体喝倒彩，关注养殖大闸蟹带来的恶劣生态灾难，以及蟹券送礼腐败现象。

关键词：家国

中秋节是一个融个人情怀与家国意识于一体的节日。天上月圆，人间梦圆，家国团圆。家国情怀已成为中秋文化的新内涵。报台网全媒体可策划"中秋告白祖国，畅谈家国情怀"大型报道。聚焦那些为了万家的团圆，奋战在世界各地，牺牲小家为大家的凡人故事。

关键词：关爱

情暖中秋。报台网全媒体可联合企业开展"赠送月饼"活动，到工地、街头、福利院等为农民工、环卫工、孤儿送去中秋月饼与爱心祝福；还可邀爱心人士和爱心企业陪困难家庭共度中秋活动，比如，《鲁南商报》发起"接孤儿回家过中秋"活动。

共享团圆。《山西晚报》发起"中秋送暖"活动。中秋节，《大河报》为单身中老年人举办相亲会。报台网还可发起"陪空巢老人过中秋"活动。

【**经典案例：**爱在中秋，圆在墙内。2011年《安徽商报》联合省监狱管理局、青山监狱举办"相聚中秋、情浓大墙"亲情帮教活动，邀请部分服刑人员亲属探监，该报还为每个家庭送上一个"爱心书包"，包内有书籍、学习用品等。】

二、实战心得

中秋，一个充满诗意的节日。赏月吟诗作画，是这个节日数千年的传统。

明月几时有？把酒问青天。千年流传大量脍炙人口的赏月佳句、颂月美文，如张若虚的《春江花月夜》、张九龄的《望月怀远》、李朴的《中秋》、王建的《十五夜望月》等。

中秋节全媒体报道多以赏月、团圆、思乡、家国为基调。无论是特刊设计，还是活动举办，都要体现浓浓的中国传统味。

中秋节，为粉丝奉上“中秋盛宴”。提前策划出版《花好月圆》中秋特刊或“中秋小长假服务指南”，可分出行、天气、旅游、玩乐、消费、美食、赏月、颂月等篇章。特刊各版应统一标题风格、充满诗情画意，如《夜深沉，明月高挂天正中》《吃月饼，故乡家园萦梦中》《品珍馐，银汉无声转玉盘》《携家人，更待明月彻底清》。

别具一格绕“月”策划特刊，具体为：①“赏月”（写本土几个赏月的好地方）；②“品月”（写中秋夜餐桌上的饼酒蟹茶和各地习俗）；③“望月”（写几个典型人物的思乡之情及本土海外学子的别样中秋）；④“邀月”（写节日市场采购食材和市民消费）；⑤“追月”（写本土的中秋文化活动）；⑥“驾月”（写中秋出行攻略出游美景）；⑦“美月”（写本土文化人创作的明月诗词歌赋）；⑧“享月”（写商家惠民举措）；⑨“览月”（写中秋典故）；⑩“圆月”（写亲情团圆合家欢）；⑪“醉月”（写桂香满城，市容新貌）。

【节前阶段】

月是故乡明。远观“海上生明月”，登山“举头望明月”，赏玩“荷塘月色”，醉看“芦花飞雪”。报台网全媒体可推荐评选本土“最佳赏月胜地”“最佳赏月景区”，提前公布天气及最佳赏月时间，如《“最圆”时刻：19 日 19 时 13 分》。链接中秋传说、中秋节由来。关注中秋过节方式演变，记者探访千年传统中演变出的新变化。

(1) 节前动态。打探本土各地中秋文化活动安排。

(2) 中秋出行。报道中秋机票价格、车船票信息。

(3) 节日祝福。中秋节生相思意，亲情微信送祝福，刊播一批“中秋微信”。

(4) 天气预报。有雨标题，如《中秋无缘赏明月　却道天凉好个秋》《中秋或有阵雨，抬头难望明月》《中秋夜月朦胧中秋后雨缠绵　下周将持续阴雨天气》《秋雨缠绵到中秋》；有晴好标题，如《月满中秋，皓月当空》《中秋夜可赏彩云追月》。

(5) 乡情倾诉。可做街头海采直播，如“中秋到，邀您说说思乡情”。

(6) 中秋活动。报台网全媒体可开办美食大学堂，直播面点大师教市民学做月饼。《齐鲁晚报》曾举办中秋商品展销会。

【节中阶段】

“中秋小长假播报”动态关注过节、旅游、交通、消费、天气等。人月两圆，众多市民举家到公园赏月庆中秋。媒体可打探本土主要旅游景点接待游客情况。

(1) 节日动态。报道本地党委政府及各部门、各企事业单位中秋慰问、关怀行动，以及人们度中秋的欢乐盛况，如《兄弟姐妹们，中秋节快乐（主）新区慰问辖区企业劳务工，送月饼送祝福情暖员工心（副）》《中秋之夜　数千游人放河灯》。

(2) 消费动向，如《中秋节月饼撤柜》《中秋未到，月饼价格先跳水（主）散装月饼促销“战火四起”礼装月饼身价竞相“折腰”（副）》。

(3) 中秋天气，有晴好标题，如《天高云淡　今夜月明人尽望　市民可尽情赏月　未来一周天气晴好》《10 万人公园赏月度中秋》；有阴雨标题，如《夜雨潇潇，不见中秋“明月光”》《云遮雾挡中秋月未现》《阴雨绵绵过中秋 今明两天难赏月》。

(4) 视频影像。直播中秋“惊喜”“欢乐”“温馨”“牵挂”等场景或画面。

(5) 突发事件。如中秋放假学生渡船沉没，月圆人缺。

(6) 明星过节。本土籍明星天南海北过中秋，也可回访本媒体新闻人物的别样中秋。

(7) 异域他乡。写几个他乡青年怀揣梦想扎根本城奋斗的故事，也可诉思乡之情。

(8) 情感倾诉。中秋之夜，望月思亲人，如《中秋你不能回家，我和女儿都把你牵挂》。在相关的节点做应景的倾诉文章报道，这样的情感不是孤立的、游离的，能产生共鸣。

(9) 中秋晚会。娱乐关注央视“两岸三地”中秋晚会。地方报台网可举办赏月晚会。《燕赵都市报》曾举办“歌乐中秋”全省大联欢活动，依托各市州记者站，与当地联办诗文会、茶话会、进农家、游园、猜谜、小区联欢等活动，力推传统诗词歌赋，倡导传统文化复兴。

【节尾阶段】

(1) 中秋盘点，播报返程高峰，出行信息、消费等。《三峡商报》2010 年 9 月 25 日创意性推出《中秋“结”》小特刊，具体如下。

◎文旅篇：如《56 万人游宜昌　3 天花了 3 个亿》《市民休假抓“长”放“短”》《中秋出行人数同比下降万余人　三大因素“拖住”出行脚步》。

◎调查篇：发特稿《节前是宝节后是草　中秋撤退剩下一堆（引）月饼吃不完 市民直犯难（主）》，后配一个营养专家教你正确保存月饼的小链接。

◎人文篇描述：描述本土文化名流的中秋写意，如《吟诗作画　文化中秋也精彩》。

◎各地篇：中秋假日，自得其乐，用影像聚焦中秋图景。

(2) 节后思考。做街头海采直播，如中秋过后空月饼盒怎么处理？没吃完的月饼怎么处理呢？媒体还可举办“月饼盒换灯，换更多蓝天”的创意环保活动。

第 32 章　国庆节新闻

1949 年 10 月 1 日，天安门广场举行开国大典，在隆隆的礼炮声中，毛主席庄严地向全世界宣告“中华人民共和国中央人民政府今天成立了”，并亲手升起第一面五星红旗。

一、策划要点

关键词：出行

“十一”黄金周 7 天长假，便于人们外出，不论是探亲访友，还是旅游。人们关注天气好不好？路上堵不堵？车好不好停？服务好不好？门票价涨多少？如《国庆七天长假：一半雨来一半晴》。报台网全媒体可提供“十一”黄金周探路指南。

关键词：旅游

黄金周里看什么？提前出版“黄金周玩转全攻略”。可报道“十一”出游之省钱大法，涉及线路、交通、住宿、游览、购物、饮食、省钱招数。

关注本土各大景区接待、客流情况，全媒体开设“黄金周人气排行榜”、“十一”长假播报等专栏。

旅游报道是“十一”期间的重头戏。报道要抓黄金周旅游的新变化新亮点，从中找出有规律性的东西，找出有价值的看点，如《天气冷挡不住旅游热》《“最长黄金周”旅游现 4 大“黄金特征”》《黄金周旅游“人财两旺”》。

关键词：消费

可观察黄金周消费情况，如美食大快朵颐、商家频出高招、楼盘铆劲促销、新人扎堆结婚等，形成报道《“十一”黄金周流金淌银》。新华社消息《国庆放长假　消费掀热浪》获中国新闻奖二等奖。

关注人情消费，如《“十一”“嫁”到　喜帖纷至沓来　婚庆公司接单太多　排都排不开》《心疼：请柬“炸”掉半月工资　无奈：礼金“涨”不过婚宴价》。

关键词：休闲

出去旅游？太挤！上街购物？太累！在家休息？太闷！“十一”能看什么，听什么，读什么，可推出《黄金周文娱消费指南》。报台网全媒体可以给市民拟一个“十一”黄金周文化线路图，涉及看演出、观比赛、赏展览。

泡图书馆、逛书店等这些充满文化味道的度假方式日益受到市民青睐，如《图书馆、新华书店人头攒动　俨然迎来读书黄金周》《图书馆借阅量猛增 60%　书籍销售业绩轻松翻番（引）国庆长假＝“读书黄金周”（主）》。

二、实战心得

“十一”期间，绝大多数部门和单位放假。这让跑线记者犯了难，新闻在哪里？对于无

假日的报台网全媒体而言，遇到的首要问题是稿荒，其次是亮点稿子匮乏。那么，值班编辑和记者又该如何组织和采写稿件呢?

国庆节宣传报道，要着力营造爱国、喜庆、欢乐、祥和的节日氛围。浓墨重彩地宣传全国、全省或本土各地经济社会发展取得的辉煌成就，展现新时代新变化，抒发人们心中的豪迈与激情。宣传丰富多彩的群众文化活动，宣传经济社会发展取得的最新成就，激发全社会的爱国热情。要大力宣传公安、铁路、交通、卫健、电力、城管等各行各业为保障“黄金周”付出的努力，报道“节日里的坚守”——各条战线上的最美奋斗者。

报台网可提前策划启动“我和我的祖国”系列主题活动，通过主题宣讲、大合唱、共和国故事汇、快闪、灯光秀、游园活动等形式，引导人们歌唱祖国、致敬祖国、祝福祖国，使国庆黄金周成为爱国活动周。

报台网全媒体可为外地游客编发“本土游玩指南”和为本土市民编发“出游攻略”。可策划打造一款“我向祖国报喜”融媒体产品，以凝练诗意的语言、大量的图片、一组海报、短视频，反映本土各条战线或单位、个人取得的最新成就、重大进程。

【节前阶段】

提前两周，进入“十一”长假报道，并慢慢升温。节前动态报道，主要以出行畅通、市容美化、旅游接待、市场秩序为主，关注卫健部门健康预警，商务部门多举措保市场供应。

“十一”前夕，报台网全媒体可推出“国庆七天乐”消费特刊或专题，为市民提供最完备的国庆消费资讯和出行服务指南，分出行篇、服务篇、旅游篇、自驾篇、消费篇、理财篇、家居篇、车房篇、娱乐篇等，可参照元旦、五一、春节等假日报道方案，具体如下。

(1) 出行篇。关注水陆空铁公汽等运输安排、客流预测，交通、公安、海事、铁警等有关部门的新监管、新举措、新提示。

(2) 天气篇。关注国庆期间本土各地天气、全国部分著名景区天气预报、全国天气情况。可把长假 7 天天气预报设计成“台历”，或者用旅游地图标示假期各地各项活动天气、本土部分景区天气。

(3) 服务篇。推出“十一”黄金周市民服务手册，如黄金周・维权、黄金周・读书、黄金周・公交、黄金周・值守热线、黄金周・客运、水电气供应。整理节日部分医院开诊时间、专家门诊安排，市民服务类电话集锦、菜价波动。当然，这些信息今天大多已从报纸上、电视上转移到手机上了。

(4) 旅游篇。策划“悠游宝典”，推荐海内外热门旅游线路、景点，刊播本土及境内外特色旅游活动、出游提醒、全省各地假日办服务热线。

(5) 自驾篇。推荐最适宜本地人黄金周自驾游的线路、交通、注意事项等。

(6) 消费篇。聚焦黄金周各大商家高唱“欢乐送”，发布黄金周消费警示。

(7) 理财篇。聚焦“十一”黄金周的理财攻略。

(8) 娱乐篇。聚焦本土国庆文化大餐，如《长假去公园　3000 活动任你玩》，推荐本土院线的大片和新片、国内外热门赛事、热播电视剧。

(9) 休闲篇。报台网全媒体可每天浓墨重彩地端出本土各地美丽画卷，展示最新发展成就，介绍家门口的休闲活动、景点特色活动。

(10) 美食篇。秋色满桌，报台网邀烹饪专家推荐国庆家宴菜单，过一个国庆团圆节。

【节中阶段】

(1) 启动"'十一'黄金周播报"专栏。报台网可直播宾馆饭店旅行社景区的接待、住宿、服务情况，也可每天联系采稿，发布铁路、航空、高速、水路、长途车站、公交出行等信息；还可介绍节日期间的图书馆、书店、公园广场游乐动态情况。

一遇长假，车堵为患。全国景区和高速路迎来特大客流，"高速路堵成巨大停车场"，旅游接待接受"秋运大考"。可策划"自驾出行直播"，介绍各地高速公路实况、堵车众生相，并提供堵车疏导和心理疏导。

(2) 国庆首日。报道国庆人潮涌动情况，如《阴雨浇不灭兴致 150万人游荆楚》《火车站客流出现"井喷"(主)13万人！超过历年春运最高峰(副)》。要注意抓特色，如《喜诞30个"国庆宝宝"》《"十一"长假变身"婚庆黄金周" 新人扎堆结婚 鲜花价格上涨》。

(3) 长假快乐镜头。满城尽是中国红，全媒体展示本土及全国欢度国庆的激动场面。

(4) 国庆报喜来。节日期间各大城建重点工程施工进展，视频影像全媒体展示本土各地建设成就。

(5) 国庆看变化。开辟专栏"记者游记""记者带你看变化"，或以普通市民的视角进行报道，如"市民记者游神州"。

(6) 挖掘新气象。媒体可倡导新民俗，打造爱国周；共吃国庆面，赠送国庆面；直播各地祭奠革命英烈，快闪告白祖国。

(7) 节日民生。关注节日民生情况，如各大超市节日供应情况，蔬菜、肉类价格波动情况，生活必需品供应情况等，还可以向各大医院急诊科、120获取突发鲜活线索，关注节日病、长假血库告急。

(8) 特写假日消费。直播促销抢购活动，如《国庆放"价"全民同欢》《国庆中秋喜相逢 消费市场"满堂红"》。

(9) 特别策划。国庆前夕推出专栏"与共和国同行""我与祖国同生日""我的名字叫'国庆'"，讲述那些共和国同龄人的悲喜人生历程，寻访几位不同年龄段的"国庆"，通过他们的成长及生活变化，折射伟大祖国的变迁。

(10) 娱乐版关注明星们的假日，如明星扎堆国庆结婚。

(11) 结合时下热点、焦点、困惑点，搞好议题设置，到街头乡村搞同题海采移动直播。

【**经典案例：**2012年中秋、国庆双节期间，央视天天播出"你幸福吗？"，记者们赴各地问城市白领、田间农民、科研专家、企业工人、拾荒老人等各行各业工作者同一句话，涌现几多"神回答"。其既活跃了新闻面孔，又制造了热点，还引发了人们深思。此后，全国媒体竞相效仿设置各类"神提问"，如你最缺什么？你的梦想是什么？】

【节尾阶段】

盘点"国庆结"，可设"旅游篇""出行篇""消费篇""突发篇""游记篇""深度篇""中国篇"；还可以关注一周国内、国际、娱乐、体育大事回放，或做一句话新闻，或做专版专题，统一纳入盘点特刊中。

主稿一般是对假日办公布的游客人数、旅游收入的盘点及旅游市场呈现特征的分析。对于消费，可盘点楼市车市冷热，如《"黄金周"车市未见"金"》《黄金周市场冰火两重天》《国庆黄金周 房企轻松"捡黄金"》《最"牛"黄金周市民花钱如流水》。除此之外，还可关注假日消费投诉。

盘点不限于文旅、市监、发改、商务、公安、卫健、金融等部门提供的统计数据，记者、

编辑要有自己独到的思考，要发现、提炼黄金周新现象新启示。黄金周旺了什么？冷了什么？黄金周里掘“黄金”，几家欢笑几家愁。很多记者都盯着景点门票收入增加，但有的记者却发现——因为自驾增多，部分旅行社、车队表示“生意不如往年”。

深度思考消费热背后有何启示？释放了哪些积极信号？如《“十一”黄金周消费“井喷”折射经济回暖加速》。

关注节后效应，如长假综合征、错峰过节。黄金周后，可关注出游价“跳水”。

“十一”过后，“诺贝尔奖”是大热门。报道中可采用“七步鲜”报道模式，即：①颁布消息；②获奖人物简介；③人物图片；④研究成果；⑤人物观点；⑥连线；⑦链接。可重点关注诺贝尔文学奖。

解放日报

2019年10月2日

庆祝中华人民共和国成立70周年大会在京隆重举行　天安门广场举行盛大阅兵仪式和群众游行

中国的今天正在人民手中创造
中国的明天必将更加美好

习近平发表重要讲话并检阅受阅部队

李克强主持　栗战书汪洋王沪宁赵乐际韩正王岐山江泽民胡锦涛出席

我们的工作将写在人类的历史上，它将表明：

占人类总数四分之一的中国人从此站起来了

■今天，社会主义中国巍然屹立在世界东方，没有任何力量能够撼动我们伟大祖国的地位，没有任何力量能够阻挡中国人民和中华民族的前进步伐

■我们要坚持中国共产党领导，坚持人民主体地位，坚持中国特色社会主义道路，全面贯彻执行党的基本理论、基本路线、基本方略，不断满足人民对美好生活的向往，不断创造新的历史伟业

1949

首批“解放”牌国产汽车诞生

香港澳门回到祖国怀抱

2019

一桥连三地天堑变通途

首届进博会在上海开幕

宽阔的长安街上大军列阵铁甲生辉
巍峨的天安门前旌旗飘扬举世瞩目

我们是一支不可战胜的力量！

盛典特刊

“激动振奋！祝福祖国蒸蒸日上！”

十一的申城，每个人内心都充满喜悦、充满庄严、充满豪情

奋楫·浦江之声
欢腾·神州之志
大同　世界之风
强军·大国之器

中华民族迎来了从站起来、富起来到强起来的伟大飞跃

2019年10月2日《解放日报》版面获中国新闻奖一等奖

第33章　重阳节新闻

农历九月初九，是九九重阳节。我国自古以来就有在深秋时节登高赏菊、佩戴茱萸、吃重阳糕的传统。从1989年起，我国把这一天定为“老人节”。

一、策划要点

关键词：过节

重阳节千般过法好新鲜，如《幼儿园布置特殊作业　重孙女为太婆婆洗脚》《明天，别忘回家看看爸妈》《今晚回家给爸妈捏捏脚》《重阳节至 给咱爸妈洗个脚》，还可以报道重阳节陪父母体检，把爱心送到敬老院等。

关键词：登高

“独在异乡为异客，每逢佳节倍思亲。遥知兄弟登高处，遍插茱萸少一人。”王维的一首千古绝唱给茱萸峰披上了一层传奇的色彩。插茱萸，赏红叶，登高揽胜，发思古之幽情，对全国各地游客具有极大的吸引力，如《万人竞上茱萸峰》《重阳登高 欢乐开跑》。

九九重阳至，登高赏菊来，如《今晚报邀千名读者重阳登高》。敬老爱老心不老，登高望远步步高，如《重阳登高远眺 不妨仰天长啸》。

【**经典案例：**谁是“登高王”？重阳邀您挑战“杭州第一高楼”。自2006年始，《萧山日报》联合团委、酒店、旅行社举办登高大赛。要求运动爱好者无心血管疾病，比赛当天现场签订健康协议。登楼比赛线路从1楼团队通道出发，顶点为45楼。比赛分男子组、女子组，5人一组、间隔5分钟出发，以登完全程时间长短决定名次，颁发荣誉证书及酒店奖金。】

关键词：养老

2020年，中国迈入老龄化严重阶段，养老是一个人人关心的沉重话题。

关注敬老院问题，如《敬老院多数老人没等来儿女祝福　市老龄委呼吁市民补上一堂敬老课》。

有些农村老人“黄昏”悲凉，“养儿难防老”成心头之痛。抓住本土一些典型的赡养纠纷案，采访法院和基层司法所办案人员进行深度分析，以及请民政部门、老龄办负责人谈老龄社会如何养老，如何从源头上解决赡养难题等。报道还可链接“世界各国如何应对银发危机？”，如《银发之国如何解决一日三餐（引）日本兴起为老人送餐热（主）》。

重磅关注养老院火灾，探讨养老院消防安全问题。

关键词：带孙

城里年轻人打拼，将孩子交给爷爷奶奶。农村青年外出打工，留守儿童守在老人身边。带孙，引出多少悲剧。重阳节里，结合近期全国热点事件，探讨如何带孙辈话题，如《城区四分之三家庭为“隔带抚养”　专家坦言：爷爷奶奶带好孙辈不容易》《哪些方法不得体 哪些习惯要不得？（主）老人“查漏补缺”专家面授机宜（副）》。

关键词：活动

关爱今天的老人就是关心明天的自己。老年人需要的并不是钱财，不是礼物，而是一声深情的问候，他们需要爱，需要快乐和健康。《大河报》联合省民政厅、企业推出“九九长寿宴”，请孤寡困难老人免费共进午餐，品尝美食，请艺术家为老人现场表演。

【**经典案例：**《三峡商报》自2004年起在重阳节举办“百名老人看变化”，持续至今，已成为宜昌民间自发的品牌节庆活动。活动征集“的哥”“的姐”免费载老人过节到包车看变化，包括“六个一”，即看一次新城变化、照一张集体相、吃一桌重阳饭、听一台红歌、献一束鲜花、送一声问候。】

重阳节，报台网可和有关机构发起活动，征集爱心摄影师为本土99名农村贫困老人免费拍照，留存生命记忆。因为在农村很多老人一辈子都没有拍过照，只有逝世时唯一留存的一张遗像。

关键词：银发经济

老龄化正加速向中国走来。关注本土养老机构、老年医院、老年住宅、老年服务体系建设。

从老龄产业的细分行业来找新闻。关注硬性老龄产业(包括老年健康医疗用品产业、老年食品保健产业、老年生活用品产业、老年居住建筑产业、老年复健及辅助用品产业、老年休闲及娱乐等行业)的开发情况。关注老年教育、老年保险、老年财务规划和后事规划等软性老龄产业发展，如《重阳来临，老年用品市场“有点冷”(主)宜昌仅有5家老年用品公司注册，“银发经济”有待挖掘(副)》《商家对老年产业不“感冒”(主)原因：老人消费趋理性 节日市场难撬动(副)》。

报台网要重磅关注老年旅游，如《重阳节，老年人的“游”乐时代》《专车接送“体检”重阳节免费陷阱多》。

二、实战心得

时逢金秋10月，让我们在这个美好的日子里，向老人们道一声真诚的祝福。

九九重阳，久久欢笑。“尊老敬老”是重阳节永恒的主题。重阳报道要突出“敬老助老、共享重阳”这一主旋律。

(1) 重阳天气。下面是一组好标题：《重阳重阳 重见太阳》《重阳天气好 登高赏秋色》《重阳节天气好 陪老人登个高》。

(2) 动态报道。九九重阳节，浓浓敬老情，聚焦各地重阳敬老之举，如换发型、包饺子、赠礼品、舞腰鼓等活动。下面是 组好标题：《金秋庆重阳 老人别样欢》《重阳暖夕阳 真情慰晚晴》《相濡以沫七十载 鲜花送给老两口》《淡妆化上脸，再剪个新发型 重阳节里，老人们越活越年轻》；挖掘“十大慈母”“十大恩父”的感人故事。

(3) 长寿故事。重阳，民间有长久长寿之含义。走进本土长寿村探秘，直播长寿老人们的生活，听他们讲述人生经历、养生保健故事，如《百岁老人重阳谈长寿秘诀》《87岁老人天天“扯皮拉筋”》《奇！百岁老太穿针引线》。可提出以下问题：你所在省市有多少百岁老人？最长寿的寿星多少岁？哪个县市哪个乡镇哪个村百岁老人最多？为何这些地方有这么多百岁寿星？那里的山、水、空气、植物有何特色？这些百岁寿星各有什么长寿秘诀呢？这些都值得深挖探究。报台网还可与民政、医院长年合办“百岁老人养生”专栏专版专题。

(4) 人物典型。“孝星”用什么感动全国，可集中刊发一批本土孝子们的感人事迹，如《宜昌又产生18位全国“孝星”》。高扬主流价值，引导人们孝亲敬老。报台网全媒体还可发起“孝星”评选活动。

(5) 关注老年人身心健康。歌手陈红的《常回家看看》唱道：“老人不图儿女为家做多大贡献，一辈子不容易就图个团团圆圆。”《儿子没“常回家看看” 被孤独老父告上法庭》，这则报道折射出老人更需要的是倾诉、理解、问候。

(6) 视频影像。刊播一组老人们文艺演出的影像视频，如《我们的节日 我们的表演》。《湖北日报》新闻摄影《独守“空巢”的爹娘哟》，获中国新闻奖三等奖。

(7) 节日悲情。相濡以沫76年的96岁老伴周顺宝重阳节去世，《海宁日报》这样报道：《他们堪称海宁婚龄最长的夫妻（引）结婚76年 重阳节痛“分手”（主）》。

(8) 另类重阳。《九九重阳节，新人结婚热》透视出“期盼婚姻长久”的风尚。

很多报纸为了彰显本报年轻、活力，“严控银发老人上版面”，实属“下下策”。其实，这些报纸违背了社会大趋势，全国45岁以上中老年人占一半人口，而多数年轻人沉迷手机，有效读者中城市中老年人是主力，不服务他们服务谁？要认真研究老年人和“新老人”的需求和痛点，对症下药，湖南《快乐老人报》在报业寒冬中逆势大增长，创造报业奇迹，就是明证。有的都市报转身变成老年报，或每周推出一期老年特刊，报网融合，垂直深耕，以开发大健康产业。

第34章　环卫节新闻

1959年10月26日，国家主席刘少奇亲切接见全国劳动模范、掏粪工人时传祥时说：“我当国家主席，你当掏粪工人，只有分工不同，没有高低贵贱之分，都是人民的公仆。”为了纪念党和国家领导人对环卫工作的关心和重视，让全社会都来尊重环卫工人，很多城市把这一天定为“环卫工人节”。

一、策划要点

关键词：过节

环节工人又称“城市美容师”“马路天使”。报道各地环卫节纪念表彰活动，重点报道受表彰的环卫劳模，如《这一天，他们是城市的“主角”》《1600名环卫工节日收大礼》。

关键词：故事

“说说您身边的那一抹橘红”。环卫节来临前夕，以系列报道或专题专版形式，刊播一批优秀环卫工人的故事，或者挑选最干净街道、最苦最累街道工作的环卫工人，展现她们投身环卫事业的情怀和奉献精神、感人故事。下面是一组好标题：《环卫之家：扮美津城，我们自豪》《环卫节里他们还是歇不住》《今天是您的节日，环卫工人辛苦了！(主)水城角角落落 他们昼夜清扫(副)》。

【**经典案例：**《楚天都市报》的人物通讯《拿起扫把扫大桥，丢下扫把急救人(引)女环卫工6年拽回5名轻生者(主)》，通过三件“拽”人故事，展示了一位只知拉一把，救一把，而不求任何回报的草根人物形象。作品以小见大，弘扬社会主义核心价值观，获中国新闻奖二等奖。】

关键词：体验

报台网可举办“邀您当回环卫工”体验活动，体验环卫工人的艰辛和不易，唤起人们尊重环卫工人的劳动成果，自觉爱护城市家园。

以《晶报》特稿《报亲恩　大学生帮父扫街》进行分析，其报道分4个部分：①现场：小伙子干活很卖力；②心声：替父扫街是分内事；③家境：蜗居不到10平方米，“大家电”只有风扇；④生活：儿子在大学里过节才吃肉。该篇报道选点很细，刻画很深。

二、实战心得

宁愿一人脏，换来万家净。克服世俗偏见，冬顶严寒，夏冒酷暑，不辞辛苦，年复一年，日复一日，街头巷尾到处可见环卫工人的身影。他们用辛勤的汗水为市民创造一个清洁、优美的工作环境和生活环境，为城市建设作出了突出贡献。

(1) 关注环卫工人生存状况，为改善他们的工作条件和待遇疾呼，如《环卫工人有四盼》《每4天就有一名环卫工人出车祸》《“城市美容师”遭遇尴尬——环卫工老龄化堪忧》。

环卫工人遭遇车祸、被谩骂甚至被殴打等不被尊重的现象屡见不鲜，有媒体发起“关爱‘城市美容师’ 共建‘爱心互助点’”大行动。

(2) 直播互动。报台网全媒体和环卫部门联合发起“我为城市环卫献一计”，让全城人都来关心呵护环境卫生。环卫节这天，邀请当地环卫处负责人做客编辑部，与市民直播互动，聊城市美容，解读环卫政策，谈城市如何让生活更美好。

(3) 视频影像。《广州日报》联合广州市城管委发起“随手拍最美环卫工人”大型活动。

(4) 真情关爱。夏天“为环卫工人送清凉”，冬天“为环卫工人送温暖”。2011年春节前夕，《新快报》和东风东神、团市委、市青年志愿者协会合作，租用两部大巴送90名环卫工人回家。

【**经典案例：**陕西广播电视台电视长消息《贺军：一碗热粥 传递温暖》，报道“陕西好人”贺军免费给环卫工人和贫困人群发放爱心早餐的故事，获中国新闻奖三等奖。该报道一改过去的纪实抓拍，捕捉了不少生动细节和原汁原味的个性化语言，颇具感染力，更加衬托出了人物的高尚品格和精神境界。在电视表现手法上，报道运用了多种蒙太奇技巧。】

(5) 关注本土环卫新科技、新发明、新成果的运用，如《宜昌环卫工发明微型道路冲洗车》。《三峡晚报》独家报道《当阳“风火轮”扫街车网上热传 登上英国〈每日邮报〉》，配发“网友热议”，有赞有弹有调侃。

(6) 介入环卫突发事件。环卫无小事，环卫工人是社会弱者。面对环卫工受伤、受辱事件，报台网全媒体要积极发声，强力介入，形成舆论引爆点，维护公平正义。

第 35 章　记者节新闻

1937 年 11 月 8 日，“新闻巨子”范长江发起创建了中国青年新闻记者协会。从 2000 年起，11 月 8 日被定为中国记者节。像警察节、护士节、医师节、教师节一样，记者节是中国行业性节日之一。

按照国务院的规定，记者节是一个不放假的工作节日。其实对我们来说，能出现在每一个新闻现场，并将有价值的信息尽可能多地传递给用户，是传媒人义不容辞的责任。

一、策划要点

关键词：过节

报道各级宣传部门、记协举办的记者节座谈会或表彰会，记者要捕捉现场主要领导生动、风趣的寄语和评价，原汁原味的，可直接做主标题；刊播名编名记的事迹和优秀作品；报道社会单位为记者送体检活动；关注记者的生存状态，如《海南特区报》的消息《我省六成记者患不同程度疾病》、山西电视台电视的消息《记者节：真记者出动　假记者现形》获中国新闻奖三等奖。

关键词：体验

2008 年记者节，《海峡都市报》向社会公开征集 20 名市民记者，专职记者与市民记者共同采访，深入社区，写下发生在你身边的感人事、新鲜事、有趣事。《重庆晚报》推出“晚报邀你当记者”活动，体验记者这份职业的苦与乐，感受记者铁肩担道义、妙手著文章的刚与柔。

关键词：活动

《华西都市报》2009 年记者节推出“四川记者长江故里行”专栏，踏访范长江故居，学习新闻大家的精神。

2011 年记者节，《三峡日报》策划“百名记者走进三峡看大坝”活动。

二、实战心得

当您看见我们的时候，我们在纸（荧屏、网）上；看不见我们的时候，我们在路上。这就是记者，新闻在哪里，记者就在哪里。

党的十九大后，中央宣传部统一管理新闻出版，新闻工作重要性不断提高。报台网对记者节的宣传越来越重视，往往瞅准记者节契机，铆劲儿打造亮点，以吸引受众用户眼球，提高报台网全媒体影响力。可以说，记者节的策划已成为人们打量一家媒体整体实力和自信力的重要窗口。

《三峡商报》曾重磅策划推出“记者节特别行动 • 明星记者进名企名盘名校名店”活动，浓墨重彩地展示本土各行各业知名企业的品牌特色与精神。报告网全媒体可推记者节特刊专

题“见证”(名称亦可为“我在现场”“因为有你”“一路有你”“我们在路上”“我是建设者·共筑中国梦”等),将本媒体近一年来或多年来有影响的新闻成果(作品、策划)、聚焦的重要事件、名记名编、荣誉、活动和爱心等做盘点汇报。还可拍张本媒体“全家福”,本媒体所有记者每人说一句“心里话”,或讲述优秀记者新闻生涯中最难忘的一个片断。

深化“走转改”,践行“三贴近”,提升“四力”。让思想受到磨砺,让行动发生变化。2011年,《三峡日报》推出“百户农家行”,全市各县市区共挑100个典型新农村,每名记者联系一个村,住一户农家,办一件实事,写一篇通讯,提交一条建议。

【**经典案例:** 北京电视台“妈妈记者团”践行走转改,坚持24小时在医院蹲点拍摄一个月,纪录片代表作《无影灯下的生死博弈》,讲述病人去世后的感人故事,不仅刻画了医务人员珍视生命、救死扶伤的精神,而且开展了医学科普,宣传了医改政策和患者理性勇敢对待疾病的意志,案例生动感人,获中国新闻奖一等奖。】

记者节,我们与你同行。《江南都市报》曾推记者节特别策划“我的节日,你做主”,接受读者来电求助,并开辟互动栏目“您点题我跑腿”“记者节请您当记者”,让您与我们一起“在奔跑中享受快乐”,过一个不一样的记者节。

今天不少报纸、期刊关门,电视台也受到巨大冲击,明天谁来办报办台?记者节应思考传媒的未来和接班人。

【**经典案例:** 2009年《长沙晚报》在记者节启动湖南大学生成才计划,在各大学成立大学校园记者站,每年培养2000名大学生记者,以更青春的姿态,深入校园、走进教室、来到寝室,与大中小学生交朋友。还启动“长沙晚报杯”湖南省首届十佳大学校园媒体和十佳大学校园记者评选活动,在全省高校所有校电视台、校报、团刊、电台、论坛等校园媒体中选拔产生。】

第 36 章　消防日新闻

11 月 9 日，是全国消防宣传日，于 1992 年确立。“119”就是“要要救”。这一天前后，正值风干物燥、火灾多发之际，全国各地都在紧锣密鼓地开展冬季防火工作。

一、策划要点

关键词：灭火

消防日学灭火，消防日大练兵。各地学校、商厦、工厂、社区等都会举行灭火演练。同题报道大同小异，多为千人一面，如《千名学生消防日学灭火》《救兵从天降》。要追求标新立异，如《现场比一比 灭火谁最快》《消防日　消防员演练赴汤蹈火》《消防日千人擒火魔》《灭火父子兵　竞技消防日》《消防技能大比拼　且看农民显身手》。

高楼灭火是大难题，如《119 演练枪瞄准浦西第一楼》《蜘蛛侠救人 机器人排爆 (引) 上海举行十年来最大规模应急救援演练 (主)》。

关键词：逃生

起火了，该怎么报警逃生？全媒体直播各地举行的火灾逃生演练，如《消防员现场演练逃生技能》《消防日教你如何逃生》。《常州晚报》联合消防推出《火灾逃生宝典》，亦可用 H5、海报、短视频等新媒体形式呈现。

关键词：体验

消防日可关注消防“体验”，如《西安晚报》报道《神奇防化服 我也想穿穿》；还可策划“请你来当消防志愿者”活动，让市民亲身体验和参与整治火灾隐患行动。

关键词：互动

如何避免火灾发生？怎样锻炼逃生技能？火灾发生时你该做些什么？你身边还有哪些火灾隐患？《齐鲁晚报》邀消防负责人做客编辑部聊防火，探讨交流安全用火、防火事宜。

2010 年 11 月 15 日，上海教师高楼火灾，触目惊心，揭开了全国高层建筑安全防火问题。对此，《沈阳日报》落地议题设置：沈阳市目前高层建筑的防火措施怎样？如何才能将高楼大厦发生火灾的安全隐患降到最低？火灾发生后如何展开自救？……该报邀消防专家做客编辑部，对高层防火问题进行现场解析。《东亚经贸新闻》推出 119 消防宣传品创意设计大赛。

关键词：故事

《广州日报》聚焦在消防灭火中牺牲的消防英雄，讲述他们的故事。报台网全媒体可讲述多位消防员深夜值勤的难忘故事，如“最警觉的牵挂　不敢进入梦乡”“最特殊的考验　随时准备战斗”“最直观的数字　每天出警 2 次”等。

二、实战心得

消防救援队是应急救援的主力军，救民于水火，助民于危难，给人民以力量，攸关人们的幸福生活。除了火灾扑救，车祸抢救、操作被卡、洪水围困、轻生营救、开不了门、戒指卡手等都需要消防救援。消防，是新闻来源的富矿，很多媒体都非常重视这一阵地。宜昌消防曾与《三峡商报》合办专版《消防 119》，与《三峡晚报》合办《消防半月谈》。

关于消防日的报道，报台网可从以下几个方面入手。

(1) 消防动态。消防部门“摆摊”发放消防宣传资料，如《“红门”使者广送平安》《江苏 164 个“红门”今起开放》(注：“红门”特指消防站)。

(2) 消防常识。如何处置家庭突发火灾，可用短视频、海报等做演示和解析。新媒体可与消防联办“消防知识有奖竞答”。

(3) 当日火情。消防日这一天突发的火灾导致人员伤亡格外打眼，如《惨剧震撼消防日》。《大连日报》的消息《消防日笨贼熄火》，讲的是消防宣传日这一天，“三只手”因偷窃灭火器而进了拘留所，标题幽默。

(4) 火灾盘点。“11·9”，正是一个盘点本地消防大事的好时机，可策划特别专题。这一年消防日均抢险救援多少起，分析火灾高发原因、主要集中领域、造成的灾情损失，以及跟踪火灾隐患的整治和查处情况等。

(5) 热点解惑。怎样才能避免发生火灾？发现火情时该如何正确报警？如何逃生自救？家庭该不该增设灭火器或其他自救设备？建设工程消防验收怎样通过住建部门审批？……除了灭火，消防员还有哪些职责？哪些本领？消防员的工作和生活是什么样的？

诸如楼道内堆放杂物、堵塞消防通道应由谁负责管理等，都是司空见惯但又极易被人忽略的疑点、难点，全媒体应积极关注。

(6) 消防揭秘。记者揭秘消防员处置过程以及不为人知的工作特性。“如何在一片废墟中找到起火原因呢？”如特稿《神探揭秘火案侦破内幕》《揭秘江城 119 接线员——90 天暴走万里　用脚丈量大武汉》。

【**经典案例：**湖北经视 2018 年推出 24 小时全天候大直播“119 时刻在身边——全媒体互动直播日”活动，打造媒体事件。以“急先锋”“救水火”“防未然”为主线，采用新闻、栏目、活动、新媒体、短视频、公益广告、全媒体大直播等几乎所有传播形式，全方位、多角度提升湖北消防整体形象，以晚会形式展现消防风采、学习消防知识、致敬消防官兵。】

(7) 消防器材。将笔和镜头对准消防设施大提升，如《780 万的消防车请你看》。为解决高楼灭火难题，消防新购置一批设备，如《咸阳日报》的消息《消防喜添壮丁　灭火能力蹿老高》。

(8) 调查反思。发生火灾时，有多少人懂得如何逃生，又有多少人能保持冷静，如《今天是 119 消防日，调查发现不少市民不懂火中如何逃生》。《大连晚报》记者在部分小区、外来务工者集聚地、商务办公楼进行调查，发现能够逃生自救、懂得灭火常识的人不多，大多数人不会使用灭火器，不知道单位灭火器放在什么地方，一些人甚至连灭火器是什么样都不清楚。记者发现大多数家庭没有配备灭火器、安全绳、缓降器等消防器材。

天天都是消防日。报台网全媒体平时如何做消防新闻？报道有何讲究呢？

对于消防参与抢救的各类突发新闻，首先不要在主标题上将“消防”字眼突出，说成什么“消防成功救出某某”诸如此类工作性标题、宣传性标题，受众用户要的是一眼看穿的新闻。其次，要突出新闻的内核。第三，要传递丰富的感情色彩，字里行间彰显“十万火急”“十分危急”“生命至高无上”“救援争分夺秒”“抢救与死神赛跑”等情形，让新闻扣人心弦。

消防救人事件多如牛毛，要用标题求精彩，如《痛啊！救我！（主）消防救出受困司机（副）》《夫妻遭遇车祸，生死关头——（引）他：先救我老婆 她：先救我丈夫（双主）》《消防搬着气垫 跟着轻生女子跑》。

除了救火救人，平时最常见的就是“消防隐患排查”，报道也要出新，如《公安部督察组兰州揪火魔》《消防大队长细数建材市场8宗罪》。

第37章　光棍节新闻

11月11日，是光棍节，一种流行于中国年轻人中的娱乐性节日，以庆祝自己仍是单身一族，又称网络促销日、电商节。

一年有4个光棍节，其中1月1日是小光棍节，1月11日和11月1日是中光棍节，而11月11日被称为大光棍节。

实际上，“双11”“双12”“6•18”“8•18”等已被中国电商巨头们打造成全球购物狂欢节。

一、策划要点

关键词：活动

可征集“光棍节你打算怎么过”全媒体创意方案，如去相亲、去派对、去狂欢等。除此之外，记者要细细打探本土特色活动，比如邀单身男女免费观影，关注大学光棍诗会，还可播发几则光棍节诗歌、光棍节笑话等。

关键词：话题

光棍节并不是男性独有的节日，女性也沾光。设置一些青年单身男女时下热聊的话题进行深度讨论。

沈阳广播电视台的广播新闻专题《当“垃圾分类”遇上“双11”》，获中国新闻奖三等奖。报道通过“双11”网购产生的大量包装垃圾入手，将政府、企业、社区、居民等多方主体在垃圾分类工作(包括投放、收集、运输、处理等多个环节)的一些创新举措展示得淋漓尽致。

关键词：商机

光棍节又名“光光节”，寓意饭吃光、酒喝光、钱花光，购物要买光棍商品，晚上尽情狂欢。报台网全媒体可推荐评选本土最适合光棍狂欢的酒吧、餐厅、KTV等。“光棍经济”花样百出，如《鲜花市场“光棍节”遇冷》。2019年“双11”全国电商大促销，天猫卖了4982亿元，成为全球经济奇闻。全媒体可派多路记者深入本土各地探访特色电商村、电商龙头企业，直播他们的销售进展、电商情缘、生活变迁、未来展望。联合商务局、电商协会推出电商特刊，举办电商高峰论坛，表彰优秀电商企业和先进个人。“双11”“双12”具有爆炒价值，但报台网全媒体应冷静审视全民狂欢背后的虚假、黑幕、问题等。

二、实战心得

据国家统计局推算，至2020年，中国处于婚龄的男性比女性多出3000多万人。这是一个多么庞大的“光棍”群体。

由于商家、媒体和社会的多年热炒，光棍节成了一个大节，所以报台网对其报道分量要加重，开专版，搞活动，出特刊。

(1) 动态报道。关注光棍节本土多少新人领证，如《昆明千对新人光棍节“脱光”》。挖掘反常现象，如光棍节婚宴火爆，《“光棍节”恰是妻子生日　患癌丈夫送上深情祝福》。河北电视台的消息《元氏山区光棍征婚热》获中国新闻奖二等奖。

【**经典案例：**浙江卫视《直面“双11”》特别节目获中国新闻奖三等奖。该台在北京、上海、杭州、义乌、慈溪、遂昌等地设8个直播点，对当天这一热点经济事件进行全方位的现场直播。节目以“现场多点连线直播＋演播室主持人＋经济学嘉宾点评＋海内外网民实时互动＋大数据实时分析”的形式进行，既对正在发生的经济新闻事件进行了第一时间的连线报道，让观众实时见证了电商奇迹，又对如何构建健康的电子商务生态圈进行多视角观察和理性思考。除此之外，节目还现场独家采访众多电商巨头，以“海外互联网视频连线、山村光缆连线”的形式，充分展示了电子商务对区域经济的巨大影响。】

(2) 策划特刊。报纸可推光棍节特刊《家》，拉动本土娱乐休闲餐饮广告。

(3) 光棍节寻缘。报台网全媒体可举办光棍节相亲会、白领情缘会、单身交友派对活动等，为单身者搭建一个相识相知的平台，或在宾馆举办，或在公园景区联办，中间可设计互动趣味游戏和爱的表白等环节。

【**经典案例：**2011年《东南商报》举办世纪光棍节大型相亲活动，征集1111名单身青年参与，分日场夜场，准备10万元奖品，特设“勇闯丈母娘关”创意相亲环节。《山西晚报》举办光棍节假面舞会——《光棍节里共婵娟　千里姻缘面具牵》。】

(4) 聚焦光棍村。对本土农村光棍现象进行走访调查，对他们的隐忧予以关注，即关注他们的婚恋、他们的生活、他们的生理以及他们的心理和由此带来的社会问题。

(5) 深度思考。光棍现象有特定的时代特征。20世纪70年代末至80年代中期，特征是城市女青年过剩；20世纪90年代，特征是男性“困难户”居多；21世纪至今，特征是从被动单身到主动单身，越优秀越单身。以几则个案和故事切入，请婚姻专家分析造成光棍的原因，如城市房价高、恋爱经历少、社交圈子小等。

(6) 另类光棍节。动物园举办相亲大会，为单身动物找伴侣，如《南京日报》的特稿《光棍节，动物园也有一群“老大难”(主)多为种群较少动物，配对实在是难(副)》，《广州日报》的特稿《动物园珍稀动物打光棍　找对象成老大难》，记者看到了与人类和谐共生的珍稀动物的生存之忧。

第 38 章　法制日新闻

12 月 4 日，是全国法制宣传日、国家宪法日。1982 年 12 月 4 日，我国现行宪法通过并颁布实施，此后多次修订。《中华人民共和国宪法》(以下简称“宪法”) 是我国的根本大法，是治国安邦的总章程，具有最高的法律效力。

一、策划要点

关键词：普法

报道各地开展的法制日宣传活动。为了体现对“这日那日”的重视，有关部门多是摆摆摊，发发宣传资料。如何把这些看似“摆样子”“做形式”的活动报道好呢？关键在于抓亮点，若事件不亮，就靠标题照亮，如《深圳市民畅游“法制大观园”》《万人享用“法制大餐”》《市民现场学“法”》《“法制日”学生心灵受“震撼”》《送法进社区　百姓乐开怀》《全国法制宣传日 大学生反就业歧视》。

关键词：人物

结合法制日形成法治关注热点，报台网全媒体联合司法机构等推出一批在本地产生重要影响的“法治人物”故事，评选本土年度十大法治新闻和十大法治人物。

关键词：活动

《三峡商报》品牌项目“商报百名律师团”，开设栏目《商报百名律师为您说法》。持续多年和市司法局、市律师协会联合评选全市十佳律师、十佳青年律师，既做出了较大影响，又拉动了政务宣传和形象广告。每逢“3 • 15”“法制日”“读者节”等，“商报百名律师团”就会进驻广场、社区，成为一大亮点。

法制宣传咨询怎样报道？新媒体可以“一问一答”式刊播“婚姻家庭”“人身损害”“劳动保障”“民事纠纷”“刑事案件”“行政诉讼”等方面的现场咨询及解答，或者直播问答。

二、实战心得

全面推进依法治国，建设社会主义法治国家。报台网全媒体要推动全社会树立法治意识，深入开展普法宣传教育，尤其是加强对宪法、《中华人民共和国民法典》(以下简称《民法典》)等法律法规的创新宣传，维护宪法法律权威，形成全社会尊法、学法、守法、用法的浓厚氛围。

(1) 提前预告，如《法制宣传活动话你知》。

(2) 动态举措。报道本地各行业、各单位、各学校法制日新举措或普法新经验，如《城镇学校配法制副校长》《“法制贴士”深受欢迎》《驱车 2000 公里讲法制课》《“法制夜校”服务外来务工者》《检察官下乡当“法治村官”》《全国法制日　昨天你学法了吗》。

(3) 现场咨询。采访可做如下提问：派发了多少万份宣传资料？解答法律咨询多少人次？活动规模多大？参加单位和人数有多少？哪些部门“摊位”热？哪些部门“摊位”冷清？市民咨询问题主要集中在哪些方面？咨询报道要抓亮点，如《法制日 执法单位广场“说”法》《七万市民过“法制日”》。

《长江商报》的消息《公检法、律师团被围得水泄不通》，由面到点进行采写。《海南特区报》记者刻意提炼出《十余资深女法官上街普法宣传》，并刊发三个现场捕捉的典型咨询案例。报道部分有消息，有热点解答，解答部分采用一问一答式，或者多问多答式。市民问的什么？女法官怎样回答的？将咨询解答过程悉数呈现，既增强了报道的生动性、现场感，又给予受众用户逼真详尽的具体指导和参考。

(4) 现场维权。重点抓一个法律维权典型个案，记者介入，帮百姓维权，连续报道，一追到底。

(5) 深度思考。《江南时报》记者在法制宣传日活动现场，看到活动并没有出现火爆场面，而是有点“冷”。是哪些原因致“冷”？以《法制宣传日遇“冷”折射新迹象 群众获取法律知识的途径多了》为题，文中说“虽然没有往年的热闹，有点‘冷’，但是可以看出老百姓获得法制宣传的途径多了，不再拘泥于形式了。可以说是‘冷得好’，因为法制宣传日并不只是今天，而是在老百姓日常的生活中。”笔锋转得巧妙，观点新颖，令人眼前一亮。《江门日报》的消息《农村普法宣传需要“土方式”》，很接地气。

第39章　志愿者日新闻

12月5日，是国际促进经济和社会发展志愿人员日，简称国际志愿者日，亦称“国际义工日”，于1986年起实行。其目的是通过庆祝活动唤起更多的人以志愿者的身份从事社会发展和经济建设事业。志愿者即“义工”，是指利用业余时间，不为任何报酬参与社会服务的人。

一、策划要点

关键词：行动

关注各地团委组织卫健、公交、烟草等众多单位志愿者在广场“摆摊设点”，开展义诊、烟草鉴别、假币鉴别、政策咨询等活动。关注这一天文明劝导过马路、大学生义务献血、寒冬送温暖。下面是一组好标题：《10万志愿者爱心洒河源》《飒爽志愿者　英姿爱心人》《3000志愿者进社区　年龄最大志愿者82岁》《志愿者，欢迎你！》《志愿者日，志愿服务温暖全城》。

关键词：故事

全媒体以图文报道、短视频、电子海报、H5等形式报道几个优秀志愿者故事，如参与志愿行动的历程、心灵成长与感悟。

关键词：活动

报台网全媒体发起“我当一天志愿者”公益活动。

《新文化报》曾联合野生动物保护协会举办“保护东北虎——百名志愿者清套巡山活动”，从全国招募的志愿者与森警、保护区人员共同巡山。

二、实战心得

志愿者日来临，报台网除了发倡议，还可关注本土志愿者队伍的整体情况。人数多少？怎样构成？活动情况如何？刊播几个优秀志愿者的事迹，如《志愿者提供12语种翻译》《志愿者就是我的眼》。

① 观察调查。深入了解志愿者队伍的扩员问题、管理问题、活动一阵风问题、品牌提升问题等，如《近四成受访者不知志愿者日》《人员流动匆匆　江西“熊猫血”志愿者失踪超过半数》。

② 每天都是志愿者日。志愿者，在海外华人文化圈被称为义工。义工所表达的内涵丰富：“义”者，义务、正义、公义、义举、义不容辞，“工”者，做工、工作、打工。很多媒体都成立了自己的义工组织，如辽沈晚报志愿者联盟、都市晨报义工联盟等。凡遇媒体举办大小活动，佩戴红袖章的“义工”都会出现在活动现场，成为一道亮丽的风景。这样既提高了媒体的公益属性，也张扬了媒体的品牌。

【**经典案例**：2007年黑龙江《生活报》注册成立了“王帮办服务工作委员会”，由负责热线处理的“帮办工作室”负责管理并设首席帮办，同步开通线上直播平台，在客户端设“丹丹帮你办”专题，报纸设“帮办”专版，在大学、福利院、社区等设立志愿者服务站、志愿者爱心活动基地。《帮女郎在行动》是湖北广播电视台综合频道公益慈善类新闻节目，影响很大，其宗旨是：当负责任的记者，做能帮忙的新闻；倾听百姓呼声，维护群众权益；有事要帮忙，就找帮女郎。其全媒官微协同开设“小帮现场”“小帮直播”“小帮故事”“小帮尝鲜”“小帮调查”等子栏目。】

报台网全媒体还可和团省（市）委、文明办等单位联合举办全省（市）志愿者大会、义工大会，表彰优秀志愿者（义工）和组织，打造志愿服务品牌。

第3篇　时政新闻策划

时政新闻是指国家政治生活中新近或正在发生的事实报道，主要表现为政党、社会集团等在处理国家生活和国际关系方面的方针、政策和活动。时政新闻在报台网全媒体内容生产中占据核心地位。但凡本市、本省、全国及国际政治、经济、军事大事，都是各媒体的重头。

今天，一家媒体时政新闻报道水平的高低，直接决定了该媒体在当地高层和主流人群中的影响力。纵观各大媒体，我们发现，提升时政报道水平有“三个更加重视”的现象和趋势：一是比以往更加重视来自党和政府及各部门的声音、举措、动向；二是比以往更加重视事关民生、公共利益方针政策的制定、参与；三是比以往更加重视围绕中心、服务大局工作，突出重大主题和重要活动。

优秀的战线记者，可谓凤毛麟角。既要是公关的高手、新闻的能手，又要是经营的好手、办事的巧手。跑机关，开会多，时政报道看似容易实则难，难在精准吃透会议精神，难在把握宣传价值和新闻价值的切合点，难在防范政治风险。一句话，时政新闻出彩难，功力要求高。

地方报台网全媒体由于地域局限，新闻资源相对匮乏。“本土要闻”时常闹稿荒，有时不是缺稿子，而是没有适合“要闻”刊播的稿子。囿于跑线记者“等米下锅”——没有会开就没有新闻，没有派活就没有稿子。

这些归根结底是没有策划。

下面以日常报道中遇到的重要时政事件、时政会议、时政节点为突破口，探讨如何提高时政报道水平。

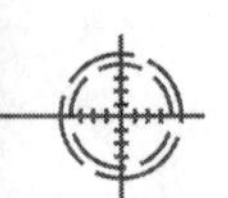

第 40 章　地方两会新闻

所谓两会，即中华人民共和国全国人民代表大会、中国人民政治协商会议，是中国人政治生活中的一件大事。一年一度的两会，是新闻的竞技场。从事新闻工作以来，我们累计参加了 20 余次宜昌市两会报道采编，积累了一些收获和体会。

一、策划要点

关键词：议程

对党报党台党网而言，通常所有议程、公告都要俱到，但是都市报、新媒体则应选择关键议程做报道，原则上不发一般性公告。

两会程序新闻，党报党台党网须按规定悉数发稿，都市报、新媒体则多简单处理。对于领导讲话和发言，要视“新闻价值大小”论轻重。代表委员报到，年年情景类似，如何写出新意？一是要紧跟全国的“时令风”，如今年提倡低碳节能，就捕捉代表步行报到。二是要将生硬的程序性活动写出情感来。如《罗清泉看望省政协委员：十楼走到二楼 一层楼也不漏》《心忧风雪误行程 许多委员提前到汉》。

关键词：热点

记者要深入会场，深入各个代表团，捕捉关乎国计民生的热点、焦点话题，做深度报道。问题要抓得准，解读要到位。要会上找热点话题，会下找对应的现象和存在的问题，写出普通老百姓的呼声，写出政府和相关部门对未来规划发展的决心。

关键词：观点

这是一个信息泛滥的时代。媒体的差异化体现在“分析”和“判断”上，谁对新闻的分析透彻，谁能提供有价值的见解，谁就能打造爆款。

两会分组讨论会上，对省市领导以及代表委员们的发言，报纸通常是写成消息，报道缺少现场感。《晶报》做法令人耳目一新，记者将领导精彩发言原汁原味地呈现，强化了观点，读来令人轻松。报道模式：小标题“谈 ××”+“直接引语”(楷体，呈现观点)+“——什么时间谁在何场合就什么发表观点或做回应”。

政务新闻严肃，但严肃不等于板着面孔说话，更不等同于无趣。《晶报》除了强化领导“观点”，对领导讲话、发言中引起的“掌声”“大笑”等皆用“()”予以备注“实录”，让受众用户如身临其境，妙趣横生。

关键词：人物

关注两会人物。如《三峡日报》策划《宜昌市两会上的魅力女性》，聚焦 7 位女人大代表、女政协委员，分别是：女中学校长、女大学教授、女宣传部长、女文联秘书长、女商人、女主任医师、女旅行社老总，文配特写照，文各分两块写，即一讲记者对她们的现场素描，二讲她们的家庭、她们的事业、她们对美的认知和对魅力的感悟，突出她们的信心、爱心、活力、智慧、财富、权力、成就。

二、实战心得

两会是参政议政、共商国是的重要活动。两会报道，既要严谨、准确、规范，还要好看、好听。光代表委员说好还不行，还要市民大众说好。报台网全媒体应精心策划报道方案。

做好“顶层设计”，可设“两会之声”“两会发布”“两会人物”“两会互动”“两会解读”“两会访谈”等版块。

年年开两会，年年不一样。每年都会有新的背景、新的理念、新的议程、新的内容。尽管议程年年差不多，但是旧貌换新颜，两会报道要创新传播手段，呈现出不同新意、新气象。

报台网端微屏通过开设专题、专栏，运用文字、图片、MG 动画、视频访谈、网络直播、H5、图解、启动页等报道方式，创新融媒体报道。

比如，两会期间，为代表委员制作 H5 个人海报，一人一页，每页展示其建议、姓名、职务、肖像等。官微则推“两会海报”，每条展示 5~10 位代表委员，亮出其观点、肖像、姓名、职务、建议梗概即可，每人配一个二维码，用户扫码进入客户端，可观看视频原声报道。

我们既要呈现代表委员新颖的观点、睿智的解答、坦诚的提问，还要让民众感知代表委员如何履职，反映了百姓哪些心声。报台网要多选择个性鲜明的代表委员，标题要直接呈现出人物的鲜明个性。

对提案建议，不能机械地照抄照搬，1.0 版的记者写快讯，2.0 版的记者做拓展采访，了解代表委员的背景和经历，深挖他们所提建议的幕后故事。吉林电视台消息《一件政协委员提案解决千户居民吃水》获中国新闻奖三等奖。

两会深度和话题的“议题设置”要有专业水准，紧扣本地中心要务和民生诉求。

重大政务新闻，报台网全媒体都是主角，不是主位也要勇担主角，善于借事造势，争抢高端影响力。

两会发稿要“统筹兼顾、讲究平衡”。即涉及人大代表、政协委员的报道，在总量、规模、位置、色彩等方面要大致平衡。有些记者偏爱政协会，因为发言相对轻松，题材较为广泛，约束性较少。到底是发人大的多还是发政协的多，也是有技巧的。两会前期，以发政协报道为主，与政协有关的头条和篇数偏多一些；两会中期，以发人大报道为主，与人大有关的头条和篇数则偏多一些。

【两会前夕】

两会报道是一场跨时空、跨地域的全媒体大战。比如，距两会尚有两个月时，宜昌市政协提案委员会携手《三峡商报》“征集市民意见和建议”，如你最关心哪些热点？需要解决哪些问题？有何意见与建议？报台网全媒体启动《征集提案“金点子”》互动连续报道。

像地方两会报道这样的大型同场竞技，报道成不成功，重在“先发制人，抢占先机”。落后就会先天不足，落后就会挨打，落后就会处处被动。首发就要高调，要头版头条，抢占报道制高点，规模要大，让对手无法介入。距两会尚有半月，《三峡商报》启动宜昌两会精品专栏“捎句话儿给两会”，5 部捎话热线，倾听市民来电，每天拿一个专版跟进，为两会营造良好氛围。

【两会会中】

两会报到，如何报道？捕捉代表委员报到亮点细节。现场捕捉“最”，如最给力、最节俭、最低碳、最用心、最多才、最靓丽等，要抓特色。如“残疾人、农民工代表首次参加两会”，

就是在报到时记者捕捉到的亮点新闻。体裁上用“现场新闻”易出彩。

两会报道如何出亮点？一要有一个好专栏；二要有一批好深度报道；三要有一系列好观点；四要聚焦两会人物，如专家学者、知名人士、商会会长；五要对话新任“一把手”。

两会报道要让代表委员唱主角。大量报道人物，展示人物的观点。因为，新闻因人而生动。在人物选择上，要特别关注那些最基层的代表委员。

两会表情。以视频影像记录代表委员报到、听报告、发言讨论、撰写提案建议等时的表情，凸显代表委员认真履职的精神面貌和良好状态。捕捉讨论时的传神镜头、会场内外的精彩剪影。

如果本媒体有代表委员出席两会，则可开辟专栏《本报代表委员手记》，以双重的视角传递两会之声。

对于政府工作报告解读，报纸以往会占好几版；现在，报台网全媒体推崇以图解新闻的形式来解读类似重大的、复杂的内容。图解新闻综合运用文字、图表、图形、图片、图标、图画等符号工具，以图片新闻或交互图表、H5 方式呈现报道，能达到“一图胜千言”的效果。图解新闻的发布渠道主要为官方网页、官方微信。大多以单一颜色作为主色调。

两会代表委员视察重点项目如何报道？走马观花，报道容易流于形式，挖不到有价值的内容。为此，两会前夕编辑部要从采、拍、写、剪、编、推等方面做专题辅导，达到报道形式统一、标题制作精炼、稿件逻辑递进、画面张力彰显。其报道模式是：①项目名称；②项目简介；③出镜人物；④现场特写；⑤人物感言；⑥视频影像。

报台网全媒体要多让普通百姓上头条。如头版大照片刊发老翁到编辑部捎话，既突显报道本身的影响，也彰显报纸爱民亲民。

民生报道始终贯穿两会报道主线。策划“部门‘一把手’话民生”，请那些列席两会的民生部门“一把手”跟市民见面，让他们解释民生政策，交流市民最为关心的热点民生。

两会报道，深度见长，可平均每天推 1~2 版深度报道。

诸如省市县区两会等盛事喜事、重大主题活动，都是报台网广告开发的良机。向两会报喜，出版系列成就特刊，集中全面展示各地各行业各单位在过去一年取得的骄人成就、荣誉、崇高精神风貌、先进经验，展现今年的目标举措和坚强决心。

【两会尾声】

政协会闭幕，如何报道选举？如《楚天都市报》头版头条《叶金生当选武汉政协主席(主)10位副主席，8 位新面孔，女性有 3 人(副)》《主席团里的三朵“金花”》《武汉新任政协主席叶金生履新感言(引)积极反映民生 满足百姓诉求(主)》，并配发了叶金生同志的照片和简历。同样是闭幕报道，这组报道打破了很多报纸以“政协会胜利闭幕”当主消息主标题的“定式”，而是将闭幕当天最重大的信息当作报道的重点。

■两会报道中最易犯的毛病

总结二十年参与策划和采编两会报道的得失，我们提炼了两会报道中 7 个最易犯的毛病，供大家参考。

1) 策划方案粗糙，操作性不强，策划选题不准，责任人不清。

2) 前后方衔接出问题，组织打乱仗。

3) 准备不充分。新手拿不准时可把过去同期很成功的报纸拿来做参考。

4) 没抓到重点，媒体热衷于自己的活动、人物访谈以及深度选题。政府工作报告解读、代表委员提案建议以及大会发言中的观点是重点，容易被忽视。

5) 话题或深度报道中不见或少见代表委员，通篇只有一个代表或委员，难以立文，建议至少报道三个代表委员或主管权威人士，代表委员要对这个行业或话题有一定的认知，采访“外行”代表委员会说外行话，媒体被笑话。

6) 代表委员审议讨论工作报告，不见记者听会。记者要到各代表团各界别认真听会，记录整理，可将有共性或同类的观点集纳成话题。

7) 搞错代表委员等采访对象的姓名、职务、身份。

第41章 省级两会新闻

2011年2月18日至27日，《三峡商报》首次组团赴武汉全程全方位采访湖北省两会，推出了“伟大的跨越——2011省两会特别报道”，为宜昌人民奉献了一道丰盛的省两会盛宴。难能可贵的是，实现了导向正确、零差错。

进军省城，报道省两会，弄斧就要到班门口。

纵观全省平面媒体对本次省两会的报道，《三峡商报》创下了“5个之最”：参战人数创全省地市报之最；报道规模创下全省之最，总出版量达35版，超过《湖北日报》《楚天都市报》《长江日报》；聚焦精英之最，报道了驻宜的或宜昌籍的所有代表委员；互动最精彩，三峡商报创设的“两会围脖”被新浪网向全国推介；影响最大的两会报道，《三峡商报》首次站在全省视野报道省两会，受到省人大代表、政协委员们的高度评价，也得到了省人大宣传处和省报总编们的高度评价。

我有幸成为采访团的前方负责人，从参与策划到执行策划、一线采访和统筹，对一家地市级媒体如何报道好省级两会有了一些感悟。

一、策划要点

关键词：本土元素

关于省(自治区、直辖市)政府工作报告，本土籍省(自治区、直辖市)人大代表、政协委员是如何评价的？他们有怎样的声音？政府工作报告中的经典语录有哪些？关注报告中的“亮点数字”。详细盘点和解读政府工作报告中与本土有关的重要元素，有多少处提到？邀代表委员或权威人士解读，全媒体推送。

关键词：安排要求

特别关注省(自治区、直辖市)委书记、省长(主席、市长)等就全省的发展所提的新战略新规划，特别关注书记省长(主席、市长)就本地的发展所提的具体要求、工作安排。本地记者要邀相关代表委员以及省(自治区、直辖市)发改委、省(自治区、直辖市)社科联高层领导或权威专家予以深度解读。

关键词：互动创新

互动更精彩。省级两会前夕，可在本土发征集活动给省(自治区、直辖市)两会“捎话”；会中，可把“新闻会客厅”搬到省(自治区、直辖市)两会驻地，只需一块“宣传牌”(拍照用的)；除此之外，还可以搞全媒体现场互动直播。

二、实战心得

地方报台网采访省两会，有几个“先天不足”：一是采访证难办到，只能以本地人大政协工作人员身份出入；二是议程动态类报道难采，只能找省级报台网提供支持；三是站得不高，视野不宽，认识有局限性，报道不够深度，不够力度；四是就某一话题做专题采访，因为极度欠缺联系方式，找省里关键人物、权威人物很难；五是省城会场分散，交通不便，采访难度较大。

凡事预则立，不预则废。我们的体会是，所有大型报道都应做系统的策划方案和精心的素材与后勤准备，不能边走边打，走一步算一步。在“家”就要端出详细可操作的方案，议好选题，选好角度，拟好准备采访的人员名单。仓促出战，难有作为。

采访若涉及本土籍代表委员的采访对象名单，则可通过本地人大、政协宣传负责人或人大、政协主要领导帮助协调解决；若涉及省城相关人士，记者要提前做“功课”，电话打探联络好，免得到了现场“慌饺子”。

到了省（自治区、直辖市）两会驻会现场，记者要多留心，到大会宣传组收集一些会议散发的材料和书籍，到提案组和议案组尽可能多地拷贝一些提案、建议，这样对所有材料进行浏览、研究，可对一些代表委员的观点和建议予以直接引用，省去了“找人”不便的弊端，还可进一步归类提炼，以备话题或深度选题之用。

地方报台网派采访团采访省（自治区、直辖市）两会，有三点要注意：一是报道不能空心化，二是前后方要有效沟通，三是做到安全规范高效。

如何报道省（自治区、直辖市）两会？要做到“八抓”：一抓本次两会的主旨，即政府工作报告中的关键词和核心；二抓热点，如住房、医疗、物价、交通、就业、教育等关注热点，看政府工作报告有何规划和新政，同时结合本地实际采写深度报道；三抓民生，主要是代表委员所提与民生有关的议案提案；四抓强音，大家反映最热烈的问题；五抓高端，抓省（自治区、直辖市）委书记、省长（主席、市长）、人大常委会主任、政协主席以及本地市委书记、市长在代表团或界别的重要讲话；六抓互动，代表委员共织“两会围脖”，做到网上网下、会内会外互动，“微直播”两会；七抓落地，政府工作报告或省（自治区、直辖市）委主要领导涉及本地的讲话，迅速落地，后方记者做好配合；八抓准确，导向和准确是生命线，省级两会是高规格的严肃政治大事，容不得半点差错。

深度报道是所有两会报道的重头戏，每天至少要有一篇。深度报道要有现场感，要有信息量，所有的深度都不能脱离“省（自治区、直辖市）两会现场”这个语境。每篇深度至少要有 4~5 个代表或委员的声音，全篇不能让一个代表或委员讲到底，否则太狭隘，太单一，观点和文章难以“立”起来。

地方报纸要重磅推出两会特刊，当日一早送至省两会现场，向代表委员报喜，展示本地取得的喜人成就和业绩，为本地赢得更多喝彩与赞美。

第 42 章　全国两会新闻

每年 3 月上旬，全国两会举世瞩目。中国两会是年度最高水平的“新闻大战”，也是各大媒体实力的“深水较量”。中外记者云集北京，聆听中国声音，感受中国脉搏。参战记者高达 3000 余人，与代表委员人数几乎持平。世界媒体和中国媒体、中央媒体和地方媒体以及地方与地方间媒体、传统媒体与新兴媒体间展开新闻大战。由此可见，盛会盛事，新闻富矿，是媒体大争之时。

一、策划要点

关键词：本土元素

全国两会毕竟是站在全国高度共商国是，政府工作报告鲜有具体的涉及本地字眼的元素。但是，本籍全国人大代表、全国政协委员是如何评价、审议和讨论政府工作报告的？他们有怎样的声音？他们将为本籍人民做怎样的代言？即提交议案或涉及本地的提案建议是什么？这些都值得重点报道。

关键词：地方要员

重点报道本地主要领导在全国两会期间的重要发言、重要观点、在京重要活动。还有，关注地方主要领导在京接受全国媒体的重要采访，必要时转发刊播。

关键词：整合电讯

全国两会期间，新华社电讯稿库会及时推送大量稿件，内容既有动态议程，也有热点问题访谈，以及代表委员们关注的话题和议案提案。地方报台网全媒体要充分利用好这些新闻资源，不是来什么就编什么，而是要精选精编，分门别类，认清重点，统筹谋划。

编辑法则：统一刊头、民生优先、营造重点、切块分篇、体裁丰富。扫描新华社电讯，凡碰到本土籍代表委员的报道可选取、删减、编发。

二、实战心得

全国两会举世关注，这不仅仅是中国盛事，也是世界大事。因为只有中国才有一年一度的两会，所议国是牵动中国，影响世界。

过去，全国两会报道多限于大报大台大网，“近水楼台先得月”。现在，地市级小报小台小网也踊跃介入，争抢高端注意力资源，同样做出了特色，做出了精彩。

人大议案、政协提案反映未来政策取向，国务院各部办委局新闻发布会透露的是最新的政策措施，而总理所做政府工作报告则是国家大政方针所在。可以说，全国两会是一座含金量很高的政策信息宝库。有些高含金量的提案建议，稍加打磨和拓展，就是一篇很有价值的话题新闻。

每年的全国两会都是一道亮丽的政治风景。地方报台网全媒体要紧盯三类“明星”代表委员：一是来自政界颇受全国瞩目的明星官员、省区市或地市州主要领导；二是来自工商界的著名企业家、知名专家学者、基层一线代表委员；三是来自文艺界、体育界、影视界、新闻界的明星。全媒体要拒绝“雷人雷语”，拒绝浮躁和脱离国情的极端主张。

【赴京采访】

地市州盟报台网组团赴京采访全国两会的越来越多。有的在现场搞图文直播，有的在京搭建演播室，推出全媒体访谈节目。2011 年《三峡晚报》首次派记者赴京采访全国两会，推出《相会在北京——2011 全国两会特别报道》。

人民大会堂前广场是新闻“战场”，采访就是靠“冲过去，挤上前，采回来”。地方报台网可和中省报台网合作，产生 1+1>2 的效果。

参加全国两会的代表委员时间紧，你要抓住一切可能，在走廊上或人民大会堂台阶前采访。怎样快速找到合适的采访对象？记者盯人功夫在会前，要提前准备好采访提纲，提问要“一语中的”。记者不能怯场，代表委员无论是高层还是平民，都以平等平常视之，因为采访代表的是人民利益和大众关切。

可重点问本籍代表委员提了哪些提案建议，有哪些变成了国家的政策，或者付诸了实际行动。“他们的声音变成了现实”，这是代表委员的价值感所在。对每一件提案建议，除了内核外，还应有新闻背景，代表委员的思考及解决之道。对于区域性的话题，报台网应邀请区域籍的代表委员共话之。

重点关注中央领导到本省（自治区、直辖市）代表团参加审议、住本省（自治区、直辖市）全国政协委员协商讨论政府工作报告的重要新闻。换届之年，报台网全媒体可推“我当代表委员这五年”专栏，记录代表委员履职经历、收获、感言。

【本土连线】

不去北京，地方报台网如何报道全国两会？难道除了选编新华社电讯稿和其他媒体报道外，就没有别的路子了吗？当然有，就是大做全国两会的“本土元素”。

连续多年，《三峡日报》推出专栏报道“连线全国两会上的宜昌代表委员”，安排记者每天与住宜或宜昌籍全国人大代表和全国政协委员连线，报道他们在全国两会上关注的话题和建议，他们向两会提交的提案和建议案。《三峡晚报》则对来自基层或企业的全国人大代表开专栏，每天报道他们在全国两会上的体会和感受，像记“日记”一样。当然，有些报道在赴京前就已提前策划，“面对面”采访到位了，届时做适当的调整。

地方报台网还可就家乡代表委员的提案和建议做纵深报道，本着“提出问题、分析问题、解决问题”的思路进行。

【电讯编辑】

多数媒体去不了北京，就在家里“哨”电讯和“盯”网络。

选编全国两会稿件要抓“重头戏”。分析这些年的全国两会议程，按出场先后重点抓以下“重头戏”：

全国人大外事委员会主任记者会→重要民生部门如人社部、卫健委等部长主任专题记者会→外交部长记者会→开幕当天审议政府工作报告→总书记参加省区市代表团审议和政协界别联组会→总书记出席解放军和武警部队代表团全体会议→审议“两高”报告→人大政协全会选举→总理记者见面会。

选稿以新华社电讯优先，兼顾、综合中新社和其他纸媒有重要价值的信息。新华社电讯的时政标题陈述事实，偏长笼统、欠缺个性，不像网络媒体总把很抢眼的“核心信息”单挑出来导读。这样做，倾向性太强、差错风险大，因此夜班编辑不能以新浪网、凤凰网等为坐标，应两者兼而融之。两会是严肃的政治活动，有特定的报道口径和要求，而重大新闻的权威发布往往是新华社一家，要时刻盯牢，否则会导致重大漏稿。

放大全国两会新闻事件中的本土元素，头版头条强化处理。对于总理所做政府工作报告，编辑要对报告中的内容重点解读，突出抓好以下关键词：物价、经济、住房、食品、收入、民生、就业、农村……

全国两会闭幕时，"总理答记者问"是最大的看点。在编辑时，把版面重点留给"记者问"实录，要把总理的"经典语录"摘出来单独强调。参照各大网站围绕关键词编序号精心编排，"记者问"用黑体字，"总理答"用楷体字，忌一大条稿子，从头铺到底，什么也不做。

比如，温家宝总理记者会引用古诗文——《记者会开场白 总理引〈左传〉》。总理引经据典，网友大呼"精彩"。这些古文是什么意思？要做"专家解读"，还可进一步延伸，如《总理历届两会记者会引用诗词古文解析》。

我值班时曾碰到这种情况：有编辑以版面不够，将"答记者问"中的记者"问"删掉了，直接以"答"呈现，看起来寡淡无味。千万别小看这些"问"！问之敏感，问之犀利，问之智慧，可见记者"功力"，与答者"过招"之精妙，前攻后守，形成强烈对比，这种交锋，就是大看点，给人一种享受，删不得！

编发全国两会报道，不炒作两会"边缘话题""雷人话题"，不曲解代表委员发言建议。媒体可抓有争议的"热话题"，搞正反两方观点PK（即"对决"之意）。或就某些"热点问题"（如"教育问题""治污问题"），关注代表委员给出的"医治良方"。展现代表委员有价值的履职，代表委员大胆谏言，"炮轰"浪费、腐败、污染等，唇枪舌剑，惊心动魄。这些都值得媒体积极关注。

可开设专栏"面对面""两会直播室""两会镜头"。开设"两会经典语录"，对两会代表委员的提案与发言做一句话摘登。

多做全国两会的非程序性报道，做好会议内容的深层解读，完整反映重要新闻事件和社会问题，追踪建议产生的来龙去脉，揭示其实质意义所在。

受版面篇幅所限，地方报纸发全国人大常委会副委员长、全国政协副主席的简历，可以浓缩处理，但需统一标准、长短一致。

第 43 章　会议新闻

“谈会色变”。比如，《大众日报》的通讯《一半时间在开会，怎么得了》获中国新闻奖三等奖。尽管“文山会海”受诟病，但重大政策和重要讯息，多数都是从会议或会谈中产生的。每个记者都会碰到会议采访，跑党委政府战线的记者甚至天天在跑会。

会议新闻难做。在我们的新闻生涯中，与时政新闻打交道最多，采编过大量会议新闻，策划过一些重要的会议战役性报道，也产生过一些败笔之作。我们在此潜心分析，结合全国大报大台大网对会议新闻的处理做了一点系统思考。如何提高会议报道质量，下面就来探讨这个常说常新的话题。

一、策划要点

关键词：主要领导

当你负责一个会议报道，务必弄清“会议七大核心元素”，即：①会议的名称和主题；②哪些领导出席（领导准确姓名、准确职务）；③哪些领导做了哪些重要讲话；④领导的排序；⑤衔接会议通知人和审稿人；⑥会议材料；⑦报道要求与讲究。

党报党台党网对重要领导的报道，讲究主次分明、总体平衡。地方宣传部对本地市委常委和“四大家”领导活动明确要求予以重点报道，除涉市委书记、市长的稿子由秘书长审定外，其他涉常委或市级以上领导的稿子由领导本人亲审。

记者要准确领会领导讲话。领导讲了很多，但不一定都值得报，可能只有几句是新闻，就把这“淹没”的几句单独拎出来放大。与侧重议程的“会议主体消息”组合刊发，效果更好。比如，2004 年时任浙江省委书记习近平在全省会议上脱稿讲了一段话，《浙江日报》记者在写了常规会议消息的同时，还写了篇短消息《习近平告诫领导干部——要算一算“三笔账”》，获得中国新闻奖二等奖。

记者跟领导学问很大，有时跟得不好，一趟下来可能什么也没记下，或只抓了点皮毛。一些跟主要领导的记者认为，做好“领导活动讲话实录”也是一门功夫。

【**经典案例：** 1992 年邓小平南方之行，时任《深圳特区报》副总编辑陈锡添写就名篇《东方风来满眼春》。他回忆采访经历时说，小平同志的“南方谈话”很多都是在车上与陪同的省市负责人随便聊天、谈笑风生，谈话的形式随便轻松，但内容却非常重要。】

记者要善于细心捕捉领导的每一次“随便聊天”，哪怕是一个笑话，也不能一笑了之。如《夷陵广场要不要栽树？栽啥树？》，就是记者从宜昌市领导在会上看似不经意间打哈哈的一句玩笑捕捉到的，一个颇具争议、颇受关注的新闻就出笼了。

对领导活动报道，要选取生活质感特强的细节，他的一言一行、一举一动，传递亲和与亲民。陈锡添回忆说，我对邓小平同志伟大的一面写得很少，更多的是描写他视察时的细节，表现他平凡的一面，直接引用邓小平同志很多原汁原味的话。

【**经典案例：** 2013 年 2 月初，李克强总理访内蒙古棚户区，光屁股娃抢镜，央视《新闻联播》原汁原味播出，镜头不作秀、不修饰，观众很惊喜：新闻真实、领导真实、小孩更真实。】

真实就是生命。过去搞新闻，禁锢很多，条条框框很多，其实大都是媒体人自我设限。报台网全媒体要打破那些条条框框，让新闻活起来！

中央主要领导人来本地视察，通常能近身采访的是中央媒体，本地也只有党报党台记者能参加。地方都市报和新媒体弄不到第一手讯息怎么办？除了转发新华社电讯，同样也能做出自己的特色。待领导人一离开，地方记者可按领导人的视察路线再回访当初直接面见或亲自接待领导人的农户、干部、市民等，请他们回忆当时的全部情景，领导人是怎么问的、怎么说的，他们是怎么回答的，自己心理感受是什么样的等。

纵观近年的中国新闻奖作品，有相当一批地方媒体作品，选题来自国家领导人在各种讲话中提到的本地元素，对背后故事的深度挖掘；全面呈现领导人来本地视察后某个地方的重大变化。用大策划大创意出大作品，比如，习近平总书记观察十八洞村后，新湖南客户端推出新媒体创意互动作品《苗寨“十八”变》，获中国新闻奖二等奖。

关键词：出台新政

会议通常会出台重大新政。我们要关注的是什么呢？既要知道“发布了什么新政策”，更要知道“新政策意味着什么”及“新政策出台的背后”，还有专家对政策的解读、人们的评价感受、直接或间接影响的行业与单位等。

上头政策要落地。国家、省、市出台的经济政策、法规，对本地会有什么影响？与市民生活将有什么关系？举例来说。主稿是新华社消息《让在外忙活的游子们，返乡时添一分暖意(引)今年春运公路票价也不上浮了(主)》，组合“落地稿”：①反应，如《我省将出台涨价细则》；②声音，如《乘客很开心》；③评论，如《不涨价是社会进步的体现》；④回应，如《省客承诺不降低服务质量》《百万人次受惠 市民叫好之后担忧车票紧张》，还刊登旅客上车“喜笑颜开”的图片。可谓体裁多样，报道全面。

关键词：会风会纪

党的十八大以来，反对“四风”，成效卓著。这也是报台网全媒体履行舆论监督的一个得力抓手。开会接电话打手机，“会虫”呼呼大睡，近年来频频被全媒体曝光。“会虫”被免职，大快人心。

二、实战心得

周末值班，对地方报台网的本地新闻版而言，是特别大的考验。闹稿荒！本地编辑心发慌，值班老总也心慌。跑线记者没稿子，拿“今天没开会”当“挡箭牌”。

会议往往是各种信息和观点的集散地，是新闻的“富矿”。二十年的新闻实践，我们的体会是：搞好会议新闻并不容易。报台网全媒体的很多记者并不擅长会议新闻采写。而今天，报台网全媒体的主战场就在时政新闻，时政新闻的主战场则在会议新闻。故搞好会议新闻，是新闻工作的重中之重。

同样是会议记者，千差万别。有的成“泡会记者”，有会开有报道，没会开“无米下锅”。有的当“跑会记者”。会议新闻可以交代必要的议程，但不要让会议议程淹没了新闻主角，要做到会内会外结合，达到“说会不见会”的效果。

【**经典案例：**《长江日报》记者从湖北省的一场辅导报告中听出一篇新闻精品——《中共中央党史研究室主任披露 七常委参观〈复兴之路〉出行不封路》，获中国新闻奖文字消息一等奖，凸显了记者灵敏的新闻嗅觉、非凡的发现能力。而中央媒体、省级媒体往往最有机会获知而未捕捉到。】

办报办台办网同拍电影一样，也是一门“遗憾的艺术”。每早几张报纸桌上一摆，我们常常会发现：“这个会处理轻了”“那个事报小了”。有时，对重大的会议没抓到主题或者处理位置欠妥当，甚至会引起地方主要领导的批评和宣传部的问责，严重的还会受到责任追究。

许多记者常犯困惑：遇到会议，不知怎么报道，不知哪是重点，抓不准会议材料、领导讲话的主旨。

无论是值班总编还是责任编辑，都有过这样的窘迫：这个会是发大还是发小，左右为难，拿捏不准，掂量不透。出现这些情况，归根结底是没有认清会议的重要程度，没有吃透会议精神，没有把准会议传递出的信号。

如何判断一个会议的重要程度？有这么一个规律：凡是“四大家”领导都参加了的、市委常委都参加的会议或者两个以上市级领导参加的会议，应该特别细心谨慎，要认真对待这个会，认真记录领导会上讲话。

有时，领导不按讲话稿而脱稿讲，怎么报道？报道到底是引用讲话稿材料还是脱稿发言，建议记者向领导询问意见。若记者一味照本宣科，可能会酿成大错。领导在会上讲的，不是什么都能刊播的。有的只限会上小范围说说，并不能“实录”见诸报台网全媒体。拿不准的要请会议主办单位的负责人和有审稿权限的人审稿，甚至领导本人亲审。

【**经典案例：**2004年，我参加了宜昌市的一次重要会议，市领导会上讲宜昌纳入三峡电直供试点，而且会议发的红头文件上也有，我未经审稿未经请示，将这个事“头条”捅了出来，编辑一时粗心，又将“试点”的“试”删掉，酿成大错。事后才知这个政策当时敏感，不宜公开见报。】

所以，记者参会不要玩手机、拉闲话、拿了材料就走，静下心、坐下来、专注听会也是一种能力。听会的同时可现场把稿子写出来或同步全媒直播。及时同后方编辑、主任电话沟通，听取建议，免得匆匆离开，没抓到会议主题。

记者要有敏锐的领“会”能力。记者要了解会议或视察、调研的背景，党委政府的真实意图。记者可自我提问：为什么开这个会？市民关心什么？挖掘会议上反映出来的新政策、新措施、新经验、新观点、新情况、新问题。

美国《新闻写作教程》在讲到会议新闻写作时说：“读者希望你能代表他们出席你所采访的会议。”“不仅要告诉受众发生了什么，更要告诉受众这意味着什么。”

会议并不等于新闻。面对会上一大摞材料，如何找到新闻？

抓取会议最有价值的信息。每次会议尽管有许多议程、多项内容，但总有一个处于“帅”位的东西，它反映了工作和生活中的主要矛盾，体现了党的路线和政策。要丢“卒”保“帅”，围绕主题选用材料，采访时以十当一，写作时以一当十。抓住那些最主要的、最有特征的东西来写，而把次要的、非特征的东西放过不写。“弱水三千，只需取一瓢饮；万花丛中，只撷最艳一朵。”

新闻就像一颗钻石，它有很多的切面，你从哪个角度切入，它折射给你的光芒可能就不太一样。惯常的手法是“点＋面”组合。把那一“点”挖出来，磨得光芒四射；把那一“面”立起来，打得有厚度有高度有宽度。

俗话说：“鼓要敲在点上，笛要按在眼上。”画龙点睛，睛最为重要，独眼也好，双眸顾盼也好，前提是长在龙的身上。要把你的文章写成“龙”而不是“蛇”，不给人以龙的形象，睛就没了着落。

如何准确和高超地报道好当地主要领导的活动和讲话，这不仅是时政记者，也是全国报

台网全媒体人一直“煞费心思”的重点。我们认为有三个方面值得尝试。

(1) 慎写空话套话，多写人情话新话。会议报道不要陷入模式化，要侧重“议”而不是强调“会”本身。避免议程化，少搞诸如“××说、××指出、××强调、××进一步强调、××最后说……”等正确的废话、严谨的套话。的确，这样做不会错，不会受到领导批评，但绝不会得到领导和读者“点赞”。我们要把理论语言、文件语言、官方语言转换成大众语言、百姓语言、口头语言，把“大道理”转换成“大白话”，群众才会愿意听、听得进。

要发现大人物身上的“小”——把领导定位为有血有肉的、有情有爱的“新闻人物”，他们有自己的情感、爱好、温情、苦乐，8小时外生活。多搞小特写小新闻，既写台上，又写台下；既写会内，也写会外；既写领导，也写市民。

(2) 降低时政新闻身段。报台网全媒体在行文和标题上都要放下身段，“和群众对话”，转变角度。每个记者都要问一问自己：这个报道有没有群众看？这个事对群众有没有用？

(3) 让时政新闻微笑起来。2009年我考察《东莞时报》时，有“中国最年轻总编辑”美誉的东莞报业集团执行总编辑周智琛说：“做人要正派，行文要放荡。”老舍有言：“说什么固然重要，怎么说尤其重要。”要改变文本表达方式，让新闻“悦读”起来。

新闻语言是以白描为主要特征的语言，自然流畅，不事雕琢。艾丰提倡，灵活采用简笔、粗笔、变笔、跨笔、跳笔、合笔、衬笔、短笔等新闻笔法，运用多种修辞手方法，融叙述、描写、议论、抒情、细节于一体，提升报道质量。

标题是新闻作品的脸面，品牌，纲要，是点睛之笔。尽量避免标题中出现“会议”二字和陈言套话，让价值大的信息入题。摒弃那种放之四海而皆准的标题，努力追求个性——生动、鲜明、泼辣、尖锐、风趣、幽默。要“题不惊人死不休”。正文尽量无会议痕迹，不要开篇就是“昨日记者从××会上获悉”，可放在导语尾部。

年年报道相同的会议，怎么使年年的新闻不雷同，年年有新意？下面就几个重要会议谈谈具体的会议新闻采编策划。

【党代会】

党的全国代表大会，通常确定党在新时期的指导思想和治国理政目标和方略。

五年才有一次的党代会，报台网全媒体要精心策划，营造喜庆热烈的气氛。头版满版喜庆大红，切忌版面苍白。版块设置要大手笔大制作，不能小家子气，头版广告达半版和后面版（从第2版开始，重大事件版面前置）广告超过四分之一，则编排难以施展。头版若只有半版，可左半边发“总书记作报告”照片，右半边发“开幕消息”导读。

【**经典案例：**2012年11月8日党的十八大召开。前一天头版头条预告了“开幕”，第二天就不应再以“昨日隆重开幕”做主标题了，只能当个引题，要把会中最亮的词最大的事做主标题。如头版头条预告新闻《十八大今日上午9时开幕》，第二天头版头条《党的十八大隆重开幕 胡锦涛向大会作报告（引）2020年美丽中国全面小康（主）》，而不是再次强调《党的十八大隆重开幕（主）胡锦涛作报告 提出全面建成小康社会和深化改革开放的目标（副）》。】

重大事件重要节点，报纸搞策划要在“版量、版式、版位”上做足功夫，即：给足版面，一版不行弄两版，半版不行弄整版；套红不行弄全彩；头条不行弄全版。全媒体同步发力。

形式也是内容。版式要精心设计，刊头不能几个字一摆了事。刊头取名讲意境，如刊头“聚焦十九大”“十九大特别报道”与刊头“聚焦十九大·盛世新征程”相比，后者信息更丰富更有意境。刊头设计常见元素有：党徽、党旗、人民大会堂圆顶灯、华表、飘动的红旗、天安门。网上有的图库把党徽图案搞反了，应当格外留意细节。

关注新闻发布会，反映党代表心声。报台网要连线本省（自治区、直辖区）代表团本籍党代表，天天关注他们的发言、活动、感受。要为基层党代表开专栏报道。集中报道本地各届人士（包括往届党代表）观看、收听学习报告的体会。

报纸刊发新一届政治局常委和中央军委领导照片，简历有规格讲究。对于常委层，总书记单排（凸显核心），再另起一排或两排刊发其他常委，其照片集中编排，以示严肃和庄重。军委领导也是如此，军委主席单排，军委副主席第二排，军委委员发第三排。

对于地方党代会的报道，生产标准是准确、规范、严谨、活泼。

会前氛围营造。党代会是严肃庄重的政治活动，报台网全媒体也可做互动参与式报道。如专栏“基层党员献一计”或“我为党代会建言献策”专栏，面向基层党员征集金点子。您最关心哪些热点？需要解决哪些问题？有哪些意见和建议？可就本土政治、经济、文化、社会、生态、文明建设等方面积极建言献策。

【**经典案例：**2012年《楚天都市报》的“喜迎党代会，我看新荆楚”系列主题公益互动报道，邀人大代表、政协委员以及读者代表和记者一道，走访考察全省各地开发区和大型企业，进社区、访农村、看亮点，见证全省经济社会发展巨大成就，触摸湖北跨越发展强劲脉动，增强奋勇前行的信心和豪情。党的十八大开幕当天，该报推出《我们这十年》特刊，分“述评、就业、教育、收入、社保、医保、安居、社区、治安、交通、文化、游乐、村变、影像”等篇章。】

对于地方党代会，报道重点是：党代会报告以及代表团分组讨论发言情况、选举产生新一届市委领导班子情况，报道新一届市委一次全会、市纪委第一次全会。

对报告的解读，要抓住重点，不能抓偏。可采访报告起草人，社科、党校等方面的专家解读报告。

对党代会的报道，要抓住会议报告提出的最新思想、最新举措、最新提法、最新亮点进行重点策划，深入解读其内涵实质、意义和影响、背景及其出笼经过等。

除了议程报道，还可捕捉“党代会花絮”，推出人物专栏“党代表风采”，关注那些最年长、最年轻以及最有个性特点的党代表。可结合党代会报告策划系列“话题”或“深度”。所采人物和素材不要局限于记者旁听团组，要做跨代表团采访，有时为写好一篇稿件可走访五六个代表团。

可推县市区“一把手”党代表系列访谈。可推专栏“党代表报喜”“捷报献给党代会”。如果本媒体有党代表，也可推“党代表手记”。

可就报告中的有关热词，记录整理代表们在代表团上的发言和集中热议，也可请多位党代表就此谈体会和看法、谈实现途径。将会内讨论情况与会外各界反映相结合，全景式勾勒党代会隆重热烈的氛围，以及代表们信心百倍、展望未来的精神风貌。

报纸要重磅推“党代会特刊”，报道各地各条战线改革和建设取得的重大成就，实现宣传和经营双丰收。

对各级党代会的宣传，都要讲政治，讲纪律，绝不容许丝毫差错。依规依纪，不抢发，听招呼，不添乱。弄不准，找行家审阅，宁可缓发，也不早发抢发。

图片报道不能出问题，严肃政治活动的图片有讲究，要做预案。

【**经典案例：**2011年12月29日，宜昌市第五次党代会闭幕。半夜12点宣传部对几家媒体审稿发现，刊发市委常委简历配的肖像照衣着不统一（有的竟穿的是花格子衬衣）、照片色彩亮度不均匀（发黄、偏暗、各种底色）、脸部占比失衡（有的偏大，有的偏小）。为此，摄影记者连夜去各常委家里补拍正装照，为解决色彩问题，决定统一刊发黑白登记照，脸部

占比用调图办法调到相近。】

人事新闻，关注度高。本地主要领导变动，本省区市主要领导调整或外调高就，都是大新闻，要在头版做导读。特别要注意的是，任何时候不得搞媒体提拔或矮化，尤其是换届之年的人事变动，媒体充当“组织部长”，将副局长搞成局长、部长搞成副部长等，会给媒体带来较大麻烦。

党代会一结束，宣传重点就是如何贯彻落实党代会精神。新书记上任后，他们在发展上有哪些新想法、新思路，未来城乡将发生怎样的变化？策划“与书记面对面”系列报道，展现他们的规划想法、工作计划，甚至他们的独特个性。

如“新一届县市区委书记访谈”大型报道，采用“七步鲜”报道模式：①书记照片；②书记简历；③方略（书记谈当地治理方略）；④现场（书记到工地、农村等实地调研）；⑤画外音（书记的铿锵之言）；⑥现场调研视频影像；⑦记者对话视频影像。

【经济工作会】

每年12月至下年元月上旬，中央、省、市都会分别召开经济工作会议，为下一年度经济发展定调。市委全会（经济工作会议）是对一年政治经济社会发展的总结以及部署下一年经济发展的十分重要的会议，是一次承上启下的会议，备受关注。

报纸对市委全会（经济工作会议）的报道，发多版，要前置，且头版头条处理，要用“主要核心关键词”作大标题，将重要政策强化凸显。增强标题的信息量，如人均增收、城市发展、民生政策等与市民密切相关的重要信息要入题并突出处理。

会上，交通运输局、经济和信息化局、文化和旅游局、商务局等部门“一把手”，会结合各自部门职能谈对过去一年的总结，谈新的一年的思路与计划，报纸可采取“‘一把手’图片＋回眸＋展望”的报道模式集中刊发几个版。全媒体专访一批出席或列席全会的重量级企业老总，倾听他们各自公司的规划与举措，对社会有鼓舞、借鉴与启迪作用。

其他有重要意义或重要影响的经济类会议，也要精心策划，新闻与经营同步开发。如2011年4月湖北省委在宜昌召开支持“一主两副”现场办公会，《三峡晚报》的报道很有气势，题为《如何支持宜昌建设省域副中心城市？七省厅负责人昨亮底牌（分上、下篇）》，占用几个版，其报道模式是：①标题；②厅长照片；③现场表态；④重点举措。

【中央全会】

对中央全会的报道，要认真用好新华社电讯稿。这样极其重要的会议，会作出影响中国的重大政治决定。新华社不发新闻稿，而以“会议公报”形式公布长篇全文。对这样一个没有小标题、较笼统的“全文”，时事编辑要一一提炼核心元素，制作小标题。可按“指导思想”“重要方针”“目标任务”“政策措施”等脉络厘清稿子和版面。

如2011年10月，中共十七届六中全会在京召开，议题是深化文化体制改革，对闭幕报道，《楚天都市报》推出《中国共产党十七届六中全会》专题报道，共5个版。具体为三大块：一是用新华社电，对全文本身报道，抠出三大关键词“文化强国”“发展目标”“兴国之魂”，配发了《人民日报》和新华社的两篇评论；二是对《决定》深入解读，挖掘全会亮点，进一步帮助人们理解这次会议的重要性；三是落地，即湖北文化体制改革取得哪些成就，就湖北文化品牌、文化惠民情况等发了3个版，让人们对湖北文化发展有了全面了解。

>> 如何避免或减少时政会议新闻差错

媒体最大的风险是导向，最大的风险源则在时政会议新闻。导向错误，“一剑封喉”。媒体平常犯的“病”，就是层出不穷的差错。要坚决防止新闻报道中出常识性政治类差错。有些差错甚至酿成很大的纠纷或官司。可谓细节决定成败，细节决定生死。

办报办台办网办新媒体第一是安全生产，第二是努力出彩。时政新闻易出彩，但也最易出乱子。要排除时政会议新闻中的“地雷”，不要把危险和差错带到下一个环节。

如何避免或减少差错降低生产风险，我们整理了一些做法，供大家参考。

1) 记者、编辑、校对、值班总编要抱质疑一切的态度，遇到问题不放过。

2) 胸怀大局，把握大势，着眼大事，要对中央、省市大政方针了然于胸。

3) 易搞错领导职务。凡碰到有领导出席，弄清楚领导准确姓名、准确职务、最新排名。注意领导名字同音不同字。

4) 核实领导讲话，常委级领导原则上送本人审签。

5) 领导随口讲的也可能有口误。最好用手机录下领导讲话。

6) 领导讲话引用数据等也会有失误，不能绝对照搬实录。

7) 刊发党和国家领导人的照片，要用新华社电讯图库的，不能从网上私下，不能把领导夏天的照片当作冬天的会场照刊发。省市主要领导在照片中表情不佳站位太偏的一律慎发。

8) 记者对领导分管的工作不熟悉，易犯低级错误，勿搞张冠李戴。

9) 重视大领导讲话，不重视小领导讲话，易错过关键信息。

10) 参会要听全，重要信息和报道要求通常在会议快结束时讲。

11) 已送审的稿子也会有错，不能迷信领导、迷信专家、迷信权威。

12) 通稿也要严把关。不能犯经验主义错误，不要迷信宣传部通稿，党委机关报提供的通稿也不保险。再行再大的记者也会出错。

13) 会议材料不能盲目相信，工作人员也会疏忽大意出错，特别是数字。

14) 时政新闻要让最放心的校对来校，时政校对不能随便更换，不能编校合一，甚至取消时政校对。

15) 编辑删减稿件易出错，人名、职务、时间、地点要核实。

16) 教育类会议比较专业，报道要请教育界专业人士把关。

17) 新华社电讯也会出大错，须每天留意改稿，及时补正。

18) 冲突类报道当事方没有一方是完全正确的，不能听一面之词。记者采访不能怕麻烦，图轻松。只有一方观点的稿子坚决不发。

19) 养成一个好习惯，四个回头看一看——写完后回头看一看，编排后回头看一看，画押 (审定) 后回头看一看，关电脑 (推送) 前回头看一看。

20) 编辑部要周周敲安全生产警钟，公布差错及排名。不敲警钟，差错就会野蛮生长。

第 44 章　中心新闻

媒体是党和人民的喉舌。“围绕中心、服务大局”，这是媒体的职责和使命。不知“中心”就会抓不住重点，报台网全媒体就难以进入高层和主流，自然“孤掌难鸣”“孤家寡人”；不知“大局”就会跑偏方向，报台网全媒体就难以受到大众认可，自然没有广阔前景。

媒体工作是政治性很强的业务工作，也是业务性很强的政治工作。一些党报党台党网、都市报和新媒体游离在“中心”之外，给人感觉“报道不入流”“媒体口碑不佳”，难获主要领导点赞和关注，归根结底是媒体各级负责人的政治站位不高，政治能力欠缺，从而表现为认识不足、落实不够、自我边缘，在媒体上体现为选题不准、数量偏少、质量偏弱、亮点不足。故亟须深入探讨如何提高“中心报道”的水平和质量。

一、策划要点

关键词：重大会议

会议是一座信息“富矿”。关于会议报道策划，具体参见《会议新闻》，在此不再赘述。虽然会议严肃，但是会议新闻标题求新颖，如《市人大常委会任命新一届市政府各组成部门“当家人”(引)35 部门当家人博士有 9 人(主)》《广州 35 新“局座”亮相》。

关键词：重要活动

国家、省(市)委省(市)政府举办的重要现场会、重大节庆，如艺术节、博览会、交易会、旅游节，均可推大型特刊大型节目，产生大声势、大影响、大效益。

怎样拿捏大型活动报道？著名记者艾丰认为，在写大场面的时候，尤其要注意用具体的语言，即所谓的“弃多写少，弃大写小”。对领导视察考察调研活动，不要搞流水账式的参观过程记录，搞现场特写、侧记，比干巴巴的消息好，可采取“简短主消息 + 特写或见闻或侧记”模式。抓取精彩场面，截取精彩片断，抠出精彩内容。比如，人民网官方微信公众号消息《习近平：我将无我，不负人民》，获中国新闻奖一等奖。央视新闻客户端短视频现场新闻《习近平看望“快递小哥”》，由于是临时下车，记者紧急以手机拍摄，记录首长和快递小哥交流互动的温暖时刻，体现了大国领袖的爱民情怀，获中国新闻奖一等奖。

哪些内容可做特写？要善于发现活动现场的有趣新闻故事、活跃场景、生动过程或精彩言论等细节，将那些有闪光点的、有趣味性的、有可视性的片断和镜头当作新闻特写；截取新闻素材中最有特色的角度，选取新闻性最强的部分做特写。

关键词：成就宣传

成就宣传占据全国报台网全媒体很重要的分量。一年一小变化，五年大变化，十年、二十年……翻天覆地的变化。

如“我的这五年”，写自己和身边的事，话成就、说变化、谈感受，以小见大，“一滴水见太阳光辉”。

成就报道要找到最好的显现点。纵使大而全，也道不尽成就，必须通过个体细微的命运转折呈现巨变。通过老百姓身边看得见摸得着的变化、几桩生活中的小事来折射所取得的成就。比如，《解放日报》的通讯《壮丽的发展诗篇——从数字看上海巨变》获中国新闻奖一等奖。

【**经典案例**：河南人民广播电台《谁不说俺家乡好》，获广播系列类中国新闻奖三等奖。每期直播突出一个主题，分别为河南山水、古都文明、河南文化、河南名人、姓氏摇篮、城乡新貌、河南物产、河南品牌、河南美食、外乡人看河南。除此之外，还有有奖征文、河南特色十大流行用语征集、系列摄影和 DV 大赛活动等。】

成就报道要视野开阔，恢宏大气。成就报道属非事件性报道，写作结构方法要么就实论虚，要么以虚带实，要深度挖掘出成就背后带有规律性的经验和理念，报道取得成就的原因，昭示未来，给人启迪。

一个成熟的成就报道策划设计思路：除了回望，着眼展望；除了总结，着眼设计；除了感动，更为再行动。

除了系列成就展示，媒体还热衷“航拍”，鸟瞰城市之美。比如，《湖北日报》大手笔“空中看三峡”“空中看湖北”，反映湖北建设的光辉成就和巨大变化；上海电视台电视消息《从空中看上海一年一个样》获中国新闻奖三等奖。

【**经典案例**：安徽广播电视台经济题材成就性报道《我坐高铁看安徽》，以旅居合肥十几年的法国人的视角，对四城贯彻“五大发展”理念的生动样本进行诠释，通过“洋眼看安徽”令观众喜闻乐见，获中国新闻奖国际传播类二等奖。】

文似看山不喜平。成就报道多用虚题，表达充沛情感，充满起伏；多用“对联标题”颂成就。

成就报道多见“黄金分割”标题：“4 个字 + 一个逗号 +5 个字至 8 个字”。这样的标题有节奏美，读起来朗朗上口，而且一连几个版统一样式与风格，有气势，如《日新月异　城市巨变喜煞人》《如火如荼　荒地崛起产业园》《华丽转身　昔日荒山变工厂》《涓涓爱心　无怨付出汇暖流》。

成就宣传离不开图表，可将数字成就可视化。要通过打比方、做比较等方式使成就数字形象化，“动”起来。

二、实战心得

中心是什么？中心就是党中央精神、党中央决策部署，就是关注党中央在关心什么、强调什么，深刻领会什么是党和国家最重要的利益，什么是最需要坚定维护的立场，切实把增强“四个意识”、坚定“四个自信”、做到“两个维护”落实到行动上。中心就是带有根本性、全局性的工作，以经济建设为中心。中心工作就是重点工作、首要工作，中心工作就是主要矛盾。什么是大局？大局就是形势或者事件发展的整体态势，是和谐稳定的政治局面。大局就是中华民族伟大复兴战略全局和世界百年未有之大变局。著名记者艾丰曾说：“当记者要想总理想的事。”这是指记者要像总理那样，从全国乃至全球的高度去思考问题，要跳出地方看地方，站在全局看问题，才能搞好新闻报道，才能找到价值重大的好新闻。为何地方新闻难出彩，难就难在视角狭窄，缺乏全局价值判断。

地方的“中心”就是当地党委政府主抓的工作，“大局”就是地方经济、政治、文化、社会、生态建设全局。传媒人要心怀“国之大者”，不断提高政治判断力、政治领悟力、政治执行力，时刻保持对大局、大势、大事的清醒认识，关键时刻发出关键声音，重大事件彰显重大作用。报台网全媒体只有围绕中心、紧贴中心、反映中心、服务中心，才会有地位、有出路、有效益。

哪些是当地党委政府的中心工作呢？你能不能举个一二三出来？这也是一种能力考验。

解放日报

上海报业集团·解放日报社出版 2018年12月19日 星期三 www.jfdaily.com

伟大复兴三大里程碑

建立中国共产党、成立中华人民共和国、推进改革开放和中国特色社会主义事业，是五四运动以来我国发生的三大历史性事件，是近代以来实现中华民族伟大复兴的三大里程碑

习近平：40年来取得的成就不是天上掉下来的，更不是别人恩赐施舍的，而是全党全国各族人民用勤劳、智慧、勇气干出来的

40年奋斗感天动地气壮山河 在中国人民手中不可能成为了可能

庆祝改革开放40周年大会在京隆重举行 100名改革先锋和10名国际友人受表彰 习近平发表重要讲话 李克强主持 栗战书汪洋赵乐际韩正王岐山出席 王沪宁宣读表彰决定

改革开放

致敬！100名改革先锋 10名国际友人

40年积累宝贵经验是弥足珍贵的精神财富

积极应变，主动求变，与时代同行

必须坚持党对一切工作的领导，不断加强和改善党的领导

必须坚持以人民为中心，不断实现人民对美好生活的向往

必须坚持马克思主义指导地位，不断推进实践基础上的理论创新

必须坚持走中国特色社会主义道路，不断坚持和发展中国特色社会主义

必须坚持完善和发展中国特色社会主义制度，不断发挥和增强我国制度优势

必须坚持以发展为第一要务，不断增强我国综合国力

必须坚持扩大开放，不断推动共建人类命运共同体

必须坚持全面从严治党，不断提高党的创造力、凝聚力、战斗力

必须坚持辩证唯物主义和历史唯物主义世界观和方法论，正确处理改革发展稳定关系

1978-2018

40年实践充分证明　40年迎来三大飞跃　40年创造人间奇迹　40年咬定青山不放松

李强应勇殷一璀董云虎尹弘等市领导和上海各界干部群众收看大会直播聆听总书记重要讲话

书写新的辉煌历史 创造新的更大奇迹

表示全力推进改革开放再出发，坚决落实好总书记交给上海的三项新的重大任务和五方面工作要求

2018年12月19日《解放日报》版面获中国新闻奖一等奖

我们不仅要娴熟省（市、县）情（即人口、地理、经济社会状况、地方特色等），还要懂中心、熟悉中心。

盘点一下常见的“中心工作”，大致有以下几类：

◎省（市）委省（市）政府的重要会议、重大活动，如党代会、省（市）委全会、两会等；

◎省（市）委省（市）政府主要领导出席的重要活动，如调研、论坛、座谈会、签约仪式、会见、晚会、颁奖典礼等；

◎省（市）委省（市）政府出台的关系经济发展和社会民生的重要部署安排；

◎政府部门发布的重要政策、措施；

◎全省（市）各重要战线工作会议等。

如果我们不清楚这些中心工作，就会直接影响“选题精准”。精准把脉，准确切入中心工作，这是报道成功的前提。抓不到中心，说不到党委政府主要领导的心坎上，这样的全媒体在当地很难有地位。

中心就是主流，中心报道不能当成边角废料，但主流不完全等于中心。我们要做党委政府最感兴趣的、最重视的报道。我们要抓各条战线各部门涌现出来的新成就、新创造，当前社会中的新情况、新问题、新经验、新见解，各行各业中产生的新道德、新风尚等。

让会议新闻出彩是中心报道的必然要求。因为会议要求和强调的，往往是有关中心工作的大问题。而会议报道，往往是地方报台网采编人员的弱项。对于各级党委政府的重要会议重要安排宣传，主流媒体要占主动、立主导、当主力，发挥定海神针、中流砥柱的作用。

梳理发现常见的中心报道思路有：专栏系列报道、系列评论、专题特刊、大型连续报道。

中心报道能不能形成“拳头产品”和“重磅炸弹”，有“三个认识”要到位：一是报台网全媒体要将中心报道当首要大事来抓，总编亲自抓，围绕中心配足报道资源和力量，否则就沦为随机、随意，甚至随便；二是对重大战略和重要政策，要做精深解读，一次榨尽，或分多次进行，放大新闻价值；三是对全省（市）性重大活动报道，要实行“兵团作战”，决不能一两个人“打游击”，要舍得版面、时段，给好位置。

中心报道要瞅准重要时机，一年做几个战役性或主题性报道。大到一家媒体，中到一个部室，小到个人，一个月要有个把“说头”，一个季度要有个把“重头戏”，一年要有几个亮点。比如，重走长征路、长城万里行、寻访茶马古道、穿越丝绸之路、寻根黄河、行走大运河……都是大手笔策划。

重大主题报道策划路径：主题事件化→事件故事化→故事人物化→人物情节化。

阶段性宣传重点，地方宣传部会布置命题，“规定动作”不仅要搞，而且要争主流和权威，“自选动作”更要亮出“独门绝技”。

如何对待审稿？尤其对于重要会议报道的审稿处理，要闻编辑、值班总编都很纠结。记者们常说，这个稿子某某领导审了，全文照发，结果同城对比，显得很呆板。怎么办？遵循“审稿三原则”：一是严审，要按程序找有审稿权限和能力的领导审稿，办事员、副主任没有明确授权不能代替审稿；二是审定稿只是块压舱石，并不能说明正文完全正确，事实上有些领导审稿马虎，把关不严，或掌握信息不全，稿子存在缺陷不能及时发现，责编和值班总编也要逐字逐句把关；三是审稿审的是正文，标题则可据文章重新改动制作，以求更醒目更抢眼。

时任《人民日报》副总编辑于宁曾举例说，有一条关于某中央领导人的稿子，审后原题只有一行，但是《人民日报》夜班编辑改为三行，效果很好。涉及中央领导的报道都可以改标题，何况省市领导的报道呢！

让领导活动报道“活”起来。把领导名字放引题或副题，让主标题说“观点”或说“事”。

【重大项目】

重大招商引资项目、重大交通等民生工程，对一个地方的发展往往产生深远的影响，都是当地主要领导亲自过问的工程，也是广大民众关心的议题，属于中心报道的范畴。

如何报道重大工程开工和竣工？如新的高速公路规划、立项、开建，公路起始点全长距离多少，设置哪些站点，投资多少，何时建成，两地车时缩短多少，这些必知核心信息在消息稿中应当一应俱全，还要绘制穿越路线示意图。

重大工程开工新闻、竣工新闻，常常诞生新闻精品佳作。武汉广播电视总台的广播消息《万里长江第一条过江地铁今天运营》获中国新闻奖一等奖，《新安晚报》的消息《引江济淮为候鸟调整方案》、《楚天都市报》的新闻摄影《沪蓉西高速公路　首创火箭抛索施工》获中国新闻奖三等奖，《成都商报》关于地铁施工的系列报道《缓工四天，待鸟起飞》获国际传播类中国新闻奖三等奖。

重点工程通车前夕，报台网全媒体要抢先体验通车，将全程感受淋漓尽致地告诉民众。竣工通车当天，要大张旗鼓，浓墨重彩。微直播可采用“嘉宾访谈”与“记者直击”两种方式交叉推进，将大工程大项目分切成一个个关注点，进行全面解读。

【**经典案例**：央视新闻客户端推出的《震撼！一张长图带你领略港珠澳大桥》，获新媒体报道界面类中国新闻奖二等奖。作品以大桥侧面角度绘制“实景长图”，横屏全面展示大桥的概况、建设、影响、通关、行车注意事项等关键信息和重要数据，是大型工程项目可视化报道的力作。】

报纸搞大型成就报道多用排比对仗标题，增强语势。

有这样的尴尬，媒体经常上演：此前断断续续发过“预告消息”或动态进展，到了重要“节点”时刻，对手“一记漂亮的出拳”让你或你们的媒体措手不及，而记者或主任还以“我们发过”为自己找搪塞的理由。切记，不管你之前“下过多少次毛毛雨”，到事件高潮那一天，都在抢发“完整报道”时，我们决不能缺位。

重大招商引资项目，从落户到开工再到投产，都要全媒报道。很多时候我们不是没有新闻，同样的事件都播发了，可是对比发现我们缺少有价值的核心元素。

重大工程报道，要搞开放性策划。策划的视野不仅仅是一个部室，一个主任一两个编辑，也不仅仅是一个编辑部，策划的智慧在社会上、大众中，学会博采众长，可由粉丝来点题，“你点我采”，征集粉丝最想了解的方面，对报道的建议。

【**经典案例**：外省的与我何干？非也！2019 年，武汉杨泗港长江大桥正式通车之际，江苏广播电视总台江苏交通广播网联合长江流域 11 家广播电台，共同策划联合制作《百桥飞架新跨越》广播新闻现场直播，置于新中国成立 70 周年成就报道的框架下组织实施，策划构思精巧，获中国新闻奖一等奖。】

重点工程建设，进展如何？市委、市政府很关心，市民也十分关心，报台网可推连续报道、系列报道、长篇通讯。

工程报道，要写人，写建设者的一件件动人事迹，写建设者坚忍不拔、知难而进、科学施工、顽强拼搏、舍小家顾大家的精神和朴素情怀。如新闻摄影《风餐》《空中午餐》，以全新视角反映建设者辛劳。

要从与大众切身利益相关的角度做文章，抓住大众普遍关注的问题展开报道，揭示重点工程意义，剖析重点工程给地方经济和人们生活带来的影响（即当地经济影响、民众生活影响、城市区位格局影响）。我们既要做单纯反映成就、营造气氛的报道和表扬性报道，也要做可以展现重点工程方方面面的全方位报道，还要从支持和服务重点工程的角度，挖掘在加快重点工程建设中发生的全方位配套保障故事，如后勤支持、用工帮扶等。

【**经典案例：**为时代讴歌，为历史存档。2012年9月18日，南水北调中线工程移民全部搬迁完成之际，《湖北日报》与《楚天都市报》联合推出48版《汉水丹心 湖北奉献》大型成就性报道特刊，分“蓝图篇”“决策篇”“胸怀篇”“奉献篇”“建设篇”“福祉篇”6大版块。以著史的态度，两报特派十多名记者，历时4个多月，踏访鄂、豫、冀、京、津、陕等6省市1432公里的工程全线以及水源输送地、移民迁出地、移民迁入地，聚焦工程的历史、现状及前景。全面、系统地梳理工程决策缘起、论证历程、建设现状、建设成就及其伟大意义，记录沿线各省市卓有成效的工作；绘制水网体系图；采写鲜活的移民故事，拍摄动人的移民面孔；写出民族精神，既展现工程实施中的困难、矛盾、奉献和大爱，又再现移民的艰辛与付出，工程的恢宏与纷繁，建设者们的平凡与伟大。】

无独有偶。《南阳日报》策划《南水北调中线行》系列报道，获中国新闻奖三等奖。

【城市成长】

一方水土养一方人，一个城市养一方媒体。媒体因城而兴，与城共荣。地方报台网全媒体记录所在城市的前世今生。用我们激情的笔触和镜头记录城市记忆，寻访城市根脉，发现城市之美，挖掘城事之蕴。关注她的自然风貌、人文景观、历史文化、风土人情、城市性格、人文精神。

【**经典案例：**《长江日报》从2013年习近平总书记一次出访演讲中，挖掘出了两个跨国采访选题，把武汉的城市故事讲到了世界舞台。一个是“武汉上空的鹰——寻访苏联空军志愿队烈士”大型跨国寻访报道活动。采访历时近一个月，行程数万公里，找到7位苏军烈士和英雄的后裔。用寻访活动激活了历史事件，俄罗斯总统普京为此向《长江日报》签发了卫国战争胜利七十周年纪念奖章，报道获得中国新闻奖国际传播一等奖。一个是组织20余人采访团队重走中俄万里茶道，促成中俄19座城市的市长齐聚武汉，谋划共同把万里茶道申请为世界文化遗产。】

特别关注城市的生日。让市民和城市融为一体，感受城市的强劲脉动。关注进城打工新市民，写他们的酸甜苦辣、坚持妥协，写他们在故乡与“新乡”间的徘徊与抉择。

【**经典案例：**湖南广播电视台联合全国70家广播电台共同采写广播系列报道《我家住在解放路》，获中国新闻奖二等奖。由湖南人民广播电台统一编审制作后，再由全国132家广播电台共同播出，报道通过聚焦全国各地“解放路”，以“小切口”反映“大主题”，讲述70条解放路上平凡人的不平凡故事，展现新中国成立70周年祖国各地的巨大变化与辉煌成就。】

特别关注城市的每个激动的心跳。全媒体平时要做大与城市发展、城市形象、城市未来有重要或密切关系的新闻。比如，吉林广播电视台的电视系列报道《见证70年·寻找市中心》，获中国新闻奖二等奖。加大城建报道，一方面可为市民提神、鼓劲；另一方面可让市民知晓最新的进展，化解工程给民众带来的不便和怨气，在沟通中缓释阵痛，寻求理解与支持。对重点城建工程要推大型系列报道，抓关键节点精心策划，呈现城市日新月异的变化新貌，展示城市建设成就和愿景，展望未来绚丽多姿画面。

城市建设，看似没有生命力的事物，我们的报道要给它注入生命的符号和精彩，否则就是苍白冰冷的记录。如城市冷库爆破，有的记者单纯关注爆破事件本身——《3.75秒夷平6层高楼（主）5000吨时运冷库“作古” 系我市定向爆破最高建筑（副）》。高明的记者则从“一

声炮响”中，领悟到“‘城市冰箱’成记忆”——《“城市冰箱”轰然告别(主)陪伴市民20余载 时运冷库昨爆破(副)》，像打开画卷一样看到了城市的“燃烧岁月”，倾注了全城的注视和不舍之情。

特别关注城市规划。规划设计案评审这类稿件如何处理？一是看这个项目的重要程度，如大，则重处。二是这个项目是否涉及很多人，与市民的生活息息相关，若是，则重处。三是消息配解读，主要围绕普通民众的关注点，刊发各方案的效果图，由市民评说，如《职教城方案三选一 请您帮忙拿主意(主)宜昌职教城3套景观方案昨通过专家评审 今起请市民推荐心仪对象(副)》。对于重大的规划出炉或变动，还可重磅策划“规划解读”特刊，详细解读“权威分析”“功能区分”“交通格局”“基础设施”“景观旅游”等，可同步拉动地产广告。

特别关注城市“末梢”和“毛细血管”。每天真正与我们朝夕相处的，是一些棘手的城管问题。我们的选题要紧扣市民切身利益，与生存环境密切相关，如《车辆绝尘去 灰土扑面来(引)步行街通车半年“破了相”(主)》。报台网要光顾那些“被遗忘的角落”，揭开那些“被遮蔽的天空”，修复那些“被麻木的伤疤”，还原一个真实的城市。记录改善民生的细微之举，如治堵、缓解停车难、点亮楼道、疏通等。

慎重报道“拆迁”，以免引发群体性事件。拆违天天搞，不要这里拆报一下，那里拆也报一下。要攻其一役，重点曝光几个典型违建，如“违建别墅”。拆违报道要以柔和、平视、交心的视角，化解被拆户的不稳定情绪，如《楼“长”楼，你给它“身份”没？港务新村一违建房被拆除》。上海广播电视台广播评论《带着感情去拆违》则获中国新闻奖一等奖。

报台网全媒体要多抒写城市家园变化。围绕城市建设、城市形象、城市品牌、城市文化、城市创新、城市管理等重大命题，多做小处切入的深度报道。

【部门跑线】

除了重要会议和大型活动外，报台网日常遇到最多最棘手的就是战线新闻的处理。

跑线不是简单活。实践证明，擅长做突发的记者不一定跑得好线，一个优秀的跑线记者需要在一个行业沉淀三五年。跟部门打交道，要有较强的沟通拓展能力，能跟各单位“一把手”说得上话，有一定的政策水平，“上承中央精神，下联本土实践”，有自己的理解和真知灼见。

有些党报80%都是日常工作式报道，像“简报”“墙报”，干瘪得像“压缩饼干”。多来点进行式新闻，少来点总结式宣传。写好一件事新闻，一条新闻里面要有一句话别人没讲过。

跑线记者如何挖新闻？通常来说，工作与新闻是一对矛盾体。工作非一夕之功，新闻一事一报。单位关注的是经验和做法，而我们关注的是有趣的故事。工作强调共性，新闻强调个性。工作指导要求全面系统，而新闻最怕面面俱到。怎么办？伤其十指不如断其一指。把工作当中最闪光的地方抓取出来，形成我们的新闻亮点。经过两次转化，第一次是把对方的工作转化成我们的新闻，即对对方工作的总结和提升；第二次是把我们的新闻转化成生动的新闻故事。

“本土要闻”是各媒体角力的主场，通病是“要闻不要”“新闻琐碎”。怎样让稿子“要”起来？怎样让版面“重”起来？这是要闻编辑的首要任务，值班总编的工作重点。

形式上，着力营造“月亮”，也就是我们常说的“重点”。好的版面可采用“月亮”+“星星”的模式。“月亮”不是弯弯的月亮，不是云遮月，不是“半个月亮爬上来”，而是尽可能“满月”。在“星星”的衬托下，版面才真正“亮”起来。每个版面都要尽可能有“月亮”，但前提是新闻事件有足够的价值。芝麻大的事，强行“造月亮”不可取。对大事件、大典型、大热点，不仅要造“月亮”，更要造“太阳”，拿一个版甚至几个版，做成专题或特刊式的“太阳”。

内容上，我们不要“压缩饼干”，我们要的是一锅鲜嫩汁美的“长江肥鱼”。以民生视野扫描时政要闻，以新闻视角取代工作视角，以思辨性增强报道的厚度和深度。注重内在事件的分析，分析新闻事件的前因后果，预示其发展方向。对一些社会现象要有追根溯源的“原因解释”，要有那种“小题大做”的深究精神。要注意展现新闻事件的发生、发展过程，让“过程”说话。

博采口语以入题，愈加贴近心坎里，如《我市公布市委、市政府领导分工方便群众办事（引）快来看看 19 位市领导分管哪些事（主）》。比如“宜昌创模获湖北省政府 200 万奖励”这一事件，《三峡晚报》头版头条标题是《我骄傲！省府又奖宜昌 200 万（主）前年是“创卫”成功，这次是“创模”成功，均为湖北实现了零的突破（副）》。记者将其进行了延展，做得很丰满，既回首了“创卫”，又回到了“创模”，前世今生，价值顿时立体起来、重大起来。

每年底都有很多“评议新闻”。市民评议政府职能部门，可采用“社会评价意见＋部门整改结果”模式，用系列篇章将各部门评价情况和结果告知公众，有的报台网还做成了大型系列政务广告开发。

新闻工作者要以政治家的标准要求自己，以专家的标准提升素质，以实干家的标准推进工作。规范政治用语和表述，不说外行话。举两个例子。一位编辑这样纠正记者的稿子：“宣传部长”前面加了“市委常委”，“市委副书记”前面也应加“市委常委”。一个名牌大学毕业的记者曾在某报编辑部大会上如此解释“四大家”——作家、画家、艺术家、书法家，令人啼笑皆非。

正如时任央视知名女记者、《看见》一书作者柴静所说，“这是一个常识缺乏的时代。”

发人深省，权当共勉。

习近平在亚信峰会深入阐释亚洲安全观：共同、综合、合作、可持续

贫瘠的土地上长不成和平大树 连天的烽火中结不出发展硕果

发展是亚洲大多数国家最大安全，也是解决地区安全问题"总钥匙"，峰会发表《上海宣言》

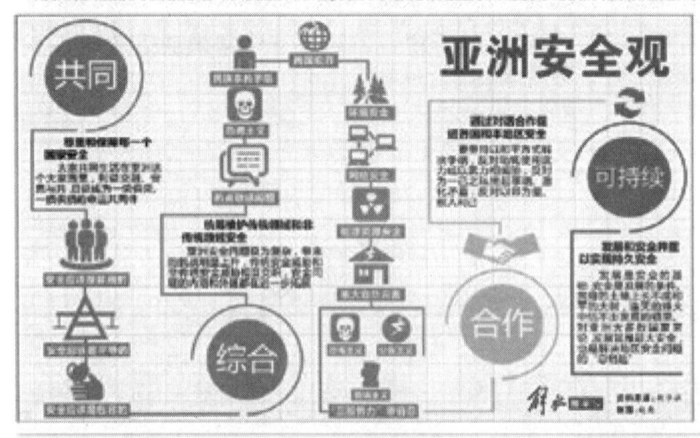

习近平讲话全文 转2版
《上海宣言》全文 转5版

习近平主席精彩言论

■明者因时而变，知者随事而制
■吹灭别人灯，会烧掉自己胡子
■力量不在胳膊上，而在团结上
■欲流之远者，必浚其泉源

习近平：盛会达成"上海共识"，发出共同声音

亚洲要迎来自己的世纪

■习近平昨和哈萨克斯坦总统、土耳其总统特别代表共同会见记者

习近平和普京共同见证合作协议签署

中俄签30年天然气合同

■从2018年起俄通过东线管道向我供气，最终达到每年380亿立方米

2014年5月22日《解放日报》版面获中国新闻奖三等奖

第45章 “一带一路”新闻

“一带一路”，全称为“丝绸之路经济带”和“21世纪海上丝绸之路”。其涉及65个沿线国家，2016年开始进入全面实施阶段，2024年一体化格局初步形成，2049年“五通”基本实现。“一带一路”体现了中国崛起后的天下担当，将推动欧亚大陆重新回归人类文明中心，重塑全球地缘政治及全球化版图。最终目的是打造人类命运共同体，从而实现全球化时代的“天下大同”。

一、策划要点

关键词：政策沟通

关注各国共商经济和发展战略和对策，求同存异，消除政策壁垒和其他人为的合作屏障，协商制定推进区域合作的规划和措施，以政策、法律和国际协议为沿线经济融合保驾护航。

关键词：设施联通

设施联通主要包括四大类：①交通基础设施，尤其是关键通道、关键节点和重点工程。关注实现国际运输便利化的努力，如全程运输协调机制，国际通关、换装、多式联运的有机衔接。②口岸基础设施，畅通陆水联运通道，关注推进港口、运河合作建设情况，港口背后是经济开发区和试验区。关注海上航线发展情况，海上物流信息化合作情况，民航合作情况。③能源基础设施。关注输油、输气运输通道安全，跨境电力建设，区域电网升级改造合作情况。④跨境光缆等通信干线网络。关注信息丝绸之路，洲际海底光缆、卫星信息通道建设。

关键词：贸易畅通

投资贸易合作是“一带一路”建设的重点内容。关注投资贸易便利化推进情况，消除投资和贸易壁垒，加强双边投资保护协定，避免双重征税协定磋商，保护投资者的合法权益，共同商建自由贸易区。

关键词：资金融通

金融是“牛鼻子”，发挥着调节资源配置和优化投资效果的引导作用。“一带一路”建设以企业为主体、以项目为基础、各类基金引导、企业和机构参与的多元化融资模式。遵循的是“企业主体、市场运作、国际惯例、政府引导”原则。报道中国企业到沿线国家投资经营情况，沿线国家在我国投资兴业情况。关注本币兑换和结算情况。

关键词：民心相通

我们对“一带一路”沿线国家的古老文明或近代历史知之甚少，媒体要鼓励国人学当地的语言，当地的习俗，了解他们。挖掘中国人在当地“落地生根”的故事，鼓励中国人、中国企业从“走出去”到“走进去”。

报道中国考古学者、艺术人士、历史学家、语言学家走进“一带一路”沿线国家，帮助他们唤醒丝绸之路历史记忆，塑造共同的回忆。比如，《人民日报》系列报道《踏寻郑和在

非洲的足迹》，获中国新闻奖二等奖。讲好中国企业服务当地的故事。

【**经典案例：**山东广播电视台《跨越大洋的绽放》，以电视专题形式生动讲述了戏曲文化工作者倾力打造《大羽华裳》亮相国外的精彩故事，获国际传播类中国新闻奖三等奖。】

二、实战心得

“一带一路”是中国国家战略发展的重大命题，是盛产大新闻的“富矿”，是中国新闻奖特别集中的一个领域。

什么是“一带一路”？可以概括如下：

一是一个概念——“一带一路”；

二是两只翅膀——一只在陆上，一只是海上，即丝绸之路经济带、21世纪海上丝绸之路；

三个原则——共商（集思广益——利益共同体）、共建（群策群力——责任共同体）、共享（普惠人民——人类命运共同体）；

四个关键词——互联互通、战略对接、产能合作、开发第三方市场（开放合作、和谐包容、市场运作、互利共赢）；

五个方向——政策沟通、设施联通、贸易畅通、资金融通、民心相通；

六大领域——六大经济走廊，具体为中国—中亚—西亚、中国—中南半岛、中巴、孟中印缅、新亚欧大陆桥以及中蒙俄等经济走廊。

“一带一路”关乎我们每个人的未来生活。它首先是由铁路、公路、航空、航海、油气管道、输电线路、通信网络组成的综合性立体互联互通的交通网络，沿这些交通线路将会逐渐形成相关的产业集群，由此通过产业集聚和辐射效应形成建筑业、冶金、能源、金融、通信、信息、物流、旅游等综合发展的经济走廊，形成一个欧亚大市场，将使得我们的衣食住行因此更丰富、更美好、更便捷。

著名学者王义桅认为，从人类文明史看，“一带一路”正开启“三五效应”——五千年未有之变局——推动中华传统文明的转型；五百年未有之变局——推动近代人类文明的创新；五十年未有之变局——推动中国梦的实现。

【走出去】

中国人、中国企业、中国产品、中国技术、中国标准……都在走向世界，中国媒体及广大新闻工作者又岂能置身事外？

我们常常讲“围绕中心、服务大局”，这个大局有两个，一个是国内，一个是国际。我们的眼光盯着身边、本土、国内太久。世界那么大，我们应该去看看。

中国媒体要统筹好国际国内两个大局。国际这个大局是一片蓝海，对中国媒体及广大媒体人既是严峻的困难挑战，又是巨大的战略机遇。连接中外，沟通世界。传媒走出去不再是大报大台、省报省台的独角戏了。越来越多的地方报台网走出国门进行跨国采访。比如，襄阳广播电视台联合统战部门推出《“一带一路”襄阳人》8集纪录片，采访足迹遍及欧亚非10多个丝路沿线国家。陕西广播电视台组团赴沿线18个国家采访，对话驻外大使和外国政要，寻访当地华人华侨及中资企业，推出系列报道《丝绸之路品牌万里行》，获中国新闻奖三等奖。

“一带一路”建设是百年大计，将对我们的生产方式、生活方式、思维方式产生史无前例的、广泛而深入的影响。中国媒体人要发扬好张骞、郑和精神，响应国家战略，融入“一带一路”，扛起使命责任。

【**经典案例：**云南日报报业集团积极抢抓桥头堡建设和“一带一路”机遇，建海外办事处，与海外高端英文报纸和南亚、东南亚小语种报纸合作，推出英文版、缅文版、印尼文版、柬文版《美丽云南》新闻专版。】

周边是我国安身立命之所、发展繁荣之基。“一带一路”倡议的首要合作伙伴是周边国家，首要受益对象也是周边国家。报台网全媒体的“一带一路”报道应首要关注中国周边。

推进国际传播能力建设。随着语音识别和语言转换技术日渐成熟，语言藩篱被打破，新闻传播的国际化已然到来。中国媒体要加强全球化意识，所有国内发稿都具有潜在的国际传播可能，我们在进行传播时要考虑到互联网的全球化效应。

比如，温州日报报业集团收购总部位于意大利罗马的《欧华联合时报》，成为向全球延伸的跨界、跨区域、跨文化的地市级报业集团。中国记者要学会入乡随俗、“中话洋说”，根据国外受众的文化背景、风俗习惯、心理特征和接受特点，形成中国声音在对象国的本土化表达。

关注中国企业的全球化、本土化、当地化。关注企业发展与个人命运的变化，反映中国企业、中国人参与“一带一路”建设、实现多方共赢的生动实践。做报道设计时，要精选南太平洋、东南亚、中亚、中东、欧洲、非洲等各地区有代表性的国家，采访对象既要有知名大公司，也要有中小微公司；既要有国有企业，又要有民营公司；既要有高科技行业，也要有不为人熟悉的行业。

【**经典案例：**深圳卫视电视系列报道《海上丝路看深商》获中国新闻奖二等奖。报道展现深圳企业在海外拓展打拼的生动故事，重点阐释“一带一路”的共赢理念，有别于溯古述今、宏大叙事的常规报道路径。】

关注旗舰项目。比如，中国正在帮助非洲实现“三网一化”（高速铁路网、高速公路网、区域航空网，基础设施工业化），持续关注重大工程、重大项目建设进展情况。

【**经典案例：**浙江卫视《新丝路上浙江人》系列报道，获中国新闻奖三等奖。采访团随“义新欧”班列沿亚欧大动脉，横跨8个国家，行程13000多公里。通过“义新欧”班列行进和“浙商寻访”两条线交错，寻访“一带一路”中的“浙江元素”，聚焦情系丝路的浙江人，观察、发现、分析“丝绸之路经济带”的新机遇、新实践、新前景。创新演播室形态，精心制作3D虚拟前景，使得数字、图表、嘉宾连线，充满视觉冲击力。无独有偶，江苏广播电视总台策划电视访谈《“一带一路”上的江苏勇士》，记者跨越三万公里拍摄一位江苏最美职工的“最美故事”，获中国新闻奖三等奖。】

聚焦“中国制造”“中国建造”“中国服务”。报道一些本地企业“走出去”的成功与失败案例，进行分析，以帮助更多的企业走向成功。报道中国企业如何变成跨国公司，如何实施跨国公司管理，推广其经验做法。

关注中国企业重点投资国。中亚是哈萨克斯坦，东南亚是印尼，南亚是巴基斯坦、斯里兰卡，中东欧是波兰，西亚、北非是伊朗、沙特阿拉伯，独联体是白俄罗斯、乌克兰，欧洲是捷克。

【**经典案例：**天津卫视《津彩“一带一路”（柬埔寨）》电视系列报道（共5篇），获中国新闻奖三等奖。作品聚焦“一带一路”上的天津元素，以天津视角，讲好中国故事，展现天津企业天津人先行先试，在新“丝绸之路”上的创业足迹。】

记录“一带一路”上的真实变化。展示好“一带一路”沿线国家人民脱贫致富的故事，挖掘好我们帮助他们实现梦想的故事。

消除偏见，解疑释惑。采访当地民众、政要专家和企业合作伙伴，用他们的视角来阐释“一

带一路”倡议给当地发展带来的活力和希望。

【**经典案例：**湖南广播电视台与老挝国家电视台合作，派出34名记者奔赴老挝拍摄《湘商闯老挝》，其获得了国际传播类中国新闻奖三等奖。在报道老挝湘商异国他乡经商兴业故事的同时，浓墨重彩地讲述老挝民众对老挝湘商的帮助，以及两地人民民心相通的故事。】

“一带一路”既充满机遇，又面临诸多风险，比如政治风险、安全风险、经济风险、法律风险、道德风险等。要充分报道中国企业在“走出去”过程中有效应对风险的经验和做法。

【高峰论坛】

要聚焦“一带一路”国际合作高峰论坛。重点报道“一带一路”沿线及相关国家，与我们在“规划对接”“标准对接”“智慧对接”“舆论对接”“行动对接”等方面的机制化建设。

为论坛举办营造良好氛围，报台网全媒体要提前数月谋划“一带一路”报道。宏大主题报道，切口要小，点面结合，包装手法要新，要见人、见事、见细节、见现场。可将典型人物的故事、新闻现场、高层政要采访相结合，采访在中资企业工作的当地人、新一代华人；专访我驻外使节及国内外专家，与沿线各国政商界精英畅谈“一带一路”。

【**经典案例：**广东卫视电视系列报道《寻访海上丝绸之路》，获中国新闻奖二等奖。8个报道组历时半年，走遍亚非欧20个国家，采访外国政要、驻外使节、企业代表、华人领袖等超过150人，制作35篇报道。古今结合、以古鉴今，既反映广东籍华人华侨华商对沿线各国经济文化交流做出的突出贡献，又通过一个个鲜活的奋斗故事展现在推进“21世纪海上丝绸之路”建设中，广东敢于先行一步的魄力和勇气。】

互联互通，“联”的是什么？以前“联”的是“铁公机”，现在是“天电网，陆海空”，即北斗导航全覆盖，电子商务遍地开花，互联网联通世界。报台网全媒体要重点报道我们与周边国家的互联互通建设进展及带来的巨大变化；报道双方战略对接；报道双方在国际产能与装备制造的合作情况；报道我方在沿线国建设的各种经济开发区、产业园区情况。

重点报道我们在沿线支点国家合作办的大学、职业学校、海外孔子学院，聚焦华人华侨、商会、行业协会、智库发挥的天然纽带作用。

报道与“一带一路”沿线国家开展的文教合作、旅游合作、卫生医疗合作、科技合作、青年合作、党政合作和智库合作情况。

【**经典案例：**湖南卫视和芒果TV客户端聚焦“一带一路”青年群体，派出19个摄制组奔赴亚非拉19个国家，用拍影视剧的技术配置拍新闻《我的青春在丝路》，共两季19集，每集时长约15分钟，每集讲述一位中国青年参与“一带一路”建设的励志故事。作品荣获国际传播类中国新闻奖一等奖。】

【命运共同体】

“一带一路”是一条世界之路，是海陆联通的大格局，是推进新型全球化的重要抓手。

讲好“一带一路”故事，凝聚共商共建力量。不仅要讲好中国协商民主的成功故事，也要讲好西方新自由主义的失败故事，使更多的国家走出西方迷思，少走弯路，鼓励其走符合自身国情发展道路，还原世界多样性。

“一带一路”报道既要注重写意，也要兼顾写实：对世界与地区大国、文明古国可以宏大叙事，着眼长远，激励文明的共同复兴；对小国、弱国则注重细节，多讲“一带一路”给当地、当下带来的实实在在的好处。

【**经典案例：**《中国日报》的《“一带一路”睡前故事》系列视频，以一位美国父亲为小女儿讲述睡前故事的亲子对话形式，巧妙地将“一带一路”相关内容以通俗易懂的方式传达出来，获融媒创新类中国新闻奖三等奖。】

地方报台网全媒体日常怎样做“一带一路”报道？可开设诸如《“一带一路”上的河南人》版块，把64个“一带一路”国家中的本地人、本地公司、与本地合作的海外公司找出来，建人物、企业档案，常年报道国外见闻、异域风情、海外创业故事、投资机会、防范风险、本地自贸区新闻、推荐旅游线路等。由此，用大跨度系列报道去构建本地丝路知识服务数据库，做综合信息服务商。包装项目去申报国家新闻出版改革发展项目库或者省数字出版专项资金，争取扶持。这是产业思维，要垂直深耕。须知，没有报道做支撑，数据库建不起来。没有几年积累，数据库内容无法做到全面。

没有条件去国外，可重点关注与“一带一路”有关的本地人或事。比如，中国国际广播电台《非洲人在广州》、湖北广播电视台《沈阿力：三代接力“援”梦非洲》均获国际传播类中国新闻奖二等奖。把来本地或常驻的外国人资源开发好，讲述好他们眼中的中国。

【**经典案例：**《金华日报》系列报道《海外名校学子走进金华古村落》，全程记录海外名校学子与村民同吃同住、相濡以沫结下的深情厚谊，奏响中国梦，拨动世界心弦的动人乐章，获国际传播类中国新闻奖三等奖。该报创新国际传播内容、方式、渠道，活动期间，每天向海外名校学子赠送刊有中英文对照专栏、专版的《金华日报》，并通过他们在朋友圈、网站转发报道，受到所在国家的父母、朋友、老师、同学以及海内外15家权威新闻媒体和网站关注。为此，该报积极对外提供文字、图片、视频等各种素材以及所有报道。】

第46章　军事新闻

在大战不见、小战不断的后冷战时代，人们对军事信息的需求有增无减，2019年8月1日，中央广播电视总台CCTV-7国防军事频道开办，取代原有军事·农业频道，各媒体军事栏目、节目争相上位，军事评论员如雨后春笋，战略专家如过江之鲫。

但凡男性，都对军事感点兴趣，且调查显示，报纸的读者多数为男性，要“投其所好”重点刊发一些国内外研制的新技术、新装备、新成果，报道国际国内军事热点、焦点问题，反映当前世界重大军事斗争，透析世界风云。

一、策划要点

关键词：拥军

拥军优属，共叙鱼水情。报台网全媒体“八一”宣传要突出“军民鱼水情，军地一家亲”。

建军节前不忘“老革命”。党委政府和民政部门在“八一”前夕走访和慰问革命功臣，年底，民政部门走访、慰问老兵军烈属、革命功臣、优秀子弟兵家属。慰问报道要体现如下信息：这些功臣曾获哪些卓著的功勋，曾有什么可歌可泣的英雄事迹？他们的晚年生活过得怎么样？他们对党和现在的幸福生活有怎样的心里话？对所在地的经济发展、城市建设等有何由衷感受和建言？等等。比如，《解放军报》的通讯《战士义勇非凡　人民恩重如山》获中国新闻奖一等奖。

关键词：典型

报道那些忠诚履行使命、爱岗敬业奉献的军人典型。新型军人典型不仅要政治思想过硬，军事技能过硬，还要懂得多项新技术、新技能。安徽广播电视台广播新闻访谈《传奇“兵王”王忠心》，展现了对党忠诚、爱军精武、乐于奉献的当代军人形象，获中国新闻奖三等奖。

突出报道本地涌现出来的拥军模范人物，如《“兵妈妈”五年真情拥　想家的时候，这儿有“妈妈”》。山东人民广播电台《“军嫂”风采》专题获中国新闻奖二等奖。

突出报道复员退伍军人创业典型，挖掘诸如返乡带领乡亲们创业、创办企业反哺社会反哺家乡的感人事迹。

关键词：战争

世界大战没有，但地区战争、国家内战从未间断。全方位报道战争的进程、国际反应、局势预测、战况分析、作战策略、交战图解，形成铺天盖地之势。聚焦战争下的民生、炮火中饱受惊吓而恐惧的孩子等。

舆论战也是战争的一个手段。真假难辨，烟弹乱飞。时事编辑心中要有安全弦：时刻坚定维护中国国家主权、安全、发展利益，帮中国利益攸关方说话，与我外交部声音一致；擦亮眼睛、分清敌我，不能被别人当“枪”使，慎重转发国外的媒体报道。

二、实战心得

采访就像打仗，不能不有所准备，也不能打无把握之战。地方报台网全媒体平时的涉军报道主要是本地抢险救灾、军地支援；军警训演；退役安置、拥军优属；国际战况、局势发展等，均有特定的报道规律与讲究。

军事新闻，首先要严格遵守涉军报道纪律。2013 年起集团军番号对外公开解密，但并不等于部队全解密，师以下部队及特殊单位的番号仍应保密。任何报道未经许可不得出现作战计划、编制、实力、装备、阵地、阵地调动和部署等，不得泄露国家机密，并严格遵守审稿制度，未经军事宣传部门审稿不得刊发。

在一些重大涉军报道上，报台网可和军队宣传部门共同采稿、组稿、审稿。对于涉党史、军史的报道，须请涉军部门专家审核把关，担任本期报道的“学术顾问”。

让军人成为全社会尊崇的职业。2018 年，国务院退役军人事务部成立，负责军队转业干部、复员干部、退休干部、退役干部移交安置工作和自主择业退役军人服务管理、待遇保障工作；组织开展退役军人教育培训、优待抚恤等；负责烈士及退役军人荣誉奖励、军人公墓维护以及纪念活动等。

日常报道我国军事动向、国防建设，展现军队维护国家主权的决心和意志；宣传国防政策；展示军事实力，围绕中国航母、歼 20 等热门军事话题，遇重要节点要做大；凸显国防交锋，围绕领土、领海、领空、边界问题等，中美、中日、中韩、中越、中菲、中印等国交锋，捍卫我方声音和严正立场。

【“八一”建军节】

1927 年 8 月 1 日，南昌起义，打响了武装反抗国民党反动统治的第一枪。1933 年 7 月 11 日，中华苏维埃共和国临时中央政府决定将 8 月 1 日作为中国工农红军成立纪念日，后成为中国人民解放军的建军节。

“八一”报道，常见的是反映各部队拥军、表彰活动。地方报台网接触较多的是当地人武部、武警、预备役部队等，日常主要集中于抗洪救灾、地震救灾、勇救人质、排爆缉凶、街头擒贼、跳江救人、转移受困群众、军事技能演练等。

媒体可提前策划“中国梦 双拥情”特刊专题，展示本土各地受表彰的双拥先进单位事迹，双拥人物典型、人武部成绩与经验、现役军人模范、退役军人创业典型等。

军事报道比较严肃。“八一”毕竟是过节，可让涉军报道轻松些、活泼些：一是报道对象拓展至女兵、特种兵、军民联欢；二是报道军营内外军人的生活、学习、演练以及情感、转业、就业等，如《建军节相亲会 军医邀你翩翩起舞》。

“八一”也孕育商机。如有记者敏锐地观察到，《众商家争打“拥军”牌 八一节对军人打折成风》。

【征兵退役】

2012 年我参加了宜昌市征兵宣传联席会，深切感受到党委和军队对征兵宣传越来越重视，因为中国人口形势和国际形势已发生深刻变化。从 2020 年起实行一年两次征兵两次退役。征兵流程为报名、体检、政审、欢送、入伍。现在，征兵宣传除了程序性动态报道外，地方报台网全媒体自选动作越来越多。如何做出彩？我们整理了一份征兵报道“六抓”。

(1) 抓解读，对征兵政策解读，当兵优待政策越来越好。细细解读政策的新变化。

(2) 抓重点，做好“征兵宣传日”现场报道，搞消息、现场新闻、小通讯、直播。

(3) 抓典型，即挖掘本地高校大学生新兵先进事迹，重点突出报道军队中涌现出的本籍优秀官兵，深入军营写成长事迹，形成报道声势。报道那些拥军典型、退伍复员创业典型。怎么报道？具体见“典型人物新闻”篇章。

(4) 抓互动，邀请本地征兵办负责人做客编辑部微直播，回答网友提问，阐述征兵政策和解答人们疑惑。

(5) 抓亮点，女兵、空军征召是征兵中的亮点和看点。重点报道大学生入伍，携笔从戎。

(6) 抓公益，即报纸集中发布征兵宣传口号标语，全媒体播发视频类、海报类、H5 征兵公益广告。

铁打的营盘流水的兵。可关注老兵退伍，挥别军营，告别第二故乡，如《别了，老兵！》《别了，第二故乡！》《告别警营：省了仪式，多了贴心！（主）500 余老兵退伍 送慰问送便服送光碟送影集送商报（副）》。除了写消息，还可多写点“现场特写”，多抓拍感人场景。

【训演阅兵】

地方报台网接触最多的就是本地武警部队、预备役部队等的演练和处突，对地方记者有限度地开放。报道“三抓”：一抓演练看点、先进武器；二抓特战画面，突出实战；三抓绝技神兵，精忠报国。如《武汉晚报》与部队合作，推出《晚报教你如何看“打仗”》等系列重磅报道，全景揭秘空降兵演习。

时事方面，重点编发解放军军演，充分利用新华社图文视频，精心编辑处理。刊头设计要融入军演符号，如坦克、飞机、军舰、军人，让报道产生很强的冲击力和爆发力。可重点关注军演看点、武器展示、军演分析。

关注美韩日等国在中国周边举行的军演，这些军演与中国安全息息相关。特别关注中国与俄罗斯以及上海合作组织等举行的联合军演，可推系列专题，滚动播报。

中国阅兵，不拘一格。党的十八大以来，国庆阅兵、沙场秋点兵、海上阅兵……人民军队正在加快向世界一流军队迈进。

关于中国阅兵，通常采用新华社播发的通稿。地方报台网难进阅兵村，怎么办？一是与驻本地参阅部队宣传干事合作“打入”阅兵村，开辟“走进阅兵村”专栏，聚焦阅兵村中的本籍兵，写训练、写生活、写起居、写装备、写休息、写娱乐、写心理、写苦乐等。二是大阅兵出《号外》，头版底版打通，发通版大图片，展现“威武之师、文明之师”形象。三是开设“阅兵看点”“阅兵快报”“专家解读”等专栏。四是后方采访本地收看直播的各界群众，谈“喜看大阅兵”的激动心情、爱国情怀和街头巷尾花絮。五是专访曾经参加过阅兵的本地老兵，讲述阅兵的故事及军旅生涯。

解放日报

2015年9月4日 星期五

习近平谈“人间正道”

■为了和平，我们要牢固树立人类命运共同体意识。偏见和歧视、仇恨和战争，只会带来灾难和痛苦。相互尊重、平等相处、和平发展、共同繁荣，才是人间正道

■为了和平，中国将始终坚持走和平发展道路。无论发展到哪一步，中国都永远不称霸、永远不搞扩张，永远不会把自身曾经经历过的悲惨遭遇强加给其他民族

隆重纪念中国人民抗日战争暨世界反法西斯战争胜利70周年

北京天安门广场举行盛大阅兵，习近平检阅受阅部队，宣布裁军30万

正义必胜！和平必胜！人民必胜！

李克强主持纪念大会，张德江俞正声刘云山王岐山张高丽江泽民胡锦涛出席

65位外国领导人、政府高级别代表、联合国等国际组织负责人、前政要等应邀出席大会

裁军30万 2017年底基本完成

国防部：重点压减老旧装备部队，精简机关和非战斗机构人员，调整优化军队结构

军队总员额减至200万

不会走“国强必霸”老路

国防费需保持适当规模

70 国之先锋

抗战老兵

英模部队

70 国之利器

东风21D

歼-15战机

99A坦克

2015 年 9 月 4 日《解放日报》版面获中国新闻奖一等奖

第 47 章　时事新闻

中国新闻、国际新闻是报台网全媒体每天极其重要的内容。大事、要事、趣事多在国际国内版块，这里是媒体竞争的高地，也是吸睛的前沿。

国际国内新闻策划就是选米下锅，每天的新闻那么多，哪些适合本报(台、网)发，哪些不适合，怎样才能发得更好，这些都离不开策划。

一、策划要点

关键词：胜在选稿

凤凰卫视说，新闻就是选择，新闻就是判断。新闻是一门选择的艺术。

值班老总、部门主任、责任编辑每天最核心的工作就是判断，就是选择。选择哪条线索做大，哪条稿子发头条，哪条当重点。稿子少，搞不好；稿子多，也不一定搞得好，甚至更难，因为抉择难。一旦判断失误，后果严重，直接导致处理失位，媒体竞争处于下风，甚至被宣传部门问责。

在信息的洪流中，人的精力和时间是有限的。这就要靠时事编辑所具有的专业的选择能力和分析能力，去甄别、核准、解读。记者、编辑若过滤不当，会留下渣滓，滤掉新闻。

从这个层面上讲，媒体的核心竞争力，可以说不是内容，不是形式，不是渠道，而是选择力。

时事新闻，浩如烟海，不怕货比货，就怕不识货。

对时事编辑而言，每天的工作就好比“大海捕鲸”，之所以称捕的是“鲸鱼”，而不是“金枪鱼”，就是在信息的大海里，每天都要从新华社电讯库和新浪网、凤凰网、央视网等最主要的新闻网站和国内主要报刊中，挑选最重要、最符合本媒体定位的新闻，这是一项颇费思量、颇具挑战性的工作。哪条是鲸鱼，哪条是珍珠，需练就一双“火眼金睛”。

一线实践，博采众长。一份时事新闻选稿标准，供大家参考。

(1) 中国新闻选稿口诀“重要特热”。“重”即党和国家重大活动、重大决定、重大改革；“要”即国家领导人的重要讲话、重要指示、重要事件、大案要案；“特”即新奇、反常、极致、的新事物；“热”即当下民生热点、国内外突发热点事件、敏感问题等。

(2) 国际新闻选稿口诀可编成顺口溜：“大国是关键，周边是重点，热点是核心。”

关键词：标题再造

搞活时事报道，很重要的就是在标题上下功夫。新华社电讯标题通常比较长，多是“大路货”，缺乏个性。地方媒体应根据自己的定位和标准进行“标题再造”。各大新闻网的标题侧重表达核心事实，但存偏见或歧义，权当参考，标题再造时要信息校准，并增加情感色彩和语言修辞。

下面是一组时事好标题：《载 8 人渔船黄海沉没百天无人管　“别让我的爸爸沉睡海底”》《毁汽车 撞塌房 冲入海 夺三命　挪威火车出轨“发疯”》《默多克一天内痛失“左膀”和“右臂”》《卡扎菲：下台？免谈！政改？可以！(主)利比亚特使密集外交斡旋(副)》《“辐水难收”》。

2011 年 11 月，意大利“千面总理”贝卢斯科尼辞职，《三峡商报》头版刊发贝氏郁闷特写照，标题为《“贝”迫辞职》。

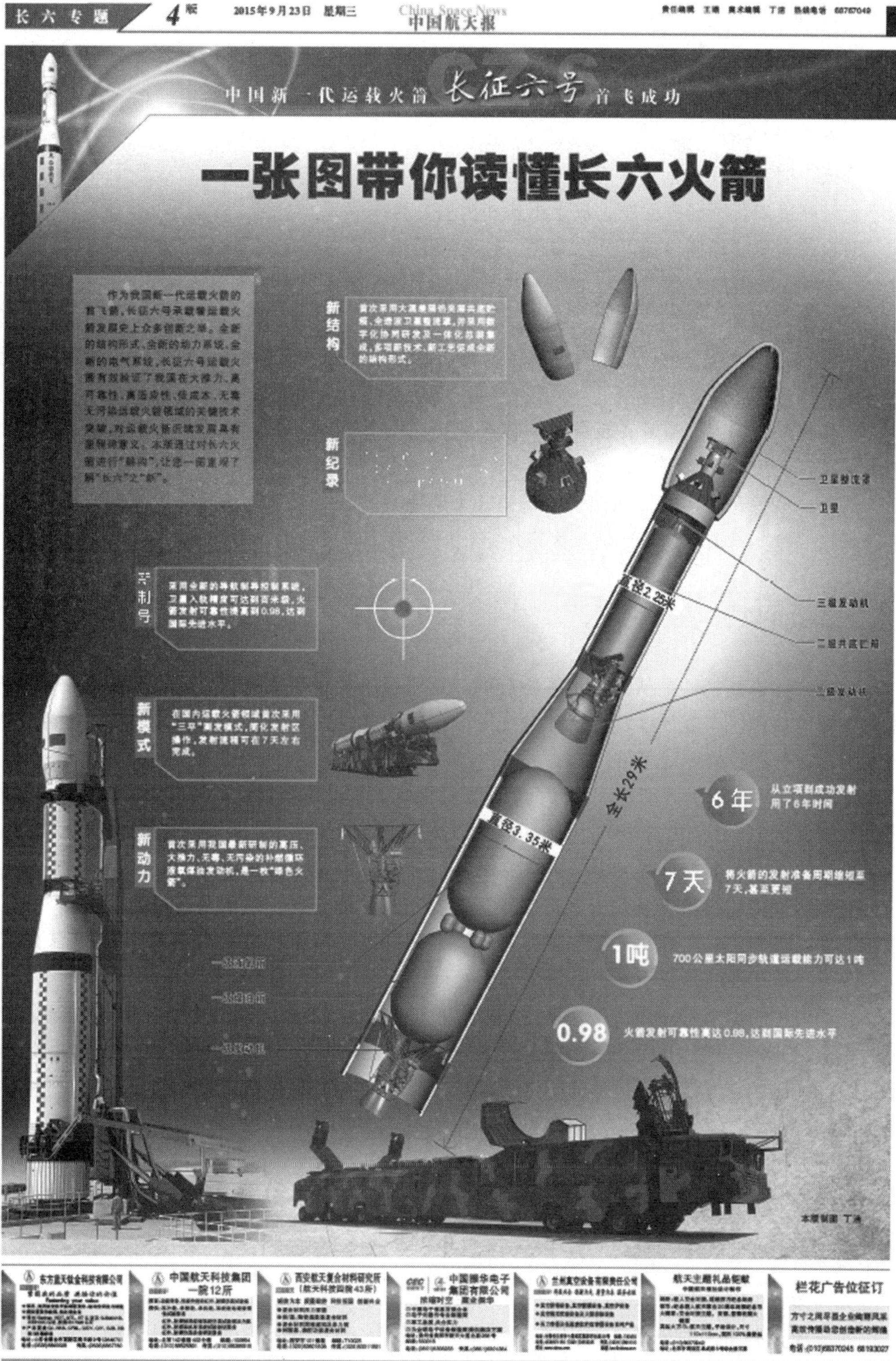

中国新一代运载火箭 长征六号 首飞成功

一张图带你读懂长六火箭

作为我国新一代运载火箭的首飞箭，长征六号承载着运载火箭发展史上众多创新之举。全新的结构形式、全新的动力系统、全新的电气系统，长征六号运载火箭首次验证了我国在大推力、高可靠性、高适应性、低成本、无毒无污染运载火箭领域的关键技术突破，对运载火箭后续发展具有重要的意义。本版通过对长六火箭进行"解构"，让您一图直观了解"长六"之"新"。

新结构 首次采用大直径箱结构共底贮箱、全捕获卫星整流罩，并采用数字化协同研发及一体化总装集成，多项新技术、新工艺促成全新的结构形式。

新纪录

新制导 采用全新的导航制导控制系统，卫星入轨精度可达到百米级，火箭发射可靠性提高到0.98，达到国际先进水平。

新模式 在国内运载火箭领域首次采用"三平"测发模式，简化发射区操作，发射流程可在7天左右完成。

新动力 首次采用我国最新研制的高压、大推力、无毒、无污染的补燃循环液氧煤油发动机，是一枚"绿色火箭"。

6年 从立项到成功发射用了6年时间

7天 将火箭的发射准备周期缩短至7天，甚至更短

1吨 700公里太阳同步轨道运载能力可达1吨

0.98 火箭发射可靠性高达0.98，达到国际先进水平

本版制图 丁涛

2015年9月23日《中国航天报》版面获中国新闻奖三等奖

关键词：信息整合

如何应对网络新闻碎片化？高明的时事编辑会将这些碎片信息进行充分整合。一是整合各权威来源的重要信息，加工成一条新稿子；二是按“七步鲜”组合各方面信息，在版面上造“月亮”。

今天，时事新闻片面追求条数已无出路，“大锅菜”一锅煮，成“垃圾版面”。时事编辑不能没有追求，不研究问题，满足于拼拼剪剪，当码字工。

时事编辑要让新闻升值。网上稿子“缺胳膊断腿”，单篇信息单一。这就需要视情取舍、综合、集纳。转载来路要正，要注明，对于小报小刊、无名报刊的报道谨慎转载。

面对相同稿源，如何避免“千报同文、百报同面”？我们认为，要打造时事新闻的个性和品质，打造出本报（台、网）的时事“特性”，需要一批有思想的时事编辑，编辑的思想就好比调料，“调料”五花八门，做出的“菜”千差万别。时事编辑空间广阔，大有用武之地。

稿件搭配学问大。有“正反配”“临近配”“类比配”，如《南方暴雨成灾 北方水贵如油》则是正反配。

对于一些信息较多、篇幅偏长的稿子，为避免“肉埋饭里”，新闻价值降低，要将重要信息单独“拎”出来，这样比信息大杂烩好，既突出了信息价值，又方便了受众用户阅读。

二、实战心得

我最开始当编辑，是从时事编辑做起的。这段经历对我后来的职业成长至关重要。每天面对海量的稿源、丰富的体裁、全球的视野、全国的竞争，练就了我对新闻的敏锐判断和表现能力，培养了我的全局思维。

打开电脑手机，满眼都是天灾人祸。不要让天灾人祸迷惑了我们的双眼。海明威说：“世界如此美好，值得我们为它奋斗。”新闻人的心态决定新闻的视角，如果编辑眼里全是负面的，则编出来的版面页面节目就会令人胆寒生畏。

一个版面上若发稿多条，永远都是“正 > 负”。中国新闻，倒头条多是监督类稿件——直陈时弊，分析症结，探讨对策。国际新闻，对于那些后果不严重的海难、车祸、坠机、地震等事件，能不发的尽量不发；每期尽可能发点国际科技新闻或者国际逸闻趣事。

获奖时事版面很有规律，不外乎重大外交、和平统一、航天探月、重大灾难、重要纪念、阅兵军演、恐袭战争等。因此，时事编辑要特别珍惜出彩的时机，预先准备应对方案，精心提炼，精心设计。比如，《江西日报》的《嫦娥奔月》特刊获中国新闻奖二等奖。

【重大时事】

重大时事报道，做好了容易出大彩。

逢国家大事，各大报纸通常是清一色“新华标题”，版式照搬或对照《人民日报》，可谓千报一面。

如何改？怎么办？

首先要预判重大时事活动的报道规模和影响程度。可以充分整合新华社通稿，根据报纸特点，策划特刊，提炼摘要，集纳金句，重制标题，制作图表和设计刊头等手段创新重大时事报道。通过精美的版式来反映盛事盛况，通过巧妙的版面语言来引导舆论。要让版面端庄大气，活泼亮眼。

新华社的稿子能不能动？很多值班总编、编辑很纠结。通常就是“一字不动照发——放心”。我们认为，要坚持精选改编，或删节，或摘编，只减不增，不损原意。组合编排，信息量大。2012 年 12 月下旬，新华社首次播发关于中央领导人出身经历与家庭生活的系列特稿，尽管也做了小标题，但是对比分析处理得较好的报纸，我们发现它们没有打通铺照搬照发。有的重新提炼主标题；有的重新划分全文层次，梳理出关键词；有的重新拟小标题；有的还重新分段布局，使之更清晰。

《解放日报》《河南日报》在这方面是全国省级党报的排头兵。他们在处理国家领导人的重要稿件时，一般不采用新华社的原标题，而是重新制作，常用多行题，领导人的名字和活动多出现在引题和副题中，用相对较虚的主题突出新闻的核心价值。这样往往显得“开门见山”，直奔主题，层次分明，逻辑顺畅。处理这类时事标题，要做到两个平衡，即新闻价值和政治价值的平衡，不能顾此失彼。稿件放哪里，放多大，领导人名字入题等都是政治。

新华社播发的中央重要会议消息，长则数千字，甚至上万字。三级党报须全文刊发，很多都市报视情删减，撷取最重要的部分改写成消息。切不可将新华网的稿子都“冠名”成“新华社电”。

须注意新华社电讯改稿或删稿，以免酿成重大差错；也要防漏重要稿件。时事编辑要养成一个好习惯：每天凌晨下班前最后浏览一遍电讯库和各大网站。

中国国家主席的年度首访及访俄美英法德等或外国元首访华到本地参观访问，是地方报台网最重要的外事报道。外访一般涉 7 大程序：欢迎、会谈、签约、夜宴、参观、演讲、会见等，报道要注意抓这些方面的亮点。如习近平出访，习氏语言风格以及夫人彭丽媛衣着和活动，世界瞩目。

对于中国国家主席或总理出访报道，时事编辑要“七抓”，即：①抓访问议题；②抓行程安排；③抓记者会；④抓访问成果；⑤抓闪亮细节；⑥抓深层背景；⑦抓各方声音。

【突发热点】

对国内外突发特大事件，如何安排版面页面、如何编排处理，则考验报台网全媒体值班人员的智慧，体现的是一家媒体新闻处置能力。其基本原则是：特事特办，大事大做。常规专刊周刊或专题节目理应为全球特大事件腾位让路，推迟播发，否则，大事件处理不充分，值班人员就会“挨训”，媒体就会“挨打”。

报台网设置特大事件专题刊头名称有讲究。不要仅仅几个字一摆，苍白无味，应将事件的典型元素、核心人物和氛围营造等设计进刊头。

编辑处理国内外重大事件时，要特别注意事件的内在逻辑联系和编排的层次关系，做到条理分明。可灵活运用“消息 + 分析 + 特写 + 图片 + 图表 + 评论 + 链接”等“七步鲜”报道模式。

下面是一组时事“七步鲜”模式报道。

2011 年 7 月 22 日，挪威血腥爆炸枪击案 91 人死亡，震惊全球。《楚天都市报》“七步鲜”报道模式：①主消息；②凶手其人其事；③警方调查；④最新进展；⑤事件分析；⑥新闻背景；⑦国际反应。其中，“国际反应”即各国元首对事件的一句话评介。逢重大事件，可满版通栏刊发大图片，强化事件的震撼性。

2011 年 7 月 23 日，动车温州追尾坠桥事故，死亡 40 人。《南方都市报》“七步鲜”报道模式：①主消息；②现场；③原因；④救援；⑤影响；⑥链接；⑦图片。

2012 年，美国丹佛枪案震惊世界。《广州日报》“七步鲜”报道模式：①杀机四伏；②案情进展；③凶手解密；④逝者安息；⑤活者真好；⑥各方关注；⑦相关链接。

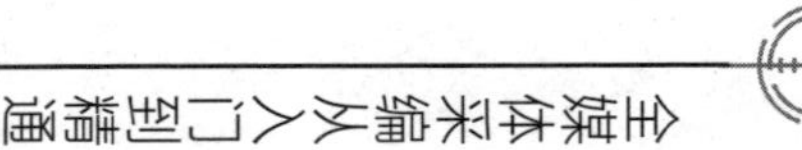

04~05 | 特刊

G20 2016 CHINA

河南日报

春江花月夜　最忆是杭州

习近平和彭丽媛欢迎出席二十国集团领导人杭州峰会的外方代表团团长及所有嘉宾

"二十国集团就宛若一座桥，让大家从四面八方走到了一起。这是一座友谊之桥，通过这里我们把友谊的种子播向全球。这是一座合作之桥，通过这里我们共商大计，加强协调，深化合作，谋求共赢。这是一座未来之桥，通过这里我们同命运、共患难，携手前行，共同迎接更加美好的明天。"

——习近平

2016年峰会会标寓意

G20领导人峰会足迹

G20运行机制

从"茉莉花"到"欢乐颂"

呵护"G20蓝"的河南匠心

杭州：从"形胜"到"智胜"

河南：有匠心更有创新

2016 年 9 月 5 日《河南日报》版面获中国新闻奖二等奖

大事件成就传媒业。2001 年震惊世界的“911”事件，报纸竞相出版“号外”“滚动号外”。2003 年美国发动伊拉克战争，“号外”满天飞。凤凰卫视因伊拉克战争蜚声中外。国内众多都市报就是靠报道这两次特大国际事件异军突起，拔得头筹。

对于国际国内重大突发事件，央视等中央媒体和新浪等网络媒体通过现场直播、嘉宾访谈、动态快讯等，实时抢占新闻发布制高点。在这种不对称竞争中，地方报台网全媒体如何介入报道?

一是有效整合网络新闻资源。包括新华社等网上新闻，呈零碎、散乱状态，可将发布渠道合法有效的信息予以整合加工，甚至“改写”。未经核实，不得转载境外媒体信息。

二是特派记者前往事发地采访。进入新闻核心区采访高端人物、权威人物，做高端访谈。不能进入核心区，怎么办呢? 可从现有公布的各方信息中捕捉新线索，或展开深度挖掘。

三是做与本地相关的接近性报道。寻找国际国内大事件中的本地元素，尽可能拉近国际新闻与本地受众用户的距离。以本省本市本地之需，审视新华社和网络新闻稿，从中挑选与本地有关的为我所用。如“湖北元素助力天宫一号飞天”，将“本地”字眼“拎”出来，在主标题上放大。值夜班时，我都会输入“宜昌”“三峡”“湖北”等字眼，以查找与宜昌本地有关的接近性新闻，一旦发现，要么当即落地，安排记者采访，要么转载，在主标题上强化“宜昌”元素。

浓缩版的时事新闻编辑心法是：聚焦热点，版块化操作，组合式呈现。主体消息之外，配发新闻背景、新闻评论、专家观点、网民声音、图片图表等，体现深度与互动。

【国际时事】

西方垄断国际话语权，各种妖魔化抹黑中国，一时半会难以扭转。我们应坚定“四个自信”，不能当西方声音的传声筒，不能机械地照抄照搬和翻译西方新闻，要自觉阻挡隔绝西方有害信息。比如涉朝新闻，网上多是转发韩日美媒体的，事后发现多属耸人听闻、子虚乌有、抹黑造谣，其实质伤害中朝关系，损害中国国家利益。

国内一些报台网全媒体大量转载或翻译境外媒体报道，特别是对于国际冲突热点的报道，站错队，发错声，当警惕。殊不知，混淆视听是美军战略，流言蜚语也是军事武器。

我们选稿，就是做研判，要坚决捍卫国家利益，以“国家利益至上”为出发点表达版面页面屏面语言。中国媒体发声要与我外交部发言人基调保持一致，旗帜鲜明地彰显中国立场，揭露西方险恶用心，引导社会舆论。

时事编辑要成为最具洞察力的新闻尖兵。新时代中国外交在思想上、观念上、格局上、策略上、方法上、态度上，都发生了革命性变化，时事编辑应加强学习，有意识地研究点国际关系政治，能做一点国际热评和独立观察。对于热点事件大国之间的角力，要有自己的基本研判，应站在中立或捍卫我方的立场，报道“各方反应”，守正创新，这对于提升职业技能、培养全局视野大有裨益。

国际新闻编发不能停留在事件的动态呈现上，要呈现事件可能走势、影响，要厘清来龙去脉、链接背景，要做观察分析，要当深度编辑。

重点关注地区冲突与局部战争。全过程、深度报道战争动态、全貌，对关键节点予以重磅报道。关注孩童们惊恐幽怨的目光、平民因失去亲人和家园喷涌的泪水、战火中古文明的湮灭……这些给人们更有力的感染和震撼，更能激发人们反对非正义战争。

对于国外实施的新政、新做法，若对本地有示范和借鉴意义的，可选择做大。

如何让僵硬的国际新闻轻松起来? 我们认为，走一条国际新闻社会化、人物化、娱乐化

之路。具体到每天，可这样操作。

(1) 慎发国外车祸、爆炸枪击等报道。

(2) 多关注国际人物。

(3) 国际社会花边新闻、重大科技发现或研究成果、文化动态以及奇闻轶事，可作为国际版的点缀和佐料。

【**经典案例：**2011 年 5 月，英国威廉王子与灰姑娘凯特的王室完美婚礼，吸引世界眼球。由此引发“我们自己的完美婚礼”话题，《晶报》落地策划《“我们结婚吧”》完美婚礼特刊，分婚宴篇、装扮篇、蜜月篇、婚照篇……】

(4) 在标题上润色。在不失“真”的前提下，博采口语入标题，如方言和俗语，适当制造幽默，让新闻更轻松更通俗，拉近与粉丝的心理距离。如巴以和平路线图计划一波三折，标题为《“路线图”计划“停摆”(主)发起四方要“再议议”(副)》。

(5) 给国际人物“设计台词”。如日本首相菅直人遭逼宫下台，大选会上他打瞌睡，图片及标题设计台词为：“眼不见心不烦”“不关我的事，干脆睡一觉”“当了 10 个月首相，我真的累了”。幽默、诙谐，没有板着面孔，让国际新闻顿时轻松起来。

观点和思想是报纸的旗帜和灵魂。舆论引导、思想引领，要做有思想、有观点的时事报道，国际新闻虽为转发，但国际评论则可自创。

《湖北日报》已组建自己的国际问题专家库，请省内外专家解读热点新闻，分析国际大势。时事评论员管姚任《晶报》时事部主任时，经常做客深圳卫视点评国际事件。

【时事落地】

中国人遍布地球村。国际局势动荡加剧，将或多或少攸关中国利益和中国人员安全。我们不能置身事外，大国媒体要主动介入。本地在当事国有投资项目或施工人员的，要及时越洋连线，打探我方人员安全、生活状况以及项目进展情况、当地最新局势等。

对国际事件的现场报道早已不再是全国性媒体的专利了。可以这样说，全媒体时代，任何一家地方报台网都是全国性全球性媒体。地方报台网全媒体要打破地域局限，以全球视野大做本土化全球新闻，即凡是与本地人或本省本城有关的新闻，不论发生在世界的哪个角落，只要价值足够显著，都应积极介入。很多省级报台网在全国大城市特派或常驻记者，在全国性、国际性的重大活动与赛事中，都有这些媒体记者的身影和声音。

常见的可做落地处理的国际国内大事有以下三类。

(1) 特大事件。“大事有我”，这是媒体彰显影响力的宣言。无论是本地大事还是国内、国际的突发特大事件，都要全力报道。凡是本地周边突发大事，要能第一时间赶到现场；凡是国内国际特大事件，要有本报(台、网)全媒体声音，尽可能落地。

2011 年 3 月，利比亚战乱之初，中国史无前例地派包机大规模撤侨。宜昌人徐峰就是其中一员，《三峡商报》推出“开心徐峰微博直播”连续报道，将这次远在万里之遥的撤侨变得近在咫尺。而《荆州日报》同样做撤侨报道，还获得了湖北新闻奖。

(2) 重大伤亡。本地人在外地、境外和外国遭遇重大人员伤亡事件，如“本地旅行团国外遭抢劫”，要落地关注，第一时间采访到遇难者家属、亲朋好友。涉及外地或海外维权赔偿的，媒体要支招，还要打探本地党委政府及对应职能部门、受害人所在单位介入情况。

(3) 重大成就。本籍人在海内外、在全国各地取得重大成就、重大成绩、重要荣誉，均可纳入落地报道，可起到鼓舞激励作用，如《宜昌籍教授当选四川杰出青年》。本地人在外地见义勇为成新闻人物，可找其家乡亲人了解更多详情，或与事发地媒体合作报道，或特派记者前去采访。

如何能掌握本籍人在国内外发生的大事？有 4 条途径：一是网络，每天可在百度、微信、今日头条、抖音上用关键词搜索，如输入“郑州人”“来自郑州”等字样，则可获知最新最近的与郑州人有关的信息，无论是郑州本土还是海内外，再判断线索的新闻价值大小，与相关媒体记者联系，完成采访；二是央视《新闻联播》、省市电视主要新闻中提到的本籍人，要有固定专人每天盯三级新闻联播等重要节目；三是跑线记者从本地相关部门和单位获悉；四是热线报料。

重大事件，地方报台网全媒体不是旁观者，不是转发者，要主动参与历史进程，既当记录者、见证者，又当建设者、推动者。

第4篇　灾难新闻策划

灾难总是与人类社会生活相伴而行，难以避免。“灾难新闻”是指对给人类带来灾难的事件的报道。灾难性事件分为自然性灾难和社会性灾难两类。像洪灾、旱灾、虫灾、风灾、地震等自然性灾难，年年都有发生。像爆炸、空难、矿难、沉船、车祸、桥塌、楼倒、火灾、战争等社会性灾难，由人为因素或各种社会矛盾而引发，具有重大突发性，难以预料。二者都会造成人畜重大伤亡和财产重大损失，因而具有广泛关注度和强烈震撼力。

西方新闻理论有这样一种观点：灾难来临之时，是新闻大兴之时。

媒体要闻灾而动，积极作为。“灾难新闻”已成强势新闻品种，是“抢手货”。故有必要探讨灾难报道的策划之道。

第 49 章　飞机失事新闻

民航空难事故因其罕见，而显现出新闻要素的稀缺性。空难带给人们的心理冲击更加强烈，所以对空难的报道，报台网全媒体通常处理得很重。

一、策划要点

关键词：救援

空难发生后，紧急救援是第一位的。如何展开救援？救援中动用了哪些特殊手段或科技手段？哪些人员或单位参与救援？救援面临哪些困难？如何破解？

关键词：善后

空难善后，遇难者家属如何接待与安置？理赔工作如何展开？及时报道保险公司赔偿进展和情况。赔偿标准如何确定？赔偿发放如何进行？有争议如何调解？

关键词：调查

是何原因致空难，有何说法？空难事故的调查备受关注。调查如何展开？飞机黑匣子是否安好？

二、实战心得

无论是发生在本地还是在国内外的空难，多数受人关注。尤其是有数十人甚至上百人伤亡的空难事件，会震惊全球。那些发生在美英法俄等大国的空难，关注度较高；中国周边国家的空难关注度稍微高一点，如《四天了，印尼失踪客机“死不见尸”》；而那些发生在非洲南美中东小国的空难，关注度弱。这是我十多年夜班编辑总结出的一个把握空难的规律，可作为空难选稿的参考。

大空难，可头版导读，重点处理，刊发大标题、事件现场图片或者遇难者亲属悲泣的图片，配发空难位置示意图。

空难如何报道？坠机“七步鲜”报道模式一：①消息；②现场（目击）；③内幕；④虚惊；⑤档案（出事飞机档案）；⑥数据（飞机性能）；⑦回顾（历年空难回放）。坠机“七步鲜”报道模式二：①现场；②救援；③调查；④根源；⑤背后；⑥连线；⑦回顾。

【**经典案例：**2010 年 7 月 28 日巴基斯坦客机坠毁，152 人遇难。《三峡晚报》的报道模式：①胡锦涛、温家宝致慰问电；②主体组合（空难消息 + 伤亡情况 + 坠机原因 + 幸运躲劫 + 举国哀悼）；③新闻链接（历史上的三起“7 • 28”空难事件）；④坠机资料；⑤背景资料（今年以来全球重大空难）。】

空难报道要尽量呈现坠机现场和尽力挖掘悲情故事。可设“回忆”篇，请生还者讲述事发情况，还原生死时刻；或者采访遇难者家属，了解遇难者生前的情况，遇难前最后时刻的通话情况、微信微博记录等。可设“情殇”篇，挖掘那些令人悲戚催泪的故事，如恋人情侣双双遇难。

【经典案例：四川广播电视台电视消息《驾驶舱玻璃高空脱落 川航客机安全备降成都》，获中国新闻奖二等奖。在无法获得事发现场实时画面的情况下，作品综合运用乘客手机拍摄视频、乘客电话连线采访录音、飞机照片、航线动画示意图、民航官网权威消息发布网页画面等多种表现形式，展现了事件经过和乘客及机组人员送医就诊情况，对观众关心关注的问题进行了及时回应，并通过记者出镜口头报道，介绍机组人员及飞机飞行情况等相关信息，指出面对突发状况安全备降实属不易。**】**

无论是遇难者家属还是媒体受众用户，获知飞机失事消息后最想知道的是“谁在飞机上？”从人文关怀角度，报台网全媒体应第一时间准确公布失事客机乘客名单。遇难者名单应包括姓名、性别、单位、职务、住址等，有照片的尽量刊发照片，力求详细具体。

因大雾、暴雨或其他原因，本地机场发生航班大停飞或延误事件越来越多，如何报道？采访时要问：受什么原因影响停飞，影响多大？哪些航线受影响？机场方面如何应对大停飞？背景资料有哪些？可用几个“现场特写”镜头呈现旅客们的不同反应。还可打“组合拳”做延伸报道：后期天气预测怎么样？会有什么意外出现？

空难落地报道要严防“媒体灾难”。因记者道听途说、张冠李戴，报道将甲航空公司飞机失事错成乙方公司，造成股价大幅波动等恶劣影响，并使湖北一家地方报纸和记者遭遇3000万索赔。

川航驾驶舱破窗

机长史诗级备降

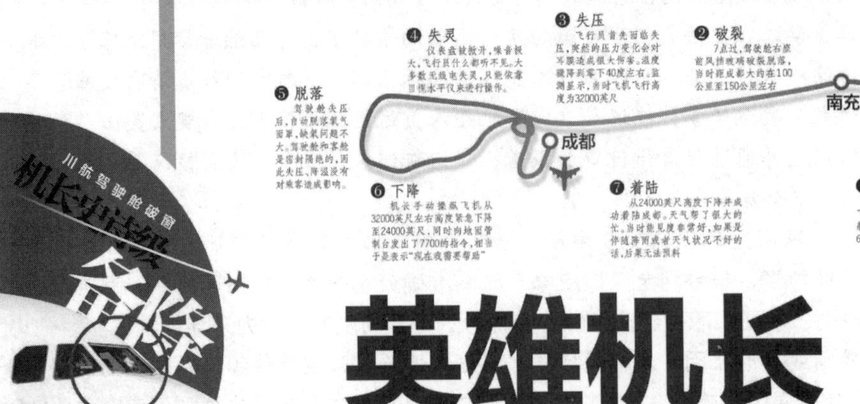

英雄机长

副驾半身被吸出窗外 靠手动和目视继续开

我给你打个比喻：如果你在零下四五十度的大街上，开车以两百公里的时速狂奔，把手伸出窗外，你能做什么？

机长刘传健

成都商报专访 川航备降机长刘传健

成都商报记者 马天帅 陈柳行 摄影 郭广宇

作为一名飞行员，刘传健想到过各种突发事故，但却没有想到会遇到《空中浩劫》里英航5390航班几乎一模一样的情况。

专注于还原航空灾难的纪录片节目《空中浩劫》里面记录了英航5390号的故事：1990年6月10日，该航班在飞行过程中，在驾驶舱风挡玻璃突然破碎，机长死亡的情况下，副机长驾机成功回到地面，创造了一个航空史上的奇迹。

刘传健是一名老机长，他看过包括《空中浩劫》在内的多部航空题材的电影或纪录片。作为业内人士，他常常从这些世界级航空事故中进行专业研析。

一些自媒体上流传的图片显示，在万米高空中，3U8633航班，驾驶舱右侧前风挡玻璃掉落，仪表盘脱落。瞬间失压一度将副驾驶吸出机外，所幸他系了安全带，在驾驶舱失压，气温迅速降到零下40多摄氏度、仪器多数失灵的情况下，机长刘传健凭着过硬的飞行技术和良好的心理素质，让飞机平安着落。

这几乎是英航5390号的翻版。

昨日下午，成都商报记者联系上机长刘传健，对其进行了独家专访。

副驾驶徐瑞辰被吹烂的衣服和领带

温度骤降

零下20–30度以下

记者：刘机长好，你现在身体好吗？

刘：身体没有感到明显不适，接下来公司还会组织进行一次全面的体检。

记者：我刚才采访一些业内人士，他们说这次备降非常难？

刘：非常难的一件事，不是一般的难。难度体现在飞行途中座舱盖掉落、驾驶舱风挡玻璃爆裂的情况下，会对驾驶员造成极大的身体伤害。风挡玻璃掉落后，首先面临的就是失压，突然的压力变化会对耳膜造成很大伤害。温度骤降到零下20–30度左右（监测显示，当时飞机飞行高度为32000英尺，气温应该为零下40度左右），极度的寒冷会造成驾驶员身体冻伤。

在驾驶舱中，仪表盘被掀开，噪音极大，你什么都听不见。大多数无线电失灵，只能依靠目视水平仪来进行操作。

记者：近万米高空，氧气也非常稀薄吧？

刘：跟客舱一样，驾驶舱失压后，会自动脱落氧气面罩，缺氧问题不大。驾驶舱和客舱是密封隔绝的，因此失压降温没有对乘客造成影响。

记者：我注意到航班起飞时间是在6点25分，事发时间和位置是什么时候？

刘：应该是7点过，我没注意到准确的时间，离成都的距离大约在100公里至150公里左右。

副驾遇险

还好，他系了安全带

记者：事发时有什么征兆么？

刘：没有任何征兆，风挡玻璃突然爆裂，“轰”一声发出巨大的声响。我往旁边看时，副驾（身体）已经飞出去一半，半边身体在窗外悬挂。还好，他系了安全带。

驾驶舱物品全都飞起来了，许多设备出现故障，噪音非常大，无法听到无线电。整个飞机震动非常大，无法看清仪表，操作困难。

记者：是怎样的困难法？

刘：瞬间失压和低温让人非常难受，每一个动作都非常困难。你要知道，当时飞机的速度是八九百公里（每小时），又在那么高的高度。我给你打个比喻：如果你在零下四五十度的大街上，开车以200公里的时速狂奔，把手伸出窗外，你能做什么？

记者：确实非常困难。我听说是发出了7700的指令？

刘：是我发的，在下降时候发的，发生了故障马上就要发这个，相当于是表示“现在我需要帮助”，管制台会看到它，知道大概的情况，发生了一个怎么样的问题，键盘输入数字。

记者：在自动驾驶完全失灵，仪表盘损坏，无法得知飞行数据的情况下，如何确定方向、航向，返航机场的位置等等？

刘：是的，完全是人工操作，目视靠自己来判断，民航很多是自动设备，其他自动设备都不能提供帮助。这条航线我飞了上百次，应该说各方面都比较熟悉。

老天帮忙

今天早上几乎无云

记者：返航过程中，有没有关注自身的身体状况？

刘：当时只想能不能把飞机安全操作下去，无法关注自己的身体状况。

为避免整个机组进一步受到伤害，要先减速备降，而在紧急高度下降，噪音极大，自动设备不能提供帮助。完全凭手动和目视，靠毅力掌握方向杆，完成返航备降。我当时的身体应该是发出了非常大的抖动。

记者：从飞行数据上可以看出，事故发生后，紧急下降分了两个阶段：一是从32000英尺左右高度紧急下降；二是从24000英尺高度下降到着陆。这是出于什么考虑？

刘：因为当时（飞机）的速度非常大，噪音也很大，必须要进行减速。直接下降的话，会造成飞机和机上人员的伤害。

记者：从发生事故到降落花了多少时间？

刘：大概20多分钟。

记者：今天早上的天气情况怎样？对这次紧急备降是否有影响？

刘：天气帮了很大的忙。今天早上几乎无云，能见度非常好，如果是伴随降雨或者天气状况不好的话，后果无法预料。

不是偶然

曾受过模拟训练

记者：业内人士说你们学习飞行时会有一个模拟噪音、低温等过程？

刘：在初级教练机阶段，会有一个极端情况模拟训练。但高度和速度都不可能像这次这么快。

记者：网上有传言着陆后飞机爆了胎？

刘：没有的事。因为飞机超重，并且反推设备不能工作，因此比正常滑行距离要长，轮胎摩擦更久，导致温度过高，然后轮胎自动瘪气——这是一个保护，不是爆胎。

记者：能说说你的经历么？

刘：之前一直在军校飞行。2006年转业后一直在川航工作。

记者：网友说你的这次经历跟《萨利机长》比较像？

刘：《萨利机长》我看过，其实这次跟英航的那次更像。

记者：就是《空中浩劫》里提到的英航5390航班？像你们是不是特别关注那些关于航空题材的电影或纪录片？

刘：对。我们平时会关注特殊的飞行事故，会刻意关注从职业的角度，考虑事故发生原因，自己应该怎么去操作，做一些特殊准备。

记者：有没有想过自己会遇到这种情况？

刘：平时有一些经验，从刚毕业到现在自己已经飞了几十年了，这方面还是做了一些特别的准备，谁知道下一刻会发生什么，飞行员这个职业就是与非正常情况打交道，正常的情况大家都没问题。

责编 吴钦 美编 黄敏 校对 田仲霖 | 商报官方微信 cdsb66612222 商报官方微博 新浪微博：@成都商报 商报报料热线 028-86612222 商报电子版 www.cdsb.com

2018 年 5 月 15 日《成都商报》版面获中国新闻奖三等奖

第 49 章 重大车祸新闻

一次小车祸可能引发舆论大风暴。重大车祸的新闻价值非常高。同样是车祸，不同的记者看到的很不一样，有的看到死了几个人，有的看到爱心救援，有的看到引发车祸的驾驶细节问题，有的看到车祸给家庭带来的创伤和悲痛。报台网全媒记者视角不同，呈现效果也各不相同。

一、策划要点

关键词：救援

车祸发生后，最重要的是生命抢救。若是自救成功的，又是怎么自救的？记者可把他们的窍门细腻地挖出来供人们借鉴，采访逃生者还原事发情景和逃生经过。若是群众自发救援的，他们是怎样克服困难的？又上演了怎样的大爱壮举？运用短视频、海报长图呈现全过程，一目了然。

找到目击者以及公布车内监控、道路监控记录，呈现一个真实的事发状况与过程。救援中遇到怎样的艰辛困难？如何破解？这些才是报道的看点。

关键词：生命

同一车祸，两家报纸不同视角对比：一则《大货车侧翻 司机被埋货物下（引）众人徒手卸下千余箱货物救人（主）》；另一则《货车撞山，车上男子被货物埋了（主）幸亏消防官兵救得及时，仅受了皮外伤（副）》。显然，前者主标题强调的是对生命的宝贵和珍重，后者仍停留在车祸表象上，给人“看客”心态。

关键词：典型

车祸中会涌现很多震撼人心的力量。最典型的就是 2012 年黑龙江“最美女教师”张莉丽校门口舍身救学生的感人事迹，感动全国。对她的治疗抢救牵动总书记和全国人民的心，全国媒体持续高度关注。随后，以此为契机，央视《新闻联播》发起了“寻找最美乡村教师”的大行动，活动持续至今，成为央视年度品牌。

二、实战心得

翻阅报纸，你会发现“车祸”是个“常客”。更有甚者，“热线新闻版”竟成“车祸版”。电视、网上也是车祸“满天飞”。对于车祸新闻的处理，比较常见的是：标题核心元素“缺胳膊断腿”，写作乱如麻，人文温情缺失。

哪些东西是核心元素？重大车祸的发生地点、伤亡情况是核心元素，必须在标题上体现。对车祸报道，要多用新闻事实做主标题，勿用提醒式标题，如“当心！”对于一般车祸，报道尽量凸显其悲情、同情，如《碗口粗的树 没能挡住轿车坠湖（主）消防全力施救 司机仍不幸身亡（副）》。

车祸报道经常玩模糊：伤者送去急救有没有生命之忧？家属联系上没有？谁撞谁不清楚，记者也怕说错了惹事，以“原因还在调查中”打发。报道不能“一撞了之”，每起车祸后面

都有一串串故事。欲知后事，记者要去医院了解，还可进入当地警方官方微博微信查询。挖掘个别受害者的生活境遇故事，会使车祸报道更具亲和力，体现人文关怀。

每一起车祸都让人心痛。每个车祸现场都狼藉不堪，我们的报道不能混乱，要厘清层次。如一起恶性车祸，某报是这样展开的：事发——轿车撞进围观人群；目击——人被抛了数米高；处置——市长作出重要指示；提醒——事发路段盼设减速带。4个层次，逻辑清晰，一目了然。

重特大车祸"七步鲜"报道模式：①主体消息；②现场直击；③紧急救援；④惊魂一刻（当事人、亲历者、目击者）；⑤事故原因（交警调查）；⑥交警提醒；⑦视频影像（图片、三维立体制图、位置示意图、视频）。

如2010年台湾客车坠崖，19名大陆游客失踪。《晶报》报道模式：①消息；②原因；③灾情；④目击；⑤救援；⑥进展；⑦天气；⑧名单；⑨图片。

记者碰上车祸，面临道德困境：究竟是先救人还是先采访。有道是"救助大于记录，生命高于新闻"。

车祸无情，人有情。关注车祸中受重伤的特殊个体，如孤儿、英雄等，呼吁给予捐助。

车祸新闻，慎报原因。即使是案情特别清楚的事故，也要由事故处理的交警下结论，不能"借"目击者或当事司机之口下结论，勿搞"媒体审判"。

车祸视频影像应避免血淋淋、极度悲惨的画面，以免给不幸者及家属带来伤害。关于车祸报道还可参考"热线新闻"章节。

【客车事故】

客车事故，重点关注乘客伤亡情况。尤其关注那些比较恶性的事故，如客车坠江、坠河、坠崖，可用"三维动画立体呈现车祸过程"。报道突出救援紧急，突出生命抢救，突出最美人性。

车祸报道标题上要打悲情牌，要让受众用户感受到媒体对每一个生命的尊重，珍惜生命之重要，如《车可重修整 人无再笑时（主）昨日下午城区两女子相继命殒车轮下（副）》。标题表达"死亡"时，少用"丧生""死亡"，多用"遇难""殒命"。报道尽可能凸显车祸中亲情和友爱的崇高伟大，如《车祸瞬间，紧紧将幼儿抱在了怀里——男子被撞飞，怀中幼儿无恙》。

对重大车祸报道可单独编发，对同一天若干小车祸，则应按同类项并列处理，用一个标题管总，显得不堆砌、不杂乱，彰显编辑动了心思，版面上留下编辑的痕迹。

外地重大车祸本土如何落地？如卧铺客车异地惨烈车祸，本地从中吸取哪些教训？要了解本地卧铺车数量及运营情况、从业人员情况、监管情况、紧急举措，采访客运公司、交通、交警等部门。

【校车事故】

孩子是未来，校车无小事。

校车事故频发，举国关注。凡遇校车事故，可参考如下"七步鲜"报道模式：①消息；②现场目击；③视频影像；④新闻回放（近期校车事故，可用列表形式）；⑤资料链接；⑥落地稿件（即当地交警部门对校车安全隐患紧急排查情况以及当地校车整体状况、归属、管理情况）；⑦各界声音（对于校车治理，学生及家长、校方、教育部门等社会各界的呼声、期盼、观点）。

车祸悲剧多以相似的面目出现。要做深度反思：校车悲剧为何一而再、再而三地重演？传递什么样的泣血警示？

【货车事故】

不是人命关天的事，关注度则明显下降。货车事故明显不及客车事故关注度高。除了首要关注货车司机生命救援外，还可重点关注货车载的是什么货？货物的贵重及损失严重程度决定关注价值，如“载一厢新轿车数百万元被火魔吞噬”。曝光重大车祸中的人性丑陋，如“货物倾倒遭哄抢”“村民大桶小盆接走一车油”。

抓拍灾难面前丑陋无耻的笑场官员。2012 年陕西安监局长杨达才在车祸现场“微笑”，引发全国媒体攻伐，由笑场局长到“表哥”，到三峡大学学生申请公开其工资，最终杨达才被纪委免职并立案调查。

【**经典案例**：2010 年 4 月，一辆满载玉米的货车在深圳倾倒，一车玉米遭哄抢。《晶报》头版刊发大幅“哄抢”照片，有人举报照片中参与哄抢的干部，《晶报》由此发起强力舆论监督，干部悔过，主动带领村民退还玉米，《晶报》由此发起市民素质人城共进大讨论。除了“哄抢消息+现场直击”外，“专家访谈”还请心理专家对这种哄抢行为做了分析。“参与者自述”，还原现场。为了劝导人们退还玉米，扭转报道角度十分重要。《货车司机：相信市民是有良心的》，这看似不经意的一句话，将报道从哄抢过渡到退物。后续还关注了医院抢救货车司机，以及司机贫困的家境，以唤醒人们的良知。】

【的士事故】

“的士”是城市独特的流动风景线。《新闻晨报》的消息《三千的哥寻一截断指》获中国新闻奖二等奖。一个中等城市有“的哥的姐”数千人，大城市则高达数万人，这是一个特殊而敏感的群体。他们每天穿梭在大街小巷，亲眼直击各种突发事，从乘客那里听到不少新鲜事。《三峡商报》曾开过专栏《的哥的姐说新闻》。

“的士”自燃、“的士”撞人与被撞、闯红灯救人、“的姐”被抢与追赶劫匪都是颇受关注的事件新闻。

【公汽事故】

车祸猛于虎，乘客伤不起。公交无小事，像公汽撞行人、公汽与轿车相撞、公交自燃屡屡发生。而那些触目惊心的公交车祸，如钢管插进公汽乘客喉管，以及震惊全国的公汽爆炸事故，其全媒体报道也有规律可循。

报道可从以下方面展开：①现场（记者在现场看到的实况）；②目击（目击者还原事发经过）；③施救；④伤亡；⑤伤情；⑥自救（司乘人员奋力自救）；⑦寻亲（帮伤亡人员寻亲人找下落）；⑧隐患排查（吸取事故教训各地各部门安全自查排查）；⑨车况（为什么会出事，车辆状况如何，检修保养情况如何）；⑩事故调查；⑪车方整改；⑫赔偿；⑬问责。

【火车事故】

火车事故具有极强的显著性。火车撞人、火车与汽车相撞、火车脱轨……2011 年动车温州相撞坠桥，是近年来全国最严重的火车事故。如何报道，具体参见“时事新闻”章节。

什么样的交通事故是重特大事故？夜班编辑经常为此纠结。若判定准确，可提升新闻显著性。如定性为“特大车祸”，在标题上体现与否，效果大不同。

重大事故是指一次造成死亡 1 至 2 人，或者重伤 3 人以上、10 人以下，或者财产损失 3 万元以上、不足 6 万元的事故。

特大事故是指一次造成死亡 3 人以上，或者重伤 11 人以上，或者死亡 1 人，同时重伤 8 人以上，或者死亡 2 人，同时重伤 5 人以上，或者财产损失 6 万元以上的事故。

其他类型事故定性具体参见国务院《生产安全事故报告和调查处理条例》之规定。

第50章　重大火灾新闻

火灾，特别是重特大火灾，事关人民生命财产安全和社会稳定，有时甚至有较大的政治影响。基于这些特性，火灾往往成为社会公众关注的焦点，因而火灾的新闻价值非常高。美国新闻学者比尔·伯尼博士认为："对新闻媒介来说，最有市场价值的是交通失事、水灾、火灾、地震、谋杀、战争、行业纠纷及死亡和伤害。"

一、策划要点

关键词：生命财产

不能唯火灾报火灾。火灾报道要重点关注"生命财产安全"。报道主标题一般不要平铺直陈"突发大火"，生命和财产是两个核心关注点，应尽量在主标题上凸显。

如2011年3月19日，宜昌金桥批发市场突发大火，烧毁两商铺，无人员伤亡。同城报纸有的主标题突出"大火"——"批发市场突发大火"，信息单一，而有的主标题突出"抢救财产"，如《冷藏压缩机爆炸，金桥市场两家水果铺被引燃(引)大火中，消防官兵抢出17万现金(主)》。

又如《托老中心内，八旬旬婆婆丧生火海(主)事发西坝，该中心屡被通报消防隐患屡不整改，相关负责人被警方带走调查(副)》，主标题不是强调"托老中心发生大火"这样一个火灾事实，而是强调火灾中人的命运。

关键词：救火英雄

一个火灾，一批英雄。2019年四川凉山森林大火，31人遇难，其中27名消防员牺牲。报台网全媒体要倾注对生命的关注与尊重，对灾难的痛惜，对遇难者的哀悼和同情。要讴歌灾难中的壮举，宣传英雄事迹，弘扬烈士精神。为遇难者立传，公布遇难与失踪人员名单，讲述遇难与受伤人员的故事。在"头七"可视频直播集体哀悼活动。

关键词：防"高级黑"

"没有眼泪的灾难报道"比较常见，而且个别地方、部门、官员似乎特别擅长用"党八股"来应对媒体舆论监督。比如，在灾难现场面对镜头大谈特谈领导如何重视。这种"高级黑"会殃及党的形象，损害政府公信力、媒体公信力。

我们经常会发现，火灾通稿过分强调"领导重视"，而对火灾现场的描述和事件的经过没有什么报道。灾害事故报道不是不可以播报领导重视、参与救治、处置的细节，但人们最关心的焦点问题、事件细节、善后进展等才是重点。

二、实战心得

因《舆论学》享誉世界的美国著名记者李普曼有句名言："即使写街上发生的一起火灾，也要像写诗那些精雕细刻。"

火灾，因为屡屡发生，有些记者便"不当回事"，采访浅尝辄止，漏洞百出，主要有以下三类问题。

一类是火灾起因把握不准。仍以前方提到的宜昌金桥市场火灾来说，有的报纸下肯定结论“是压缩机爆炸”，有的则说“很可能是压缩机爆炸”。

二类是灾情数字有出入。就“火灾中抢出了多少现金”，有的报纸说“10 多万元”，有的则说“17 万元”。这是很关键的信息，遗漏不得，须再三核实。

三类是细节不细不真。有的报纸说这些现金是大火扑灭后发现的，有的则说事先知道了保险柜里放了 10 多万元。在写一些货物时，最好能交代清楚是什么货物。

报道做得好不好，从表面上看，体现的是媒体水平高低，尤其是编辑水平高低，从深层次上看，则反映的是记者业务素质、采编队伍整体素质。

面对火灾，记者不能无动于衷。要深入现场，直播火灾，关注救援。

面对火灾，如何报道？“七步鲜”报道模式：①消息；②现场（记者目击、目击者说）；③事发（起火过程）；④救援（救人、灭火）；⑤善后（救治、安置、抚恤、理赔）；⑥调查（事故原因、追责）；⑦反思（从中反映的问题、一段时间内的火灾频发分析、应该吸取的教训以及解决之道）。

除了直播火灾现场及救援、航拍“熊熊大火”、抓拍“抢救伤者”“悲痛欲绝”外，记者第一时间赶到现场，要采访“目击者”，找到火灾当事人“讲述”，用“声音”呈现火灾原貌、观点，呈现抢救“全过程”。对于外地大火灾，记者一时赶不上，可采用“现场连线”，连线当地媒体记者或者当地消防负责人，介绍火灾情况及扑救处置情况。亦可搜索整理网民发布的微博微信微视等直播信息。用“链接”回放火灾档案。

如 2010 年 11 月 15 日上海教师公寓楼装修大火，58 人遇难。报道模式：①高层关注（中央省市领导批示）；②事故调查；③伤情（火灾造成的伤亡具体情况）；④善后（联络查找亲人以及赔偿）；⑤释疑（火灾为何酿如此大伤亡、救援为何受阻等）；⑥事故反思；⑦视频影像。

火灾报道要把握“火候”。好事不出门，坏事传千里。火灾一旦发生，瞬间就在网上疯传，容易滋生谣言，信息真伪难辨，从而导致舆论发酵，制造恐慌，影响社会稳定。报台网全媒体应遵循“快报事实、慎报原因、不下结论”的危机传播策略。

拿捏分寸，把握好“度”。一些概括性的成语和模糊的词语少用，如“惊魂未定”“面目全非”“所幸”“幸运的是”“陡坡”等。一些形容词、拟声词不要想当然地使用，除非你真的在现场看到或听到。

成功的火灾报道能够唤起人们的同情心和社会责任感，同时起到警醒世人的作用。

对火灾的调查性报道要跳出“火起→扑救→损失→教训”程序化报道模式，不仅要讲消防官兵如何扑救、如何勇敢，还要详尽披露火灾的背景，生动讲述营救与逃生的细节故事。要挖掘不同寻常之处，火灾对人们生活的影响。比如，海峡之声广播电台专题《特大火灾背后》获中国新闻奖三等奖。

所有火灾“似曾相识”，所以报道要“出新”难上加难，报道角度要选准。记录要全面，既要有全景描述，又要有局部特写，感人场景细节化。

【车辆起火】

下面是一组好标题：《货车轮胎不堪重负“发火了”》《超车失控，轿车钻进挂车底部轿车烧成铁壳，车内 5 人及时撤离受轻伤》……

采访车祸幸存者讲述惊心全程：如何保命、自救成功，事发前前后后详请，劫后余生的感慨。

【工厂火灾】

化工厂爆炸，举国关注。《盐阜大众报》的组照《响水“3・21”特别重大爆炸事故》，获中国新闻奖三等奖。记者冒着危险五进事故现场，用镜头完整记录从爆炸、救援、救治，到各界群众爱心相助的全过程。借助无人机，航拍爆炸后的化工园区，具有强烈的视觉冲击力。

【民房火灾】

辽宁广播电视台的电视消息《火情危急！19 岁小伙用吊车救出 14 人》获中国新闻奖三等奖。手机拍摄的现场视频成为该报道最重要的画面支撑，同时结合施救少年和被困群众的采访，最大化地还原救人过程。

【其他火灾】

对于人为纵火大案，要重磅报道，还可做追踪、做特稿。刨根问底：纵火嫌犯是一个什么样的人？他有过怎样的人生经历？他平时过着怎样的家庭生活？他有着怎样的脾气和个性？究竟什么事情导致他作出如此发狂之举？亲人、单位、同事、邻居眼中的他是一个什么样的人？

第51章　防汛抗洪新闻

俗话说，无灾不成年。防汛抗洪历年都是各地“天大的事”。长江流域、川渝桂滇贵、东南沿海以及东北黑龙江是极易发生洪涝灾害的地区。每年七八月，这些流域洪涝肆虐，举国揪心。八九月之际，陕甘冀局地洪灾，九十月份台风(包括热带风暴)登陆闽浙粤，沿海城镇乡村屡遭吞噬。每一次流域性大洪水，无不牵动全国人民的心。因此，搞好防汛抗洪报道十分重要。

一、策划要点

关键词：灾情

闻“汛”而动，报台网全媒体要每天密切关注水文水情，对首次洪峰、最大洪峰等重要节点做重点报道，长时段直播洪峰过境。强化灾情和天气报道，但不能渲染灾情，贩卖焦虑。灾情不要停留在数字盘点上，既要关注“面”，又要多报道“点”。

关键词：备战

抗洪，是一场全民“战争”。各地各行各业投入人力物力备战洪魔，要做好防汛动态报道。记者几乎每天要与防总、水利、水文、气象、农业、民政、应急管理等部门联系，掌握动态信息，以防漏稿。

关键词：决口

对诸如江河湖库堤垸决口等重大突发事件，要派出“兵团”作战，全媒报道。2010年7月，水漫当阳城，《三峡商报》特写《洪水中，抢送重点大学录取书》，属同城抗洪救灾报道中的一抹亮色。

关键词：典型

人命关天。关注灾难中的可贵生命、非凡精神、博大爱心。

大灾面前，呼唤担当，呼唤大爱，呼唤温暖。报台网全媒体要捕捉那些为灾区人民解困救难的典型人物和故事，给灾难中的人们以希望和慰藉。尤其去发现那些草根民众为保卫共同家园的英雄壮举，发现那些舍生忘死、见义勇为、助人为乐、毁家纾难的感人故事。

二、实战心得

滔天洪水，相信很多人还记忆犹新。1998年，长江特大洪灾，江淮松嫩，还有珠江流域的西江和闽江等江河，相继发生百年一遇的特大洪水。江西、湖南、湖北、黑龙江、内蒙古、吉林六省区受灾最重，财产损失2500多亿元。湖北嘉鱼县簰洲湾溃口，江西九江大堤决口，牵动全国。美丽家园被冲毁，生命财产遭劫难。这一场场惊天“水仗”，也是一次次新闻大战。国内媒体史无前例的抗洪报道，为今后如何做好抗洪新闻提供了宝贵的经验。

洪灾少则数天，多则数月。报台网全媒体要对每一阶段的报道作出预见，提前准备方案，启动战时应急响应机制，实行全网发力、全员参战、全天播报、全国推送。

完整的防汛报道分为“七个阶段”：①汛情变化；②排查排险；③紧急救援；④军民抗洪；⑤抗病防疫；⑥生产自救；⑦灾后重建。

防汛报道贯穿“七情”主线，即：雨情、水情、汛情、灾情、恩情（各级党组织的关怀与行动）、真情（军民鱼水情、灾难中给人信心、温暖的画面和故事）、倾情（情系灾区，八方支援）。

可推出《众志成城　抗洪抗灾》专题专栏，可分“雨情”篇、“灾情”篇、“民生”篇、“各地”篇、“全国”篇等版块。要着重写汛情变动状况及应对，写抗洪抢险的英雄事迹，写子弟兵对灾区父老满怀的深情，写党对灾区人民的亲切关怀，写各地支援灾区的温馨情谊。

报道全流域各地的抗洪形势、险情、备战。报道国家动员，国家领导人的指示等高层动态，省市媒体要充分及时刊播新华社电讯；关注国家防总、国家气象局等部门的分析、会商、安排；关注军委调动军队支援；关注民政部救灾、全国捐赠。

采编要摸清三个状况：一是当前汛情的发展状况，二是受灾群众的生活情况，三是洪水造成的灾情损失情况。

报台网特派记者深入抗洪一线，如何展开全媒报道呢？一是客户端、微博、网站、抖音要“滚动播报”，汛情直播，不断更新灾情信息。以“【持续更新中】+ 最新内容”作为标题模板，集纳最新动态和一线记者采集的最新内容。二是官方微信要“信息整合”，简要、全面地呈现洪灾讯息，以“【现场视频】+……”或“【我在现场】+……”作为标题模板，整合各方最重要信息，以“短视频 + 简讯 + 图片”等融合形式推送。三是要“精深加工”，报纸电视对先期关注度较高的新媒体稿件进行深度加工，重新挖掘，系统整理，凸显报道的严肃性、权威性。

要挖掘这些“重点”：抗洪“大考”、崩岸险情、紧急大营救、水中生死情、各界捐赠、恢复重建、洪水记忆、水患治理。

大灾面前，要特别注重稳定民众情绪。注意刊播系列评论，引导人们守望互助、风雨同舟、战胜灾害。

洪灾出大新闻。《长江日报》记者捕捉亮点，写就经典名篇《簰洲湾溃口“淹”出7000多人》，剑指“数字腐败”，获中国新闻奖二等奖。救灾款频频被村干部冒领，于是《人民日报》记者采写《簰洲湾又堵“溃口”》。簰洲湾浴“水”重生，如《湖北日报》的《溃口10周年回访簰洲湾》。吉林广播电台直播《洪灾过后 给你一个温暖的家》，获中国新闻奖三等奖。

抗洪出新闻人物，如“抗洪勇士”“抗洪小英雄”“新闻小人物”等。

【山洪暴发】

特大暴雨肆虐会引发洪涝灾害。记者走灾区，置身暴雨山洪冲毁的家园，报道如何展开？可抓几个片断：无情的灾情、感人的现场、感动的人物、面临的困境。

(1)“灾情”篇：报道暴雨洪水造成的损失。“总的损失”以主体消息呈现，典型个案损失以重头通讯呈现。重点写洪涝带来的令人铭心刻骨的串串悲剧。2010年甘肃舟曲突发特大泥石流，在众多新闻中，《9岁哥抱6岁妹逃生　兄妹俩失语50小时》这则报道特别抢眼，兄妹俩特别令人牵挂。福建新闻广播与腾讯大闽网合作，对《泰宁泥石流紧急救援》展开两天的全媒体特别直播，获广播直播类中国新闻奖一等奖。

【经典案例：荣获融媒短视频新闻类中国新闻奖一等奖作品《柳州融水突围记｜广西日报记者“失联”数十小时，在穿越40处塌方后发回灾区最新画面！》，报道广西柳州融水杆洞乡突发两次山洪，全乡群众被困多日，成为通信、水、电中断的“孤岛”。记者第一时间赶赴灾区一线，记录当地乡镇干部和百姓组织营救、自救的事件。】

(2) “现场”篇：报道“紧急转移群众”“洪水中抢运物资”“抢救生命财产”，重点报道那些生命财产损失极大的家庭或唯一幸存儿童。

(3) “人物”篇：报道抗洪抢险中组织和带领民众坚强自救、舍小家为大家的先进典型。

(4) “困境”篇：报道灾难发生后重建家园面临的难题和盼望解决的问题，反映灾民和干部的呼声。遭洪水围困，报道模式：①消息；②现场；③救援；④亲历；⑤视频影像。

重磅关注暴雨灾害典型个案，如养鸡场遭灭顶之灾、鱼塘“泡汤”。

【防汛死守】

灾情如军情，灾场似战场。大汛面前，报台网全媒体要有打大仗的姿态和突击。要特派多路记者探访抗洪前线，把最新最真的防汛形势传递给公众。如记者徒步灾区切身体会“防汛一线”之艰辛，可从查险、生活、睡觉、期盼等多方面入手，采写来自各条战线的抗洪大军的故事。实地探访灾区人民的生活状况。《浙江日报》的消息《洪水围困 12 昼夜 10 万灾民生计如何》获中国新闻奖三等奖。

千军万马抢险，众志成城抗洪。笔墨、镜头要呈现波澜壮阔、气势磅礴的“抗洪军民战洪图”。《湖北日报》的消息《武汉百里长堤巍然锁长江》获中国新闻奖一等奖。水高一尺，志高一丈，军民合力战“洪魔”，“现场特写”那些“顶风冒雨、不畏艰险、冒死堵口、抵御洪涛、忍受暴晒”的感人故事。

抗洪历时较长，洪水一峰更比一峰高，不能天天搞雷同的动态新闻，怎么办呢?

可采访老水利人、水文预报员、抗洪官兵和群众、抗洪志愿者等各方面人士，写洪水的猛烈，写抗洪军民大决战的气壮山河、搏击风浪的顽强不屈，写洪水中的生命大营救，写洪峰下城乡群众的处变不惊、安宁祥和的生活场景和今昔变化，写后方全力支援抗洪前线。

洪灾报道的基本原则：不能渲染灾情的惨不忍睹，要着力报道抗灾和救灾的动人场面、感人事迹，给人温暖的力量。

洪灾严峻，易生谣言，可邀专家第一时间对灾情分析解读，有助化解疑团，稳定民心。

【溃坝决口】

2010 年七、八月份，全国各地暴发流域性大洪水。宜昌境内当阳大堤决口，当阳县城 50 年来首次被淹；毗邻枝江市玛瑙河也危机四伏。面对紧急军情，报道如何展开?《三峡晚报》推出《众志成城 抗洪救灾》特别报道，分“沮河”“当阳”“枝江”“全国”等 4 篇共 4 个整版，一组排比对仗标题颇有气势：《决堤！决堤！五七渠》《水退！水退！当阳城》《告急！告急！玛瑙河》《救灾！救灾！全中国》，分外扣人心弦。

凡碰到类似大洪水、大堤决口等重大事件，报道可按“重要动态”“救灾一线”“八方支援”三大块铺展，从以下 16 个方面着手切入：①突发险情；②高度关注；③紧急抢险；④决口影响；⑤生死瞬间；⑥救援现场；⑦官兵驰援；⑧调峰蓄洪；⑨领导慰问；⑩消毒防疫；⑪电力保障；⑫水文急报；⑬应急响应；⑭各地灾情；⑮经济损失；⑯保险理赔等。

像决口这样的重大灾情，头版可满版或半版通栏刊发“决口图”。决口“事发何地”是新闻核心元素，要入标题，要配发“位置示意图”。

洪灾持续时间一般较长，报台网全媒体要组建“特种兵”、小分队打持久战，历经 4 个报道阶段：从防汛备战、抗洪相持到洪水退却、重建家园。

刊播灾难视频影像，不要刻意渲染悲伤，要反映人们坚强自立、八方支援的场景。

【紧急分洪】

不到迫不得已，不会选择分洪。分洪就意味着成千上万群众、牲畜、财产紧急大转移；分洪，就是舍小家为大家。

江河、湖泊、水库分洪，如何报道？报台网全媒记者可从以下 15 个方面着手：①防指下达分洪准备；②分洪演习；③分洪解析；④居民大转移；⑤汛情动态；⑥防汛纪律；⑦科学调度防控；⑧警方备战；⑨物资准备；⑩天气预测；⑪行洪清障；⑫死守大堤；⑬蓄洪区实况；⑭抢险人物典型；⑮灾民妥善安置等。分洪位置要用示意图标明。

分洪，记者要写出“重大决策背后的惊心动魄”，如“最严峻的汛情”“最漫长的一夜”“最艰难的抉择”。《中国青年报》的通讯《含泪再炸邱家湖》获中国新闻奖二等奖。

分流时刻，媒体可兵分三路。一路是分洪点记者“分洪直击”；二路是记者去蓄洪区探群众、牲畜、财产大转移，“记者一路与洪水赛跑，记录一路感动”；三路是探访转移群众安置情况，如灾民谈屡次不同的转移感受，凸显党和政府周到考虑，以人为本。

洪灾报道的深度追问与反思。灾害突临，一切繁华都如同沙上之塔；危急关头，唯有生命是重中之重。洪灾反思如何用最科学最有效的手段预防与规避灾害。比如，“问灾”：房倒人亡，如何应对一雨成灾？如何将灾害减到最小？“问雨”：今年尤甚，暴雨何以频频为祸？降雨为何如此集中？降雨为何如此猛烈？记者走访专家，探寻今年暴雨的成因、特殊性以及未来的趋势等。

【外地水灾】

洪灾在他处，非本地域，也可考虑关联落地。如南方洪灾，则关注北上南下旅客列车受影响情况，物流情况，本籍旅游团南方受困情况。外地水灾牵连本地，如《水灾影响，南方游“爆冷”》。

在中国新闻处理中，对小流域洪灾一般不选稿，对大流域特大型洪灾，要开专栏重点报道，甚至与本地洪灾报道统筹整合。

【国际洪灾】

洪灾泛滥，是世界问题。国际新闻版块对全球气候异常、国际重大洪灾予以重点关注。比如，中国邻邦朝鲜、巴基斯坦易发大洪水，受关注；泰国洪灾易引发全球粮食波动；飓风、龙卷风引发的欧美洪灾也颇受关注。

“洪水过后，将是洪水般的悲伤。”可配发前瞻性分析报道：“全球洪灾会给世界经济带来哪些影响？”

第 52 章　矿难新闻

“矿难”——一个让国人闻之色变、胆战心惊的字眼。曾几何时，全国各地，矿难频发。而矿难一发，人命关天，小则震动县市省，大则惊动党中央，让全国人民揪心和牵挂。

面对矿难，记者不能迟钝，不能见怪不怪。只要有人受到伤害，媒体就应关注，记者就应介入，快速奔赴现场。

一、策划要点

关键词：救援

突发重大矿难，牵动县市省甚至惊动国家部委介入。各级相关部门做了哪些救援安排，采取了哪些救援措施，碰到哪些救援难题，如何破解。可以边直播边解说，回应人们的关切。

【**经典案例：**《人民日报》的消息《179 小时，王家岭见证生命奇迹》与央视电视直播《王家岭矿透水事故救援报道》同获中国新闻奖一等奖。山东卫视电视消息与中央人民广播电台广播直播《36 天生死营救 平邑矿难 4 名被困矿工成功升井》，报道了这一世界矿难救援史上的奇迹，反映了“不抛弃、不放弃”的救援精神，同获中国新闻奖三等奖。《中国青年报》的《山西繁峙矿难系列报道》获中国新闻奖一等奖。】

关键词：调查

人们对矿难最为关注的，就是矿难现场追查、遇难家属安置情况、出事矿怎么整顿等非常现实的问题。全面从严治党之下，矿难调查严，问责力度大，关注度高。

关键词：人文关怀

有专家说，“对生命的敬畏与关怀，应是灾难报道的第一要义。”矿难报道尤其应倾注“人文关怀”，因为相对于强势的矿老板和既得利益集团，遇难方极其弱势。如《书记省长井口守候矿工归来》，头版大照片，省委书记搀扶矿工的镜头，让人格外温暖感动。

任何一起矿难背后都隐藏着受害人的痛苦与悲伤。如《21 岁内蒙古小伙儿不堪个体铁矿业主盘剥，身无分文出逃 他徒步 114 天，风餐露宿，蓬头垢面如同流浪汉和疯子，想问都很难 (引) 回家的路啊，竟这样漫长艰辛 (主)》。

二、实战心得

对矿难能否介入或做充分报道，考验一家媒体的勇气。

此言不虚。当今之现状，听闻矿难，或麻木不仁，或发一简讯了事，或等上头通稿不到现场；更有个别记者到达现场后发矿难财。2008 年在河北蔚县“7 • 14 矿难”中收取封口费的 10 名记者，均被判刑。

矿难一出，官场震动。因为矿难会夺走某些官员的乌纱帽，所以，捂盖子者多。有的地方小矿难，本地报台网全媒体也难刊播出来，而大矿难则多发上级安排的通稿。除了通稿，报台网全媒体能不能自选动作呢?

答曰：当然可以。此时，报台网全媒体要吃透上级精神，发通稿主要是为了让媒体掌握报道的火候，不致过度，媒体可在此基础上大胆进行正面的、侧重于救援的报道。

采访矿难，事先要精心准备。矿难多发生在深山老林，交通不便，通讯时有不畅，及时发稿多不易。前方记者要带足备用电源，以免手机、相机“罢工”。

因矿难报道有不可预见性，后方编辑要和前方保持高频联系，根据前方提供的信息给予前方记者充分的策划和指导。

当你一路颠簸，带着疲惫抵达山高林密的矿难现场，按“矿难22问”推进采访时，我们相信，无论何时何地你都会游刃有余地完成报道，具体如下：

1 问：矿难遇难人数？

2 问：矿难如何在救援？

3 问：矿难引发了哪些上层及高层的关注？具体有何指示？

4 问：矿难发生时的详细情况是怎样的？

5 问：矿难的事故原因是什么？

6 问：矿难救援的难点有哪些？

7 问：当地党委、政府、应急、纪委监委、检察、公安等部门是如何介入事故调查的？

8 问：事故调查的最新进展是什么？

9 问：矿难死伤者的家属反应如何？

10 问：各级部门如何善后？

11 问：善后的标准是多少？是如何确定的？

12 问：伤者抢救情况如何？危重病人情况如何？

13 问：矿难死伤者详细名单（姓名、性别、年龄、家庭详细住址）有没有？

14 问：获救者讲述瞬间、井下逃生、获救经过各是什么情况？

15 问：事发矿难矿井简介搜集了吗？

16 问：矿难发生后上级主管部门对同行业有什么新的整治部署？

17 问：事故责任追究情况怎样？

18 问：矿难有哪些官商勾结内幕？

19 问：紧急救援现场有哪些感人事迹和英雄壮举？

20 问：事发矿井曾经是如何整治的？

21 问：矿难深度反思，类似事件频发背后隐藏什么样的制度性缺陷——为何频发？如何减少？

22 问：他山之石，国内外有何作法，可供吸收借鉴？

根据矿难遇难人数多少决定在头版刊发的位置。特大，且关注的领导职务高，如中央领导或省委书记批示，则头版头条处理；其他可视情况一版发救援大图或倒头刊发。

如果矿难发生在外地（省），我们要第一时间监控网络和电视信息，看遇难者中是否有我们这里的农民工。若有，可连线当地报纸、电视、网络了解详情，或者我们的记者同遇难者所在县市乡镇官员一道赶赴事发地，帮助他们维权。如《山西晋城一煤矿瓦斯爆炸（引)9 名湖北矿工被埋井下（主）均为宜昌、保康人，家属已赴当地 保康劳动部门派员前往协调（副）》。

矿难、爆炸等事故，有关单位封锁现场，拒绝记者进入，获取信息困难，怎么办？一是同当地宣传部门联系，至少能拿个通稿。二是监控网络、微博、微信和 QQ 群以及新华社电讯等。三是可采取“化装”措施，扮成民工或施救人员入内。

视频影像要突出全力抢救、遇难矿工亲人的悲痛。运用 3D 技术绘制事矿井示意图。

第 53 章　地震新闻

谈“震”色变。近年来，地震频发，引发重大人员伤亡。

2004 年 12 月 26 日，印尼苏门答腊海域 8.9 级地震引发滔天海啸，波及多国，至少 28 万人遇难。2008 年 5 月 12 日，四川汶川 8.0 级大地震，瞬间夺去 10 余万人的宝贵生命。2011 年 3 月 11 日，日本福岛海域 9.0 级特大地震，引发海啸，2 万余人殒命，并致福岛核电站核泄漏，造成陆地和海洋生态灾难，影响全球。

一、策划要点

关键词：灾情

地震突发，山川移位，江河断流，道路中断，隧道坍塌，村镇被埋，家破人亡……既报道灾情，也传递抗争。灾情发布数据要经权威核实。既报道整体上的、各个面上的灾情，又重点报道特定家庭的灾情和故事，如《汶川 8 级强震 震惊震撼震动中国》。

关键词：救援

同样是报道救援，又可细分几种情形：本土救援和外地驰援；自救互救和救援队救援；中央救援和地方救援；解放军武警应急救援和民间救援；国内救援和国际救援。要既报道救援的动态进展，又重点报道救援中的典型画面、典型场景、典型故事，如《一座县城瞬间夷为平地 (引) 救援！救援！千军万马进发北川 (主)》。

要多挖掘一批救援英雄事迹，多聚焦救灾一线的最美“逆行者”，多宣传基层党组织和广大党员的战斗堡垒作用、先锋模范作用，多宣传基层干部、社区乡村工作人员的忠于职守、默默奉献。

关键词：感动

灾难来临时，民众最需要的是鼓励，是真情，报台网全媒体不仅要把前线的最新消息直播出来，更要捕捉抗震救灾中感人的故事，将感动汇聚成一股强大的力量推动救灾。

怎样驾驭宏大灾情场面？从微观的动人之处入手。聚焦那些救灾中涌现出的“最可爱的人”，如汶川地震中保护幼子的母亲、拯救学生的老师、勇救同伴的孩子等。

关键词：辟谣

凡遇灾难，必生谣言。谣言引发抢购风潮，影响社会稳定，干扰救灾秩序。全媒体必须及时准确发布信息，回应社会关切，决不能让真相还在穿鞋，谣言已经满世界跑。全媒体要抓住舆情应对“黄金 2 小时”，有效引导，止谣破谣；要搜集民众疑问，找权威专家和官方解惑释疑。比如，地震为何难以预测？地震发生时如何紧急应对？《汶川地震为何武汉楼晃？》就有助于消除人们的疑问和顾虑。

关键词：关爱

地震无情人间有爱。海地地震，中国八位维和警察遇难，《人民公安报》推出通讯《94

小时搜救：无论你在哪里，我都要找到你》，获中国新闻奖三等奖。

报台网全媒体积极展开“救灾行动”，动员民众为灾区捐款。大力报道各党政机关、企事业单位、各大中小学、社会组织的善举。报台网全媒体可与本地红十字会、慈善总会联系，共同举办广场捐赠活动以及赈灾募捐晚会。除此之外，还可举办地震诗歌朗诵会和义卖活动。

逝者长已，生者继续。除了物资帮助，报台网全媒体不能忽视灾民尤其是儿童急需的心理救助。

二、实战心得

做新闻，需要激情。碰到猛料，可以激动，但不可冲动。内心一团火热，头脑尤需冷静。对于地震、气象、洪水、疫情等可能造成重大社会影响的报道，必须经权威部门严格审稿。

地震报道的基调：深入地震灾区，展示真实的灾难图景；从悲哀和灾难中看到奋斗和抗争；始终突出“生命第一”，如“生死不离”“生死时速”“生机不灭”等阶段性主题。

专题名称可定为《抗震救灾，众志成城》，下设专栏直击震中、最新灾情、两地血脉情等。

努力发掘灾难中的人性光芒。灾难新闻不是灾情展览，不仅仅是直面现场、直面悲剧，还要审视灾难，关注生命，给予关怀。大写那些撼人心魄的亲情大爱，如《父亲徒手刨出废墟中的女儿》《楼板砸下来，他用脊梁护学生》。

灾难新闻要“三多”：多写现场见闻、现场特写、通讯，改变动态消息单调过多；多写灾民的生活，展现灾区人民的不屈精神；多寻找感人的情节、人物，大灾面前尤其需要慰藉。

【地震突发】

不能碰到地震就重处。对于地震区来说，频繁地震也许不是什么新闻了。对于5级以下的地震，没有酿成大的灾害的，报台网全媒体介入力度、浓度不必太大，3级以下的一般不报道。

突发大地震，有实力的报台网全媒体可特派记者第一时间赶赴灾区，直播灾情。大事有我，大事看我。借重大事件，可显著提升媒体品格和影响力。一家媒体，一年至少要切入一两件轰动性的突发事件、重大事件。

奔赴震区，抵达震中，该如何展开报道？我们精心梳理了全国数十家媒体地震报道，提炼出17个报道点位，即：①震情（震级、震中、震兆）；②伤亡；③灾情（城乡房屋、工厂、工程、道路、桥梁、学校、医院等重点民生单位受灾情况）；④险情（余震不断，沿途险象环生；重大危及民众安全的险情，如堰塞湖、水库大坝裂缝）；⑤救援（党政军警、医疗、民众展开营救，国际援助）；⑥高层关注；⑦预测（余震情况）；⑧亲历（地震发生那一刻自己以及周围的反应、谈论及所看到的场景）；⑨讲述（亲人或获救者本人讲述被困生死时刻和攸关故事）；⑩连线（记者连线事发地亲友或驰援灾区救援的本籍指挥人员）；⑪现场（记者在灾区所见所闻）；⑫位置示意图；⑬影响（地震带来的影响，如股市、经济及物价）；⑭解读（地震局长全面解读本次地震震因、震兆）；⑮回放（历次地震档案）；⑯爱心；⑰天气（地震后灾区天气多变，通常会有雨雪，给救援带来极大困难和考验）。

抵达震区后，做好“72小时黄金抢救期”全媒报道，重点关注地震中的生命奇迹，如《被埋48小时后，半月大女婴获救》；全景式披露救灾情况，重点关注受灾群众的安置和心理安抚工作；重点报道“震后第一天”“震后第二天”……至第七天。

【经典案例：汶川地震期间，《齐鲁晚报》推出《震动我心》抗震救灾“爱心特刊”暨募捐活动。《南方周末》先后推出《逼近震中》号外和《徒步汶川》《大地震现场报告》《大

地震现场再报告》三个专题，以及“汶川九歌”策划。】

关注动物异常现象，如《村民讲述惊魂一夜——“地震发生前，豚挪窝，狗狂叫”》。

外地地震，我们怎么报道？可侧重报道本籍人士在当地灾区参与救援的情况；侧重报道祖籍在本地，生活、工作、读书、经商在灾区的那些人，写他们在地震中的遭遇，以及他们目前的处境，如“关注玉树灾区湖北人”；侧重报道援助物资、款项在当地发放情况，孤儿、孤老的安置情况和伤残人员的治疗情况。

关注地震伤亡人员中的家乡人。如“牵挂湖北老乡”，打探湖北人情况，后方开通寻亲热线和全媒体寻亲。

【**经典案例：**2011年3月11日，日本突发8.8级地震，尽管地震远在万里之外，但还是牵动众多宜昌人。为什么？因为宜昌有百余名赴日研修生，他们在日本务工，还有部分学子在日本留学或工作，以及宜昌在日本的游客。他们距震区有多远？他们安全吗？他们所经历的震情如何？……为此，《三峡商报》记者通过各种渠道连线，成功完成报道。】

寻着这个思路，无论地震发生在地球哪个角落，只要两地有“千丝万缕”的关联，我们就可以拉近距离，就要着手策划开展报道。

地震中找人（指特定的、典型的报道对象）是相当困难的。掉了稿子，有的记者会找出一堆理由：我不知道他是我们这里的人，我搞不到他的联系方式……我们要善于从网上网下电视报纸中搜集一切有用的信息，打通一切关节找人，把“不可能”变成“可能”。

铭刻“灾区表情”。尊重每一个平凡而平等的生命，敬重每一个平凡而坚毅的生命。拍摄一些不幸（如遇难者的各种姿势的“手”，让人悲凄，让人久久记忆），更要拍摄一些温暖和希望——让活下来的人好好活下去。

现在来回忆2008年汶川地震，永驻人们心间的绝对不是那山崩地裂、残垣断壁的灾难场景，一定会是那只废墟中紧握着笔的小手，一定会是那位地震后骑着摩托车背亡妻回家的男人……我们就是要抓取并做大那些能给人们心灵震撼的镜头和人物故事。

【震后七日祭】

震后七日祭，为逝者祈祷，为生者祈福。

国旗半垂举世同悲。哀悼日，报台网全媒体表达一个共同的主题和心境：举国同悲、寄托哀思、团结守望、衷心祝福。这是报道的基调，也是策划的主线。

推“七日祭”特刊专题，下设震区动态、地震七日、灾区直击、生命奇迹、两地情牵、爱满神州、震区影像、祭文悼念等版块。要报道好中央、全国、本土、灾区悼祭情况，灵活运用“消息 + 通讯 + 现场特写”等体裁。采用宏大叙事和深度观察，从不同侧面和更高层面审视地震对人们的影响和对国家治理、对外形象等的影响。

以汶川震祭为例，推荐一组哀悼日特刊的名称、封面主题词：《南方都市报》的《祭•念》、《北京晚报》的《国恸》、《燕赵晚报》的《震•恸》、《三湘都市报》的《中国，挺住！》、《青岛晚报》的《中国垂泪 为逝者祈祷，给生者坚强》、《现代金报》的《五洲同殇》、《南国早报》的《国哀》。《南方周末》重磅推出36版全记录《大地震现场报告——汶川九歌》特刊，《南方都市报》推出《5•12汶川大地震七日祭》特刊，全国瞩目。

在悲哀中凝聚力量。哀悼日持续三天，报纸封面主题应呈现一种递进的节奏感。

【**经典案例：**川震国悼三天，《齐鲁晚报》三天哀悼日封面为《汶川伤 国之殇》《逝者安 生者强》《同风雨 共担当》。《当代生活报》封面主题依次为《举国哀悼 天地同悲》《逝者安息 中华挺住》《天佑吾民 多难兴邦》。】

封面哀悼元素的视觉表达，有：国旗半降、默哀镜头、震区特写、燃烧蜡烛、怒放菊花。

哀思文本写作，多用抒情性、叙述性语言，或表达深切哀思，或叙述动人故事。

惊天灾难来临，商业为公益让路。国哀日举国同悲，全国所有报台网全媒体都转换成黑白灰：所有报纸版面、广播电视频道、新媒体界面不刊登商业广告，暂停副刊、专刊及娱乐体育版面、节目。

广告人切记：不是什么钱都能赚的。有些大事件，广告要坚决为新闻让路，该撤即撤，该缓则缓。在特大地震等国殇期间，不登商业广告，但全媒体可推“重大事件的公益广告”，即对那些大额捐赠的爱心企业和单位，如 100 万元以上爱心善举，报纸特价惠登整版“捐赠形象广告”。发布爱心榜，对个人免费。2003 年《北京青年报》抗击非典公益广告大型策划《我心中的天使》，共刊出 91 个专版，收到“天使基金”741 万元。

此外，诸如月祭、百日祭等皆可视情做相应策划报道。

【震后重建】

报道要有助于让灾难中的人们树立起重生的希望和灾后自救的信心。

动态报道重建进程，关注重大项目。对于有本地部门或企业参与援建外地灾区的，可连线或特派记者深入当地踏访援建进程和效果，浓墨重彩地展现家乡人克难攻坚，对灾区人民的深情厚谊。此外，积极关注灾后安置、规划、重建、教育、心理、疫情等方面。《四川日报》的通讯《灾区新地名 记录全国人民的深情》，获中国新闻奖三等奖。

【震后周年】

震后周年祭，全媒报道基调：重生、新生、希望。

汶川地震一周年时，《长沙晚报》推出《汶川长歌》特刊，《长江日报》推出“重走震区特别报道”《活着》特刊，《济南时报》推出《祭忆》特刊，《现代快报》推出《西望汶川》特刊。视觉元素运用较多的是残垣断壁中坚强生长的一株绿苗、一朵怒放的菊花、一截燃烧着的红色蜡烛、置身灾区的快乐孩子等。既表达了哀悼祭奠，也带给人们以温暖、期待和希望，给人以寄托和力量。

周年重返地震灾区，报道些什么？出发之前，就要拟好报道提纲，圈好要到达的地方、要采访的人、要提的问题、要反映的主题，搜集好与之相关的报道和材料。回访灾区，记者就是去感受灾区的重生与希望，记录灾区民众的生活和愿景，倾听灾区生长的声音。

报道要重点寻找重大事件中的人和事。比如寻访当年“地震新闻人物”和标志性地点，追访那些地震中涌现出的英雄人物，那些抗震英雄、受伤人员、受灾家庭，问问他们都经历了怎样的命运变迁、他们如今过着怎样的生活，等等。如玉树地震的铁汉才哇村支书、汶川地震中的可乐男孩、汶川地震中温家宝总理写下“多难兴邦”的教室。倾听灾区复兴之路的艰难和曲折，通过他们的故事，记录灾区重建和心理重建的历程。

地震灾区周年祭，反映从毁灭到新生的变化，精心策划在同一地点，以同样的角度拍摄画面对比照片，或者灾难中的“符号人物”站在同一地点重拍，通过两个画面的对照映现，更能直观地反映灾区重生的变迁以及人们的生活状态。

要做深度反思：灾难给人们生活带来哪些细致入微的改变？灾难防控有何瓶颈？从灾难中该吸取哪些教训？报道应由个案引申到带有共性的问题，呼吁从制度层面引起重视。

第5篇　社会新闻策划

社会新闻是关于社会现象、社会动态、社会事件、社会问题、社会风貌的报道。广义上的社会新闻包罗万象，狭义上多指警法新闻。

纵观都市报和新闻网，多是靠找问题、揭社会伤疤起家，靠“打打杀杀”吸引粉丝，版面、网页上充斥星（明星琐闻）、腥（血腥暴力）、性（黄色）。自社会主义核心价值体系的确立以及构建社会主义和谐社会重大任务提出以来，媒体内容生产随之开始全面转型。格调不高、品位粗俗的社会新闻被彻底打入冷宫。

这个社会不缺负面文件，阳光总比阴暗多。我们所作的社会新闻应该弘扬真善美，鞭挞假丑恶，对人间真情、和谐邻里、生活趣味等给予更多关注。

党的十九大报告提出，我国社会主要矛盾已经转化为人民群众日益增长的美好生活需要和不平衡不充分的发展之间的矛盾。人民美好生活需要日益广泛，不仅对物质文化生活提出了更高要求，而且在民主、法治、公平、正义、安全、环境等方面的要求日益增长。全国媒体和广大新闻工作者要顺应矛盾的“历史性变化”，为人民提供更多满足“美好生活”需要的信息产品和服务。

第54章 热线新闻

热线新闻，又叫报料新闻，具有鲜活、突发的特点。热线是媒体的耳朵，没有报料，媒体就会成为聋子。过去，为了尽可能搜集线索，报台设专人接热线，管理信源；今天，微博微信微视及直播平台为报台网即时掌握信源提供了无限可能，同时也带来了革命性的新闻冲击和更大难度的采编挑战。故很有必要探讨在新时代新语境下如何做好热线新闻。

一、策划要点

关键词：全天候

热线记者要练就全天候追寻新闻的能力。随时做好出发的准备，手机、相机电能够不够、存储空间多不多、电脑数据线带了没有、笔是否书写流畅、采访本是否整洁……所有这些准备，作为热线机动记者，应是一种常态。拉得出、打得赢，这是对热线记者的基本要求。

做新闻的秘诀，一个字：“快”。真实是新闻的生命，时间也是新闻的生命。事发时我在现场，事发后我能第一时间赶到现场，这是媒体较量的第一关。

可是，有的记者遇到突发大事，要么“绕道走”，要么“畏惧怕上”，要么“值班老总点名点将”，要么“遇事找不到人”。殊不知，只有大事最考验人，也只有大事才最成就人。只有经历过大阵仗大场面，才会有大胸怀、大视野。

关键词：反抢

搞新闻最可怕的是遇到大事无动于衷。现在，信息满天飞，线索圈里转，许多记者的新闻敏感不是提高了反而降低了，变得麻木迟钝、见怪不怪。新闻人要珍惜新闻线索。

记者要有“蚂蟥精神”，一听到水响就游过去。要当首发者，达不到“首发”，也要是“首位跟踪者”。在明知落后人家一步的情况下，该怎么办？就是立即反抢，反制对手，后发制胜。

关键词：理性

热线报料大多是车祸等悲剧以及一堆扯皮拉筋、鸡毛蒜皮的琐事，但每件事背后都有不为人知的故事。看客记者抱着看热闹的心态就事说事，抓些浮在水面上的青萍，这样的报道索然无味。理性记者会从事情的表面深挖出鲜为人知的内幕，或呈现故事情节的环环相扣、细节的充分细腻、情感的油然倾注，或客观看待事情，做理性分析。

二、实战心得

都说新闻是“内容为王”，搞新闻工作这么多年，我们的体会是“线索为王”。很多报道输就输在没有一点线索，很多记者苦就苦在缺少线索。

热线不热，越来越难做热。这是普遍性难题，对地市州报台网来说更甚。深究原因，主要有以下4个方面。

一是受大气候影响。移动互联网、微博微信微视、直播平台等新兴媒体快速迭代，这是技术革命引发的不以人的意志为转移的传媒革命，受众用户注意力发生转移和严重分化。二是报纸电视新闻“三贴近”不够近，阅读体验弱，无论从形式还是到内容，需要变革。三是报台互动参与性不够强，吸引力差。四是帮办服务不到位不称心，满意度不高。

如何让热线“热”起来？应做好以下七件事。

一要善待每一个热线。件件有登记，件件有回复。能现场解答的现场解答，现场无法解答的，事后帮忙打听，多方联系解决渠道，并反馈回复给来电者。此事唯有持之以恒，经年不断。只有你重视了报料人，报料人受到了尊重，心底里才会重视你的媒体。《新民晚报》开设总编值班热线，总编辑亲自接听处理热线。

二要切实提高采编质量。努力把受众用户的报料变成同比最优的作品。多数报料人并不是冲着你的报料费，他希望通过他的报料看到事情的全貌和事情的价值，这种价值能让他内心获得一种“体验的快乐”。

三要永不懈怠，真心实意帮受众用户跑腿办事。能给你打电话的，多是遇到麻烦或困难的，他需要媒体助一臂之力。家有烦心事，我有热心肠。热线记者帮报料人跑腿，无论是成功还是失败，只要让他感受到了记者的真情，就会与媒体不离不弃。马上就办，真抓实干，三天打鱼两天晒网，肯定搞不好。

四要调动报料人积极性。重奖报料人，万元重奖。《楚天都市报》开评“每周最佳线人”，一些报纸每年评选“十佳报料人”“十佳通讯员”。

五要全媒体上刊登新闻热线。微博微信抖音都开通热线，位置要固定，要醒目，信息要全。

六要及时反馈报料处理结果。通过全媒体，把通联情况向受众用户汇报。

七要改善值班线索处理机制。建立基于全媒体中央厨房的信源管理，一次报料，统筹分发。每天盯本地报台网全媒体和央视《新闻联播》，是热线编辑、要闻编辑的工作内容。

热线报料如何处理？

热线报料的七步处理路径：受众用户来电→倾听记录→记者介入→调查核实→报道追踪→解决问题→反馈告知。

反映的问题价值不大，怎么办？不报，会让粉丝失望，继而流失；报，事太小、太琐碎、太重复，看不下去，怎么办？通过技术研发，把新闻热线和政府、部办委局等相关单位的热线电话用互联网集成联动，具体见“舆论监督新闻”章节。对粉丝打来的投诉电话，有的做新闻，有的转给联动单位，限时回复、解决。

“掉新闻”不可避免。但有的时候，不是没有新闻，而是我们采访、认识等方面的原因，导致稿子处理不到位，或发轻了，或发偏了，或语焉不详。

新来的记者如何迈开第一步？我告诉他们“没有线索，你就去急诊科找找”。同样是急诊新闻，《长沙晚报》的消息《深夜挨户敲门寻找 救下昏迷夫妇》，再现了急救医生李良义恪尽职守、救死扶伤、永不言弃的职业精神，获中国新闻奖二等奖。

热线资源也可发挥舆论引导力，从而提升报台网热线影响力。如收集一周或半月内市民网民意见，梳理成多个带有共性的问题，请相关部门集中解答，效果也很好。

突发新闻报道理念：速报事实，慎报原因，再报跟进。

面对突发大事件，怎么办？报纸用大图片大版面打组合拳。要摒弃一种思想：为了照顾某个分数比较低的记者，版面搞平均主义，唱“你有我有全都有”，充当“好好先生”。版面不能搞“大锅饭”，更不能搞“一锅煮”。要张扬一种思想：版面、页面、屏面是专卖店，是好新闻的专卖店，不是集贸市场。要舍得版面、时段，为好报道让路，让搞好报道的记者、编辑得好报。

这里跳楼，那里跳江，他处还有自杀……生活好了，心理更脆弱了，走极端的事情每天都在发生。当一两天类似的悲剧不断上演，你能否从中找出带有共性的东西进行组合提炼，考验你的编辑力。

【**经典案例：**《楚天都市报》一组关于热线出击的并列组合式报道颇具匠心，它们是：《悬身11楼外4小时（主）还好，他没有为爱昏了头（副）》《江汉二桥纵身跳下（副） 还好，厚厚的羽绒服救了她（主）》《恋人怄气打开煤气（副） 还好，双双逃离火海（主）》。】

如何把“热线”写“活”？

很多热线突发报道，看得不过瘾，虚晃一枪。报道停留在浅层次上、表象上、看热闹上。要揭出事件的真相、事件的背后故事、事件的后续演变等。将报道向纵深推进，解疑释惑，水落石出。如《急！急！急！3000湖北人被困新疆》，就是一则由热线报料产生的重大事件报道，《湖北日报》迅即特派记者飞赴新疆进行调查，还原事件来龙去脉，同当地一道协助湖北人回家。

热线要写出故事来。“有故事的地铁，会让人感觉很温暖。”就连韩国首尔的地铁也流行“说故事”。

采新闻，也可说是采集有新闻性的故事。今天，为什么我们的报道如此干瘪缺乏文采？因为我们讲故事的能力在下滑。要做好新闻，首先要唤醒我们的“故事意识”。要讲有生活、有趣味、有文化的中国故事，不是过程的堆积与现象的陈述。我们提供的新闻要有氧气，有养分。

没有故事，就是没有创意，更没有创价。有些记者没有把一件事情说清楚，弄得次序不清、人物混乱、逻辑不明。编前会上，我们提倡编辑记者用“三句话说新闻”，若说不清楚，则十之八九对新闻采集有“漏洞”。

第一时间抵达现场，深挖现场，是一种能力，也是一种态度。不可否认，今天记者采访方式发生了重大变化。有的记者从早到晚守在网上，当“QQ记者”“电话记者”“三微记者”，有的等着领导派活干。没有亲历亲见，没有现场求证，稿子呈现“三缺”：缺乏细节、缺乏情节、缺乏人物语言，搞的都是新闻“死鱼”，臭不可闻。

对于重要的热线突发，快速反应，全面到位，就是要对新闻发生可能牵涉或介入的人、部门、单位有足够的预见性，能第一时间把合适的记者派到相应的“点”上去。

一些突发新闻为何同比失败？个中原因很多。就采写来讲，没有找到现场目击的核心人物。因为只有当事人或目击者才能提供核心信息。外人看热闹，真相如何还要及时向警方等权威部门了解详情。就编辑来讲，标题问题很大，缺乏核心信息，如核心人名、核心时间、核心地点等。核心关键词一定要上主标题，而不是引题或副题。而那些信息能否成为核心关键词，则要看其所占新闻价值的重要程度。

还有，到了现场不等于看到了真相。热线现场，很多记者看到的只是“泡沫”，所做的是简单的呈现和描述，缺少动人的细节，更没有探寻到新闻下潜伏的“深流”。刨根问底，追求真相，应是热线记者的必备功力。

线索很多，好线索则很少。要抓住一条好线索榨干吃尽，不断挖掘新闻背后的新闻。

热线突发是个连续剧，不追踪则解不了渴。追踪也是有套路的——关注最新进展时，报道要做“新闻回环”(即以前的报道有的受众用户没看到，下一次报道要以凝练的文字陈述事实，便于人们了解)，或贴“报道追踪”，或开设专栏“关注××”。同样追踪一件事，有的记者捡的是可怜的几片“树叶”，有的则抱“大树”回家。为什么差别这么大？值得我们深思。

热线新闻还要防范“伪现场”。2012年9月，一则《小偷撬门夜“闯”诊所》引起了我的注意，文中这样表述“在现场，记者看到”。因为当时记者被派往闽粤考察，途中仍笔耕不辍，应该说这种“积极性”值得肯定。我在评报中写道：“你是昨天飞回来写了条稿子又飞回去的吗？”这个“伪现场”不是由小偷和医生制造的，而是记者“创造”的。

“伪现场”新闻很多。为何？大概与编辑部倡导“记者在现场，打分高一点”的评报取向有关。评报要回归新闻价值本身，不论记者是否到了现场。

统计分析我们历年热线报料，转化成新闻的主要集中在以下 15 大类。我们看看这些报料新闻如何做的。

【车祸】

车祸报道首要关注人的生命。每个在路上的人，都有自己的故事；每个在路上的事故，都交织着不同的人生。不应拿《车行渔泉溪，特别要小心！》这样的劝告提醒来做特大车祸主消息的主标题。但凡突发新闻，慎做提醒式标题，因为不具新闻性，不具个性特质，一年四季都可这样说。

重大车祸“七步鲜”报道模式：①新闻主体（现场＋事发＋救援＋救治）；②原因；③善后；④调查；⑤排查；⑥亲历；⑦故事。

挖掘车祸背后的辛酸与动人故事，比如家属哭忆遇难者生前的点点滴滴。有些记者为挖不到这样的故事找借口：遇难者家属太伤心不愿说，或者人家本来就伤心，不要去揭人家伤痛。2011 年，湖北省鄂州市一个普通女子骑摩托车与水泥槽罐车相撞，《中国青年报》记者从这起看似平常的车祸中，挖掘出《夫妻异乡打拼十余年买房　贷款途中妻遇车祸身亡》这一凄美的故事，被各大网络转载。

车祸种类多，报道各不同，详见本书“重大车祸新闻”章节。

【失火】

货车失火，怎样报道？一是关注司机生死；二是关注火灾状况，如“烧成焦炭”“化为灰烬”“烧成火球”，类似报道如《“冒火”货车呼呼跑　原是车上装载的鞋着了》《货车追尾起火　一半冻鸡变“烧鸡”》《货车成火车 蔬菜变熟菜》；三是关注货物被烧毁赔偿问题。

其他类型火灾报道，详见“重大火灾新闻”章节。

【伤亡】

(1) 工伤。工地施工不慎摔伤，报道要突出抢救的千钧一发，与死神赛跑。农民工是弱势群体，报道还可探讨“工伤如何维权”。

(2) 蜇伤。近来，马蜂伤人事件高频见诸报端，已成“马蜂新闻”，如《马蜂校园扎营，娃儿们“步步惊心”（主）足球大的蜂窝 消防员连摘了好几个（副）》《马蜂“住”进旅社　惊起“哇”声一片（主）巨型马蜂窝很吓人　“火焰喷射”消烦恼（副）》。马蜂蜇伤五名学生，如何报道？获取线索后记者要连续发问，带着问题去采访和写作：学生当时在干什么？为什么被蛰？蛰伤后如何抢救？如何驱赶马蜂？如何做好安全防范？为何马蜂蛰人频出？

(3) 咬伤。猫狗咬伤，春季多发。报道点位：遭袭情景、咬伤后急救、医生忠告远离狗患、本城狗患现状、咬伤维权。《都市快报》记者梳理发现《本报三年报道过 96 起狗咬人新闻受伤人数最多、受伤程度最重的，都是孩子》，文中发问：为何小孩易受烈犬攻击？如何防范？

(4) 身亡。街头倒地猝死、高楼坠亡等各种突发死亡事件不少。报道侧重于抢救，侧重于事实还原。

【骗局】

经常会碰到一天的线索大都是骗局，这种情况怎么办？这时编辑要做“合并同类项”，将相近和类似的报道组合发在一起，或提炼一个管总的标题——即“正反对比，同题集纳”。骗局新闻，关注点位：“打”（打击、揭露）→“破”（侦破、内幕）→“防”（防范、警示）。

【跳楼】

(1) 意外坠楼。儿童意外坠落时有发生，除了报道事实，提醒防范，还可将视角上升到“家庭装修如何避免儿童意外伤害”等源头性、精准性问题。

【**经典案例：**2011年，杭州2岁女孩妞妞不幸从10楼坠下，阿里巴巴女职员吴菊萍恰好路过将其成功接住，吴手臂骨折，《都市快报》以三个整版报道这一新闻，新浪网等转载，“最美妈妈”爱心壮举感动全球，阿里巴巴重奖英雄妈妈20万元。此后妞妞和吴菊萍的救治牵动全国人民的心。爱创造奇迹，双双逐渐恢复。少先队员给杭州市委书记写信，建议做一个“最美妈妈”之手的雕塑，得到领导批示。快报便发起征集令，最终“妈妈的手”雕塑在杭城落成，杭州市委书记为其揭幕。之后，快报又动员全城小朋友来看雕塑，写“爱的小故事”，将爱传递。】

(2) 跳江跳楼。跳江、跳河、跳桥、跳楼、跳塔、跳崖……屡见不鲜。以一则跳楼新闻揭示“七步鲜”报道模式：①现场（女子闹市要跳楼）；②原因（疑因闺密夺男友）；③对话（亲友对话仍无效）；④强攻（警方强攻遇阻碍）；⑤救人（剪破窗户救人）；⑥看客（有人喊她跳）；⑦建议（心理干预）。

此类悲剧一再上演，全媒体若撰文宣泄情感，应放在对生命凋零的惋惜和对世人的警示，自觉承担起一个关怀者的角色。《扬子晚报》的系列报道《小学生恽刚跳楼事件》获中国新闻奖二等奖。类似报道有：《姐，你的一举一动牵着众人心（主）因家庭琐事，女子翻越天桥护栏，公安消防携手将她救下（副）》《专家会诊自杀现象：最重要的是给他们希望》。《楚天都市报》反问型快评《死都不怕，困难算个啥》《你凭什么跳？》。文中说：跳桥者要勇于直面人生的困难，勇于承担自己应尽的责任和义务，政府部门和社会各界要帮他们积极维权，化解纠纷。

救人显大爱，除了报道跳者被救、安然脱险的故事以及悲剧引发的深层次问题外，救人英雄的勇敢和智慧应是我们笔墨的重点、镜头的焦点。他（她）是谁？为什么要相救？他（她）是怎样救（劝说）的？他（她）对生命的理解是怎样的？他（她）还有怎样的感人故事？亲朋好友眼中的他（她）是一个怎样的人？对话救人英雄，再现智救过程。

救人壮举经报道后，救人英雄所在单位有何评价与反映？获救者是什么状态，要迅速跟进。充分挖掘勇士精神，或许能塑造成重大典型。其报道方法与策划技巧，详见“典型人物新闻”章节。

【救人】

机器咬手、戒指咬手、电梯被困、悬崖救人、河中救人、中毒破门救人……消防出警救人，报道要尽量去掉“工作味”，标题中慎提“消防”二字，行文慎写“出警过程”以及“领导一声令下”等官腔，因为救人是消防的天职。报道重点是如何救，有哪些困难，以及为破解困难采取的措施等。

报纸用立体3D制图还原救人现场，再现悬崖、滑坡、路途艰险，呈现救援之艰难。新媒体直播救援过程。

【**经典案例：**救人新闻常获大奖。《楚天都市报》系列报道《大学生结梯救人》获中国新闻奖一等奖；《海南特区报》系列报道《江西农民工父子勇救两落水少年》、沧州电视台消息《“爱心接力”勇救冰河遇险异乡人》、《南方日报》系列报道《千里接救中毒女工》、福建日报社新福建客户端短视频新闻《福建首例空中转运救援重症婴儿》、《湖南日报》摄影作品《高空救人》、《江南都市报》摄影作品《别怕 我们救你来了》、龙视新闻抖音账号短视频现场新闻《铲车车主勇救村民》续集，均获中国新闻奖三等奖。】

【溺水】

夏天，江河湖泊水库又闻恸哭声。老人、小孩、妇女、游客溺亡惨剧时有发生。面对悲剧，报台网全媒体要会催泪，既要表达对宝贵生命的扼腕叹息，又要呼唤遇事冷静自强不息，如《男孩被救上岸，可惜没醒过来》《你这就跳江，让我痛得欲哭无泪（主）枝江一女大学生仅因与父口角就投江身亡，母亲闻讯几度昏厥，父亲江边痛心良久（副）》《妻救夫不幸双双溺亡留下三个懵懂小孩（引）孩子，你得坚强地生活下去（主）》。

弘扬见义勇为，彰显时代精神。报台网全媒体要呼唤更多的救人英雄，让更多正义的阳光普照社会。《吉林日报》系列报道《吉林人在抚州见义勇为》，获中国新闻奖三等奖。

坠江救人出英雄。如《男孩玩耍时落水，江边洗车两小伙将他拉起（引）救人小伙，孩子父亲想当面谢你（主）》，报台网发动全城人寻找救人勇士。第二天，经群众“举报”，找到见义勇为英雄。这时，怎么发稿？一是报道找到英雄的详细经过，二是记者探访英雄住地是一个怎样的环境，三是讲述英雄的工作经历和日常生活，四是倾听英雄对救人义举的心里话（要质朴纯真，便于传讲）。

救人英雄，能不能打造成重大典型？报台网全媒体介入之始，要立即“三到位”。一是主标题见英雄名字。他是谁？让受众用户立马知晓。二是刊发英雄特写大照片。照片千万不能太小气，要让英雄形象在版面上高大起来。救人英雄有何三头六臂？究竟是一个什么样的人？是伟岸英武还是平常之人？人物大特写照片可“提升”人物形象和提升版面效果。三是对话专访同步。英雄救人背后到底还有怎样的故事？要找其亲朋好友、邻居了解旁证。由此看出，见义勇为是偶然中的必然。回忆救人时刻、还原救人现场等报道，要慎搞救人者自话自说，应有“第三方目击”来“佐证”。

找到救人英雄后，报道如何进一步升级？媒体可牵线，让获救者与救人英雄见面“谢恩”，使报道形成闭环。

【沉船】

沉船是人命关天的大事。对于客船遇险、轮渡沉没、货船触礁翻覆，要报道事发、救援、打捞、影响。沉船是否会致水域污染？下游饮水是否受影响？记者要从相关部门了解权威信息，及时发布。

【**经典案例：**2015 年 6 月“东方之星”号客轮长江监利段翻沉，12 人获救，442 人遇难，多为“夕阳红”旅游团成员。《长江日报》摄影记者亲历五昼夜救援全程，用手机抓拍夕阳下沉船扶正起水后救援人员集结静默的照片，第一时间通过官方微博推送，点击量迅速破亿人次。被国内外数十家报纸头版及国外四大通讯社采用。】

【寻人】

亲情珍贵，血脉永恒。寻人报道要凸显失散之因、相思之苦、寻人之艰。

下面是一组好标题：《李博，你在哪里，你爸找你呢》《他是谁？被撞昏迷四天仍没醒》《谁的钱包？拾包人急寻失主》《三十离家创业，一晃十年未归，陈女士每每忆子都泪流满面（引）儿呀，妈盼你回家吃顿团圆饭（主）》《街头夜凉如水 妈妈你在哪里（主）五旬老人走失 15 天未回家，孝儿发帖寻找（副）》。

缘起于2011年春的微博打拐，全国网友纷纷将所见到的乞讨儿童照片上传至微博，各地媒体参战，公安部门介入，掀起“全民打拐”热潮，全国公安机关共解救2万多人，涉及被拐儿童8660人。

打拐，看人间多少悲欢离合。报道展现打拐惊心动魄，展现打拐路上艰辛，展现打拐英雄故事，展现被拐血泪辛酸以及解救喜极而泣的场面。

【打砸】

店面商铺遭人打砸事件频发。凡拿不准是何人所为、谁先动手、谁把谁打伤，记者则勿“下结论”。每一起打砸伤人事件背后，都是一堆扯皮拉筋的纠纷，“剪不断理还乱”，此类报道采写原则是：陈述事实，描述现场，反应心声，平衡表达，适当模糊。

【偷盗】

电表、水表、电线、路灯被偷，微信、支付宝遭盗刷，街头擒贼，商场买衣服遭小偷等事件屡屡发生，报道要呈现事件全貌，并做防盗警示，如《盗刷他人银行卡 被监控录下（引）“偷笑男”，警方喊你去自首（主）》。

上海电视台消息《服务员拾金不昧，女扒手丢人现眼》获中国新闻奖三等奖。

【招领】

“的哥”捡巨款还失主，如何报道？“七步鲜”报道模式：①主体消息；②对话“的哥”（谈归还巨款详细过程和内心想法）；③温馨提示（打车丢了东西怎么办）；④数据（一年找回失物情况）；⑤规章（“的哥”不还失物受罚）；⑥视频影像；⑦制图。

同样是捡钱，一家报纸称《18万现金 主人，丢了，慌了 农民，捡了，还了（双主）兴山人万东知：不是自己的，再多钱也不能要（副）》，另一家报纸称“捡了12万”。为何相差这么大？弄错一个核心数据，错失一个好典型！错了，媒体就要改，不能继续错下去。要及时“补锅”，以正视听，挽回媒体声誉。

【惊险】

下面是一组惊险事件报道标题：《打开衣柜，一条毒蛇昂头吐信（主）秭归林女士被吓得不轻 邻居赶来合力将其打死（副）》《大公桥附近江边斜坡昨现惊险一幕——（引）车在滑，不见人，民警死死顶住（主）》。

马路地陷频发，如何报道？报道模式：①消息；②视频影像；③地陷直击（小特写）；④救援通讯；⑤专家解读（稳定人心）。

【奇趣】

那些趣闻轶事令人大开眼界，报道可大做，并刨根问底求证。热线新闻用的较多的字眼有：怪！奇！险！如“怪，蚂蚁竟会吐丝”。面对一则奇闻《一辆小车开着开着，车里突然扔出很多钱来》，可采用如下报道模式：①记者调查；②对话出警民警；③网友拍砖；④视频影像；⑤分析（心理专家分析什么人在什么情况下会撒钱）。

【帮办】

有难事儿，找我们。帮读者、观众办点急、难、愁、盼的事情，才是地方媒体的大事。应打造媒体帮办品牌。《都市快报》《生活报》等众多报纸至今仍开办《帮办新闻》专版，拥有固定的团队，从帮问政策、问说法、跑腿办事，到解心结。

第 55 章　案件新闻

形形色色的案子充斥着报纸、电视、网络，是各大媒体不可或缺的重要题材。案子有大小之分，敏感与非敏感之分，典型与普通之分，民事、刑事、商事之分，事故与非事故之分，(公安)侦破、(检察)公诉、(法院)审判之分。

林林总总，案件新闻报道得好，会成为报台网的大看点；报道得不好，过多过于集中，拉低媒体的品位，甚至联想到当地治安不好，让人缺乏安全感。

一、策划要点

关键词：大要案

案子很多，不能个个都报，要捡一些大案要案重点报道。优先报道那些贴有“最大”“第一”“首个”等标签的案件，当地纪委监委通报的重要腐败案，公安、检察机关侦查的“打黑”“反腐”案。对此类报道，记者要善用党言党语、纪言纪语、法言法语、民言民语，使报道严谨、规范、高端、生动。

关键词：民生案

应多选择市民身边的较普遍的典型案例，如合同欺诈、房屋买卖纠纷、遗产继承等案件。以案说法，给人警醒和启示。

关键词：突发案

没有稿子，案子来凑。从法院或律师那里弄判决书，据此写稿。这是部分政法记者的工作方法。判决书，一锤定音，没有下文，发多了，版面就会静悄悄，毫无生气可言。

要从 110、119 指挥中心找突发线索，从各基层派出所、县市区公安局、片警那里挖线索。

二、实战心得

案件因为具有极强的故事性而受垂青。案件报道能起到惩恶扬善、伸张正义、普法维权的作用。那么，如何做好案件新闻呢?

警法部门案子多，但是，案子不是新闻，社会新闻不是警法新闻。要避免工作化倾向和零碎化。如《点军交警多措并举治交通》《西陵警方破获 3 起摩托盗窃案》等，从标题上一看就像工作稿。我们要找到宣传价值和新闻价值的结合点。剖析同案报道的败笔之作，我们发现有三大问题：一是记者对案件含混不清，让人一头雾水，不知道说的是什么案情；二是案件中出现的人物过多，分不清谁是谁；三是写作结构僵化，平铺直叙，缺少悬念。

一个优秀的政法记者，要能快速掌握案件全貌，能将错综复杂的案情梳理清晰。一般说来，案件侦破大致可概括为 7 个过程：接报案→勘查现场→调查访问→分析案情→制定侦查→捉拿嫌犯→案件突审等。其亦可简称为三大块：发案→侦查→破案。

明白这些路径，就可定我们的报道写作框架了。

同案竞报，如何取胜？可从 7 个方面下手：①案件报道要准，记者不可自己添油加醋；

②情节丰富，层层跌宕，见人见事见动作见话语见心理；③写作以悬念为中心，提出悬念，然后次第剥开一个个悬念；④深入挖掘案件背后的故事；⑤深度反思，该案的发生说明了什么问题，从中应该吸取什么样的经验和教训，到底给我们和社会带来什么样的启示；⑥提炼出案件的个性特点，让人好记好说，如广州孙志刚收容被殴打致死案、湖北京山佘祥林“杀妻”冤案、太原“警察打死警察”案；⑦挖掘案件当事人鲜明特征，或赋予其“标签”，如“外逃贪官”。

案件报道竞争制高点是案件纪实通讯。许多报纸会推一些案件特稿，如《晶报重案组》新闻版。特稿要写出案件的扑朔迷离，写出侦破的一波三折。特稿要巧妙制造悬念、峰回路转，像剥笋子一样剥开真相，还要引入案件的深层次思考。

比如一则特稿是这样展开的：法网恢恢，潜逃两年新疆被抓——案件回放；凶手杀人埋尸磷渣场——真相大白；家庭原因雇凶杀人——疑犯认罪；一次打架牵出杀人命案。

美联社《如何成为顶级记者》一书中说，要成为一个会讲故事的记者。政法记者要善于把错综复杂的案件人物关系厘清，从每个案件、每个纠纷中，发现让人或温暖或悲哀或感动的细节。

下面针对三类案件新闻探讨报道方法和策划思路。

【抢劫行凶】

(1) 街头擒贼，如《抢完钱包想逃？看你往哪儿跑！（主）十多位热心人围追堵截 歹徒被逼上三楼束手就擒》《江边一晚作案三起抢得两部手机，面对巡逻民警合围，三人撒腿就跑（引）扑通扑通，两“旱鸭子”丢下砍刀跳水（主）》。

警匪街头追逐，报纸和手机横屏绘制追捕线路图，将在每个路段（路口）发生的故事标注出来，让人一目了然。

(2) 入室抢劫，如《两外地男在宜入室抢劫 逃到广州仍被擒（引）天网恢恢，你们咋跑都白搭！（主）》《深夜入室打劫 恰遇民警巡逻（引）仓皇逃窜，劫匪坠楼身亡（主）这真是：做恶人，一步踏空，万劫不复（副）》。

(3) 搜山围捕，如《湖南四百警力围山搜捕12天抓获抢金店两嫌犯（引）抢匪背着百万元金饰 山里吃野果住洞穴（主）》。

(4) 劫持人质。面对生死时刻，报道不要渲染危机，应刻意避开紧张气氛，而用温情制造强烈对比，如《邯郸男子劫持前妻，狙击手架枪瞄准瞬间，一个小女孩哭喊——（引）“别开枪，那男的是我爸爸！”（主）》。

以浓墨大写的时间为序来凸显新闻的变动，烘托事件的急迫性和复杂性。以《晶报》2010年8月11日的报道《“吸毒男”自家楼上再挟持婆孙三人 警方围捕时放煤气对抗催泪瓦斯（引）与警察对峙近八小时后被劝服自首（主）》为例，是这样呈现的：

11:05 8名便衣民警抓人“吃闭门羹”

13:20 施放催泪弹 逼“瘾君子”现身

14:00 婆孙3人被挟持 阿婆果断护孙

15:00 狙击手来了 没找到好位置

16:05 老太谎称上厕所 抱起一个孙子逃命

16:30 妻子到场劝说 施某让她滚开

17:00 施某要的士 民警扮的哥

17:20 妻子“表姐”交换被挟持幼童

18:05 两名女便衣送饭劝说“瘾君子”

18:50 “瘾君子”心理防线崩溃自首

(5) 千里缉凶。“南下打拐”“随警追逃”，以“直播”呈现缉凶路上的艰辛和曲折。

(6) 民警突查。警方常规行动，报道要出新，如《紧急指令，车厢藏着支“枪” 民警将车拦下后，发现是支仿真枪》。

(7) 小偷行窃，如《升学宴上，4 万元礼金不翼而飞（主）宴席摄像师镜头里发现端倪 民警顺藤摸瓜抓获 5 名嫌疑人（副）》。

同题新闻比较：《少年惯偷，4 个月盗窃 21 家门店（主）西陵警方破获此案 该少年曾因盗窃 8 次被抓（副）》与《15 岁娃“贼龄”3 年偷成瘾（主）其父称用铁链子吊起来打都不起作用（副）》，前者陈述事实，采编视野停留在案件表面，后者从抓获经过、其父痛苦教育、警方帮扶、第一次作案经历到心理咨询师对症分析谈问题孩子的教育，关注深层次的人性和父爱，痛批棍棒教育，具有极强的警示性启发性。

(8) 缉拿要犯，如《看到他们，速速报警！（主）武汉警方悬赏通缉 10 名命案逃犯（副）》。

我们经常在头版放大那些警察或群众当场擒获嫌犯的图片，嫌疑人被五花大绑，或押着躬身 90°，或戴着手铐，颇有大快人心之感。殊不知，法院定罪之前他还不是罪犯，其人格尊严受法律保护，媒体不可丑化或羞辱他们，须对其面相做马赛克处理。

(9) 歹徒行凶，如《楚天都市报》记者采写的特稿《中巴司机勇斗小偷，身中 5 刀也不松手（引）42 岁生日这一天 反扒英雄壮烈牺牲（主）》。

(10) 开车轧人。此类案件性质相当恶劣，易引起公愤。2010 年“墨镜女”驾红马六三次碾轧广场农民工，其“七步鲜”报道模式：①主体消息；②辗轧全貌（第一次辗轧、第二次辗轧、第三次辗轧、第四次出现）；③伤情实录；④警方说法；⑤伤人起因；⑥新闻背景；⑦视频影像。

(11) 逃犯自首。一名网上逃犯，请求《楚天都市报》记者陪同他去自首。《楚天都市报》以《本报一篇报道令他幡然悔悟 网上逃犯潜逃一个月后 走进本报要求投案自首》为题，在头版倒头以消息刊发，然后推出两整版报道。其报道模式如下。

◎第一版（通讯）：①投案（委托律师联系本报记者）；②案发（涉嫌非法拘禁企业老总）；③逃亡（有家难回常到网吧过夜）；④悔悟（本报报道促使浪子投案）；⑤临行（对儿子称要到外地打工）

◎第二版（组合）：①对话（记者与逃犯对话，全面展现亡命之路）；②特写（《戴上手铐如释重负 “我解脱了，这一刻好轻松”》）；③声音（《父亲押子投案—— “你自首了，我才放心”》《妻子真情告白——“无论多久，等你回来”》）。

(12) 泼酸毁容。这类案件极其恶劣。比较典型的是 2012 年 2 月安徽少女周岩拒绝求爱遭毁容事件，全国媒体持续追踪。

(13) 处突演习，如《歹徒劫船炸船闸？呵呵，是演习！两坝间反恐消防应急处突演练，近乎实战，一小时化“险”为夷》。

【案件侦破】

重大案件告破，“七步鲜”报道模式：①案发情况（案件告破主体消息）；②侦破过程（披露大案要案的始发黑幕和查处经过）；③作案动机；④审讯直击；⑤逃亡之路（亡命天涯）；⑥成长经历；⑦亲朋印象。

可写侦破纪实，将案件谜团一一解开；可请公安局长、破案能手谈惊心动魄的抓捕过程；

还可挖掘案件关注点，解剖几大疑点。

(1) 刑事侦破，如《犯下命案，监利两兄弟潜逃19年；其间改头换面做生意，双双成为百万富翁（引）每年花万元拜神 还是难逃被抓下场（主）》《十堰警方详解侦破始末（引）千万富豪遇害祸起采沙之争（主）主谋三年前竞争失利，怀恨在心开出20万元“空头支票”雇凶杀人（副）》。

【**经典案例**：2012年8月14日重庆击毙悍匪周克华，《楚天都市报》的报道模式如下：①现场；②追捕；③图解；④释疑；⑤其人；⑥反响；⑦头版导读（占2/3版），共7个篇章，具体如下。

1) 现场篇：①主消息；②现场追捕；③英雄民警；④群众反映；⑤目击者说；⑥现场图。主稿：《相距3米4枪击毙（主）重庆市公安局被授集体一等功 一市民提供线索获奖60万（副）》。

2) 追捕篇：侦破纪实，推出长篇通讯主稿《追凶8年 决胜4天（主）——苏湘渝系列持枪抢劫杀人案侦破纪实（副）》。

3) 图解篇：疯狂作案路线图，案件回放，推出主稿《10死6伤 恶贯满盈（主）周克华8年3地疯狂作案路线图（副）》。

4) 释疑篇：警方解析网民关于案件疑点，犯罪心理学专家解析案件，推出主稿《8年缉凶 难在何处》。

5) 其人篇：悍匪究竟是一个什么样的人，其人生轨迹，以及各方亲朋好友印象，推出主稿《重庆是他犯罪的起点，也是生命的终点。悍匪周克华——（引）少年好色 中年冷血（主）》

6) 反响篇：各地民众声音及遇害者亲属反应，推出主稿《凶犯伏法 百姓称快》。

7) 头版导读：《警匪狭路相逢 小巷短兵相接（引）击毙悍匪周克华（主）》，同时导了四大关键词内容，即“枪战现场”“追捕揭秘”“热点追问”“悍匪其人”。】

(2) 贪腐侦破，如《周正毅“银弹”击倒看守所所长（引）送出49万元，便享受“特殊待遇”（主）》《“煤老总”强买强卖“倒霉”》《央视曝光山西交警罚款不开票据收“黑钱”（引）交警伸一根手指 俩公安局长下课（主）》。

同题新闻比较：《从金融明星到阶下囚（主）宜昌市商业银行原副行长郑之华受贿案始末（副）》与《一边放贷一边收礼 商业贿赂击倒银行副行长》，前者更明晰，落差更大，使得案件更显著；后者则含混不清，侧重讲犯罪手段。

案件报道，要听招呼。遵守侦查不公开原则，一般案子不破不报道。对发生在大庭广众之下的“大案”“要案”，不能不报，但须掌握分寸，不做定性、定罪或倾向性的报道。

【家庭纠纷】

清官难断家务事，剪不断理还乱。记者经常会碰到一些家庭案件，为了避免陷入官司，一些记者或编辑通常采取的策略是不管不问不报，绕道走。

当事件影响大，不介入不行时，如何介入？分析一些类似报道，我们不难从中发现其中的共性：①呼唤亲情，珍视家庭，如《区区琐事，妙龄少女何必想不开》《医院女护工陪伴高位截瘫军人，携手相依恩爱十四载（引）我的双手是你的港湾 你的怀抱是我的世界（主）》；②鞭挞冷漠，曝光丑陋，涉及未成年人和家暴、自杀妇女等，要对受害者予以人道的同情和保护，“不要在伤口上撒盐”；③案件新闻，配个编后，用情感和观点引导，或通过“记者手记”讲述记者采访此次事件经历中的所见、所闻、所感。

>> 案件新闻如何规避风险

做新闻，难免不犯几个错，最要避免的是官司。即便是纠缠，也会搅得你心神不定，费时、费力、费财。2009 年，我参与一件关于前夫杀前妻的报道，因没有权威来源，擅下结论，险些酿成官司，好在与遇害方家属及时沟通取得谅解。由此分析案件报道，深刻总结反思，获八点心得。

1) 严格把关，严格审稿，来不得半点虚假。凡是没有权威部门发布、走非正常渠道得来的信息，没有证据证实和支撑的信息，没有严格履行审批程序的稿件，都可能酿成意想不到的影响。

无论新闻竞争多么激烈，媒体较量多么无情，抢发新闻也不能突破“安全生产、准确第一”之底线。

2) 快报事实，慎报原因，对原因不妄作猜测。

3) 不搞媒体审判，不充当“警察”“法官”角色。案件报道勿搞语言暴力，如“恶少”“恶妇”。

4) 不描写作案细节。说得过细极易给媒体、自己和案件当事人及其亲属埋下“地雷”。

5) 将心比心，换位思考。谁家没个三长两短？破碎家庭的战争，受伤害最大的是他们的儿女。人死后也盼留个好名声。记者不能只图发稿之快，而不体谅当事人亲属的感受。

6) 多唱“红”少揭“黑”。监督新闻不是不搞，关键在于把握时机、分寸和火候。

7) 敢于面对，勇于担责。出了事，记者不能绕开矛盾绕道走。出了问题不能回避，该认错时马上认错。

8) 格外谨慎处理涉及儿童、未成年人的报道，不得涉及当事未成年人的姓名、住址和一切可能暴露其身份的信息。不得侵犯个人隐私，不得透露少年嫌犯和涉性案件嫌犯的姓名、身份、家庭住址、家人姓名和肖像。

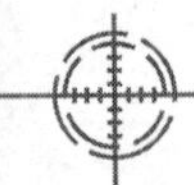

第56章　庭审新闻

全面依法治国，建设社会主义法治国家。党的十八大以来，我国司法领域出台了许多重大改革举措，老百姓打官司不再难。让法治的阳光照耀每个人，不仅是全社会的共同追求，也是媒体的初心使命。重视庭审报道，既是媒体普法的需要，更是媒体内容生产的重要环节。

一、策划要点

关键词：庭审焦点

庭审报道首要抓庭审焦点。针对庭审焦点，报道各方是如何论战的？亮出检方建议、家属控诉、关键证据以及起诉书内容。

为了确保报道的客观公正，即使是罪大恶极的嫌犯，报道既要体现司法机关的指控，也要让嫌犯辩解和说话。

关键词：背后故事

剖析被告人，作特稿。他到底是一个怎样的人？从法庭、警方、律师、鉴定机构等各方面，还原其作案的心路历程。

端出忏悔录，剖析嫌犯走上犯罪道路的原因、教训。记者通过警方、律师等与嫌犯接触人士，还原嫌犯落网后的言行与忏悔。若条件允许，记者可在看守所与嫌犯面对面，“一问一答”更直观。

关键词：庭审直播

记者现场旁听，报道要再现庭审现场全貌：庭内外氛围、庭内外故事、庭内外表情、庭审全过程，特写嫌犯的“庭审表情”。报台网全媒体可与本地法院合作，长年搞“直击庭审现场”视频直播。

二、实战心得

官司分民事官司、商事官司、行政官司、刑事官司等四大类，报台网全媒体上常见的官司有刑事案件、离婚争产、房屋纠纷、抚养赡养、经济纠纷、车祸赔偿以及知识产权案官司、涉外官司等。而起诉、审判和执行是诉讼的三个阶段。

政法记者，常年跑公安、泡法庭、见律师，碰到的案子多如牛毛，但多数案子都不具有报道价值。怎么挑选值得报道的案子？哪些庭审值得报道呢？下面予以探讨。

(1) 大案要案。如高官腐败、反腐肃贪、走私贩毒等案件，从纪委监委调查、警方侦破、检方起诉、法院判决等皆可全过程介入报道。

(2) 有影响的案件。无论是地方上有影响的案件，还是全国有影响的案件，均予以重点报道，如轰动全国的“2006年许霆案”“2009年邓玉娇案”“2010年李刚案”“2019年孙小果案”。知名律师、知名法官介入，足以提升案件的影响。关注主审法官来历、公诉人和辩护团组成情况。

(3) 名人官司。2011 年 5 月 9 日，著名校园歌手高晓松酒驾制造连环追尾事故，从案发到警方拘押再到法院判决再到入监，到出狱全过程，全国媒体做了铺天盖地的报道。不论是否有新闻娱乐化之嫌，但具有高关注度的名人官司，无疑是大看点。

(4) 身边老百姓的典型案件。身边的鲜活官司，具有典型性和启发性；揭示重要社会问题、反映社会道德等方面的官司，要重点关注，如《老“赖”在父母家 常打闹影响邻居（引）儿子全家“啃老” 双亲法庭“逐客”（主）》。

庭审报道可开设子栏目：争论焦点、侦破纪实、庭审现场、庭审直播、庭审聚焦、专家解读、法律链接。

判决书多如牛毛，没有新闻性。典型案子要反复爆炒，一般案子如丢弃的死鱼。如何做“活”那些已经“死”去的新闻，除了增加最新进展，还可绘制新闻漫画，附编后。

【**经典案例：**2010 年 5 月 18 日《晶报》以《黄光裕一审获刑 14 年 罚没 8 亿》为题，报道中国前首富、国美电器前主席黄光裕庭审，报道打组合拳：①主消息；②判决结果；③人物简介；④控辩争议（查明事实 + 辩方意见 + 控方意见）；⑤各界反应；⑥案件分析；⑦庭审直击；⑧当事人黄光裕观点；⑨现场人物图片。】

不能单纯地以案说法，要探究案件背后的因果，是什么样的因造成了现在的果。记者可请心理专家详细解读、分析嫌犯扭曲性格特点和行为，人们从中可得到哪些启示和教训，给社会提出一个什么样的课题。

不是每天都有突发的围捕。警方怕见报“打草惊蛇”，陷案件侦查于被动，不通知记者，怎么办？此时，记者决不能当“瞎子”“聋子”，记者要有自己的“卧底”和“内线”，在合法的前提下争抢新闻。

除了上述，社会新闻版上还可发些什么呢？应增加“昨日新闻”“突发新闻”，减少“事件不够，案子来凑”这种“填版”式做法。

都市报主流化转型后，社会新闻会不会成为鸡肋？至今坚守以社会新闻为主打的杭州《都市快报》用实践证明，走社会新闻主流价值之路，天地广阔，前景灿烂。

>> 庭审报道应注意的三个问题

1) 庭审报道的底线是客观、真实、公正。涉及当事双方的报道，分量要相当，即字数相当，版面大小、节目时长相当。判决前或未审结前，到底谁是谁非，不予置评，避免“媒介审判”。

记者不是国家公务人员，不是执法者，不是调解员，更不是裁判员，记者只是新闻事实的记录者和传播者，记者无权对采访事实的是非曲直进行判决[①]。

2) 正确规范使用“司法用语”，如“伏法”与“服法”，“行拘”与“刑拘”等。慎用煽情形容词，如“罪大恶极”“厚颜无耻”“残酷虐待”等。用语不当也会引发“新闻官司”，闹得媒体领导、编辑记者不得安宁，可谓伤人伤己。

3) 对审理中的案件，法庭判决前不做定性、定罪或倾向性的报道，一律称“嫌犯”或“疑犯”。引用警方、公诉人和法院对案件及涉案人的介绍和评论，必须注明消息来源。

---

① 引自洪燕《舆论监督的责任意识》，原载《新闻前哨》2004 年 7 期。

第 57 章　舆论监督新闻

2012 年 3 月，我们有幸聆听了 2011 年度湖北新闻奖复评报告会。“选送的舆论监督作品，全部是省级媒体的，省内地市报一家都没有！”华中科技大学新闻学院硕士生导师闫隽博士，关于舆论监督的一席话令人深思。她甚至当着众多报台网总编现场反问：“难道地市报都不敢做舆论监督了吗？”

舆论监督难做，这是不争的事实，但又不得不做，因为舆论监督正是媒体承担社会守望功能的职责与使命。

一、策划要点

关键词：事实

新闻的特点就是用事实说话。用新鲜且有价值的事实说话。

真实是新闻的生命，更是批评报道的命门。一旦失实，媒体和记者自己就会“搬起石头砸自己的脚”，惹上官司，面临赔偿，甚至终结自己的“新闻生命”。

事实按类别可分为事件性事实和非事件性事实，具体事实和概括性事实，总体事实和个体事实，物质事实和精神事实。按唯物辩证法讲，表象的真实并不等于本质的真实，事实的真实并不等于法律的真实，过程的真实并不等于结论的真实，总体的真实并不等于细节的真实。挑选事实，要将证实和证伪相结合。著名记者艾丰说，那些既肯定了的、又否定不了的肯定，才是最“结实”的肯定；那些既否定得了的，又没有任何肯定根据的否定，是最彻底的否定。

舆论监督，简言之就是对丑恶的东西予以否定和批判。其核心品种和主要实现途径就是批评性报道，如《河南商报》的消息《濮阳数十干部隐瞒身份申报“劳模”》获中国新闻奖二等奖。

操作批评报道是一门高超的艺术。一件成功的批评报道，不仅是媒体赢得粉丝提升影响力的利剑，也是塑造记者品牌的“扛鼎之作”。作品要求：不仅要没有破绽，没有漏洞，让人家抓不住把柄或挑不出一个刺，而且要让批评对象口服心服，并能推动问题的解决。这很是考验记者和编辑的功力。

给报道提纯，既可以提高作品质量，又可以减少报道风险。提纯即去掉“废”字、废话、不重要的话，不掺水，减少过程叙述。意在不言中，话不讲透，点到为止。

关键词：热点

做舆论监督，要抓热点领域、热点事件。要多研究就业、养老、医疗、教育等民生领域“急难愁盼”突出问题，回应“槽点”、纾解“痛点”、打通“堵点”、补齐“断点”。以新闻暗访组等形式进行披露，通报有关部门，看其反应、态度、行动，积极促成问题的解决。

关键词：追踪

很多舆论监督，做着做着，就戛然而止了。“人们胃口被吊起来，盼望着新闻剧情的发展，可等来的却是失望。”经常这样“伤害”粉丝，粉丝就会弃你而去。高调端出，追踪下去，给个回音，看到结果，形成一个连续剧，舆论监督大结局。这是报台网全媒体做批评报道的基本路线图。

二、实战心得

党的十九大报告将舆论监督纳入党和国家监督体系。报告提出，构建党统一指挥、全面覆盖、权威高效的监督体系，把党内监督同国家机关监督、民主监督、司法监督、群众监督、舆论监督贯通起来，增强监督合力。

习近平总书记强调，舆论监督和正面宣传是统一的，而不是对立的。新闻媒体要直面工作中存在的问题，直面社会丑恶现象，激浊扬清、针砭时弊，同时发表批评性报道要事实准确、分析客观。

在我的新闻生涯中，做过一批舆论监督报道，虽没有引起一件官司，但有 4 件作品因或多或少存在“瑕疵”而引发当事人“告状”。

第一件：当记者头一年，从质量监督部门获悉线索，曝光一家问题眼镜店，店主纠集同为“眼镜一条街”的温州眼镜商，集体到编辑部“要求更正”。总编巧妙化解之，店主后来竟成了报社的铁杆读者和重要客户。报道存在问题：衡量眼镜质量的一个专业术语表述有错。

第二件：客运站党支部书记率全家群殴女儿的女同事。报道存在问题：文中形容打架场面“抡起鞋子像雨点般砸她的头”。当事人对“像雨点般”提出异议，称“我是五十多岁的老太婆，哪有这么大力气？”。但是，因主要事实清楚，对方“理亏”作罢。

第三件：曝光散装豆瓣酱作坊。本是市人大领导率执法组检查，查出作坊环境卫生不达标。当事人以报道后令其一家无谋生来源、生活困难而多次到市人大上访。报道存在问题：未考虑困难群众的合理生存之需，违背了报道中的最小伤害原则。当事人姓名、地点和单位名称过于具体，对号入座，杀伤力强。有时，报道模糊也是救人于水火。

第四件：报道一起杀妻案，遇害方亲属要求道歉并挽回名誉。报道存在问题：警方未书面定案，而报道借他人之口下了结论。尽管事后警方公布结论无异议，但当时信息来源存在程序不合法，不具法律效力，且未体谅遇害方亲属的悲痛心情和人格尊严。

令我永生难忘的一则舆论监督，则是 2001 年才当记者时以整版报道“睾丸官司”。湖北省宜都市两个家庭打了多年官司，打得心力交瘁，其中一家被官司拖垮，家里的两个孩子被迫辍学，四处求告无门，找了很多记者无人敢报。我做了较长时间的调查，报道后引起很大反响，最终帮弱者维护了权益。数月后一个寒冷的冬天，贫困瘦弱的中年妇女提着一篮土鸡蛋，搭了半天车赶到报社，说一定要来谢谢我。这篮饱含深情的鸡蛋，一直激励我为民请命，砥砺前行。

新闻辅政，国之利器，社会良心。一组强有力的舆论监督会产生巨大的影响，甚至推动国家建设。现在，舆论监督在青岛成为社会生活常态，成为全国新闻界的一种“现象级”报道，由此产生了大量好新闻，比如，《青岛日报》的通讯《这家企业接二连三遇到“窝心事”》，获中国新闻奖三等奖。

个体小故事，社会大影响。《南方都市报》长篇通讯《被收容者孙志刚之死》，显示出新闻的巨大力量，直接责任人最终被判刑，同时国家废除了长达 21 年的《城市流浪乞讨人员收容遣送办法》。一篇新闻报道改变了国家的一部法规，这在中国新闻史上是非常罕见的。

【**经典案例：**《三湘都市报》的通讯《请人装病免费住院，医院还给“奖励”》，

反映了长沙部分医疗机构骗保黑幕，深刻揭示骗保事件发生的原因，明确提出了相关改革建议。报道促成了长沙对“骗保”行为的打击，很好地规范了医疗环境，获中国新闻奖三等奖。】

如今，一些媒体变得毫无锐气血性。面对丑恶，有的媒体当“鸵鸟”，假装看不见，搞选择性失明。面对权力和资本的干预，甚至出现纸媒无字、电视无影、广播无声。媒体不能只当“报喜鸟”，还要当好“啄木鸟”。舆论监督的权力岂能让渡自媒体，否则会丧失作为党的新闻舆论工具的应有功能。

有鉴于此，2019 年中国新闻奖评选，适当增加了舆论监督类报道的获奖比例和篇数。这个信号应当引起我们的足够重视。

地方报台网全媒体做舆论监督报道，面临“两难”：一是“上头”打招呼，报道中途夭折难产；二是当地政府或主管上级“捂盖子”，令媒体“难堪”，甚至记者受责难。遇到这些情况，报台网全媒体要敢于亮剑、正确发声、发正确之声。记者要弄清事实，核实细节，持中守正。

监督难，难监督。2012 年云南《都市时报》遭遇著名的“跨省撤稿”事件，可见舆论监督阻力之巨大。

战斗到 90 岁才退休的白宫第一女记者海伦•托马斯说，美国记者已从“看门狗”变成了“哈巴狗”。媒体自身没有股“硬气”，是做不好舆论监督的。媒体不给记者撑腰，也是没有记者愿搞舆论监督的。

【**经典案例：**2008 年 9 月 11 日，《东方早报》记者简光洲发表题为《甘肃 14 婴儿同患肾病　疑因喝“三鹿”奶粉所致》的通讯，最终致奶业巨头三鹿集团倒闭、董事长判无期、众多高官下台，并引发中国奶业地震。喝奶粉致肾病，《东方早报》并不是第一个报道，却是全国第一个敢于点“三鹿”名字的媒体，而其他媒体都称“某企业”。《东方早报》的硬气来源于记者翔实的调查，来源于媒体坚守的“社会良心”。报道刊发后，他们也遭遇过天大的恐吓，但没有被吓倒，更没有被收买。该报道荣获中国新闻奖一等奖。】

能否破除重重阻力，考验媒体各级把关人的智慧和胆识。为了打破舆论监督难的困局，湖北广播电视台联合省纪委监委开办《媒体问政》《党风政风前哨》节目，收到良好效果，还产生电视消息《问政现场：书记递上小纸条》，该作品获中国新闻奖一等奖。每期报道都构成舆论监督工作闭环：既曝光新问题，又对上期报道进行追踪，跟进整改措施和落实过程，并发布监督机关的处理结果。

【**经典案例：**江西日报社、中国江西网联合省高院、银行在全国首创“法媒银 • 失信被执行人曝光台”网络平台，被评为新闻名专栏类中国新闻奖一等奖。在新闻报道上，开设执行动态、案件快报、执行故事、视频专区、法院要闻、专家解读等栏目；网络互动上，开设公开曝光、公众查询、在线举报、请您监督、悬赏公告、司法拍卖等频道，创造性地将惩治“老赖”工作从法院的单打独斗变成社会综合治理，是党媒新媒体承担更多社会责任的有益开拓，成为破解“执行难”的利器，两度写入最高法工作报告。】

报台网全媒体要充分利用本土部办委局政务公开信息，打造监督曝光栏目，专门发布纪委监委查处情况、警情通报、交通违章信息、法院失信黑名单、扫黑除恶、市监城管交通旅游文化医保渔政环境等执法行动、“四品一械”抽检信息等。

【**经典案例：**长江日报社整合“12345”市长专线、市阳光信访平台、长江网“城市留言板”、110 联动服务等网上服务职能，设立一个平台、两种入口（“武汉城市留言板”、12345 电话），开通微信、客户端、手机短信“三位一体”受理方式，构建市、区、街道三级联动的网上群众工作平台，把矛盾问题解决在基层。同时，通过该平台及时掌握报料信

息供给全媒体，收集网络民情，为党委政府提供参考，此举为长江日报社带来了巨大的经济效益和社会效益。】

批评报道，如果采访不到位、写作不严谨、把关不严格，则会绊倒媒体和记者、编辑、校对、值班总编。

《市场指南报》曾因报道一消费者喝某品牌酒时发现酒里有颗“老鼠屎”，核心证据不全，惹上“遭索赔一千万元”的惊天官司。

>> 舆论监督报道的五条铁律

为了减少舆论监督的风险，我们分析了大量的舆论监督报道，从中整理出5条监督报道铁律，或许对您有所裨益。

铁律一：报道要与人为善，不是要把人逼上绝路甚至彻底打“死”。记者进行报道时，不能火上浇油，主要目的是促进问题的解决。

铁律二：秉持五条原则。一是要真实；二是要有利于社会进步，不要想整臭他人或单位；三是不要纠缠细节；四是要文本言语要平和，用词要平静，不能偏激或夸大，要冷静、公正、中立；五是批评要有结果，不能见效，没有反馈，反而会降低媒体公信力和影响力。

铁律三：做到“三见面”。一是与批评方“见面”，二是与被批评方“见面”，三是与被批评方的上级单位“见面”，有助于化解报道风险，突破报道阻力，持续推进报道。

铁律四：坚持“三平衡法则”。一是正反当事双方均要采访到，且应多找第三方旁证；二是采访现场录音录像，保留证据，自我保护；三是当事双方直接引语应“旗鼓相当”，不应对一方过分倾斜。

铁律五：采访程序、信息来源要合法。不能跨越法律禁区，如不得涉及国家秘密、法人秘密和个人隐私。在法庭上记录、录音、录像、摄影，必须是公开审理的案件，并经法院许可，如未许可，不得进行采访，更不能进行隐性采访。若报道“拿不准”，可请本媒体法律顾问推敲把关。

简言之，舆论监督的铁拳要快而准，硬而稳。

第6篇　经济新闻策划

中国，以经济建设为中心；全球，以经济发展为核心议题。

经济新闻是报道经济领域的新闻的总称，具有广泛的、重要的题材。在西方，通常把社会新闻称为“一般报道”，把经济新闻称为“高级报道”。这不仅说明经济新闻之重要，而且操作难度更大，对采编人员的要求更高。

经济报道“三大件”：一是经济工作报道，二是经济生活报道，三是市场行情报道。经济工作侧重于宏观、中观和微观经济层面，传递政策；经济生活侧重于民生服务；市场行情侧重于市场晴雨表的扫描与透视，把握大势，透视走势。

经济新闻有“三难”，即难写、难懂和难以留下印象。如何让经济新闻“活”起来？如何让经济新闻“微笑”起来？

简而言之，就是让经济报道人物化、故事化、生活化、通俗化、趣味化，姿态更低，形式更活，面向更广，角度更新。本篇为此一一展开探讨。

第58章 民生新闻

忽如一夜春风来，千版万版“民生”开。民生新闻成了报台网全媒体炙手可热的“新闻品种”。

何为民生新闻？就是反映民众生活的新闻，这里的“生”有四重含义：一是生活(衣食住行)，二是生存(生存权利)，三是生计(国计民生)，四是生命(尊重生命，人文关怀)。

广义上讲，党委政府的中心工作是提升民生幸福，报台网全媒体的多数新闻都是民生报道，多数报道的出发点都是从民生角度切入。

一、策划要点

关键词：菜篮子

菜篮子问题多，如蔬菜农残超标、白菜有甲醛、毒生姜、毒土豆等，全媒记者应关切时令民生。

新华社通讯《菜价追踪》获中国新闻奖一等奖；《贵州日报》的通讯《追踪菜价看增收》、河北人民广播电台广播消息《农民用飞机跨国运销蔬菜》，均获中国新闻奖三等奖；《文汇报》的消息《上海出现第一位“洋菜农”》获中国新闻奖二等奖。

关键词：米袋子

米袋子问题层出不穷，如抛光米、霉陈米、镉大米、转基因黄金大米等。相关报道如《200余包“泰国大米”涉嫌冒充产地》，消息之外发科普链接《如何分辨泰国香米》，并请粮食部门负责人谈“泰国香米”，就正宗的泰国香米长什么样，是不是都在泰国产等市民普遍关心的问题，弄个水落石出。《江西日报》的通讯《九江米市能否再度辉煌》获中国新闻奖二等奖。

关键词：油罐子

关注本土食用油的质量、安全、价格，追踪转基因大豆油、地沟油的去向。关注食用油抢购等市场波动。

关键词：果盘子

重点关注水果销售难，做成爱心大报道。关注时令水果行情及市场波动，如《雨打宜昌，菜价挺稳瓜果“愁嫁”》。聚焦本土特色果、高价果现象，从中看种植业转型。

关键词：放心肉

严打私屠滥宰，严查白条肉，让市民吃上放心肉。“七步鲜”报道模式：①行动查处；②现场直击；③黑幕探秘；④追问源头；⑤市场追缴；⑥各界声音；⑦深度思考。要回应人们关切的问题：如何确保市民吃到放心肉？如何区分猪肉好坏？注水猪肉干净吗？哪些猪肉来源正规？记者暗访调查揭开暴利链条。

二、实战心得

习近平总书记指出，人民对美好生活的向往，就是我们的奋斗目标。民生，是最大的政治。

曾几何时，“报纸一登涨工资，零售就翻番涨。”但凡涉及住房、就业、社保、教育、医疗、城建、交通等重要民生新闻，其受关注程度都比较高。

民生有大小之分。我们不仅要关注这些“小民生”：柴米油盐酱醋茶、吃喝拉撒，提供衣、食、住、行、玩、乐、购等服务性信息，也要关注“大民生”——国家或省市出台的重大民生政策和决策部署，解读其带来的直接影响，解释政策、决策出台的背景和依据，以及人们知晓之后的心声与回响。

归结起来，人们所关注的民生主要集中于八类：食有所安、幼有所育、学有所教、劳有所得、病有所医、老有所养、住有所居、弱有所扶。

民生新闻的采编，不仅要知道“是什么”，还要追问“为什么”；不仅要关注新闻事实，还要关注新闻的来龙去脉、背景、意义、社会反响、反馈意见等。

天天办报，有时我们会陷在里面而迷失，不知为谁而办，读者是谁。作为都市报，时刻牢记“都市民生”是我们的特色和方向，服务对象是“市民”，大多数是从事第三产业的人群，要号准他们关注的民生脉搏。

报台网全媒体要当好群众的“生活智囊”。经常思考：我们的报道能给群众带来哪些生活启示？能教给他们哪些生活窍门？民生新闻要贴近生活，贴身又贴心，贴到极致！随季节更替而变化，紧贴时令时效。在这一点上，杭州《都市快报》值得我们学习。

随着社会两极分化、贫富差距越来越大，主流媒体充当社会群体利益表达的角色越发凸显，对底层民众的生存状态、所思所忧所盼，应予以足够、公正的关注，甚至要担当弱势群体的代言人，绝不能边缘化弱势群体。

然而，“蜜糖”里长大的“90后”“00后”记者，对底层民生的理解普遍存在偏差和代沟，唯有提升“四力”，促使他们补上这一课。

记者要“眼观六路，耳听八方，心忧天下，情系苍生”。2005年3月14日，温家宝总理在中外记者会上，提醒记者要懂一点“穷人的经济学”。“穷人的经济学”是由诺贝尔经济学奖得主、美国经济学家西奥多·舒尔茨提出的。舒尔茨曾说：世界上大多数人是贫穷的，所以如果懂得穷人的经济学，我们也就懂得了许多真正重要的经济原理。”

翻开报纸，可谓版版都是民生报道。而一些报纸的《民生新闻》版充其量是“生活资讯”的集纳。

小民生“一地鸡毛”。国民整体受教育程度和生活质量显著提升，今天人们的目光不仅仅停留在衣食住行方面，也关注一些素不相识的人的命运，更关注这个社会这个国家发展前行的大问题。如雾霾、生态文明建设，跟每个人息息相关，比车祸、吵架、垃圾等新闻更能引起重视。

【水电气】

今天，水电气服务信息发布的主要载体，已从传统报台网转移到其官方新媒体平台上。

水

人们关心的是为什么停水，什么时候能来水？全媒记者应弄清原因，写出由此给小区居民、餐馆饭店、学校医院等单位带来的生产生活影响，镜头要侧重反映水务部门及相关人员千方百计紧张抢修，消防部门送水求急，以化解市民怨气，求得理解。

下面是一组停水新闻好标题：《停水四天，搅乱3万人生活》《小区停水三天无人管 上千居民抬水喝》《停水忘关水龙头 家里变“汪洋”（主）花了一个多小时才将积水清扫干净（副）》《大停水 餐馆买水30元一吨》《市民因居住楼停水 在宾馆包房洗菜半个月》。关注高楼停水：《小区停水又断电 居民爬27楼回家》。

◎绘制“停水地图”，比“文字停水”更直观。

◎反映救急：《10万居民停水30小时 消防车送水千吨》《烈日炎炎停水5天 公厕排队接水救急》。

◎追问原因：《凭啥一声不吭停水1天2夜 市民3质疑直指供水公司》。

◎预告停水：《今晚这些片区停水》《停水又停电看看有没有你家》《郑航南路等5区域停水 看看你家在不在其中》。

◎水质异样：《自来水最近为何口感差（主）水位走低，投氯量增加，但可放心饮用（副）》。报台网全媒体可组织市民、小记者踏访水库源头，走进自来水厂，探秘“水龙头”，解开心中的疙瘩。

电

下面是一组停电新闻好标题：《电梯突然停电 年轻女子惊魂》《高层停电 老太难上楼》《停电10余人银行卡被ATM“吞”》《养鸡场突然断电 恢复后舍温升高4500只鸡被闷死》。

◎开办“停电早知道”专栏，如《大停电，请您看仔细》。

◎停电直击。打探停电给居民生产生活带来的不便，对医院、银行、商场、学校、交通信号灯、列车、工厂等带来的影响，比如电梯惊魂、交通瘫痪、旅客滞留等。怎样抢修？全程直播抢修过程。同样是停电抢修，湖北广电总台消息《致敬“抢修哥”》报道了“抢修哥”裸身跳臭水沟修电缆的事迹，上了央视《新闻联播》，获中国新闻奖二等奖。报道也要着眼于疏导理气，如《市民平静面对高温下大停电》。

◎深度反思。停电考验一个城市或一个单位、一个家庭的应急措施；大停电检验一个城市和市民的表现；一个城市是否具备足够的战略储备能力和承压运行能力，以及充分的应急预案，来保证社会秩序有效运转。反思大停电，梳理民众最关心的热点问题，请有关部门解答。如《罕见大停电给深圳敲响警钟》，提出4个问题：如何保障配电的稳定性？地铁、动车怎样应急避险？医疗急救电源够不够用？停电如何防止踩踏事故？

气

下面是一组停气新闻好标题：《今明这些区域要停气哟》《“停气”惹得居民一肚气》《家里停气否？快来看清楚》《挖掘机“出手”天然气“断喉”》《天然气管“发火”泥巴紧急“封嘴”》《唉声叹“气”》。

可在一个事故关键节点上，邀请房管、自来水、燃气、供电部门负责人做客编辑部进行微直播，解答日常生活中市民普遍关注的热点、难点问题。

【城市拥堵】

中国急速城市化，直接后果就是城市病蔓延，尤以交通拥堵最甚。北上广深等一线城市堵成心病，二、三线城市也愈来愈堵得慌。《北京晚报》的系列报道《“生命通道被堵伤者身亡”》，获中国新闻奖三等奖。

马路拥堵，怎么办？报台网全媒体可和交警、市民、公交等共绘城区“堵点地图”，分析症结所在，共话化堵之策。重点关注停车难，交警、城管、规划、交通、小区、物业各亮什么招。

报台网全媒体要倡导绿色出行，挖出影响出行的各类问题，逐一剖析。标题《深夜两小时才发一班 啥时到站没有准点（引）通宵公交：叫我如何来“等”你（主）》，冷峻幽默，生动传神。

曝光出租车、网约车拒载、宰客，抓住某一事件切入，对火车站、长途客车站、港口乱象进行重磅报道，引起党委政府和有关部门重视，予以整治。

第59章　物价新闻

物价问题任何时候都不可低估。2011年，控制物价过快上涨列为中国首要目标。可见，物价波动对国民经济的影响是多么重要。而菜、米、食用油等人们日常生活用品价格波动，往往会牵一发而动全身，关注度高，影响大。因此，做好物价报道，事关人民群众“幸福指数”。

一、策划要点

关键词：生活必需品

菜、米、油、盐、酱、醋、茶，这些日常生活必需品一旦涨价，直接导致广大工薪阶层以及低保困难群众生活品质下降。所以，报台网全媒体经济记者必须对这些“品”的价格波动作出敏锐反应。经济记者要热爱生活，有生活趣味。一个不进或很少进超市、集贸市场买菜的记者，又怎么能第一时间捕捉到瞬息万变的市场气息，和芸芸众生的真实声音呢？经济记者一定要到市场上去，进菜市场、进超市、进批发市场、进马路市场。是否到市场上去了，有没有烟火气，一看稿子就知道。切记：严禁抄袭网上外地物价安在本地物价上，各地物价千差万别，即使是同城不同区域，菜价也各不相同，勿闹笑话。

关键词：肉价

粮食安全实行党政同责，“米袋子”省长要负责，书记也要负责；“菜篮子”市长要负责；“油坛子”“盐罐子”“肉柜子”“药盒子”则是市场在资源配置中起决定作用。肉价飞涨，记者要闻风而动。以报道《城区猪肉价格持续上涨 吃一盘瘦肉丝可能花掉16元》为例，报道要打组合拳：一要加强对政府部门调控措施的动态报道；二要追问猪肉价格一路飙升的原因；三要了解市民的生活受到多大影响，哪些人受到的影响大；四要打探市民如何从容应对；五要走访餐饮酒店，考虑如何应对其中的问题。

关键词：CPI

但凡两会、党代会，涉及GDP均会在显著位置刊播，为何？因为GDP是国内生产总值，被称为衡量社会经济福利最好的指标。

CPI是消费物价指数，用CPI变动的百分比就可算出通货膨胀率。CPI是经济的晴雨表，其所透露的信息，左右股市，影响国家经济的走势和后续政策的调整。

全国CPI公布，可采用“七步鲜”报道模式：①消息；②传递的信号；③解读CPI；④影响(股市)；⑤分析(当前经济状况)；⑥预测(未来利率变化)；⑦CPI走势图及本地超市蔬菜食品图或菜篮子漫画制图。除此之外，还可做落地报道——探究本地菜价波动情况，同时把受影响群体单独拎出来做报道。

CPI数据是怎么炼成的？记者可去统计部门了解本地统计数据的采集与分析工作，请专家现场揭秘CPI数据生产过程。

对于经济形势的报道，除了传递经济形势的表面信息，还应透析表面现象下隐藏的信息，分析原因，预测走势，让受众用户对经济形势的深层社会意义有所了解。

各地经济部门每月或每季度会公布经济消费数据。针对当前的消费现状，报台网全媒体要请权威部门的权威人士对今后的走势做预测和分析。

关键词：油价

每次汽柴油调价，都与国人的生活息息相关，会直接波及城市公交、的士、长途客车、飞机、轮船等交通票价，会直接波及千家万户必需的液化石油气（坛子气）价，会影响货车司机、渔民、农机主的利益。

关注历次油价调整后股市的表现，分析受油价调整影响的板块和个股。

“这个有谁关心？”编前会上，不止一次听到记者、编辑说类似的话。对于新闻价值的理解和判断，有时候真理只掌握在少数人手中。这个少数是孤独的，甚至是不被理解的。办报办台办网是办给多数人看的，不是给少部分人看的。我们切不能以自己的生活或偏见，而抹杀有重要价值的信息。你不关心的事，并不表示它不重要。

二、实战心得

柴米油盐涨价，抢购风潮不断见诸报端。《广州日报》的通讯《24 小时平息抢购米盐事件》获中国新闻奖三等奖。消息一传十，十传百，尤其是经过新媒体快速传播，往往由地方个别现象迅速上升为局部或全局的严重问题。2010 年蔬菜水果涨价风潮席卷全国，“蒜你狠”没完，“姜你军”又出，“苹什么”耍赖，还有“豆你完”“糖高宗”“盐王爷”，彼伏此起，人心惶惶，物价问题不容小觑。

对于物价波动的报道，也有规律可循。比如，报道食用油涨价，可以从 5 个方面下手：一是着笔“普遍现象”，反映各大超市抢购情况、调价情况，不能只看一家、只写一家，至少要看不同区域、三家以上、不同超市，才有说服力；二是做详细的价格分析，测算各类商品的具体涨幅；三是追问涨价原因，要有权威人士的阐释；四是走近单位和群众，了解物价对其的影响；五是亮出应对措施，即各级部门储备情况如何，如何保证困难群众的生活品质不下降等。

【盐价风波】

不知道你注意过没有：2003 年非典，抢盐风波；2008 年汶川地震，出现抢盐事件；2011 年日本地震核辐射，也引发中国抢盐潮。

以报道《谣“盐”止于智者》《谣盐自破》为例，你说盐业公司库存量大，到底有多大？一张工人在库房里搬运食盐的图片和视频，胜万言。偌大的仓库里堆满了食盐，这样一张满版图刊播出去，立马可以起到安定人心的巨大作用。相比而言，拍发超市门口正在搬盐或超市内食盐正上架的图片和视频则逊色得多。

人们不禁要问：为什么被抢购的总是食盐？抢购真的是一点好处都没有的非理性行为吗？《晶报》邀请中科院心理专家解读“难盐之隐”，专家称传谣者在进行“情感分享”，抢购意在舒缓恐惧情绪；还上升到科学的高度，称科学研究表明，人在紧张的时候，在心情不好的时候，身体确实需要更多的盐。

盐罐子被打翻，如《“抢盐风”退了　“退盐潮”来了》。报台网全媒体要关注抢盐带来的相关影响，如贪婪的谎“盐”——盐业股遭遇“过山车”行情。

【汽油调价】

似乎总在一夜之间，汽柴油价调了。尽管调价是全国政策，但各地情况不一，地域不同，调价幅度也存在差异。因此，不能简单地刊播新华社电讯稿了事。政策的公布，其实不是突然性的，全国各地油气部门早就做了相应部署。跑线记者可从本地石油或石化公司获悉本地油价调整的具体信息。

◎必要换算。油价调整是以吨为单位的，一定要进行以升为单位的换算，将价格波动精确到几毛几分，让人可知可感。数字太大，让人一头雾水。数字要具体实用化，为受众用户提供最佳实用指南。

◎反映影响。油价猛涨，关注给出租车司机、渔民、农机主等发放政策性补贴。油价调整对各行各业影响几何，哪些行业和人群受影响最大？要关注他们的生活、生产、出路和对策。记者可倾听本土服装业、农业、旅游业、物流业等多家知名公司，了解具体影响在哪些环节，利润增减有多大？

编排时，可将一个时间段内汽油调价制成表格，更清晰直观。在头版大主标题上，你是强调“汽柴油价今起上调”还是“93号汽油涨0.4元/升”呢？当然是后者。主标题上要突出一个很有创意的“涨”字！因为，一个“涨”字牵动众人心。

下面是三家报纸的三个同题新闻标题，孰优孰劣，一比便知。

标题一：《汽柴油价今起上调0.25元/升（主）93号汽油每升6.80元，0号柴油每升6.70元，这是年内第三次上调油价（副）》。

标题二：《成品油价格今晨统一上调（引）我省汽柴油每升涨0.25元（主）93号汽油创历史新高达6.8元/升（副）》。

标题三：《我国上调成品油价（主）汽油每吨310元 柴油每吨300元 调价意在保障国内市场供应 同时抑制不合理消费（副）》。

闹气荒、柴油荒是冬季的焦点。记者要去踏现场、访商家、问专家，逐一呈现“现场实况”“真实讲述”“客观分析”，内容全面、翔实，使粉丝“知其然”，还要“知其所以然”。

油价涨跌“七步鲜”报道模式：①油价调整主消息；②各界反应（加油站、的哥的姐、有车族的心声）；③部门表态（如发改部门对加油站未执行新价亮剑）；④解读调价；⑤答疑（如城区的士燃油补贴政策是否继续执行）；⑥影响（如油价破百，通胀会否卷土重来，股市影响等）；⑦视频影像（刊发加油站调价组照）。必要时，还可配发评论，如《油价降了，节能意识不能丢》。

油价波动，牵动全球神经。国际事件往往致油价暴涨，对此报台网全媒体要分析可能带来的全面影响，如《利比亚被炸 金价油价“飞一会儿”》。

【其他调价】

除了以上物价，还有药价、旅游门票价、水电气价、学费等。以《药品降价，想说爱你不容易》为例，报道由三部分构成：市民反应，“药品降价，市民不买账”；市场真相，“调价部分药品买不到了”；回应关切，“医院、药店降了多少？”

价格听证，变成听“涨”会。报台网全媒体应针对正反方观点，亮事实，摆数据，全面详尽回应市民的关切和质疑。

很多经济政策（如调息、油价变化等）都是晚上甚至深夜出台，经济记者、要闻编辑要具有前瞻性和敏锐度，迅速反应，立即策划，马上落地，做到与国家同步。报道的基本思路是：组合报道国家新政、落地情况、政策解读、市场变化。

对于政策将带来的重要变化，媒体要第一时间找相关专家分析评说。记者平时要搭建自己的“智囊团”，如本地大学和金融部门的经济学家，证券、银行界金融专家。要积累一批权威专业人脉，关键时刻能请行家出来说话。切记：报道敏感物价（如油气水电价格）要有国家权威部门来源，不得偏听机构和专家之言，妄作预测性报道，以免引起社会恐慌。

第60章　财富新闻

一说到财富，人们就会想到金钱，而比钱更让人关注的是与钱有关的新价值和新观念。报台网全媒体的经济新闻，大致分为两类：一类是“花钱”新闻，指消费，如车房买卖、购物、旅游、生活服务信息等；二类是“生钱”新闻，指理财，如投资、保险、炒股、创业等。

一、策划要点

关键词：数字

经济报道会遇到很多数字，要学会从数字中找到新闻亮点。如《11月份宜昌人狂花2亿元买汽车》，就是从统计部门公布的一大串月度经济数据中单挑出来的。将最引人关注的数字“拎”出来，解读它，给它注入故事和情感。

我们经常会遇到“算账新闻”，一些记者或编辑喜欢算总账、算大账，殊不知，有时数字越大越无力。数字新闻要出彩，要多算小账，算人均账，算与市民利益攸关的细账，账要算到心口上，一眼就明。

达沃斯世界经济论坛报告指出，数据已成为一种新型的经济资产，就像货币或黄金一样。《大数据时代》作者维克托•迈尔•舍恩伯格教授提醒人们要看到数据的价值和力量，在大数据中发现商机。

经济记者应具备敏锐的数据洞察力，能从数据中发现有价值的新闻信息。

关键词：理财

让钱生钱，是每个人的梦想。怎么让钱生钱呢？报台网可常年请各方面理财专家教市民理财。

【**经典案例：**2012年湖北日报传媒集团联手举办武汉金融博览会暨中部创业投资大会，《楚天都市报》策划推出《聚焦金博会》特刊，由以下10个版块构成：①领导寄语；②总结综述；③活动回放；④思想盛宴；⑤社会影响；⑥机构风采；⑦业界观点；⑧各方评介；⑨图说；⑩服务指南。】

关键词：活动

经济报道无活动不“活”。比如，“世界500强”评选，其实就是美国《财富》杂志所作的一个高端策划。报台网可举办金博会、金秋鉴宝等活动。

二、实战心得

很多经济报道，总让人觉得“视之无味”。怎么办？把“现饭”炒成“花饭”，放点“佐料”，如添点肉丝、酱油、豌豆，顿时活色生香。多用视频影像、图表、三维制图、漫画、表格、公式，展示、诠释经济事件和政策，顿时让版面、页面、荧屏明快清晰，给人带来视觉和心理上的享受。

经济记者要从跑线中挣脱出来。不要陷在经济部门，不要陷在“数字”里，否则很难出活。

去关注经济现象、经济事件、投资理财、民生服务，身边的“经济”更精彩。

搞经济报道，眼界要放宽。反映市场动态，剖析经济热点，透视消费趋势；关注新消费、新科技、新时尚；关注新产业、新业态、新模式等“三新”经济为核心的新动能；捕捉苗头，发现趋势；发现并聚焦本土出现的新生事物，对此非一味地反对和排斥，而是呈现多方观点，理性表达媒体立场。

经济活动首先是人的活动，经济新闻必须关注人。关注财富人物，重点关注本土企业家群体，不仅要关注他们创业的艰难、致富的历程，也要写他们的生活、爱好、观念、情感。比如，《河南日报》的系列报道《在京创业的河南人》，获中国新闻奖二等奖。

“高端访谈”是经济报道中最受欢迎的体裁。开设“财富会客厅”，对话经济学家、上市公司老总等，就当前热点求证解惑，指导人们如何前行。

2002年初，我第一次采访经济学家的经历，至今记忆犹新。当时我接到指令要求火速去采访著名财经杂志《销售与市场》的一位经济学家，他应邀给稻花香集团讲座。我事先对这位教授一点都不了解，不知道他研究的方向与成果，而且也不清楚他讲座的内容。好在教授非常平易近人，他毫不介意我说的外行话，还给我讲了许多经济学原理。

但是，多数情况下，经济学家不会给记者充裕的时间，更不会容忍记者的“无知”。那么，如何采访经济学家呢？

结合后来我采访巴曙松、钟朋荣等多位著名经济学家的体会，总结了“专家采访五条法则”：一是备功课，了解其研究成果；二是套近乎，以当前热点问题切入；三是请经济学家“问诊”本地，在专家那里找“本地问题”的答案；四是营造轻松的采访环境，不一定要搞成“你问我答”式的僵硬对话，高手多在看似闲聊中完成专访；五是专家中不乏“大嘴”“乌鸦嘴”，爱台上乱“放炮”，语不惊人死不休，他们的观点不能“原话照登”，要过滤后方可发表。

【宏中微】

宏观是什么？就是全国或地方经济运行的整体特征、状态、问题，剖析之、解读之。

(1) 宏观经济报道，不是地方报台网的强项，但一年总要端几盘“大菜”。怎么做？一是做规模，全景式呈现；二是做高端对话，专访权威人士，让报道立起来；三是给报道引入“三方”视角，即政府官员视角、专家学者视角、普通市民视角，深度解读，让单篇新闻厚起来。

用电、用气、投资项目审批核准和物价等四大数据，是判断国家或地方经济运行状况的风向标。重点关注之，挖掘这些数据背后的新闻，或在有关宏观报道中引用这些数据，用以增强权威性和说服力。

(2) 中观经济报道，即关于一个行业、一个产业的经济分析报道。可采用系列、组合、全景扫描等形式。比如，广西广播电视台电视系列报道《7.5元如何撬动30亿元 柳州螺蛳粉产业发展观察》，以微窥宏，反映了推进供给侧结构性改革、加快高质量发展取得的成效，获中国新闻奖三等奖。区域经济合作是大势。我们的重大主题报道不能只囿于本土这个小圈子。报台网要“走出去”，实施“跨区域”采访，如中部行、沿江行、沿海行、边界行、边疆行。《苏州日报》记者重走四万里国境线，每天前后方口述连线，融媒报道。《三峡日报》曾推出“走中部思发展”大型报道，采访组辗转中部六省17个中等城市，探访这些地方的经济发展态势，寻找宜昌走在中部地区同等城市前列的参照系；《襄阳日报》曾推“三国热线行”大型踏访报道。从新闻接近性规律来看，有时候“故意偏远”易出大亮点大影响。

(3) 微观经济报道，侧重于告诉受众用户“发生了什么”，还要告诉“还将发生什么”“今后还会怎么样”，作出一些具有前瞻性和预见性的理性分析判断，为投资者做参考指导。

我们平时要围绕“四点”做经济新闻：突出“亮点”、追踪“热点”、挖掘“冷点”、攻克“难点”。其中，热点是大家最关心的问题和现象；冷点或冰点则是大多容易被人忽略的社会细枝末节，反映社会底层普通老百姓的生存状态，“窥一斑而知全貌”。

【金融理财】

著名记者艾丰谈经济热点写作时，提出要抓“四个热点”，即：争论的热点、议论的热点、关注的热点、行为的热点。经济记者要能敏锐把握眼下财富资讯中的热点，把“热点”做成“沸点”。不温不烫，仍是生水。

花钱重点在衣、食、住、行、玩、乐、美、健等方面，报台网要传播这些方面的前沿鲜活资讯，引导消费。

储蓄和投资是支撑经济长期增长的关键。所以，要关注本土居民存款，关注大型企业投资动作及本土重大招商引资项目。

一些涉及金融动态、银行理财、保险大战的报道，站在工作角度“硬塞”的多，让市民看得懂好用的少。同样报道客户联谊会，《银行热衷“玩文化” 昔日请客吃饭 如今请人“听课”》就别具一格。

加息或降息，事关每个人的利益和生活。每一次出手无疑影响全国，涉及全球。

加息“七步鲜”报道模式如下：①加息主体消息；②加息背景；③未来预测（今后加息空间）；④加息影响（对房贷、楼市、股市、金市、车市、存款等的影响）；⑤利率调整表；⑥历次加息回放；⑦加息分析（加息原因）。

比如，央行加息 0.25 个百分点，记者可找本地银行理财师为市民算一笔账，以一套 90 平方米的房子（这是国家对房贷界定的分水岭）为例，按本地市价首付三成，其余贷款，20 年每月要多还多少？如《40 万 20 年商贷每月多还 50 元》，这样不是更贴近市民吗？

有记者以一个 200 平方米房子贷款 200 万元来计算还款金额，试问又有多少人住得起这样的大房子呢？报道就失去了为多数人服务的初心。

很多经济报道为何没得用、不能用？因为粉丝们的知识和视野在不断“水涨船高”，而我们还在那里“刻舟求剑”。立志向高端奋斗的报台网全媒体，要善作“引领期待”“廓清迷雾”的报道，粉丝才会对你“高看一眼”。

股市哪些信息对粉丝最有用？中国人民大学舆论研究所调查显示，七成读者首选宏观政治、经济形势，其次是高层言论、政策法规、大势研判与市场预测。各地市州都有几家上市公司，可开设诸如“济南股情”专栏，报道本土上市公司的股票昨日表现、公司活动与前沿资讯。

股市红火或暴涨或暴跌时，可聚焦本土股民众生相，挖掘几个典型市民的股事、股论、股经、股盼。

财富新闻要着眼于信息“价值”。《都市快报》为了提高影响力，坚持评选最有价值财富新闻。

浓墨重彩报道“大众创业、万众创新”。激发草根，《三峡商报》曾举办“有奖征集 2 万元创业方案”活动；开启智慧，举办“三峡财富论坛”，邀请一批著名经济学家来宜昌讲学；实战辅导，做项目对接、小微贷扶持、成功老总与创业者对话，办“万人理财大讲堂”；创业人生，倾听企业家们的创业故事，记录创业路上的酸甜苦辣，展现商道与智慧。报台网可联手人社局、团市委、青创协会、民建企业家协会、商会、银行等共举之。

第 61 章　市场新闻

2013 年 11 月，党的十八届三中全会作出决定，处理好政府和市场的关系，使市场在资源配置中起决定性作用和更好地发挥政府作用。一改以往“基础性作用”的提法，市场这只无形的“如来神掌”力量愈加强大。2018 年新一轮党和国家机构改革开启，原国家工商行政管理总局、国家质量监督检验检疫总局、国家食品药品监督管理总局的职责，以及国家发改委的价格监督检查与反垄断执法职责与商务部的经营者集中反垄断执法等职责均划入新组建的国家市场监督管理总局。可见，市场培育、市场规范、市场发展、市场监督等极其重要，与之相关的“市场新闻”有着永恒的广阔市场。

一、策划要点

关键词：鲜活

如何让经济新闻鲜活，这是个绕不开的课题。有些经济报道像白开水，寡淡无味。编辑部经常搞“漏稿问责”，一追查，却听到记者这样辩解：这个事我们之前就做过了。言外之意，我们跑在前，比人家行。

的确，我们确实做了，但并不打眼，并不能让人在心尖上多停留一会儿，或者领导“没发现”“没记住”。对比发现，人家此次比我们高明得多，“亮点”不仅提炼到位，更在标题上“显”出来了。新闻核心，不能“窝”在稿子里头，要做成“肉夹馍”，而不是“馍夹肉”。

“王婆不自夸，谁买她的瓜？”经济新闻求鲜活，要让标题“实”起来、“亮”起来、“跳”起来。

关键词：造势

搞经济报道，要善于无事造势，借事造势，随势而动。造“节”炒“节”，用媒体之火点燃“节日经济”。对此，在“节日新闻策划”篇章中分别做了阐述，在此不再赘笔。

关键词：上位

经济新闻要“活”起来，还需“表现形式”创新，借大事件“上位”。

【**经典案例：**2008 年 4 月，中博会在武汉举行，《三峡日报》在开幕当天推出“中博会宜昌特刊”，并将 3 万份报纸送到会场，成为中部六省唯一发行进入中博会现场的地市报。】

但凡在本地召开的省级和全国性会议，都应推重磅特刊进会场，向全省全国展示地方形象魅力。这种办法至今仍不过时，越用越新。

关键词：大国思维

说到“经济”，还有一种解读就是“小气”。传媒人要心怀“国之大者”，经济记者尤其要有大国思维，要有国际化视野。一个地方的经济、产业结构等问题，要把它放在区域、全省、全国，乃至全球的视野中去审视、考量。新出台的经济政策，如加息、减税等，由此引发的全球关联与震动，媒体要去提前预判与敏锐捕捉。

地方报台网全媒体一定要有全球思维、大国思维、大省思维、大市思维。要将小经济（以

个人和单一企业为主体的经济形式，多指微观经济）和大经济（多指宏观经济，宏观经济政策和走势）结合，不能拣“小”舍“大”。

二、实战心得

茫茫市场，让人茫然。选择哪些采访点？采什么？写什么？发什么？从事经济新闻采编的记者、编辑、主任，相对其他采编人员，心焦得多，因为它不像“时政”有开不完的会，它不像“热线”有人报料，它不像“社会”案子多如牛毛。

我们的从业体会是，经济新闻最难做，最考验人，但又最有意思，最易出大成果。因为我们身处社会主义市场经济的大潮中，经济建设是党的中心工作，经济工作是我们一切工作的中心。每个人天天都在与“经济”打交道。

之所以说经济报道难搞，主要是难捉到“鱼儿”。一是不知“鱼儿”在哪里；二是浮在面上的都是“小鱼儿”，“大鱼”沉在水里，不知在哪个角落。所以，经济新闻要搞出点名堂，既要捉到“活鱼”，又要善捕“大鱼”。捕“大鱼”的前提是觅“大鱼”，即了解哪些水域有大鱼，哪些水层有大鱼，发现大鱼如何捉，捉来大鱼怎样烹。

下面，谈一谈如何敏锐把握、洞悉市场做经济新闻。

【逛街新闻】

逛街能出新闻，也能出高产新闻，此话不假。纵观报台网，很多新闻都是逛出来的，尤其以经济类居多。

经济记者经常抱怨没有稿子写，我给她们建议：“当你实在找不到新闻时，就去逛街，逛商场，逛超市，逛菜市场。你会发现有写不完的稿子。”可同样是逛街，一些记者就是发现不了新闻，这是为何？

(1) 带着问题去逛。记者逛街，不是闲逛，要有强烈的问题意识，带着新闻眼去瞅，用新闻鼻去嗅，以新闻脑去思。心中有事，眼中有人。

生活不缺少新闻，而是缺少发现。新闻大家穆青说：“一个优秀的记者，穷其一生，都在追求‘发现’。”只要你用心，走到哪里都有新闻。

逛街新闻，多藏在一些极细微的小事中，记者的功夫就是扒开它，展示给人们看。《楚天都市报》女记者龙滢逛商场，看到女顾客试口红，写出《一支唇膏众人试用》，谈到了人人忽视的卫生问题；进菜场，她发现《武汉人迷上鸭子》，探究“周黑鸭现象”，等等。

去发现日常生活中的盲点、盲区，发现那些“人人眼中有，人人心中有，人人笔下无”的东西。比如，《北京日报》的通讯《如来观音缘何聚酒家》获中国新闻奖三等奖。一旦说出市民心中想说而未说的事，给人眼见一亮，哪怕事情很小，也是好新闻。

(2) 瞅出市场冷热。《吉林日报》的通讯《吉林鞋，你何日流光溢彩？》、北京人民广播电台专题《走遍天下的劣质鞋》获中国新闻奖二等奖。当下哪些东西畅销、哪些东西受冷落，今夏流行色、流行款式是什么……也只有逛逛市场才有真切感受。

(3) 闻出市场味道。如《酸奶一“返老”身价就倍增》《市民犯迷糊，不管身价 5 元还是 15 元——冬枣咋都打山东腔：俺是沾化的》。其报道模式是：①记者探访；②店主声音；③解疑释惑；④品种辨别。经济记者不进超市，不去市场买菜，怎么能知道菜价飞涨行情呢？又怎么能知道对人们生活带来了多大影响？记者要深入生活，绝不是一句口号。只要搜集到人们谈论最多的东西，你就会发现源源不断的新闻素材。

(4) 察出市场嬗变。《大块头宜化，布点小便利店》就是记者路过装修店面时发现的，写作时，记者还监测了微博等观点，延伸了“宜化举动引网友热议”，让正负观点碰撞和交锋，并引入本地大学营销专家的分析，使报道更理性，更深度。无独有偶，上海人民广播电台消息《烫一次发 700 多元 “名仕”吓得顾客脚软》获中国新闻奖三等奖。

逛展如何抓新闻？要写出重大成就展、博览会的“看点”“之最”，挖特色，挖本土元素，讲述每个元素背后的精彩故事。逛商业展，要搞展会观察，做产业思考。表达要俏皮，如《6万“好吃佬”挤爆食博会》《各路资本文博会上“找对象”》。《北京青年报》的消息《堂堂博览会 观众却寥寥》获中国新闻奖三等奖。

看一看市面报纸，经济新闻过于琐碎，“马路经济”充斥着版面。不管什么，“捡到篮子里的都是菜”。不要盯着“马路小商贩”不放，因为他们不是主流群体。扩大经济新闻来源，绝不是上网搜、照抄照搬外地报刊，换个地名。

要解决经济新闻“似曾相识”“缺少个性”的问题，唯有重本土。挖掘地方特色，聚焦老字号，探讨如何做强做优做大、如何融入“双循环”、如何走出去。

【**经典案例：**湖北广播电视总台的广播系列报道《寻找失落的品牌》获中国新闻奖三等奖。报道大胆突破以往形势宣传，成就宣传中只讲成绩不讲缺点、只讲经验不讲教训、只讲长处不讲短处的做法，通过记者深入探访，寻找历史的真相和事实原貌。通过分析、对比和反思，寻找品牌失落的原因、背景和根源，从而为企业的发展提供镜鉴。】

发现经济新闻，要善于落地联想，即跨时空、跨行业、跨地域、跨国界联想。联想出大新闻，如《沙县小吃欲上市！成都的郫县豆瓣呢？》。

平凡生活，但并不平淡。记者的功夫就是从看似平淡中挖出世间精彩，从静止中演变运动。

【公司新闻】

因通讯《140 万双袜子的命运》而获中国新闻奖一等奖的《长江日报》记者余兰生说，凡经济问题要用政治眼光来看一看，凡政治问题也要用经济眼光来看一看。

公司、工厂是市场的细胞，是庞大无形市场的微观特写。报台网全媒体要重点报道本土纳税百强企业、上市公司、行业龙头，要聚焦一批“专精特新”小巨人企业、行业隐形冠军。

如何做投产新闻？我们惯常的思维是“就开业论开业”“就投产论投产”，较多地强调参会领导讲话，项目投资额度，不妨突出项目科技显著性，抠出亮点做新闻。

经济新闻要“去专业化”。要改变“内行不愿看，外行看不懂”的写法，挖掘大多数人感兴趣、与大多数人利益相关的信息。经济记者要有转化、翻译的能力，将生硬的“专业术语”通过打比方、举例子等，用通俗的语言“翻译”过来。

本地公司新闻，特别要挖掘与大众攸关、与大众发生联系的东西，找到与群众利益有碰撞的兴奋点。做深、做厚，增加“思辨”的色彩。比如，《西海都市报》记者在与企业负责人闲谈中无意换算出《青海产光纤一年可绕地球 325 圈》，站在生态经济新动能转换的高度，别出心裁，获得中国新闻奖三等奖。

经济新闻要尽可能“去数字化”。美国著名经济学家、《经济学原理》作者曼昆教授说：“最棒的人也会被经济数字迷惑。”经济离不开数字，但数字则是经济新闻的毒药。记者要对“数字”进行解剖。比如武汉神龙汽车二期工程开工，一些媒体只看到了“年生产能力提升至 30 万辆”这个表象信息，而《北京晨报》记者看到《标致在中国卷土重来（主）借“东风”带来王牌车型（副）》，还做了分析：《从哪里跌倒 从哪里站起》，同比更高明。后者不仅传递出了事实信息，而且对其意义、背景做了深挖，更透彻更全面。

《华尔街日报》说，一千万人死亡是个统计数据，一个人的死亡则是个悲剧。媒体要重点关注鲜活的个体、典型的个体。

比如，一些知名公司的举措与倒闭、重量级老总的言谈与举动，都是有价值的新闻。

在金融危机时，媒体要引导人们从困难中看到希望。记者深入企业一线，把真实的危机情况告诉公众，与"灯塔企业"的老总做系列对话，把信心和战胜危机的措施传递给社会。比如，江苏广播电视总台电视系列《危机中的奋进》，获中国新闻奖三等奖。

【监管新闻】

市场之大，鱼龙混杂。报台网全媒体既要对名牌、驰名商标、名特产品、知名公司进行重点报道，又要对扰乱市场经济秩序行为予以无情曝光。

大致说来，经济报道主要对三种经济情况进行监督，即：逃税漏税、走私黑市等"地下经济"，粗制滥造、以次充好、冒牌假货等"伪劣经济"，设关设卡、保护落后等"诸侯经济"。

假药、假币、假证、假猪耳……在中国，似乎没有哪个领域没有"假"。《南方日报》的通讯《假冒商品为何屡禁不止？ 不拆保护伞，难除造假窝》获中国新闻奖三等奖。造假揭示诚信的缺失与沦丧，造假与社会公平正义是死敌，必须予以痛击。报台网全媒体大有用武之地，央视《每周质量报告》几乎成了"假冒伪劣"的"克星""速死丸"。

维权之路究竟有多难，难在哪里，症结在哪里？记者全程体验个中辛酸苦辣，运用暗访、追踪等形式揭露那些欺诈百姓、鱼肉市民的丑恶行径。湖南人民广播电台专题《一个假秤砣的风波》、《华商报》摄影作品《暗访制假窝点》获中国新闻奖二等奖。

"要打就打个水落石出"。常见的打假报道往往只揭开"冰山一角"，水面下的冰，则很难被揪出。常常是"打着打着（报道）没影了"，给人不痛不痒的感觉。要抓住一件典型事件不放，"过街老鼠人人喊打"，对带有共性的行业、区域进行全面围剿，作出声势，作出影响。

"舌尖上的安全"是天大的事。毒牛奶、毒大米、毒胶囊等丑闻此起彼伏，引爆舆论，屡屡挑战公众神经。报台网全媒体要痛打"落水狗"！

【**经典案例：**深圳新闻网联合监管部门推出舆论监督栏目"星期三查餐厅"，通过网络调查、自媒体互动、视频直播、短视频、纸媒报道等传播形式，采用小程序、H5、VR 等技术手段，影响很大。】

面对假冒伪劣，媒体要敢打敢战。南京零距离微博发布的短视频新闻《重磅！北京同仁堂蜂蜜：过期品送入原料库　还涉嫌更改生产日期》，获中国新闻奖二等奖。《武汉晨报》专栏《王浩峰的眼》令造假者胆寒。记者要有这种血性、这种大无畏的英雄气概、这种嫉恶如仇的境界。如果一家媒体、一个记者搞的都是些软绵绵的报道，则毫无生气可言。

市场监督报道，要"敢于追问"。"问题"是新闻的导火索。以问题为导向，把问题"拎"出来，"拎"准了，就会一石击起千重浪。

经济新闻消息，开门见"故事"。没有故事，记者要学会"造"故事，通过记者的亲历、目击、暗访，引出一串串"故事"，让潜伏的"故事"浮出水面。如《雪白猪油里藏了多少黑（主）本报记者数度暗访　老板开腔：主销湖南，小溪塔餐馆少量（副）》，报道了"市领导的批示""主管部门的查处"，并支招"如何防范"，痛诉"窝点给当地居民生活带来的影响"，还做"流向地追查"，共议"如何根治——部门探对策、专家支招"。对于死灰复燃、卷土重来，可从深层次上探讨如何破解执法难、斩断暴利利益链等。

辩证法告诉我们，个别、局部的溃烂，并不代表整体、全局的腐烂。食品、药品等行业中的个案，并不代表整体“黑暗”。这一点，我们的记者也好，编辑也好，笔头口头都要冷静平和，内心充满阳光。

报台网全媒体曝光某个特定品牌产品，要慎之又慎，证据齐全，措辞严谨。一个品牌下面有很多不同系列的产品，其中一个产品出了问题，并不代表整个品牌产品都出了问题。如果直接表述为该品牌出问题，则会令媒体和记者陷入囧境，甚至官司缠身。

“验证新闻”是近年涌现出的新闻品种。信息泛滥，真假难辨。消除公众的疑虑，揭开假冒伪劣的画皮，普及科学知识，增强防范意识，本是检测部门的分内事，报台网全媒体可主动介入，记者亲自做或请专家做“实验”，记录“实验”全过程，让公众了解“真相”。如一些市民怀疑餐馆牛肉有假，记者购“牛肉粉”实验一小时，推出报道《见证“奇迹”：猪肉加料变“牛肉”》。

【**经典案例：**“口说无凭，实验为证”。《都市快报》名牌专栏《好奇实验室》，一档求证、调查类视频节目，求证生活中那些人们很想知道却一直没人去做或不屑去做的有趣、好玩、有用的事情。整合利用杭州市科协、各大中学、各检测机构的实验室资源，让神秘的实验和科学从幕后走到台前，其视频在抖音、优酷网、爱奇艺以及微信公众号上播出，影响很大。】

第62章 “三农”新闻

我们每个人内心都有一个“农”字情结，上溯三五代，我们的根多数都在农村。每个人内心都有一份乡愁，那山那水那人那情，挥之不去，让人留恋、魂牵梦萦。那乡愁是家国情怀，是文脉绵延，是精神原乡。党的十九大将乡村振兴上升为国家战略，田园牧歌、美丽乡村正向我们徐徐走来。

2018年国家新组建了农业农村部，2021年2月国家乡村振兴局挂牌。自2004年开始，中央“一号文件”聚焦“三农”(农业、农村、农民)。这在中国和世界历史上实属少见。“三农”是国家“重中之重”，“三农”新闻天地广阔。

一、策划要点

关键词：泥香

走进乡村，关注“三农”。围绕时令转，唱好“四季歌”。“三农”报道亦有套路可循。

地方报台网全媒体常见的涉农题材有八大类：一是关注中央、省、市出台的“三农”新政以及惠民举措；二是关注村民自治，换届选举；三是关注滞销与脱销，跟风种植；四是关注农家新风，如根雕艺术、奇石加工、山乡诗会等；五是关注农村特色，聚焦富裕村、特色村、最美乡村、名镇名村；六是关注非遗保护与传承、民俗风情；七是关注致富能人，如“我们村里的能干人”；八是关注农村突发事件，如治安事件、环境事件。

践行“三贴近”，深入“走转改”，提升“四力”，常见的主题实践活动是：走田间，入农户，进社区，听民声，看增收，写变化，采撷“沾泥土”“带露珠”“冒热气”的报道。荆门广播电视台“三百”活动——走进百家社区挂牌服务，走进百家农户结亲服务，走进百家企业挂职服务，要求记者们劳动一周，报道一组，调研一次，办事一件。

如何写活“三农”报道？要说农民话，说土得掉渣的话，为农民说话；要唱致富曲，歌颂生活细微变化；要解困惑结，把农民所思、所想、所盼写出来。

媒体官方微信可采用“视频+”的表达方式，用“视频+图片+文字”的形式推荐乡村风光、特色农产品、休闲游体验、创业致富故事，甚至播报农业新闻，形成垂直领域价值平台。

关键词：典型

挖掘那些自发凿山、修路、通水、筑桥、护田的当代愚公、大禹，抒写为民服务的村干部典型，寻访杰出新农民、新乡贤。挖掘大学生村干部典型。获中国新闻奖三等奖的山西广播电视台广播消息《放下锄头“种太阳”》，讲述了一位普通农民从种地到利用太阳能发电的创业故事。《陕西日报》的通讯《二百八十一个签名挽留第一书记》，获中国新闻奖一等奖。《锡林郭勒盟日报》的消息《回乡大学生三项发明为800多牧户节省1亿元》、《运城日报》的通讯《“饭店村”的职业种田人》获中国新闻奖三等奖。

【**经典案例：**获中国新闻奖一等奖的津云客户端短视频新闻《腂子书记》，讲述天津大学80后青年教师宋鹏，驻村挖掘地方特色，以甘肃沙湾腂子为切口，利用“互联网+扶贫”带领村民打造全链条式电商产业的故事。为了拍摄，记者从天津赴甘肃与村民们同吃同住半个月，使用无人机、滑轨、运动摄影机等设备，采用纪录片拍摄手法，运用3D效果、MG动画等特技包装，给微视频增添了趣味性。】

关键词：活动

走进新农村，看现代农业，访新型农民，把准田野跳动的脉搏。《湖南日报》曾推“我为乡亲捎句话”系列报道；《鄂州日报》推“记者夜宿农家”活动，多年未间断，一年比一年影响大。《三峡日报》曾先后推“百名记者百户农家行”“百名记者访农家”活动，全报纸采编人员参与，做到“七个一”：调查一个村庄，夜宿一个农家，采写一篇稿件，结交一群朋友，撰写一篇体会，帮办一件事情，种下一片情谊。

二、实战心得

分析1990年以来30届中国新闻奖，我们发现，“三农”领域是中国新闻奖的高产大户。对所有报台网全媒体而言，重视城市，也别忽视乡村；重视市民，也别忘记农民。

报台网姓“市”不姓“农”？媒体主战场在都市，用户主要是市民，涉及市民感兴趣的报道占多数。涉农题材偏少，但不是说一点都不搞。这里有一个取舍问题。在非特定日或非节点，“三农”新闻慎发头版头条，且不能一连几个版的头条都是“农业”“农民”。

【**经典案例：**建瓯市广播电视台电视消息《55岁农村大妈的“潮”生活》获中国新闻奖三等奖。农妇骑着平衡车下田干活成网红后，记者深入挖掘背后的新闻故事，没有停留在“猎奇”上，而是透过这一事例，让人感受到农村生产条件的改善、村民们生活观念的更新，展现新农村建设日新月异的变化。】

关于涉农新闻采编，我们总结出“五取五舍”法则。

◎取——“三农”重大政策，如“中央一号”文件及政策解读、粮价大幅波动；舍——又播种了多少稻田、农田水利建设和病虫害防治等。

◎取——农民企业家、农村创业能人、城市农民工；舍——农村缺少做事的农民。

◎取——先进新农村、城中村、城郊富裕村、特色村、最美乡村；舍——无特色无特点乡村。

◎取——蔬菜水果养殖卖难、大灾情；舍——农产品行情、小灾小难。

◎取——农村突发大事、恶性事件；舍——村长里短、违伦畸情。

基本思路：站在市民的角度审视“三农”，关注“三农”，报道“三农”，努力寻找涉农新闻中的“市民看点”，洞悉“农”闻中影响市民生活的价值元素、背景信息。总而言之，围绕市民关联性做“三农”新闻。

【**经典案例：**《三峡日报》推出的《最美乡镇（村）》大型成就展示专题专版项目，纵贯全年，写遍全市，设计精美，引人眼球，直接开发广告数百万元。】

常见的市民关联性表现有以下几种。

(1) 关注菜肉蛋鱼，如《鸡蛋不“淡定”，价格涨至最高》《30万头生猪拱入关内——辽宁改写“南肉北调”历史》《“蒜你狠”变“蒜你贱” “姜你军”反“被姜军”》。分析本地蔬菜为何价低“命”短？《北海日报》的通讯《请市长吃西瓜》获中国新闻奖三等奖。

(2) 关注农残，如《一根豆角被“喂”11种药》《我省发布去年农产品安全监测信息——（引）水里游的、树上长的情况尚好 田里种的、圈里养的仍有超标（双主）》。

(3) 行情异常。以《棉花价格暴跌 为什么我们穿的纯棉衣服反而少了？》为例，报道从棉花到制成衣服的产业链，探寻棉价大跌的深层次原因。其“七步鲜”报道模式是：①核心提示；

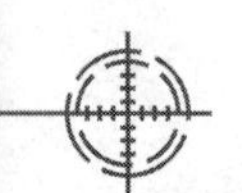

②(暴跌)现象;③(原因)探寻;④现实;⑤小知识;⑥编后;⑦棉花组图。湖北电视台报道专题《湖北棉花掺杂使假问题严重》获中国新闻奖三等奖。

(4) 关注大面积病害,如《苦瓜"未老先衰"》《200 亩西红柿"病危"》。

(5) 农超对接及农产品推介会,如《两地商家"结亲",订下 28 亿大单》。

从大大小小的"三农"事件和活动报道,可以看到一条清晰的"策划路径",简称"三农报道十步法",即:新闻事件(切入)→层层推进(剥葱)→用户来电(互动)→系列思考(启示)→各界评价(反馈)→回应热点(对话)→领导批示(升级)→系列评论(引导)→座谈研讨(高潮)→结集出书(成果)。

抓"三农"报道,要开个好专栏。比如,中央人民广播电台广播系列《站在耕地边缘》、河南人民广播电台广播专题《小村大事》、西藏人民广播电台栏目《驻村夜话》,均获中国新闻奖一等奖。北京电视台电视系列《乡村新发现》、陕西人民广播电台广播系列《新农村发现》、《河南日报》系列报道《走基层手记·跟书记下乡》、《海东时报》通讯《数万亩耕地在黄河边上喊渴》,均获中国新闻奖三等奖。

"三农"新闻要特别注重文本的创新,要跳出"农"门进"城"门,穿透"三农"写市场,少一点乡村味,多一点市场味,多一点芬芳韵味。

【**经典案例:** 以报道《本地苦瓜少量上市》为例:《都市快报》记者刘云不仅采访了摊贩、蔬菜合作社经理,杭州市农科院蔬菜所所长,还引经据典,引述清代王孟英的《随息居饮食谱》中关于苦瓜的记述。记者("我")娓娓讲述由不爱吃苦瓜到把苦瓜当作保留菜的亲身经历,还讲了多种苦瓜的吃法。报道最后以中国香港歌星陈奕迅的《苦瓜》歌词结束。】

让"三农"新闻标题蹦起来、跳起来,多用动词,如《香喷喷野生江鲇火锅上桌,举筷一尝——呸呸呸,好大一股柴油味》。

增殖放流和渔业保护是"三农新闻"中的亮点,也是好新闻的富矿。由于严重污染或过度捕捞,全球渔业资源和环境遭到严重破坏,急剧萎缩。长江禁渔十年,记者暗访沿街鱼馆,调查是否有违规烹鱼现象。策划"深夜出击",以直播方式报道渔政打击电捕鱼船,严查电拖网。

如何报道鱼儿增殖放流?如长江增殖放流:《鱼儿回家》《中华鲟带"身份证"回长江》《"长江,我的家,我回来了!"(主)15 000 尾胭脂鱼放流大自然(副)》,其报道模式是:①主体消息;②意义解读;③最新研究成果。而标题《40 万鱼儿乐当清洁工》比直接说"放流活动是为了修复生态、改善水质"要形象生动。

【乡村振兴】

乡村振兴是实现中华民族伟大复兴的一项重大任务。实施乡村振兴战略,是党的十九大作出的重大决策部署,是新时代做好"三农"工作的总抓手。

2018 年初,《中共中央国务院关于实施乡村振兴战略的意见》正式发布。文件确定了实施乡村振兴战略的目标任务:到 2035 年,乡村振兴取得决定性进展,农业农村现代化基本实现;到 2050 年,乡村全面振兴,农业强、农村美、农民富全面实现。随后,中国出台了《乡村振兴战略规划(2018—2022 年)》,部署了一系列重大工程、重大计划、重大行动。这是乡村振兴战略的第一个五年计划,有第一个,就会有第二个、第三个……换句话说,这将是未来的一项长期任务。

《乡村振兴促进法》于 2021 年 6 月 1 日起施行。

这些都是我们做好"三农"报道的重要遵循。按照产业兴旺、生态宜居、乡风文明、治理有效、生活富裕的总要求,促进乡村产业振兴、人才振兴、文化振兴、生态振兴、组织振兴,让农业成为有奔头的产业，让农民成为有吸引力的职业，让农村成为安居乐业的美丽家园。

全国报台网全媒体“三农”新闻报道，均要围绕这一目标和要求去精心策划报道，传播展示乡人、乡音、乡情、乡景、乡韵、乡味、乡愁。

(1) 产业兴旺。山东广播电视台电视消息《廉价蒲草“编”出亿元淘宝村》获中国新闻奖一等奖。《河南日报》的通讯《芝麻花生的事儿能做多大》，解剖农业特色小镇建设，获中国新闻奖二等奖。《广西日报》的通讯《一粒种子的世界较量》获中国新闻奖二等奖，报道了广西专家选育出具有自主知识产权的玉米新品种，并大面积推广，结束了洋品牌垄断广西玉米种子市场的历史，让粮食安全牢牢掌握在广西人自己手里。记者从选题策划到采写完成，历时一个月，先后采访了专家、种植大户、种子企业、农户，并到田间地头蹲点。天津人民广播电台广播消息《小辣椒串起产业链 东西部农民齐增收》、《大众日报》的通讯《田里多了“棚二代” 乡村振兴有力量》均获中国新闻奖三等奖。

黑龙江人民广播电台、齐齐哈尔人民广播电台联合作品《中国“小土豆”打赢国际大官司》，获中国新闻奖一等奖。《兵团日报》的消息《10 万亩棉花成为世界高纬度样板田》获中国新闻奖二等奖。黑龙江人民广播电台系列报道《中国大豆路在何方？》、湖北电视台电视专题《2.3 万份种子大抢救》、吉林人民广播电台广播专题《和“粮王”张连友唠种地》均获中国新闻奖三等奖。

(2) 生态宜居。可以策划“谁不说俺家乡好”大型直播，全方位呈现乡村变化，乡风民俗等。既要宣传正面典型，又要曝光反面案例。比如，《湖北日报》系列报道《乡镇污水去哪了》，反映生态文明建设的重大主题，获中国新闻奖三等奖。记者实地踏访湖北数十座已建或在建的乡镇污水处理厂，采访政府部门领导、污水处理厂负责人、专家学者以及普通村民，最终形成 6 篇报道，发挥了建设性舆论监督作用，推动各方改进工作。《苏州日报》推出《寻找我的鱼米之乡》新闻行动。

(3) 乡风文明。媒体既要发现并报道，还要参与重建乡土文明和乡村伦理秩序。《大众日报》的《儒学下乡，唤醒乡村文化基因》调查性报道，获中国新闻奖二等奖。该作品基于弘扬中华优秀传统文化成为我们党治国理政的重要方略这一时代大背景，提炼出知识分子在社会转型期“不应做看客和批判者，而应做建设者”这一重大主题。《北京日报》的通讯《仇庄 61 户村民寻家风立家训》获中国新闻奖二等奖。把农户们“立身处世、持家治业”的乡风文明呈现在读者面前。《江西日报》的消息《好一幅农家健身图 好一道文明风景线上 小潭村 34 年每年举办运动会》，获中国新闻奖二等奖。辽源电视台专题《农家时装队》、《青海日报》的消息《124 户的山村走出 142 名大学生》、《遵义日报》的消息《余庆有个“博士寨” 马氏一门八博士》、《重庆日报》的消息《为保他人地里苗 抽去自家鱼塘水》均获中国新闻奖三等奖。

(4) 治理有效。《延边日报》的消息《研究生蔡成龙回乡当农民》、《西藏日报》的通讯《科技进村 巫师“下岗”》获中国新闻奖二等奖。《温州日报》的消息《海归硕士当选村委会主任》获中国新闻奖三等奖。《贵州日报》的通讯《给乡亲一个精神焕发的村庄》，通过解读安顺市塘约村(一个在中国农村改革中具有重大特殊意义的村庄)的过去、现在和未来，展示了中国农村改革的波澜壮阔和农村基层党组织的强大生命力，获中国新闻奖二等奖。

(5) 生活富裕。《湖州日报》的消息《安吉九成村庄用上城市物业》，从县域如何加快推进乡村振兴的高度出发，生动反映了安吉在乡村振兴先行进程中的创新精神和务实举措，获中国新闻奖三等奖。《通辽日报》的通讯《草原上的首富村成了“空壳”村》也获中国新闻奖三等奖。

【精准扶贫】

经过全党全国各族人民的共同努力，我国脱贫攻坚战取得了全面胜利，完成了消除绝对贫困的艰巨任务，创造了又一个彪炳史册的人间奇迹。“三农”工作重心实现历史性转移，全面推进乡村振兴成为“三农”工作的主要方向。

回望 8 年奋斗，精准扶贫、精准脱贫的大战场，也是产出新闻佳作的大战场。脱贫摘帽不是终点，而是新生活、新奋斗的起点。下面这些获奖作品为我们搞好“三农”报道提供了思路和启示。

【**经典案例：**《黑龙江日报》大手笔策划推出“全媒体脱贫攻坚报道行动组遍访 28 个贫困县”系列报道，从 2017 年 8 月开始，两名记者一名司机一台车，用时三年遍访黑龙江所有贫困县和贫困村，记录脱贫攻坚波澜壮阔的历史画卷。每周刊发一期《决不让一个贫困群众掉队》扶贫专版，报道规模、深度和影响堪称全国省级党报之最。专版开设“记者在现场”“记者望远镜”“脱贫攻坚·县委书记访谈”“图说扶贫”“扶贫跟访日记”“再采访话变化”“聚焦深度贫困”等多个专栏，每期摘发习近平关于脱贫攻坚的重要讲话和重要论述，配发全省脱贫攻坚地图，报道在客户端、微信公众号等新媒体同时呈现。行动组还搭建起扶贫信息平台，积极帮助 10 多个贫困村联系扶贫产业，举办公益义诊下乡活动。】

《河南日报》的系列报道《脱贫攻坚日记》系列报道，每天一组，每组两篇日记，配发两幅现场图片，以第一人称的视角展现基层干部的扶贫经历、感受，获中国新闻奖二等奖。

《河池日报》的消息《河池脱贫经验“出口”亚非国家》，从“老外”到河池考察扶贫，站在国际减贫事业和南南合作的高度，有别于此前所有的脱贫攻坚报道，获中国新闻奖三等奖。江西广播电视台、吉安广播电视台消息《外国使节神山村里探寻中国脱贫经验》，有异曲同工之妙，获中国新闻奖三等奖。

陕西广播电视台系列报道《我的脱贫路》，以连线、音视频、图文等全媒体方式，反映扶贫一线的真实情况、帮扶干部的真情实意、基层政府的切实措施、脱贫群众的真实感受，展现全省脱贫攻坚进展情况，以及新的思路和亮点，获中国新闻奖三等奖。

山西广播电视台广播系列报道《吴家庄脱贫记》，记者团通过“新春走基层”，与村民一同挂灯笼、写对联、蒸白馍、炸年糕，亲身体验搬迁后村民的真实生活，通过看产业、聊项目、共商发展大计，讲述了一个带着泥土芬芳的、崭新的“中国故事”，获中国新闻奖三等奖。

《农民日报》系列报道《共筑命运共同体 农业援外在行动 ——援外农业专家风采》，站在全球减贫的大视野下，抓住小切口，凸现大主题，深刻诠释构建“人类命运共同体”的大国担当，获国际传播类中国新闻奖三等奖。

【**经典案例：**浙江在线网络新闻专题《一片叶子的扶贫故事》，获中国新闻奖一等奖。作者全程追踪采访，从一片小茶叶入手，聚焦脱贫攻坚大主题，展现了为党分忧、先富帮后富的精神。专题运用动画、视频等手法，通过页面搭建，带来强烈的视觉震撼。其不同于常见专题简单的版块罗列，而是采用叙事语言将新闻事件呈于网上，随着一片叶子的漂移，带领用户步入“扶贫之路”，逐个呈现“扶贫头条”“各方助力茶叶扶贫”“视频直击”“受捐地在行动”等内容版块。】

【卖难买难】

售价太高，市民购买困难；卖价太低，滞销伤农。买难与卖难，是报台网全媒体涉“农”新闻的焦点所在。

作为新闻人，我们能为“三农”做些什么？可针对滞销现象，策划报道思路：一做反映问题的呼吁；二搞解决个案的行动；三从全局上剖析与反思，找到个案背后的普遍性，找到症结所在。

以《广州日报》的连续报道《从化蜂农“甜密事业”遭遇苦涩》为例，作者从旁观的报道者转变为积极的参与者、组织者、引导者，不仅牵线搭桥帮当地蜂农找到销路，而且为了提高农民的市场意识，该报发起举办农民增收讲习所，引入合作社，解后顾之忧，走品牌之路。其层层深入，步步推进，既解眼前之困，又扶长远之智；既授人以鱼，更授人以渔。志能帮扶，意义深远。

我们总结梳理出一条农产品难卖事件“七步鲜”报道路径：①事件介入；②澄清误传；③真相调查；④爱心倡议；⑤搭台互动；⑥评论引导；⑦深度反思。

关注粮食收购中的新问题。《四川日报》系列报道《丰收稻谷堆成山 卖与不卖好着急》获中国新闻奖一等奖。中央人民广播电台的系列报道《种粮农民的增收困境》、《湖南日报》的通讯《卖了粮 喜算账——夏收过后访农家》获中国新闻奖二等奖。《人民日报》的通讯《农产品收购资金哪里去了？》、《黑龙江日报》的通讯《丰收时节的苦涩》、吉林人民广播电台的广播消息《丰收农民还贷忙》获中国新闻奖三等奖。

关注果蔬特种养殖。央视的《记者调查：南菜北运》、《陕西日报》的消息《陕西赢取世界苹果价格主导地位》、《农民日报》的《一斤西红柿才卖一角五——贵州西红柿滞销事件调查》、《海南日报》的消息《瓜果菜一年“吃”掉三亿根木条》、《天津日报》的通讯《果满山无心采摘》、《辽宁日报》的通讯《养猪大户的转轨阵痛》、宁夏人民广播电台《宁夏苹果何处去？》，均获中国新闻奖三等奖。《光明日报》的通讯《一粒小麦变身500种产品》，从一粒小麦看粮食行业转型升级以及我国农业供给侧结构性改革新路径，获中国新闻奖三等奖。

第7篇　科教新闻策划

教育是最大的民生，教育引领未来。党的十九大报告提出，建设教育强国是中华民族伟大复兴的基础工程，必须把教育事业放在优先位置。

教育的战线长、跨度大、范围广、人群多，从幼儿园、小学、初中、高中、中职、高职到大学、社会等各个阶段、各个层次，教育新闻摄取的素材十分广泛。教育报道的季节性很强，开学、助学、放假、考试、毕业、找工作……年复一年，教育“年年岁岁花相似”，要求把“四季歌”常唱常新，悦耳动听，并不容易。

教育报道最重要的是思想和价值观的传播。然而，一些党报、都市报把教育新闻搞成了教学专业研究，离大众很遥远。我们要做万千学生、家长感兴趣的报道。教育报道要让人受用受教，少搞提醒式咨询服务，多多提供能触及灵魂、有启发价值的新闻和观点。

高考改革牵一发而动全身。在新高考模式下，教育正在发生深刻而重大的变化。所以，我们要做真正懂教育的教育记者，能与大中小学名师对得上话，有自己的真知灼见；能洞悉师生们的所议所思；能随时掌握家长们的所忧所盼。

第 63 章　备考新闻

进入春季学期，直至开考前，都是中高考备考冲刺阶段。如何复习备考，备受千千万万学生和家长关注。近些年，备考报道颇受报台网全媒体热捧。漫长的考前，则是较量报台网教育报道水平高低的考试，也是争夺粉丝、培育粉丝的重要时机。

一、策划要点

关键词：名师团

为了增强报纸全媒体的影响力，可组建“本报中高考名师团”或“本报中(高)考专家团”，提供备考讲解复习指导。当考试大纲公布之际，可邀考试专家解读各科目考试大纲，把握复习主脉。提前两个月开通“两考咨询热线”，定期邀名师与学生和家长直播互动。

【**经典案例：**养生堂·都市快报中高考助考大讲堂，请各科目老师精讲考前备考策略。举行盛大的“中考报告会”，邀语文、数学、英语、科学等科目名师主讲，重点谈学生如何复习。】

关键词：减压

中、高考是人生“决战”之考。报台网全媒体要找准家长和学生关心的问题。组织“本报心理专家团”深入班级交流，或者举办中高考备考大讲堂之减压专场活动。

面对中高考的压力，有的女生不堪忍受会出走，甚至自杀，媒体既要报道事实本身，也要提醒社会正视这种现象，引导父母、老师科学化解他们的心理压力。

二、实战心得

2017 年全国启动新高考，这一轮教育改革力度空前，变化幅度很大。变化大，意味着新闻多，易出彩，同时意味着采编难度更大，风险更多。

【中考备考】

三、四月份，是初三调考。要从第一次调考开始，启动中考备考报道，如《命题组专家解读初三调考试卷》。今年中考会有哪些变化？考生下一阶段复习应采取什么对策？报台网全媒体可联合各学校举办“中考名师报告会”，教考生中考如何拿高分。

备考报道，要注意选取几个阶段点做轰炸式报道，切忌平均用力。把某一个或几个复习冲刺关键点，作为整个备考报道的突破口，搞活动、出特刊或专题，形成规模影响力。

【高考备考】

三、四月份，是高三调考。第一次调考之际，启动高考备考报道。对调考的报道，要抓热点，如《“小沈阳”“武广高铁”进入二月调考题》。报台网全媒体可请高考名师团分析，推专题。

一年一度高考大纲出台之即，记者可围绕“高考咋考”这个核心，邀名师解读大纲。接下来，围绕如何做高考赢家，报台网全媒体可启动“备考大讲堂”，名师团对各科目复习备考进行辅导，把名师课堂从校园搬到全媒体上，或线下大型公开课，既让更广泛的学生和家长分享名师课堂，又提升全媒体在这一庞大群体中的影响力。

除了文化知识的储备，好的心态是成功的一半，自然少不了心理健康讲座。作为教育记者，你是否真的摸清高三学生在关心什么？思考什么？焦虑什么？可委托班主任在班上搞问卷调查，然后逐一由心理专家分析解惑。不要一次刊发，应搞成系列报道，形成持续的关注点和影响力。

这是我曾做的一次问卷调查结果：高三学生关注最多的是学习考试的问题，如因压力产生焦虑情绪怎么办，注意力难集中怎么办，活动多影响学习怎么办，毕业后的前途问题（比如人生未来规划的困惑）；人际关系处理的烦恼，如师生关系、生生关系处理之道；还有情感方面的困惑，如早恋问题，喜欢异性怎么办等。

教育版开设“高考问答”专栏，用“一问一答”的方式呈现，还可在官方抖音号上开设话题。

第64章　高考新闻

中国高考被称为“天下第一考”。高考倒计时从考前一周开始，高考报道大战由此正式打响，直至高考结束。这也是全国媒体的“高考时间”，是对全媒体采编力高低的大检阅。

成人高考为每年10月的第二个周末。

一、策划要点

关键词：护考

护考洋溢的是对广大考生的关爱，弘扬的是爱心。城管、交警、交通、海事、生环、电力、教育、卫健等部门为高考护考。今天，高考已成一个大秀场，各大保险公司、品牌商家借高考到考点秀关爱，当然这也是广告开发的良机。媒体可发起“免费接送高考生”爱心公益活动，邀爱心的士参与护考。

下面是一组禁噪报道好标题：《今起禁噪护考，请您施工小声点》《“夜半歌声”扰得高三学生不愿回家》《请您小声点，娃们要考试了》。报台网记者半夜工地查噪声，如《“大嗓门”闭嘴》《要两考啦，“大嗓门”该停停了》，其报道模式是：①时间；②地点；③市民反映；④记者目击；⑤城管行动。

关键词：作文

高考首日的语文卷作文，是关注度最高的。作文考的是什么？怎么入题着笔？要有名师分析，名师可以是本地大学中文教授、高三语文特级教师、本地语文教研专家，媒体要请同一领域不同层次的名师以不同的视角做解读。媒体也可邀请省城师范大学的中文教授予以解读，凸显权威性。

这些年来，媒体高考作文娱乐化、大众化愈来愈浓。全国各大报纸热衷“高手同题作文”，邀请一些本土知名作家、写手、往年高考作文高手以及知名高中的高二优秀学生进行同题作文，以不同的身份、不同的视角、不同的文采给人们启迪和享受。

关键词：试卷及答案

6月8日，高考结束次日。这一天要刊登高考全部科目的试卷及答案。有的报纸不仅刊发A卷，还刊发B卷，十分完整。这些对高考生有极强的参考性，对高一、高二学生则有极强的实用性。同时，这期报纸同步推出高校招生广告特刊。

尽管有网站刊发、微信推送试卷，但是人们依然最青睐刊登完整版的高考试卷及答案的报纸，一时“洛阳纸贵”。报纸卷编排要有章法、印刷要清晰、字体要适中，这样有利于学生做作业。

省城报网有先天优势，高考结束后第一时间从省教育考试院拿到高考试卷及答案，立即展开排版。地市报网没那么幸运，又想登，怎么办呢？一是自己派人去省教育考试院取，要有很好的关系才行，费时费力；二是地方报网和省级报网进行资源合作，请省报网提供支持，将排好的版面内容网传过来。我们的经验是，一定要做好双方人员与版面的无缝衔接，避免找不到人。有一次，省报提前弄好下班，我们发现传稿有漏洞，克服了很大困难才弥补，影响了报纸的出版、印刷、发行。

二、实战心得

高考怎么考？关心者众。高考不是挤独木桥，纵观高考报道，正在由高度专业化向全民化、参与化、娱乐化演绎。媒体要精心策划，奉上高考盛宴。

统观高考报道，不外乎三大关键词：考题、考生、考场。

◎考题——分析难易，刊发试题及答案等。

◎考生——关注护考、特殊考生、考生故事、考生表情等，选取特殊的考生，写特殊的故事，才能引起特别的关注。

◎考场——关注考场安保、监考、无线电防作弊、用电保障，以及考场外的候考人群。

报道基调：为考生鼓劲加油，为家长分忧解愁。记者要了解考生和家长在关注什么。护考，从细微之处体现社会对考生的关怀，如《今明请为考生行方便（主）本报呼吁各界在高考期间给予考生更多关爱：建筑工地请暂停施工，车辆经过考场附近不要鸣笛，考生有困难请尽量援手 本报祝考生取得好成绩（双副）》，很有人情味。

高考视频影像，要有助于舒缓考生和家长情绪，不要人为制造紧张。标题要突出“胜券在握”“轻松迎考”“笑对人生”。

【考前阶段】

考前“冲刺”阶段，可推高考服务手册，从考务细节、知识性错误、心理调适、健康作息等方面做诠释。

媒体可邀本地几家名校各科目特级教师讲解“冲刺”，如《减少丢分，名师历数易犯的错》《突发意外怎么办？老师来支招——这些细节，可能对你有用》。

考前一周内，最具分量的策划就是推诸如“高考攻略”“高考完全手册”“高考服务指南”小特刊，提供科学复习进度表，细到每天做什么，如对考前食谱、作息、复习、心理调适、活动休闲等做精心指导，可分“心理”“饮食”“睡眠”“探考”“支招”“服务”“防病”等篇章，具体如下。

(1) 心理篇。针对考生的各种考前焦虑征进行分析，邀心理专家出招减压。

(2) 饮食篇。邀营养师给广大考生推荐考前科学食谱，避免保健品过分补脑陷误区。

(3) 睡眠篇。围绕考生午休、晚休，关注如何提高睡眠质量。

(4) 探考篇。考点探班，记者分赴所在城区各大考点打探准备情况、保障情况。看看考点做了哪些准备工作，有哪些针对考生的方便举措，如《高考“踩点”爸妈比儿女更紧张》。

(5) 支招篇。聚焦应考方法指导，包括考场注意事项，各科目考试特点分析、解题方法等，如《高考如何不丢“冤枉分”》等。可邀一批本土历届高考“牛”人（即状元）谈备考，介绍他们当初高考如何心理调适、考试作答的经验法宝。

(6) 服务篇。对高考期间的天气情况做详细分析，提醒考生提前做好考前准备，如《明夜降雨送清凉　天公作美助高考》《考期雨水多　气温蛮适宜》。全媒体绘制“避开各大考点堵点线路图”，帮助考生最快、最安全地上考场。

(7) 护考篇。集中刊播社会各界倾情为考生护考，如城管深夜禁噪、交警保畅通、供电备发电机、无线办防舞弊、环卫处洒水送清凉。

【经典案例：每到高考时，《三峡日报》高考品牌活动“的士免费接送高考生”提前启动，精心设计报名、组织、仪式、接送、爱心接力等环节，产生了很大的影响。】

高考动态报道持续时间长，还可关注高考经济、高考住宿，如《家长提前四个月预订高考房(引)“录录录”，666元高考房一抢而光(主)》《高考房不要尾号8忌讳“七上八下”》。

【考中阶段】

关注考试期间的动态新闻、考题解读、现场趣闻、考风考纪等。

【经典案例：2010年《楚天都市报》关于高考报道做了10个版块：①考试动态，如《作文好下笔，语数都不难 过半受访者称作文题“似曾相识”》；②焦点人物，如《“最牛高三班”30名学生，22人已提前被名校录取 保送生“送考团”为同窗鼓劲》；③一线直击(省内各地高考秩序)；④热点话题；⑤同题作文，如《达人作文：周海洋再写古体诗》；⑥湖北作文；⑦全国作文；⑧各方关爱；⑨特殊考生《单独考场内，三名考生齐战“痘” 考点安排他们晚进晚出，每场考试后全场消毒》；⑩场外风景(送考百态)。】

第一天(6月6日)

高考当天，以及高考期间的天气新闻都要在头版突出处理。考虑到考前放假因素，媒体应在考前三天或考前一天强化天气处理。若有大雨，要提醒考生注意出行安排。这个强化处理，是指头版至少二、三条的主要位置。

当天刊发高考预告消息。下面是一组好标题：《48.5万考生今赴“最热高考”》《3.8万考生今日高考(主)祝所有考生考出理想成绩(副)》。《南京晨报》的标题《孩子别紧张，高考就是换个地方做作业》，轻松，幽默，颇能解压。

关于预告消息，不是单纯的预告，要体现考生数量增减变化及分析个中缘由。当天的报道还应有市领导视察考场、准备情况、关怀措施、温馨提醒等。

高考全程大直播，选取几个考点，场外不间断直播。

第二天(6月7日)

对高考第一天做全方位的报道。常见的报道点有：爱心活动、陪考、故事、直击、意外、作文、点评等。

要抓高考的亮点。作文就是当天最大的亮点。这一天，头版头条原则上刊发有关语文作文的解读新闻。如“作文看似容易难出彩”“作文不难不偏”等关键信息，要在主标题中突出。还要拎出作文的特点和故事，如《高考作文 世博入题》《作文题有点“懵” 数学难度适中》。

◎考试动态。考试首日的整体情况，关注无线电部门对高考舞弊的监听和侦察，以及教育、公安部门的查处。

◎全国作文。列出全国作文题目。

◎本省作文。请大学中文教授、高三语文教研组长解读。

◎同题作文。邀各路高手写同题作文。传统模式是一个版几篇作文一摆，而以“个人照+姓名+单位或职务+作文”模式更好。我们既要品读他的文章，还要知道他是谁，可以配个人照，借此品读这个人。

◎考场目击，如痛惜弃考、考生粗心掉证、试验手机屏弊仪等。

◎特殊考生，如拄拐考生、耳聋考生、“玻璃考生”。有的考生在赴考途中遭遇车祸受伤；有的考生被关在酒店电梯里；有的残疾考生被单独开辟特殊考场；有的考生考前遭遇家庭变故，亲人离世。呼唤我们这个时代正在稀缺的品质——坚强，如《一个人的考场》《寒门三胞胎，携手赴高考》《7年来为给孩子治病负债累累，每天抽4小时陪他锻炼——父爱作杖搀扶儿子进考场》。还可关注那些焦点人物的赴考情况，如老龄考生、“新闻人物”（如见义勇为学生、大赛冠军学生）等。

◎纠心故事，如《风声雨声麻将声声声入耳　考场牌场生意场场场闹心（主）这个高考，高楼麻将馆让这一家搅乱了方寸（副）》。

◎倾情护考。关注那些特别岗位人士（如交警、环卫、城管）为高考护航的感人镜头和真情故事。送考背后，诸多感人事，如《你考得好是我们最大的心愿》《鸟儿说：我来看看你们考试 老师说：别来“打搅”考生们（引）考官“温柔”请走“不速之客”（主）》。

◎考点花絮。捕捉师生情、意外事、感动事。下面是一组好标题：《母亲送考被飞车撞昏 女儿含泪进考场》《高“烤”的家长》《考生摸怀孕老师肚子 “沾点运（孕）气”》。

◎热点话题。什么东西和高考搭上界，记者去校门口聆听家长们谈论的话题。家长们到底关心什么呢？记者可采用搭话实录的形式，绘色绘声地还原高考场外家长们的内心世界，如家长考场外纵论楼市、股市、找对象。

◎笑傲高考。用视频影像展现学子们的意气风发、笑容满面、自信满怀，可配诗。笑脸发大主图，也可全部是高考笑脸，阳光灿烂，心情爽爽，让沉重的高考轻松起来。还可拍一些送考百态以及高考保驾场景。

国际新闻版块可刊发有关域外采风，各国高考面面观。

专刊还可策划系列“行业高考”大型特刊，如楼市高考、车市高考、商业高考、旅游高考等，以此拉动年中广告大开发。

这一天，头版刊发重要预告提醒，如《本报明日刊登高考试题、答案及评析》，以红底白色超黑字体刊发。这是为了抢占先机，先发制人，突出卖点。

【考后阶段】

(1) 高考结束后，最重要的新闻则是何时阅卷、何时查分，以及填报志愿。

(2) 继续聚焦高考人物。聚焦“高考考霸”、高龄考生、父子同考、坚强残疾高考生等人物的故事，对话他们的思想和考试心得。

(3) 挖掘那些弃考考生背后的故事。或因家庭窘迫，或因挣钱心切，或因实在厌学等，记者要到学校，找到那些高三班主任，听他们讲述那些弃考生的悲忧或无奈，对广大学生“如何走好人生路”有教育意义。

(4) 延伸高考背后。挖掘那些考前、考中突发的悲忧之事。如高考前母亲遇车祸身亡，为让考生顺利高考，父亲、亲友、老师苦瞒噩耗，掩悲恸护考的大爱故事。

(5) 聚焦高考阅卷。人们关注的是阅卷的客观公正准确，三大关键词是评卷人员、评卷质量、评卷安全。谁来阅卷？她们怎么产生？如何减少阅卷人评和机评失误？用到哪些最新高科技手段？关注阅卷标准争议。重点关注满分并引发的争议。有条件的报台网可派记者深入阅卷现场探阅卷，揭开最具神秘气息的阅卷面纱，如《记者探营高考阅卷现场 270 余万份试卷 13 天批完》《高考阅卷探营：作文高分不少 从小事写起易得分》。

(6) 创意毕业典礼。高考新闻最火热就那么两天，考后关注 6 月大学毕业季，如《再见了，我的大学》——晒毕业照、晒我的大学。毕业别离，泪雨涟涟。报台网可做系列毕业话题，如我的爱情驶向何方？新媒体重点关注本地大学校长毕业典礼精彩致辞。

(7) 探讨“挂科”现象。本土大学几多学生拿不到毕业证领不到学位，无缘毕业典礼。《武汉晚报》的消息《学分不达标 华中科大 18 名本科生变专科生》获中国新闻奖三等奖。深度思考大学生活折射出的问题和教训。

第 65 章　放榜新闻

人生四大喜事：久旱逢甘雨，他乡遇故知，洞房花烛夜，金榜题名时。过去，高考称“挤独木桥”，现在高校扩招，升学率越来越高，但高考依旧是改变多数人命运的重要通道。高考放榜，有喜泪，有苦泪，更有希望飞。

一、策划要点

关键词：状元

“十年寒窗无人问，一朝成名天下闻。”高考成绩一公布，高考状元必然成为各大媒体争抢的对象。尽管教育部严禁炒作高考状元，但是状元的光环和效应总是那样耀眼夺目，鲜有媒体抛弃之。如今，媒体纷纷换说法进行报道，当然，也给状元降了温。“放榜啦，这些孩子太厉害！”“高考放榜！来看今年湖北的这些牛娃们”等成了新媒体新说，“学校 + 考生 + 成绩 + 照片 + 专访 + 视频 + 招生动态”成为官方微信放榜新闻标配。

关键词：分数段

报台网全媒体要详尽地滚动公布高考分数段。重点关注本地各校上榜过线情况，从中探寻取得佳绩的内因和独门秘籍。记者要挖掘出最有价值的信息，引爆社会热点。

关键词：牛校牛班牛舍

在第一时间，全媒记者要打探那些上线最多的最牛学校、高分最多的高考最牛班级和最牛宿舍。抢先关注那些双胞胎等特殊考生、明星考生、“新闻小人物”考生高考情况。

二、实战心得

又到高考放榜时。

高考放榜，心理疏导先行。放榜前后，结合热点事件，报台网全媒体可请心理专家为考生家长支招，帮助孩子舒缓紧张情绪。

报台网互为流量入口。除了报上印二维码，还可燃情导流。比如，各大报都会刊登“今晚可以查高考分数了”，更高明的报纸会策划“本报今晚起开通报喜热线”。看似简单的随意之举，读者的感受就不一样。在铺天盖地的信息包围中多此一举，读者可以透透气，可以在媒体上分享一下自己的情感、体悟、看法，新闻的张力、影响力自然不一样。

放榜当日，聚焦状元，是媒体必争的新闻。

这是我们在新闻生涯中碰到的真实场景：省委机关报社为了在竞争中夺得独家效应，竟使出独门绝技——第一时间派车赶到状元学校或家里，将状元接走，接受报社全媒体集中采访或待在宾馆单独接受采访，以达到拖延时间巧妙“控制”状元的独家效应，自然将其他媒体排斥在外。即使其他媒体后来也采访了状元，那只是电话采访或者有文无图（像）的，只言片语，补救采访也只能从外围捡到一点点“飘零的叶子”。

我们坚决不炒作高考状元、高考升学率、中学高考排名、寒门学子上名校、高考经济等话题，但是并不表示不搞相关报道。报台网可开设“圆梦高考”专版专题。以往在头版刊发省市文理科状元大特写照决不能再搞了，但是这些牛娃专访还可以搞。访什么？六谈：一谈佳绩感受，高考自评；二谈当前忙什么，今后打算；三谈学习效率，秘诀技巧；四谈兴趣理想，爱好特长；五谈高考应考技巧；六谈家庭环境，成长心得。

可以挖掘他们三个精彩的故事片段，可以聚焦他们从小到大成长的轨迹和故事，彰显他们逆境成长、独立特质、出奇爱好；也可以写成记者对话，以一问一答，也可以一问多人（同学、老师、父母）同答。当然，也可制成视频，通过微信、微博、抖音号等推送。

高考是独木桥，人生是立交桥。放榜之际，报台网应配发评论，如《写在高考放榜的日子》，重在心理疏导，告诉人们正确看待成绩得失，人生本来就不是单选题，高考落榜后，仍然有很多选择。

分享榜样精彩。接下来可开设“高考牛人”专栏，记者走近一批高材生，记录他们有关高考、学习的经验，以及人生感悟的故事。全媒体关注“高考黑马”，这些“黑马”是如何炼成的，他们有何经验值得借鉴。

单亲家庭越来越多。这些单亲学霸是如何学习的，妈（爸）是如何陪伴养成的，记者要挖出故事、挖出细节、挖出观点，使之具有借鉴和参考价值。报台网还可为此策划大型系列报道，举办系列讲座、报告会。

第 66 章　中考新闻

6 月是考试月。高考刚刚结束，中考又拉开大幕。由于中考生人数明显多于高考生，所以，对中考的关注度丝毫不逊高考。

一、策划要点

关键词：中考变革

中考考题和招生有特定地域性。这些年来，各地中考变革一直在进行，如教学大纲调整、招生政策变脸。中考报道要围绕“新”字做文章，即新变化、新政策、新趋势。

关键词：护考

像高考护考一样，城管、供电、生态环境、交警、教育、气象、海事、交通等部门是如何倾情护考的？考点做了哪些护考措施？社会各界、商家是如何护考的？

关键词：试卷及答案

提前重点预告“本报(网)刊登中考全部试卷及答案”，试卷正常字号刊发，便于阅读和低年级学生试做。命题组长或相关学科带头人解读试题，指出考查重点，提出复习指导建议。中考试卷及答案可与高中招生、中职招生广告同步推出，打包成大型特刊专题，形成强势看点及广告增长点。亦可策划推出《勇往职前》特刊，展示本土各职校形象及招生广告。

二、实战心得

比起高考，中考可能一考定终生！为什么呢？因为中职和普高的招生比例达 5∶5，意味着各地有一半的初中生无缘高中，只能去职高或技校就读。所以，对中考的关注持续高热不减，舆论引导的压力特别大。做好中考全媒体报道，同样是一场大战。把握好政策报道口径和尺度，这足以考验媒体功力。

【考前阶段】

中考预告消息须提前一天刊发，考试当天提醒则无意义。下面是一组好标题：《中考明后两天举行　报名人数比去年增加近 3400 人》《中考明开锣 今日可“踩点”》。消息要体现中考人数变化的分析，不能是单纯的一个提醒。

考前主要是动态报道。警方做好安保和交通疏导，生态环境部门查处噪声污染，城管部门对考场周边环境进行整治，气象部门及时发布天气提示。

考前倒计时，可策划“中考备考指南”或者《中考七日冲刺》特刊，分 4 个版：“迎考”篇，与中考有关的动态报道，招考办提醒考生注意事项，如《进考场这些注意事项别忘记》，告知严禁携带哪些物品进考场，监考、巡视、违纪等新规以及中考保障和考生服务等；“家长”篇，中考在即，家长如何为孩子减压全力备考，邀本地营养专家推荐中考“食谱”，不要改吃新食物、早餐一定要吃好、家长勿迷信“补品”等；“秘诀”篇，往届中考尖子生分享高分秘诀；“支招”篇，名师为各科目复习支招，心理专家开出中考心理“处方”。

【考中阶段】

中考开考当天，刊发预告消息，头条位置重点处理。

关于预告消息采写，以下“新闻点”是可以做的：中考人数及其变化，今年中考的新特点和新变化，遇到路上拥堵怎么办，考场监控会有哪些新变化，中考成绩何时放榜。稿子要传递一个声音，表达一种关怀，即“家长、考生都要保持平常心，招考办提醒考生要预留足够的赶考时间，轻松上阵”。

决胜中考“七步鲜”报道模式：①动态篇；②直击篇；③故事篇；④意外篇；⑤作文篇；⑥点评篇；⑦视频影像篇。

(1) 动态篇：考试第一天的主消息可反映考试的整体秩序、语文难易程度，挖掘语文试题中涉及本地人物、本地事件、本地传统等方面的信息，写出考生的体会，如《数学考了粽子，历史问了菲律宾》。

(2) 直播篇：直播送考场景、考点门口等待的家长等，如捕捉家长、老师们的鼓励手势，女老师红装送考。

(3) 故事篇：关注残疾考生、患病考生，凸显考生们的坚强。

(4) 意外篇：关注没带准考证、考试文具，入场迟到，赴考受伤等突发个案及处置过程与情况。

(5) 点评篇：各科目名师点评试题难易和考查重点。

(6) 作文篇：邀请教授、语文特级教师、名师点评作文。像高考同题作文一样，来个“模拟作文”，如《状元名校八才俊作文大比拼》。

(7) 影像篇：定格家长们期待守望的眼神、学子们自信的笑脸、各界人士倾情的护考。

对于大城市的中考，其报道难度相对较大。记者要在中考第一天一大早赶到相应的考点，捕捉进场前的镜头和故事，如果记者对乘车线路、考点方位不熟悉，姗姗而至，就会错过现场。所以，建议参加中考报道的全媒记者要提前一天到多考点踩点，和考生家长们聊聊天，打探他们在关注什么，议论什么，心理要有个底儿。

【考后阶段】

考试结束次日，报纸可重磅推出“中考特刊”，刊登中考试卷及答案，以及各科目命题负责人对试卷的解析，并提前一天预告。具体做法参考本书“高考新闻”章节。

考后主要是围绕试卷解读、查分等做报道，如《本报邀命题组长解读中考试卷》。

推荐一组探营中考阅卷的标题：《记者直击阅卷现场　语文出现多篇零分作文》《记者探营中考阅卷室：中考分数是怎样出炉的？》《6位市民探营中考阅卷现场　有考生作文得满分》《每篇作文批三遍　毕业班老师不阅卷》。

第67章　招生新闻

小升初、中考、高考，人生三大考试，牵动千万人心。招生攸关每个学生的成长轨迹和人生命运，攸关每个家庭。三大考试的招生各有特点，报道路径和方法各有不同，下面予以剖析。

一、策划要点

关键词：填志愿

指导考生如何准确、高效地填报志愿。填志愿就跟考高分一样重要，每年填报事故屡见不鲜。报台网可邀请具有多年丰富招生经验的专家和考生、家长直播互动，提供具体的指导。如何填报志愿？怎样才能降低录取风险？报台网全媒体可邀请多名省内外专家举办宣讲会，为考生支招，报纸可采用一问一答形式做“热点问答”。

关键词：两考直播

让招生动起来。高招，报台网全媒体可邀请本地院校招生部门负责人到编辑部微直播，为广大考生和家长提供学校的招生信息和填报志愿的专业意见。中招或小升初，报台网可邀本地主要的公办和民办高中、初中、小学的校长或者分管招生工作的副校长、招生负责人做客编辑部，介绍“中考”“小升初”“两考”的情况。

关键词：招生咨询会

高招，地方报台网全媒体可和省市教育机构联办线下高招咨询会，如《3万家长考生烈日问“考”(主)广州高招咨询会昨举行 文科考生直呼“压力大”(副)》。同样，也可盛大举办中招咨询会、小升初咨询会。通过这些活动，地方报台网可赚足人气，重磅推出“招生特刊”，做到广告开发效果最大化，还可收取咨询会门票实现创收。

高考并不是唯一出路。媒体可举办出国留学咨询会或留学考试考情权威发布会，邀请留学考试专家教学生如何冲破语言关。

【**经典案例：**2008年6月27日，《三峡日报》在湖北三峡职业技术学院成功举办稻花香杯2008宜昌高考招生咨询会，全国上百所高校参会，数万名学生、家长现场咨询。这一节点时刻，也是大学、高职、中专等院校进行招生宣传的良机，重磅推出“招生特刊”。】

关键词：升学宴

结合反“四风”，批判不良风气，崇尚理性消费。各地整治升学宴动态，如《法院向“升学宴”亮红灯》。批判视角，如《升学宴变“升学厌” 市民直呼“伤不起”》《不管考得怎样都要办　高考升学宴成“升学厌”》。

报台网全媒体要特别重视舆论监督，如曝光党员干部借子女升学之机操办升学宴敛财的案例。反思报道，如《专业公司策划、现场烛台、香槟酒……谢师宴，商业味淹没人情味？》《通知书未到升学宴开摆 招生季缘何成“人情劫”》。描写突发事件，如《一席“升学宴”，吃倒46亲友》。

二、实战心得

【高考招生】

俗话说，上大学“七分考，三分报”。高考志愿怎么填？如何填好志愿？如何选好专业？报台网全媒记者可专访省内外高校招生办，也可请高考最"牛”班主任支招，提供最鲜活的招生咨询。

【**经典案例：**云南网主办2017高等院校线下招生咨询会。山东济宁广播电视台、济宁广播电视报社连续多年举办“济宁广电高校招生咨询会”、高职高专招生咨询会。】

选择哪个城市，读哪所大学，上哪个专业，都是很费思量的事。报台网全媒体可推出“志愿怎么填”系列直播报道，可就来电某个分数某个名次如何选大学选专业，为考生提供个性化解答服务。报纸、网络、新媒体有重点地选择刊播省内外院校估分，如《百所高校预估分数线公布》。

直播招生。比如，光明日报社推出“高校招生办主任光明大直播”。

【**经典案例：**2018年，《河南日报》推出河南高招特刊《圆梦人生》，联合43所高校及多名省内外知名高考填报专家提供指导，用28个版集中展示知名院校自身形象、招生计划、专业设置和考生及考生家长关注的问题。】

直播本地首份录取通知书送达，可在头版大照片刊发送达现场情形。《三峡商报》年年推出“帮迷路通知书找主人”连续报道。聚焦网络爆红的寒门学子，反映他们的拼搏与渴望，执着与坚韧。比如，云视网新闻访谈《独家专访崔庆涛：收到北大录取通知书那天，他正在工地上搅拌砂浆》，获中国新闻奖三等奖。

十年寒窗苦读，一朝金榜题名，哪知竟遭拒录。特殊考生历经常人难以想象的痛苦，他们身上所体现出的坚毅和刚强、自强不息、顽强拼搏的人生品格，正是新时代最渴望、最稀缺的精神底色。报台网全媒体要重磅介入，形成关注点，打造成自强人物典型。

【中考招生】

今年城区高中如何招生？出台什么新政策？报道设计上可采用循序渐进的方式，不断制造亮点，不断推向高潮。全媒体可先将中心城区和各县市区、各所高中的校长或招生负责人，分期分批或集体请到编辑部的微直播，以答疑解惑。

然后，报台网举办中招咨询会，推出“高中招生”大型特刊专题，以问答式集中刊发一批学生及家长关心的招生热点问题，同时发布各所高中的招生广告。

如何报道中招咨询会？采访可从以下几“点”着手：咨询会上的热点是什么？家长和考生问得最多的是什么？最集中的是哪几类问题？参加咨询会的学校有哪些变化和亮点？

【小升初】

6月底7月初，高考、中考之后最重要的一次考试就是“小升初”。让娃娃们升入理想的初中是每个家长的愿望，“小升初”总会牵动无数家长的心。

报台网全媒体可和有关培训机构联合举办“小升初公益报告会”系列讲座，邀请知名初中教育专家现场解惑，名校教师现场支招，和家长学生们互动沟通。报台网还可以举办一场大规模的“小升初咨询会”，推出大型特刊专题，刊发各所初中的招生广告等。

对报台网而言，活动举办成功和活动报道成功同等重要。咨询会报道什么？一是咨询会主消息很重要。多少人参加咨询？多少学校参加？核心元素是咨询会上问得最多的——“你

们学校的‘小升初’到底怎么录取？”今年各校招生计划和录取政策是什么？家长、学生最关心的是如何选择学校，专家如何支招，还有学生和家长、校方对活动的评价。二是聚焦学生家长疑惑，常见热点问题有：①教育局定的招录政策；②各校招生计划；③何时开始报名，怎样进行报名；④哪些外地考生可来本地就读；⑤各校“小升初”测试安排在什么时候；⑥怎样知道自己是否被录取；⑦没有录取怎么办；⑧各校都是怎么收费的；⑨学校的奖励政策怎么样；⑩如何做好“小升初”衔接。

【**经典案例：**《南国都市报》的通讯《74张奖状为何换不来一张申请表？》，获中国新闻奖三等奖。报道关注了“小升初”新政下的社会现象和群众声音，直击社会弊端，开展舆论监督，使教育新政得以在阳光下落实。】

当然，各地情况不同，关心热点也会不同。记者一定要到咨询现场去聆听家长和学生们与各校招生专家交流的情况，绝不能照抄照搬，翻老黄历，或主观臆想。

第 68 章　寒暑假新闻

中高考之后，迎来漫长的暑假。在张榜公布成绩、发放录取通知书之前，这是一年当中教育新闻最缺料、最平淡的日子。如何让暑期的教育新闻也作出亮点，作出精彩呢？

因寒假时间较短，在此寒暑假一并探讨。

一、策划要点

关键词：安全

每年暑假，总有一些孩子溺水丧生。全媒体可关注溺水事故中的现场、救援、悲情。同时，这些事故敲响安全警钟，引发深度思考："我们该给孩子一个怎样安全的快乐暑假？"可组织相关行动，如联合社区给辖区小朋友讲健康急救知识。

关键词：关爱

8 亿农民，一半进了城。少部分孩子进城上学，大部分农村留守。城市留守儿童、农村留守儿童的健康成长已成为事关家庭稳定、企业发展、社会和谐的重大社会问题，全媒体要积极动员社会关注、学校关心、家长关爱留守儿童，让他们"同在蓝天下，快乐共成长"。

在报道设计上，不仅反映各方面关爱之举，也可组织"关爱活动"，陪留守孩子过暑假。可安排"接留守孩子进城看父母"系列活动：如送一本好书、游一次公园、吃一顿大餐、看一场电影、观一次风景。报台网全媒体还可动员街办、社区组织留守儿童上工地、进工厂去看辛勤劳作的爸爸妈妈，和他们过一天或一周，让他们懂得生活的艰辛，体味爸妈的艰难，增强学习的动力。

沿海报纸策划过派专车接送四川重庆的留守孩子，到沿海陪他们的爸爸妈妈过暑假，征集沿海爱心人士陪他们游玩，极大地彰显所在城市的亲和力。

关键词：话题

暑假是教师大培训之际，也是教育部门和教育工作者总结、反思教育问题的时候。报台网可和有关机构联合开展"名师名校长论坛"，举办系列讲座和研讨会。有外国人说，中国学生的问题，即使给他们时间，很多孩子也不知道怎么玩。到底该如何为学生减负？减负后，孩子的闲暇时间怎么利用，该学些什么？这些话题都颇受关注，唤起社会人士共同讨论。

二、实战心得

【暑假】

怎样让教育新闻淡季不淡？谈三点：一是要有一个可以支撑版面的专栏，围绕专栏做文章，专栏要有的放矢；二是报台网全媒体可以举办系列活动；三是抓住暑期热点做报道，尽

量做大做出影响。具体而言，有以下“抓手”可供参考。

(1) 动态报道。泡图书馆，享受免费文化盛宴。

(2) 创意暑假。如何过一个难忘的暑假？邀同学们做同题海采直播，如《17 岁少年暑假忙着写“剧本”》。举办高端特色夏令营，让孩子获得更多中国传统文化的滋养。全国很多报台网都推出自己的“特色夏令营”，组织小记者赴外地旅游，或参加军事特训营，不仅分到了“一杯羹”，还扩大了媒体的知名度和影响力。

【**经典案例：**襄阳日报社将日报晚报教育合而为一，成立教育传媒研究院，打造“襄阳小记者”品牌，小记者人数高达 1.2 万名，注册公司开展研学旅游及培训。每个周末上午、下午均有活动，一次性租十几台大巴车。2018 年仅小记者市场就创收 1000 万元，成为报社支撑产业。济源晨报社原创“游学护照”，集会员、游学、纪念、门票优惠等多种功能于一体，举办“小记者走遍中国”夏（冬）令营，与全国百余家媒体及研学基地合作。小记者团成为撬动都市报媒体融合的妙棋，未来营运方向是数据库营销，“南京晨报小记者平台项目”获得江苏省文化产业资金 100 万元扶持。】

(3) 暑期实践。很多大中学生、职校生以及高中毕业生，趁暑期参加社会实践。全媒体可策划“暑期帮学生找短工”活动，向社会征集短工岗位，与人才机构合作，举办多场短工招聘会。同时，暑期打工，莫忘保护自身权益，如安全问题、劳资合同纠纷等，并予以引导。报台网对于自己发起的活动，要做大做响，才会产生较大的影响力。否则，就会慢慢偃旗息鼓。

(4) 教育观察。发现新闻三鲜招：教育记者跟随学生的脚步，去他们去的地方；多去公园、广场等人多的地方，与家长们聊天，了解他们现在的苦恼；关注学生的“衣食住行”，延伸到相关行业。比如，孩子放暑假令人头疼：该把孩子交给谁？孩子谁来带？长假漫漫，小“候鸟”们怎么度过？可发出劝告，如《暑假，别让孩子成“宅童”》。为留守的孩子留下爱，陪孩子度过逆反的“雨季”，如《孩子，爸爸妈妈再也不会扔下你》。孩子没地方去，一直躲在家里看动画片，可发出呼吁，如《暑假里，孩子的眼睛也要“放个假”》《暑假“独处”两个月 孩子们直喊“闷”》。

(5) 突发事件。孩子的安全大于天。全媒体要特别关注中小学生暑期安全，一旦遭遇车祸、暴雨山洪，要以最强的报道专班、最真挚的情怀关注发生在本地以及在外途中的本籍孩子安危。但凡重大突发事件，媒体不能虚位，不管是哪个媒体先报的，都应积极介入，力图先发制人或后发制胜。

【**经典案例：**2019 年，教育部发出通知，要求做好暑期安全教育，三峡广播电视台在连续多年与市教育局合办《科教宜昌》栏目基础上，策划举办暑期安全公益大讲堂系列微直播节目，涉及防溺水安全教育、毒品预防、垃圾分类等专题，邀请相关部门负责人、老师作 PPT 现场讲解，与广大家长学生互动，穿插播出相关视频新闻和知识。全市 40 多万中小学生家长通过关注“三峡广电”微信公众号，单击直播菜单收看节目，家长将孩子收看直播的情况拍照留存，上传班级，班级上传学校。仅此一举增粉 30 多万。】

对于学生安全事故集中发生，报道不能一发了之，要持续追访拷问，如《追问！如花生命因何而逝？》《“夺命池塘”仍未“封嘴”（主）记者回访近几年来溺亡事件的池塘，发现部分监管存在问题》。

(6) 暑期表情。关注孩子，就是关注未来。用系列视频影像记录孩子们的假期生活，一期一个主题，如：《“小候鸟”进城》——记录留守儿童的假日时光；菜市场里学卖菜，工棚里玩耍；《“烤”级》——高温酷暑，长假也没能轻松，孩子忙着艺术考级。

(7) 特色专栏。延续后高考眼球效应，充分挖掘高考名生资源。关注“牛”学生。《三峡商报》曾在暑期推出《高考“牛”人的家庭教育》专栏系列报道，刊发数十期，每期以近半版的篇幅推一个高考“牛”人。其报道模式是：①“牛”人照片；②“牛”人简介；③通讯（即“牛”人父母谈孩子成长中的特色故事、成长烦恼、教育心得、经验做法）；④“牛”人感言（观点体会）。

【寒假】

让孩子快乐过寒假，这是我们报道的基调。玩是孩子的天性，但是今天的社会已太多地剥夺了孩子们的这种天性，过早地让孩子们参与到残酷的竞争中。具体到寒假报道，有以下思路和做法。

(1) 寒假动态。关注放寒假时间和春季开学时间。各校布置的寒假作业有哪些亮点？要抓一些创新元素，还可晒晒本土几家名校的寒假作业。寒假将结束，孩子如何“收心”？报台网可邀请专家支招。

(2) 创意寒假。关注寒假之献策：《小学生放假了嘞个耍？》。放寒假了，各学校有什么新举措？如何领着孩子过快乐寒假，有哪些建议和方法？可组织小记者当小厨师、学做汉堡、野营野炊、山林摘橘子，参加特训营、国学研学等。

(3) 寒假辅导。什么样的书适合在假期里读？怎么合理安排假期？《吉林日报》记者采写的《农民携子进城聘“家教”》获中国新闻奖三等奖。为帮助学生们解决寒假中遇到的课业难题，指导学习方法、培养学习技巧，同时排解家长在家教中遇到的疑难，报台网可邀小学、初中、高中的名师走进“新闻会客厅”做“名师直播”，也可邀优秀家长就如何教孩子上网、交友，以及培养劳动观念和自理能力等方面做经验分享。

(4) 寒假打工。《寒假你想找工 我们帮着搭桥》——全媒体架桥给贫困生找寒假工、找家教，让贫困留校大学生过好年。《大学生寒假想打短工 晚报邀请企业“送岗位”》——春城晚报每年都会推出“寒假爱心搭桥”活动，邀请爱心企业提供勤工俭学岗位。

(5) 寒假事件。孩子离家出走、对抗家长、躲在家里上网等行为让很多家长烦恼，还有烟花爆竹炸伤孩子，捕捉身边这些烦恼和事件。

(6) 寒假娱乐。报台网联合影院面向中小学生推出“寒假学生电影欢乐节”，设计“观电影·写电影·绘电影”等系列子活动。

第69章　中小学开学新闻

有学上、上好学是最大的民生。每年中小学秋季开学，无不牵动广大父母的敏感神经，这也是教育新闻一年中的重头戏。相对而言，春季开学稍显平淡。

一、策划要点

关键词：新面貌

新学年，新气象。全媒体重磅展示本地新建改扩建学校、幼儿园的新面貌新变化新特色，既报道好开学新闻，也可搞教育形象广告开发。

关键词：开学新政

本地教育部门作出了哪些政策调整？各个公办学校、民办学校有哪些不同的政策和规定？进城农民工子女能上好学吗？家长们会有很多的疑问或碰到一些新问题，开学前夕报台网全媒体可邀教育部门负责人或相关学校校长参加“开学直播”，就热点答疑解惑。

关键词：开学经济

挑选学生书包、生活用品、教辅资料等，以及午餐“小饭桌”、保险、特长培训等，对这些“开学经济”现象予以关注和探讨，如《开学经济火爆，家长被“狠敲”》《小饭桌开学首日“抢客”忙（主）家长：选择小饭桌实属无奈（副）》。

二、实战心得

【开学前阶段】

《今秋城区中小学收费标准出台》，这个消息原则上发头版头条。

金秋开学，需要做哪些准备？怎么样才能让自己提前进入状态？如何消除不适应？记者可请部分优秀班主任为学生和家长支招。

要开学了，一个都不能少。《就要开学了，儿子你在哪里？》，距开学前几天竟有孩子溺水身亡、玩耍受重伤，要抓这样的突发事件，警醒家长们要时刻管好自己的孩子，社会要密织安全网。

要开学了，暑假作业完成了吗？抓一些突击赶暑假作业，走“旁门左道”的不良现象，如小学生“雇”大学生做暑假作业、抄网上作文敷衍等。

教育的问题千千万，各地的政策各不同。同一个地区各县市的不一样，同一个城市各个区的不一样。可策划“开学指南”，将这些“不同”悉数“一网打尽”。

格外关注敏感热点，如“幼儿园收费贵过大学”、学校“贵族化”等教育畸形现象。相关报道如《人生起跑线上，想推孩子一把不容易（引）幼儿入园难，家长直叫苦（主）》。要抓一些暴露出来的典型案例，进行强有力的舆论监督，引发社会的讨论和整治。广东人民广播电台专题《高价学校忧思录》获中国新闻奖三等奖。

【开学中阶段】

开学中如何报道呢？策划《开学啦》《开学计·中小学开学》特刊专题。有10大“点位”可做策划。

(1) 上学路上。家长热衷开车送孩子上学，致校门口交通拥堵。如《五千送学车　挤爆江南路》，这是一个引爆点，并以“记者亲历”感受行进艰难，即《停停走走，步行要半小时》，由点上升到面，打探城区最堵校门口。还可配发“交警提醒”，如《错峰报名　拼车避堵》。对于如何治理或化解校园门前路堵点，全媒体可发起社会讨论，呼吁家长少开车送孩子上学，培养孩子独立意识；呼吁交警部门、教育部门、学校三方共同拿出解决方案，以还孩子平安出行。

下面是一组好标题：《学生开学忙　家长堵车愁》《开学首日　交警校门口“清障”》《开学首日狂堵　江城损失6000万》。

(2) 开学典礼。提前一天和各校校长联系打探好特色开学典礼的大致情况，次日记者守点捕捉，精彩呈现。报台网全媒体可推送本地知名中小学校长讲话或寄语。如《都市快报》经常全文刊发校长开学典礼讲话。校长开学讲话，信息量大，有的阐明学校的教育思路，有的回答社会关注的焦点问题，还有的联系时事，鼓励学生树立理想。

(3) 开学第一课。关注央视《开学第一课》，高唱爱国和梦想。也可晒一晒本地各校特色“第一课”，如《开学第一课：扫雪》。

(4) 开学第一天，如《开学首日　2万名师生开心返学》《开学首日上课没感觉　专家支招解"开学综合症"》《开学首日　有些父母比孩子还紧张》。

【经典案例：“开学八探”是《三峡商报》关于开学第一天报道的常设项目，但每年有变化，或九探或十探，内容不重复。策划时，提前搜集这一学年全市教育、学校、学生、家长关注的重点，作出新意。比如：《一探：新生入学书包有多重？记者借秤来称一称》《二探：班级增员质量咋保证？》《三探：假期结束见面聊些啥？》《四探：农民工子女上学顺不顺？》《五探：新生报名开销有多大？》《六探：初入校门孩子乖不乖？》《七探：开学伊始家长关心啥？》《八探：等级评估成绩咋评价？》。**】**

(5) 热点问题。如开学了，我的学校在哪里？城市农民工子女找不到接收的学校，部分学校人满插都插不进去，城市里的班额越来越大，探讨“小班化”问题。天津电视台电视访谈《踢球的孩子哪去了》，获中国新闻奖二等奖。

(6) 热门话题。可讨论排座位问题等，如2011年一名县人大办公室主任屡次找校长为儿子调座位被拒而殴打校长。关注竞选班干部问题，优秀班主任有何高招？如《采荷中学竞选学生干部比什么？打枣》。

(7) 追踪“星”闻。媒体捧红的那些本地小小新闻人物——正在求学的孩子，他们的新学期是怎样的？

(8) 开学悲剧。关注孩子溺亡、车祸事件，如《开学第一天遭遇车祸　送孙上学，爷爷不幸身亡》《开学首日　10名小学生被马蜂蜇伤》。

(9) 开学故事。下面是一组好标题：《开学首日　新鲜事儿细细数》《开学首日　4岁男孩偷跑回家》《开学首日，幼儿园教师“罢课”》《儿子上学的路　就在母亲肩上》。

(10) 开学表情。用视频影像记录开学的点点滴滴，抓拍开学首日“众生”相，如《开学首日　学校门口看“风景”》《开学首日　满眼是惊喜》。

【开学后阶段】

(1) “小饭桌”问题。学校没有食堂，食堂伙食不好，吃了午饭没有地方午休……故事很多，可挖一串串新闻。聚集校园周边“小饭桌”，掀起整治行动。2010 年《都市快报》就“如何办好食堂”推出一组颇有分量的大型报道，还举办了“杭州食堂高峰论坛”。

(2) 举办学习节。今天，是一个“造节”时代。报台网可打造相应的节日，丰富和提升人们的生活。

【**经典案例：**基于杭州要打造学习型城市这个大背景，2011 年 9 月 1 日，《都市快报》和商家联手打造“杭州首届学习节”，推出各地书市、名家面对面、院校孔庙讲堂、学习长廊等系列活动，全城推出 45 个学习体验点。】

(3) 舆论监督。曝光盗版教材，揭择校黑幕、无证幼儿园等。

(4) 记者调查。通过快递看本土女大学生疯狂网购。关于校门口拥堵、校园安全等问题，都值得认真策划。

日常教育新闻要做到“七抓”：①抓人物，如专栏《校园“牛”学生》《校园“牛”老师》，报道模式为“晒牛照 + 牛师印象 + 牛师简介 + 牛师牛语 + 牛师故事”；②抓节点，如校园运动会、教学现场会；③抓现象，校门口、学校周边是发现新闻的好地方；④抓新政，及时报道教育新政并做深刻解读，要好用好记；⑤抓话题，回应热点；⑥抓特色，如特色校园特色活动；⑦抓突发。

比如，《金华日报》的《磐安最美教师陈斌强：背着妈妈去教书》，全文以第一人称“我”亲身讲述自己的故事，获中国新闻奖三等奖，同题网络专题获浙江新闻奖二等奖。

支教新闻闪亮多。《南方日报》系列报道《贵州代课教师患血癌，粤大学生进山接鞭》，获中国新闻奖二等奖。《陕西日报》新闻摄影《“我不让你走！”》，聚焦大学生支教，抓住了难舍难分的“决定性瞬间”，获中国新闻奖二等奖。荆楚网的网络专题《41 名华中农业大学学生贵州深山十年不熄的支教火把》，也获得中国新闻奖二等奖。

【新春开学】

春季开学报道相对简单。记者可到学校捕捉那些最具个性的“寒假作业”。关注开学新政与动态，重点关注“新春第一课”，写校园变化、教材变化、师生变化等。

第 70 章　大中专开学新闻

年轻的知识群体永远是报台网全媒体争夺的重点对象。省城自不必说，全国很多地级市都开办有大学，包括高职院校，数万大学生也是一个很大的粉丝市场，影响有影响力的人。在中小学秋季开学后，会相继迎来大中专学生开学，又是一波新闻战。

一、策划要点

关键词：爱心助学

这是开学前报道的重头戏。一些家境贫困的高考生，好不容易考上大学却因巨额学费而拦在象牙塔之外，有的学子则因突遭家庭变故而上不了学，他们很无助，需要社会各界伸出友爱之手。报道要凸显贫困学子的艰难、无助、坚强、勤奋、好学、懂事等方面，如《5 平方米小屋，走出双胞胎大学生》。

【**经典案例：**新华报业传媒集团大型全媒体行动“你的大学父母的梦”，一改写贫困生的套路，将焦点对准为了儿女上大学辛苦打拼的父母们，更值得社会尊敬，也更能引发人们尤其是与其有相同经历的普通人的情感与认知共鸣。】

呼唤公平正义，倡导爱心互助，是媒体的职责使命。《楚天都市报》每年与团省委联合举办“助贫困学子上大学”活动。助学报道，不能始于悲情展示，止于社会捐款。要重在传递正能量，涵养引领社会前行的主流价值观。通过报道，扶贫更扶心，“授鱼”也“授渔”，鼓励自强不息，弘扬人间大爱，营造感恩文化。

关键词：挣学费

大学新生打工挣学费，在劳动中实现自立自强。《长江日报》与人才市场联办“挣一笔学费上大学”大型活动，举办数十场兼职招聘会。发动 46 所高校校长向高校新生发出倡议《带一笔自己挣的学费来报到》，寻访打工大学生的典型生活，连线本土在国外打工的大学生，报道具有很强的针对性、感染力和冲击力。

二、实战心得

【新生报到】

大学新生报到现场，抓些什么报道呢？可围绕“新生”“新事”“兴奋事”做报道。

(1) 抓迎新的新气象新创意。如迎新标语很新奇、校方贴心服务等，比如《大学新生报到（引）送读的少了 学生行李轻了（主）》《新生报到走红地毯，动不动还会听到一声“亲”》。

全媒体可推大学生报到特刊专题，将本地各大高校风采、城市美景、民风民俗、特色美食、精品购物、出行线路、新生理财等一网打尽，悉数呈现给数万大学生，可按“一册城市读本”“一本生活宝典”“一副多彩画卷”三大主题展开。

(2) 细数新生报到“几宗最”，捕捉几个“镜头”。下面是一组好标题：《迎新先考自立能力（引）报到首日，家长被拦体育馆外（主）》《大学新生报到何时“断奶”？有的千里有

人护，有的孤身行千里》《一家祖孙三代全体出动 新生报到多见“非常6+1”》《排队报名缴费的九成是家长 大学新生报到竟跟小学差不多》。还可在如上报道后，配发评论《放手，才是对孩子最好的爱》。

大学生们的自理能力、吃苦精神令人忧虑，我们时常反思，“是不是垮掉的一代？”“年轻的一代能否承担得起民族复兴的重任？”基于此，记者可捕捉那些从遥远的边疆省区独自来报到的勇敢学子；那些送子送女上学含辛茹苦的爹妈；还有那些特殊新生，他们求学的感人故事，如《双胞胎“准空姐”大学报到被围观》《45岁大一新生报到 家长以为是教授吓一跳》；那些极贫新生，如《郑州晚报》系列报道《带着妹妹上大学》获中国新闻奖二等奖。

2009年，一位浙江妈妈陪女儿去武汉大学报到，妈妈反映女娃宿舍条件简单，要求校方改进，《楚天都市报》记者采写的《新生家长泪流满面：我女儿每个细胞都需要空调》成为轰动一时的新闻，大学生宿舍能否装空调引发热议。

(3) 从新生报到看贫富差距凸显，如《大学操场上如同“车展”（引）5成新生都有家长专车送（主）教师：校园另类炫富应引导（副）》《沈师大新生坐千万豪车报到 全国不到10辆》《新生所购用具凸显贫富差距 专家指出：学校应正视并正确引导》。

(4) 特别关注那些“新闻人物”的报到情况。如2009年高考，凭古体长诗《站在黄花岗陵园的门口》而获“最牛满分作文”考生周海洋，被三峡大学破格招录，全国媒体纷纷来宜昌做了大量报道。作为本地媒体，在这类“新闻大战”中不仅要力争抢得独家新闻、重头新闻，更要在报道规模、表现形式上胜出。

(5) 新生报到中的骗局与悲剧。此类事件多发，值得关注。关注学生用品质量，如《新生报到买被褥 遇上黑心棉》。关注上学路上的悲剧事件，如《大一新生独自来学校报到“失踪”银行卡1.3万被取空》《新生报到当天离奇死亡 大学生涯仅十小时》。

【开学首日】

大学开学第一天，如何报道？关注最有特点最有故事的新生，如《最励志：网瘾大学生重上华科》《最大龄：28岁大一新生华师续梦》《最小新生：14岁“数学王子”武大报到》《最牛博士：20岁成为华科最小博士生》。关注特殊新生，比如“玻璃女孩”、袖珍女大学生，写出她们的坚强、不畏嘲讽、乐观笑对人生。

直播别开生面的开学典礼。一些大中专学校邀请著名校友寄语新生，可以摘录整理精彩内容或剪辑精彩片断。《开学第一课：本土大学校长讲什么？》，刊登几所大学校长开学典礼讲话，让人们从中获得启迪和思考。

【大学军训】

大学开学后迎来新生军训，军训报道要突出苦练精兵、自强不息。可重点报道某个特别学生克服障碍顽强军训的故事，窥一斑而知全貌。下面提供其他几种思路。

(1) 突出现场，搞“军训直播”。记者走进大学军训操场，直击新生军训，青春汗水挥洒校园，下面是一组好标题：《新生齐军训，风采尽青春》《新生军训 英姿飒爽》《骄阳炼“骄子”》《新生军训 “烤”验意志》《新生军训上演“雨中曲”》。

(2) 军训项目悄然变化，如《高校新生军训不再"老三样" 女子格斗术刺杀操都挺新鲜》《新生军训一再写“一封家书”》《 大一新生军训 持警棍盾牌演练防暴》。

(3) 军训趣事真不少。写几个趣事镜头，如《大一新生军训现场 男生求爱跪地不起》《新生军训，家长递水送面包》《出任新生军训教官 国防生有了带“兵”机会》《防晒霜“招蜂引蝶” 武汉一高校新生军训变“香妃”》。

(4) 暴露问题别忽视。新生军训屡有不适，如《军训时 90% 的女生频频晕倒》《新生军训挺不住　就医学生超过百人》《新生军训“晕”了一大片　缘何体质一年不如一年》。还有《部分大学新生军训服穿过就扔》，军训服成一次性用品浪费大，探讨解决之道。关注劣质军训服，如《军训教官指令“坐下”　百余女生裤子“开裆”》。

(5) 个别事件惹争议，如新生军训强制女生剪发，《新生军训，教官罚女生下跪》等。

【开学初期】

新校园，新生活。新生入学后，在新环境中学习、生活难免遇到很多问题。记者可进校园、上大学官微等去了解新生们的焦虑、疑惑，如探讨“来自五湖四海的新生如何和睦相处”等话题。

有些新生不适应。抓几个典型个案，如《初出家门 同学关系紧张 生活不适应(引)大一女生上学三天乘飞机回家(主)》。

一下课就刷手机，回到寝室就泡网，这是当今大学生的课余生活写照。调查显示，绝大多数大学生不买报纸，甚至根本就不看报纸。有些媒体为了影响大学生群体，成立大学生记者团，在各大高校培养铁杆骨干，招募竞聘大学生记者。2012 年《湖北日报》组建大学生记者团，人数达 500 多人。有的报社和高校联办“大学生版”，还有的在大学设新闻奖学金。

【春季开学】

寻找“有故事”的寒假兼职大学生，了解兼职“酸甜苦辣”，如《无论“辛”多“薪”少　能够赚到经验就好》。关注找工作、考研等热点，挖掘考研过关的最“牛”宿舍、最“牛”班级、最“牛”双胞胎、最“牛”大学生情侣的故事，新媒体推送相关短视频，引爆网络。

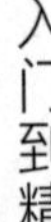

第 71 章　教师节新闻

1985 年 9 月 10 日，是新中国第一个教师节。尊师重教，传统美德。“教师节”成为人们向教师集中表达礼赞与祝福的日子。1994 年，联合国教科文组织将每年的 10 月 5 日定为世界教师节。众多有识之士呼吁将中国教师节改为 9 月 28 日孔子诞辰日。

一、策划要点

关键词：人物

教师节来临之际，聚焦一批教书育人楷模的先进事迹，晒晒一批校长名师教师节寄语。《石家庄日报》的消息《17 名教师同出一家　40 年培养万名山娃》获中国新闻奖三等奖。《三峡晚报》的《教师杰》特刊，展示各地教育工作成绩，以及各校优秀教师先进事迹，分“人物”“深度”“影像”“专题”“综合”等篇章。

关注退休教师群体，如《教师节特别策划——“那些年　那些人　那些事”》，由优秀的老教师讲述教师节故事，通过他们眼中教师节内容和形式的变化，反映时代的变迁。

关注特殊教育老师，如《“特殊园丁”的教师节愿望》——媒体别忘了那些特殊教育学校的老师们，他们的故事也许更加动人。

关键词：感恩

“老师，祝您节日快乐。”我们如何感恩教师？教师节，该怎样表达敬意？记录学生和社会各种各样的感恩之举，如教师节送精神大餐，部分景区向教师赠票。

报台网可启动“感念师恩”征文，讲述“我和老师之间难忘的故事”，我最想对老师说的一句话，对象不限于大学、中学、小学老师和启蒙老师。

关键词：活动

教师群体庞大，资源丰富独特，是报台网全媒体必须重点影响的人群。

【**经典案例：**《三峡商报》曾邀千名教师赴三峡大坝免费观看《盛世峡江》大型情景演出，老师凭教师资格证自愿报名，派出数十辆大型客车同时接送老师，场面浩大。这场活动，商报本身未掏一分钱，巧打资源互换，双方互利共赢，让商报在广大教师中获得了良好的口碑。】

报台网全媒体还可和影院合作，“邀百名优秀教师免费看电影”；《楚天都市报》联系武汉医院推出“谢师恩送关爱”活动，免费送数百个专家号给教师。

二、实战心得

善之本在教，教之本在师。从高层看望，到官方表彰；从各界共祝，到学生感恩。教师应享受这个“太阳底下最光辉职业”应有的礼遇。

报台网全媒体可提前策划“致敬教师”大型特刊专题，聚焦本土教师节动态、师资队伍状况、发展成就情况，展示各地教育发展成果，展示优质学校师资实力、校园新貌，展示各地各校涌现出的名师、模范教师、优秀教师、优秀教育工作者、尊师重教先进单位风采，以及受国家、省市表彰的教育先进集体和先进个人，倾听优秀教师代表话本土教育发展与变化。

【**经典案例：**中山广播电视台的电视访谈《“玩着玩着”过高中》，获中国新闻奖三等奖。节目聚焦全国模范教师韩宜奋，分享她快乐学习的教育理念。本节目不是干巴巴地让嘉宾讲，而是通过说唱、书信交流、课间舞、平板电脑教学、电影教学、青春舞会、特别家长会、诗歌朗诵等即兴环节，展现了同学们积极向上、青春、阳光、自信、有爱、有理想、有担当的精神风貌，很好地回应了“培养什么人、怎样培养人、为谁培养人”这份新时代问卷。】

对教师节“节前”“节中”报道，提供以下思路。

(1) 庆祝节日。全国层面，每逢教师节，国家领导人走进校园看望师生送上祝福已成惯例，体现了国家对教育的重视和对教师的尊重。这些年的教育改革，多数国民很有意见，教育往何处走，从国家领导人的讲话中传递出新的信号，媒体要充分用好新华社稿子，在“中国新闻”版块上着重刊发。

地方层面，关注各地主要领导或分管教育的省（市）委宣传部长和副省长（副市长），走访慰问优秀教师代表；关注各地举办形式多样的教师节庆祝活动。下面是一组好标题：《九江教师节派 120 万元“红包”　昨日举行教师表彰奖励大会，2860 人次获表彰》《音乐老师教师节开音乐会》《教师节　送“名家思想”》《给特困病重教师“送温暖”》。

(2) 教育新政，涉及教师待遇、教师培训、师德重塑等。

(3) 送礼现象。“送礼”成为多年来争议颇多的教师节话题。如《教师节　晒晒老师们收了啥礼物》一文，《辽沈晚报》记者写了 4 个片段：【场景】手捧鲜花或小礼物走进校门；【学生】礼物很稚嫩，祝福很纯洁；【家长】有感慨，有尴尬，有纠结；【老师】更在乎内心的感受。配发相关评论，如《教师节里送祝福不在价值在心意》《莫让“教师节”成为“中国劫”》，媒体抑什么，扬什么，自不待言。

作为老师，最希望得到什么样的祝福？什么才是教师节最好的礼物？搞校园同题直播海采，听一听老师们的心声，如《尊重是送给教师节最好的礼物》《拒绝鲜花、礼物，心语墙上表心愿　欢度教师节　一个微笑就够了》。

(4) 经济现象。教师节来临，商家“频送秋波”。教师节到底对消费市场有多大的拉动？记者寻此思路做文章。下面是一组好标题：《教师节促销：商家教师“各唱各的调儿”》《教师节来到，鲜花卖得俏》。

(5) 意外事件。教师节之际，重点处理与老师有关的一切新闻，如悲情，《重庆一老师教师节被警察暴打》；如温情，《教师节最浪漫的求婚》《教师节，给女教师相亲》。

(6) 环球视野。世界各地的教师节怎么过？可根据主题策划世界教师节相关报道。

第 72 章　科技新闻

科教兴国，科技强国。科技改变生活，科技创造未来。科技新闻是对科学技术领域新近发生或发现的事实或事实变动的报道，愈来愈受人们重视，因而在报台网全媒体报道中占有重要分量。

一、策划要点

关键词：科技成果

除了关注科技政策，应更多聚焦本地科技发明与成果运用、新产品试制成功等，反映发明专利申请状况、知识产权保护状况。如江苏广播电视总台电视评论《版权保护——南通家纺市场成功密码》获中国新闻奖一等奖，《人民日报》的消息《十里长街摆开擂台赛(引)中德燃料电池车比肩驶过天安门(主)》获中国新闻奖二等奖。

特别关注与人们生活密切相关、能提升人们生活品质的发明创造，关注首创性、唯一性、领先性、革命性的重大发明，如《长春日报》的消息《一项研发将淘汰充电器》则获中国新闻奖二等奖。北京广播电视台广播消息《5G 技术助力国产机器人完成全球首场骨科实时远程手术》，获中国新闻奖一等奖。

科技的专业术语多，科技新闻写作时巧用比喻和解释，插入一些背景材料，便于受众用户接受和理解。全媒体采用视频动画、图文报道等更直观。

关键词：科技人物

报台网全媒体要重点关注本土科学家、科技拔尖人才、知名科技发明人、基层科技人才，讲述他们不为人知的奉献坚守，挖掘他们的报国精神，了解他们的成长经历、志向抱负，捕捉他们的金句，展现他们的喜怒哀乐、酸甜苦辣。如《湖南日报》的系列报道《走近科学家》，获中国新闻奖一等奖。《长江日报》的通讯《为世界通信业划“跑道”——记武汉邮科院余少华博士》，获中国新闻奖三等奖。

【**经典案例：**2009 年 8 月 28 日，“超级杂交水稻之父”袁隆平 80 岁大寿。《潇湘晨报》推出 8 版特刊《隆平八十》，为袁隆平院士贺寿，体现了该报对科学家的尊重与敬仰，体现了一份主流大报的社会担当。记者用半个月时间，走近最为真实的袁隆平。特刊以评论打头《一粒叫作种子的良心》，刊登了袁隆平专访、袁隆平大事记、他们(高层领导)眼中的袁隆平、听密友细说袁隆平、袁隆平趣事、袁隆平遗憾，以及袁隆平写给夫人邓哲的小诗等，将一个平民化的大科学家形象跃然纸上。】

关键词：科普活动

倡导科学精神，提升城市文明。《成都商报》和成都科技节组委会曾发起“寻找成都爱迪生”活动，由 10 余名院士担任评委。

二、实战心得

特朗普掀起的中美贸易战，深刻地警醒了国人，自力更生、自主创新，研发更多关键核心技术，掌握更多大国重器，建设制造强国十分紧迫。中国媒体正在改变过去崇尚明星、崇尚财富的扭曲价值观，改追科学家之星、喝科学家之彩，弘扬科学精神、树立民族魂魄。比如，《湖南日报》的摄影作品《追科技之星》，抓拍袁隆平抵达湖南农业大学之时受到热烈追捧的瞬间，画面展现了对科学家的无限敬意，获中国新闻奖二等奖。

科技是科学技术的简称，两者既有密切联系，又有重要区别。科学解决理论问题，技术解决实际问题。科技新闻不是科普读物，要把艰深晦涩的科技语言“翻译”成人人皆知的大众语言，要把抽象深奥的专业知识“翻译”成老百姓不难理解的东西。记者可从千家万户紧密相关的问题切入，用“演示法”把新发明、新专利“解剖”展示给粉丝看。比如，《内蒙古日报》的消息《“六朵金花”美　“深闺出嫁”难（引）我区蒙药化学创新成果转化遭遇坎坷（主）》获中国新闻奖二等奖。

多关注“科技探索”。及时播发全球科技动向和最新成果，特别是中国的最新科技探索、进展，但要忌搞浮夸风。央视《厉害了，我的国》专栏报道曾引发巨大争议。

但凡遇到“成果填补空白”之说，要看是否有权威支撑，看是否有实证说服，要多方求证，要有权威佐证。科技报道慎提“全球首创”“世界第一”“填补空白”“之父”“之母”。我们发现，很多企业和个人爱给自己戴高帽、披华服、穿金靴，伪造成果、学历、荣誉等，记者要细心鉴别，不搞“揠苗助长”。全媒体要坚决杜绝关键核心技术信息被泄露，严禁泄露国家秘密，危害国家安全。官方微信公众号不搞“震惊”“炸锅”“吓尿体”“下跪体”等耸人听闻的表述。

科技报道，“眼见不一定为实”。绝不盲信权威，“权威”分行政权威和科技权威。不是说谁的官大就一定权威！我们要崇尚科学，不违背道德和伦理，不包装宣扬伪科学。20 世纪 90 年代全国曾热炒“水变油”伪科学闹剧。2012 年“打通任督二脉”在没有科学论定情况下也被爆炒，甚至甘肃省卫生厅长出来力挺。2019 年新冠肺炎疫情暴发之前，武汉一家报纸竞头版头条宣扬中南医院“摘口罩”这个做法，称靠它防病作用有限。

全国活跃着 2000 多万自媒体，伪科学、谣言肆虐，揭伪揭丑新闻登上主舞台。《扬子晚报》的辟谣通讯《多吃主食死得早？多吃肥肉活得长？ 某些自媒体别再一本正经地胡说了！》获中国新闻奖二等奖。

【重大科技奖】

关注国家和地方科技奖励大会。重奖重大科技成果和科技专家，党和国家领导人亲自颁奖，可见对科技的重视。重大科技奖“七步鲜”报道模式：①颁奖主消息（新华社电讯稿）；②人物图片；③人物简历；④人物通讯（即科学家攻创科研成果以及他的工作、生活、人生，他在人们心中的印象和评介）；⑤连线落地（即本地有哪些科研单位获哪些奖项，这些奖项具体成果及影响）；⑥历年得主；⑦新闻背景。

国家最高科技奖奖金高达 800 万，因其显著性，在报纸头版原则上刊发获奖科技专家人物图片，标题大红或整版红底白字。对国家科技奖报道，深圳《晶报》特别强化科学家的思想，将他们的观点单独拎出来，在版面上以“直接引语”呈现。

对省市科技奖报道，原则上参照以上做法。地方报台网全媒体对来自基层的工人、农民、发明家等，应多给笔墨、镜头，配发社论时评。

关注科技资金的使用，关注科技制度创新，关注科技成果的运用，《湖北日报》的消息《4亿元科研“替代经费”无奈沉睡》，获中国新闻奖二等奖。

【科技活动周】

放飞科技梦想，乐享科技魅力。全国各地都会举办丰富多彩的科技活动周。科技节是其中的重头戏，是中小学生的最爱。

如何报道科技节呢？提前数天预告，如《快报名！坐花车体验科技节》《14 日免费科技大餐邀你赴宴》《观“镇馆之宝” 看魔术表演 2009 上海科技节推出科普“大餐”》《460个活动带来科普大戏 教你嗅觉寻爱人》。开幕当天也要发预告，如《走，去红星路瞧瞧“枭龙”战机》。

开幕式活动如何报道？除了全程全媒大直播，活动主消息要反映本届科技节的特色和亮点，以及新发明，如《机器人成科技节“明星”》《科技节华农开放日 宠物最吸引市民》《千名学生科技擂台比武》《两千“小发明家”比试科技创新》。组合报道要反映科技盛会的妙趣横生，学子们的兴奋与激动；反映学子们的创新与梦想，热爱生活、迷恋科技，如《小学生设计机器人 推倒万张“多米诺”》《“放卫星”！比的是思维创新》。报台网记者要精心捕捉科技节“明星”，这个“明星”是令人惊艳的发明项目，是科技节上最闪耀的发明人或参赛者、重量级嘉宾。

科技节上“秀”发明。记者可搞几个特写或者花絮，聚焦那些第一次参赛者、最远道而来的参赛者、最多发明创造的参赛者、发明最受欢迎参赛者，如《首次参与科技节，激动得睡不着觉》。

科技日報

SCIENCE AND TECHNOLOGY DAILY

甲午年三月二十 总第9899期 国内统一刊号 CN11-0078 代号 1-97

http://www.stdaily.com 2014年4月19日 星期六 今日4版

我科学家发现“夜盲症”新致病基因

■最新发现与创新

[illegible]

■时政简报

□刘云山在部委企业高校深化整改工作座谈会上强调，坚持高标准高质量真改实改彻底改，让人民群众不断看到作风建设新成果 （据新华社）

■为您导读

○国际新闻 韩开发出“双极线圈共振系统”无线供电装置（2版）

○综合新闻 南海深处话搜寻（3版）

○锦绣副刊 当文艺失去创新本能时（4版）

航天科工研制出高精度时频核心设备

[illegible]

美首次于宜居带找到地球“堂兄弟”

以光速航行490年可达 或有液态水慰劳

[illegible]

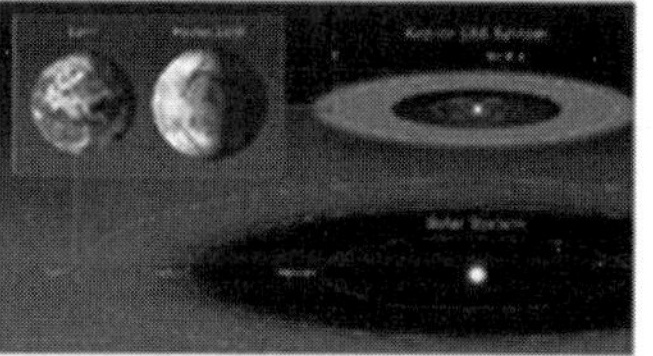

[illegible]

专家：外媒“中国妨碍搜救”论站不住脚

中国深海设备确有“重科研轻应用”问题

本报记者 付毅飞

[illegible]

土壤修复：一个需要逐步推进的系统化工程

本报记者 张晶

■关注重金属污染⑥

[illegible]

技术选择，要针对主要问题

[illegible]

修复工程，要加强系统设计

[illegible]

[illegible]

责任编辑 [illegible] 电话：(010)58884051 传真：(010)58884050 [illegible]

2014年4月19日《科技日报》版面获中国新闻奖三等奖

第8篇　气象新闻策划

在我国各类自然灾害中，气象灾害占70%以上，而由气象灾害所引发的次生灾害使危害加重。

尽管天气资讯，手机一点便知，但是参与报纸零售调查和二十年报纸工作经验告诉我们，有的人买报纸，就是想找个好饭碗（看招工信息）；有的人看报纸，偏爱看天气预报。人们已不满足于简简单单的天气告知，希望获得更多的天气关联资讯与气象衍生服务。媒体有责任让公众及时获知气象信息，传递党和政府的态度与应对措施，为防备自然灾害提供预警。

今天，气象新闻越来越占据报台网全媒体的重头位置，而且时长、规模和频次呈增长态势。有的报纸开设气象新闻版，并前置于第2版。

第73章　节气与天气新闻

二十四节气是古人通过观察太阳周年运动，而对时令、气候、物候等变化规律的经验总结，可以说是最早的天气气候预报。在国际气象界，二十四节气被誉为“中国的第五大发明”，它凝聚着中华文明的历史文化精华。传媒人有责任传承节气文化，讲好节气故事，光大节气习俗。

每个节气15天左右，每个节气又分上、中、下三候，每候5天。节气是气象上的拐点，而候是对天气比较精准的把握。老子曰：天生万物，道法自然。研究节气是我们做好每一天的天气与健康养生报道的基础和核心。

移动互联网引发传媒业颠覆性变革。过去，占据全国报台重要位置的天气报道，如今纷纷转移至官媒新媒体平台。尽管呈现方式、表达方式变了，但是策划的点位采编的要求都是相同的。

一、策划要点

关键词：日常天气

纵观全国媒体，对“天气新闻”越来越重视。全球变暖所带来的极端天气气候事件趋多趋强，酷热、暴雨、干旱等极端天气不断冲击并刷新历史纪录。中国气候安全面临重大挑战，深刻地影响每个人的生活。

【**经典案例：**中国江苏网网络专题《中美科普国际连线之极端天气》获中国新闻奖三等奖。】

天气报道正在向新闻化、精细化、故事化、文学化、知识化、互动化、全媒化等“七化”发展，集新闻性、知识性、文学性于一体，突出现场感、参与度。如《广州日报》《都市快报》的节气天气与养生报道，期期可读，独树一帜。仔细分析发现：节气天气与养生报道，越来越求专业，越来越求高度，越来越求文化，越来越求故事，越来越求生动。

气象记者“看天”，要“看”出个性，“看”出滋味。要写出亲历体验来，就是写出作为记者的“我”或周围人关于“这一天”或“这些天”气温变化、家居生活的切身感受，力求细腻。表达上，多用拉家常、闲聊式的语言，就像和朋友“谈天说地”。

天气报道，要尽量具体，不要打太极。像“东部、南部地区有雨”这类模糊表达，让人犯迷糊，不搞。

历史同期天气对比分析出新闻，如《7月中旬“史上最凉快”》。每逢气象转折点时，记者可这样“找新闻”。

关键词：重大天象

除常规天气外，对日全食等重大天象要重点报道，如上海广播电视台《“直击日全食”直播特别节目》获中国新闻奖二等奖，武汉广播电视总台电视消息《追光逐影　武汉迎送日全食》获中国新闻奖三等奖。

【**经典案例：**长江日报摄影记者在楼顶拍摄城市夕阳景观时，无意中发现民航客机与夕阳位置非常接近，于是蹲守一个多月，在日偏食这天，抓拍到客机恰巧从太阳前方飞过的“决

定性瞬间”以《武汉上空定格奇景》为题，刊发大照片在《长江日报》头版，获中国新闻奖三等奖。】

对于大家都遇到的天象，微信圈里大晒特晒，人尽皆知，报台网全媒体不能不管不问！要积极、创意地介入，端出来要棋高一招！

追月新闻表面上看的是“月”，其实真正的主角是“人”。除了拍拍天象视频影像，我们应该把焦点对准“追星”“追天”的人，让“人”在各类新闻中当主角。报道上，不仅要链接科普资料、释疑解惑，更要把大量的笔墨、镜头留给观星的市民、专家、天文爱好者，搞全过程中的现场描述、情感表达，呈现科学的魅力、现场的感染力。

二、实战心得

今天，节气报道作为新闻大家族的一个新品种，登上了历史舞台。

2017 年初，中共中央办公厅、国务院办公厅印发《关于实施中华优秀传统文化传承发展工程的意见》，要求加强对传统历法、节气、生肖和饮食、医药等的研究阐释、活态利用，使其有益的文化价值深度嵌入百姓生活。二十四节气我们有诗词、谚语、歌谣以及配合节气的民俗节庆活动，这些围绕二十四节气派生出的文化生活，都是传统文化的一部分。节气是天气新闻的“纲”和主线，研究“中华二十四节气”就显得很有必要。

我们发现，各大媒体官方微博微信已成为节气报道的主阵地，充分融合了报纸、广播、电视的呈现方式，充分运用了创意、绘画、书法、动漫、H5 等手段。

为了全面、系统地探讨节气报道，我们选取了全国东南西北中报台网全媒体进行追踪、分析、梳理、实践、比较，总结出“七步鲜”节气报道模式：①天气新闻；②节气表情；③时令养生；④各地习俗；⑤特色活动；⑥民间谚语；⑦诗画欣赏。

(1)“天气报道”：主要反映节气前、中、后本地的天气变化及特点。每个节气当口，本地气候有何特点？二十四节气起源于古代黄河流域，中国幅员辽阔，纬度不同，各地气候有差异。二十四节气就像一个坐标，不同地区可以结合本地天气气候特征，在坐标里找到适合本地的农事节点，以指导农事进程。报道要呈现这种偏差，也是对人们认识上的一个纠偏。配发“气象小常识”，介绍这个节气。

(2)“节气表情”：全媒记者采写或抓拍反映这个节气特点的人、事、物，喜乐忧愁，人间万象，芸芸众生，细微之处见新闻，分享时令节气下活色生香的生活。

(3)“时令养生”：全媒记者邀本地中医名师解剖分析这个节气的养生规律和特点，以及结合本地地理气候特点给予人们相应的衣食住行的指导和建议，讲述时令养生的关键，及时发现本地“节气病”，就预防和个案做卫生健康方面的专题报道。

(4)“各地习俗”：全媒记者挖掘节气中的本地民俗。“舌尖上的二十四节气”，每个节气都有不同的小吃，每一个城市都有自己独特的味道，多多挖掘本地的时令特色小吃文化。天气报道可多发掘一些“民间传说”，增加报道的趣味性。

(5)“特色活动”：主要指各地举办的节气活动，以及报台网发起的活动。有民俗专家把 24 节气的主题活动和 24 个社区“配对”，让社区居民过上“身边的节日”。

(6)“民间谚语”：主要指能反映本节气的谚语以及本地关于此节气的个性化谚语。

(7)“诗画欣赏”：刊播与节气有关的古今诗词、散文佳作，作为“知识链接”延伸，还可以对诗歌作漫画设计写意，让文化气息扑面而来。

本书呈现了一份系统、全面、可操作的节气报道方案，有三大作用：一是围绕这个主线，

平时的天气新闻就可做得更加丰富和贴近；二是报台网全媒体可围绕节气策划“医疗卫生和健康养生报道”，本章提供了丰富的积木模块，做全年短视频生产、直播报道时可以借鉴之；三是有助于我们认识气候传播规律，揭示气象变化与健康传播的路径与方法。

【立春篇】

2 月 4 日或 5 日为立春，又称“打春”“咬春”“报春”，是农历 24 节气之首。“立”有开始之意，表示从这一天起春天开始。立春后，人们能明显感觉到白昼变长了。一年四季，气温、气压、温差等变化最大的就是春季。

◎天气新闻。提前预告，如《明天小雪进京“打春”》《立春将至“冬味”渐浓》。当日预告，如《立春雪花飘　明日将放晴》《今日立春春来早　烟雨蒙蒙踏青去》《慢慢慢！立春了先别脱棉衣（主）南昌今日阴天有小雨　气象专家提醒市民应当“春捂”（副）》。

立春日报道，如《立春后罕见雪上午来下午走 全市昨天普遍积雪 1 到 3 厘米》《“立春”日雨雪霏霏难见春意》《雨雪不知立春到　离人只盼早早归》。

◎入春争议。“一年之计在于春”。春天阳气生发，万物始生。气象学入春标准是什么？就本地所处地理位置来说，什么时候才能真正迎来春天？报道要理清楚。

◎节气表情。立春后，寒冷的冬天渐行渐远，“春姑娘”的脚步越来越近。人勤春早，记者走上街头闹市，走进田间地头，直播寻觅立春后的浓浓春意。

◎立春养生。立春至，气候干燥，饮食调理上要少“酸”多“甜”，宜食辛甘发散之品，不宜食酸收之味，以助养肝健脾。平日宜饮用菊花茶、金银花清热散风。

摆一道立春菜谱，如咬春宴、腊肉炒饭、家常木须肉、韭菜虾皮炒鸡蛋等。当餐馆掀春卷热时，全媒体不妨邀名厨授“春卷做法”。

◎各地习俗。立春之日，民间有喝春酒、打春牛、贴春帖、吃春饼、咬萝卜等习俗，据说周朝就兴起了。民俗回归复兴，蕴藏商机无限。下面是一组好标题：《今日立春，吃个春卷迎春到》《立春吃春饼 豆芽卖断货》《市民争“咬春” 豆芽身价涨》《立春当天“咬春”热 食材春饼都脱销》。

◎民间谚语。春到人间一卷之。宁舍一锭金，不舍一年春。

◎特色活动。海选征“牛童”，立春鞭春牛。媒体联合街道社区组织小牛童和春姑娘参加活动，通过才艺展示、服装展示、回答问题、演讲等比拼，小朋友竞争“执鞭牛童”，此举唤起人们对民俗的重视。全媒体征集“报春娃”，邀居民扮演春官、春吏“报春”。

◎诗画欣赏。杜甫《立春》。

【春分篇】

3 月 21 日前后 (20 日—22 日）为春分，昼夜平分之意。春暖花开，莺飞草长，宜农作、观光出游等。春后，燕子从南方飞来，天空下雨时还会打雷、闪电。古人将这一天定为祭祀太阳神的日子，感谢它把光和热恩赐人类及万物。

◎天气新闻。预告式，如《明日“春分” 风雨交加》《今日是春分 好雨知时节》《春分”有好脸色　过后狂风骤雨》《今儿起，走进春天》《今日春分昼夜平分 民俗：好玩莫过于“竖蛋”》。

春分日报道，如《昨日春分不见春　雨雪来扰冷冷冷》《春分已至春来迟 今年 4 月才入春》《春天刚刚“上岗” 夏日竟来抢风头》《“春分”拉来“倒春寒”》《今夜聆听春雨声清明前后春来到》《春分昨日来报到 降水今来凑热闹》。

春分后，天气极易反复，如《一月之内，羊城经历秋冬春夏》。若现连续低温阴雨天，如何报道呢？

【**经典案例：**广西《玉林日报》的报道《你看你看，老天“多愁善感”的脸》——除了天气主消息外，还有以下组合稿：影响，《阴雨低温是否会影响农业生产？专家称对我市春播春种影响不大》；民生，《气温下降 菜价上扬 有的青菜价格翻番，直追春节时的价格》；应对，《专家送上家居防潮“锦囊”》；事故，《天冷路滑 驾车小心啦（主）4天里交通事故81起；交警提醒：慢些再慢些（副）》。】

◎节气表情。春分一过，春暖花开，寻春觅春。下面是一组好标题：《春分将至气温飙升 正是出游好时机》《又到“春分” 风和日丽好出游》。

◎春分养生。春分到，吃春菜，竖鸡蛋。俗话说，“春汤灌脏，洗涤肝肠。”直播市民上山挖野菜，邀本地名厨为市民推荐几道特色野菜做法，如《采把野菜滚“春汤”》。

养生建议，如《春分过后养生防湿热》《春分时节饮食宜寒热均衡》《“春捂”捂腿别捂头》。关于保健，有春分常梳头；关于锻炼，最宜去春游；关于养生，少酸来点甜。

吃春食谱：红枣等养脾甜食、蜂蜜、春芽、春笋。

◎各地习俗。“春分竖蛋”是我国古老习俗，如《春分到 鸡蛋“翘”》。为何鸡蛋能立起来？为何春分有立蛋的习俗？为何在春分这一天，鸡蛋特别容易立起来？记者请本地天文或物理方面专家老师揭秘。

除此之外，春分还有春祭、祭日等习俗，太阳糕是春分祭祀的供品，“太阳糕，步步高”，如《“太阳糕”复出 春分凑热闹（主）今天迎来春分，京城老字号备好民俗应节食品（副）》。

◎特色活动。春分到，蛋儿俏。直播春分“竖蛋游戏”，如《春分，本报组织“画彩蛋大PK”》。《扬子晚报》曾提供新鲜鸡蛋请市民现场作画，在鸡蛋上绘画题诗，比比谁画的彩蛋最漂亮，题材有花鸟鱼虫、风景、卡通、人物脸谱等。

◎民间谚语。吃了春分饭，一天长一线。春分有雨家家忙，先种瓜豆后插秧。春分甲子雨绵绵，夏分甲子火烧天。春分风多雨水少，土地解冻起春潮。

【**经典案例：**《重庆晚报》的节气报道模式由五部分构成，即：①历书；②释义；③谚语；④民俗；⑤访谈。】

◎诗画欣赏。仲并《画堂春》。

【雨水篇】

2月18日前后为雨水节气。雨水不仅表示降雨的开始，也表明雨量开始增多。雨水过后，我国大部地区气温回升到0℃以上。雨水节气前后，万物开始萌动，春天就要到了。

◎天气新闻。预告式，如《阴雨相伴迎“雨水”》《今日“雨水” 小雨飘两天》《“雨水”雨无缘 晴暖宜出游》。

雨水日报道，如《小雨夜敲窗 今明主城天色阴》《“雨水”雨无缘 晴暖宜出游》《“雨水”挡不住小阳春》《雨水”时节雨雪纷纷 全市平均降水量4.1毫米》。

◎节气表情。雨水季节，天气变化不定，是全年寒潮过程出现最多的时节之一，忽冷忽热，乍暖还寒。

◎雨水养生。雨水时节正值初春时节，气候转暖，又风大物燥，常会出现皮肤、口舌干燥和嘴唇干裂等现象，这就是“上火”的表现。上火原因有哪些？如何降火？饮食有何禁忌？全媒体可邀本地名医讲“养生课堂”。

【经典案例：《辽沈晚报》开办“养生故事会”平台，面向医生朋友和普通百姓，旨在分享养生经验，讲述自己独特的养生秘籍和长寿良方。**】**

雨水前后勿受凉。雨水节气之后，寒湿之邪最易困阻脾脏，故雨水前后应当着重养护脾脏。在饮食上要保持均衡，五味不偏，少吃辛辣食品，多吃新鲜蔬菜、水果等。

◎各地习俗。“雨水节，拉干爹”，意取“雨露滋润易生长”之意。可直播街头“拉干爹”活动。

◎祝福短语。雨声祝你平安，雨水冲走愁烦，雨丝捎去思念，雨花飞落心弦，雨点圆你心愿，雨露润你心田，雨季我心期盼，雨水节气祝你“要风得风，要雨得雨，然后呼风唤雨”。

◎民间谚语。“雨水有雨百阴”“雨水落了雨，阴阴沉沉到谷雨”“立春天渐暖，雨水送肥忙”。

◎诗画欣赏。徐铉《七绝·苏醒》。

【惊蛰篇】

3月5日或6日为“惊蛰”。蛰是藏的意思。“惊蛰节到闻雷声，震惊蛰伏越冬虫”。随着天气不断回暖，春雷始鸣，惊醒蛰伏于地下冬眠的动物。我国把它视为春耕开始的日子。古有“惊蛰一犁土，春分地气通”一说，寓意春回大地、万物复苏。

◎天气新闻。提前预告，如《明日“惊蛰” 老天依旧阴着脸》《周日“惊蛰”，第一声春雷难炸响》《明天是“惊蛰” 连绵小雨还要下》《惊蛰未到甬城半夜雷声响》。

惊蛰日报道，如《近2万次惊雷迎“惊蛰” 36个县市下暴雨》《昨日惊蛰，未闻雷声听雨声（主）今后几天天气晴好（副）》《惊蛰南京　滚滚冬雷漫天雪（主）气象专家解说“雷打雪”现象 明天全省还有雨雪（副）》。

“春雷响，万物长”。惊蛰雷鸣最引人注意。还未到惊蛰日，就多次打雷，预示着今春会阴雨绵绵？本地气象专家如何看待或定论？

◎节气表情。“惊蛰”时分，春意萌动，万物苏醒，如《今日“惊蛰” 春意撩人》《“春捂”穿衣不妨“上薄下厚”》。

◎惊蛰养生。惊蛰属肝病高发季节，勿忽视护肝养肝。惊蛰养脾少吃酸，多吃大枣、锅巴、山药等甜食以养脾，如《惊蛰时节食梨止咳》《惊蛰吃梨子 赶走小虫子》。惊蛰养生食谱：鸭血菠菜汤。

流感、流脑、水痘、带状疱疹、流行性出血热等在这一节气易流行爆发，要严防此类疾病。

◎各地习俗。民间习俗有祭白虎及打小人的仪式。“打小人”驱赶霉运，现代人借此抒发内心不忿。惊蛰当日，人们会手持清香、艾草，熏家中四角，以香味驱赶蛇、虫、蚊、鼠和霉味。

◎民间谚语。雷打惊蛰前，二月雨连连；雷打惊蛰后，旱天到春后。惊蛰刮北风，重头来过冬。惊蛰冷，冷半年。未过惊蛰先打雷，四十九天云不开。过了惊蛰节，春耕不能歇。九尽杨花开，农活一齐来。到了惊蛰节，锄头不停歇。

◎诗画欣赏。陶渊明《惊蛰》，韦应物《观田家》。

【清明篇】

4月4日或5日为清明节，又叫踏青节，表示天气晴朗温暖，草木返青。中国广大地区有在清明之日进行祭祖、扫墓、踏青的习俗。清明节报道具体参见“清明节新闻”。

◎天气新闻。预告式，如《清明不见“雨纷纷” 气温明显升高，有利于踏青、赏花》《霏霏春雨迎清明》。

清明日报道，如《清明时节雨纷纷 踏青路上少行人》。关注天气异常，如“春光犹在，炎热如夏”。

◎节气表情。清明好时节，郊外去踏青。供奉鲜花、水果、饺子代替传统的烧纸、焚香、放鞭炮，以献束花、植棵树、敬杯酒、唱支歌、吟首诗等健康时尚的方式来寄托哀思。

◎清明养生。《清明踏青 野菜成餐桌“主角”》，农村有蒸制蒿饼、吃馓子、吃清明团子的习俗。“清明螺，胜似鹅”。清明时节，正是采食螺蛳的最佳时令。直播名厨讲螺蛳烹饪吃法。

◎各地习俗。禁火，扫墓，踏青，荡秋千，放风筝，插柳植树，关注风俗体育活动。

◎特色活动。举办清明（寒食）文化节，分为主题文化、主题民俗、主题缅怀、主题体验。报台网可发起举办“清明踏青”摄影比赛、清明诗会。《威海晚报》策划清明登山踏青植树活动。

◎民间谚语。“清明冷，好年景。清明暖，寒露寒。”“清明一吹西北风，当年天旱黄风多。”“清明断雪，谷雨断霜。”当然，地域不同，谚语亦不同，不论一概而论。于是，碰到《气象谚语怎么老是忽悠人？》，请本地专家解释，分析个中原委。

◎诗画欣赏。杜牧《清明》。

【谷雨篇】

4月19日至21日为谷雨，是春季最后一个节气。“好雨知时节，当春乃发生”，说的就是“谷雨”，寓意“雨生百谷”。这时候要注意防潮。处在暮春时节的谷雨，意味着春将尽，夏将至。

◎天气新闻。预告式，如《今日谷雨　意味着夏天不远》《今天谷雨明天落雨》《今日“谷雨”　全省“淋雨”》《江城“谷雨”雨霏霏》。

谷雨日报道，如《谷雨过了夏天还会远吗？昨日最高30.4℃，未来一周基本在20℃以上》。

暮春天气冷暖急变，如《暮春冷得像冬天，咋了？》。关注天气异常，如《连续两场雨，一日夏回春》《一夜细雨，夏去春又回》。

◎节气表情。不见雪花飞舞，静听春雨无声。雨生百谷，依依别春光。“谷雨三朝赏牡丹”，游春赏花正当时，如《谷雨春花聚会　申城姹紫嫣红》。

◎谷雨养生。谷雨时节最重要的是健脾祛湿，可多食赤豆、薏仁、山药、冬瓜、藕、海带、竹笋、鲫鱼、豆芽等。

谷雨有春困现象。“春困”喜欢赖上什么人？“春困”是一种病吗？解“春困”等于补睡眠？怎样才能赶走“春困”？

◎各地习俗。谷雨摘新茶、食香椿。杭州举办“全民饮茶日”活动，免费赠茶水、赠茶具、品茶、说茶、赏茶艺、习茶技、学茶知识等。直播出海捕鱼“壮行节”。谷雨的河水称为“桃花水”，以“桃花水”洗浴，举行射猎、跳舞等活动庆祝。

◎特色活动。《江南都市报》举办“南昌谷雨诗会”。

◎民间谚语。谷雨阴沉沉，立夏雨淋淋。谷雨下雨，四十五日无干土。谷雨有雨，缸中有米。

◎诗画欣赏。郑板桥《七言诗》。

【立夏篇】

5月5日或6日是立夏，是夏日天的开始。人们习惯上都把立夏当作温度明显升高，炎暑将临，雷雨增多，农作物进入旺季生长的一个重要节气。

◎天气新闻。预告式，如《夏天未真到 “夏雨”来得急》《明天22时44分南京立夏》《江城今在雷雨中“立夏”》《暮春夜雨，让南京清爽立夏》《今日立夏，“夏”雨相伴》。

立夏日报道，如《昨日立夏32.2℃ 59年来同日最热》《立夏不立无暑气 大风中雨凉京城》。

“立夏”和夏天是两个概念。立夏不是真正的夏天，必须要连续5天日平均气温稳定在22℃以上，才能算作真正入夏。

【经典案例：《晶报》的报道《今天立夏了，难怪那么热(主)深圳已在4月28日入夏，比往年迟了8天(副)》，配发了立夏民俗知识《立夏：古老节日 民俗众多》，还以制图呈现《炎热夏天慎防三种疾病》，给出应对之策。**】**

关注入夏首场暴雨突袭，具体参见“狂风暴雨新闻”章节。

◎节气表情，如《天刚热，江边又闻恸哭声 11岁少年溺亡敲响警钟》。

◎立夏养生。立夏后，忽热忽雨变化快，防雨防虫防感冒。中医认为，春应养肝，夏应养心，静养勿躁。立夏养生宜增酸减苦，调养胃气。

市民迎夏爱吃“苦”，如《立夏时节最宜尝“地三鲜”》《立夏以后宜多吃粥多喝汤》。养生食谱：鱼腥草拌莴笋、桂圆粥、荷叶凤脯。

◎各地习俗。立夏到来槐花香，挨门挨户收杂粮，红豆黄豆和绿豆，洗洗涮涮熬粥忙。立夏有熬立夏粥、吃立夏蛋、立夏吃“苦”陈皮饼的习俗。记者可到街头巷尾寻“踪迹”，有“踪迹”的是新闻，没有“踪迹”的也是新闻，可呼唤民俗的回归。江南水乡有在立夏日烹食嫩蚕豆和用秤“称人”的习俗。

立夏忌坐石阶，忌坐门槛，说这天坐门槛将招来夏天脚骨酸痛，但是如果坐了，则要坐满七根，方可百病消散。

◎民间谚语。立夏小满，多雨相伴。立了夏，把扇架。

◎诗画欣赏。陆游《立夏》。

【小满篇】

5月21日或22日为小满，表示麦类作物籽粒开始饱满，但还没有成熟，因此得名。小满到来标志炎热夏季正式开始，从此气温升高，天气转热，暑易入心。

◎天气新闻。预告式，如《今天“小满”降中雨　后天放晴30℃》《小满中午报到　真正夏季来了》《小满时节江河满 霏霏小雨来相约》。

小满日报道，如《小满普降雨 今明雨更狂》。

◎节气表情。“小满小满，江满河满”。春争日，夏争时。“芒种”到来预示着农民开始忙碌的田间生活，“三夏”大忙序幕将从此拉开。麦到小满日夜黄。枇杷挂果，石榴花开。

◎小满养生。小满节气是皮肤病的高发期，关注“风疹”防治。小满后须防湿热类疾病。如何预防热病？日常饮食该吃些什么为好？有何禁忌？穿着上有何讲究？相关报道如《小满时节　脚气易卷土重来》《“小满”今日到　养胃宜清淡》《“暑易入心”时节要加强心脏保养》。

饮食上以清爽清淡素食为主，多吃具有清利湿热作用的食物，如绿豆、冬瓜、黄瓜、黄花菜、水芹、荸荠、黑木耳、胡萝卜、山药、鲫鱼、草鱼等，忌吃过于甜腻油腻以及脂肪过多的助湿气食物。

小满节气之后是疾病容易出现的时候，端出“未病先防”话题。

◎各地习俗。“小满过，龙舟起”，赛龙舟开始。

◎民间谚语。小满小满，麦粒渐满。民谚有“大落大满、小落小满”的说法，意思是小满这天雨水愈丰沛，秋后愈是大丰收。“小满不满，干断思坎”“小满不满，芒种不管”，用“满”来形容雨水的盈缺，指出小满时田里如果蓄不满水，就可能造成田坎干裂，甚至芒种时也无法栽插水稻。

◎诗画欣赏。欧阳修《归田园四时乐春夏二首(其二)》。

【芒种篇】

6月5日或6日为芒种，又称忙种，忙着种，表示夏收夏种大忙季节，标志着正式进入典型夏季。

◎天气新闻。预告式，如《芒种全省天气不会“火烧天”》《今天芒种 天气越来越热(主) 郑州今天最高气温36℃(副)》。

芒种日报道，如《芒种“退烧” 雨水涟涟》。本地芒种的准确时间是几点几分?

关注梅雨。江淮梅雨会出现在芒种节气，如《入梅来最强降雨　周五杀到》《雨水≠梅雨 我市入梅尚需时日》《连日阴雨怎防潮　早晚关窗效果好》。

◎节气表情。芒种后是一年中降水量最多的时节，大暴雨多出现在该时候。“芒种”节气，又恰逢高考、端午节。连绵阴雨过后，过“晒被节”，直播高校宿舍晒被奇观。

◎芒种养生。就凉不可贪凉，应预防夏季温热病和杂病重于治疗，如《芒种来临　心脏要“消暑”》。芒种过后气候更加湿热，于是有《芒种后易出汗　药浴熏洗强身》。出汗时不要立即洗澡，中国有句老话，“汗出不见湿”，若“汗出见湿，乃生痤疮”。《芒种养生 减酸增苦，瓜族当家》，多吃“瓜族”食物。

◎各地习俗。安苗祭祀、送花神、打泥巴仗、煮梅。五六月是梅子成熟的季节，三国时有“青梅煮酒论英雄”的典故。

◎特色活动。发起芒种农场体验活动。

◎民间谚语。芒种火烧天，夏至雨涟涟。“芒种夏至天，走路要人牵”，说明芒种气温升高，人感到四肢困倦，无精打采。

◎诗画欣赏。范成大《芒种后积雨骤冷》。

【夏至篇】

6月21日或22日为夏至，又称“夏至节”。这天，北半球的白昼达最长，且越往北越长。夏至虽表示炎热的夏天已经到来，但还不是最热的时候，夏至后的一段时间内气温仍继续升高，大约再过二三十天，一般是最热的天气了。

◎天气新闻。预告式，如《明天夏至　正午立竿无影》《今夜起3天雨　“夏至”夏不至》《今天夏至　日长14小时》《夏至偏逢连阴雨　本周仍以阴雨天为主》。

夏至日报道，如《夏至日　金城小雨送爽》《汕头阴雨错过“立竿无影”奇观》。

长江中下游地区，夏至这个节气，一般出现在梅雨期。

【**经典案例:** 2012流行“天气体”:问杭州晴为何物，太阳总被阴霾遮住;问杭州晴为何物，东边天阴西边雾;问杭州晴为何物，潮湿雨水遍满屋;问杭州晴为何物，如今还得穿秋裤;问杭州晴为何物，逛街者湿身相许;问杭州晴为何物，宅在家不想迈步;问杭州晴为何物，心情郁闷很无助;问杭州晴为何物，What can I do……相关报道有《雨一直下:“问晴为何物”太阳，你快爬上山坡!》《问宁波晴为何物 直教人望雨生愁》。直播“淹雨江南”民生百态。】

强化天气新闻“谈说议论”功能。盘点影视娱乐体育界有哪些夏至美男靓女，相信每个人都会被吸引，如《据说夏至出生的多是型男美女》。

◎节气表情。夏日炎炎，长夏漫漫。夏至吃面成为时令标志，如《市民追民俗争吃“夏至面”》《昨天夏至 冷面热卖》。

◎夏至养生。夏至到，多吃“苦”，经常吃些苦瓜、苦菜、油麦菜、莴笋等苦味菜，苦

瓜素有“菜中君子”美称。宜晚睡早起。每日温水洗澡，运动调养。饮食以清淡为宜，多食绿豆汤、冬瓜汤，可预防中暑。

养生食谱：荷叶茯苓粥、凉拌莴笋、兔肉健脾汤。

重磅关注冬病夏治，如《夏至到　贴敷赶早》。

◎各地习俗。除了吃夏至面，有的地方还将新麦做成饼、馍等，有尝新的意思，且民间有“立夏日，吃补食”的民谚。过去人们有戴蓖麻子叶、吃长命菜的风俗。长命菜即马齿苋，具有解毒消肿的功效。

◎特色活动。远古时候，夏至节是老百姓普天同庆的日子。还原古代娱乐活动，让节气文化回到百姓中。如举办社区夏至晚会，弘扬非遗文化。见证“立竿无影”体验活动，如《夏至争看“立竿无影”》。

发起“夏至关灯”活动。《“亚洲熄灯日”，请你熄灯一小时》，活动始于 2008 年，每年农历夏至晚上 9 点至 10 点，倡议亚洲的各个城市熄灯一小时。一小时的熄灯意味着什么？请环保专家算一笔账。

◎民间谚语。一九至二九，扇子勿离手；三九二十七，汗水溻了衣；四九三十六，房顶晒个透。“不过夏至不热”“夏至三庚数头伏”“夏至有雷三伏热”“冬至饺子夏至面”“吃过夏至面，一天短一线”。

◎诗画欣赏。张耒《夏至》。

【小暑篇】

7 月 7 日或 8 日为小暑，表示开始炎热，但还没到最热的“伏天”。这时江淮流域梅雨即将结束，盛夏开始，气温升高，并进入伏旱期；而华北、东北地区进入多雨季节，热带气旋活动频繁，登陆我国的热带气旋开始增多。小暑后南方抗旱，北方防涝。

◎天气新闻。预告式，如《小暑日，天公“热”情稍减》《今日小暑上“熏”下“煮”》《今天高温迎“小暑”　傍晚雷雨降“高烧”》《小暑节气到　热浪滚滚来》《小暑今至　暑气蒸腾》。

小暑日报道，如《小暑闷出今夏首个“桑拿天”》。

◎节气表情。大“烤”，热得吃不消！避暑纳凉，记者走访市区“纳凉胜地”。

关注“三伏”。《高温“隐退”　今起“温柔”入伏》《头伏“低调”现身“热”情不高》《蛰伏数日，“初伏”发威　“云姑娘”出手降伏，但仍需市民防火》《雷雨浇凉中伏天》。

关注暴雨，如“砣子雨”“牛背雨”。俗话说，“夏雨隔牛背，鸟湿半边翅”。小暑还是全年降水最多的节气，并会出现大暴雨、雷击和冰雹。农谚：“大暑小暑，灌死老鼠。”

◎小暑养生。小暑是人体阳气最旺盛的时候。要注意劳逸结合，保护人体的阳气。“冬不坐石，夏不坐木。”天热时候多喝消暑汤或粥，或甜或咸。街头喝碗绿豆粥，《小暑已至　绿豆销量同比涨五成》《小暑防中暑，绿豆汤里加金银花》。搞冬病夏治微直播，邀专家解答。

◎各地习俗。俗话说“头伏饺子二伏面，三伏烙饼摊鸡蛋”。这种吃法便是为了使身体多出汗，排出体内的各种毒素。尝新米。有的地方吃生黄瓜和煮鸡蛋来治苦夏。

◎特色活动。报台网举办小暑啤酒争霸赛。

◎民间谚语。“节到小暑进伏天，一日热三分。”农谚有云：“小暑南风十八朝，吹得南山竹叶焦。”至此，我们迎来了全年最热的时段。“小暑接大暑，热得无处躲”“小暑一声雷，倒转入黄梅”。

小暑热得透，大暑凉飕飕。乱云天顶绞，风雨就来到。伏里顶风乌云集，顷刻之间下大雨。

早烧雨，晚烧晴，乌云接日等不到明。早晨下雨一天晴。黑云接得低，有雨在夜里；黑云接得高，有雨在明朝。

◎诗画欣赏。独孤及《答李滁州题庭前石竹花见寄》。

【大暑篇】

7月23日或24日为大暑，正值“中伏”前后，中国大部分地区为一年最热的时候，气温最高，农作物生长最快，大部分地区的旱、涝、风灾也最为频繁，抢收抢种，抗旱排涝防台风。

◎天气新闻。预告式，如《今日大暑难见“暑” 河源市有阵雨较为凉爽》《今日大暑普降中雨似凉秋》。本地几点几分正式进入大暑节气？

大暑日报道，如《一早大雨冲凉 今年大暑不热》《昨日“大暑”未“暑”》《柔风细雨退“高烧” 市民不觉“三伏天”》。

◎节气表情。关注本地火炉。整个长江中下游地区就是一个大“火炉”。防暑降温，同时勿忘动物过大暑。

◎大暑养生。俗语说“冬吃萝卜夏吃姜”。市民应多吃丝瓜、西兰花和茄子等当季蔬菜，多吃时令水果，苹果、雪梨等。

心脑血管病患者度夏须小心，冲凉水澡会加重痱子。酷暑下患重感冒，怎么办？

聚焦“冬病夏治”。对于那些每逢冬季发作的慢性疾病，如慢性支气管炎、肺气肿、支气管哮喘、腹泻、风湿痹症等阳虚症，是最佳的治疗时机。

◎各地习俗。民间有饮伏茶、晒伏姜、烧伏香等习俗。有的地方过大暑节。

◎民间谚语。大暑热不透，大热在秋后。“小暑里温吞大暑里滚”，意思是说，如果小暑节气里不太热，那么在大暑里就要热得“开锅”。小暑见大暑，小巫见大巫。六月大暑吃仙草，活如神仙不会老。小暑接大暑，热得无处躲。“大暑”日凉似秋，“立秋”天热死鼠。

◎诗画欣赏。陆游《六月十七日大暑殆不可过然去伏尽秋初皆不过》。

【立秋篇】

8月8日或9日为立秋。“秋”就是指暑去凉来，意味着秋天的开始。到了立秋，梧桐树必定开始落叶，有“落一叶而知秋”。立秋后一时暑气难消，还有“秋老虎”的余威。湿热的天气慢慢会转为干热。

◎天气新闻。预告式，如《今日立秋不见秋凉》《今日立秋应俗语 一场秋雨一场寒》《雨中今立秋“秋老虎”暂不出山》《今日虽立秋 扇子慢点丢(主)专家称：9月中下旬我省多数地区才能远离高温(副)》。

立秋日报道，如《立秋了，南宁为何还这么热？》《“夏老虎”发威 立秋难入秋》《立秋暑气不消 秋老虎接踵而至》《立秋了 秋老虎醒了》。

关注“立秋以来昨天最凉”，如《再见了!16年来最凉爽的中伏》。

◎入秋争议。什么样的气温代表秋天真正开始了。和往年比来得早还是迟？席子能不能收起来？

立秋以后，出现连续5天日平均气温低于22℃，则为入秋，如《今年南充入秋将“晚点”》。

◎节气表情。秋风起，落叶飞，地面铺上黄“地毯”。拍摄城里最美的街景、落叶缤纷的公园。

立秋报道点有：“秋老虎”发威，贴秋膘肉食俏，夏装打折秋装上市，立秋降温绿豆降价……

关注“秋老虎”，如《36℃ “秋老虎”又出笼》《“秋老虎”发威赖在广州不走》。

展现酷热图景，如大街上热气逼人，晒蔫了的孩子……

◎时令养生。立秋早晚凉，中午汗湿裳。秋季为人体最适宜进补的季节，如《中医专家教你立秋养生秘籍，滋补肝肺正当时》。选用“防燥不腻”的平补之品，少吃辣、煎炸食品，多吃咸酸、滋润多汁的食品，以养阴清热、润燥止渴、清新安神的食品为主，可选用黑芝麻、蜂蜜、银耳、乳品、莲子、桂圆、红枣、核桃等具有滋润作用的食物。

在秋季，探讨“皮肤补水”的话题，办秋补养生讲座，练“秋季养生功”，推荐“滋补肺肝常用方”。

◎各地习俗。“啃秋”全家吃瓜，秋粥节等。

◎民间谚语。立秋洗肚子，不长痱子拉肚子。立秋之日凉风至，“早上立了秋，晚上凉飕飕”。早立秋冷飕飕，晚立秋热死牛。秋前秋后一场雨，白露前后一场风。立秋下雨人欢乐，处暑下雨万人愁。立秋无雨秋干热，立秋有雨秋落落。

◎诗画欣赏。刘翰《立秋》。

【处暑篇】

8 月 23 日左右为处暑，表示炎热暑期即将过去，将迎来一年之中最美好的天气——秋高气爽。处暑期间，真正进入秋季的只是东北和西北地区；南方则遭受“秋老虎”困扰，持续半个月至两个月不等。进入 9 月，华南、西南和华西地区雷暴活动较多。

◎天气新闻。预告式，如《明入“处暑”，炎夏从此“躲起来”》《今日处暑 “三伏天”谢幕》《处暑来临 盛夏将尽》。

处暑日报道，如《处暑到，高温别》《“处暑”昼夜温差 11℃》《处暑时节“秋老虎”归山》《处暑过后 早晚凉爽》《处暑过后持续闷热 后天秋雨送清凉》。

关注入秋首雨。

◎节气表情。处暑意味暑气逐渐消退、快要“躲藏”起来了。此后，天气逐渐转凉，“秋乏”也在不知不觉中找上门来了。可邀本地中医名师解“秋乏”。

关注“秋老虎”。北方有《雷阵雨出巡 秋老虎归山》《连绵阵雨驱赶“秋老虎”》，而长江以南地区正是“秋老虎”下山逞威、“秋老虎”盘踞之时，如《最热“秋老虎”烤得岳阳发烫》《“秋老虎”咄咄逼人，用电量节节攀升》。

◎处暑养生。入秋天气转凉，早晚温差大，是各类疾病的高发期。心脑血管急诊患者显增。处暑养生防秋燥，可吃温补食物，尽量不吃萝卜，多喝开水、牛奶，多吃新鲜蔬果，像银耳、百合、莲子、蜂蜜等润燥安神之物不妨多吃，应对“多事”之秋，如《处暑过后 益肾养肝多吃咸》。

晚上睡觉注意覆盖腹部外，还可以按摩肚脐。

◎各地习俗。放河灯，也叫作放“荷花灯”。我国东南沿海一带会过开渔节。

◎民间谚语。“一场秋雨一场凉”“立秋处暑天气凉”“处暑白露节，夜凉白天热”“处暑处暑，晒死老鼠”“处暑天还暑，好似秋老虎”。

◎诗画欣赏。苏泂《长江二首》。

【白露篇】

9 月 7 日前后是白露。我国大部分地方气温开始下降，天气转凉，早晨草木上有了露水。白露是全年昼夜温差最大的一个节气，昼夜温差甚至会超过 10℃。草木上的露水日益加厚，凝结成一层白白的水滴，这就是“白露”名字的由来。

◎天气新闻。预告式，如《明日迎白露 夜半凉如水》《明天白露，扬州秋意渐浓》《寒风冷雨迎“白露” 江城半脚踏入秋》《“白露”身不露 一夜凉一夜》。

白露日报道，如《“白露”已到 “秋老虎”未逃》《“白露”虽至 炎热依旧》《过了白露节 夜寒日里热》《“白露”秋风夜夜凉》。

喝了白露水，蚊子闭了嘴。蚊子最喜欢的气温是25℃ ~30℃，白露时节，蚊子终于要“过季”了、消停了。

◎节气表情。天凉好个秋，早晚温差大。关注“白露欲霜秋意浓”。到了这个节气，树叶就会开始纷纷下落，秋虫开始“悲鸣”。

◎白露养生。白露时节是食源性疾病和急性肠道传染病多发季节。白露身不露，着凉易泻肚。白露到，说明地面寒气已经重起来了，如《穿衣原则 为“白露不露”》。早晚用冷水洗脸、洗手、洗鼻孔、漱口，但洗脚要用热水。

“秋燥”易伤人，容易耗人津液，会出现口干、唇干、咽干、鼻干及大便干结、皮肤干裂等症状。专家建议《白露养生：防秋燥 减苦增辛勿过饱》，应多食辛润食物如梨、甘蔗、芋头、萝卜、银耳、蜜枣等，少吃燥热的食物，如牛羊肉。

◎各地习俗。“白露三朝出将军”，白露是斗蟋蟀的最佳季节。

◎民间谚语。白露秋分夜，一夜凉一夜。处暑难得十天阴，白露难得十天晴。白露三朝雾，好稻满大路。白露天气晴，谷米白如银。

◎诗画欣赏。杜甫《白露》，白居易《南湖晚秋》。

【秋分篇】

9月22或23日是秋分。南方由这一节气起才始入秋。此后，阳光直射位置更向南移，北半球渐趋昼短夜长，气温降低。

◎天气新闻。预告式，如《今日11时9分迎来秋分》《秋分至夜长昼短 早晚凉注意添衣》《秋分夜凉气袭人 避免着凉与泻肚》《秋分日艳 天高气爽》。

秋分日报道，如《秋分过后夜夜寒 温差上10℃》《昨日秋分，开始一天比一天凉了》《昨天起，昼短夜长“夜夜凉”》。

关注“入秋来首场大雾”。报道模式：①大雾天气主消息（雾锁全城现象，市民声音，气象专家分析，空气质量状况，天气预测）；②养生（《浓雾伤身 雾天不宜晨练》）；③影响（飞机航班、城区交通事故、船舶出行）；④提醒（高速路上行车注意事项）；⑤视频影像。

关注“今秋最强冷空气杀到”。以《狂降15℃！星城一“夜”知秋》为例，组合报道：①户外篇，晨练意外，登山健身；②医院篇，感冒发烧患者猛增；③养生篇，天气转凉，饮食讲究。

◎节气表情。天晴晴，月明明，适宜赏月，如《凉风习习秋意浓》《秋高气爽时 出游最相宜》。秋风扫落叶，一夜两百吨。关注罕见秋汛，黑龙江电视台消息《黑龙江：战罕见秋雨 争颗粒归仓》，获中国新闻奖三等奖。

花香渐浓，大好秋色。落叶缤纷，几多浪漫。邀全城拍客赛最美落叶。

◎秋分养生。所谓春生、夏长、秋收、冬藏，秋收就是要人收心、安睡。秋分之后昼短夜长，能早睡尽量早点睡。全媒体可举办“秋分时节话睡眠”养生讲座。此时节要当心心背着凉，注意胃部保暖，如《秋味日浓 胃病多发》。

“秋分”防“秋燥”。最重要的是“补水”，最佳饮水是淡茶水与白开水，也可喝些添加蜂蜜的水果汁和蔬菜汁。要尽量少食葱、姜等辛味食品，适当多吃酸味甘润的果蔬。宜食用百合、银耳、雪梨、藕、柿子、鸭肉等，以润肺生津、养阴清燥——《市民防秋燥 养肺最重要》。

◎各地习俗。“秋风起，蟹脚痒”，如《正是遍尝虾蟹时》。“秋分芋饼”应时登场。

◎特色活动。经党中央批准、国务院批复，2018 年起，将每年农历秋分设立为“中国农民丰收节”，这是一个全国性的亿万农民的节日，旨在“庆祝丰收、弘扬文化、振兴乡村”，展示科技强农新成果、产业发展新成就、乡村振兴新面貌，办成农业的嘉年华、农民的欢乐节、丰收的成果展、文化的大舞台。很多报告网策划、承办地方丰收节活动，开展全媒体大直播，推出大型特刊专题，报道或广场展出各地农业农村丰硕成果和巨大成就，刊发各地对优秀农民表彰决定，展示各地农耕文化、民风民俗，展示一批地方农业龙头企业、新型经营主体、家庭农场和农民合作社，还可联合征集反映丰收的书法、绘画、诗歌、对联、摄影等作品。

◎民间谚语。一场秋雨一场寒，十场秋雨好穿棉。白露秋分夜，一夜冷一夜。

◎诗画欣赏。陆游《秋分后顿凄冷有感》。

【寒露篇】

10 月 8 日或 9 日为寒露，标志着气温将由凉爽转向寒冷，露水更凉，气温比白露时更低，地面的露水更冷，快要凝结成霜了。寒露时节，南岭及以北的广大地区进入秋季，东北和西北地区已进入或即将进入冬季，东北开始降雪。

◎天气新闻。预告式，如《“寒露”到　凉鞋不要穿了》《今日降温迎寒露　多喝蜜水少碰烧烤》《今日“寒露”至　催“红”京城(主)昼夜温差逐渐拉大　中下旬将进入赏红叶最佳期(副)》。

寒露日报道，如《虽已寒露　晴热未衰》《寒露之后天要变　降雨降温家常饭》《潇潇秋雨送暖秋　寒露过后寒意来》《“寒露”时节天不寒　气温适当好游玩》。

所谓寒露风，是指秋季连续 3 天或 3 天以上日均气温低于或等于 20℃的天气，因多发生在寒露节气，故名寒露风。

寒露是大雾容易出现的时段，关注今秋第一场秋雾，如《江西这两天“晴深深雾蒙蒙”》《首场秋雾锁天河　20 个航班延误》。

关注自然界反常现象，如深秋时节桃花开。关注气温异常，如《寒露过后为何一天比一天热》。

◎节气表情。江南正是登高赏景好时节。北方已呈深秋景象，白云红叶，偶见早霜，南方也秋意渐浓，蝉噤荷残。秋阳温柔，微风多情，秋色醉游人。

初秋暖阳，仲秋微凉，深秋冷风。寒露过后不久将是深秋，橘子红了。寒露秋茶，品质最佳，香气最沉。大街小巷糖炒板栗飘香。

◎寒露养生。寒从足生。寒露时节寒气生，是一年中气温下降较快的时期，最易患上季节交换的感冒发热。

《寒露节气后宜滋阴润燥》，常食蜂蜜少食辣，防秋燥应适当多食甘、淡滋润的食品，水果有梨、柿、荸荠、香蕉等，蔬菜有胡萝卜、冬瓜、藕、银耳等。

科学“秋冻”，有慢性疾病的病人不宜进行“秋冻”。

秋天是孩子腹泻的高发季节。以病患案例讲述症状，如何治疗，婴幼儿要注意什么，医生有何忠告建议。

◎各地习俗。菊花盛开，登高好时节。秋收正忙。

◎民间谚语。吃了寒露饭，单衣汉少见。白露身不露，寒露脚不露。农谚说“寒露百草枯”“寒露秋草死”。

◎诗画欣赏。戴察《月夜梧桐叶上见寒露》。

【霜降篇】

10 月 23 日或 24 日是霜降，是秋季的最后一个节气，意思是天气渐冷、初霜出现。它的到来意味着天气开始寒冷，夜晚下霜，晨起阴冷，并开始伴有白霜出现。霜降到了，意味着一步步走向深秋了，“草木黄落，蛰虫咸俯”的日子不远了。

◎天气新闻。预告式，如《明日“霜降”无霜　天气温暖多蚊虫》《霜降时节　凄风冷雨》《今起进入霜降　深秋到来天更凉》。

霜降日报道，如《霜降不见霜　24℃暖洋洋》《一夜寒霜降　遍地“黄花”开　银杏落叶只能送往垃圾场》《霜降时节不见霜　武汉打霜得再等 2 个月》《霜降过　天未寒　今年又是晚秋》。

“霜降始霜”反映的是黄河流域的气候特征，10 月初寒霜已出现在沈阳、承德、榆林，昌都至拉萨一线；11 月初山东半岛、郑州、西安到滇西北已可见霜，而长江中下游地区要到 12 月才开始见霜。

关注天气反常。过了霜降为何气温不降反升？

关注冷风冷雨。霜降风雨冷飕飕，如《霜降冷　羊毛衣裤卖得欢》《冷风携雨挺进中原　暖阳含羞退守云层（引）一江秋水韵犹在　满城落叶冬欲来（主）》《暖阳藏脸阴雨来　天阶夜色凉如水》《老天犯迷糊，深秋下起太阳雨》。

◎节气表情。秋色，秋语，秋香。“霜叶红于二月花”“霜重色愈浓”。霜降带来红叶最佳观赏期，层林尽染霜叶红。叶正红，人如潮，品味最美秋韵。全媒体端出最佳赏红路线图。

◎霜降养生。霜降时节，养生保健尤为重要，民间有谚语“一年补透透，不如补霜降”。春要升补、夏要清补、长夏要淡补、秋要平补、冬要温补。霜降节气应以淡补为原则。注意健脾养胃，调补肝肾，可多吃健脾养阴润燥的食物，如萝卜、栗子、秋梨、百合、蜂蜜、牛肉、鸡肉等。

霜降节气是慢性胃炎和胃十二指肠溃疡病复发的高峰期。老年人也极容易患上“老寒腿”，如《气温骤降后老人晨练要趁“晚”》。

◎各地习俗。吃柿子，赏菊。俗话说“霜降吃丁柿，寒冬不流鼻涕”，霜降到，柿子俏。

◎特色活动。报台网可开展重阳登高、菊花会等系列活动。

◎民间谚语。霜降前降霜，挑米如挑糠；霜降后降霜，稻谷打满仓。霜降不起葱，越长越要空。满地秸秆拔个尽，来年少生虫和病。秋雁来得早，霜也来得早。风大夜无露，阴天夜无霜。今夜霜露重，明早太阳红。秋雁当头叫，必有大风到。

◎诗画欣赏。苏轼《南乡子·重九涵辉楼呈徐君猷》。

【立冬篇】

11 月 7 日或 8 日为立冬节气，表示冬季开始，万物收藏，规避寒冷的意思。此时节，北方正是“水结冰，地始冻”的孟冬之月，风干物燥、万物凋零、蛰虫休眠、寒气逼人，万物活动趋向休止。而南方却是风和日丽、温暖宜人、青山绿水、鸟语花香的“小阳春”。11 月有 11 个热带气旋（台风）在我国沿海登陆，登陆地点主要在中国台湾、广东和海南。

◎天气新闻。预告式，如《明日立冬　秋意尚浓》《立冬日　北风寒》《冷！明日最低温 11 度　今日立冬　江城入冬等 20 天》《立冬降温　心脏病患者要“护心”》。

立冬日报道，如《雨雪知时节　立冬乃发生》《昨日“立冬”，冷空气今天到》《立冬时节雨纷纷　夜深露重寒意浓》《广州立冬如夏季　最高温度超 30℃》。

关注入冬。什么叫真正入冬？本土何时入冬？立冬非入冬。按气候学划分四季标准，以

下半年平均气温降到10℃以下为冬季。

立冬了居然还打雷？为何？异常否？如《立冬后打雷 北京55年头一遭》《初冬时节，咋就响起阵阵雷》《重庆现冬雷阵阵奇观：打雷310次闪电5758次》《冬雷一声响 震来雨成行》。

◎节气表情。关注“最美秋色”，征集“寻找最美的秋色”视频影像。拍摄满地尽是“黄金叶”。

深秋，正是瓜子、山核桃、糖炒栗子等炒货最受欢迎的时节。记者可骑着自行车走街串巷，寻访人气旺、有特色的炒货店，端出“闹市炒货地图”。

◎立冬养生。民谚说“立冬补冬，补嘴空”，就是提醒大家立冬可以开始进补了，如《立冬养生不妨多吃芝麻、花生》《立冬到，多吃点酸的》。立冬前后要注意饮食上“少辛增酸”，这是秋冬交替时饮食的一个重要原则。

秋冬季节如何养生？中医保健专家传授相关知识，如《健康指南：立冬养生宜多食坚果》《立冬以后中午补个觉吧》。

◎各地习俗。“立冬不端饺子碗，冻掉耳朵没人管”。北方立冬则有吃饺子的风俗，各式各样的饺子卖得火。南方立冬，人们爱吃些鸡鸭鱼肉。古有“拜冬”“贺冬”，今有冬泳。立冬之日，直播冬泳。

◎特色活动。深秋立冬，正是斗虫好时节。可邀各路玩家参加蟋蟀大赛。蟋蟀一般在立秋羽化成虫，处暑到白露可捉虫出土，过了秋分，虫儿定色，便可开斗。

◎民间谚语。俗话说“立冬晴，一冬凌”，意思是立冬这天天气晴好，那么整个冬天会雨雪少，干冷的天气较多；“立冬阴，一冬温”，意思是如果立冬这天阴雨，那么整个冬天不会太冷。

◎诗画欣赏。李白《立冬》等。

【小雪篇】

11月22日或23日为小雪节气，是寒潮和强冷空气活动频数较高的节气。强冷空气影响时，常伴有入冬第一次降雪。华北进入雪花纷飞的寒冬，北方大部地区气温达0℃以下。南方北部开始进入冬季，“荷尽已无擎雨盖，菊残犹有傲霜枝”，已呈初冬景象。

◎天气新闻。预告式，如《明日“小雪”难见雪 暖阳当空照》《今日“小雪” 山城入初冬 未来三天主城最高20℃》《“小雪”飘来 依然不冷 万水千山总是“晴”》《一片一片 春城飘雪4分钟 迎来“小雪”节气》。

小雪日报道，如《小雪节气游园 市民热情不减》《小雪时节不见雪 天气燥热如暖秋》《“小雪”无雪 晴天做主》《小雪时节小雨飞》。

【**经典案例：**入冬来首次强冷空气侵袭，如何报道？请看《三峡晚报》的一组报道。头条，《一阵电闪雷鸣，豆大冰雹从天而降（主）持续了10多分钟，夷陵区3个村“很受伤”（副）》；影响，《大雾弥漫，三峡机场4趟航班取消（主）400多位旅客滞留 提醒：可选择较晚航班出行（副）》；分析，《雷电冰雹大雾 老天这是怎么了？（主）专家称：正常但不常见（副）》；图片，《油菜打蔫，菜农一脸愁容》。】

关注入冬来第一场雪，详见“下雪新闻”章节。

◎节气表情。雪中立冬，雪花纷飞，如《小雪潜入夜 润物细无声》。市民开始大量采购白菜腌制，如《小雪过后蔬菜涨不少》。

◎小雪养生。“小雪”之时，大地真正开始了封藏。因此，要养精蓄锐，封藏肾气。保护阳气，就要早卧晚起，保证充足的睡眠。同时，注意背部保暖，多晒太阳，如《小雪时节 背部保暖保阳气》。减少运动量及运动时间，避免剧烈运动，如《晨练最好安排在日出后或者午后》。

【**经典案例：**2011 年 11 月 23 日，《都市快报》记者采写的报道《今天小雪 杭州人做酱鸭的时节到了 茅家埠的徐大姐昨天杀了 50 多只呆头鸭》，用了通版，生活气息特浓。有精彩的故事，徐大姐杀鸭做酱鸭；回答了“为什么要在小雪节气做酱鸭”；回味传统，请徐大姐讲老“杭州酱鸭”怎么做；还邀请两位名厨教市民怎么做酱鸭。报道并没有就此打住，记者还寻访了酱鸭故乡“茅家埠”，讲述它的前世今生、旧事新景，它的变迁。除此之外，其还深入挖掘一个“老杭州”的酱鸭故事，刊发了“树上电线上挂了一排排的酱鸭”的照片和“杀鸭”的照片。】

从中医学角度来讲，小雪时节，气温急剧下降，天气变得干燥，更适宜吃一些温补性食物和益肾的食品。温补性食物有羊肉、牛肉、鸡肉、狗肉、鹿茸等；益肾食品有腰果、芡实、山药熬粥、栗子炖肉、白果炖鸡、大骨头汤、核桃等。要多吃炖食和黑色食品，如黑木耳、黑芝麻、黑豆等。

【**经典案例：**秋燥上火，口干舌燥。人人都会生的“小事”就是大事。《都市快报》就“嘴唇脱皮”弄了整版报道，由偶遇皮肤科医生发现其拿一小瓶凡士林涂嘴唇，还跑了多家超市才买到开始，讲了“机场空姐集体来看嘴唇脱皮”的病例，多家医院医生对嘴唇开裂的问诊分析，娓娓讲述了由古至今各种各样的润唇法子，还在网上搜索了有关嘴唇开裂起皮的问题，请多位医生解答“为什么不宜舔嘴唇”等疑问，可谓生动详尽实用。】

小雪节气，天气阴冷晦暗，光照较少，易引发或加重抑郁症，可探讨防抑郁症话题。

◎各地习俗。俗话说“小雪节气白菜入缸”，腌冬菜的时节到了，如《今天“小雪”，你腌菜了吗？》。小雪节气后，直播街头巷尾做香肠、腊肉。

◎民间谚语。小雪期间下雪预示年景好，如“小雪不见雪，来年长工歇”“小雪雪漫天，来年必丰产”。

◎诗画欣赏。戴叔伦《小雪》。

【大雪篇】

“大雪”节气，通常在 12 月 7 日前后，意思是天气更冷，降雪的可能性比小雪时更大了，范围也广，并不指降雪量一定很大。

◎天气新闻。预告式，如《今天“大雪”冷飕飕 衣食住行巧应对》《今日迎“大雪”雪却还没影儿》《“大雪”时节雪花飘》《“大雪”节气到 未来三天小雨缠绵》。

大雪日报道，如《昨日“大雪” 艳阳恍如金秋》《“大雪”无痕》《“大雪”不飘雪雾霾罩京城》《“大雪”未见雪花落 微风吹来艳阳天》。

◎节气表情。北方“千里冰封万里雪飘”，南方“雪花飞舞漫天银色”。大雪袭城，直播各地“冻”态。踏雪寻梅，雪带来的不仅有诗情画意、欣喜满怀，也有手忙脚乱生活麻烦，真可谓喜忧参半。

抓拍或直播城市上空、江河边“候鸟云集”，展现城市与鸟儿和谐共处的意境，此时容易出佳作。

◎大雪养生。从中医养生学的角度看，大雪已到了“进补”的大好时节，养生重点是御寒养肾，合理进补。御寒：腰背部、头顶及脚部的保暖。合理进补：《大雪时节不妨吃“黑”食“苦”》，适当增加滋补性强的食物，如山药、土豆、山芋等根茎类，黑芝麻、黑豆等黑色食品，肉鱼蛋等动物蛋白类食品。《大雪节气，养生可吃“三冬”》，即冬瓜、冬枣和冬甘蔗。

直播本地名厨烹调“大雪顺安养生汤”，“端出”主料、辅料、做法、食用方法。

◎民间谚语。积雪如积粮。大雪纷纷落，明年吃馍馍。今年麦子雪里睡，明年枕着馒头睡。今冬大雪飘，来年收成好。下雪不冷化雪冷。化雪地结冰，上路要慢行。

◎各地习俗。“小雪腌菜，大雪腌肉”。大雪节气一到，家家户户忙着腌制“咸货”。腌制腊肉灌香肠，乡村打糍粑。

◎诗画欣赏。唐寅《雪山行旅图》。

【冬至篇】

冬至是12月21日至23日之间，这天是北半球全年中白天最短、夜晚最长的一天。过了冬至，白天就会一天天变长，黑夜会慢慢变短。冬至俗称“冬节”，是24节气中最早制订出的一个。冬至过后，各地气候进入最寒冷的阶段，也就是人们常说的“进九”，民间有“冷在三九，热在三伏”的说法。

(1) 天气新闻。预告式，如《明天“冬至”最冷的日子来了》《好消息：冬至晴暖　坏消息：随后强冷》《冬至来临　阴雪雾“伴驾”》《这个“冬至”不太冷　明后开始大降温》。

冬至日报道，如《冬至节满城尽飘羊肉香》《狂风刮出5年来最冷冬至　昨天三宗“最”：最低温 -12℃　入冬以来最冷　白天时间最短》。

关注关键节点的天气，如《江城大风降温　一夜入寒冬》《冬雷挟雨来　惊扰梦中人（主）市区昨晨冬雷阵阵 专家解释现象罕见但属正常（副）》。

关注气候反常，如《桃花绽放笑“冬”风 景山冬季现春秋景 市民近期可前往观看》。

(2) 节气表情。作为一个传统佳节，冬至节庆活动丰富，如《冬至大如年 民俗浓似酒》。冬至到，羊肉香，如《今日冬至羊肉涨价一成　内蒙调千头冻羊增援》。冬至饺子热卖，如《昨日冬至火了饺子　饺子馆拌3000公斤饺子馅》。冬至前后，捕捉腌制香肠、腊鱼的视频影像。

(3) 冬至养生。“今年冬令进补，明年三春打虎”。冬至是养生的大好时机，主要是因为“气始于冬至”，如《冬至养生减咸增苦　睡好“子午觉”》《“数九”寒天至，市疾控中心专家建议　冬吃萝卜赛人参　午后锻炼较适宜》，还可邀本地中医专家推荐“补冬”药膳处方。

(4) 各地习俗。“冬至不端饺子碗，冻掉耳朵没人管”，还有人称，这是不忘“医圣”张仲景“祛寒娇耳汤”之恩。北方有冬至宰羊、吃饺子、吃馄饨的习俗，南方则有冬至吃米团、长线面、汤圆的习俗，江南水乡有冬至吃红豆糯米饭等习俗。

冬至，冬祭，有的地方冬至期间祭祖扫墓。

(5) 特色活动。报台网可举办冬至民俗文化节，在冬至日一起搓汤圆，举办包汤圆比赛，冬令进补首选中医膏方，全媒体可携手各大医院举办大型膏方养生文化节。

(6) 民间谚语。老话说“晴冬至，烂年边”，即冬至时天晴，过年时就会阴雨绵绵。自冬至起开始“数九”，每九天为一个“九”，当度过这寒冷的“九九”81天后，就会走进阳光明媚的春季。

(7) 诗画欣赏。杜甫《冬至》。

【小寒篇】

小寒在1月5日至7日之间，标志着开始进入一年中最寒冷的日子。“小寒”一过，就进入“出门冰上走”的三九天了。此时节，东北天寒地冻，滴水成冰。

(1) 天气新闻。预告式，如《今日“小寒”冷风飕飕》《“小寒”期间　我省“最寒”》。

小寒日报道，如《太阳当空照 “小寒”并不寒》《小寒时节琼海春意闹》《美丽“冻”

人 小寒真寒 一日降10℃ 西安昨“风狂”》《“小寒”遍洒寒意 飞雪四处出击》。

关注强寒潮、大雾、雾霾。江苏广播电视总台《直击雾霾》、天津人民广播电台消息《雾中情》均获中国新闻奖三等奖。

比如，2013年1月上旬，北京等全国33个城市遭雾霾围城，航班、高速、高铁、轮船、电网受影响，呼吸道疾病高发，呈现十面“霾”伏的囧态，如《污染重，一雾再雾……最该“霾”怨是燃煤》。雾天如何开车？浓雾锻炼有何讲究？人在雾途，雾浓情更浓。通过镜头展现《雾里看花》《雾·罩》。逐雾直播，通过多场景反映雾霾给人们生活造成的影响。

◎节气表情。进入小寒年，味渐浓，人们开始忙着写春联、剪窗花，赶集买年画、彩灯、鞭炮、香火等，为春节做准备。涮羊肉火锅、吃糖炒栗子、烤白薯成为小寒时尚。打雪仗，堆雪人，欢呼雀跃。

【经典案例：*《楚天都市报》的专栏报道《江城冬天的早晨》，报道一些早起的人们，记录数九寒冬下的民生。其中一篇《扁舟一叶破晨雾 江畔悠悠卖鱼声》，充满诗情画意。***】**

◎小寒养生。小寒来到，吃什么御寒？小寒时节，吃什么最养生？全媒体可推养生指南，推荐小寒食疗方，教市民熬膏方。民谚曰：“冬天动一动，少闹一场病；冬到懒一懒，多喝药一碗。”这说明了冬季锻炼的重要性。相关报道如《明日小寒，始入一年中最冷时段 气象专家提醒市民，睡前请用热水泡泡脚》。小寒到，老人骨折多，对此可策划“冬季如何预防骨折”专题或短视频节目。

◎温暖救助。寒夜露宿者，谁来给温暖？全媒体可开展“小寒夜里送温情”，邀爱心市民当“送温暖大使”，在寒夜与记者一起行动，给露宿者送去温暖。寒冬腊月，发起给受灾贫困群众送温暖活动。

◎各地习俗。南京，吃菜饭；广东，吃糯米饭；天津，吃黄芽菜。

◎民间谚语。小寒天气热，大寒冷莫说。小寒胜大寒，常见不稀罕。小寒大寒不下雪，小暑大暑田开裂。小寒大寒，冷成冰团。小寒不寒，清明泥潭。小寒大寒寒得透，来年春天天暖和。

◎诗画欣赏。王寂《望月婆罗门 元夕》。

【大寒篇】

大寒是第二十四个节气，在1月20日或21日，表示天气严寒，最寒冷的时期到来。大寒时节呈现出冰天雪地、天寒地冻的严寒景象。大寒也是冬季即将结束之季，隐隐中已可感受到大地回春的迹象。

◎天气新闻。预告式，如《今天“大寒”，最冷时候到了》《今日“大寒”，冷成一团》《55年来头一次 大雪迎“大寒”》。

大寒日报道，如《昨日大寒，主城奇观 东边太阳西边雪》《“大寒”不寒 好似入春》《北风劲吹“大寒”荆楚》。

关注最冷冬日。如何寻找报道点？采用“七步鲜”报道模式：①天气（天气预报）；②关爱（如给灾区送温暖）；③影响（如感冒患者激增、住校生换厚棉被）；④经济（如取暖设备热卖）；⑤表情（街上冷飕飕，行人直打战）；⑥养生（健康）；⑦资料链接。

◎节气表情。大寒时节，街头“冻感”十足。寒冬经济表情，如股市大寒，相关文章有《“大寒”够寒：一阴吞四阳！》。大寒到，“年味”开始凸显，报道要渲染“年味”。

我国绝大部分地区，大寒不如小寒冷。小寒、大寒是一年中雨水最少的时段，冬干连旱。

◎大寒养生。大寒养生，着眼于“藏”，如《大寒时节养生 多吃温食节制性欲》《“大

寒”饮食减“咸”增“苦”》《6 类食物　大寒时节帮你暖身心》。

◎温暖救助。寒冷天，无家可归的孤寡老幼，他们过得好吗？本地救助管理站准备了哪些御寒措施？启动送温暖活动。

◎各地习俗。赶年集，买年货，写春联，准备各种祭祀供品，扫尘洁物，除旧布新，腌制各种腊肠、腊肉，或煎炸烹制鸡鸭鱼肉等各种年肴。

◎民间谚语。小寒大寒，杀猪过年。小寒大寒冻成一团。大寒不寒，春分不暖。大寒到顶点，日后天渐暖。小寒不如大寒寒，大寒之后天渐暖。

◎诗画欣赏。黄庭坚《岁寒知松柏》。

第 74 章　下雪新闻

千里冰封，万里雪飘。诗人眼里看到的是祖国山河壮美，抒发的是旷达豪情；新闻人眼里看到是浪漫与现实，表达的是生活图景。

一、策划要点

关键词：雪况

小雪："白雪如精灵，转瞬没影踪，尚惹众人喜。"雪下得小，如何报道？追求形象生动，如诗如画。如《在风中斜飞，在雨中躲闪，一到地面就融化（引）新年首场雪羞答答地下（主）》《满城尽飘雪绒花》。有时城里雪下得小，而同城边远山区或高山区却下得很大，记者须有全局观，耳目要灵，报道要准，忌以偏概全。下雪报道，既要有欢乐的场景，如打雪仗，也要有下雪给当地带来的交通不便。

大雪：关注大雪灾情，特别是对市民"菜篮子"、农村房屋、农业作物、相关行业的影响。

暴雪：对市民生活、出行、供电、农村等各方面的影响。

关键词：雪趣

公园里、广场上、校园内、江上湖泊、景区内外……雪趣盎然。抓拍、直播孩子们、少女们嬉戏追逐，大人们劈波斩浪。相关场景有：游园，踏雪寻梅拍照留念；校园，给两个雪人办婚礼；雪中徒步拉练，顶风冒雪练意志。初雪是一件兴奋的事，全媒体要点燃市民的兴奋点，还要主动制造兴奋点。

关键词：雪事

关注大雪压断树枝，砸中轿车。高铁、高速公路受影响几何？车辆打滑事故几多？防滑链销量如何？汽柴油供应紧张否？大桥、航空、船舶受影响情况如何？全媒记者可从各大医院获悉"120 冒雪急救"的突发故事。

关键词：应对

面对低温雨雪，省市县通常会下发通知，要求各地加强防范，切实保障城乡市场供应，妥善安排好群众生活。关注蔬菜批发市场、各大超市供应调配情况。

捕捉火车站铲雪保发车、环卫工撒盐除雪、高山及危险路段保畅通、大桥紧急抢险等应对举措。

关键词：关爱

雪中送炭。城乡福利院老人如何过冬，福利院做了哪些准备？特教的孩子们、留守儿童、贫困儿童寒衣寒鞋准备得怎样？

二、实战心得

2008年，我国南方大部分地区遭受百年不遇的特大雨雪冰冻灾害，举国上下抗冰除灾，时至今日仍记忆犹新。

一期好的报道策划，胜在宏观布局，赢在微观点亮。布局要将“下雪·本土”“下雪·省内”“下雪·全国”三者通盘谋划；要靠亮点报道支撑。比如，安徽电视台电视专题《灾后第一场雪》获中国新闻奖一等奖。开展全媒体行动，直播雪情、雪城、雪人、雪景、雪趣、雪灾、雪暖。

【第一场雪】

无论是入冬的第一场雪，还是今年的第一场雪、今春的第一场雪，都有令人惊喜的报道价值，自然成为报台网全媒体竞相报道的亮点。

新年降雪，要突出喜庆欢乐、诗情画意，如《顶风踏雪赏兰花 欢声笑语迎新年》《天女散花，新年迎瑞雪 银装素裹，江城尽妖娆》，犹如一幅如诗如画的雪景萦绕在眼前。可是，现实中这样的作品、这样的标题太少，很多新闻语言苍白，信息空洞，不忍细读。新闻纤维化、角质化严重！报纸如何留住读者？要靠传神的标题、隽永的文字、诗意的表达。

下雪报道主体消息如何采写？如《武汉从容应对新年首场雪 物价总体稳定，交通基本正常》，好一个“从容”，将雪况雪影响及如何应对全面包容。《新年首场雪 宜昌“美丽冻人”》，文章细腻地再现了下雪从无到有、从小到大的细节全过程，形象传神，用散文化笔法写新闻，如“乱花飞舞，只要在室外待上几分钟，头发上、衣服上都会立刻呈现白白的一层雪花”，广大市民“与雪共舞”。有的记者喜欢坐在办公室里，展开“合理遐想”，把美好浪漫的事写得干瘪枯燥。记者只有置身漫天飞舞的雪花环境，才能写出充满诗意的文字。

如《新年雪花飘 几多欢喜几多愁》报道这样呈现——温暖涌动，“福利院里，孤儿老人们暖意融融”“社区志愿者上门服务困难群众”；忧愁无奈，“雪后路滑 几多摔伤进医院”“天干物燥 火灾频发敲警钟”“天然气管道冰堵 所有酒店停供天然气”。

【大雪暴雪】

漫天飞雪，银装素裹，尽享童话般的快乐。并非所有的雪都是瑞雪，连续大雪会造成雪灾，引发民生大关切。对此，记者要问：风雪中的百姓生活过得怎样？降雪对老百姓的生活带来哪些影响？抗击冰雪，全媒记者兵分多路深入现场探访，直播抗冰保电等行动。关注重大突发，《漯河晚报》通版组照《风雪夜 大营救》，记录了一名小女孩坠入机井经过9个多小时被成功救出，获中国新闻奖二等奖。

拨开大雪发现新闻。举例来说：同样是“环卫工上街清雪”，有的记者看到的是眼前的三五个环卫工清雪镜头，有的记者则由此捕获到《1.2万环卫工上街清雪900余吨》。“五万单位自扫积雪”“三万老人暖意融融”都是记者提炼出来的。“城区十大热门蹭暖点出炉”则是记者寒冬中逛街悟到的。由有人雪中行摔伤，升华到“城区十大最滑最易摔倒地段”，则是记者赋予报道便于传播的“价值符号”。也许没有人或哪个部门说出来，但记者进行了创意性提炼加工“无中生有”，同时还配发“摔伤摔骨折如何急救？”等知识链接，请当地知名骨科医生支招。

但凡大雪报道，不外乎做几篇文章：天气篇、民生篇、应对篇、出行篇。

◎天气篇。为何下雪？气象专家怎么说。后期天气情况如何？这场雪和历史同期比，是早还是晚，是大还是小，是正常还是异常等。关注气象台发布道路结冰预警，预报后期天气趋势。

◎民生篇。下雪会导致城市市场供应紧张，特别是菜价又会涨。哪些涨？涨多少？市民能否承受？到菜市场走一走，听一听，访一访，报一报，播一播。

◎应对篇。看看这些部门和单位如何应对：交通部门，运输保障；发改部门，价格监管；商务部门，市场供应；铁路航空，旅客运输；交警部门，畅通安全；海事部门，水上行船；农业部门，蔬菜供应，除此之外，还有供电、供水、供热、供气、通信等基础设施应急保障，关注医院、学校、敬老院、福利院等抗寒保暖行动。

◎出行篇。雨雪天挡不住市民出行热潮，水陆空铁公交运力如何？下雪引发车祸几多，可以从交警事故处理大队获知。高速公路采取了哪些应急保障措施？城区人行天桥、地下通道、地铁出入口等，几多行人摔倒。防滑措施准备得怎么样？城管部门如何备战下雪结冰？要关注那些重要的交通要道、车流最大的线路、事故易发路段上的出行及保障。

大雪带给人们如痴如醉景色的同时，也会催生多种疾病，像冻疮、心脑血管病高发。专刊或专题节目可探讨大雪严寒之下如何养生保健。端些永不过时的“老话”搞点“新说”。

大雪经济。防滑链、铁锹、防寒服等大卖特卖，如《雪花纷飞难挡市民血拼热情 城区各大卖场红红火火》。及时曝光黑心商家、出租车司机等发“雪难”财。

第75章　气象日新闻

3月23日，是世界气象日。从1961年开始，每年“世界气象日”都确定一个主题，要求各成员国在这一天广泛宣传气象工作的重要作用。

世界各地极端天气气候事件频发重发，全球生态安全和人类发展正面临气候变化危机。气象安全，直接攸关粮食、水资源、生态、环境、能源、重大工程、经济等领域安全，事关国家安全。故气象报道，不可小觑。

一、策划要点

关键词：问天

《气象日市民“问天”》——天空为何总是灰蒙蒙的？为什么天气预报有时会不准确？气象记者要经常就当前“怪天气”频现，天气异常，请本地气象专家解读分析。

关键词：揭秘

“天气预报中雨量是如何测量的？”“最多能知道多少天的预报？”…… 天气神秘莫测，究竟是用什么方法来测天气？直播揭秘本地一批高精尖的气象设备、气象科技，如防雷装置、气象观测场以及气象应急指挥车、自动气象站、避雷针、野外观测车、增雨火箭炮等。

关键词：活动

《走，去看天气预报如何出炉》——《江南都市报》曾邀30名读者走进省气象防灾减灾指挥中心“探秘”，气象专家现场答疑。为什么播报天气和实际温度有明显差距？为什么预报下雨却天晴？可拟制标题《明日天晴还是雨　气象预报员先“辩论”》。

《今天大家一起来聊“天”》，报台网全媒体可邀气象专家做客“新闻会客厅”讲解气象知识，与市民互动交流。

二、实战心得

气象日这一天，各地气象台会对民众开放，以便于广大群众近距离了解气象仪器的工作原理，参观气象要素数据如何测量和汇集，了解天气预报预警信息的制作和发布过程，普及气象常识。全媒体可联办气象科普报告会、气象科普展览。

下面是一组气象日预告标题：《周日，一起去看“天”》《气象日 市民可睹“千里眼”》《本周日 来气象局“追风寻雨”》《市气象台邀您“捕风捉影”》《到武汉气象台去“算天”》。

气象日活动如何报道？从这些标题可揣摩报道的轮廓：《河源100市民感受“风云变幻”》《爽！原来天气预报是这样出来的》《小学生气象台里“观天象”》《千余市民细看专家“泄天机”》《千余市民气象台里“观天”》《气象日 学生客串天气预报主播》《气象专家“把脉”农家避雷设施》《天气关乎授粉 菜农现场讨教》《气象日老天“赠”大雨》。

本地气候变化带来哪些影响？比如：《气象灾害每年“吃掉”厦门33亿》《气象灾害10年害死62万人》。

报台网全媒体还可跳出气象办活动。如举办气象摄影赛，《拍摄雨雪雾 气象局请你出招》，还可举办摄影大课堂，邀摄影专家传授拍摄雨雪雾的技巧。关注气象人物，评选“气象宝宝”“气象先生”“气象小姐”，举办天气预报小主持人大赛。

第76章 狂风暴雨新闻

每年6月始，至10月台风止，全国各地会不同程度地出现狂风暴雨，引发城市严重积水，给市民生活带来较大影响；引发农村山洪暴发和严重内涝，给农民生命和财产带来较大损失。重视和加强对狂风暴雨的报道，有助于舆论正确引导，有助于凝聚人心，抗灾自救，八方支援。

一、策划要点

关键词：狂风

一天，成都刮狂风，当地三家报纸头版报道，一家说“昨夜刮6级大风”，一家说“刮7级大风”，还有一家超大标题说“昨夜刮8级狂风”。到底刮的是哪级风？把读者都“吹”糊涂了。几级风气象学上有科学定义，记者要弄准，可附资料链接。

突遇风雹、大风、龙卷风、冰雹如何报道？我们可以参考下面信息点：狂风刮“伤”乡村，房屋倒塌、作物吹倒；吹“痛”城市，马路大树连根拔、广告牌砸伤人……顺着这些可能信息点，全媒记者可到受灾地现场采访，或约乡镇通讯员传稿或从农业、民政、应急、气象等部门了解灾情。《乌兰察布日报》摄影作品《龙卷风袭击察右前旗三乡镇》获中国新闻奖二等奖。

关键词：暴雨

对大雨或暴雨报道，首先要做到正确预判，错误的预判会导致报道取消或报道上不了规模和影响，必然弱于对手。

2011年6月，宜昌市的雨从一天夜里开始一直下到次日接近中午时结束，雨下得很均匀平稳。我正主持上午采前会，气象、水利战线记者都说这雨不大，没有造成灾害，没必要报道，更没必要开设专版。再问，10分钟后气象记者从气象部门获知这场雨竟是暴雨。由于这雨下得很平稳，极易给我们错觉，险些作出错误的判断。水利记者得知几个病险水库现危急；交通记者得知一山区县的主干公路塌方，已严重影响出行。

对此，在编辑时可附“雨量术语知多少”，介绍小雨、中雨、大雨、暴雨、大暴雨、特大暴雨的常识。经策划，《三峡商报》出了3个版的“暴雨袭城”报道，而同城《三峡晚报》竟出了5个版。

没有调查，就没有发言权。试想，如果依了跑线记者的“想当然”，就会断送一次有分量的报道，伤害最深的则是报纸本身。

关键词：雷电

人、畜、建筑物遭雷击，屡见不鲜。宜昌城区曾发生一起雷击江边宝塔事件，导致宝塔内避雨多人死伤，气象专家对雷击缘由进行了全面分析，由此拉开了全市建筑物防雷大检查。形形色色的雷击事件，如“球形雷”击中养鸡场，上万只蛋鸡化为灰烬，报道要请防雷专家分析雷击原因，讲解如何提前防范。

雷暴天气频频出现，可围绕如下问题做报道：有无异常？为何这么多雷暴？雷暴天气总体频率如何？如今防雷避雷的重点工作在哪里？目前防雷的薄弱环节或者区域在哪里？本地的雷暴预报水平如何？防雷避雷存在哪些隐患？防雷专家防雷多年有何感受？如《雷暴天气频袭宜昌，防雷专家细说宜昌防雷——(引)全省最多：宜昌一年42天在打雷(主)》。组稿增加资料链接："防雷知识"，介绍雷的种类；"背景资料"，介绍本地历年遭雷击死伤情况；还可拍摄气象工程师检查雷电探测仪等图片。

深度思考，如《我市雷暴天气全省最多，近期气象部门连发雷电预警——(引)惊雷频现，我们如何远离危"击"(主)》。下面这些方面应该纳入采访：本地雷击事故情况如何？雷击造成的损失有多大？雷灾缘何频频降临？本地防雷水平有何提高？可增加新闻链接：如何远离雷击？遭雷击后如何急救？

二、实战心得

就像听到火警马上要想到可能发生大火灾一样，但凡大雨或暴雨，报台网跑线记者最忌置若罔闻，暴雨报道小组应立即出击，大致涉及气象、应急、民政、水利、农业农村、自然资源、城管、交通、公安、菜市场等部门和单位，归口记者应做到"守口尽责"。

城市是报台网的主战场。负责城管战线的记者要将"城市情报"摸得一清二楚，"心中有一本活地图"，比如，知晓城区水窝子在哪里，并能快速赶到"洼地""涵洞""地下通道"等易涝点，查看"水漫金山""汪洋泽国"现场。

摄影记者不能等到下了暴雨再四处打听"哪里淹了"，一则现场不等你，二则找相关人士和权威人士难。我们所说的"城市情报"是指：城区哪些地段是最严重的内涝点？哪些地方管道易被堵？哪些干道或小区易被淹？哪些地方最易发生挡土墙坍塌？哪些地方最易发生山体滑坡？要抓那些逢雨必淹的"水窝子"。受淹如何影响生活？淹水原因是什么？要把居民的苦处娓娓道来。

【**经典案例：**2005年，厦门一名摄影记者在水坑边"守株待兔"拍摄了一位骑车人在暴风雨中摔倒的全过程。从摄影角度来说这是一组很成功的抓拍，新闻事件尽管不大，却引发全国网民热议，引出了记者新闻责任和社会公德心之间应如何平衡的话题。】

面对突如其来的暴雨，如何报道？可分"雨情""雨灾""影响""救援""民生""深度""提醒"等篇章，亦可为"雨之忧""雨之幸""雨之悲"。具体篇章可视情增减合并，刊头可拟《雷暴袭城》《暴雨袭城》，详细分解如下。

(1) 雨情篇：如何写暴雨主消息？描述总体情况，应包含如下内容：强雷雨引发地质灾害情况、伤亡受灾情况、水库排险情况、当地主要领导关注情况、各级部门救灾情况、景区旅客滞留情况。比较出新闻，可对今年暴雨和往年以及历史记录相比，是"历史上最大暴雨"还是"十年来最大暴雨"等，录得闪电多少次，往后天气预测情况如何等。记者要"翻译"气象数据，让受众用户获得形象感知。如降雨量特别大，你说降了300毫米，人们感知不到，倒不如补上一句"一天下了一个月的雨"就可知可感，如《暴雨袭江城 1小时泼下2.5个东湖》。

推荐一组好标题：《暴雨倾城 南京"降火"》《大雨如注浇痛西安》《狂风骤雨没打破"闷罐子"》《天上电闪雷鸣 地下狂风骤雨》《暴雨强袭鹏城 正午晦暗如夜》。

(2) 影响篇：暴雨给市民生活带来多大影响？菜价有无波动？有关部门、蔬菜批发市场、重要商超如何保供应？水陆空铁公交的士等受到哪些影响？积水中多少车辆熄火？交警如何保畅通？了解城区车辆打滑相撞、供电故障抢修、机场航班影响、120急救等，如《一夜暴雨水漫全城》《大雨慢慢下，三镇基本无渍水》《污水倒灌35部电梯停摆》。

(3) 民生篇。《湖北日报》的新闻摄影《暴雨袭荆楚》获中国新闻奖三等奖。全媒记者现场直播雨中民生：大雨倾盆，多处内涝，街道成河，大树被吹倒，公交熄火，用电受影响。

记者深入内涝小区，走街串巷，抓一个个场景：车库变游泳池，男人背着媳妇“过河”，冲垮围墙、车辆被埋，婆婆拆下门板挡水。聚焦雨中众生相，如店内进水、滑坡险情、排水堵塞、街道积水、行车事故等。

去年垮塌处，昨日有恙否？记者可进行回访，当个有心人。菜价波动，涨幅最大的是哪些？如《遭遇连雨天 西瓜哭啼啼（主）瓜农内心跟天气一样“凉”（副）》。

(4) 雨灾篇。关注大江大河洪峰、湖泊水库支流险情、山洪泥石流灾情。记者冒雨踏访重灾区现场直击。南方网组照《南粤水灾》获中国新闻奖二等奖，摄影记者看到的是汪洋恣肆、守望相助、患难与共、坚强不屈。

(5) 直播篇。关注炸雷劈开老树、狂风掀飞屋瓦、车行“河”中、水中救人、院墙垮塌、朽木折腰等。

排除万难搞直播。微信要连夜推送暴雨报道。有人说雨太大无法搞报道，其实也有窍门。记者去本地应急消防指挥大厅蹲守，通过指挥大屏，各地灾情一目了然，前方抢险救援随时知晓，图文视频一应捕捉。要用少量的文字、大量的镜头呈现“闪电之城”“困在水中央”“紧急救援”“冒雨推车”“排水抢险”“转移群众”“决战溃口”“滑坡险情”等，标题要温暖。

(6) 救援篇。以大特写报道遭洪水围困而展开的紧急救援，如“本报（台、网）记者亲历雨夜生命大营救”，致敬风雨中逆行的勇士。

(7) 深度篇。暴雨是对城市排渍能力的大考。大雨积水，城区“排泄”通畅否？打探城区主要排洪沟运转情况，深度思考如何疏通城市“血脉”、城区如何迎接暴雨“涝考”。

(8) 提醒篇。遇雷电天气，使用家电要如何注意？大雨开车要如何防范？户外躲雨要怎样当心？暴雨和渍水路段行车要注意什么？长时间泡水里易致皮肤病，如何预防？

历史上演着许多想不到，再平静再习以为常的事物也没有一成不变。2012 年 7 月 21 日北京遭遇 61 年来最大暴雨，街道变“河道”，京城“北漂”成真，车辆开着开着被淹，数十人遇难。

为何一雨成涝？法国大文豪雨果说：“下水道是一座城市的良心。”没有一流的下水道，就没有一流的城市。城市既要顾面子，也要顾里子，既要管表面工程，也要管地下世界。城市盖高楼大厦是阳功，挖地下水道乃阴德。报台网评论要跟上，疏导要及时，如《五问暴雨应急》，既要打探城市排水现状和能力，又要反思规划建设、基础设施、应急管理等。

台风报道，密切做好台风预报及登陆灾情与紧急救援，报道方法与狂风暴雨报道类似，不再赘述。比如，杭州电视台《大雨袭杭州——抗击“罗莎”特别直播》获中国新闻奖一等奖。台风名字入题，生动传神，如《“天鹰”啄伤菲律宾 652 人遇难》《飓风艾琳肆虐 吹停两核电站》。

第 77 章　高温酷暑新闻

每年七八九月份，高温酷暑甚是难熬。高温汹涌来袭，市民不愿出门蛰伏而居。除了“两考”外，可以说是一年中的新闻淡季。新闻在哪里呢？如何在平淡之中开掘鲜活、发现亮点、作出精彩呢？又如何在酷暑中献给受众用户一缕清风呢？

一、策划要点

关键词：消暑

雪糕冷饮，贪吃几多坏肚。夏恋三伏天，美食来消暑。全媒体可请医学专家推荐“最佳消暑食品”，或邀全城人共荐。关注各大卖场防暑降温物品热卖，如《冰坐垫，解决后“股”之忧？》。

哪里避暑？①水中：《热浪滚滚，游泳池里“下饺子”》。泳池卫生 “体检”合格否？消毒过关否？有无人员患皮肤病？“高烧不退”，哪里游泳安全？室外天然水库或溪涧，水冷水深，溺水丧命悲剧几多。哪些人不适合下水？游泳前应做哪些功课？溺水抢救方法是什么？②室内：躲在空调房里图凉快，但也带来空调病频发，医院热感冒患者多，如《高温来袭　击倒老人孩子 (主) 急救中心心脑血管接警量增加　儿童医院门诊日接 8000 人 (副)》。③山林：森林公园里避暑休闲，画一张本土“森林公园避暑地图”。

关键词：民生

关注高温民生。高温给市民生活带来影响：蔬菜瓜果价格波动、肉价波动。炎夏蔬菜农残超标问题备受千家万户关注，及时做好蔬菜供应、菜价调控、农残检测等方面的报道。

水电气在夏季受考验。水和电似乎一刻也不能停，一停则会让市民生活乱套，如《天：热热热 水：臭臭臭 人：愁愁愁 (主) 自来水不能饮用，随县均川千户居民喊渴 (副)》。电荒是全国性问题，负荷猛增会致停电故障增多，空调启动不了，险情接二连三。气温陡增，市民日均多用水多少吨？电网创多高峰值？公汽驾驶室达多少度？司机如何降温？这些都是新闻点。

关键词：中暑

一人中暑，全家揪心；一起溺水，一串悲恸。持续高温炎热，引发中暑，如《热！一周内 417 人晕倒》《一妇女江边晨练中暑晕倒 (主)120 提醒：连日来已有 8 位市民中暑　气象部门发布橙色高温预警 (副)》。如何防中暑？可请有关医疗专家 (急诊科) 给出建议。

关键词：经济

关注高温经济。高温来袭，商家大赚“热钱”，“清凉家电”热卖。可做相关提醒，如《空调“上岗”前最好“洗个澡”》。热天气抬高夏装价格，热天气催生外卖一族，热天气提升冷饮销量。外卖爆“热”，如《天热不愿烟熏火燎　家中不开伙餐馆去“潇洒”(引) 高温催生多少家庭“冷锅冷灶”(主)》。经济观察，如《天气忽冷忽热　餐企摸不准夏季“脉搏”(引) 餐桌上，清凉食品站不稳脚跟 (主)》。

吃喝游购，暑气点燃消费激情。关注外卖情况、大排档情况，如《大排档，愈夜愈火》；关注本地特色饮品，手绘本地消夜地图、烧烤地图。

关键词：关爱

将高温关爱进行到底。一是报道社会各界开展的“送清凉”活动，二是全媒体携手爱心商家、爱心单位对特殊岗位劳动者“送清凉”，慰问重点工地施工人员、街头交警、环卫工人等。

这么热干活，降温费发了吗？哪些企业在发高温津贴？发生高温死亡事件，我们要反思：谁给他们撑起一片清凉？跑总工会、住建、人社等战线记者要问一问：本市、本土企业“高温保护”做得怎么样？“高温补贴”哪些单位做得最好？推几个典型，帮劳动者维护权益。为广大劳动者说话，就是在彰显媒体的责任和情怀。《青年时报》的评论《放个高温假天塌不下来》获中国新闻奖三等奖。

酷热如何安全行车？专刊集中策划专题，如《夏天开车　最好放一块湿毛巾》就很温馨。反映动物园里的“小伙伴”热得受不了，如《金丝猴中暑　天天打吊针》《市民为宠物消暑花高温费　洗澡剪毛最低120元》。动物们如何消暑？抓拍一组各类动物消暑的视频影像。

【**经典案例：**夏夜纳凉，报台网可联合总工会、文旅局等联合主办“百部电影百场大戏进社区进工地进校园”纳凉晚会。放映地点包含大学、学校、市场、工地、社区和近郊农村。】

关键词：健康

热浪滚滚如汤煮，中外游客热病了，防暑药品俏销，饮食清淡食客爱吃素……炎炎夏日，与健康有关的新闻一串串。

热天紫外线强度达到最高级，做“晒伤”的话题，女白领们百谈不厌。

《高温下健康经受“烤”验》反映高温消暑不当，引发空调病、旅游病、胃肠疾病、感冒发烧、鼻炎、红眼病等众生相。如何预防夏季高发疾病，全媒体请本地知名专家支招，如《本报“名医团”“把脉”夏季病》。高温养生支招，如《护好胸腹 少食生冷》。

【**经典案例：**入伏以后，针灸就诊旺季到来。《都市快报》推出“一册在手”《冬病夏治——来自杭城一线名医的临床报告》大型特刊，重点对老祖宗留下来的独特疗法进行剖析。冬病夏治，到底能治哪些病？哪些人适合？效果如何？武汉媒体打造冬病夏治节，年年爆场。这些信息既实用，又可开发增量广告。】

全媒体邀本土烹饪名师推荐几款盛夏美食，曝光本土夜市不洁食物事件，探讨夜市整治，聚焦振兴夜经济。比如，纵深观察“宵夜的小龙虾”，看小龙虾蹦出大产业。

同样是“乘凉新闻”。有的关注《充斥细菌病菌 九成中央空调“吹走”健康》，有的关注纳凉点特色服务。

关键词：热图

策划视频影像专题，派多路记者赴各地进行长时段的“高温直播”。捕捉盛夏消暑图，反映高温民生百态，记录城市表情。如《蒸热》：水中嬉戏玩耍、就地打铺、椅上打盹、街头小男孩们用矿泉水降温……《广州日报》每期推一个“清凉宝贝”大靓图，让版面养眼又清凉。城里的荷塘清香，让版面顿添清凉。

关键词：体验

报台网可策划“记者体验”式系列报道，探访高温下的劳动者，感受特殊行业的艰辛，体味平凡者的崇高，如专栏、专题《战高温，我们和你在一起》《“暑”你最美——致敬高温下的劳动者》。对劳动者的选择要有岗位典型性：他们的岗位很关键、很重要、最苦、最脏或最考验人的胆量等，如城市“早行人”菜贩、最高楼工地施工者、在建重点工程施工者、最拥堵路上的交警、工作量最大的环卫工人、供电抢修工、高温下作业的路灯工人、客流最大的公交司机、“飞机守护神”——停机坪监护员、下水道疏捞工、高楼“蜘蛛侠”、殡仪馆入殓师、火化工、警犬训练员、钢铁厂的火炉工等。多发掘新型职业劳动者代表，报道给人一种新鲜的感觉，以及发掘一些不易被社会关注的人群。

体验报道，要抓住独特的能让人记住且易口头传播的东西，如《塔吊工：常吊半空中 烈日是伙伴》《厨师：为了他人胃 镇守锅灶旁》《停车收费员：一天4缸水 忙时汗如雨》《交通警察：执勤2小时 衣服湿透4次》《空调维修工：一天下来出四五斤汗》。可拍摄特写，以展现一个个挂满汗珠却坦然豁达的笑脸。每篇报道配记者“体验感受”，传递这样一个信息：劳动光荣，对人性的关爱，对劳动的尊重，哪怕他再卑微，身处的环境再幽暗、再恶劣。

二、实战心得

一旦进入酷暑，可推《热浪袭城》《高温“烤”验》《夏日清风》等系列专题报道。下面撷取《楚天都市报》的专题报道《热浪袭城》，以启发思路。这期报道分“动态”“消费”“人物”“探访”4篇。

(1) 动态篇：《今明直逼38℃ 未来一周晴热》《武汉日用电1.2亿度》《我省多重举措保护劳动者权益 37度以上限制露天作业 高温津贴每人每天8元》。

(2) 消费篇：持续炎热的天气，催生“高温经济”。报道有：《消费分化，市场冰火两重天》《河鲜卖不动，冰鲜在涨价》《天热要吃冰，刨冰机上柜》《绿豆很抢手，一天卖十吨》《中药饮品俏，药房生意好》《狗都热趴下，兽医忙坏了》《鲜花太娇弱，不堪高温“烤”》《干洗遇淡季，只好洗窗帘》。

(3) 人物篇：夏日里最美的风景，就是那些头顶烈日、冒着酷暑辛勤工作的劳动者，歌颂他们“辛苦我一下，方便千万家”的无私奉献精神。捕捉烈日下的身影，倾注对生活、对劳动、对平民的崇敬和赞美。报道有：《高架桥电焊工：根本不敢量气温》《修车工：地槽里一蹲一天》《出炉工：工装没有干的时候》《女公交司机一天喝水2公斤》。

(4) 探访篇：窗口，《火车站汽车站热浪扑面而来》；户外，《环卫工“全副武装”》；救援，《女医生中暑昏倒巡警救助》；工地，《夜晚施工，依然挥汗如雨》；温情，《烈日下保安守候失主半小时》；社区，《社区居民纳凉 各有各的妙招》；泳池，《水上世界人满为患》。

【持续酷暑】

酷暑持续长，全媒体还可做哪些热新闻策划、举办哪些活动呢？我们认为，可围绕七大关键词展开，即“热天”“热事”“热点”“热问”“热议”“热度”“热球”。

(1) 热天：天气预报。下面是一组天气好标题：《上午烈日当头 午后暴雨突袭（主）“三高”天气困西宁 午后“跑暴”浇不熄热浪（副）》《雷暴一闪而过 今明高温继续》《高温暂别离，雨水送凉来》。人们都希望早点凉快，接下来天气如何？报台网要及时做好预报，重点处理。

(2) 热事：热事一串串。炎热会导致城区公交的士频发自燃事故。如何防车辆自燃？高温酷热，会致用电创高峰，很多电器（如空调）带不动或者出事故，关注昼夜抢修。城郊结合部、乡村电网电压过低，用电“卡口”，民众有何期盼？天气炎热，狗患升温，可从防疫部门狗

咬伤门诊了解伤情状况。盛夏白蚁严重“蚕食”街道绿化树，公园参天大树遭侵袭，用特写镜头呈现“樟树树根被吃空”、古建筑房梁遭蚁噬、民宅遭蚁攻等情况，以引起社会的重视。

重磅关注盛夏夜街头公园盗抢事件，关注本地各大医院接诊中暑典型病例。

(3) 热点：热点节点。在全省全市范围内，“火炉沸点”在哪里？最热地方是哪里？报道要点出哪个县哪个乡镇。为何这么热？地理有何特点？要细细探究之。高温考验各地民生设施，政府将采取何措施应对高温避暑？

连续高温暴热，动态报道可从两大方面发散：一是打探后期天气走势；二是为避暑解凉支招，直播游泳馆、江边、湖里；三是关注高温带来的不利影响，如菜价、农残、水质、爱车“高温病”、旱情、用电等；四是为何频现高温？要请气象专家解析。

重磅报道“最热一天”等带有节点性的新闻，如《39℃！本月以来昨最热（引）清凉送工地（主）》。把数字“39”用大字号、艺术设计当作视觉看点。配发用工提醒，如《35℃上露天工作应发津贴》。

(4) 热问：释疑解惑。针对坊间热议和人们认识误区大做报道。如人们一直以为，市区比郊区更热，因为市区有更多的人，有更多的汽车，还有热岛效应。《都市快报》“刨根问底”，专栏对此以《白天，乡下比市区热 晚上，市区比乡下热》为题进行了剖析。

小气候影响大气候，大气候左右小气候。对于局部局地的极端高温，报道要放在全球变暖大背景下来深度分析拷问，这样看得更真切。不仅关注眼前，也让人们了解未来的趋势，并做好应对之策。如《20 年后，杭州 40℃以上高温将非常频繁？》，这样的新闻便于人们饭桌谈论，口头传播，实现二次传播。

天气极端反常，大多数人都在说热得受不了时，都在质疑气象台准不准时，《都市快报》以《明天最高气温 39℃ 气象台预报有没有缩水？》为题，对热感为何超过“预报”，请专家作出解释，传递了“预报气温其实并不等同于大家感知的温度”信息，消除了人们心中的疑虑。

(5) 热议：共绘“清凉”。设计全城互动，一起来找凉快。三伏天，很多人处于蛰伏状态，全媒体要制造共同关心的话题，调动人们来参与讨论。邀市民推荐全城“十大纳凉场所”，为市民绘制“清凉地图”，编排要灵活，报道模式为：①地点；②纳凉指数；③最佳时间；④推荐理由；⑤注意事项。

【经典案例：举办避暑节，寻找清凉线路。2010 年酷暑，《都市快报》与浙江省林业厅联合对全省森林公园避暑好去处进行筛选，绘制一张生态清凉地图。标题是：《哪里凉快哪里去（引）酷暑当前快报绘制一幅生态清凉地图　晒晒浙江最适合避暑的森林公园（双主）》，在版面编排上，画了一个逼真的大温度计，显示最高气温。通过坐标图表示近一个阶段的最高气温的变化过程，让人一目了然。在拍摄人们消暑的图片时，常见的是游泳镜头，快报刊发的是光屁股的背篼小孩特写照，让版面立刻轻松、凉快起来，让人仿佛回到了童年。还画了一张大地图，将每一处森林公园标明，并以“森林覆盖率”“夏天温差”“看点”“车程”“住宿”等五大元素进行介绍。真是一图在手，凉爽心头。**】**

《拎着温度计 逛逛杭州城（引）哪里最热？哪里最凉快？（主）》：《都市快报》记者买了两只大型温度计，带它到全市有影响或知名度高的地方进行实测，记述实测的每一个过程细节和感受。实测了哪些点位呢？有繁华超市、中心广场、防空洞、主干道等。报道特别指出——实测所得的温度不等于科学意义上的气温，人们不妨称之为“裸温”，仅供大家生活、出行参考。该报还议题设置《杭州算不算火炉？》，以引起人们广泛热议。

(6) 热度：深度解读。连续晴热高温，天气和往年相比有无异常？为何频现高温暴热？

除动态消息之外，还要深度解读。以报道《气象专家揭秘高温“真相”》来剖析报道是如何纵深展开的：①现状，高温暴热给本地造成哪些影响；②异常，气温偏高，降雨严重减少，谈在哪些方面表现得异常；③原因，为何天气异常；④趋势，“高烧”还会持续多久；⑤抗旱，本地如何应对，如何保民生。

(7) 热球：全球同热。在同期中国、国际新闻版块，可以刊播中国各地、全球各国遭遇酷热极端高温的报道以及全球对气候变化的关注、反应、应对与研究成果，如《天气预报为什么总是不靠谱！英国会计师自建气象站（主）有网友批评气象局：预报天气你一直不行，但找借口你就特别地行（副）》。

第78章　重大干旱新闻

近年来，受全球气候变化和经济社会用水大量增加影响，我国旱灾呈现出频发和加重的趋势。21世纪头20年有7个年份发生大旱，即2000年全国大旱、2006年川渝大旱、2009年北方大旱、2010年西南五省区特大干旱、2011年北方冬麦区和长江中下游大旱，以及西南地区的重度干旱等，对群众生活、工农业生产和生态环境造成严重影响。

一、策划要点

关键词：旱情

重大干旱，引发庄稼收成锐减或绝收，是事关生存的重大民生问题。长时间的大面积干旱会带来一连串的影响，波及水果、水产、用水、用电、养殖、物流、航运等，全媒记者可从这些行业中的“点”寻觅“旱新闻”。

记者要深入到本地旱情最严重的村落、乡镇调查，深入田间地头、池塘水库，进农家查水缸，把最真实的旱情告诉人们。如2011年，洪湖遭史上最严重旱情，“浪打浪”成“泥滚泥”。《楚天都市报》记者深入洪湖，将旱情、民生、民情、应对等做了重磅报道。

关键词：抗旱

让农田“喝”上水。记者要去了解各地水利、农业等部门及乡镇村是怎样积极抗旱的。《人民日报》通讯《守水记》，全文千把字，没有不必要的形容词，运用白描手法，栩栩如生地描述了记者与乡村干部一起熬夜守水的经过，获中国新闻奖二等奖。了解当地饮水设施的现状，打探有关部门如何解决吃水难题。发现各地抗旱新科技、新办法、新创举，以及适应干旱生长的新作物。

关键词：送水

遇天干大旱，人畜饮水困难，媒体不能无动于衷，要雪中送炭、渴中送水。

我曾策划《走，我们一起去送救命水》连续报道，发动社会各界为宜昌市一村庄送救命水。2010年上半年，西南特大干旱，举国倾助。我策划了“三峡情系贵州，为灾区送爱心水”大型爱心活动，贵州当地报社将旱情信息传送给我们，《三峡商报》在宜昌全城发起大规模的捐水捐钱爱心活动，翻山越岭，为遵义灾区送去10万瓶爱心水和5万元打井费。

关键词：节水

抗旱的根本出路在节水。“报道高度”要上升至提高全民节水意识，加快转变经济发展方式。在干旱中，发现那些先进的节水科技，以及民间节水良方，推动节水型社会建设。

二、实战心得

谈到抗旱，一些记者以为单指的是农业抗旱，其实不然。现在抗旱已经扩展到全方位，对象从农业扩展到人畜饮水、城镇工业用水、生态安全等，且不论南方、北方，都要抗旱。明白这些基本常识，可拓宽我们做抗旱报道的思路。

截至2011年11月，全国2/3的城市不同程度地缺水，658个城市中有110个严重缺水。如今中国干旱的范围出现了新变化：到处都干旱缺雨，原来缺雨的地方现在情况更加严重，原来不缺雨的地区现在变成了缺雨地区，形势很严峻。那么，全媒体如何做干旱新闻呢？

(1) 回应或引导人们的关切。旱情何时缓解？密切关注气象部门的预报以及水利部门的对策。关注持续旱情给人畜饮水带来的困难，回望本土历史上的旱情，分析长期大旱所致原因，回答干旱为何不能预测。

(2) 重点关注旱区民生问题，即干旱对底层民众的影响。全媒记者要去抓那些最旱的山村、水资源奇缺的村子，体验他们的生活状况，记录他们大旱中艰难度日，尤其是要展现那些上了年纪的老人们为了吃水艰难跋涉的生活场景和镜头。专题聚焦旱区的孩子，记者亲历缺水环境下孩子们的生存状态，见证他们对水的渴望。

在报道体裁上，除了“记者旱区直播”，采用消息、特写、对话，还可用大版大版的图片表现人们对水的渴望。反映干旱的消息或通讯，要有一句富于特质的话语，如“宁愿送鸡蛋，不愿倒杯水”，农民质朴的语言，将缺水的窘境刻画得入木三分。《旱魔肆虐 打孔点种（主）谁知盘中餐粒粒更辛苦（副）》，将人们积极应战旱灾、弥补损失展现得格外逼真。

持续大干旱如何报道？“七步鲜”报道模式：①灾区直击（记者深入最干旱之地实地踏访灾情）；②各方救援（各方紧急救援、生产自救）；③产生影响（直接影响、间接影响、生活影响）；④市民感受；⑤旱情分析；⑥评论；⑦视频影像。

(3) 特别关注人工增雨作业。2011年三、四月份，长江中下游多省市严重干旱，人工增雨作业，让极度干旱中的人们看到了一丝希望的甘露，备受关注，全媒体就是要抓住这些“能带给人们兴奋的事件”，做大！做大！再做大！

如何报道火箭增雨？主消息《火箭穿云，和天公“抢”雨（主）——本报记者赴宜都现场直击人工增雨（副）》，其中一个“抢”字非常传神，有“春意闹”之妙。“为何只下毛毛雨？”可请专家来解析。增雨效果如何，如《人工增雨向天公讨来五千万》。雨情消息，如《云团想溜　270发炮弹“留”雨（主）各地普降小雨　今日降水渐止 气温陡降20度（副）》《火箭嗖嗖冲上天　天公哗哗降甘霖》。

报道久旱逢甘露，如《久违暴雨只够洪湖“润嘴唇”　农民称洪湖水位上升寸许》《一场迟来的大雨相当于每亩田浇20担水（引）棉花蔬菜旱情缓解　鱼池中稻仍然喊渴（主）》《今日宜昌还有小雨　夏日及时雨，欲留还羞》。

【**经典案例：**2011年5月10日人工增雨，《三峡晚报》在次日头版刊发标题为《“射”雨》大照片，格外抢眼，并策划《夏雨啦》专题，分“夏雨啦·催雨”“夏雨啦·解渴”“夏雨啦·即景”三个整版。】

下面是这三个篇章的简单介绍，颇具特色。

◎催雨篇：《火箭冲天，射落一片及时雨（主）600炮弹增雨　局部旱情缓解　明日雨方初歇（副）》，详写“等云”“追云”“射云”三个过程，还链接“人工增雨原理”，单独报道增雨效果。

◎解渴篇：《喜雨过后，宜昌局部“解渴”（主）旱情有所缓解，市防汛办提醒：防汛抗旱两手抓（副）》《80余队员应急排涝10余路段　城区排水网这次没“闹情绪”》《大雨“浇熄”1.5万台空调　树枝轻抚电线6000户短暂停电》。

◎即景篇：《昨日大雨解旱忧　大雨之中，有人忙来有人愁》。抓取了5个场景：①幼儿园门口挤满送衣人；②部分青菜价随雨涨；③家中被浇透，救助暖人心；④仓库漏雨40万元货泡汤；⑤过江轮渡一度停航。

第9篇　健康新闻策划

健康中国已上升为国家战略。面对各类公共卫生事件，人们对生命质量、健康疾病、营养养生，愈来愈重视，越来越渴求。健康报道和养生节目已成为各大报刊、各大卫视的“招牌菜”。譬如，北京卫视《养生堂》按照二十四节气来安排节目内容，每期既系统介绍中国传统养生文化、又有针对性地介绍实用养生方法；央视《健康之路》等健康养生节目，通过医学、养生专家的专业解读，为广大观众奉上实用、权威的观念与知识；《广州日报》健康养生版块成为该报的核心品牌。

诚然，医疗卫生有自己的专业特性，报台网全媒体应借专家之口向公众发声，要将专业术语作通俗“翻译”，使之易懂易记。全媒体还应搭建自己的健康养生“专家库”，组织专家团与粉丝互动。

对于各类卫生“宣传日”，报道既要体现“专业性”，又要体现“通俗性”“趣味性”。日常卫生健康报道十六字要求：“准确科学、简单实用、通俗活泼、趣味亲切”。策划遵循一条主线：扫除认识误区，守住科学底线；关注重点人群，解答热点问题；聚焦突发事件，回应疑点难点。

第79章　爱耳日新闻

数字“3”就好像人的一个耳朵，我国将每年3月3日定为全国“爱耳日”。作为人体的重要器官之一，在小小的耳朵上，聚集有120个穴道。更不可思议的是，这些穴道因与全身的经络相连，故和五脏六腑的健康有着密切的关系。

这一天还是世界野生动植物日。保护野生动植物迫在眉睫，关注珍稀濒危物种命运，曝光非法涉猎捕、滥杀、贩卖、出售、收购、食用野生动物行为，倡导人们广泛参与野生动植物保护公益行动。其策划思路和报道方法，详见本书“动物新闻”章节。

一、策划要点

关键词：义诊

爱耳日查听力。爱耳日这一天，各地残联会组织医务人员免费为市民诊治耳疾。可报道防聋进社区、进学校、进福利院、进特殊工厂、进特殊岗位，如《义诊现场火爆　检查结果不妙　半数患者听力损伤已到中晚期》。

关键词：护耳

常常轻拉耳，健康常陪伴。报台网全媒体可请专家为人们演示耳朵操，报纸采用漫画，其他采用视频，简明实用，还可刊发护耳小贴士。

日常生活中，多数人不懂得爱耳护耳的知识。诸如“边走边听耳朵受罪”“噪音污染损伤耳蜗”“打耳穿孔埋隐患”“乱掏耳朵惹疾病”等常识，听之任之，全媒体就是要大声呼吁《爱耳日　给耳朵更多关爱》，其报道模式：①现象(国际国内或身边典型案例)；②高危行为(长期戴耳机、经常蹦迪、习惯性掏耳朵)；③医生解析(阐明危害、致病机理)；④专家支招(如何防范)。

关键词：陋习

爱耳日可将报道火力点集中瞄向“生活陋习”。

殊不知，掏耳朵也有专业讲究，耳朵本身有自洁功能，分泌物会自然脱落。由于无知或者存在上述陋习，伤耳或伤听力事件屡屡发生，如《今日是全国爱耳日，专家建议——家长不要给10岁以下小孩挖耳屎》。

关键词：互动

结合全国爱耳日主题，搭建全媒体互动咨询平台，开展爱耳咨询微直播，邀请本地著名医院的知名耳鼻喉科专家做客本报(台、网)“新闻会客厅”，接受有关预防耳病等方面的健康咨询。

关键词：人物

去残联或特教学校采访有特异才情的听障人士。太原电视台《小聋女的动听世界》获中国新闻奖三等奖。报台网可在爱耳日来临前夕走近本地或本籍全国优秀听障人士，“听听”他们的心声。

关键词：活动

听障人无声世界需要关爱。志愿者走进听障人，无声交流感受爱心。“爱耳日”失聪儿童唱起来，报台网全媒体可发起举办“爱耳日”公益音乐会，为听障儿募捐。

【**经典案例：**“听力助残”等你来。全国爱耳日，《金华日报》联合市残联、医院举办免费听力检查、赠送助听器、免费手术等系列助残活动。《三峡晚报》联手医院举行“迎新春听新声”义诊，凭晚报免费看耳疾，免除普诊挂号费、专家门诊挂号费。】

二、实战心得

本土人群听力状况如何？记者可从残联或卫健机构了解，如《50 万人耳朵不好使》《听力残疾人　武汉有 10 万》。

围绕爱耳日的年度主题，做相应的报道，这样不会跑题。当然，也可根据不同年龄段人群不同的关注点采用不同的报道角度。全媒体可推出“爱耳日”特刊专题，汇集知识、名医名品。

【幼儿听障】

今天是全国爱耳日，你的宝宝做听力筛查了吗？本地多少新生儿存在听力障碍？可否知道幼儿听力异常的前期表现？记者不妨做这样的议题设置，牵引采访方向，如《胎教不当 可导致胎儿耳聋》《世界爱耳日 听力门诊里，三成多为幼童》《爱耳日：耳聋诊断提至产前》《医生提醒：矫正听力最好在一岁之前》《一成新生儿没做听力筛查 两三岁已错过最佳治疗期》《八成儿童中耳炎由感冒引起》《一场感冒，好动小男孩变“文气”了 医生诊断：原是患了中耳炎》《孩子撞伤头？请查查听力！》。

【**经典案例：**偏远山区来的听障儿童，周末不能回家，使得所接受的对话训练大大少于城里的听障儿童，并最终导致康复效果降低。听障康复训练需要大量地进行对话练习，并尽量多地让听障儿童接触各种自然界声响。全国爱耳日之际，《重庆晨报》发起“请你为贫困听障儿当周末妈妈”活动。】

【成人听障】

民间一向把耳朵大视为有福和长寿的象征。报道中可结合民俗民谚，阐述其中的缘由，普及民俗知识，也可从医学上找佐证，耳大与长寿确实有一定关系。

高科技带来了新问题新烦恼。上网久、总疲劳，青年被失聪缠身，手机致聋趋势上升。下面是一组好标题：《手机接通 2 秒后再用耳听》《“3・3”爱耳日来临，专家提醒——“随身听”切莫“随意听”》。

人老耳聪目明，则是人生福气。《“耳背”老人占到 30%　应多吃蔬菜水果鱼肉》，从膳食营养角度谈爱耳。

【听力诊治】

爱耳日里，聋儿回到有声世界，这是多么令人开心、令人激动的时刻。行文上要煽点情，再配发医生给聋儿诊治的特写大图，画面或欢乐微笑，或激动泪水，呈现在版面页面上，有跳跃之感、灵动之韵。

◎关爱救助。报台网要善于打爱心牌、悲情牌。如《我多想听听世界》，折射出孩子对声音的渴望。给那些幼小的听障儿，撑起一片阳光。这是人间大爱，更是媒体大义。《河北青年报》以《谁能帮女娃开通人工耳蜗》为题进行了爱心大接力，在爱耳日之际帮聋儿实现了“听世界”的心愿。

爱耳日前夕，报台网可和本地医疗机构联合发起“爱耳行动”，征集耳缺损患者，为其免费施行耳再造整形手术，如《今天爱耳日 送你“新”耳朵》。

◎手术成功。听到声音的那一刻，令人动容，所有的爱心努力，都定格在那永恒的瞬间。一组好标题：《帮 16 聋儿“听见”世界》《“我们终于可以听见了！” 两“聋儿”在社会关爱下恢复听觉》《人工再造“耳朵” 我市已有 6 名聋儿植入人工耳蜗》。

检验一个活动成功与否，极其重要的一点是对那些带有“成果符号”的“关键节点”予以重磅报道，标题上力求生动传神，如《长沙晚报》标题《爱耳日里聆听春之声》。

【听力呵护】

别让“立体声”变成“单声道”。

因精神压力大、不良的生活习惯，“人的耳朵也会中风”。耳朵也需要呵护，然而记者发现《81%的人不做定期听力检查》。

判断听力毛病有诀窍，如《听不清“4.7.9”，耳朵要当心》。养成良好习惯，如《每天搓揉耳朵预防耳鸣 不宜用棉花棒清洁双耳》《掏耳朵，一年戳穿近 20 个耳膜》。

呵护孩子听力，要从慎用抗生素、选择低噪音的玩具做起，如《用药不当造成孩子听力受损 聋儿中，大多是由后天养育不当造成的》。

助听设备也会有问题，如《助听器不合“耳”可能越戴越聋》。全媒体还可开通“爱耳维修热线”。

第 80 章　睡眠日新闻

3 月 21 日，是世界睡眠日。2003 年，中国睡眠研究会将世界睡眠日引入中国，每年 3 月 21 日—27 日为“全国睡眠活动周”。

5 个节日今天同聚——在一年 365 天中，总共有 160 多个大大小小的节日，也就是说平均 54.75 小时就有一个节，而一天就有 5 个节日的情况却只有 3 月 21 日。除了世界睡眠日外，还有世界儿歌日、世界森林日、国际诗歌节、国际消除种族歧视日。

一、策划要点

关键词：义诊

睡眠义诊，如“失眠与睡眠”“鼾症与睡眠”等义诊，提醒式标题有：《“睡眠日”为你测睡眠质量》《“睡眠日”，专家教你睡个好觉》。全媒体可抓义诊中的亮点做报道，如征集打鼾王进行免费睡眠监测、举办睡眠讲座，也可根据每年睡眠日主题确定报道选题和重点。

关键词：互动

究竟如何保证正常睡眠？如何消除睡眠障碍？报台网全媒体可搞“鼾症直播”， 邀请失眠、抑郁症专业治疗病区的专家，就人们关于睡眠障碍及抑郁症方面的问题进行互动咨询。

关键词：调查

世界睡眠日，报台网全媒体可联合本地医疗机构开展“关注睡眠质量”义诊咨询活动，微信可开展有奖问卷调查。问卷调查或街头海采可做如下设计：“您平时一般睡几个小时？”“您觉得睡眠质量好不好？”“出现睡眠问题后您会怎么办？您以何种方式解决？”“早睡早起、晚睡早起、晚睡晚起、早睡晚起，您是哪一类？”“睡眠所遇到的问题有哪些？”“睡眠不好的最主要原因是哪些？”

二、实战心得

《生命的 1/3 您关爱了多少？》——人的一生中 1/3 的时间是在睡眠中度过的。世界卫生组织确定生命四要素：睡眠、空气、水、食物，其中睡眠列第一位。充足的睡眠、均衡的饮食和适当的运动，是国际社会公认的三项健康标准。由于生活的压力、情感的纠葛、噪音的污染等各类原因，失眠成为我们的心事。具体可从以下方面探讨报道推进与展开之策。

◎从宏观整体情况做报道。下面是一组好标题：《恼火得很 200 万重庆人都喊睡不好》《烦啊烦，三成市民长期睡不着》《每日上百位失眠者去医院“找睡眠”》《难入睡、睡不安、醒得早，三成市民睡出问题 谁趁黑夜“偷走”你的睡眠？》

◎从特定人群入手做报道。失眠症患者主要是哪些人群？中国睡眠研究会网络调查结果显示，失眠发生率排在前 5 位的职业人群是：医生、记者、教师、软件研发员、警察。下面

一组好标题：《专家：近半深圳人睡不好 其中以女性白领居多，女性追求完美易失眠》《睡不着觉的 有八成是白领 专家建议：连续两周无法入睡快就医》《郑州问卷调查 六成中学生睡眠不足》《来看心理门诊的，八成睡眠不好》。

◎从失眠危害入手做报道。下面是一组好标题：《呼吸障碍患者易成“马路杀手”》《失眠往往是抑郁症的先兆》《你家的宝宝经常打鼾吗？别大意 可能影响智力发育哟》《睡眠质量差 影响宝宝发育》《四成半车祸因缺睡而起》。

有资料显示，目前我国的失眠率在30%以上，睡眠障碍已成为一个突出问题。如何才能改变糟糕的睡眠质量？报台网全媒体可从以下5个方面开展报道。

(1) 澄清谬误，明辨是非。从人们普遍存在的误区切入，予以纠偏，如《专家：睡眠认识存五大误区》。

世界睡眠日告诉你，睡不着也是病，别拿失眠不当回事。下面是一组好标题：《睡不香和睡“太香”都是病》《世界睡眠日调查：五成司机开车时打过瞌睡》《今天是世界睡眠日 专家提醒：作息有常才能睡香》《每周睡觉打呼五天以上要就医》《总也睡不着 可能得了抑郁症》《开灯睡觉影响孩子视力 别让老习惯耽误孩子健康睡眠》。

(2) 科普睡眠知识。谁偷走了你的睡眠？孩子老说睡不好是怎么回事？请让孩子一次“睡”个够！下面是一组好标题：《每天睡好“子午觉” 身心健康都有益》《专家建议每天睡7小时最合适 时间过长有害健康》《打呼噜也会“打死”人 专家呼吁提防“睡眠杀手”》《打呼噜的人最好侧身睡》。

(3) 抓取鲜活典型个案，如《鼾症手术儿童 比成人多两倍》《他，吃5粒安眠药仍难睡着》。

(4) 走近特殊“不睡人”。睡眠日正值万物勃发的春天，春风熏得人欲睡。都说“春困秋乏”，但并不是所有人都能安然入睡。有多少人辗转难眠，有多少人无暇睡眠。报台网全媒体特别策划“深夜直播不睡人”，走进“的哥”“的姐”、环卫工人、小区安保人员、高铁飞机值守人等“不睡人”，听他们聊人生、生活、心里话、渴望和期盼。

(5) 举办特色活动。报台网全媒体可发起“跟我学做催眠保健操”活动，帮助大家摆脱失眠痛苦，也可用漫画全面解析“催眠保健操”操作要领，推完整版的“正确睡姿”，播发“失眠防治指南”。

【**经典案例：**《都市快报》精心策划推出“睡眠日特刊”，开发与睡眠有关的产品及医疗广告；还把一个冷门之日炒得像过节一般，隆重举办杭州睡眠产业高峰论坛，纵论“睡眠经济”，关注睡眠家居产业、睡眠健康产业、睡眠医疗产业、睡眠服务产业、睡眠科技产业等。】

第 81 章　结核病日新闻

3 月 24 日，是世界防治结核病日。我国是世界上 22 个结核病高负担国家之一，结核病患者数量居世界第二位。

一、策划要点

关键词：义诊

预防结核病，让生命更健康。关注“防治结核病日”专家现场义诊活动，相关报道如《专家坐堂支招防结核》《12 万副扑克牌宣传防治结核病》《义诊发现大学生肺结核病例》。

同样是义诊现场，有的记者关注义诊本身，如有多少医生参加？有多少市民咨询？问的是些什么问题？有的记者则关注义诊中的问卷调查，如《千份有奖问卷显示　市民不了解结核病》《“结核”问卷只有 6 人全答对》。针对现场咨询的市民寥寥无几，无法与往日高血压、糖尿病等咨询活动人潮涌动的情形相比这一现象，记者可言人所未言，如《结核病咨询台前冷冷清清》。

关键词：防治

防治结核病从你我做起。全媒体议题设置：生活中该怎样预防传染？如何防治结核病？本地专家有何建议与防治良策？

秋冬交替的时候最易发生呼吸道疾病 (包括肺结核病)，如《天气变冷，切莫忽视肺结核病》。报台网专刊专题也可搜罗本土民间土法子，如《生吃大蒜“治”好老汉结核病》。

关键词：互动

结核病日，报台网全媒体可邀请专家微直播，就公共场所感染结核问题等进行咨询互动。或者记者街头开展同题海采，如“网管患结核 我该怎么办？”“家人得结核 我们怎样防？”“得了结核病，手术能根除吗？”

二、实战心得

结核病俗称“痨病”，肺结核病最常见，占总数的 90%。记者要摸准以下情况：本地结核病防治情况如何？病发人群呈现什么变化、趋势？哪些人群是结核病流行、传播和发病的重要危险因素？得了结核病，该如何医治？享受哪些医保政策？

推荐一组好标题：《去年全市报告肺结核 7164 例》《1 名结核病患者平均传染 15 人》《结核病新患者多是进城青壮年》。

下面，我们从 6 个方面来探讨报道推进与展开之策。

(1) 动态报道，如《广东十年减少近 25 万结核病人》《我省结核病患者半数耐药》。全媒体公布各地结核病防治电话；在结核病日，可组织学生、市民在显微镜下一睹结核病菌的“真容”，如《瞧瞧结核病菌啥模样》。

(2) 防治知识。普及基本的可学可感可查的防结核知识，增强人们自发战胜疾病的信心。多数人不清楚结核病早期症状，请本地专家细说如何防治识，如《九成肺结核患者可治愈》《专家：咳嗽三周 应去医院查结核》《痰中带血快去排查结核病》。结核病应警惕“老年现象”，如《一半结核病患者是老年人》。为什么是老年人？由此引出增强营养也有助于治疗的话题，并推出结核病人防治食谱。

(3) 特定人群。关注新现象新问题，目前高中生、大学生、常上网人群、农民工感染结核明显增多，相关报道如《大学新生入校须查结核》《海淀结核病患者 半数都是大学生》《常上网者 每年至少应查一次结核》。

(4) 防治难点。事实上，结核病危害远超艾滋病，相关报道如《艾滋病与结核病成“死亡伙伴”》《糖尿病人易患结核 比常人高 10 倍》。

(5) 医疗政策，如《156 个防治门诊免费检查治疗》《结核病人可免费检查和治疗》。

(6) 典型个案。学生、白领要当心结核病，如 2017 年湖南益阳市桃江县四中暴发肺结核疫情，引发社会严重关切，如《学生患结核病传染多人 校领导称不知咋处理》。对疫情知情不报瞒报少报，该如何责任追究，可链接“传染病防治法规条文”予以阐释。治疗当儿戏，不听医嘱是“祸首”，如《医生话当耳旁风 小伙儿无药可救》。

痨病患者多贫困劳累，少人交流易被人“抛弃”。全媒记者既要呼吁关爱，同时又要注意避免传染。如何帮助，怎样和结核病患者打交道等，都是可以展开报道的。

第 82 章　抗疫新闻

瘟疫是各种传染性疾病的总称。2020 年，新型冠状病毒肺炎疫情肆虐全球，已累计确诊一亿多人，数百万人死亡。经过艰苦卓绝的努力，武汉保卫战、湖北保卫战取得了决定性成果，全国疫情防控阻击战取得重大战略成果，书写了一部可歌可泣的抗疫史诗。

当前，境外疫情暴发增长态势仍在持续，我国外防输入压力持续加大，国内个别地区出现聚集性疫情，新冠肺炎疫情还有很大的不确定性。抗疫宣传报道还将持续下去，故很有必要研究抗疫新闻宣传的特点和规律。

一、策划要点

关键词：抗疫动态

重大疫情发生后，全媒体要及时准确报道党中央国务院重大决策部署、重要新闻发布会、各地各级疫情防控指挥部防控处置措施等，省市县主要领导的会议、调研、活动等。准确发布最新疫情通报。深入报道患者救治、物资供应、民生保障、出行安排等。关注执法部门严打涨价风潮，曝光假冒伪劣、胡作非为，以及给疫情防控“添堵”的言行。

关键词：防疫一线

“疫”路前行，记者是“战士”，要与同行竞技，展现报道水平；记者是“逆行者”，要深入一线，讲好战疫故事。深入医院、社区、村镇、市场、工厂、车站、机场、码头、高速路口等疫情防控一线，各条战线，以及“停不得”的企事业单位，报道既抓群防群控，又报生产生活有序运行的措施、行动、亮点。

记录“逆行”而上的医务人员、勇挑重担的基建人员、蹲点值守的下沉干部、冲锋在前的社区工作者、不畏艰险的环卫工人、守护关卡的人民警察、一呼百应的志愿者、不求回报的热心市民等，讲述他们暖心的小故事，给人以勇气和信心、智慧和力量；开设若干专栏，如《党旗在“疫”线高高飘扬》《战疫先锋》《战“疫”有我　志愿同行》《青春闪耀抗疫一线》等。

比如，《荆州日报》策划“我看不清你的脸，但我知道你为了谁”系列报道；《没有他们的负重前行，哪有我们的岁月静好》，捕捉那些值得记忆的战疫瞬间，全面记录“疫线面孔”。

关键词：战疫英雄

防疫的每一个瞬间都有可能是新闻，每一个人物都有可能成为亮点，但不是每个人都能成为典型。全媒体要深入挖掘最美“逆行者”，捕捉大事件中的英雄人物。比如，并肩奋战的医护伉俪、勇于担当的戎装天使、因公殉职的人民警察、抗疫父子兵、与病毒作战的疾控检测专家……他们是新时代最可爱的人。报纸、电视惯常用新闻特写、系列报道来讴歌战疫英雄，展现他们勇挑重担、舍生忘死、践行初心使命的崇高精神。报道要找到戳中泪点的细节，用温暖和感动照亮至暗时刻。比如，《人民日报》的通讯《用生命谱写英雄的壮歌——追记武汉市武昌医院院长刘智明》。抗疫典型人物的报道方法详见本书“典型人物新闻”章节。

今天，有别于传统的推典型套路，抖音短视频、电子海报等新媒体手段效果极好，许多抗疫人物一经推送瞬间成为网红。

在记录英雄凯旋时，有的报纸以头版通版报道，有的报纸推出特刊，甚至报头下沉致敬英雄。

关键词：科普辟谣

大疫突生，信息井喷，真伪难辨。造谣一张嘴，辟谣跑断腿。让真相跑赢谣言，阻击“信息病毒”最好的“疫苗”就是及早公开，善加引导。一是抓住舆情应对“黄金两小时法则”，用“权威发布”和“记者直击”，澄清谬误粉碎谣言。积极开展国际舆论斗争，有力回击国际势力抹黑造谣。二是创新科普宣传。报纸刊登防控科普知识专版，剖析病毒传播途径，纠正人们认识误区；微信推疫情防控系列漫画；抖音推时长一分钟的微科普视频，解读防控重点要点。三是揭露防治伪招。科普宣传要用公众能听懂的词汇解释医学问题。像网红医生张文宏教授那样，总是做专业解说，从不用晦涩的医学词汇。

关键词：捐赠援助

一方有难，八方支援。报道海内外爱心捐赠、慈善义举和医疗援助，讲述每一个大义大爱背后的动人故事。品味防疫物资外包装上的慰问金句，解读其文化内涵、渊源故事。微信以海报长图滚动刊发捐赠榜单。全媒体报道爱心物资送达转运分发情况。对于大额捐赠行为，为确保信息真实可靠，记者要请对方提供捐款发票照片。媒体积极策划公益捐赠行动和爱心助农采购帮扶行动，开展医院车站码头送口罩活动。

二、实战心得

疫病暴发，全民迎战，举国出征。湖北封省封城封乡封村，世界瞩目。

2020 年 1 月 23 日，腊月二十九，武汉封城，至解封共 76 天。2 月 23 日，习近平总书记出席统筹推进新冠肺炎疫情防控和经济社会发展工作部署会议并发表重要讲话。回顾前一段时间的工作，习近平谈了 7 个方面，其中第六个方面是提高新闻舆论工作有效性。他强调，“提高新闻舆论工作有效性”是事关全局的重要因素。

新冠肺炎疫情，是新中国成立以来传播速度最快、感染范围最广、防控难度最大的一次重大突发公共卫生事件；是继 2003 年非典之后，中国遭受的又一场惊天灾难。这是一场没有硝烟的人民战争，不仅是一场抗疫大战，也是一场信息大战、舆论大战。同一个战场，不同的战线。对于各行业各地区各单位，这都是一场大考。

疫情发生后，党政军民共克时艰，工农商学齐上阵，打响了疫情防控的人民战争、总体战、阻击战。全国各地启动战时宣传报道机制，成立战时舆论宣传领导小组。党和政府主办的媒体是一支没有番号的部队，迅即组建全媒体报道兵团，制订“众志成城 抗击疫情”特别报道方案，开展全媒体、全天候、全方位抗疫宣传。全国各大媒体记者尽锐出战、奔赴湖北抗疫前线，比如，新华社派出上百人，澎湃新闻派出 17 名记者。全国媒体打了一场移动化、可视化、智能化的融媒传播战，交出了一份满意的全媒战“疫”答卷。

【**经典案例：**武汉广播电视台启动战时宣传机制。全台 3 个电视频道资源按照项目制整合，统一主题、统一呼号、统一包装、统一背景、统一编辑部。武汉新闻综合频道从 1 月 29 日起调整为疫情防控专门频道，全天候滚动播出疫情防控新闻，每天推出 5 档直播新闻节目和3档录播节目，疫情防控新闻节目总时长210分钟。武汉经济频道、武汉外语频道与武汉新闻综合频道并机播出，形成特殊条件下的一体化运作。湖北广电网络全面启用省、市、县、镇、村五级应急广播终端，政令畅达，村村同响。】

千万人口城市停摆，一度出现防疫物资告急、医护床位告急、市场供应告急等诸多恐慌情况。面对海内外空前关注的目光、面对正在滋长的恐慌情绪、面对瞬息万变的舆情发展，加强舆论引导工作，万分紧迫。

反观本次疫情报道，暴露出许多问题。一些媒体本是引导舆情的却引起了舆情，被推上风口浪尖。比如，湖北一记者公开呼吁“武汉换帅”；武汉某报《流产10天后，武汉90后女护士重回一线》被批无人性；患者11字遗言被某报“核减”为7字；陕西某报竟让出生不到20天的双胞胎开口说话“妈妈去哪了”；贵州某台官微援引自媒体信息捏造高福院士涉嫌违纪违法被中纪委审查而公开致歉；院领导与援鄂归来医护合影“抢镜”，河北某些媒体违心辟谣。诸如此类，折射的是媒体引导能力欠缺，舆论工作失效问题。

如何提高抗疫新闻舆论工作的有效性？

疫情是战争，要研究打法，既要敢打，也要巧打。党媒是抗疫宣传的主力军、主渠道、主阵地，不仅要当好“大喇叭”，也要成为舆论场里的“防护服”“消毒剂”。党媒是主角，关键时要“主动”，即主动预判舆情，主动设置议题，主动回应关切，主动提供解决方案。疫情报道千头万绪，前方情况错综复杂，“点多面广战线长，人少事多任务急”。要根据疫情防控进程和各阶段重点任务，强策划，抓重点，展特色，挖亮点。

“H5N1、H7N9、新型冠状病毒，重大传染病影响一个地域，甚至全国、全球。”疫情期间，全国很多读者来电来信，对我论述重大传染病报道中的这句话很是吃惊（详见《新闻策划实战宝典》第288页，ISBN为978-7-5351-9277-6)，真可谓一语成谶啊！他们问我“怎么七年前你就知道新型冠状病毒？为什么不是肝炎流感或者其他什么病毒？怎么就知道其危害如此之大？”

我不是预言者，也没想到新型冠状病毒如此可怕，危害如此严重！而之所以能作出这个认知，得益于此前大量的科技阅读和信息收集。普利策有句名言：“记者是站在船头的瞭望者，他要在一望无际的海面上观察一切，审视海上的不测风云和浅滩暗礁，及时发出警告。”我想，发现冰山、提前预警，应该是新闻记者的必备能力吧！

作为非典、新冠肺炎疫情报道的亲历者，我们结合全国主流媒体的经验做法，来管窥有效做好抗疫新闻报道的路径和方法。

◎讲好中国抗疫故事。报道党中央重大决策部署，讲好疫情中感人肺腑的中国故事，强信心、暖人心、聚民心，汇聚共克时艰的磅礴力量。比如，北京电视台消息《子夜大转移——小汤山医院收治首批非典患者》获中国新闻奖二等奖。报道爱心捐助八方支援，众志成城守望相助。要小切口、故事化，借事说理、寓理于情。关键时刻发出关键声音，重大事件彰显重大作用。围绕重点节点热点发声，“战疫快评”能起到“风向标”“定盘星”“稳压器”的作用，如《大理，你“欠理”了！》《面对疫情，请戴好你的“心理口罩”》。报道要有震撼心灵的金句，表达一个地方一个单位一个人物的态度和情感。比如，“我是党员，我先上”“我们不顶上，谁顶上”“疫情不退，我们不回”。通过外国人亲历的中国抗疫、“以小见大”的故事彰显民族精神、中国模式、中国力量、中国自信。新华报业传媒集团与江苏省外办联合推出“疫情译报”，用中、英、日、韩4种语言向世界播报最新疫情信息。

◎反映战疫生死较量。大疫面前显担当。病患隔离并不等于新闻隔断，在确保安全、不给抗疫添乱的情况下，全媒记者穿上防护服，深入战疫最前线。实地探访疫情风暴眼，对话

医护，连线患者，搞“微直播”，策划“战疫日记”，用视频影像记录英雄的城市英雄的人民，展现他们的勇敢无畏、乐观坚强、淡定从容、温暖感动，展现医患双方战胜疫情的信心，从而提神鼓劲安定人心。真实呈现ICU病房里的悲怆与奇迹。报道那些不幸罹难的患者，“别烦妈唠叨，日子要精打细算过”“我的遗体捐国家”……他们带给这个世界最后的爱与温暖，让国人泪满衣襟。

探访隔离点、方舱医院、ICU、医疗废物处置中心，风险极大，怎样开展全媒报道？首先要解决沟通协调配合问题。由值班总编发起建立临时报道战斗群，任务完成微信群自动解散。把前方记者、三微编辑、客户端首页编辑、版面编辑及当天值班部主任拉进群，各类稿件均通过群传送下载。前方记者全副武装采集，现场语音播报，后方客户端、微博值班编辑图文更新，滚动推送；微信微视编辑将之整理加工和制作标题，强国号、人民号、现场云、抖音、头条号编辑同步推送，其他媒介编辑再接着对内容进行开发和包装。

疫区采访，很多设备受限，怎么办？可用小型化设备。运用“一镜到底”，先把所有场景不间断地拍下来，除了为新闻发稿提供画面，还为下一步搞纪录片生产收集素材。给手机贴上层层保鲜膜，一部用来拍画面，一部用来录声音。也可请医护和患者拍摄回传。

◎搞好全媒直播互动。时值春节，报纸停刊，新媒体大显身手。众多媒体24小时值班，重要疫情信息实现“秒发”。各媒体根据战疫阶段性重点节点，开展直播报道。

直播什么？从各级疫情防控新闻发布会到具体防控措施和科学防护知识讲授，均可直播。推出“探访”系列，对各地患者检测、确诊、收治以及医务人员工作、生活情况，爱心物资分配分发以及疫区百姓生活，进行全方位、立体化的直播。同时，以公众需求为导向，针对性地回应公众诉求，以央视《新闻1+1》直播连线为例，主持人白岩松每天连线相关领域权威专家解读当天公众关注热点，尤其对微博热搜中备受关注的话题作出及时回应，充分满足人们对疫情信息的需求。

用好用活第三方账号平台。在微博、抖音、快手、微视等社交媒体和短视频直播平台上开展全程直播。邀本土社会名流搞亲子、书法、绘画、音乐、心理、武术等直播课堂；邀本籍明星参与直播，聊疫情防护、康体健身、美食养生等各类接地气的话题。积极与省外和上级媒体合作，开展现场视频连线与图文视频推送。还可搞同题海采，如疫情结束后你最想做什么？

【**经典案例：**央视频App推出“疫情二十四小时”专题，24小时不间断播出武汉雷神山、火神山两家医院建设施工画面，让全体网民作为“云监工”参与到医院建设全过程，直播开通不到3天，累计访问量超过2亿。人民视频5G“围播”口罩厂、消毒液等抗“疫”物资生产线，还把直播节目拆分成更多的短视频，火爆全网，如《100秒延时拍摄火神山全纪录》《十天十夜，雷神山医院建设超清延时摄影全记录》。】

不同于传统新闻直播，慢直播无剪辑、无解说、无任何加工，毫无修饰地提供全过程、全时段、全场景的内容，具有极强的真实性、公开性和现场感，可以有效调动公众参与的积极性。

◎创新疫情防控宣传。疫情防控要防止人传人，而新闻传播要做到人传人。要创新表达，比如微信以各地美食对热干面的祝福来表达全国人民对武汉人民的祝福。福建、宜昌两地媒体以两地山水、人物为镜，以古体情诗、楚辞进行唱和，书写了“宜建”钟情、“福运”昌盛的抗疫佳话。想法独特，形式新颖。要激发共情，比如“你是我最牵挂的人”，医护手持手机照合影，手机照是他正在治疗的患者。全景“战疫”，创意开发各种可视化产品，以探访直播、全景航拍、视频音频、组图海报、长图插画、创意沙画、vlog、MG动画、手绘、动图、弹幕、表情包、视频彩铃、游戏答题等融媒体手段，打造抗疫宣传爆款。比如，“新华社记者武汉 vlog 日记”，带领受众身临其境走进抗击疫情现场。央视原创微视频《向黎明出发》，气势恢宏，播放量逾亿。湖北广播电视台策划的抗疫城市宣传片《武汉莫慌 我们等你》，被翻译成 10 种语言，面向世界传播。《武汉保卫战》《武汉 24 小时》等短视频爆红。网站、客户端开设抗疫专题，开设“问诊咨询”“医院救助”等多项实用功能，形成省市县一体联动的宣传格局。大众日报社客户端策划“发往前线的家书”活动，面向社会各界征集给战疫前线医护人员的信，极大地鼓舞了一线医护工作者的士气。

【**经典案例：**漳州市龙文区融媒体中心“龙文融媒”抖音号“无人机喊话”系列短视频爆红，如《小情侣不戴口罩被无人机喊话》，主播以接地气的闽南语和普通话交替进行的方式，用生活化的口吻进行“高空”喊话，劝导市民戴口罩、少出门。】

一个新闻发布会，信息量很大，怎么搞短视频？答案是切条发布，形成多个系列。今天，在海量信息中想要抓住用户的兴趣，有趣的视频传达和视觉设计变得十分重要。

多事之时，大争之世，媒体要勇于探索，搞先行之作、创新之举。一些媒体抗疫报道用 AI 赋能，研发自动抓取疫情防治大数据，实时更新疫情地图、疫情走势图，等等。

【**经典案例：**封面新闻自主研发疫情咨询机器人，用户只需要跟小封机器人聊天，就能全面、准确地了解疫情，查找附近确诊病例、口罩佩戴方法、感染症状、同程患者等实用信息，在了解疫情动态的同时，帮助其更好地进行自我防护。】

◎及时回应民众关切。关注防疫期间人民群众最关心、最直接、最现实的生活、出行、学习、工作等民生问题。社交媒体带来“后真相”时代，消除公众疑虑，驱散戾气和焦虑，有效化解舆情，可从三个方面着力：一是有问必复，有求必应，“你问我答”及时将问题反馈给有关部门，每天刊发回复处理情况；二是“疫线对话”积极引导，邀救治专家组长、心理卫生专家、儿科医生、中医专家、疾控专家、社会学家、传播学家、法学家、民俗学家等，就当前疫情处置和热点问题，或向政府建言献策，或对民众进行心理干预，或对当前疫情提供各种社会科学解释和解决方案；三是打造疫情求助信息网络平台，解决人民群众、中小企业和社会基层的难题。

◎聚焦复产复工复苏。城市重启，万业复苏。全媒报道展现浴火重生，归来如往。媒体要统筹做好医疗救治、社区防控、复工复产、返岗返乡等宣传，为夺取疫情防控和实现经济社会发展目标双胜利营造良好的舆论氛围。策划全媒记者探复产复工大型系列报道，看电商 30 强、制造业龙头 30 强、科技小巨人 30 强等化危为机、逆势奋进的情况。电视及新媒体举办“云招聘”，邀人社部门和企业通过直播平台发布用工需求、工资待遇、相关政策等。报纸及新媒体发起“千企万岗征集公益行动”。

【**经典案例：**“新花城”客户端与广州市职业能力培训指导中心联合搭建推出“技能课堂”，为劳动者提供线上免费学习平台，市民宅家跟随视频学习粤菜师傅、工业机器人、养老护理、创业培训等职业技能。】

关注“吃、游、看、学、运”等受严重冲击的行业，打探本地旅游、电影、酒店、影视、展会、交通运输等市场主体的转型突围。携手共渡难关，全媒体策划助力经济复苏公益行动，拿出免费广告资源帮扶受冲击企业客户，邀政府官员、网红主播开展免费直播带货。

◎风月同天，文艺战疫。文艺是时代心声。面对重大事件特大灾难，文艺创作者不能置身事外。通过全媒体策划、组织红色文艺轻骑兵、社会各界投入抗疫文艺创作，给人民以慰藉和力量。一是报台网全媒体根据自身特点，策划相应的抗疫系列公益广告。二是全媒体搞诗歌、散文、报告文学、书画、广播剧、朗诵、方言短视频以及说唱快板、故事汇等曲艺征

集活动，推战疫组歌原创MV，邀本土明星接力录制视频为战疫加油。征集民众展示宅家报国、幽默乐观的短视频，此举能很好地消解疫情带来的恐惧和压抑心态。三是推特刊专题缅怀抗疫英烈和罹难同胞。

◎回眸抗疫，深刻反思。全面记录重大事件，为历史留下印迹、为民族珍藏回忆。盘点战“疫”最紧张的“上半场”，思考疫情防控常态化的“下半场”。盘点报道大有讲究，盘点各地各部门抗疫行动，策划抗疫英雄“列传”系列，展示救援医疗队风采。

【**经典案例：**北京日报报业集团打造金属“号外纪念版”，由两个版面组成，一个是《北京晚报》头版整版报道北京援鄂医疗队凯旋的版面，一个是北京日报社客户端为每一位队员制作的个人海报，让138名医疗队员人人上头版、上头条、上号外。】

备忘一段闪光的战“疫”历史，珍藏一份难忘的战斗记忆，留存一册城市的成长档案。

【**经典案例：**《郑州晚报》推116版特刊《战疫郑能量》，记录郑州各条战线“疫”实录，其中：《天使之翼》致敬逆行医务工作者；《城市之盾》致敬基层工作者；《都邑之光》致敬社区乡村工作者；《为商之道》致敬企业界慈善大爱；《绿城之春》致敬山河无恙，人间皆安。】

总结经验，吸取教训，反思疫情暴露出来的短板、漏洞、弱项，细说疫情之后发生的巨变。《楚天都市报》曾推“非典启示录”特刊，对非典反思，邀专家学者就文明习惯、职业道德、医学观、公共卫生等问题进行系列探讨，促进社会化危为机。

【其他传染病】

传染病无处不在。常见的传染病有：儿童腮腺炎、幼儿手足口病、血吸虫病、艾滋病、肝炎、流感、肺结核、风疹、结膜炎、水痘、猪牛羊口蹄疫、猪蓝耳病、鸡瘟、禅虫叮咬、禽流感等，种类之多，波及面之大，不可不察。

一些传染病属季节性高发，且多集中暴发于某个区域或某类群体，很少全国范围内暴发。常见诸媒体的有：冬末春初腮腺炎，春季红眼病，炎夏血吸虫病、禅虫致死，夏秋时节幼儿手足口病，春秋猪牛羊疫病，冬季流感、禽流感等。疫情就是命令，报道即使命。报台网全媒体要关注这些传染病的病症、并发症、检测、诊断、预防、治疗、疫苗、不良反应，以及影响。

遵守相关的报道纪律。动物疫病宣传口径须经畜牧部门审定，不得随意滥报，因为会引发广大农村的养殖灾难以及市场供应紧张与物价剧烈波动。涉及学生传染病的报道，宣传口径须经疾控部门把握，就事论事，在标题制作和稿件表达上客观理性。

记住，但凡传染病患者和疑似患者，未经许可，不得曝光其隐私，如姓名、住址、单位、肖像，可以适当做马赛克处理。

【预防接种】

疫苗接种无小事。4月25日是全国儿童预防接种宣传日。

围绕接种日的年度主题做动态性报道，如《今年我省儿童重点预防乙肝和麻疹（副）　未接种乙肝疫苗者　快去补种（主）》《今起，宝宝免费吃糖丸》《全市20万儿童免费接种脊灰疫苗（主）包括新居民子女　千万别忘第二轮（副）》。城市外来儿童是接种重点、报道重点，这体现了一个城市的包容心和爱心。

◎普及科学知识。接种日，预防接种一个不能少，如《孩子身体再好也要预防接种》《打五针，儿童不生七种病》《从出生到6岁 孩子可享22针次免费接种》。很多人以为接种只是小孩的事，其实成年人也需要，记者要挖这样的典型个案。

◎关注疫苗安全性。疫苗安全，关系亿万中国家庭和孩子的命运。近年来“问题疫苗”事件层出不穷，轻者如《数十孩子打完疫苗上吐下泻》，重者致家破人亡。2018 年吉林长生生物疫苗造假事件惊动党中央。报台网全媒体要有勇有谋抓这样的疫苗事件做舆论监督，深挖病因，细陈问题疫苗给孩子及家人带来的痛苦，帮弱势群体维权。近年来，各种刷屏的舆论事件，很多是由自媒体引爆的，轮番激战后，传统媒体跟进报道、打扫战场，值得反思。

接种疫苗有禁忌，哪些情形不能接种？接种后不舒服怎么办？结合热点事件，全媒记者可采访本地疾控专家，通过对生产、运输、储存、使用的全过程解析报道，揭开疫苗面纱，让民众安心放心。

◎抓热点问题。接种日关注“天价疫苗”现象，如《打疫苗社区医院爱推荐贵的》。调查“天价疫苗”到底有哪些特效。

◎关注疫苗领域新发现、新成果。揭秘疫苗出笼过程，聚焦一些战斗在疫苗战线的科研专家。

第 83 章　哮喘日新闻

从 1998 年起，每年 5 月第一个周二是世界哮喘日。哮喘是近年来引人关注的全球公共健康问题，也是儿童期最常见的慢性疾病，如不积极治疗，儿童哮喘中约 1/3 至 1/2 的人可迁延至成人。

一、策划要点

关键词：义诊

下面是一组好标题：《明天　市民可免费咨询哮喘防治》《哮喘日 10 家医院有义诊》《哮喘讲座邀您免费参加》。

关键词：活动

报台网全媒体可发起举办特色公益活动。如《厦门日报》的消息《5 月 1 日，专家教您防哮喘　本报健康学校再“开班”》，厦门日报社健康学校联合医院、医学会举办纪念世界哮喘日宣教活动。

二、实战心得

哮喘，日常预防很重要。报台网应结合哮喘日主题做报道。此外，可从“新趋势”“病因”“治疗手段”“患者生活故事”等四大“点”切入报道。

(1) 数字背后。同是哮喘日，不同记者视角不同，第一位记者采写《宜昌 100 个儿童中 4 人患哮喘》，报道侧重点在儿童。第二位记者则除了上述信息，还涉及成人，标题为《儿童哮喘发病率上升 成人哮喘女性占 6 成》。第三位记者还看到了《哮喘儿 10 年增 1.6 倍 》，不仅是数字的呈现，更做了数字的比较，看到了趋势，发出了强烈的警告信号。小咳嗽也出大新闻，《武汉晚报》的消息《看个“咳嗽”要掏 1065 元》获中国新闻奖一等奖。

(2) 病因探究。下面是一组好标题：《小孩得哮喘病，宠物狗竟是罪魁祸首》《尾气成儿童哮喘新病因》《四岁童咳嗽半年老不好　原来毛绒玩具是元凶》《营养不均衡易患哮喘病》《阴霾天气致哮喘高发》《远离哮喘，从控制过敏开始》《室内空气差　哮喘找上门》。

(3) 问诊治疗。让“喘友们”享受正常吃动睡行，这是我们做报道的初衷。可做 4 个方面的报道：一是传递信心，如《欢畅呼吸，哮喘是能够控制的》；二是普及急救，请本地专家支招；三是揭批现象，如《哮喘患者规范治疗的不足一成》《哮喘患者撤回自停药 一月被撂倒 3 次》；四是科学治疗，如《哮喘患者　每月做评分监测》，报道最新的治疗手段和成果。

(4) 提醒忠告。春末夏初提防哮喘，当心哮喘“趁花而入”如《别把哮喘当成气管炎》《长时间咳嗽不止　查查是否患了哮喘》。

第 84 章　爱眼日新闻

6 月 6 日，是全国爱眼日。眼睛是心灵的窗户，阿拉伯数字“66”看上去很像一双眼睛，也很像一副眼镜，据说这是“全国爱眼日”定在 6 月 6 日这一天的用意所在。

世界爱眼日是每年 10 月的第二个星期四，旨在唤起全球重视盲症、视力损害及视力受到损害者的康复问题。

一、策划要点

关键词：义诊

通过义诊发现，处于眼睛“亚健康”的人越来越多。手机、电脑、电视和人们的日常生活密不可分，由此造成的各种眼病、干眼症，已成为困扰人们的高发眼病。义诊相关报道如《“全国爱眼日”专家免费义诊》《我们上门免费帮您看眼病》。

关键词：护理

报台网全媒体可请专家讲慢性眼病防治，分析其病理病因，并提供相应的治疗建议，相关报道如《重庆眼健康调查出炉 8 成网民都是近视眼》。

关键词：活动

全国爱眼日之际，金华日报社发起“爱眼日邀你体验盲人生活”活动，征集爱心市民，让市民通过现场体验盲人的生活，感受黑暗中触摸的艰辛，体悟人间温暖与光明。

为帮助贫困大学生减轻负担，泉州晚报社开展爱眼日大型公益活动“擦亮心灵的窗户”——爱眼日百付眼镜赠学子活动。武汉媒体推出“爱眼日爱心行动——为白内障患者送光明”活动，眼科医院拿出 8450 个免费白内障手术名额，在 6 月 6 日爱眼日来临之际，为白内障患者免费手术。

【**经典案例：**《本报 10 万视力表免费送》——《华西都市报》在全国爱眼日这天，联合眼科医院，印刷 10 万份标准精美的视力表，随报赠送给广大读者。】

二、实战心得

党中央、国务院高度重视儿童青少年近视问题，习近平总书记就学生近视问题做出重要指示精神，全国成立综合防控儿童青少年近视工作联席会议机制，教育部规定每年 3 月和 9 月为近视防控宣传教育日。这是我们做好预防近视和爱眼报道的根本遵循。

报台网要结合爱眼日主题做专题策划，围绕三大关键词：爱眼、养眼、护眼。其报道模式：①一个特刊专题；②一个全媒互动；③一个公益活动。

◎特刊专题。从青少年、成年人、老年人如何护眼，眼药如何使用、图解眼保健操，推介准分子近视手术，讲解隐形眼镜护理，展示本地知名眼科知名眼镜店，为粉丝奉献一套眼睛护理完全手册。这样既科学实用，又开发广告。

◎全媒互动。提前征集爱眼、养眼、护眼等问题，邀请专家做客本报（台、网）“新闻会客厅”。

◎爱心公益。《海峡都市报》联合眼科医院发起组织“健康校园•爱眼行动”，向中小学校、幼儿园捐赠视力表、科普挂图、科普手册，让千余所教室挂上视力表。

此外，还可以从以下 9 个方面开展报道。

(1) 护眼问题。知道眼睛很重要，不知如何来爱护。下面是一组好标题：《预防近视从孕妇保健做起》《“全国爱眼日”眼科专家提醒：滥用眼药水可能致盲》。

(2) 眼镜质量。如何配镜？如何挑选太阳镜？如《近七成中学生佩戴不合格眼镜》。爱眼日，记者走访街头，如《小摊上“美瞳”“岔”着卖 网络上半数产品质量无保证》。

(3) 特殊年龄。1 至 3 岁儿童最易遭受眼外伤，被桌角撞伤、玩具伤、注射器伤等，记者可到眼科抓几个新近案例做报道。关注本地实施的“贫困患者免费复明”工程。

(4) 预防问题。如报道《多数学生做眼保健操找不准穴位》，用漫画和视频影像图示眼保健操的全部套路。专家建议，办公族电脑前操作时间不要太长，在电脑前工作一小时后就要停下来，看看窗外风景，让眼睛得到休息，如《今天爱眼日 别让不良习惯熬“干”眼》。

(5) 社会现象。高科技促进社会的进步，但同时也带来新的社会问题和社会现象，如《“电脑狂人”眼睛干涩模糊》。一些近视市民选择在爱眼日做准分子激光的方法告别近视，媒体发出警示：《激光治疗近视不能一“切”了之》。

(6) 手术治疗。报道老人们免费接受白内障摘除手术，如《数十名白内障老人“爱眼日”“开眼”》。

【**经典案例：**黑龙江电视台电视直播《万里追光明》获中国新闻奖一等奖——黑龙江省援藏光明医疗队奔赴西藏，为藏族同胞免费进行白内障手术。大庆医生把几乎双眼失明的孩子接到了万里之遥的黑龙江。黑龙江电视台、新华社、大庆电视台用电视直播，连接哈尔滨、大庆和西藏的三个现场，展现医生做手术的过程，以及手术成功的感动与喜悦。】

(7) 捐献眼角膜。重磅报道这样的人间大爱典型，如《她那双会笑的眼睛留在世间温暖他人》。为什么要捐？去挖掘其中朴素的人生观、价值观。子女什么态度？捐要什么途径？哪些手续？签哪些法律文书？受捐者要具备什么条件？本地角膜盲患者有多少人？登记的志愿角膜捐献者有多少人？

比如，《克拉玛依日报》的通讯《最彻底的捐献——赵虹雁一家四口志愿捐献遗体和眼角膜的故事》，《南国今报》的消息《姜启禧捐赠眼角膜和遗体后，他的家人认为——“他只是去外地做好事了”》，均获中国新闻奖三等奖。

【**经典案例：**《安徽日报》的摄影作品《传递光明》获中国新闻奖一等奖。女记者 24 小时连续跟拍了眼角膜获取、移植的全过程，见证逝者的无私大爱和失明者重见光明的欣慰。郑州晚报社“冬呱视频”短视频专题报道《我捐了心肝肺肾眼角膜，他们帮我圆篮球梦》，获中国新闻奖二等奖。其讲述了 5 名器官受捐者（由 16 岁少年叶沙捐赠器官）为了帮助叶沙圆梦，组成篮球队，走进 WCBA 全明星篮球赛场，揭示了生命延续工程的深刻意义。】

(8) 紧扣当前。爱眼日正值高考前一天，可在高考前后做相应报道，如《备战高考生视力下降迅速 医生：考后赶紧换眼镜》。

(9) 医疗人才。报道本地眼科医生的人才状况，以及眼科治疗新的技术手段，如《每 3 万人才有 1 名眼医》。

第 85 章　献血日新闻

6 月 14 日，是世界献血日，亦称世界献血者日。之所以选中这一天，是因为 6 月 14 日是发现 ABO 血型系统的诺贝尔奖获得者卡尔·兰德斯坦纳的生日。

一、策划要点

关键词：告急

近年来，报台网全媒体对紧急寻找稀有血型的救命报道比较多，如《血库“贫”血　全线告急》。吉林广播电视台广播直播《江城总动员，急寻“熊猫血”》，将爱心总动员通过电波演绎得生动又不同凡响，获中国新闻奖二等奖。央视消息《热血情深——北京赈灾献血日活动》，苏州广播电视总台、江苏广播电视总台共同作品《生命相髓》电视专题，均获中国新闻奖二等奖。

关键词：典型

献血会伤身吗？持这种观点的人大有人在。报台网全媒体要用先进典型的故事来影响和促进民众加入献血大军。“每位献血者都是英雄”，全媒体可推系列报道或新媒体海报，集中展示无偿献血先进典型事迹。其报道模式：①人物图片；②人物简介；③主要事迹(初次献血、动机、缘起、身体影响、多次献血经历)；④献血感言。相关报道如《男子无偿献血 20 年　总量可抵 20 余成人全身血量》《残疾人 8 年献血 27 次　总量相当于人体全部血液》。

关键词：活动

点点滴滴爱，涌动在三峡。《三峡商报》每逢情人节都会推出“热血见证我们的爱情”大型献血活动，已形成宜昌爱心公益品牌，如《结婚纪念日成无偿献血日——他们以这样的方式纪念爱情》。

二、实战心得

山不在高，有仙则名，城不在大，有爱则灵。无偿献血，拯救生命，献份爱心。由于车祸频发、手术抢救等，献血是一年四季都要抓的急事大事。报台网全媒体每年要抢抓“时机”“节点”，集中做几件有影响的爱心报道。

◎宏观层面。本地无偿献血的总体状况，在全国全省是怎样的水平？多大的献血队伍？如《昨日是第六个世界献血者日　中山人 11 年无偿献血 73 吨》《厦门每年近 5 万人无偿献血　上万病人因献血者获救》。

◎献血动态。无偿献血，生命因你而延续。记者直播献血日现场，捕捉感人画面，如《世界献血日　市民冒雨捐血》《世界献血日　风雨难挡市民献血热情》。

报台网要积极回应人们关切：献血如何保证安全？全媒记者要对血液采集、处理、保存、使用各环节全记录。

◎血荒现象。面对“血荒”频现，如何报道？以报道《血液库存进入历史最低，A、O型血液连续三个月处于红色警戒——（引）江城血荒，逾三成手术被迫推迟（主）》为例进行分析——主消息是记者采访了武汉血液中心负责人，了解了血荒的基本情况、血荒带来的影响、武汉各大医院在血荒情况下做手术的情况，分析了造成血荒的原因，比较了最近几年血荒的数据，提出了长远解决血荒的构想。相关组合稿有：《患者心声——真不知道还要等多久》《紧急应对——择期手术尽量推到3月中旬》《现况——A、B、O型血告急！》，新闻链接《全国多个城市闹“血荒”》，主图是放献血车旁的血情公告，压图标题为《血荒！心慌！》。

◎深度思考。血荒年年有，如何缓解越来越严重的“血荒”问题？“血荒”真成“顽症”？要用评论加以引导。献血新闻常出大奖。衡阳电台系列报道《无偿献血者为何不能免费用血？》，获中国新闻奖三等奖；《贵阳晚报》的通讯《输血50ml 扔掉150ml》，获中国新闻奖二等奖。

2010年受学生放假影响，昆明等全国多地现“血荒”，《三峡商报》迅速落地，记者探访宜昌“爱心血”流程，发现宜昌的献血主力是公务员和职工，不同于其他地方献血大军是学生，深度揭示了“血荒”的真相，推出重头报道《多地“血荒”，宜昌不慌！》，起到了稳定人心的作用。

第 86 章　肝炎日新闻

7 月 28 日，是世界肝炎日。全球目前约有 5 亿乙肝病毒 (HBV) 携带者，每年有 100 万至 150 万人死于乙肝相关疾病。HBV 可通过血液途径、母婴途径、性接触及生活密切接触等方式传播。人体感染 HBV，可导致急性或慢性乙型肝炎、肝硬化，甚至原发性肝癌等疾病。肝炎日旨在共同关注肝炎对人类健康带来的重大威胁与危害。

一、策划要点

关键词：义诊

肝炎日肝病义诊，各大医院免费咨询——《肝炎日市民“没病找病” 专家赞意识超前》。肝炎日，免费检测肝功能、免费测丙肝。报台网全媒体可搜集本地医疗机构义诊信息，如“全城 12 家医院免费测肝功”，集中打包，整合信息，播发新闻。全媒体可和医疗机构举办“健康大讲堂”直播肝炎课。

关键词：养肝

世界肝炎日，推出夏季养肝指南。报台网可推“养肝宝典”大型特刊或专题，全面解析肝病病因、传播途径以及防范指南；推荐“养肝圣经”；展示本地治肝名医名院名药名诊所，公立、民营齐登场，晒实力。报道上要注重实用性、指导性，如“中医告诉你最易伤肝的 5 类药”“肝脏恶化的十大征兆”。一册在手，养肝悠悠，用图表和漫画优化版式。

关键词：活动

肝病患者需要关爱，年轻患者会遇到情感、婚恋、心理等问题，值得引起社会重视。世界肝炎日，报台网全媒体可联合机构举办“肝友相亲会”。

二、实战心得

民间有句俗语，叫“心肝宝贝”，这说明心脏和肝脏是人体最重要的两大器官。但是，一般人对肝脏疾病不够重视，即使通过检查发现呈阳性，也往往不以为然，认为不必就医。

肝炎日，报台网全媒体报道可做如下设计。

(1) 整体状况。深入了解本地肝病患者总数是多少？男女比例怎样？职业状况如何？地区分布情况如何？患病年龄趋势是怎样的？如《本市乙肝病毒携带者 125 万人》《10 个体检者 4 个脂肪肝》。

(2) 防范传播。除了吸毒、接吻、血液之外，关注市面上未经消毒就进行的美容项目（针刺、穿孔、文身等），如《打耳洞、文身、修脚也有可能染乙肝》。消除人们握手传播肝病的恐惧和误区，如《明天是世界肝炎日 专家：别让丙肝成沉默杀手》。

◎日常生活。妈妈亲口喂宝宝，姥姥泯饭给孙子，这些都是生活中司空见惯的现象。《长江日报》记者则从现象抓到鲜活例证，如《爷爷将食物嚼碎后再喂给孙子 1 岁小孩感染丙肝》。

“要干更要肝”。喝酒伤肝，好酒人情难推辞，警示忠告一针见血，如《世界肝炎日：喝醉一次等于得一次肝炎》。

◎养肝护肝。肝脏无痛感神经，最易被忽视，等到感觉疼痛时，往往病情已经比较严重。报道可直陈护肝误区、防治误区，逢长假可探讨亲朋好友聚会如何护肝话题。

◎热点话题。根除乙肝歧视怎么这么难？虽然政府禁止对乙肝患者的就业与入学歧视，然而一些企事业单位在招工时乙肝五项检查照做不误，捕捉典型个案做舆论监督。聚焦人物，讲乙肝“斗士”身后的歧视之路。结合当下热门话题讨论，如《乙肝约饭，你敢应吗？》。

【**经典案例：**内蒙古电视台电视专题《苏丹捐肝日记》，报道了内蒙古籍北京女复婚捐肝救夫，歌颂了这对同“肝”共苦的夫妻和伟大的爱情，获中国新闻奖三等奖。】

◎病毒感染。抓那些输血感染肝炎的典型案例，穷追猛打，帮患者维权，如《谁为56名丙肝病毒感染村民负责？》。

第 87 章　爱牙日新闻

俗话说：“牙疼不算是病，疼起来真要命。”9 月 20 日，是全国爱牙日，旨在广泛开展群众性口腔卫生知识的普及教育，增强自我口腔保健的意识和能力，提高全民口腔健康水平。

一、策划要点

关键词：义诊

爱牙日里爱牙忙，专家传授护牙秘诀。《“爱牙日”免费查口腔 专家看看牙，包你更爱笑》。记者可提前搜罗整理本土各大医院举办义诊的信息，关注义诊活动中发现的问题。下面是一组好标题：《10 个中老年人 9 个有口腔疾病》《“全国爱牙日”牙齿体检显示：合肥七成农民工晚上不刷牙》《6 至 9 岁儿童快报名免费防龋》《孕妇口腔义诊冷清　洗牙太频易致蛀牙》。

关键词：科普

小小牙齿，竟关乎着包括脑中风、心肌炎、糖尿病、孕妇早产在内的人体 13 类疾患。统计显示，牙齿保健不好，中风概率高出近 4.76 倍，如《喂奶姿势不当　宝宝易患牙病　医生提醒，保持儿童口腔健康应从婴幼儿抓起》。

如何正确刷牙？如《闽八成孩子蛀牙 刷牙方法几乎都不对》《改一改用牙签剔牙的坏习惯　口腔专家：饭后最好勤刷牙》《给牙“穿衣”能防龋齿》。孕妇患牙龈炎影响下一代健康，如《你知道如何防止蛀牙吗？ 爱牙日，专家教孕妇“爱牙”》。

关键词：活动

《南方都市报》在爱牙日举办公益活动，12 万支牙膏随报赠南都读者。

【**经典案例：**《扬州日报》与口腔医院联手送健康：举行口腔健康咨询、义诊活动；现场赠送洁牙用具、牙膏等礼品；20 位读者免费获洗牙的机会；为 10 位低保对象或下岗人员免费治牙。】

二、实战心得

根据世界卫生组织的要求，老年人口腔健康的目标是“8020”，即“活到 80 岁，留 20 颗牙”，但是多数中国人达不到这个目标。可见，爱牙报道很重要，空间很大。具体可从以下方面切入展开。

(1) 提前预告。如《明天举行爱牙日义诊》《今天是“全国爱牙日” 牙齿，你呵护好了吗？》。

(2) 宏观报道。一是根据每年爱牙日主题策划报道，二是围绕本地牙病的整体状况和特点展开报道。下面是一组好标题：《八成市民嘴里有病》《七成小学生患龋齿 封闭窝沟的没过半》《口腔疾病困扰八成网民》《六成以上人从未看过牙医》。

(3) 动态报道。“爱牙日”，让我们一起来保护牙齿，如《爱牙日上千小学生学护牙》《福利院老人盼来 5 位免费牙医》。

(4) 爱牙常识。专家建议成年人应每年看一次牙医。孕期、哺乳期、学龄前是儿童预防龋齿的三个关键阶段，如《幼儿长期含奶瓶睡觉易患龋齿》。

每天都是爱牙日，让医学科普走进千家万户。哪些人容易患上牙病？报台网全媒体可科普口腔护理知识、口腔“小康”标准，如《今天是爱牙日 刷牙应该一天三次每次3–5分钟》《怎样拥有一口好牙？牙齿防虫“四部曲”》。美容先从“美牙”开始，如《保护牙齿要“八戒”》。

(5) 典型个案。如《重庆最小龋齿患者1岁半　医生称有牙病勿怀孕》《六龄齿严重损坏 会影响面部发育》《入学体检查出不少“槟榔牙”》。

(6) 澄清谬误。你是否一分钟刷一次牙？你是否拿牙齿当起子开啤酒？你是否认为牙齿变黄仅是水土的缘故？人都老了还补什么牙？全媒体可择其一而明辨之，纵深之。民间有种说法是产妇坐月子不用刷牙。这到底对不对呢？可以搞街头同题海采。本地流行病调查结果怎样？如《牙齿衰老　从35岁开始》。

(7) 追根溯源。牙病高发，审视本地水质土壤状况和饮食习惯。下面是一组好标题：《八成幼儿有一颗以上的蛀牙　中山属低氟区和高糖区造成龋齿患者众多》《学生哥八成有蛀牙与东莞的水质有关》《广州七成幼儿有烂牙　今日是全国爱牙日，专家提醒：婴幼儿勿用含氟牙膏》。

(8) 动物爱牙。直播给动物园里的动物做牙齿检查，如《海狮海象们也过“爱牙日”》《大象看牙花了七万八》。

报台网全媒体可推一个“爱牙日”特刊专题。除策划上述相关报道外，可集中展示本土知名口腔医院、口腔诊所、知名牙科的医疗技术、优质服务、单位荣誉和惠民举措，展示知名牙医的从医经历、技术水平、荣誉成就、患者口碑等，开发增量广告。

第 88 章　高血压日新闻

10 月 8 日，是全国高血压日，旨在提高广大群众对高血压危害的认识，动员全社会都来参与高血压预防和控制，普及高血压防治知识。高血压是全球脑卒中、心脏病和肾脏病死亡的最大独立危险因素，全国高血压患者呈现广泛化、低龄化，高血压日作用显得更加突出。

一、策划要点

关键词：义诊

报台网全媒体举办名医大讲堂，教市民防范高血压，直播名医高血压义诊进社区。

同样是义诊进社区，《贵州商报》的通讯与深度报道《名医进社区 为何遭冷遇》获中国新闻奖三等奖。其讲的是同一个医生在医院门诊部和社区医院坐诊，体验到一号难求和门可罗雀。为何反差如此之大？为此，记者解剖“麻雀”，反映了医疗卫生供给侧结构性改革的重大问题。

关键词：防治

高血压如何降压达标？报台网全媒体邀专家答疑，搞微直播进行医患互动。

二、实战心得

打探本地患高血压的整体状况，如《七成市民不知不觉患上高血压》。关注患病年龄越来越小，如《“高血压”找上儿童》《高血压“小”患者渐多 专家：健康膳食和劳逸结合》《高血压盯上年轻白领和小胖墩》。

患者饮食。高盐饮食是高血压元凶之一，可成为报道的火力点，如《每日食盐不超 6 克 市民可远离高血压》《防治高血压怎么最廉价？减盐！（主）专家称每天食盐不宜超一啤酒瓶盖（副）》。

预防控制。全媒体请本地医疗机构的知名专家给出权威实用的法宝，如《预防高血压，首先要控制体重》《“轻度”高血压也要降》《九成高血压患者降压不达标》。

病情警示。找寻本地特定鲜活的个案，挖掘故事，如《怪病缠身竟是高血压作祟》《两高血压病人过节“猛吃”致死》《高血压患者游雪山身亡 法院判旅行社不承担责任》。

公益提醒。微信可推出一组预防高血压的电子海报公益广告，主题要醒目，总体文字要精炼简要，整组海报画面风格要统一，海报之间要有逻辑联系。还可创意拍摄预防高血压短视频公益广告宣传片。以此类推，各健康日均可采用此法宣传。

第 89 章　精神卫生日新闻

10 月 10 日，是世界精神卫生日，旨在提高公众对精神疾病的认识，分享科学有效的疾病知识，消除公众的偏见。今天，精神卫生、心理健康日益受到重视。

一、策划要点

关键词：义诊

报道本地各医疗机构在精神卫生日举行的心理义诊。下面是一组好标题：《昨天是世界精神卫生日 专家提醒：以沟通解“心结”》《世界精神卫生日 专家解惑进校园》《都市人应常检查一下“心情”》。

心理疾病义诊如何报道？除了罗列单纯的义诊数据和现象表述，更重要的是抓那些带有普遍共性且对社会有警示作用的现象、具有特别鲜明个性的事例以及市民现场咨询的典型问题。如专家教市民几个是否患上精神障碍疾病的自查诀窍，如《抑郁症自查秘籍》。

关键词：关爱

精神卫生日，将关爱送给精神残疾人，让他们享受一样的阳光。发掘那些关爱精神病人的典型事例，如《永嘉集中收治精神病人　两兄弟曾被锁 20 年》《37 个精神病人的“守护神”》。

关键词：调查

很多市民，病在心头口难开。有奖联合开展居民身心健康问卷调查，开展分析。下面是一组好标题：《社区摸底调查显示 沈阳有四万多精神疾病患者》《我市心理健康调查发现未特定焦虑抑郁最常见》《调查显示：天津 25 万少年儿童有“心病》《调查发现：市民“心理感冒”难寻医》《四分之一大学生有心理障碍 专家开出六“良方”》。

关键词：活动

心理专家为你解心结。针对各类人群的心理问题，报台网全媒体可邀心理专家微直播，解答困扰用户身心的各种心理问题，促进用户心理和生理健康。

二、实战心得

心有千千结，需要早早解。社会转型，生活压力加重，青少年、大学生、公务员、外来工、城市白领……正在成为精神疾病的“高危人群”。这些具有广泛性、典型性以及高关注度的高危对象，正是精神卫生日报道的主角。他们有着怎样的心理负担？他们有着怎样的精神疾患？他们是如何突然患上精神疾病的？给自己、家人和周围、单位带来哪些痛苦和影响？从他们身上可看到怎样的警示意义？如何帮他们对症治疗？这些正是全媒报道的切入点。

除了背景链接、专家支招，报道切忌停留在现象表面。精神病人也是人，也有自己的故事。可就常见的几种病症，找几个“典型人”挖掘他们的小故事。

精神卫生日来临之际，走近那些正承受精神疾患痛苦的人群，记录他们的痛苦和煎熬，用宽容、理解、爱心和温暖，帮助他们走出噩梦，让他们不再孤单，不再独自承担苦难。

举例：《成都商报》在精神卫生日当天，以《“疯汉”发病伤人 救他帮他！》为题，报道一个“疯汉”伤人以后，从邻居、房东到亲戚、妻子以及当地社区对其不抛弃不放弃的故事，看到了社会对精神病患的无奈、同情和关爱。正文三个小标题依次为:《没有离开——陪着精神病丈夫 妻子撑起一个家》《没有对策——“疯汉”施暴伤人 亲邻只得远离》《没有放弃——社区送他就医 帮助全家度难关》，以及案例背后的沉思，如《医生：病人亲邻都需要关爱》。

关于精神卫生日的报道，还可进行如下操作。

(1) 提前预告。如《精神卫生日系列活动早知道》《明日是精神卫生日 把你的烦恼跟专家说说》《想寻求心理帮助，到这里大胆说出来》。

(2) 宏观层面。本地患者整体人数多少？有何趋势或者变化？下面是一组好标题：《六成市民有“心病”》《精神病像感冒一样普遍 广州2-4成市民患抑郁症》《精神障碍流行病学调查 我省600万人有精神障碍》。都市抑郁症已成为自杀祸首，如《广东每年2万人死于自杀》。还可关注本土行业医疗水平，如《深圳每10万人口精神病医师不足一个》。

(3) 动态报道。报道本地精神病患者接受免费治疗的情况，国家、省、市出台新的救助政策，以及心理疾病治疗的新手段新技术，如《贫困精神病人享治病补助》《汕头精神残疾人约3万多数患者在社区得到及时治疗》。有了“心病”，早看医生别避讳，如《过半精神病人得不到正规治疗 多因家人觉得不好意思》。

(4) 特殊人群。网瘾、离家出走、自杀轻生等事件频出，未成年人受到各种情绪等困扰，已成为不容忽视的社会问题。下面是一组好标题：《多去孩子心里瞧一瞧》《孩子患心病 多因家庭起》《7成孩子曾遭棍棒 比意外伤害率还高》《初三高三学生抑郁症多发 今天是“世界精神卫生日”，有关机构通报精神疾病呈年轻化趋势》《孩子“心病”八成未被识别》《沟通，是治“心病”的良药 海伦路街道帮一个14岁女孩成功戒除网瘾》。还可以关注职场女性、退休人员等，如《中年女性受抑郁病症困扰 危险性是男性两倍》《六成退休者心存挫折感》。

(5) 典型事件。从本地心理咨询师、精神卫生医疗机构等处获取一些具有典型性的事件线索，如《父母吵架致12岁女儿一周失语》《怕误指“精神病” 抑郁女子不就医》。

(6) 热点反思。以近段时间以来全国或者本土出现的与精神疾病有关的悲剧为报道切入口，作为“引子”在精神卫生日进行深度分析和挖掘。如“6楼抛幼子母亲再跳楼”等人伦悲剧相继上演，《南方日报》记者以《年轻妈妈“杀子悲剧”为何频现？》为题进行追问：“她怎可以这么狠心？杀死自己的孩子？”并做深度调查与反思。其“七步鲜”报道模式是：①核心提示；②事件回顾；③动机分析；④新闻纵深；⑤专家建议；⑥相关链接；⑦视频影像。

第 90 章 糖尿病日新闻

11 月 14 日，是世界糖尿病日。中国是糖尿病第一大国。糖尿病日的标志为一蓝色的圆环，其中，圆环象征着生命与健康，象征着联合与合作。从 1991 年起，全球“蓝光点亮”行动，以表达公众抗击糖尿病的决心。

一、策划要点

关键词：义诊

糖尿病日，本地众多医院诊所义诊。报台网全媒体可携手多家医院开展“点亮蓝光”行动，举办健康咨询，引领患者科学抗击糖尿病。关注糖尿病预防走进学校、走进社区活动。

关键词：防治

治糖尿病，别只顾着降糖。要警惕“甜蜜杀手”，开“综合处方”。可重磅策划推出“糖尿病防治指南”“糖尿病完全手册”，集中展示本地公立民办特色科室、诊所、名医、名药。增加一些知识性实用性内容，如《最好“疫苗”：“管住嘴、迈开腿”》《“闭嘴动腿”可预防八成糖尿病》《治糖尿病三大误区》。揭开市面上“糖尿病假药”“画皮”。糖尿病日专家建议：日行一万步、吃动两平衡可降低患病概率。

关键词：活动

糖尿病人如何“甜蜜”生活？在糖尿病日来临之际，报台网全媒体可邀知名专家做微直播，提供咨询。报台网可联合卫健部门举办“预防糖尿病 健康万步走”大型活动，医疗卫生单位、学校、企事业单位可组队参加，邀市民和社会各界人士参与。

关爱糖尿病人，集“赞”送福利。全媒体联合医院开展为糖尿病患者送健康活动，凡集 114 个“赞”到医院糖尿病专科就诊的患者，即可享受免挂号费、诊疗费的优惠。

二、实战心得

糖尿病日正值冬天，可见糖尿病人冬天最难熬。糖尿病病人如何健康过冬？糖尿病人主要是哪类群体？为什么糖尿病低龄化趋势严重？糖尿病为什么可怕？糖尿病如何控制？报台网全媒体要就这些热点问题做议题设置，展开报道策划。

宏观报道方面，可采访：本地患糖尿病的整体情况如何？发病率趋势如何？集中在哪些人群？最小患者几岁？如何防治？下面是一组好标题：《震惊！我市糖尿病人超 11 万 发病率达 3.55%，年轻化趋势明显，最小病人才 10 多岁》《我市糖尿病“潜伏”患者超 150 万》《100 个宜昌人 7 个患糖尿病》《中小学生糖尿病前期人群超 3%》《七成糖尿病患者不知自己得病》。

微观报道方面，关注低龄化倾向。报台网全媒体要善于问诊“孩子问题”。下面是一组好标题：《今天 让我们关注“小糖友”》《糖尿病盯上小胖墩儿》《七岁小孩竟患上糖尿病 汕头糖尿病人低龄化趋势明显》《七八成糖尿病小患者自卑抑郁》。具体又可分解如下。

(1) “吃”上着力。糖尿病是吃出来的富贵病，报道可从“吃”上大做文章。如何吃才对？吃什么？吃有哪些讲究？新媒体用视频海报推“糖尿病人食谱”“养生指南”。

下面是一组好标题：《不少糖尿病患者“不会吃”》《广东人糖尿病风险高 多吃粗粮多运动》《肚子大须管住嘴 懒得动要迈开腿》《补出“糖妈妈” 连累“糖宝宝”》《口干舌燥并非渴 或许患了糖尿病》《迷信“无糖食品” 食用半年血糖超标》。

(2) 追根溯源。报道的枪口要瞄准“病根”，即不良饮食习惯，如《爱吃洋快餐 儿童糖尿病高发》《爱吃“垃圾食品” 糖尿病患儿倍增》。市监部门曝光问题食品，如《5种糖尿病食品被撤销“准生证”》。

(3) 舆论监督，如《糖尿病者被注葡萄糖 院方承认过失》。标题《给糖尿病人输糖 医院输了》，一语双关，令人叫绝。

(4) 典型病例。《厦门晚报》记者采写《糖尿病产妇生下5.7公斤巨婴 曾被疑怀了双胞胎》，为了直观呈现巨婴到底有多重，摄影记者叫护士把宝宝放在磅秤上称，指针“咻——”地一下，逼近“6”。这样，宝宝憨态可掬的样子跃然纸上，一下子就抓住了人们的眼球。由此将报道引向深入：糖尿病是一种什么病？如何预防？糖尿病育龄女性到底能不能生宝宝？有哪些并发疾病？临床表现怎样？

(5) 新成果新技术。国际国内版块可关注最新研究成果和糖尿病治疗新技术，如《狗能“嗅”出糖尿病》《科学家称：糖尿病将灭绝土著》。

(6) 预防治疗。糖尿病至今尚无根治药方，只能降低和控制血糖，所以，预防和治疗是报道的重点。糖尿病并发症不可小觑，如《糖尿病 伤肾静悄悄》《糖尿病人易患结核 比常人高10倍》《糖尿病患者更易得肝癌》。

第91章 艾滋病日新闻

12月1日，是世界艾滋病日，于1988年确立。世界卫生组织号召世界各国在这一天举办相关活动，宣传和普及预防艾滋病知识，提高公众对人体免疫缺陷病毒(HIV)引起的艾滋病在全球传播的警惕意识。

艾滋病于1981年在美国首次发现和确认，英文缩写AIDS，分为两型：HIV-1型和HIV-2型。艾滋病日的标志是“红丝带”。艾滋病在全球肆虐流行，已成为重大的公共卫生问题和社会问题。

一、策划要点

关键词：疫情

关注三块：疫情通报、疫情分析、防治提醒。本土艾滋病疫情态势怎样？艾滋病病毒感染者多少？艾滋病病人多少？死亡病例多少？本年度报告的艾滋病病毒感染者人数和去年同期相比是一个什么变化？艾滋病同性之间传播情况怎么样？艾滋病病毒感染者人群分布是什么状况，男女比例是多少？本土遏制艾滋病疫情实施哪些举措？如《最新数据 153 人艾滋病毒“上身”》。

关键词：活动

艾滋病日，市民可免费检测。这一日，到底有多少人自愿接受HIV检测？他们为什么不愿意？有什么担忧或隐情？

虽然艾滋病的传播途径和预防措施经大力宣传，仍有很多人对艾滋病病毒感染者和病人采取了冷落、孤立的态度。这缘于人们对艾滋病的恐慌，对防艾知识的极度缺乏。报台网全媒体可邀请防艾专家讲解“常识”，如《艾滋病传播必须有体液交换》让人们消除心中的疙瘩。

关键词：故事

艾滋病日前夕，《钱江晚报》记者走近艾滋病病毒感染者，贴近他们的心灵，倾听他们的故事，报道写了三个人的故事。感染者姚京：“每次开口笑，他都捂住嘴巴”。病发者阿强：“真情告白：请不要抛弃我们”。感染者小文：“当时，我觉得天都塌了”。故事后面，记者手记“让他们平静地生活”，表达了媒体的态度。

《北京日报》的特稿《艾滋病患者老黄的一天》，记录了一名艾滋病患者上午、下午、晚上三个时间段的故事——“上午：边输血边与病友对歌”；“下午：现在是串门时间”；“晚上：看着电视剧进梦乡”。

以艾患最需要的而又最难得到的“爱”为主线做报道，易引起人们的共鸣。对于艾滋病患者，政府给药给钱，医生给治疗方案，那么，作为家人，以给什么？可采撷几个不离不弃的艾滋病家庭，讲述他们一路相扶，走过困苦的不同寻常的故事。

关键词：人物

他们站在预防和控制艾滋病的最前沿，他们用完全打开的心态认识和接触被边缘化的艾滋病人群，他们的使命就是和艾滋病进行各种各样的“斗争”。走近那些每天都在艾滋病前线救治病患的医护人员，策划推出《漩涡中的防艾角斗士》系列报道或专题。

关键词：活动

世界艾滋病日，随报赠送安全套。

【**经典案例：**《广州日报》与广州市计生药具站推出“买报即赠安全套”活动。当天凡在市区主要街道购买《广州日报》，即可获得安全套和避孕防病宣传单，总计两万份。《云南信息报》与杰士邦合作开展以“关注、关爱”为主题的公益活动，买一份报获赠一个安全套。】

二、实战心得

艾滋病患者到底需要什么样的帮助，防治艾滋，你又能做些什么？通过艾滋病日的宣传，唤起人们对艾滋病病毒感染者的同情和理解，因为他们的身心已饱受疾病的折磨，况且有一些艾滋病病毒感染者可能是被动的、无辜的。防艾控艾，在消除社会歧视方面，还有很长的路要走，需要全社会的共同努力。这是报道的基本基调。

(1) 咨询出彩。各地开展艾滋病日集中宣传，现场发放资料。同样是广场宣传，《新华日报》记者发现“现场情景让人大感意外”，为吸引市民而在现场发放的购物方便袋、避孕套、体检卡等免费“礼品”，不一会儿便被围观的人们抢光；与之相比，关于预防艾滋病的宣传材料等却少人问津，在现场等待咨询的专家更是“门庭冷落”。一些商家借防“艾”咨询活动忙着推销风马牛不相及的小商品，有刺绣、剪纸、扎花、玩具和各种手工艺品；几位穿白大褂的“医生”还趁机在广场上为过路市民做起了推拿按摩，热闹景象与防“艾”宣传摊位形成鲜明对比。缘何防“艾”宣传少人问津？记者采访了省红十字会主要负责人，推出了报道《防艾少人问津 促销喧宾夺主》，凸显了记者敏锐的洞察力。

同样是发放安全套，《市民大方“抢套”》《4 万多安全套两小时发光》《市民笑纳 7 万只安全套》与《艾滋病日 重庆大学里发避孕套 多数人躲闪不要》形成鲜明对比。报道中这句话很接地气：领取避孕套，市民由开始躲闪，到慢慢地神态自然，并说“希望经常发放避孕套”。

(2) 防艾常识，如《艾滋病传播“性”为主 老人找街头女解闷染病》《蚊虫传播艾滋病？问倒四成大学生》。

(3) 最新政策。艾患能得到哪些治疗特惠？如性病患者免费筛查艾滋病。艾滋病人治疗享哪些新政？《艾滋病防治条例》第 45 条规定：“生活困难的艾滋病病人遗留的孤儿和感染艾滋病病毒的未成年人接受义务教育的，应当免收杂费、书本费；接受学前教育和高中阶段教育的，应当减免学费等相关费用。”打探本地有多少艾滋患儿能享受到求学机会，如《艾滋孤儿梦想在校园放飞》。

(4) 彰显关爱。每年此时，社会各界都会涌现出很多“关艾”行动，志愿者是最闪亮的一群“爱星”。报台网全媒体要挖掘那些特殊的“爱星”故事，如《他与艾滋孤儿同吃一锅水饺 奇男单车万里宣传防“艾”》。报道地方领导和名流明星在艾滋病日的举措和声音，如“市长佩戴红丝带看望艾滋病患者”，很亲切，颇受关注。

(5) 艾患心声。真实的艾滋病患者的生存状态和治疗状态是怎样的？很多人并不清楚，甚至怀有恐惧。以《北京青年报》的特稿《艾滋患者送礼 我们先收后退》为例，记者深入到病房，通过医护人员的视角，力求最大限度地还原艾滋病患者的生存状态，让外界对他们的包容能更多一些。有的媒体连续四年关注一户艾滋病家庭，传递出“我们在一起”的正能量，唤起

社会多一点关爱，多一点尊重，让他们多一点力量去战胜病痛和生活的压力。还有的记者走进当地艾滋病村，了解、体验他们的生活。

(6) 抗争病魔。有人得知感染艾滋病，就以为天塌下来了。对于那些不幸感染艾滋病的患者，一瞬间，生命剩下的颜色，或许只有黑色，他们多么渴望有人能握紧他们的手，让坚强回到自己的躯体。《防治艾滋　握紧你我的手》报道由5个部分组成，即：防治艾滋病·关爱、防治艾滋病·讲述、防治艾滋病·检测、防治艾滋病·常识、防治艾滋病·行动。

那些自信而乐观的患者，是我们的重点报道对象。从他们的眼神、话语和行动，传递坚强和力量，如《妈妈，不要为我哭泣》。

(7) 典型事件。如河南一妇女因误诊“被艾滋”，成为网上热点事件。

(8) 明星防艾。体娱版可聚焦文体明星们力挺艾滋病病毒感染者。

(9) 公益大赛。筑起“防艾屏障”，全媒体可以结合每年的主题举办公益广告大赛，让更多的人关爱艾滋病患者。

(10) 深度思考。《艾滋病防治专家蔡卫平透露——“男同”艾滋多见政企中高层》，犹如一枚重磅炸弹，顿时引爆舆论。

在有关艾滋病人的采访报道中，一定要保护其肖像、住地、单位等隐私。《河源日报》刊发当地首位公开露面的艾滋病人作公开讲述的照片，用的是背影照，没有用侧面和正面，比通常打马赛克更高明。

第 92 章　其他健康日新闻

据统计，健康日高达 90 多个，也就是说，平均每 4 天中国人就要过一个健康日。健康节日的不断增多和细化，一方面传递出人们生存质量的提高，重视自身的健康；而另一方面，恰恰是由于普遍存在或潜在的健康问题，人们需要被唤醒、被提点。

很多“日”我们不知道，或者记不住。这些“日”不像节假日受关注，却是一个个很重要的新闻报道节点，有的还是全媒体经营的良机，在这些节点上可推一个个特刊专题或活动。

报道基本策略：每个“日”都有主题，年年不同。围绕年主题进行本土落地，从现象入手，找到典型个案，以新故事、新视角做新闻。简要介绍设立这一“日”的新闻背景。搞特定日短视频报道，以同题海采、专家解读等为主。

2 月 4 日，是世界癌症日，旨在动员全社会的力量参与肿瘤的预防、治疗，使全世界的癌症病人都能得到更好的医疗、照顾和关心。4 月 15 日至 21 日为全国肿瘤防治宣传周，如《每 100 个上海人中有超过 1 人患癌（主）本市癌症发病、死亡和现患呈上升态势（副）》。《楚天都市报》的消息《月中瘤科竟给医生定“放疗任务”》获中国新闻奖三等奖。

3 月第二个周四，是世界肾脏病日。肾脏每天滤过的血液相当于 10 桶饮用水，可是你关心过这个人体“清洁站”吗？下面是一组好标题：《肾病就像“沉默的杀手”！很冷很危险生活中如何“保肾护肾”？管好嘴和腿》《10 个肾脏病患者，9 个不知》《“世界肾脏病日”专家提醒 少吃几勺盐关爱你的肾》。

4 月 2 日，是世界自闭症日。儿童自闭症已占我国精神残疾首位。

4 月 7 日，是世界卫生日。4 月还是全国爱国卫生月。4 月最后一周为全国职业病防治宣传周。根据卫生日主题，每年做策划，如《世界卫生日 千人徒步行》《世界卫生日不卫生 冒牌牙医街头行医》《4 月统一灭蟑灭鼠》。

4 月 9 日，是国际护胃日，又称国际养胃日，由国际自然医学和养生工程研究会、世界健康管理联盟确定。胃病在人群中发病率高达 80%。

5 月 5 日，是全国防治碘缺乏病日。调查本地防治状况，曝光市场上假冒碘盐。

5 月 25 日，是中国护肤日。由中国医师协会皮肤科分会倡议并设立，“5.25”，谐音为“我爱我”，倡议所有大众树立“美从皮肤开始”的正确护肤理念。

6 月 7 日，是世界行走日。由国际大众健身体育协会倡议发起，已成为当今世界最有影响力的运动之一。报台网全媒体这一天可举办大型户外活动。

7 月 8 日，是世界过敏日。过敏已成多发病，报台网全媒体可推特刊专题，展示本土公立民办治鼻炎特色科室、名医名药和先进技术等。

◎宏观层面：过敏体质的孩子越来越多，我们这里是什么情况？如《十人中有三人过敏 山东成过敏性疾病高发区》。

◎问题剖析：除了环境、遗传因素的影响，家长对独生子女的过度照顾也成为过敏性疾病的诱因，如《家长越讲究卫生 孩子越容易过敏》。

◎义诊活动：如《长沙 200 名过敏患者接受义诊》。除此之外，还可整理过敏日常护理小贴士，推出过敏者的生活菜单。

◎典型个案：夏季如何防过敏？采写几个新近的过敏罕见病例，如《天气炎热致皮肤病 蔬菜对光敏感传染食者皮炎》。

9月16日，是中国脑健康日。我国从2000年开始，将每年9月命名为“脑健康月”，旨在唤起公众对脑健康的重视，如《脑健康，才能“老健康”》。

◎动态报道：俗话说，“要长寿，先养脑，养脑度百岁。”关于脑健康，你究竟了解多少？你的用脑习惯，是否科学？如何预防脑中风？如《脑健康日　关注您的“头等”大事》《脑健康日提醒您　脑体检别抛脑后》。除此之外，报台网全媒体可走近脑瘫儿群体。

◎义诊答疑：打麻将能预防阿尔茨海默症（老年痴呆症）？何时是上班族“伤脑筋”的时候？如何消除大脑疲劳？如《脑健康日　下午3点给大脑“加油”（主）吃水果补能量 数学题练思维 散散步疏压力（副）》。如何减缓大脑衰老，保持大脑放松？哪些信号是脑部疾病的提示？可对话本地神经外科专家，与市民微直播互动。

◎保健常识：如《男性阳痿女不孕警惕垂体瘤》《0至6岁营养足一生脑健康　专家揭秘婴幼儿脑部营养对脑健康的决定作用》《七种坏习惯，有损脑健康》《多做白日梦，可以锻炼大脑》。

◎新出问题：如《经常打手机日后易患脑癌》。可报道一些本土罕见脑外伤病例。

◎咨询直播：日常生活如何养脑健脑护脑？有什么要诀？专家解读脑健康，并推荐日常补脑健智食品、白领“补脑”餐单。

◎特色活动：报台网全媒体发起“醒脑开窍”脑健康免费检查，与本地医疗机构举办脑健康高峰论坛。

9月17日，是中华老年痴呆防治日。9月21日，是世界防治老年痴呆症日。相关报道如《温州老年痴呆症患者多了一倍　最小患者仅45岁》《老年痴呆发病年龄提前10年　空巢老人成重灾区》《没事挠挠头，预防老年性痴呆》。

9月25日，是世界避孕日，旨在提高年轻人的避孕意识，提高安全避孕率，改善生殖健康教育水平，从而促进年轻人的生殖健康和性健康。我国每年平均有800多万例人工流产，重产流产率高达50%。

如何报道？宏观层面，如《“人流”人群年轻化，24岁以下超半数》《超过4成年轻女性不懂避孕知识》。典型个案，如《19岁少女两年做了7次人流》《街头安全套售货机 世界避孕日“罢工”》。活动直播，如《世界避孕日宣传遇冷场　派发安全套众人躲避》。资料链接，如“如何正确避孕”。

9月最后一个周日，是世界心脏病日，旨在唤起人们对心血管疾病和危险因素（如肥胖、营养失衡、吸烟等）的关注。这一日也是国际聋人节，旨在引起社会对聋人工作的重视，提高聋人的社会地位。

提前预告，如《今天是世界心脏病日　年轻人，要当“心”！》《今天是世界心脏病日专家说肥胖会引发心脏病》。为何心脑血管病易在秋季逞凶？请专家倡导“护心法则”。

◎宏观层面：相关报道如《昨日是第五个世界心脏病日 深圳每年出生三百心脏病患儿》《北京1.4万人去年死于心脏病》。

◎特色活动。健康的心，快乐人生。《长江日报》与武汉亚洲心脏病医院联办“跑出‘心’健康”活动。“健康跑”设爱心方阵，征集爱心企业和爱心个人，为更多先心病患儿寻求资助，还可直播义诊。

◎突发事件。比如，桂林日报社第一时间客户端短视频新闻《生死时速！患者心脏骤停，桂林女医生跟着病床边跑边做心肺复苏》，将新闻事件最惊心动魄的画面集中制作成1分34秒的视频，运用同期声和节奏强烈的配乐，再现救援争分夺秒，展现白衣天使救死扶伤的忘我精神，获中国新闻奖二等奖。

10 月 11 日，是世界镇痛日，旨在提高人们对及时防治疼痛之必要性的科学意识。

10 月 12 日，是世界关节炎日，旨在提醒人们重视对骨性关节炎的防治。

10 月 13 日，是世界保健日，旨在提醒大家重视日常保健的作用，防患于未然，如《昨日是世界保健日，专家提醒——学会调整身心　避免亚健康》《今天是世界保健日 降雨添了几分凉意（引）秋风秋雨季　保健要在意（主）》。直播专家解析正确的保健方法。记者调查保健品市场鱼龙混杂现象，如《一条棉花毯卖到 2950 元 “大理石保健锅”也就是普通铁锅（引）200 多个老太太让“保健品”伤了（主）》。

10 月 15 日，是国际盲人节，旨在活跃盲人的生活，体现国家和社会对盲人的关怀。关注黑暗中的世界，记者深入本地盲人生活圈，听他们诉经历、讲抱负、谈心愿、提建议。

◎宏观层面。本土多少视障者？如《4 万“视残”期待更多关爱》《入园儿童视力不良率逾两成》。无障碍建设情况如何？车辆物品挤占盲道几多？了解盲人就业情况、盲童受教育情况。

◎动态报道。扶盲助盲，看本地行动。下面是一组好标题：《盲人进京“看”升旗》《盲人节盲人用心“赏”美景》《百名盲人江滩学“走路”》《爱心让我们重“见”光明》《国际盲人节各界献爱心　致盲原因半数白内障》。

◎人物典型。相关文章如《盲人自学按摩连开 5 家按摩店》《盲人节盲人讲师阿荣激励盲生：“眼盲失去光明，心盲失去世界”》。用视频影像记录一个盲人按摩师的一天，展现他们的生活、他们的情感、他们的事业、他们的渴望。

◎直播盲道。当眼前一片黑暗，你将如何寻找光明？盲道体现的是一个城市的人文关怀，也是衡量市民素质和城市文明程度的标准，如《0.6 米盲道“丈量”苏州文明》《盲道，什么堵住了你的光明？》《盲道成“盲区”　盲人难出行》。

◎特色活动。《燕赵都市报》曾推“请盲人享受电影盛宴”活动。全媒体还可邀书画名家集体作画写字义卖捐助盲童，定向关心本地特教学校孩子。

10 月 15 日，是全球洗手日，旨在号召人们用行动唤醒每个人正确洗手，用肥皂或洗手液洗手；倡导政府和社区改善环境卫生，包括洗手设施。

◎动态报道。报道当天特色活动。下面是一组好标题：《全球洗手日　百余儿童学洗手》《给孩子们上堂“洗手课”》《8 成市民不会正确洗手　北川 2000 人现场学》。报道要向陋习宣战，记者可从生活现象入手，如“洗手太久怕人说洁癖”“没有洗手患了红眼病”“无事洗手小心强迫症”，从现象中找典型例子，这样就把稿子做大了。

◎现场直播。针对人们最易忽略的生活细节，记者到一些单位食堂、小餐馆、快餐店等直播用餐者洗手情况，约请专家点评，如《昨日是“全球洗手日”，记者走访发现——多数人下馆子洗手“走过场”》。

◎验证新闻。记者找专家用实验检测证明，手机上细菌知多少，并请专家支招如何减少手机细菌，如《吃饭时用手机，等于白洗》。

◎咨询演示。全球洗手日，专家教你洗手。下面是一组好标题：《回家第一件事请你先洗手》《你的手 洗干净了没？》《正确洗手 “手”筑健康》《你会正确洗手吗？五种情形必须洗手，洗手时长不少于 20 秒》《科学洗手 =30 秒 + 流水 + 肥皂》《健康提醒：洗手不止饭前便后》《多洗一次手胜过多吃一粒抗生素　专家称：十种情况下需及时洗手》《勤洗手儿童腹泻发病率可减半》。洗手后如何防“二次污染”？新媒体手绘长卷呈现“正确洗手方法”。

10 月 20 日，是世界骨质疏松日，旨在为那些对骨质疏松症防治缺乏足够重视的大众进行普及教育和信息传递。

10 月 28 日，是全国男性健康日。越来越多的疾病正快步向男性走来，并不断地、严重地威胁到男性的身心健康。设立该日旨在呼吁整个社会再多一点对男性健康的关注，呼吁每个家庭再多一点对男性健康的关爱，如《女人维护身体，男人维修身体》《高职位高职称男性多处于亚健康》。

其他节日详见本书附录“新闻、活动日历大全”，报台网全媒体可视情策划活动和报道策划，以及全媒体经营开发。

第10篇　文体新闻策划

大多有品位、有活力的报台网全媒体，文化、娱乐、体育这三大块内容都占据着重要位置。从广义上讲，体育、娱乐属于大众文化范畴，年轻男人爱体育，天下女人爱娱乐，白领高知爱文化，故办好“文体新闻”就是培育和锁定主流受众用户群体。

报台网全媒体应向受众用户传递本土和国内外文化领域最新资讯、前沿思想、新锐观点，及时对本土和当下热门文化现象做深度扫描与透视，抢救和保护城市“遗传密码”、文化基因，聚焦本土那些最有文化特色的元素，那些最核心的文化精髓。

传媒人应当好受众用户的信息“管家”。对于体育、娱乐新闻，多从网上选编，要避免同质化、类型化，不搞原样照搬，多做整合提炼，提供有营养的增值信息。

全媒体应做大做强本地文体新闻，充分开发本籍文体“双星”（明星和民星）资源，大做参与性强的报道或文体活动，如举办各种赛事、全民娱乐活动。每一个项目、节目、活动，都有生命周期，要打造品牌，不断创新。

树立大文化观，跳出文化看文化。文化的交融性强，如：“文化＋体育”“文化＋休闲”“文化＋科技”“文化＋创意”“文化＋旅游”“文化＋金融”……深度挖掘各单位、各组织中的“文化”底蕴。

不断拓展文化报道的空间和范畴，不断提升文化报道的品质和服务。文化版块办得怎么样？努力满足“三个层次”功能：低层次是安抚心灵，中层次是醍醐灌顶，高层次是提升境界。各类版块力争效果：本土版，风起云涌；时事版，波澜壮阔；体娱版，活色生香；副刊版，静如处子。

基本操作理念：文化新闻理性化，体育新闻娱乐化，娱乐新闻大众化。三者有交融，但各有特点。总之，报台网全媒体文体娱乐既要“星光灿烂”，又要雅俗共赏。

第 93 章　文化副刊新闻

习近平总书记强调，做好新形势下宣传思想工作，必须自觉承担起举旗帜、聚民心、育新人、兴文化、展形象的使命任务。兴文化，媒体应有之义。

报界有言：新闻招客，副刊留客。报纸不仅是新闻纸，也是文化纸。握在手中的报纸能让人沉静下来的，是文化副刊。副刊不是副产品，不是可有可无的。

在建设社会主义文化强国战略指引下，报台网的文化功能不断激发。无论是新闻宣传还是文化副刊，正在从“养眼”阶段转向“养心”阶段，更好地凝心聚力、凝魂聚气，共建精神家园。

一、策划要点

关键词：热点

报纸副刊不同于杂志副刊，新闻性是报纸的根本属性，有新闻性和艺术性的副刊是报纸的特色和生命。故副刊必须有效地配合报纸新闻信息的传播，面向受众，面向新近发生的新闻事实。在新闻中继续文学的梦想，在文学中坚持新闻的方向。要加强选题的新闻性，即及时介入与文化有关的热点事件、热烈话题、热度作家、热门作品。

关键词：冰点

文化报道应多多开掘冰点。很多名人故居在消失，很多历史事件渐渐不为人知。关注城乡古遗迹的命运变迁。传承国粹保护非遗，守护精神家园，是媒体的道义和责任。比如，《三峡晚报》的《三峡地理》，每期通版，记录宜昌山山水水。

关键词：活动

副刊不是本地几个文人自娱自乐的舞台。一张报纸的副刊得以生存，需有良好的口碑，需有一定的品位，还得进入本地核心文化人圈子，团结和影响本土文化人，包括作家、诗人、书法家、画家、音乐家、收藏家、文学爱好者等。

副刊要多办活动，如笔会、诗会、作品研讨会、征稿等，把文化人聚在报纸周围。每逢清明、端午、中秋、七夕等传统节日，报台网全媒体要策划文化活动，如举办“书香节”，推出“重走”系列主题文化报道，评选“书香之家”。报台网全媒体要长年寻访书香世家，讲述名人后裔文脉传承，挖掘城市文化遗迹，重绘文化“地灵图”，为城市营造浓浓书香。

举办文化类讲座。例如，《晶报》的幸福人生大讲堂之名家讲坛，讲婚恋家庭、校园成长、养生保健、职场超越、心理关爱等。

二、实战心得

多年来，我先后征订全国多份大报。每累积一周，抱一大摞回办公室或回家，花上半天，静静地品读，读的最多最仔细的不是新闻，而是副刊，尤其是《晶报》的《人文正刊》。

给予副刊主体地位的，是其很开阔很开放的视野，丰富的信息量，有价值的观点。其不仅有对深圳本土重要文化事件的关注，也有对国内外重大事件和文化人物的观察；不仅着笔文学艺术，更拓展至图书绘画、全球华文世界、人类文化现象。美妙而精致的文字让人回味，也让同为新闻人的我，对《晶报》编辑的匠心涌动一份感佩，并由此感叹：一张报纸缔造恒久魅力，除了着墨新闻价值，也要彰显历史价值、文化价值、审美价值。

著名报人赵超构说过："新闻是报纸的灵魂，副刊是报纸的面孔，报纸耐看不耐看，主要看副刊。"著名报人金庸也说："新闻为攻，副刊为守。"副刊是一片心灵的港湾，是一片文化的净土。副刊要干净、宁静。

报纸有了文化，顿生春色。尽管面对新媒体的巨大冲击，但专家们认为：唯有报纸这样的阅读载体更具有凝固、持续的人文力量。

可是，我们经常会遇到这样的情况：广告一增，或版量一减，最先拿掉的就是副刊。

为何这些副刊被优先拿掉？

不外乎这六大因素：一是本地"老面孔"霸占版面，国内外大家难见；二是关系稿多，文化报道琐碎细小；三是美文不美；四是新闻性的文化事件、文化人物、文化观点不够贴近；五是文学品种单一，创新不够；六是编辑部对副刊没有给予足够的重视。

怎么样解决这些问题？我们以自己的观察和实践理解，谈七点想法。

◎副刊要"文新结合"。报纸首先是新闻纸，有新闻性的报纸副刊应反映时代风云。副刊也要坚定不移地围绕中心服务大局，选素材、找作者、列题目。配合党委政府阶段性中心工作重点，市委市政府关注什么，我们就宣传什么。副刊的魅力在于观点，靠观点与当下同频共振，契合读者心理需求。

◎副刊既要有"名家名作"，彰显文化品位，也要有"民家民作"， 犹若众星拱月。名家是本土名家、全国名家、世界名家；民家则圈定本地土生土长的文化人才。百花齐放，争奇斗艳。一个好的副刊，要有一批固定的"专栏作家"，靠"作家群"提升副刊影响力。

◎品种要丰富。副刊三大件：一是散文和随笔；二是报告文学和特写；三是杂文和评论。当然，其也少不了诗歌、小说、书法、绘画。就像一桌丰盛的宴席，不仅要有大鱼大肉、山珍海味，也要有清淡可口的小碟小菜。副刊作品要短小精悍，文约事丰，情深意浓，富于营养。要把好副刊导向关，字斟句酌，反复推敲，杜绝潜藏的任何敏感隐患和有害信息，反对和批判历史虚无主义、消解主流价值的一切错误思想言论。

◎塑造富有地方特色的副刊文化品牌。弘扬本土文化是与外埠媒体竞争的"独门绝技"。如《江西日报》的文学副刊《井冈山》，三年四获中国新闻奖（其中两次一等奖）；《新民晚报》副刊《夜光杯》传神再现上海风貌，成为上海这座城市的精神文化符号。《重庆晚报》的文化副刊《夜雨》成为重庆文学、文化创作的高地。

◎副刊追求雅俗共赏。副刊要用文字照亮读者心灵，要佳作荟萃、开智启慧、百家争鸣、与时俱进。一流的副刊应该集大众文化、高雅文化、民间文化、域外文化于一报。副刊版式要端庄大气、清秀典雅，给人赏心悦目之感。排版上全文用楷体，多用留白，还要有与文字意境搭调的插画。

◎要把副刊当成"主打"产品做。打造几款特色"慢生活"产品，给足版面，配足人才。一个编辑部要有那么几个高雅的文化人，要有一批文化功底深厚、文化素养较高的名记名编，不能天天写动态写突发，而是杂文诗词散文通讯样样都有妙手，内部要营造文化气场。

◎副刊要"背靠文坛，融入市场"。如果版面比较"静"，就要想法子让它"动"起来。

党政干部的阅读偏好是什么？企业家和白领人士想读什么样的文章？每周都要搞点类似的文化议题设置，增加黏性。

著名出版人路金波认为，未来的文学市场只有4种东西可能流行：卖文字、卖故事、卖经验和卖时髦。我们的报纸又何尝不是呢？

下面撷取常见的几类文化报道和活动，从中管窥传媒界的新做法、新思路。

(1) 打造全媒体“文化品牌”。弘扬中华优秀传统文化，增强民族文化自信，展现主流媒体的高远情怀和审美追求。2013年，央视推出大型原创文化类电视节目《中国汉字听写大会》，2016年推出《中国诗词大会》，2018年推出《经典咏流传》……持续引爆国人对汉字、诗词、典籍的热爱。各地广播电视台也是“你方唱罢我登场”，推动民众重温诗词经典，分享国学之美。以诗歌雅文化对抗互联网流行语言的粗鄙，“人人读诗，人人写诗”的盛况似有重现之势，各地报台网全媒体要因势利导，创新作为。

比如，三峡广播电视台文化传播细水长流，展地方文化磅礴之势。一方面在日常节目中加强文化动态报道，另一方面逢“十一”或春节等关键节点，将所有日常文化报道进行整合，制作成大型系列专题片，以特别节目的方式，每天播一期。

【经典案例：深圳各大媒体每年重磅报道11月“深圳读书月”、12月“创意十二月”活动盛况，并积极切入，高调举办相关的子活动。其中，最为经典的当属中国(深圳)国际文化产业博览交易会，最初由深圳特区报业集团品牌读书活动衍生而来，最终打造成影响全国的特大文化产业项目。**】**

(2) 重点关注本土特色文化活动。比如，形形色色的作家签名售书会，如何报道？其“七步鲜”报道模式是：①签售消息；②作家专访；③直播互动；④签名；⑤图片；⑥视频；⑦花絮。

文化名人讲座，如何报道？其“七步鲜”报道模式是：①讲座消息；②听众感触；③现场互动；④对话专访；⑤人物背景；⑥视频影像；⑦花絮。讲座消息要抓带共鸣的东西，如《易中天昨来汉解读武汉人(主)遇事“不服周” 痛恨“阴倒搞” 为人不“差火”》。

为了能搞到独家专访，记者要想办法同赴接机，采访从接机就开始，赠一束鲜花，与人物合个影，让报道场景更丰富更立体，彰显“大事有我(本报)”的影响力。采访名人和作家，记者须事先对他们有一个大致的了解，如他们的作品以及引发的关注与争议、他们的经历与情感、他们的观点等。有备而访，方得珍宝。

举例：《楚天都市报》名牌栏目《周洁对话》，定位高端访问。采访韩国驻武汉总领事分三步，即采访预约、书面对话、面对面对话聊天，部分外埠或国外名人采访都是通过电子邮件、电话、微信完成。

(3) 重磅关注本土有影响力的文化事件。

【经典案例：2008年4月，由宜昌人原创的“史上最干净的爱情”小说《山楂树之恋》引起全国轰动。《三峡商报》进行了连载，随后我策划了4个活动：①让山楂树见证我们的爱情寻访活动；②讲述我的山楂树之恋爱情故事；③评选最美山楂树爱情短信；④研讨“山楂树之恋”现象带给我们的思考。这组大型报道促成《山楂树之恋》电影和电视剧摄制组相继前来考察，并将拍摄地选在宜昌。

2010年，张艺谋拍摄电影《山楂树之恋》。剧组封锁一切采访拍摄，《三峡商报》提前策划，派两名记者卧底，以应聘工作人员，秘密打入剧组。记者不仅当了现场副导演，并在电影中饰演老三医生这个角色。首映前，商报独家推出“揭秘《山楂树之恋》拍摄内幕”大型连续报道，每天两版，独家披露大量不为人知的片场细节，以及与明星大腕的零距离对话，寻访小说原型人物，揭秘电影拍摄幕后的故事。此事令剧组十分震惊，感动了张艺谋，商报

记者受邀参加北京首映式，三峡日报社据此策划出版《解码〈山楂树之恋〉》图书。】

(4) 扎根本土，文化探源。全景式挖掘地域特色历史文化和风土人情，以人物为抓手，以故事为线索，展示文化的厚重和博大精深。要弘扬本土人文人物，挖掘重点地名故事，考证重要历史事件，整理重要民间传说。央视《国家宝藏》《鉴宝》等节目火爆神州，各地报台网也纷纷兴办“鉴宝大会”，全媒体让沉睡的文物活起来。关注重点古墓发掘、重要文物追索，如天津人民广播电台广播专题《离家百年 钟回故里》获中国新闻奖三等奖。

报台网如何做考古新闻？内容方面聚焦四大块：关注考古现场，挖掘趣闻轶事，链接史事钩沉，解读文化内涵。其在技巧方面有4种包装手法：一是寻宝，展现寻宝全过程，层层剥开；二是置谜，设置谜团制造悬念，一波三折；三是说史，像《百家讲坛》邀各路专家纵论看法，拨雾见日；四是嫁接高科技，如动用DNA技术、探测雷达、水下摄影机等。

【**经典案例：**江西日报社中国江西网荣获中国新闻奖网络专题一等奖作品《千年大墓 惊世发掘——南昌海昏侯墓出土》，采用消息、通讯、评论、访谈、特写、高清图、音视频、Flash动画、无人机、3D特效、AR、VR全景等方式，打造“南昌海昏侯墓文物网上展厅”。创新“三维视频＋简介文字＋系列数据”呈现方式，弥补电视直播和全景体验的不足。内容融合全国媒体报道，并做超链接增强互动性。页面设计彰显古朴典雅、历史底蕴、文化品位。】

(5) 重大成就、重大事件的文艺表述。比如，反映建党建国建城的成就，全媒体要创意策划，用诗歌、曲艺、晚会等文艺形式隆重讴歌。对于特大地震、重大火灾、重大疫情、战争等导致大量人员遇难或牺牲、持续时间比较长的灾难事件，报台网全媒体除了全面推送相关报道，还要策划、调动、组织用文艺的形式隆重纪念、加油、声援、悼念。2020年新冠肺炎疫情期间，我策划了“风月同天·文艺战疫”全媒体专栏项目，以微信、抖音、微博等新媒体方式推送战疫诗词、歌曲、书画等，吸引海内外文艺家们热情参与，产生了较好的传播效果。

(6) 解放思想，积极引导佛教文化。近年来佛教文化开始走出寺庙，真切地为社会大众带来心灵的滋补。现在，许多省级报台网热衷于同当地寺庙联办活动，反响很好。

【**经典案例：**《晶报》常年刊发高僧大德悟道随笔。2011年12月《晶报》和深圳弘法寺联合主办“让心灵充满阳光”佛学文化公益讲座，邀诸山长老、高僧大德和知名专家学者对话。不仅听大德高僧鸿儒们如何养心，还探讨佛教实践中的公益思想，如何在当下社会建设和文化建设中发挥自身作用。】

对宗教活动报道须严格遵守宣传纪律和相关规定。报台网全媒体新闻报道不得擅自直播录播含有拜佛、烧香、祈福、诵经、礼拜、弥撒等宗教活动画面。

第 94 章　体育新闻

有句话说得好：没有姚明，不等于篮球不好看；没有张柏芝，不等于娱乐没有料。

过去，体育娱乐是各大报纸的“大餐”，转型融合后，许多地方报减掉了体育娱乐版块，但是本土体育娱乐报道风光依旧，成了报社新媒体的新宠。广电和网络对娱乐的报道依然热情不减。

一、策划要点

关键词：重要球类

球类大热门当数世界杯、欧洲杯，要做专题，精心策划，集中报道。

欧锦赛(欧洲足球锦标赛)，可开设专栏或版块：赛事大竞猜、最新战报、赛事看点、绿茵随笔、评头论足、球迷侃球……

世界杯期间出版全媒体“号外”、特刊专题打造看点。关注中国男足、女足赛事。一些颇具实力的报台网特派专职体育记者跟随中国各支足球队五湖四海采访，球队到哪里，记者就跟到哪里，精心为广大球迷提供最鲜活最现场的赛事播报。

我为足球狂。国人深爱世界杯，为何？生活中，越是得不到的越觉得好。

篮球则关注中国男篮以及 NBA 重要赛事。报台网全媒体要重点报道在本地及周边举办的全国男篮赛事。

乒乓球、羽毛球，是中国强项，报道要盯国际大赛。

赛事申办成功，报道要呈现“今夜无人入睡”“为胜利干杯”的欢庆喜悦。

关键词：体坛名人

报道体育，就如球员赛场上盯人一样，记者编辑要盯人，要盯有看点的赛事和名人，关注名人在赛场上的表现与故事。抓眼下活跃在体坛最知名的体育明星，有关他(她)们的成就、荣誉、言论、绯闻、转会、退役以及体育明星生活之美、铁汉柔情。

比如，2011 年 7 月 20 日姚明宣布退役，《晶报》的《明谢》特刊，共 7 大版块：现场篇、影响篇、访谈篇、奋斗篇、语录篇、亲友篇、影像篇。

关键词：群众性体育

重点关注本土各类群众性体育健身活动，传播“运动”“快乐”的理念。

◎横渡江河湖库。如《长江天险腾细浪 中流击水共欢畅(引)1749 名健儿昨成功横渡长江(主)》，其报道模式是：①主消息；②花絮(有典型性的渡江者的故事)；③专访(冠军队)。

◎全民健身运动。新媒体，尤其是视频类，重点聚焦当季当下最流行、最新颖的健身方式，如曳步舞，以及部分新兴运动，推荐本土主要健身场所，大秀本土知名健身专家。

比如，《厦门晚报》策划“我为运动狂”专栏报道，展现当地千姿百态的“健身狂人”，为运动健身热添一把火。

马拉松全国开花。除了主消息和男女冠军、领跑人物专访，还要关注最年长参赛者、残疾运动员、本地元素、赛事保障、赛事文明、求婚等故事与花絮。转换视角，晒媒体人的体验。

如《昨天的杭州国际马拉松赛你跑了吗？跑了，快上快拍快拍网找你的照片　没跑，听听快报 11 位参赛员工怎么说》，全媒体记者从幕后走到台前，分享比赛快乐。

关键词：丑闻

中国足坛扫黑打假、短道队打架、泳坛奖金内讧等丑闻，接连不断。对这些丑闻的报道要舍得版面、时长、位置，持续追踪。全媒体对“赛场风波”、比赛伤亡事件、黑幕事件、腐败案件等予以重磅报道。

关键词：活动

报台网可和有关机构联合举办群众性赛事活动，比如中老年舞林大会、曳步舞大赛。《三峡商报》连续多年举办全市“激情三人制篮球赛”，《都市快报》评选“快报世界杯宝贝”。

【**经典案例：**2011 年 9 月，《深圳特区报》举办国际棋联女子大奖赛，国际棋联主席伊柳姆日诺夫亲临称赞“纸媒办大赛（指该棋赛）绝对是首创”。】

二、实战心得

报纸年轻读者正在加速流失。红极一时的《体育周报》《球报》《南方体育》等相继消亡，但这并不意味着体育没人看了。赛照办，球照打，体育新闻仍是报台网全媒体很重要的版块。

对地方报而言，体育新闻主要来源于新浪、搜狐、网易、凤凰网、新华网和新华社电讯库等摘发，主要是选稿问题，考验的是编辑力。

如何选体育稿件？首先，选眼下最热门的赛事新闻，在版面上要有分量，形成重点看点，不是一条稿子平铺；其次，关注中国著名运动员参加的大赛以及本籍运动员在世界各地参加的重要赛事，可做记者连线；第三，关注体坛动态。

(1) 体坛动态。关注赛事举办地抽签。世界杯、奥运会举办地花落哪国？这是大看点，可做专题。足坛、排坛、泳坛、乒坛等主教练的人事变动，都是万众瞩目的大事，不是“一个小消息＋一张人物图片”就了事的，要榨干吃尽，打组合拳。比如《拯救玫瑰 足协请来洋“园丁”（主）瑞典人多曼斯基将执掌中国女足（副）》，组合报道包括：①女足反应，《众玫瑰不相信“洋救星”》；②链接，《女足五年四度换帅》；③分析，《重召潘丽娜》；④专访，《多曼斯基：我对她们充满信心》。又如《中国足协新来个“二当家”（主）于洪臣是谁？他懂不懂足球？他和“一把手”韦迪是什么关系？（副）》，主消息后再加了一个分析报道，分三个部分：①他是谁，韦迪师弟学习委员、足球场上的“快马”；②为什么是他，韦迪称赞他是竞赛管理行家；③他怎么说，我应该算是球迷。

(2) 体坛突发。如长跑猝死，其“七步鲜”报道模式是：①悲剧（简讯）；②原因（猝死分析）；③提醒（运动先热身）；④对策（预防与救治）；⑤建议（专家支招如何防猝死）；⑥应急（医生未到现场如何抢救）；⑦资料（名词解释何为运动猝死）。

体育明星受重伤是大新闻。明星受伤，记者可赴医院打探详情。其“七步鲜”报道模式是：①最新消息；②独家对话；③医院见闻；④明星慰问；⑤铁汉柔情；⑥明星档案；⑦受伤救治视频影像。还可做事件话题落地，请本地专家针对此类伤情讲解人们如何防范和救治，其报道模式是：①明星伤情；②专家诊断；③救治处方。

(3) 运动观察。探究本地场馆、球馆里的冷热现象，对本土城乡健身设施状况等公共服务大扫描。

(4) 体育思考。年初，各地体育部门都会公布上一年的国民体质监测报告。如《国民体质监测结果发布：成年人越来越“没劲儿”》：体质状况呈现什么样的变化？有哪些喜忧？幼儿和老年人体质如何？专家为科学健身开哪些处方？记者采访可从这些方面入手。深度挖掘奖牌背后的故事，讲述运动员的艰辛历程、成长经历、未来目标等。

体育新闻如何编辑？版面主打高质量图片，即有很强的动感、冲击力，多发硬汉、美女，多发动作特写，图片多将人物轮廓勾勒出来，这样的版面干净而灵动。版面要灵活运用消息、评论、分析等多种体裁。

体育新闻标题做好了，特别出彩。巧用、善用明星名字或谐音入题，或重现比赛之意境，或诗意十足，让新闻轻松幽默，可起到“四两拨千斤”的效果。举例：台球王子丁俊晖失利，《晖别决赛》；网坛李娜，《“娜”么牛　首次跻身法网八强　再创中国网球纪录》《“娜”样美丽》《“娜”一刻》《“娜”一挥手的落寞》；报道姚明，《何时归？“姚”无期》；报道羽球双冠王赵芸蕾，《故乡的“芸”》《风“芸”万丈　惊“蕾”一声》；报道花剑雷声，《一剑惊“雷”》《剑花深处响惊“雷”》；报道泳坛神女叶诗文，《金枝玉叶》；报道男举林清峰，《举重若清》《“清”风携金送春归》；报道体操健儿程菲摘金，《“菲”越巅峰》；报道NBA华裔球星林书豪，《书写神奇　豪情万丈》。除此之外，类似好标题还有《飞燕剪水　明霞又照高台月　奔雷迅电　贝利新登百米峰》《一抹明霞映海亮　爽气盈荆楚　数朵丽萍沐桑雪　清风满神州》《春来秋去(主)鲍春来宣布退出国际羽坛(副)》。

勿再渲染体育暴力美学。以往，“复仇”“斩杀”“屠狼”“报一箭之仇”等字眼充斥报刊荧屏，体坛俨然一副“金庸江湖恩仇录”。

第 95 章　赛事新闻

体育是全民的狂欢，赛事是一个城市或一个国度乃至全球的盛事，也是媒体新闻大战的盛宴。要抢占大赛报道制高点，实行大兵团作战，全方位呈现大赛盛况。

一、策划要点

关键词：奥运会

最大的赛事、关注度最高的赛事，非奥运会莫属。2008 年北京奥运，是中国媒体的集体狂欢。无论奥运会在哪举办，报台网全媒体都须展现充分的智慧。

《广州日报》采访北京奥运特设北京编辑部，组团挥师北上。2004 年雅典奥运会，《北京青年报》《成都商报》等 13 家媒体组成联合采访团，以节约采编成本，分享和有效整合媒体资源。2012 年伦敦奥运会，《武汉晚报》成立“留学生奥运采访团”，万里连线采访，获取大量鲜活一手资讯。

奥运会是体育的盛会，也是媒体的竞技场。全媒体要从海量信息中突围，做出自己的特色。对于北京奥运会，《楚天都市报》以日均 24 版的规模连续推出《骄奥》特刊。

关键词：世界杯

无与伦比的足球，无与伦比的狂欢。报台网全媒体发起举办“足球宝贝”选拔赛，打造啤酒节。2010 年南非世界杯，《三峡商报》特派记者飞赴南非采访，开创中部地市报记者世界杯采访之先河。德国世界杯期间，《晶报》特派记者进行为期 34 天的世界杯报道之旅，每天推 8~16 版，版块有：“前瞻”“亲历”“对话”“花边”“宝贝”“争议”“热评”等。

关键词：世锦赛

世锦赛是热门赛事。关注篮球、排球、乒乓球、游泳、跳水、羽毛球、体操、斯诺克、田径等世界锦标赛，特别关注中国选手的状态和赛果。

关键词：本土赛事

报道好市运会、省运会、全运会以及在本地举行的其他重量级赛事。从聚焦赛事筹备、市容美化，到赛事盛况，探讨赛事效应，即大赛给这个城市带来的变化和市民内在素质的提升。

赛事在家门口，有先天优势，榨取要淋漓尽致。比如，全媒记者机场守候热门运动员抵达，抢拍现场镜头和粉丝反应。赛前训练探秘，关注参赛队状况、场馆设施和服务质量。密切关注赛期天气。

二、实战心得

纵观全国媒体，体育记者、编辑多是“半路出家”，要么不懂体育，要么连新闻也懂得

不太多。但是，这并不妨碍其从事这项职业，只要掌握体育报道采编的套路，上手快，易出活。

体育采访的基本要求：记者要懂得欣赏，即大致了解所采访赛事的竞赛规则，看得懂比赛，不说外行话。更高的要求是对运动员、教练的故事、观点、成绩、荣誉、争议等有些了解，事先做必要的资料储备。

一次精心的赛事报道策划，往往能够使一场看似并不精彩的比赛变得丰富、有看头。如：有本籍运动员参赛时，谁采访家属，谁采访运动员家乡，谁采访运动员本人，比赛之前就应一一“埋伏”到位。

2012 年，《三峡商报》作为湖北省唯一市州媒体受邀参加男篮世锦赛的报道。报台网全媒体想去省城和外地采访任何大型体育赛事，须在赛事官网上提前申请采访证。小媒体没有赛事采访证怎么办？一是买观众票入场。2010 年南非世界杯，《三峡商报》特派记者买观众票入场。进不了核心区怎么办？就写现场、写氛围、写观感、写耳闻、写亲历、写观众、写安保、写志愿、写设施、写环境、写本土元素。比如，奥运上的中国品牌。对于比赛过程，电视和网络已提供了实况和结果。二是与某家省报（台、网）合作，结成报道合作伙伴，新闻资源共享。这样可避免漏掉动态消息、新闻发布会以及明星活动新闻。

特派记者采访，除了聚焦赛事动态，还可写随笔，写行进中、所到之处的所见所闻所感，写当地风土人情、名胜古迹、人文地理、风俗习惯，写当地城市氛围小故事，以及同当地人攀谈，写赛事对他们的生活影响、他们对大赛的心声等。

如何搞赛事微直播？一句话：场景伴随风景，实况混搭市情。报道组要提前摄制当地风光片和城市宣传片，穿插在赛事解说、赛程呈现的直播全过程。赛事解说不仅要说比赛实况，也要精彩讲述举办地的城市历史故事、文化故事，要事先精心准备。

常看赛事直播，发现镜头前记者提问水平千差万别。诸如“你获得金牌感觉怎么样”“你觉得自己发挥得怎么样”等提问，除了回答“是”“激动”之外，运动员还能说什么呢？提问是一门艺术。大文豪列夫·托尔斯泰曾说：“不存在什么答案正不正确，只有提问得好与不好之分。”

记者现场如何提问？须事先做好精心准备，可从运动员在赛场内外的细节入手。记者提问不能“无疑而问”，没有任何指向性，就无法引起被采访对象的回答欲望，但又不能指向性太强。要提“开放式”问题，给被访对象足够的思维空间和表达空间，让其把“话匣子”尽情打开，毫无顾虑和戒心。要抓住采访对象那些令人新奇或眼前一亮的话语、肢体语言，追问下去，或许会有意外收获。

常见的赛事报道栏目或版块：赛事前瞻、赛况直播、幕后揭秘、人物专访、现场花絮、经典回眸、场外情况、域外随笔等。

通过视频影像，捕捉赛场上的喜、怒、哀、乐，展现动作之美、力量之美、风度之美，将悲喜两重天渲染到极致。

以上是关于赛事报道的理念和方法。对于大型赛事，还要重点挖掘如下内容。

◎热门人物。盯住当天最重要的、最热议的人与事，那些赛场“神”将。抓住当红体育明星以及眼下最热门的、最具争议性的球星、新星、教练。

◎重要金牌。粉丝最关注哪些项目金牌，全媒体就重点报道这些项目。含金量在哪里？看点是什么？运动员有哪些过人之处？

◎本籍运动员征战情况。将万里赛场拉近到本地，如《一人独揽两金 军权扬威雅典（引）哈哈，英雄是咱荆门娃（主）》。成功了，媒体祝贺盛赞；失败了，媒体鼓劲打气，期待东山再起。

◎赛场秘闻。赛事动态只占整个报道量较少的部分，要更多地挖掘赛事的传闻、剖析、焦点。通过新媒体和电视直播，比赛结果大家都知道。所以尽量多抓一些电视和网络直播上看不到的东西，呈现比赛中的拼抢精彩场面或意外失误，表达双方球迷的观点。

◎特殊人物。关注体育明星助阵女友、亲友团，娱乐明星，政要和王公贵族，出位美女，疯狂粉丝，全副武装警察。

◎赛事风波。重点报道“错判”“误判”“抗议”“骚乱”等。

◎幕后解密。做冠军成长的解读，做金牌故事的延伸，做赛场新闻的拓展。从人物的命运、故事入手，报道其成长经历、幕后艰辛，展现他们的情感、理想、奋斗。由于赛事时间紧任务重，材料搜集整理应在赛前准备好。

关注场内，也要关注场外。如按小时全景式记录一天中城市平凡而感人的细节，表现全城迎接盛会的准备和喜悦，绘就“大赛上河图”。

外派采访，新闻标题和照片要刻意体现“本报（台、网）全媒记者”的身影。为了体现本报（台、网）在现场的直观效果，可预先喷几面不同的旗帜或条幅，记者到赛场后与明星、球迷合影展示，这样拍出的图片信息和情感更丰赡。记者可请明星为本媒粉丝签名祝福。

大赛是对承办城市的重大挑战，也是对媒体报道能力的重大考验。赛事报道要与城市精神、历史、文化、生态、民生等内容有机结合，多角度、全方位展示城市的底蕴和厚度。从关注赛事筹备到聚焦宏大赛场，动态报道难出彩，而出彩的报道多是那些意想不到的、常被忽略的“细枝末节”。

关注赛事对城市和市民方方面面的影响与考验。重大活动和赛事，都会让城市嬗变，背后深刻反映的是市民“思想的蝶变”。聚焦城市之美，处处流淌关爱和温暖；聚焦赛事志愿者，展示青春力量与责任，向世界证明我们能行，世界的未来我们扛得起。

报台网全媒体可结合赛事举办相应的特色活动，如征集“奥运宝贝”，打造本土秀场。

媒体既是赛事的报道者，也是赛事的参与者和建设者。如《晶报》承办“全国都市报总编深圳大运行”大型活动，把办报纸与办赛事、办城市有机结合起来。

【赛前】

火炬传递是大赛亮点。火炬传递前一天，做哪些报道？如《本报推荐最佳观“火”点》《选个靓位看明星 南都记者实地走访火炬传递线路，推荐最佳看点》，打探火炬设计制作匠心、出行安排。

【经典案例：2011年5月，《新快报》与商业机构联合举办大运会两位火炬手和五名学生记者选拔赛，吸引2000名大学生报名参与。**】**

火炬传递如何报道呢？其报道模式是：①点火仪式动态报道；②现场特写；③火炬手专访；④花絮等。火炬传递后记者可请各路明星为本媒题字。现场连连看，用视频影像记录火炬传递盛况，赋予其“标签”“符号”，如“激情”（传递火炬中的兴奋与激动）、“抢眼”（关注度最高的火炬手）、“花样”（火炬手做出的一些花样动作）、“辛苦”（为保证火炬传递工作人员的艰辛）等。挖掘火炬传递幕后故事，故事里有汗水，也有泪水；有笑容，也有辛酸。

赛前氛围营造。除了赛前动态报道外，可全方位报道各部门、各单位、社会各界为赛事当好东道主的准备，展现“东道主”的良好市容新貌，如赛事主办城掀起大规模的城市环境整治，绿化美化亮化市容。城市夜色街景如画，用视频影像展现魅力之城。

比赛场馆、接待设施、服务水平、安全保障等是考验一个大型赛事成功与否的关键环节。

赴约

02/03

点燃奥运大炬台的为何是他

开幕式风情万种
你真的看懂了吗

必看孙杨和宁泽涛
期待吴敏霞创历史

2016 年 8 月 7 日《宁夏日报》版面获中国新闻奖一等奖

诸如奥运村、亚运村、大运村、军运村等，运动员到来，这个“村”到底提供什么水平的接待？“记者探村”可从“吃喝”“玩乐”“休息”“交通”“安保”“时尚”“科技”等方面系列展开。

◎吃喝篇：报道当地为确保吃得放心、供应充足而采取的各种措施，如《本报记者揭秘军运村食品供应 一个橙子上餐桌要经过七道检测》。全媒体展示当地特色饮食文化。

◎玩乐篇：报道当地休闲娱乐项目、地方特色大戏演出，推荐地方特色旅游线路。

◎休息篇：“村”里趣事囧事一箩筐，如《照顾高个运动员　床铺最长 2.35 米》。

◎交通篇：比如，《晶报》在深圳大运会期间发起“绿飘带”舞动鹏城行动，呼吁市民在大运期间绿色出行，推出“交通指引”，以帮助市民便捷看赛事。

◎安保篇：公安部门织就安全网，从天上、地下、水中，特警、监控、安检等全方位展示警力。

◎时尚篇：挖掘比赛场馆和城市服务流动时尚元素。

◎科技篇：科技让运动更美好。大型赛事不仅展现运动之美，也是一个国家或一个城市展示科技实力的舞台。哪些硬核科技、黑科技为赛事提供服务？报道可分系列篇章：科技之智、科技之力、科技之俭、科技之惠、科技之美、科技之绚、科技之光。

【开幕】

开幕前一天，可做哪些报道？全媒体推“观战指南”特刊专题。取何名字，讲究创意。如大学生运动会开幕，《晶报》推特刊《开运》。我们整理了一份“七步鲜”特刊内容构架，可让你有的放矢：①提前解读开幕式亮点；②专访导演、总撰稿，揭开开幕式设计的神秘面纱以及背后的内幕秘闻；③开幕式兴奋点大猜想；④关注开幕式上的人物，开幕式上会出现哪些草根明星？⑤关注开幕当天气象；⑥开幕式谁点火，如《他，点火？开幕式主火炬手引发猜想》，为什么是他？如《最火的人是他！》；⑦视频影像，开幕式前十二时辰的一组全方位视频影像记录（如准备、志愿、保障、服务、排练、城市表情等与开幕有关的各方面），设定“倒计 8 小时”，拍摄各节点时刻的场景，凸显开幕前的紧张、忙碌、有序、严谨。

开幕式如何报道呢？其报道模式是：①动态版；②特稿版；③视频影像，其中动态版由开幕主消息、特写、评论、图片、声音、花絮等构成。声音即各界人士，包括市民、友人、记者、志愿者、游客、官员、客商评说开幕式。报道的基调要突出欢乐、沸腾、安全、创意。

【赛中】

点燃激情，放飞梦想。开幕后就进入正式比赛环节。一场场比赛如何报道？报道由最新动态、经典战局、赛事前瞻、连线赛场等构成。每天的赛事报道要抓关键词：明星、焦点、冷门、主角、安保等。

比如，《广州日报》对 2008 北京奥运的报道每天用“度”展开，即“力度、深度、高度、角度、幅度、密度、锐度”。

【**经典案例**：2011 年世界大学生运动会在深圳举行。《晶报》每天推出“大运日报”——《大运行》，开设“大光圈”“大本营”“大聚焦”“大手笔”“大众话”“大喇叭”“大客厅”“大看台”“大练兵”“大明星”等 10 大版块。】

人是赛场上最美的风景，如《你看你看，大运赛场上一样的脸（主）兄弟连、姐妹花，大运场内外双胞胎真不少（副）》，用“组图 + 简短文字”呈现。但凡赛事，要多发视频影像，刊发比赛经典镜头，如运动员“表情”“功夫”（跆拳道项目）“剑雨”（击剑项目）、速度与激情（如场地自行车赛）等。标题要传神。

全媒体发动“微粉”随手拍微直播，晒自己心目中最美的运动员、志愿者、工作人员、礼仪小姐等。如《用微笑“汗卫”你，我的大运》，讲礼仪小姐汗水如洪，微笑迷人。特别的观众，一样的精彩。全媒体聚焦那些最年长的观众、最用劲的观众、最阳光的观众、最坚强的观众、最执着的观众，挖掘他们的故事以及他们观赛的心情和对赛事的观感。还有那些为赛事服务的公交司机、的哥的姐、专车司机、警花，报道她们冒着酷暑严寒默默坚守赛事一线，克服困难，提供周到服务。

本籍运动员夺金，如何报道？先要有报道预案。三种可能，即夺金、夺银铜、未夺奖牌，分别设定报道基调和立意。夺金报道模式是：①主消息；②现场特写；③父母专访；④地方主要领导反应（书长、市长、宣传部长、分管副市长）；⑤地方文体局长评说；⑥评论；⑦成长之路（长篇通讯）；⑧国家省市县颁发奖金数额；⑨企业奖励；⑩启蒙教练评说与专访；⑪冠军大事记（按年表排列各阶段成长与荣誉）；⑫本媒体历年印记之回放；⑬网络评说。

【闭幕】

大赛闭幕前一天，可做如下报道：①独家专访闭幕式总导演，独家揭秘精彩环节；②闭幕式精彩节目逐个看；③金牌盘点；④全媒互动。面对闭幕式，市民最想表达什么心愿？可做街头同题海采。

闭幕式如何报道？①闭幕主消息，如《纵情狂欢 难忘深圳（主）深圳大运会圆满闭幕（副）》。②各界反应。③深度特写，大赛收官，哪些可圈可点？“火已熄，情恒燃。”细细梳理，提炼升华，审视赛事给本城留下哪些宝贵精神财富。④赛事盘点，如答卷篇、妙语篇、词典篇、大片篇、奥斯卡篇、最后 24 小时篇等。《南方都市报》的盘点专题《大运奥斯卡》，其报道由奖名、人名、颁奖语、获奖人物事迹组成，体现了体育编辑的独具匠心。

【赛后】

比赛结束，曲终人散。那些悲与喜，都驻足在历史的刻度上。报道可对赛事进行重点回放和盘点，以视频或组照为主，配凝练文字，重温经典瞬间，分篇章次递再现激情、温情、悲情、豪情时刻。

我们的镜头和笔头多会死死盯住冠军的欢笑，但也不要忽视失败巨星们的泪水和落寞的背影，策划专题盘点他们，更给人回味和启迪。

报道大结局，做系列大盘点，如《胜利者：喝光了身边的美酒》《失败者：流尽了所有的苦泪》《组织者：倾尽了所有的努力》《旁观者：看到了最好的结局》。

赛后，全媒体可探讨赛后运动场馆如何物尽其用。

第 96 章　娱乐新闻

娱乐新闻是电视、互联网媒体永恒的主打戏，曾经是都市报、晚报的重头戏。现在报纸缩量减版，体育娱乐版块首当其冲，部门被裁撤，版面减少甚至取消。不办在报上，就办到手机上。体育娱乐报道永远存在，而且是永远的热门。探讨舆论新格局下的娱乐报道方法，很有必要。

一、策划要点

关键词："星" 闻

全媒体关注当下最火的大明星、名扬全国的本土籍明星，关注当下娱乐圈大事件。娱乐圈不乏绯闻、"腥"闻，如《钟丽缇传婚变后高调走秀(引)听到的是风波　看到的是风骚(主)》。全媒体爆炒绯闻，须守底线，避免低俗、庸俗、媚俗。要宣扬硬汉暖男，坚决抵制"娘炮"，不炒作"小鲜肉"。明星幕后都有"网络推手"，娱编们切忌人云亦云，要有自己的独立判断和鲜明立场。

对文艺界人士，不使用"影帝""影后""巨星""天王"等词语，一般可使用"文艺界人士"或"著名演员""著名艺术家"等。

关键词："丑" 闻

中国娱乐圈乱象丛生，如天价片酬、阴阳合同、偷税逃税、票房造假、吸毒嫖娼、流量吸金、整容成风、潜规则盛行、亿元婚礼等。中国媒体必须拿起文艺批判的武器，鞭挞和抨击一切丑恶言行，封杀"污点艺人"和艺坛妖魅，传播正能量，提振国民精神。

关键词：活动

全媒体要月复一月、年复一年地举办各类大大小小的娱乐活动，一年打造一两场持续数月的娱乐盛宴。大型活动或综艺节目的取名非常重要！名正才能言顺，好名字自带流量自带光芒。纵观全国最火的节目，名字一般是 4~6 字，且以 5 字为宜，如"中国达人秀""中国好声音"。

【**经典案例：**《楚天都市报》创刊 15 周年，与武汉 22 家影城携手，打造史无前例的观影活动：每家影城提供一个影厅，免费为本报读者放映一场年度大片。】

二、实战心得

媒体娱乐编辑常面对三个问题：一是如何选稿、编辑，二是本土娱乐事件如何报道，三是我们该举办怎样的娱乐活动、端出怎样的娱乐盛宴？

娱乐编辑要当娱乐行家。最近全国热播的电影、电视剧有哪些？最近最火的明星是哪位？最近全国各大电视台最火爆的娱乐节目是哪个？最近爆炒的话题是什么？这些掌故，"娱编"要了如指掌，重点选这些稿子，甚至落地。

可以成立“全媒体粉丝观影评审团”，不定期为广大粉丝组织新片观影、明星见面、电影讲座、片场探班等活动，搭建影院与影迷的互动平台，带来不一样的体验。

娱乐新闻多来自网络，要防止娱乐稿件同质化、类型化。报台编辑一要多方搜寻素材，综合各方，对素材进行再加工、再整合，提炼出有新意的东西；二要多用评论式标题，少用叙述性标题，通过报台发声引导，让新闻“立”起来，因为网络媒体早在第一时间就传遍了事件信息，报台不能再“炒现饭”。

全媒体要多关注热播电影电视剧中的争议，发掘大片背后的真实历史，追根溯源，深度考究。如史事与剧情冲突、地点争议、人物张冠李戴等，均可落地，找本土权威人物或专家学者解读，以正视听。

举例：电影《赵氏孤儿》引发人们对史料的真实考证，《都市快报》的专栏《超级兴趣班》则以“究竟是真的历史还是民间传说”为议题，请当地大学教授谈来龙去脉。

全媒体还可请本地专家学者撰写或讲述有关历史背景与历史知识，也可转载其他媒体报道，以帮助受众用户正确理解和欣赏艺术作品。全媒体还可邀热播剧、大片中的主创人员、演员到编辑部或演播中心与观众见面座谈、访谈。

【娱乐圈内】

娱乐圈内，五花八门，戏内戏外，真真假假，乱花渐欲迷人眼。

如何选择最有价值的娱乐新闻，这是娱编每天最重要的工作。一个优秀娱编要有一双灵动的慧眼，即能快速捕捉眼下最流行的音乐、最火爆的明星、最重要的娱乐事件。每位娱编平时要“特别关注”以下 5 项。

(1) 关注娱乐动态。八卦资讯，铺天盖地。如何能脱颖而出？唯有综合动态，信息整合，创意表达。如《晶报》娱乐专栏《说吧》，以一句话的形式集中报道明星对某事件的看法和观点，简练精辟。

(2) 关注娱乐盛典。百花奖、金鸡奖、金马奖、艾美奖、奥斯卡奖，上海电影节、长春电影节、北京电影节、戛纳电影节、威尼斯电影节等，都是明星们抢镜的斗秀场，都是大片扬名世界的大舞台。谁，会是最后的王者？皆为期待，皆为瞩目。重磅关注热门影片中展现的中国文化、中国价值、中国气质、中国侠义。

(3) 关注娱乐事件。各大卫视有名的娱乐节目，如央视青年歌手大奖赛、江苏卫视相亲节目“非诚勿扰”……全媒体可视机配合炒作，特别是有本地歌手、本地嘉宾参与的，可鼓动全城都来关注点赞，帮其“拉票”。

(4) 关注新片新剧。一部新片新剧大致经过如下爆炒过程：导演筹拍→剧情挪移→演员海选→主角秘藏→神秘开拍→片场探班→绯闻乱飞→海报问世→首映见面→绯闻升级→票房热炒……每个过程都是新闻大战。

(5) 关注悲喜闹剧。娱乐圈就是个没完没了的喜剧、悲剧、闹剧、连续剧。娱编要擅长巧妙谐用明星名字进标题。如张杰和谢娜结婚大喜，《楚天都市报》标题《“娜”就“杰”婚吧！何炅现场落泪　嘉宾各种卖萌》。新片发布会上摔倒，《叶璇倒地　悬而不险》。《想要问问你敢不敢，像我这样为爱痴狂》，刘若英宣布大婚，标题引用她的经典歌词，呈现她的“坎坷情路”。

(6) 关注明星人物，揭秘他们的工作、生活、情感、爱情、家庭、公益、成就、事业，如《闪开！李总任总驾到（主）李亚鹏任泉步赵本山后尘，入读长江商学院（副）》。

【本土娱乐】

明星来本地出席活动，如何报道？其“七步鲜”报道模式是：①活动主消息；②明星专访；③粉丝印象；④签名题字；⑤活动花絮；⑥视频影像；⑦记者手记。

如孙红雷来宜昌参加新产品代言发布会，匆匆地来匆匆地去，《三峡晚报》编辑联想到他的巅峰之作《潜伏》，巧做标题《孙红雷“潜伏”宜昌》。

如何接近明星？对于重量级明星将来本地，记者可通过全媒体提前邀十余位粉丝诉说最想了解的问题，呈递给明星一一作答。明星可谢绝记者但决不会拒绝广大粉丝的热情，否则这就是“得罪”。这种互动式的报道，将记者的提问权交给了受众用户，让他们真正成了报道的主角，感受到了来自媒体的尊重，自然心更贴近。

专访明星，到底怎么访怎么问？事先，记者要备足功课，对明星的基本情况有所了解，包括主要作品、成就、荣誉、个人爱好以及当下绯闻等。记者可请明星谈幕后故事、生活感受、事业、爱情、拍片经历、绯闻。打造“全媒体明星会客厅”，制作“会客厅”喷绘墙或便于携带的“会客厅”牌子，拍出来的视频影像效果更好。

办媒体决不能静悄悄地办，一定要造出响动。搅动一方人，感动一座城。明星是媒体应放大的优势资源，要让在全国有影响的本籍明星相聚在本媒旗下。但凡元旦、春节、端午、中秋、国庆等，报台网全媒体要让本籍明星争相露脸，视频传情，让他们透露近况、节日打算以及对家乡的关注。

报台网全媒体还要打造一批本土“民星”，通过自办活动成就本土艺人。《三峡商报》曾主办“环球小姐中国三峡地区选拔赛”，一批本地优秀艺人通过这一平台成名。

媒体要让城市沸腾，有热气，有温度，不断地冒泡泡。

演唱会如何报道？比如 2011 年张学友 1/2 世纪个人演唱会，一是开唱前打探演唱会的看点，如《今晚“友”约》《歌神驾到 今晚和学友一起吹吹风》，二是记者要和主办方以及明星经纪人密切联系，想办法专访明星。当晚活动，《三峡晚报》做了以下报道：主体通讯，《爱的诗篇，情的吟唱，舞的狂欢，歌的海洋（引）昨夜雨中吻别，听歌神唱尽 30 年（主）》；图片专版，《人在雨中 友情友意》；深度思考，《宜昌演艺市场潜力有多大？》；采集一组花絮，写多种“最”，如最疯狂歌迷、最铁杆歌迷、最执着歌迷、最辛苦的人、最给力商贩。

名人故事、热播电视剧点评、文娱评论，都值得报道，媒体不应只关注一些当红影星的绯闻，而把文娱版面屏面搞成网络新闻的仓库。

第11篇　综合新闻策划

按照报道频率、报道分量划分，本书前面依次介绍了节日新闻、时政新闻、灾难新闻、社会新闻、经济新闻、科教新闻、气象新闻、健康新闻、文体新闻等九大类日常报道的策划思路与方法、实战技巧，以及采编风险防控实践感悟。

此外，我们还会经常碰到一些重要的节点，如一年一度的春运春节、形形色色的招聘招考、年年要搞的文明创建和年中年末盘点等；还有每天要做的视频影像，每周要策的深度报道，每月要推的典型报道，每季度要办的公益活动等；还有一些有重要看点的军事新闻、动物新闻、讣闻报道，以及与全媒体经营密切攸关的专刊专题新闻等，它们都是媒体内容的重要有机组成部分，不可或缺，不可偏废，同样需要精心策划，需要认真研究。

为此，我们将之整体打包，姑且称为“综合新闻”策划。下面依次进行阐释。

第 97 章　典型人物新闻

典型人物报道是我国新闻工作的优秀传统。一个个时代典型人物，如雨后春笋涌现，迸发道德和文明的力量，传播主流社会价值。

为时代画像、为时代立传、为时代明德，是媒体的底色。聚焦时代楷模、道德模范、最美人物和身边好人，以及英雄烈士、地方先贤、知名人物，用先进典型引路，榜样示范，固本筑魂。

重大人物典型报道如何策划、怎样推进、存在哪些共性和规律？本章的内容和观点得到了湖北省新闻工作者协会的肯定，作为湖北省“主流媒体创新和主题宣传创新”论文成果，向全省新闻界推介，并参加全省研讨会，做了大会交流。

一、策划要点

关键词：见义勇为英雄

结梯救人的荆州“10·24 英雄群体”、舍身护学子的“最美女教师”张丽莉、拼死拦车的“英雄农妇”方玉明……中国从来不缺英雄。

英雄民警救人受重伤，报道如何依次展开？分析 2012 年“挡刀民警”王劲松及其他同类报道，我们得出了一条报道路径：

①案件直击→②抢救英雄→③专家会诊→④案件侦破→⑤还原案件现场→⑥案件始末（厘清案件来龙去脉）→⑦领导慰问、亲人探望→⑧英雄人物长篇通讯→⑨系列评论→⑩亲朋好友眼中的英雄印象→⑪案件当事人状况及处置→⑫抢救进展→⑬对话英雄→⑭各级领导、同事、朋友、市民、战友、先进、明星看望英雄→⑮英雄高光故事和突出业绩→⑯各界对英雄祝福与问候→⑰各界盛赞与发起向英雄学习→⑱画家速写→⑲雕塑家立雕塑→⑳治疗康复→㉑各级领导批示→㉒作出学习决定→㉓各级授荣誉→㉔举办座谈会→㉕事迹报告会。

对于“江中救人”，我们得出以下报道路径：

①事件还原→②寻找英雄→③英雄访谈（回忆救人瞬间、救人经过）→④各界赞誉→⑤市民呼吁（落水事件的反思）。

英雄救人后悄悄离开，报道如何推进？全媒体发动全城寻找，相见场面采用“现场新闻”手法，如《紧握恩人手，母亲含泪致谢》。

英雄牺牲，如何推进报道？可写英雄“生命的最后一周”，英雄烈士成长足迹，各界群众眼中的英雄事迹，有关部门的评价，社会各界对英雄烈士的崇敬之情和对烈士家属遗孤的援助，还可写对英雄的送别与悼念。在任长霞事迹报道中，《新京报》一次就以 4 个整版刊发长篇通讯《14 万百姓痛别女公安局长》。

【**经典案例：**《晶报》报道吉林籍街头歌手钟音在深圳街头见义勇为牺牲，深圳音乐人自发追思，为其举办了一场《今夜有阳光》的音乐晚会。英雄魂归故里。《晶报》记者一路送钟音家属回吉林，深圳和吉林两地媒体联动进行报道。】

英雄不是完人，英雄也有短处，英雄也有流泪的时候。记者若写出英雄的不足、遗憾和缺陷，则英雄更令人亲近信服，觉得他可亲、可敬、可学、可爱。

关键词：诚信仁爱楷模

《棉花奶奶 党员本色》《暴走妈妈，割肝救子》均获中国新闻奖二等奖……湖北涌现了一批感动中国、叫响社会的重大人物典型。于是，有《道德的天空多了三颗“湖北星”(主)第三届“全国道德模范”评选在京颁奖(副)》。又如，《三湘都市报》系列报道《孩子，他停在了救助你们的路上——他叫“鱼片”，曾走遍炎陵救助贫困生》，获中国新闻奖三等奖。

关键词：孝亲敬老典型

关注“最美人物”，发现草根典型身上的道德价值，展现他们的生活状态，体会平凡小人物的坚守、艰辛与不易。报道不要刻意拔高，不搞高大全，让朴素的事实深入人心。承德人民广播电台《捡个老人当“妈”养》、《山西日报》的消息《生前他为二十五位老人送终 身后一千多人为他送行》，均获中国新闻奖二等奖。

关键词：自强不息典型

有些人像瀑布，从再高的地方跌下来，也能继续流淌。报台网全媒体开办专题专栏专版，聚焦创业人物的创富故事，挖掘潜藏的精神激励，形成品牌效应。

挖掘本籍海内外卓越人士故事。《楚天都市报》策划《大洋彼岸湖北人》系列报道，特派多名记者飞赴美国挖掘“九头鸟”的创业故事，记录他们的艰辛、感动、收获、乡情。全媒体大型人物故事寻访“逐梦他乡重庆人”获中国新闻奖一等奖。为搞好此报道，《重庆日报》派出数十批采访团分赴全国各大省市、港澳地区、五大洲国家等地采访，展示他们坚守中华传统美德、为个人梦想及家乡发展和国家富强做出的精彩贡献，揭示个人梦与中国梦相结合的重大主题。

面对各行各业的大领导、科学家、艺术家、企业高管、专家等杰出人才，我们怎么报道呢？可报道他们在异地的奋斗历程，直面他们忍受的孤独与寂寞，刻画他们付出的汗水与艰辛，渲染他们的桑梓情怀，展现他们的生活、爱好和未来。

翻阅人物报道，老人多，旧人多。地方报台网若掌握的名人资源不足，慢慢地就推不下去了。“我哪知道哪些人在外面搞出了大名堂啊！”搞新闻，找人甚至比写稿还难。如何找出本籍的全省全国全球名人呢？有三条路径：一是编辑部内资源共享，开策划会每人各说几个名人；二是本地组织部人才办和政协名人库均有广泛的高端人脉；三是从本土各所高中校友录中来，高中学校的档案是最全的、最权威的。只要找到联系方式，不用实地拜访，通过视频连线、邮件、QQ、微信等均可及时采访。

二、实战心得

举旗定向、价值引领，需要典型；举旗当帅、亮化品牌，需要典型。

近年来，全国媒体掀起了先进典型的发掘和报道热潮。各地涌现出了一批先进典型和群“星”。他们助人为乐、见义勇为、诚实守信、敬业奉献、孝老爱亲……神州大地筑就了新的“精神高地”。

2012年11月，“学习宣传道德模范常态化”写入党的十八大报告，意味着媒体推介典型不仅有了法理依据，而且成为必然之责、常态之需。

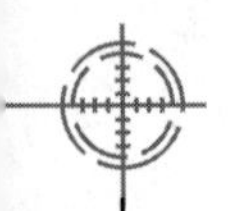

【典型发现】

新闻是发现的艺术。

有的宣传部门想请媒体帮忙“包装”一下某个“典型”，因为那个县市经常出典型，这个县市没有，宣传部门感到了压力，于是到处找“典型”，我们称之为“宣传典型”，因为新闻由头不足，似“平地响惊雷”，让人突兀。

真正的“新闻典型”应缘事而发，自然而生，不矫作，潜藏在动态新闻事件或突发事件中，被记者发现而“剥离”出来，具有很强的新闻性、时代性。获中国新闻奖一等奖的《信义兄弟，接力送薪》系列报道，就是《楚天都市报》记者在采访一个车祸中发现，经编辑部提炼出来的。荆楚网同步制作《信义兄弟 接力送薪》网络专题，获中国新闻奖三等奖。

如何识别和发现重大典型？一要有紧贴的时代精神、时代价值。二要有现实针对性。眼下社会急缺什么我们就呼唤什么。三要有可学可仿的标准。摒弃人物高大全，草根小人物身上也有动人的力量。微言大爱，微为大美，感动中国。

对“典型”发现始终保持一颗敏感的心。他们就在我们身边，我们不能麻木，熟视无睹。

【典型提炼】

穆青、冯健、周原在谈《县委书记的榜样——焦裕禄》的采访心得时指出，典型即普遍意义、特殊意义、现实指导作用的“三合一”。重大典型人物要精神化、图腾化、人文化。

典型立不立得住，关键看精神。故事一箩筐，优点一大堆，哪一个是与时代最合拍、最急缺的闪光点呢？要深入挖掘典型人物身上所散发的时代精神和时代主题。

用历史还原、人物对话、旁观者讲述、跟随观察、细节描写等方法，去努力还原完整丰富的人物形象。要挖掘出典型人物的典型事件、典型环境、典型语录、典型动作等，这个“典型”才能真正典型起来。

人物精神图腾化，即要符号化。有了这个符号，人物特征会更明显，这个图腾符号会深深地印在人们的记忆里。比如，治沙书记谷文昌、“3亿青山献国家”杨善洲、“与死神赛跑的院士”林俊德、“雷锋传人”郭明义、“天眼之父”南仁东、“以身许国”黄大年、“深藏功名”张富清。挖掘典型身上“闪光点”不宜超过三个，多了则散。

除了报道人物的先进事迹和精神，媒体也不要回避人们的疑问和内心的真实想法。典型不是“超人”，他们只是一群可学可感可触地做出了非凡事迹的“平凡人”。

【典型介入】

“典型”能不能“红”，报道时机很有讲究。端出“典型”有“两挑”：一挑时间，避开周末、假日，或与其他大消息碰头的日子；二挑版面时序，要头版头条。挂头彩，开好头。

典型报道要有导火线，媒体就是点火人。找到导火索，炸开突破口，才能攻下顽固堡垒。燃烧“点”选得好，突破“点”选得好，这是报道成功的法宝。

一个重要事件和人物典型，报纸通常是以消息打头炮而不是以长篇通讯首发。采用先消息后通讯，或者“消息＋通讯”并举模式，这样循序渐进，避免头重尾轻。重大典型报道要拿出大气魄大版面大时段，微博、微信、客户端、视频、开屏广告、电子海报、网游等全媒传播。

【**经典案例：**吉林大地上的典型竞相“开”在江西。《吉安晚报》充分选用新华社等权威平台时事稿件，特别策划推出6个整版《中国脊梁黄大年》，其中第一版以黄大年单人照

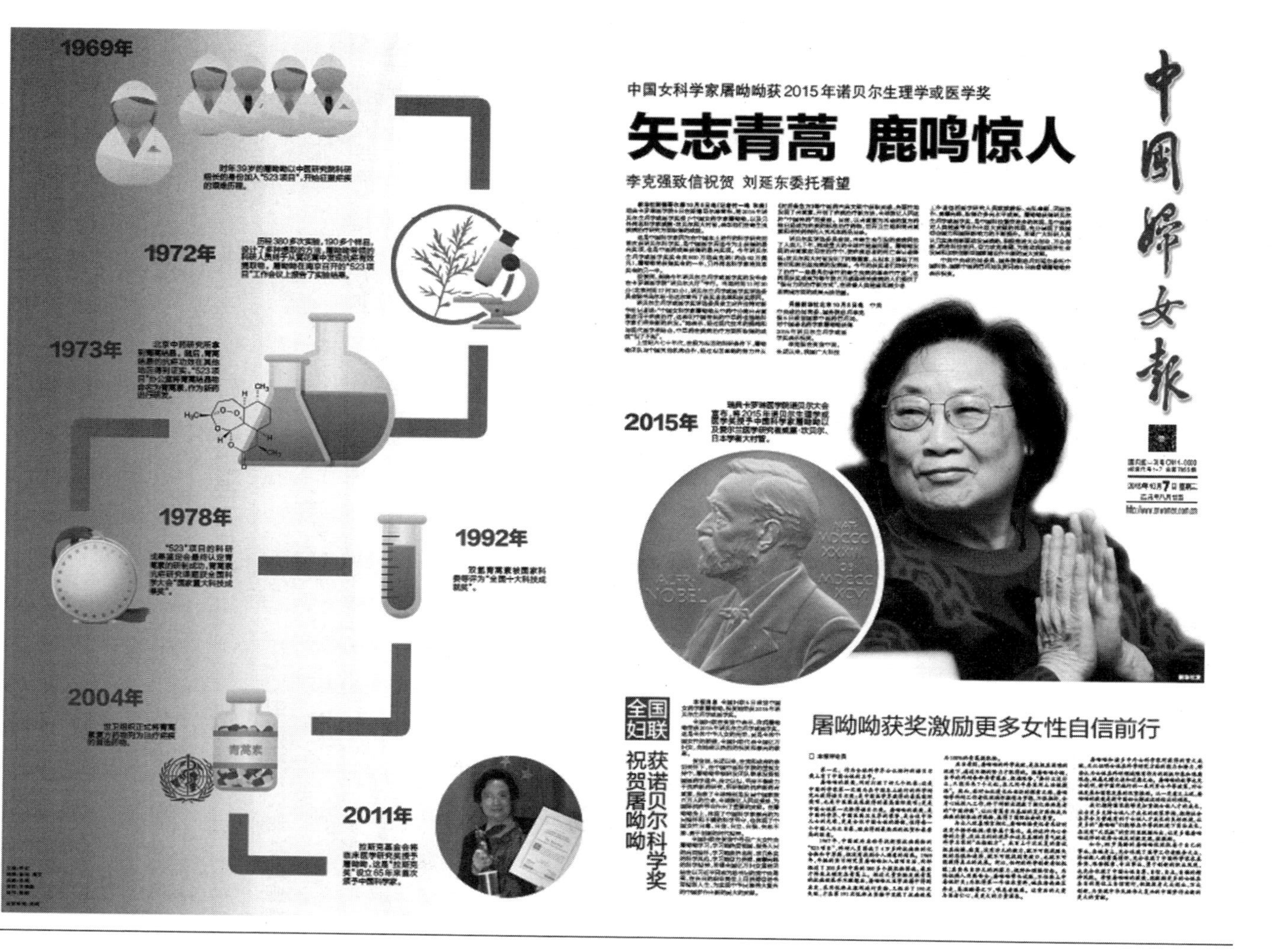

中国妇女报

中国女科学家屠呦呦获2015年诺贝尔生理学或医学奖

矢志青蒿 鹿鸣惊人

李克强致信祝贺 刘延东委托看望

全国妇联

祝贺屠呦呦获诺贝尔科学奖

屠呦呦获奖激励更多女性自信前行

2015年10月7日《中国妇女报》版面获中国新闻奖二等奖

作封面，形成强视觉，整体版面风格统一、端庄大气、肃穆凝重，完美展现了一个“心有大我、至诚报国”的科学家形象，获中国地市报新闻奖版面类一等奖。】

2011 年“八一”建军节来临之际，我推了一个部队典型“隧道哨兵”，获通讯类湖北新闻奖二等奖。其开始是以人物消息起头的，但对人物消息问诊后发现了很多问题。

“张超 8 年如一日，坚守岗位”“为国家省钱百万元”，这是通讯员提供的两个“抽象事实”，但文中没有进一步展开具体事实和细节，无法印证这两个抽象事实，让人难以置信。他一个人“为国家省钱百万”，这不是一个小数字。是怎么节省的？靠什么节省的？是谁认定的？文中都没有交代。报道可能是真实的，但怎么让受众用户接受或相信呢？关键事实、核心信息是不能省掉的，是不能模棱两可的。

张超生活在部队，应该有领导、战友对他的评价，这其实是烘托张超品格的重要手段，是写作中的“环境营造”。受一些条件限制，记者补充采访未能到位，致使报道中只有张超一人，自说自话，人物的形象立体感不强，感染力和可信度不够。

这个案例说明，我们要写好消息，不仅要有良好的专业基本理论知识，还要有丰富的社会知识。只有这样，我们的报道才会严谨、生动、可读。

怎么写好人物消息呢？首要是梳理出典型人物的核心事实和精神坐标。人物典型事实有很多，但最动人最特别的只有一个，其他都是枝蔓花叶。其次，抓准了核心事实即骨干材料后，以其为主线展开，再添加细节材料、一般性材料、画龙点睛的材料，使故事高度凝练，人物形象丰满，就会取得 1>1+1+1 的效果，否则，再多的事实堆积也只能是 1+1+1<1。从逻辑层面理解，就是讲清楚核心事实“是什么”“为什么”“怎么办”“怎么样了”。其次，要见人物的典型语言和典型行动，能让人们迅速记住、过目难忘、口口相传。

搞新闻就是找故事。找一个故事不难，要在消息的精简故事里体现强大的资讯和美感的容量，是一件非常困难的事。

有好题材，不等于有好作品。如何把好题材“转化”为好作品呢？一要有好的立意；二要挖掘好的素材；三是要精心加工打磨，将人物磨出特点来；四是要打磨标题；五是要打磨细节，将寻常事磨尖，磨得熠熠生辉。

核心事实的完全准确或零缺陷，也是典型报道能否推进下去的关键。2012 年湖北省兴山县一对农民夫妇捡到 18 万元后主动上交。一家报纸说“捡了 18 万元”，同城其他两报说“捡了 12 万元”。到底捡了多少钱？令人一头雾水，引发人们的猜疑。本想树个拾金不昧典型，因关键信息弄错，报道被迫打住。

【典型推进】

“典型”一经发现，就不是哪一家媒体的“专利”了。报台网全媒体要克服“文人相轻”“门户之见”，不要小家子气。“他报首发的，我报不介入。”这都不对！成就别人，并不妨碍成就自己。

“他报发现的典型，也是我台的典型。”一个地市州盟，一年很难出几个典型，本身就稀缺。谁搞的，谁的影响力就大。“能不能也成为我网的典型？”关键是看谁在后续推进中的力度大和产生的影响大。

这是一个罕有“独家报道”的时代，但如果你有“独家提炼”，观察到“独家细节”，找到“独家视角”，运用“独家手法”，也会获得“独家效果”。

在漏稿之后，在“人家”打了多“枪”之后，《武汉晚报》推出长篇通讯《救人英雄原是“穷方丈”》，挖出了许多感人的细节，不仅更胜一筹，而且一举扭转和重塑了这个典型的精神价值，让人物形象顿时高大起来。[1]

事实端出之时，要借评论、记者手记、编后语等言论三大件，同步点明报道思想，升华报道主题。亦可借“系列评论”，形成舆论强势。

盘点典型报道，推进路径大致可分为“七步”：挖事迹→弘精神→搞评说→推全国→表敬意→学精神→见行动。

【**经典案例：**《三峡商报》在报道方式上搞创新，用新闻连环画报道人物典型。其请漫画家用写实的手法将典型人物的故事勾画出来，每期一个主题、一个故事、一组漫画，层层递进，环环相扣，逐步展现人物的理想信念，升华典型人物的精神品质，帮助读者短时间将典型的形象牢牢地印在心里。当然，现在通过新媒体手绘长卷、电子海报、H5展现典型人物效果更好。】

如果第一次采访挖掘不充分，可进行第二次、第三次挖掘，到典型人物家里同吃同住同劳动，还原典型人物原汁原味的生活，记录他的一天，倾听典型人物的内心独白。

对于事迹发生在本地而籍贯外地的典型，本地媒体要了解其成长故事、亲朋师生印象等很困难，可第一时间同典型所在家乡各报台网联系，与它们合作分享双方报道。

系列人物报道，全媒体可脚注“标题导读”。以“往期回放 + 下期预告”形式，标明序号，形成锁链式承上启下报道，环环相扣，有助于抓住受众用户眼球和形成规模效应，形成项目作品。

搞全媒互动，邀专家学者研讨，使宣传的典型人物和事件进一步传扬开去。

要把一个典型推向全国，成为影响全国的重大典型，宣传报道大致分为四大战役。

第一阶段：事迹介绍战役（市、省、中央级媒体分阶段的轰炸式报道）。

第二阶段：文艺表现战役（用舞台剧、小品、快板书、朗诵、报告文学等形式联动宣传）。

第三阶段：汇报宣讲战役（当地党委政府组成事迹报告团巡回宣讲）。

第四阶段：学习推广战役（结集出版或展览典型事迹，讲事迹、谈体会、学先进、见行动）。

【典型写作】

马克思是办报的行家，他说：“你要竭力使报纸变得有生气。”

感人心者，莫乎于情。以情为墨水写新闻，把新闻写在心坎上。

华中师范大学刘九洲教授在 2012 年湖北新闻奖复评会上说：“通讯作品最缺生活的细节，能震动人的心灵的细节。没有细节难以支撑新闻。我们的报道追求过程的太多，严重缺少细节。”

有细节才有力量，有震撼力，细节才更精彩。

一提到焦裕禄，人们就会想到他用来顶住肝部剧痛的那把旧藤椅；一提到孔繁森，就会想起他去世后口袋中仅有的几角几分钱。正是这些毫不起眼的“伟大的细节”永驻人民心间。

人物报道，要告别大而笼统，从细节入手，让人物有血有肉，活灵活现，有一股子精气神。

著名作家贾平凹说：“搜集素材其实就是搜集细节。有细节别人才相信。”细节如同血肉的细胞。细节可以是一个动作、一个物件、一段话语、一件小事，可以是一幅画面、一个小的场景，可以是一串串泪花、一个细微的眼神。

写新闻之“五化法则”，即“新闻人物化、人物故事化、故事情节化、情节细节化、细

---

① 注：此处引自王安平《浅谈新闻“后发制人”五法》，原载《新闻前哨》2003 年第 9 期。

节可视化。”新闻以连串可视化的行为动词，再现生动细节，让受众“看”到现场过程，以跌宕起伏的情节来激活新闻人物的故事，让人物故事来吸引大众。

很多报台网全媒体所关注的多是一些表面现象，简单呈现，谈不上引导。媒体的引导，就是要引领人们向上向善，让老百姓的观念提高一些。而典型人物的“典型语录”，则恰恰有这个催化功能。

如铁人王进喜“有条件上，没有条件创造条件也要上”，谷文昌“不治服风沙，就让风沙把我埋掉”，好支书王廷江“一个人富了不算富，共同富裕才幸福”。永远的雷锋，其经典语录不胜枚举。即使是一句看似土得掉渣的话，也会极大地升华主题，传递出一种能口口相传的先进观念，其价值不可估量。

人物报道，不要回避人的自然本性、生活化的一面。英雄人物、先进典型都有喜怒哀乐、儿女情长，一样有父子情、母女情、夫妻情、兄弟情、师生情、官兵情、战士情、同学情，要体现兄弟情深、夫妻情重、乡亲情浓。从这方面着笔，可使典型距我们很近，很亲切。《湖南日报》的通讯《情切切 意绵绵　亲人眼中的郑培民》获中国新闻奖二等奖。

人物报道采用“蒙太奇”写法，可使人物形象在时间和空间上跃然纸上。《河北日报》的通讯《李保国的最后48小时》获中国新闻奖二等奖。作品使用常规新闻报道中较少使用的第二人称“您”，在保证行文平实朴素的同时，使感情层层推进，催人泪下。著名记者白夜提倡在人物通讯、专访、特写，甚至消息中用第一人称写新闻，把记者写进去，写出“我”的感受。

消息求纯度，通讯求力度，言论求深度，标题求精度，图片求角度。一个好的标题是衡量一篇人物通讯成功与否的关键。翻各地报纸经常发现，消息标题安在通讯“头”上。推荐一组中国新闻奖人物通讯：《中国青年报》的《生命的支柱——张海迪之歌》、《人民日报》的《领导干部的楷模——孔繁森》、《解放军报》的《战士义勇非凡 人民恩重如山——某红军团班长徐洪刚勇斗歹徒负重伤之后》、《人民日报》的《百姓心中的丰碑——追记公安局长的楷模任长霞》、《吉林日报》的《把一切献给你 我的祖国——追记著名地球物理学家、国家“千人计划”专家、吉林大学地球探测科学与技术学院教授黄大年》、《新民晚报》的《燃烧自己生命 播下未来种子——追忆英年早逝的复旦大学教授钟扬》。

一篇人物通讯要回答三个问题：一是他做了什么；二是他为何这么做；三是他是怎样做的，是怎样一个人。因为篇幅较长，一般用3~5个小标题分解。小标题除了让文章清秀，不冗长，也可呈现事实逻辑层次，还可用来提炼文章思想高度，升华人物精神境界。

如何制作通讯小标题呢？一用有内在递进逻辑关系的事实或精神当小标题，要求上下前后讲究工整对仗；二用人物的直接引语当小标题；三用小自然段当小标题。

对于“宣传典型”，地方宣传部会组织专人写“通稿”，各媒体记者人手一份，若照抄照发肯定出不了彩，需据此深入采访、深度挖掘，搞出自己的特色。

【典型高潮】

有些典型，推着推着，不见影儿了。因为前后衔接掉链子，断了气。

有些典型，推着推着，推不下去了。因为情节单一，人物立不起来。

有些典型，推着推着，看不下去了。因为报道手法简单，缺乏创新。

如果四平八稳地推，拉锯战耗时过长，就会视觉疲劳。所以，推典型要掌握火候，关键之时须行“突破之举”。

如何把“典型”推向高潮？

◎发现了“典型”，要与他的上级部门沟通，争取上级主要领导的认同。包括媒体在内的三方单位，可以组专班开座谈会，搜集素材，精心挖掘。

◎可以内参或文件形式向地方党委政府汇报，争取上级宣传部等各级主要领导的批示和推动，甚至本地主要领导上门看望慰问典型，这样可将典型报道推向新的高度。这一点，往往是党报党台的长项，却是都市报、新闻网的弱项，很多典型卡壳就卡在这里，需要媒体“一把手”上阵，重点突破。

◎立“典型”，要搞“大合唱”。有些报台网爱吃“独食”，搞“独奏”，但今天要推“红”一个典型，从市里走向省里，从省里走向全国，靠一报一台一网之力，不可能实现。要让典型报道形成大合唱，只有大合力，才有大影响力。要借各级宣传部之力协调各级媒体，多元呈现，全网传播。

◎要用诗歌、图书、戏曲、影视剧等多种形式或体裁，放大典型人物的先进事迹。《现代快报》的短视频《震撼180秒！孤岛夫妻一世告白：我守着你，你守着国》获中国新闻奖三等奖。

【典型品牌】

一群典型，满城春风。

一个城市要振兴，必先注入昂扬向上的精气神。

榜样的力量是无穷的。这些典型，不仅是我们身边的“道德模范”，他们可亲、可敬、可学、可触、可感，而且向社会注入了强劲的精神动力，会化作一个地方的精神符号和“金字招牌”。

典型不仅是城市的精神财富，也是媒体的价值品牌。发掘、推介、塑造典型的能力，是媒体能否堪当“意见领袖”的核心指标之一。

报台网全媒体主要抓三类典型：一抓凡人善举报道，如云南媒体开办“昆明好人”全媒体专栏专版，形成媒体特色，文明创建品牌；二抓重大典型报道，引领社会舆论，塑造道德标杆；三抓经济典型报道，助推区域经济转型升级，形成发展合力。

“典型”发掘之后，不能抛之弃之冷之，要爱之追之捧之。我们要爱“典型”一辈子，像穆青一样与农民典型结下终生友谊。“典型”是一家媒体和一个记者巨大的新闻“财富”。推“典型”主张首发负责制，谁采谁编谁负责，一个专班搞到底，不到成功不罢休。否则都来搞一下，都不熟悉这个典型，最后结局就是没人理，找不到主，推不下去。

怎样进一步把“典型”品牌化呢？报台网全媒体可实施如下举措。

◎联合举办“向英雄学习座谈会”，将英雄精神进一步具体化、行动化。举办“群英会”，邀本土涌现出的英雄代表及各行各业负责人畅谈英雄精神、英雄事迹的具体内涵以及折射出的感人力量，就如何学习、弘扬谈举措。

◎集中展示“本土群英谱”。把老典型挖出新意来，持续不断地关注他们取得的新成绩、新经验以及新发展、新变化。

◎时刻不忘对典型做新闻追踪。如年底新闻回访，春节、“三八”、“五一”等节日他们是怎么过的，都访一访，报一报。密切关注和报道他们参加的重要会见、重要活动，他们的所思、所获、所难、所忧。

◎将典型纳入媒体“明星新闻人物”。在一些重要事件如党代会、“两会”中，优先采访他们，连线他们。聘他们为本媒体“爱心大使”，优先邀请他们参加本媒举办的一些重要公益活动。比如，在本媒策划的系列公益广告或年头年尾媒体品牌推广中，让他们出镜，借

这些典型来提升媒体影响力。系列公益海报设计需要具备三个元素：一句励志话语、感动话语或经典语录，一个签名，一幅肖像。

【**经典案例：**湖北日报传媒集团举办“名家挥毫·礼赞道德模范”大型公益活动，数十位湖北书画名家为全省30多位道德模范创作并赠予百余幅作品。】

◎媒体推动，让典型当城市形象大使。挂上街头公益广告牌，走进好人街、好人公园，荣登好人墙、好人馆。

第 98 章　讣闻新闻

重要人物的逝世，世界关注。我们常说的重要人物主要有：党和国家领导人、老将军、著名科学家、国家功勋人物、著名艺术家等，在历史上发挥过一定作用，甚至是举足轻重，他们影响了中国或世界。他们的人生历程，坎坷与辉煌，无不受人关注。对这些人物逝世的报道，有特别的讲究，有规律性和艺术性。

一、策划要点

关键词：生平

涉及国家领导人、老将军等逝世报道，以新华社电讯为准，地方报台网全媒体勿自采滥摘，把握好度。其他重要人物等，选稿要看合法的出处、正规的来源，重大媒体轻小媒体，弃非官方媒体，远离境外媒体。

关键词：落地

之所以要对这些重要人物的逝世予以重视，因为这是一个节点，盖棺定论。这样的人物具有全国性甚至世界影响。地方报台网全媒体要落地，即该人物生前到本地参访、工作、生活的往事片断。若祖籍系本地，则应重点追忆该人物成长故事，了解其家乡亲人近况，简要介绍其家乡今昔的重要变化。

关键词：缅怀

铭记历史、缅怀英烈。全国第一个宣传英烈的新媒体专栏——新湖南客户端《湖湘英烈》，荣获融媒栏目类中国新闻奖二等奖。两年多时间，用图文、视频、H5 等多媒体手段，讲述震撼人心的先烈故事，弘扬敢为人先的湖湘文化，彰显敢于牺牲的湖湘精神，激发湖南人民的自豪感和使命感。

【**经典案例：**中国传媒大学新闻传播学部与广州广播电视台联合出品创作的新闻纪录片《逝》获得中国新闻奖三等奖。其讲述了北京昌平农民杨国庆等原国民党抗战老兵的故事，进而引发社会各方对抗日战争悲壮民族史多维度关注。在纪录片的表现手法上，团队选择用影视化的叙事手段来创作，不用解说词，让观众自己去理解。】

二、实战心得

讣告，也叫讣文，又叫讣闻，是告知某人去世消息的一种丧葬应用文体。

我第一次接触讣闻报道（又称“告别新闻”），并受到心灵震撼，得益于 2009 年 10 月上旬赴广州参加媒体考察活动。当时，最后一位开国上将吕正操逝世，享年 106 岁。全国很多报纸，在头版顶多边条处理，甚至没有。而《南方都市报》不仅头版头条配大照片半版刊发，而且后面有专版报道。“一个人逝世还可这样重磅报道？”让我陷入了沉思。

此后，我们陆续琢磨了全国数家媒体关于重要人物逝世的报道，也参与或负责过一些类

羊城晚报

2014年4月 20 星期日 29℃ 22℃

税务总局详解扩大减半征收企业所得税相关问题

小微企业享受税收优惠不用等审批

[illegible]

最后一位红色娘子军战士走了

卢业香老人昨日在海南琼海老家辞世，享年100岁

红色娘子军精神 薪火相传 践行社会主义核心价值观

[illegible]

阿婆遗像是红军照

今天上午举行卢业香的追思仪式

[illegible]

阿婆生前常拿出铜锣来摸

[illegible]

附近村民陆续前来悼念

[illegible]

让红色娘子军精神穿越时空光照当下

本报4月8日起连续推出的系列报道《红色娘子军精神·薪火相传》成了对老人、对这支传奇队伍最后的纪念

回顾 推出纪念专题，让她们精神永存

[illegible]

反响 前辈走好，未来中国我们扛起

[illegible]

证监会审核公布首批28家预披露企业名单，业内人士认为

IPO重启对股市冲击不会太大

华润董事长宋林被免职

详见A2

刘汉涉黑案一审休庭择期宣判

详见A5

死亡人数升至15人

韩国客轮沉没

遇难人数增至33人

详见A6

中超

郜林射世界波 恒大全华班2:1胜绿地

详见A7

准备擦口水却擦了眼泪

详见B7

2014 年 4 月 20 日《羊城晚报》版面获中国新闻奖一等奖

责任铸就形象

导读 2014年12月14日 星期日

国内统一刊号CN32-0030

南京大屠杀死难者国家公祭仪式隆重举行，习近平发表重要讲话强调

记取战争惨痛教训 和平才有希望

A1

国之祭

85岁的夏淑琴和13岁的阮洋宇走上公祭台

“能与总书记一起揭幕公祭鼎真的非常激动”

A4

悠悠钟声 呼唤和平

A4

77名南京中学生深情诵读240字《和平宣言》震撼人心

A5

采用两千多年前古老工艺浇铸

国家公祭鼎诞生全记录

A4.A11

民之悼

一分钟定格 全城人悼念

10点01分警报响起，全城汽车火车轮船鸣笛致哀

A3.A6

“大手拉小手”共筑和平梦

A7

深化产业结构调整、积极稳妥推进城镇化、扎实推进生态文明建设——

咬定三项重点任务 加快南京发展转型

2014年12月14日《南京日报》版面获中国新闻奖二等奖

似的报道与策划，有了一些得失和感悟。

【名流逝世】

中央军委原副主席刘华清上将逝世，获得线索是在下午，我做了个落地策划，由记者采访本报社副总编辑，通过他的回忆重温当年刘华清视察宜昌的难忘情景，从而拉近了报道，同城同比最优。

【**经典案例：**《楚天都市报》推出《传奇上将刘华清》专题，分“谢幕”“缅怀”“追忆”等版块，将其戎马一生详尽重现在世人面前，还采访了一些与将军有过接触的人士，回忆对将军的印象。报道了家乡人士怀念将军的情景，以及将军关心家乡建设的往事。】

重要人物逝世的报道，要注意报道的规格和版面的处理。如邓小平逝世时，《三峡日报》新闻前辈翻出了《人民日报》缩印本，查看当年对毛主席逝世的报道，编排方式均参照《人民日报》。邓小平骨灰撒入大海，新华社记者采写的通讯《在大海中永生》成经典名篇。

著名科学家钱伟长逝世，《晶报》推出两整版报道，包括：①逝世主消息；②重大成就；③人物特写照 / 人生各重要阶段的照片；④生平编年体简介；⑤钱老语录；⑥名家名人悼念（悼词）/ 网友悼念谥词；⑦长篇通讯（求学、成名、回国、低谷、摘帽）；⑧相关稿件（“钱氏家族人才辈出”）。《楚天都市报》还做了“落地”，以《荆楚大地，也曾留下钱老的音容笑貌》为题，采访了钱老在汉点滴片断，以及钱老湖北知己谈记忆中的钱老故事和有关钱老的往事。

“两弹一星”元勋朱光亚辞世。朱光亚出生在宜昌，所以宜昌对朱光亚有特别的情愫。《三峡晚报》以《斯人乘鹤去，笔墨尚留香 家乡人深情追思朱光亚》为题，采访了方志办、科协等有关负责人及宜昌校友等人士，缅怀其与朱光亚生前交往的情况以及闻讯噩耗时的沉痛心情。

2001 年 10 月张学良逝世，《楚天都市报》的标题文采飞扬：《壮岁旌旗拥百万巨擘挽狂澜　兵谏一功垂千古 异国他乡寄客身 怅眼望神州 依稀黑水绕白山（引）张学良乘鹤西去（主）》。报纸还可借讣闻扩大自身发行量和影响力。《少帅张学良病逝》大型纪念特辑，让 2001 年 8 月 1 日才创刊的《晶报》当日零售量高达 18 万份，可谓“洛阳纸贵”。

对于重要人物、社会名流逝世报道，还可讲述逝者人生之“最后时光”“病中点滴”以及“各界追思”“网络缅怀”等，进一步丰满人物形象。

【明星离世】

曾几何时，各大报纸对娱乐明星的离世一登就是好几版，以致有的明星身后更比生前红。在新时代，主流媒体对娱乐明星报道已大幅降温，对大科学家、英雄人物等特殊明星报道正急剧升温，成为讣闻主角。报台网要特派全媒记者去挖掘大国栋梁、时代楷模的生前故事，以及他们给国家作出的重要贡献，给社会留下的难以磨灭的印记。

一旦有名人去世，《纽约时报》很快就推出几个版的长篇报道，因为该报有专人收集那些身体欠佳的世界名人的新闻，随时做补充和更改，在人还活着时就写下了他们的 " 死亡报道 "，待逝世时第一时间推出。[①]

明星逝世“七步鲜”报道模式是：①主消息；②明星简介；③人生传奇；④人生各阶段经典照片；⑤各界反应 / 各界悼词；⑥送别现场；⑦追思轶事。

---

① 引自丁刚《〈纽约时报〉，小门脸大媒体》，原载《环球时报》2003 年 10 月 17 日第 22 版。

【凡人过世】

在美国，讣闻报道极受欢迎。有调查显示，美国读者与媒体采编人员认为一份报纸最重要的部分第一是地方新闻，第二是讣闻。讣闻版是除时政新闻外，读者最爱读的版面，位居副刊和评论版之上。①

《华尔街日报》流传一句写作箴言："一千万人的死亡只是一项统计数字，而一个人的死亡却是一场悲剧。"

在讣闻版上，你可以发现一个人一生的光荣、成就、平凡与失败。

每个生命都值得怀念。讣闻报道，倾注对生命的尊重与关怀。美国新闻学教授卡罗尔•里奇说："记录的不是死亡，而是生命。"

每天都有不少人死去，受众用户可能最关注哪类逝者呢？这些逝者的哪些故事最值得怀念呢？逝者要具有典型性，或者是有特点的普通人。比如，杭州文化广播电视集团电视系列报道《"最美司机"吴斌》，获中国新闻奖一等奖。

为受众用户提供寄托哀思的平台。许多媒体集中在清明节之际推"怀念逝者"的报道。《楚天都市报》曾每周刊发一两期《怀念》专栏报道。

为普通人立碑。《东方今报》大手笔推《怀念新闻》版，《南方日报》创办《告别》版。不只是怀念，还要是新闻。以平民为对象，讲述老百姓自己的故事。人们从逝者的故事中，感到的不是悲痛，而是思考：究竟什么样的一生才是有价值的一生。写作方式上，"怀念新闻"多用白描手法简笔勾勒出鲜活的人物形象。②

每个人物身上都有让人为之动容的情节，有区别于他人的只属于他自己的故事。《新京报》的《逝者》是内地首个每周定期出版的讣闻版。"逝者"简介包括5项内容：姓名、性别、年龄、职业、生前居住地。

我们常见的讣闻报道，多是在车祸、溺水、火灾、房屋坍塌、凶杀等意外事件中丧生的悲剧。全媒体要尽可能地挖掘逝者的故事，隆重纪念那些在重大灾难（暴雨洪灾、地震、疫情等）中消逝的生命，策划悼念特刊专题。

【经典案例：2020年5月24日，《纽约时报》头版没有任何新闻报道、摄影图片，而是满满一整版新冠肺炎逝者的姓名、年龄、单位或家乡，甚至列有他们的才华、爱好。该报从全美近三百家报纸收集新冠肺炎死者的讣告和死亡通知，从中摘取生动独特的记忆，以表达对每个失去的生命的追思与纪念。**】**

如何把这些"黑色新闻"写得不那么沉重？平凡人的讣闻报道应专注于讲述一个生命乐章的精彩片段。每个人都有高光时刻。通过死者亲友、目击者、亲历者讲述，展现出普通人生命中最光彩、最曲折、最能打动人心的一面，从而把报道做得催人泪下，荡气回肠。

① 引自乔波《国内外讣闻写作的现状及启示》，原载《今传媒》2006年第2期。
② 引自张庆《〈怀念新闻〉走出新闻创新之路》，原载《青年记者》）。

第99章　公益新闻

公益是指有关社会公众的福祉和利益，即“公共利益”。公益新闻是维护社会公共利益，表达各方合法利益诉求，动员社会参与救助弱势群体的报道。

2012年7月30日，由北京师范大学中国公益研究院主办，深圳壹基金公益基金会资助，益人社发起的首届“中国公益新闻报道奖——益人奖”颁奖仪式在京举行，这是中国第一个专门表彰优秀公益新闻报道的奖项。

全民公益时代已到来，公益新闻作为一个新品种，登上了新闻大舞台。

一、策划要点

关键词：扶危济困

关注弱势群体，凸显人文关怀。帮帮身患重病者、突遭灾难者、不幸的老人和妇女儿童……报道要着眼于当下——扶贫助困送钱送物，更要着眼于未来——送经验送致富路。给弱者生命的亮光，激发志能，激发每一个人都成为太阳，温暖自我，照亮四方。比如，《东南早报》系列报道《爱如潮水•闽京接力救泉州小阳鑫》，获中国新闻奖三等奖。

下列标题，或质朴原味，真情催泪；或大俗大雅，不忍释怀——《两岁白血病男童住院已半年，稚嫩的追问，让父亲哽咽难语(引)“爸爸，我病了你还要我吗？”(主)》《一个白血病孩子的呼唤——“爸爸，我想活，我想去上学”》《美国老人和红安聋儿，相视一笑(引) 不管路有多远　爱要让你听见(主)》。

关注盼救助，如《留下了爱心不留下名字　众多好心人放下钱就走》。

举办扶危助困爱心活动，不能“平地起风”，要“师出有名”，先有事件由头，媒体再“就汤下面，借梯上屋”，这样“顺理成章”借风启航。

做扶危济困的报道，要给予受助群众必要的尊重，维护他们的尊严和人生价值，记者须问询“能否公开刊播”，以免给他们带来心理创伤。

关键词：倾情助学

一片爱心，点亮梦想。每年七八月份，助学报道满天飞。“资助贫困大学生”项目，从一助到十二助、十三助……辐射全省，已成为《楚天都市报》最具影响力的品牌活动。

这个贫困，那个盼助，媒体打同情牌、悯人牌，但是往往忽略了那些曾经受到过资助的学生，他们现在到底怎么样了？取得了哪些成绩？有些什么喜讯和捷报？受助者应该给予资助者或社会一个起码的回应，鼓励受助者将感恩的接力棒传下去，助学报道应该做一个这样的呈现。并且，对于一些违背诺言、拒绝感恩的个案予以曝光，引发社会的反思和讨论。

从帮一个人到帮一个家庭，再到帮一个地方，策划层层升级。深圳《晶报》和读者共同捐资25万元在江西瑞金兴建“晶报读者希望小学”，并请读者代表参加奠基仪式。

【**经典案例：**借2008北京奥运东风，《三峡商报》策划“为山村孩子圆奥运梦”大型报道，历时一个多月，以小朋友来信为始，深入全市山村小学踏访和筛选，通过小记者发倡议，商报小记者爱心义卖，社会各界联动响应，共为山区孩子募集价值30余万元的体育器材、近2万元的现金等，捐助的篮球、足球等达2000多个，直接让8个县市、18所中小学、数千名学生受益，还为贫困学校修建了“爱心操场”。】

关键词：雪中送炭

我们用爱心温暖你，用真情关怀你，用微笑祝福你。报台网全媒体可推出“暖冬”特别行动，除了动态报道各级党委政府寒冬腊月送温暖情况，还可策划社会各界能参与的送温暖活动，如“帮贫困孩子圆新年梦想”“帮残疾人圆新年梦想”等，征集“圆梦姐姐”“爱心大使”“爱心采集点”，征集心愿，开通“爱心大篷车”。

暖冬行动，与爱同行。可将全市商家惠民活动和公益爱心活动整合进“暖冬行动”，做成媒体的大亮点。如暖冬行动之(商家)惠民、暖冬行动之(媒体)善举，构成两大乐章。

二、实战心得

“免费午餐”公益项目发起人、时任《凤凰周刊》编委、记者部主任邓飞说：“公益报道对大多数记者而言是全新的领域。”

2008年是中国公益元年。汶川灾难使得中国人的责任与爱心被唤起，慈善事业开始井喷，媒体也积极聚焦这一现象，顿时“中国好人”辈出，感动神州大地。中国首善陈光标高调行善，温暖了多少中国人，但2011年受郭美美事件影响，中国慈善事业遭受重挫。诈捐、逼捐、被捐、吞捐等事件层出不穷，某些人披着慈善的外衣干着违法的勾当，玷污了慈善和公益。

不论怎样，我们身边的好心人、爱心人士永远是社会的主流。

各类媒体正在与公益慈善事业携手同行。

在公益引导方面，报台网全媒体是主要的推手，倡导人们在不影响自己的生活方式和安全的基础上去做公益。慈善鼓励捐钱捐物，而公益重在传递精神。媒体就是要大张旗鼓地倡导社会友爱、互帮互助、和谐共处，传播爱与善，推动更多慈善公益活动。

用“新闻助困”。《新闻晨报》成立“晨报慈善老丁工作室”；《襄阳晚报》推出“晚报公益栏”，帮助那些持有效证件的下岗或失业人员、残疾人、贫困家庭和贫困大学生免费发布求职信息，每期10条。当然，今天借助全媒体平台，发布量更大，效果更好。

越来越多的媒体热衷公益，投身公益。擎公益大旗，走公益之路，已成潮流，锐不可当。

【温暖新闻】

生活因温暖而美丽，人类因关爱而光辉。

新闻不应是冰冷的，而应是有温度的，温暖的。这种温暖就是爱。

我第一次从理论高度了解“温暖新闻”，是2009年考察《东莞时报》，时任《东莞时报》执行总编辑周智琛说：“《东莞时报》要办中国最温暖的都市报。”温暖就是人性化、贴近化、民生化。用温暖塑造美好。从选题、文本、标题、包装等多方面探索温暖的空间。如文本方面，要求每个版面每篇文章都从故事角度切入，强调现场感和人情味。

鞭挞丑恶，给人阳光，舆论监督也体现了一种温暖。周智琛说，温暖的报纸永远都不会放弃监督。

一家温暖的媒体，影响一群温暖的人。温暖的报道可抚慰人的心灵，起到心理按摩的缓释作用。媒体不仅要延伸城市的发展高度，还要积极拓展城市未来的想象宽度，更要为城市一点点积蓄人文温度，让人们感受城市的体温。

挺身相救、壮士斗匪……固然令人肃然起敬，但是生活中那些点滴的平凡之举，更易被人忽视，同样令人感动。比如，江西广播电视台广播消息《爱心联动，援救早产婴儿》获中国新闻奖二等奖。

大善无求，大爱无疆。

去捕捉那些温暖的感动吧——

爱自己的孩子是人，爱他人的孩子是神；敬养自己的母亲是人，敬养他人的母亲是神。万世沧桑唯有爱是永恒的神话。

温暖，渐渐涌向“渐冻人”。媒体要将温暖和关怀送给更多罕见病人，因为他们更容易成为被遗忘的人。

……

媒体是社会的良知。媒体除了提供真相之外，还提供爱的表达与温暖的力量。真相和爱，就好比媒体的一双翅膀，它让媒体站得更挺，飞得更高，看得更远。

嘘寒问暖是温暖。

北方冬寒，供暖是天大的事。全媒记者要深入一线访民问暖，把真实的情况告诉给公众，以消除人们心中的疑虑。供热管线爆裂事故频发，当地的供暖情况如何？这个冬天市民还会挨冻吗？让老百姓温暖过冬，记者要提前探访各地供暖情况。

关注“冰点”是温暖。

那些被遮蔽的人物和声音、那些被忽视的社会底层人群、那些边缘化的小人物命运，都值得抒写。如“关爱单亲特困母亲”，可报道她们在困境和逆境中的顽强搏斗，倾听她们的亲情和梦想。诸如“关注城市边缘人”“寻找身边最熟悉的陌生人”“立交桥下的过夜人”……关注他们的生存状态、情感、渴望和焦虑。

只要他用自己的热度温暖他人，只要有一个闪光的、积极的、善良的地方，只要有让人可敬可学的一面，有温暖人心的力量，有朴实而真实的价值观，不论他是谁，有多卑微，都值得媒体去点赞。

伸张正义是温暖。

关爱弱势群体，抨击虐待幼儿和老人、殴打妇女、扣减工人报酬。年关启动《帮农民工讨工钱》专栏报道。比如，《颤抖的手掏出一张揉烂的欠条（主）“讨薪热线”开通首日，200多民工诉说艰难遭遇（副）》。

【**经典案例：**内蒙古广播电视台电视新闻访谈《住在涵洞为讨薪》，获中国新闻奖一等奖。节目通过一个农民工群体讨薪事件，把农民工讨薪的“难”、建筑市场用工制度的“乱”、劳动监察部门的“冷”等社会现象展示出来。热点新闻事件、敏感社会问题，再加上主持人和评论员的精彩点评是这期节目成功的原因所在。】

让你的报道释放“正能量”。美国著名新闻学教授塞缪尔·弗里德曼说过：“要成为有道德的新闻记者，你必须永葆仁慈之心。”心存正念，把心捂热，你的笔下就会涌动着大爱。

面对求助，媒体不是发个“呼吁”了事。他背后到底有怎样的辛酸和苦楚？全媒记者要走进求助者的生活，走进他的内心，零距离面对面。

【**经典案例：**《家境贫困的他不幸身患尿毒症 妻子已怀孕6月 准父亲最大心愿——（引）“孩子，爸爸多想撑到你出生那天”（主）》，这是2012年3月9日《三峡商报》刊发的一篇特别报道的标题。秭归县小伙谭支琴患尿毒症，来宜昌住院花光了所有积蓄，绝望之下，他哥哥拨打了商报热线。问了一番，记者开始以为只是一个普通的求助，但还是跑到医院里去看一看。他老婆挺个大肚子在一旁吃力地照顾他，这一画面感动了记者。于是从患难夫妻坚强相扶的角度做了这篇文章。报道顿时引起社会强烈关注，爱心像潮水一般涌来，很快收到捐款 17 万元，这是商报创刊 12 年来为一名患者单次募集到的最大捐赠额。此后，宝宝顺利降生，谭支琴成功换肾，获得新生。】

分析救助谭支琴的连续报道，我们认为“求助报道”得以成功有三点。

一是挖掘一个独特的震撼力细节，如“大肚子老婆照顾病危丈夫”。幸福的家庭都是一样的，不幸的家庭各有各的不幸。这个“不幸”要化为一个让人深刻记忆和口头传播的符号。

二是写作手法以情动人。捕捉一举一动、一个表情、一句话语，让困难真情流露，不是干瘪瘪地总结他的困难。为此，三名记者轮换蹲点了一周，捕捉到了谭支琴一家生活的点滴生动细节。为了增强感染力，我们请谭支琴亲笔给未出生的宝宝写了一封信。这封信朴素自然，催人泪下，伟大父爱，跃然纸上。

三是求助报道字里行间不要让人见到 “主动求”的痕迹。谭支琴这篇文章最后一句话，原本是“我想亲眼看着我的宝宝出生，希望好心人帮我渡过难关”，后面还附求助电话，我将之修改为“我想亲眼看着我的宝宝出生，不知道老天能不能让我挺过这一关。”并删除了求助电话，全文自始至终不说一个“求”字！不说求，胜于求，达到“此时无声胜有声，此时无泪胜有泪”之奇效！

在“求助报道”上，《晶报》十分注重构建有自身特色的影响力，“晶报动员”“晶报寻找”等爱心符号，不仅为稿件贴上了标签，而且让爱心报道在《晶报》头版符号化、品牌化。

做善事也要防骗。求助对象是“真困难”还是“假困难”，若仅听一面之词，不听听周围人的看法，不听第三方，不严格核实，记者就会被表象迷惑，丧失公信力。2010 年一起助学报道，因当事人的前妻恶意向省市举报“假穷骗钱”，给当事人和记者带来了很多麻烦。为调查真相，我们到当事人工厂核查工资档案，走访村里，确定其属真穷。报纸无意卷入当事人的情感纠葛，但一番折腾，给刚考上大学的当事人女儿和记者带来了很大的压力。

有困难的人千千万万。如果全媒体隔三岔五刊发求助，则容易让人产生爱心疲劳。为此，《中山商报》与慈善总会合办《慈善之窗》新闻专版，除宣传慈善文化、报道慈善动态外，还搭建爱心互助平台、刊登求助个案，及时公布每一笔捐款的收入与支出。

“捐”了不等于“助”了，“助”了不等于“善”了。一个完整的爱心行动，包含“捐”和“助”两部分。传统慈善对捐助者缺乏基本的交代，报台网要全程介入做“透明慈善”。

【公益活动】

全媒体时代，报台靠什么留住人们的目光？靠新闻？不一定！新闻已经泛滥。一个人可以不读报不看电视，但是有关他亲历的活动，他不可能置若罔闻。给心灵一个交流的平台，这就是活动的魅力。报台依然有强大的优势。

除了新闻，报台还靠什么聚拢人气，还靠什么提升影响力？靠活动，靠公益活动。唯有公益活动，才能团结一切爱心人士。

用报道影响社会，用行动建设中国。

我是建设者。面对不公平，不能光鸣不平，更要去建设，用观点去引导，用行动去改变。

高擎公益的大旗。公益是传媒的核心价值和核心竞争力。传媒人不仅是公益的观察者、报道者，还是关爱活动的策划者、组织者、参与者和推动者。

【经典案例：2009 年，《南方日报》开办《南方公益》新闻版；《晶报》等众多报纸纷纷开办公益专刊。应以此为载体和平台，传播公益理念，弘扬公益精神，纠正公益误区，引

导公益思想，举办公益活动。】

快乐公益，与爱同行。助人者最乐，行善者最美。播撒爱心种子，用爱心孵化爱心。送人玫瑰，手有余香。传递爱心接力棒，展开爱心接力赛。报台网常见的公益活动主要涉及敬老、助残、帮教、环保、助学、救灾等领域。

【经典案例：《株洲晚报》志愿者联合会2018年荣膺全国最佳志愿服务组织。该会成立于2005年，吸纳个人会员、团队会员突破5000人。选举理事会，建立志愿者档案，实行活动登记、会员培训、奖罚考评等一系列制度，实现管理规范化，活动常规化、制度化。每年结合“创模”“创卫”等中心工作举办400场活动，形成了徒步湘江毅行、萤火虫公益助学、湘江爱心团等品牌项目。】

“学雷锋，做义工”。中国新闻奖获得者、《扬州日报》记者胡俭牵头组建了“扬州好人义工总队”。如雨后春笋的义工组织、民间社团，正在成为民众参与社会管理、推动社会良性发展的重要力量。

要找准公益的切入点，逢什么时机办什么活动。要将公益与地方党委政府的中心工作有机结合，与“中心”合拍，与城市共进。要将公益深深地融入城市血脉之中，借媒体之力，推动文明之城、爱心之城、慈善之城、志愿者之城的建设。

随手公益，益呼百应。盛夏，媒体联手家电卖场“为贫困家庭送清凉”，送空调。寒冬，“帮孤苦老人过大年”。报台网全媒体开通关爱大篷车，举办慈善晚会、义工音乐节，举办公益创意大赛，建立“我乐益”慈善商店、“我乐益”志愿服务队。诸如此类，不胜枚举。

一家媒体，除了要有悲悯情怀，还要有彰显悲悯的能力和渠道。《晶报》设立深圳首家媒体冠名基金——晶报阳光基金。通过激活公益资源，组织和发动更多的爱心人士和机构参与公益事业。

报台网要打造强有力的爱心平台，将全社会的公益慈善资源扭成一股绳，形成合力，让全社会“同频共振”，不仅吸引更多的人参与到公益活动中来，也塑造了自身品牌。央视《感动中国》就是影响中国的著名公益品牌。报台网全媒体可办“影响地方年度公益慈善人物”评选、“年度十大公益新闻”评选、“年度十大公益新闻人物”评选，联合评选表彰“十佳爱心人物”“十佳爱心家庭”“十佳爱心企业”“十佳爱心社区”等。

【经典案例：获中国新闻奖一等奖的“佳友民情快车”专栏，以党的十八大代表、全国新闻战线重大人物典型、全国优秀新闻工作者俞佳友的名字命名，由《浙江日报》地方新闻中心组织实施，在《浙江日报》要闻版刊发，以佳友民情工作站为核心报道团队，动员浙报各分社记者参与。集团投入人力、财力、物力将工作站打造成为百姓服务的媒体融合平台，集团内各媒体和90多个县市区报道组，建立密切的互动机制，一起策划、抱团采访。开通“佳友民情快车”微博、微信，推出“为特殊儿童点亮一盏灯”“快乐村晚”等系列活动，帮贫困生圆梦大学，为乡村学校建淋浴房。】

身处内陆，心怀天下。地方报台网全媒体要有大胸襟大视野大爱心。

【经典案例：2011年，贵州省普安镇龙吟镇的小学生们吃不上午饭，《都市快报》发起“免费午餐”公益行动，获得浙江读者捐款逾674万元，记者先后7次深入贵州，与当地政府、媒体、志愿者合作，让18所学校、4700多贵州娃娃吃上了免费午餐。该项目受到中国记协的肯定，并获“中国慈善推动者”奖，载入中国公益史册，是首次影响国家决策的公益行动。“免费午餐”最终促使国家拿出160亿元改善中西部贫困儿童营养问题。】

2011年是微公益元年。微博微信为公益插上飞翔的翅膀，凝聚起更强的能量。围观不足以改变中国，我们需要的是行动。地方报台网全媒体可以主动和海内外的各类知名群体组织、学雷锋协会、公益组织、企业单位、爱心基金组织对接，策划可在本土落地的相关爱心活动。

人生最大的幸福就是助人。由我策划的大型报道《"三商"携手为困难群众送温暖》，至少让 2000 多户 6000 多名困难家庭受助。无论从策划组织到报道采编，历时近一个月，从头至尾仅我们两人（一个编辑 + 一个记者）操作。由此获得一个启示：大型报道并不是发稿量越大越多越好，也并不是大策划都要靠兵团作战，少量精兵也能干出大事来。

第100章　文明创建新闻

讲文明，树新风。文明创建是全国各地一项浩大的系统工程，文明创建已成为地方报台网全媒体极其重要的中心任务、主题报道和规定动作。每年持续4个月甚至更长时间开辟文明创建专栏专版专题，报纸常规一次一两版，高峰多达6版，做集中轰炸式报道。有些地方宣传部甚至要求每天的文明创建报道量占报纸出版量的20%，占电视地方新闻时长的30%。所以，很有必要深入探讨如何做好文明创建报道。

一、策划要点

关键词：专栏

大项目要用专栏来推动，否则整个报道没有一根主线。文明创建新闻可开设如下专栏。

(1)“创建在行动”专栏。动态报道新时代文明实践中心、全市文明创建各条战线各个单位的实施举措和行动。全媒体可在微信公众号推文明创建“我为家乡代言”电子海报，让环卫工、志愿者、消防员、公交司机等各行各业代表出镜，电子号外发大幅人物图片或创建视频，便于在朋友圈流转。

(2)“文明拍客”专栏。征集“拍客”随手拍不文明视频影像。对行人横穿马路、翻栏杆、闯红灯等不文明行为做集中报道，以儆效尤。充分利用密布城市各道口的无数“天眼”，开辟专栏“天眼纠违章”，全媒体集中刊播曝光视频影像。

(3)“文明创建典型”专栏。报道各单位创建中的先进经验、优秀成果以及个人先进事迹。

(4)“我为文明创建出点子”专栏。报道市民针对某一集中现象提出意见及改进方法，摘录选登建言。

关键词：惠民

全民创建，创建为民。文明创建的本质是惠民，让人民群众得实惠。通过文明创建，市民的生活到底发生了哪些改变？全媒记者要深入到背街小巷、老旧社区、城中村和城郊结合部，看创建实效，听基层意见，问百姓诉求。策划“记者眼中的文明风景”“点点滴滴感受文明”等系列报道，倾听市民发自肺腑的誉美心声，记录、感悟、聆听文明的改变。还可搞短视频同题海采说变化，直播看变化。

各条战线各窗口单位服务有哪些提升？可推“文明考卷”系列深度报道，对市容、市场、油污、窗口、停车、广告牌整治等进行挖掘，其报道模式是：①记者直播；②问题回放；③改进举措；④市民心声。当然，报纸还可推系列特刊，对各条战线各个单位创建的成果做集中展示，做政务形象广告开发。

关键词：公益广告

报台网全媒体邀本地道德模范、孝亲敬老模范、见义勇为模范、劳动模范以及本地名人、社会贤达、创业人物等先进人物出镜，为文明创建鼓与呼。报纸设计模式可包括4个元素，为一张肖像特写、一句文明感言、一个签名、一句文明宣传标语。用毛笔书法字体，顿增人文厚重感和唯美意境。全媒体还可围绕城市精神、仁义礼智信、文明行为等做系列设计和推广，如深圳《论语》金句系列公益广告，让人们“发现中华文化之美”。

关键词：活动

文明创建不只是上街劝导当志愿者，不只是到公园捡拾垃圾。为表现城市热情好客，安排摄影记者深入银行、车站、宾馆、旅行社等窗口单位和大中小学校拍摄，推出“最美笑脸”墙，在城市广场展出。

到底我们身边发生了哪些巨大的变化，报台网可联合宣传等部门组织市民游都市看变化，直播文明创建成果。还可与妇联等开展文明家庭评选活动，官微策划推出“文明家庭图片故事”系列报道。

二、实战心得

全国文明城市创建报道，围绕一条主线：着重宣传市委市政府的科学谋划、重大举措、具体行动、巨大成就和成功经验，大力宣传文明创建给城市带来的新变化及给市民带来的新实惠，报道各部门、各单位、社会各界参与创建的行动与成效。

文明创建报道策划基本思路是：①专栏专题；②创建动态；③活动互动；④视频影像；⑤曝光直播；⑥评论微议；⑦公益广告。

创建报道规定动作多，题材生硬，要想出彩很难。可是，《楚天都市报》2012 年 10 月凭重磅系列报道《告别车窗抛物》摘得中国新闻奖三等奖，证明文明创建报道也能大放异彩。

如何让文明创建报道出亮点，既可看又可用呢，下列做法可资借鉴。

(1) 强有力的舆论监督。文明创建是对不文明行为的宣战、是对劣质服务的鞭笞、是对建设美丽家园的促进和提升。这给报台网全媒体提供了一个舆论监督的强力平台。可开设“不文明曝光台”，曝光推诿扯皮典型个案，如《几个部门“捡”不起两根垂落线缆》。搞视频直播曝光“车轮上的低头族”。《扬子晚报》的系列报道《“老汉街头遭骂”引发如何消除不文明现象大讨论》获中国新闻奖二等奖。

常见的曝光有：乱搭乱建、乱挂衣物、乱扔烟头纸屑、乱泼潲水、乱发传单、乱闯红灯、乱翻栏杆、铺张浪费等，应集中时间、集中火力、集中宣战、集中整治常规陋习。不起眼的小问题也能挖出有影响力的大作品，如《北京青年报》的通讯《根治广场口香糖请市民支招》获中国新闻奖三等奖。开辟“志愿者挑刺”专栏，换个视角实况直播街头巷尾不文明行为。所配标题要传神，如《文明之行始于足下 别图一时之“快”》《稍一放纵，文明就会溜走》《鲜花“喊”疼》。

(2) 全媒体全时空报道。由报道的平面化转入立体化，天上地上，立体作战，全媒传播。如《温州都市报》推出“谁家孩子谁抱走”为主题的市区环境洁化系列报道，以崭新的方式、空前的力度在一版头条位置，每天紧盯一个地方的问题，每天刊发一组揭露问题的报道。从天上航拍，寻找卫生死角，继而又有众骑友接力，把“天上航访”变成“地面寻访”，走遍温州市区老城新城、大街小巷，产生了巨大的社会反响。

【**经典案例：**《商报文明大讲堂》是《三峡商报》关于文明创建报道的精品项目，每期设置一个话题，围绕文明创建中的重点、难点、关注点进行“市民讨论”。开设“文明礼仪课堂”，每期刊登一个文明礼仪知识，进社区、进学校。举办“我为文明创建加一分”征文。画说新闻，每期刊发一组“不文明”漫画。】

(3) 走出去看创建成果。他山之石可以攻玉。当城市转型升级时，当文明创建深化巩固

时，当人民群众需要新动力新目标时，我们的报道视野不要限于本土，可扩大至全省全国甚至全球。

【**经典案例**：2011年《三峡晚报》推出《对话全国文明城》大型系列报道，派出五路记者赴13个全国文明城进行采访，每城推一个通版。其报道模式是：①第一印象；②创建经过；③创建秘籍；④记者体验（体验地点＋体验时间＋体验经过、感受）；⑤城市故事；⑥两城对比图（人口、GDP、面积）；⑦本土人眼中的他城；⑧他城人眼中的本城；⑨本城文明办负责人点评；⑩一组图片。】

(4) 学会科学“擦鞋”。不仅要擦得干净，更要擦得光亮、闪闪发光。对本地主要领导的表率示范之举，要版面靠前、位置靠上，把领导当人写，让领导走下神坛，说平民的话，做平民的事，凸显亲民情怀。美编挑选图片也要讲“文明”，慎发光膀子、穿背心和市领导一起的图片，有揭人丑态之嫌。

(5) 发掘文明新风。推“德耀中华”专栏专题，报道道德模范和身边好人的先进事迹、崇高精神。报道关心关爱道德模范的行动，树立好人好报的价值导向，如《不比房不比车 比比谁的贡献多（引）做慈善成乡风 新洲好人多如星（主）》。节约节俭已纳入文明城市考核，全媒体要多发现那些俭以养德的节约典型；塑造城市精神，深入报道各类公益和志愿服务活动。

(6) 喜看成就变化。要体现创建带来的改变，可推“探访窗口”系列报道、“外地人（外国人）看变化”系列报道，举办百名市民看变化活动、百名艺术家话变化活动，等等。文明城市是怎样炼成的？推系列报道深度解析之。

报纸可策划《文明的力量》系列特刊，展示各行各业文明创建的历程，记录各条战线、各文明单位的多姿风采，实现成就宣传和政务广告双赢。

(7) 系列评论引导。大事要见声音，声音要靠评论。可从为什么进行文明创建、怎么开展创建行动、创建之后谁受益、如何常抓不懈等方面对创建全国文明城的活动进行全方位、多角度的解读，回答市民疑问，正面引导市民积极投身文明创建。

第 101 章　职场新闻

就业创业谋发展，是最大的民生。每年有数以百万计的大学生求职，各地招聘会风起云涌，各机关、企业及单位纷纷举办招考“盛宴”。职场市场是报台网全媒体热捧的“宠儿”。

一、策划要点

关键词：亮点

如何报道招聘会？关注的不仅是今天多少人参加应聘、多少单位组团、多少人应聘成功等“数据信息”，如《近千大学生现场找到“东家”》，还应从招聘会上发掘出一些亮点来，如《新年首场招聘会传递新信号　招聘单位看重工作经验　宜昌飞速发展吸引大量外地求职者来找工作》。

“抢人大战”波及全国。聚焦本土各地各单位为抢人才提供的优惠政策，选取几个有代表性的说一说。薪水有多高？提供住房否？哪些单位门槛低？哪些单位最俏？用人单位对求职者有何建议？哪些专业最抢手？哪些专业哪些岗位最吃香？哪些专业哪些岗位最冷门？记者都要深入打探清楚。

关键词：活动

春节过后一个月是人员流动最频繁之时，也是招聘旺季；3—5 月，是全国大学生就业季；暑假，许多大中专学生有打短工需求；9 月和 10 月是人才招聘丰收季。报台网可邀各人才市场联合举办春秋人才招聘会或专场人才招聘会，推招聘会特刊专题。除此之外，还可举办大型云招聘直播活动。

二、实战心得

就业是民生之本、安国之策。继超女快男、电视相亲等娱乐节目之后，《职来职往》《天生我才》《非你莫属》等职场真人秀节目成了全国各大卫视新王牌。职场人气旺，《都市快报》曾推新闻专版《公司八卦掌》，名为公司八卦，实为职场人生，细腻地关注白领一族。

如何做职场新闻？一是全媒体发布最新用工求职信息；二是给予职场指导，及时发布各种考证信息，帮助求职者提升简历、面试、衣着、表达、语态等各种职场技能；三是解读最新劳动保障政策，维护劳动者权益；四是分析市场用工走势、动向，深度剖析，给地方党委政府和企业提供研究参考。

【招聘求职】

过年后一上班，全国各地举办招聘会。面对各地齐喊用工荒，《都市快报》特派记者赴浙江四大劳务市场调查，写出调查报道《用工荒　荒什么？（主）有的荒　有的不荒　有的真荒　有的假荒（副）》，并列出各地都缺什么样的工人，对应聘者求职、单位企业招工有很强的指导性。常见的招聘求职类报道有以下几类。

(1) 动态报道。了解各地组织招聘会的动态信息。本地人社部门定期通报人力资源市场供

求状况，记者要对结果做分析，重点围绕某一个点或某个方面，提炼出新闻，无须面面俱到，写得像一篇总结报告，如《武汉技工收入首超大学生 技工：每月1300元 本科：每月1200元》。

采访一场招聘会，要了解需求最大的前三个职业是什么，哪里工作最好找，人才需求量前三名和人才缺口前三名职业是哪些，哪些技术活最吃香，用人条件有何变化，薪资期望值如何，如《近八成求职者一心只瞄大企业》《市场什么人才最缺？研发人才！》。《大众日报》的通讯《找个好钳工比找研究生还难！》获中国新闻奖二等奖。《中国青年报》的消息《武汉地区毕业生求职有八大变化 一半以上毕业生进入非公有制企业》，获中国新闻奖三等奖。

(2) 调查直播。记者陪同应聘者求职，直播他的“求职记”，谈个中感受，也可以应聘者的身份模拟应聘，直播求职过程中的点滴故事，将求职中与面试官交流问话记录下来，全景再现求职历程，这对那些即将踏上社会的大中专学生有帮助。比如，《中国青年报》的连续报道《宋江明求职验血记》获中国新闻奖三等奖。《工人日报》的通讯《待业记》获中国新闻奖二等奖。

(3) 典型个案。《扬州日报》的消息《就业局长“潜伏”打工探扬州用工》，获中国新闻奖一等奖。开辟专栏做系列报道，抓那些颇受名企青睐的大学生个案，通过讲述那些“就业之星”求职成功的经历、经验与得失。报道本土外派劳务成功的系列典型个案，鼓励人们走出国门“打洋工”，报道须点明外派的风险，链接跨国维权知识、本地人成功维权案例。

(4) 反弹琵琶。媒体总爱将笔头镜头对准那些热门专业。反其道而行之，我们不妨关注一下那些小专业、新专业、国家紧缺型人才专业。小专业也有大前景，记者深入本地高校招生就业部门摸情况。报道既要有“面”，也要有“点”，有典型的事例。反映职场新事物、求职观念变迁，江苏电视台的消息《外国留学生站柜台》获中国新闻奖二等奖，《新晚报》的通讯《搓澡搓出小洋楼》获中国新闻奖三等奖。

(5) 深度思考。《楚天都市报》的分析报道《招聘会上，农民工为何犹豫》，就是记者从招聘会上发现岗多人少——8300个岗位，仅4800人登记，遂深入探究数字背后的新闻。深圳广播电视台电视专题《解读“民工荒”》获中国新闻奖二等奖。天津人民广播电台广播评论《“蓝领”、“白领”同样亮丽——天津应用类高职毕业生抢手的启示》获中国新闻奖二等奖。南通人民广播电台专题《透视招聘“村官”热》获中国新闻奖三等奖。

【**经典案例**：《中国老年报》的深度报道《乐观前景下的现实困境——养老专业毕业生求职观察》获中国新闻奖三等奖。记者采访前后历时3个多月，从养老专业毕业生的求职管窥全国养老服务业发展的困难与前景，文章既有事例佐证，又有专家评述，还有记者自己的观察。】

(6) 高端招聘。系列聚焦本地大公司高校招聘季，从大公司招人动向审视人才培养。

(7) 非常新闻。暑期是招聘会“淡季”，但随着东部产业转移，中西部地区快速崛起，下半年开业多（注：赶“金九银十”），近年来人才需求的地域、时间段正在发生深刻变化，各地都在上演“抢人大战”，战线记者要及时嗅到本地人才市场的新气息。

(8) 曝光揭丑。报道假招聘、假应聘、假材料，“文过饰非”典型案例，如《“打工皇帝”唐骏深陷“学历门”》。空壳公司收押金“人去楼空”。做大这类求职欺骗性新闻，通过“记者暗访”揭开黑幕，抓住典型案件，一追到底。直播人社部门严打“黑中介”行动，进行“现场出击”。

【公务员招考】

全国公务员招考（简称“国考”），其报名之火爆、竞争之激烈，乃中国之奇观。“国考”

政策性强，事涉机密，报台网“伸展”有束缚。在规定的“框框”内，要出彩颇难。

招考分报名、考试两个阶段。其中，报名阶段主要报道此次公务员招考职位状况及其数量，报名数据揭晓之时看其竞争情况，如《全省 11.6 万人争 5 千“铁饭碗” 公务员招考报告结束 平均考录比例 22 ∶ 1 硕博生万余人》《国考首日 “税务”最吃香》《气象、海事岗位为什么报考人数少？》。

考试阶段，全媒体主要关注考前备考和赶考应考。

(1) 备考。记者可到书店拍摄反映公务员考试书籍热销的镜头，以及走访各种各样的考前复习培训班。报考者如何脱颖而出？全媒体可策划“公务员备考指南”专题。如《过来人教你跨省公考独木桥》，采访几位在往届公务员考试中的佼佼者，传授“独门诀窍”，报道模式是：①讲述人；②成绩；③诀窍；④正文。

(2) 应考。重点报道“考碗族”组团赴考以及考试当天情况。采访打开思路：多少人竞争哪些岗位？要换算一下，平均一个职位几人抢？和历年比较呈现什么变化？主要分布在哪些行业、哪些领域、哪些专业？报考人员结构有何变化？题目难易程度如何？公务员考题关注当下哪些热点问题，与时事有何紧密联系？试题中有多少涉及本省本地的知识？何时公布成绩？

具体到行政职业能力测试，都会结合当前社会热点事件设置话题。如何作答？记者可请几个考生和社会精英分别议说之。见解对比之中显报道深度。申论考题都会紧扣时事热点，记者可采访几个考生谈解答技巧。

(3) 抓热点事件。公务员招考经常曝些“黑幕”，不管是本地的还是外埠的，只要事件影响大，报台网全媒体都应重处并持续关注。如《事业单位招考 招的是女公关？》讲的是在江西抚州人社局的招考中，“喝酒跳舞都是面试内容”。

第102章　婚恋新闻

古往今来，人世间的生生死死、缠缠绵绵、恩恩怨怨，皆缘于一个“情”字。

婚姻是人生大事。纵观各类媒体，婚恋类报道占据相当分量。不论是庞大的大龄青年谈婚论嫁，还是持续走高的离婚率，婚恋不只是个人情感问题，也是家庭问题，还是严重的社会问题，甚至是一个世界性难题。

一、策划要点

关键词：真爱

全媒体要多呼唤真情，多发现真爱，多抒写美好，多弘扬大爱。引导人们珍爱惜情，护家担责。《新晚报》的系列报道《救救我的中国丈夫》获中国新闻奖三等奖。

哪样的情哪样的爱是真情真爱？是不离不弃、共渡难关、相濡以沫；是相互理解、相互支持、相互关怀、相互欣赏，让平凡的生活充满生趣。我们去发现线索，提炼主题，皆可引以为准绳。

关键词：恋曲

2008年以前，全国报纸充斥着各种各样的恋情故事，网媒爆炒着婚外恋、畸情恋、金钱恋、老少恋、三角恋、跨国恋等。媒体主流化转型以来，报台网全媒体都在降温，分量明显减少，标题不再那么刺眼，耸人听闻。除了报道事实，更多地带着理性分析，情感疏导与关怀，更多地宣传健康、高尚、真挚的情感，淡化煽情性和离奇性，为大众提供正能量的情感报道。

中国已迈入老龄化社会。报台网全媒体应关注被社会忽略的老年人的情感需求。

关键词：活动

媒体全年都可举办各类相亲活动。全媒体征集最美爱情故事，在情感版块播发。还可与民政部门联合评选本地“十大婚庆公司”“十大婚礼主持人”“十大婚纱拍摄基地”等。

二、实战心得

这是一个情感与资讯泛滥的时代，但获得一份真爱却是异常困难。每年近乎疯狂的“万人相亲”，在全国各地上演。

无论是报纸、电视还是新媒体，都在竞相打造相亲平台。其实，都是在挖掘“情感经济”这个巨大的聚宝盆。荧屏最抢眼最惹火的是相亲节目，比如江苏卫视《非诚勿扰》、浙江卫视《为爱向前冲》、湖南卫视《我们约会吧》、安徽卫视《缘来是你》、东方卫视《百里挑一》等。

【**经典案例：**解决适龄青年人才婚配后顾之忧，浙江永康日报社开设《永报佳缘》栏目，成立“永报佳缘”工作室，每年接受数千人咨询，开讲座为市“两会”代表委员讲解当地年轻人的婚恋现状。工作室人员还考取婚姻家庭咨询师资格证，报社邀请德高望重的领导、专家担任婚姻观察员，成立“婚姻智囊团”，为当地年轻人婚恋问题把脉问诊。】

【万人相亲】

春暖花开的4月，全国众多报台网都会隆重举办“万人相亲”青年文化节暨时尚婚博会。农历三月三，中国古代情人节。如《晚报相亲节 情定三月三》，媒体携手市总工会、团市委、市妇联、市民政等部门主办，婚庆机构协办。

“万人相亲”活动宗旨：呵护纯爱、追求真爱、成就姻缘。

可策划推出《完美婚礼手册》《婚尚大典》大型特刊，将本土婚庆全产业链品牌、产品、服务全面展示，实现价值开发最大化。

我们梳理宜昌历届“万人相亲”活动与报道，下面10个极易忽视的问题，须引起媒体重视。

(1) 报台网办活动不是为了纯粹地办活动。要做出活动中的新闻，挖出有价值的信息。多挖掘相亲故事、现场花絮，如“剩女独白”“父母当主角”“高调寻爱情”。

(2) 报道不能渲染金钱观高知观。比如《“高富帅”入场遭疯抢》，价值导向不正。要倡导正确的价值取向，如《海归女硕士报名寻找孝顺男》。

(3) 报道要有名人，名人效应让活动扬名，如媒体可邀当下中国最红女名流话婚姻。

(4) 挖掘本地爱情作品，如《三峡“情歌王”桓兆泮 搜集创作情歌千余首》。

(5) 要有社会现象的深度思考。透过万人相亲活动透视当下婚恋观、相亲文化，折射怎样的社会现象。“剩男剩女”现象背后究竟反映了当前怎样的婚恋现实。

(6) 要在标题上显特色。标题渲染情感，让情和爱肆意流淌版面页面，流淌字里行间。下面是一组好标题：《我拉住郎腰带，问郎几时来？我拉住妹的手，问妹几时来？（引）恩施哥（妹）：我坐那火车来呀，就在三月三（主）》《最具哲理的故事：相亲就像炒股，最忌追涨杀跌》《最现实的故事：不爱“吃个饭神马的有木有” 只爱“蓦然回首灯火阑珊处”》《最有缘的故事：意中人“失踪”多年 相亲节意外邂逅》《最伤感的故事：生女儿竟遭家庭暴力 离婚后期待真心依靠》。

(7) 持续关注，真情相助。万人相亲热闹之后，人们关注到底有多少对在续谈？有多少对谈成？不能活动结束，一走了之，不管不问。否则，下一场相亲活动，还会有多少人来参加？活动的品牌形象就会大打折扣。

(8) 注重文化内涵的挖掘。《三峡晚报》将由上古神话演绎而来的“三月三自由择偶爱情盛会”进行追溯和演变，此类深度报道可显著增加活动的文化味道。

(9) 办活动更是办效益。单一活动难聚人气，现场可同时举办车房联展、家装鉴赏、婚纱发布、特产品尝、春茶尝鲜、人才招聘等系列主题活动，搅热万人相亲大会，卖人气卖展位卖产品卖广告。

(10) 挖掘万人相亲活动幕后故事。

【特色婚礼】

近年来，结婚迎亲五花八门：公交车婚礼、马车婚礼、自行车婚礼、八抬大轿婚礼、铲车婚礼、飞机婚礼、的士婚礼、叉车娶亲、吊车迎亲、骑白马娶亲、红色婚礼、“蝴蝶婚礼”、电子屏求婚、无烟婚礼、环保婚礼、广场婚典、婚车大巡游、慈善婚礼、汉服婚礼……这些新奇的个性婚礼竞相成为全媒体报道的亮点，满足了人们的猎奇心理。

如《清新好婚宴 桌桌不冒烟》《“蝴蝶婚礼”首次亮相宜昌》《水上婚礼 满船祝福》，可用组图、直播、短视频展现“求婚全程”。《不摆酒不迎亲 婚礼放生中华鲟》，其报道模式是：①环保婚礼现场；②个性婚礼起因；③新人用意；④市民声音；⑤专家观点。

如《移风易俗办婚礼 谱写文明新风尚 帅的哥18辆的士迎娶靓的姐》，报道配专家点评，配发观察思考类深度报道《创意婚礼“玩”时尚 隆重简朴“晒”个性》。

总结一个特色婚礼“七步鲜”报道模式是：①主体消息；②新人专访；③围观评说；④深度思考；⑤视频影像；⑥新人语录；⑦资料链接。

下面做特色婚礼“七步鲜”报道模式的部分详述。

◎新人专访。为何策划这样的特色婚礼，他们为此做了怎样的努力，他们有怎样的浪漫爱情故事。

◎围观评说。关注亲朋好友、普通市民和网友们对这种婚礼的看法观感，也可微直播引围观。

◎深度思考。特色婚礼透视了怎样的婚恋观变迁？操办这样的婚礼需要多大的花销？有怎样的积极（消极）意义？

◎新人语录。推荐新人爱情新语。

◎资料链接。盘点本地的创意婚礼。

对婚礼报道，记者要抓住一些特别的节点，如元旦、五一、七夕、国庆等，还有1月11日等有寓意的“数字吉日”。

当然，并不是所有的婚礼报道都呈现喜庆和奇异，如《“奔驰”婚车自燃，新郎抱着新娘逃生》。“天价婚礼”刺激人们仇富心理。《晶报》头版以大照片《婚车被罚6000》为题，报道了一婚车因车牌被红纸遮挡而被交警处罚6000元，具有警醒意义。《新华日报》的评论《“富豪相亲”浊化社会空气》获中国新闻奖二等奖。

【情感倾诉】

多年前，我们进行读者问卷调查显示，报纸上“情感倾诉”是最受女性欢迎的版块。原因有三：一是它满足了人们的窥视欲，敞开了隐秘之门；二是它能让人产生心理共鸣，找到情感的价值坐标；三是有助于人们心理减压和健康心理养成。

万水千山总是情。我们需要情感的关怀与宣泄，媒体充当了这个管道。1997年，《北京青年报》“口诉实录”首开情感专栏报道先河，也成就了记者安顿。全国报纸纷纷效仿，开办“情感倾诉”类版块。电视节目，一打情感牌，收视率就直线上升。

分析发现，倾诉者以女性为主，年龄大多在20到40岁之间，来自各行各业，其中以公司白领、家庭主妇和打工者为主。倾诉呈三多：一多为非常态的恋情，如婚外恋；二多为曾遭受情感挫折，积怨较深且语言偏激；三多属负面情感的表达和传播，与社会主义核心价值观存在一定的冲突，如《我舍弃亲情 他却要富婆》。

情感泛滥的时代，媒体要自觉遏制泛娱乐化、功利化、庸俗化的婚恋交友类节目、情感类文章，和拜金情爱说“拜拜”，大肆张扬人间真情，挖掘真善美。始终秉承主流的社会价值，倡导积极健康的追求。

因此，有时为了“平衡”版面的语言，宜采用“记者手记”“专家点评”，传递正面积极观点。

严查“情感抄袭”，我们曾发现有人从网上大版大版摘抄，仅换个姓名地址等，就堂而皇之成了自己写的。“情感化名”务必大众化，忌用生僻、罕见性化名，这类引发纠纷和官司的不少。

为了增强真实性和现场感，“情感倾诉”通常以第一人称“我”行文，多用短句，多借鉴文学手法，特别重视记者对话、见面场景以及心理描写和细节刻画。如倾诉人出场或交谈过程中，记者通过细腻的观察和人物描述（外表、衣着、神态、言语表达、表情等），写出记者对此人的感受和感观，让读者身临其境。

报台网要充分挖掘“倾诉资源”。央视一套公益寻人节目《等着我》以一个个寻人故事为载体，通过倾情讲述，呼唤人与人之间的真情回归。《北京青年报》“情感记者”安顿出了多部畅销书，成为知名电影编剧。《东方今报》情感版《男左女右》与河南电视台合作，将“情感”改编成剧本，拍成系列剧。这些做法都值得借鉴。

第103章　年终盘点新闻

盘点的水平高低，很能检验一家媒体采编团队统筹、整合、提炼的能力大小。盘点也能营造新看点，创造经营新亮点。故有必要探讨。

岁末年初，报台网全媒体通常会回顾这一年走过的路，回放做过的一些有影响力的报道，这一年重点关注过的人和事。

一、策划要点

关键词：事件

报台网全媒体盘点这一年所报道的重要的、有影响的事件，分为本土事件、国内事件、国际事件，又分为突发事件、非突发事件，还分为重大时政事件、重大非时政事件。

关键词：人物

人物是全媒体的灵魂。一年当中，全媒体关注过多少人物，捧红过多少人物，有多少人物因媒体的关注而改变命运，年底通过全媒体晒一晒，比一比。投票评选出本土十大新闻、本土十大热点事件、本土十大民选新闻人物等，打造成媒体年度品牌盛典。一家媒体捧红人物太少，肯定称不上有影响力的媒体。

【**经典案例：**每到年底，楚园春杯宜昌十大民选新闻人物评选活动都会如期展开，宜昌三峡广播电视台将本年度由该台和市内外媒体捧红的平民英雄、新闻人物进行筛选、展播，邀请市委宣传部、市政府研究室等部门领导和知名人士参与评选工作，组成专家评审会，推选20位候选人，通过开展微信投票和记者入户调查等方式听取大家的意见，最后举办盛大的颁奖晚会。整个活动持续一个半月，时间长，形式活，影响大。】

关键词：活动

回首这一年，哪些活动还能让人回味？哪些活动称得上有点分量？哪些活动能让人口头谈论传播？哪些活动还能来年复制并不断升级？这些活动可产生多大影响？

二、实战心得

年终盘点是一年到头媒体的大戏，承上启下，至关重要。盘点，不外乎一年报道过的重大主题、重大事件、重要人物、重要善举、重要活动、重要成就等。

报纸年终盘点特刊的取名要有新意，要有强烈的时代印迹，与当下热门或当年热点紧密衔接。结合“年度热词”“年度汉字”做盘点名称。如2012中国年度汉字“梦”，《三峡商报》年终盘点特刊就叫作《追梦STYLE》。有的报纸还把特刊当成“岁月交响曲”，按曲调设计不同的乐章，感受新闻人的心灵之声，如忧伤、欢快、急促、回旋、和谐、进行曲、乡音、交响，对应的主题有灾难、喜事、愤怒、记忆、改变、幕后、家园、世界。竹简式包装设计，体现厚重文化底蕴。各版块风格、标题统一，浑然一体。

【专题盘点】

年度报告，分“大事”“民生”“突发”“国际”“国内”“影像”等，专刊可对各行各业分别做盘点特辑，拉动广告。

如《三峡晚报》的《给力2010》新闻年终盘点，分7篇，即：宜昌篇、荆楚篇、中国篇（中国大事）、世界篇（世界大事）、文化篇、体育篇、娱乐篇。每篇结构模式是：①事件回放（事件全貌＋我们的作为）；②最新访谈；③历史印记（事件意义和个人的改变与影响）；④我们的报道（什么时间以什么题目刊发）；⑤晚报声音（传媒对该事件的观点和评介）。其展开如下。

◎宜昌篇：将本土单个具有重磅影响力的新闻事件整版推出，又对十大民生、十大经济、十大突发、十大感动等予以分篇报道。

◎中国篇：刊发十大中国新闻、十大国内焦点人物。

◎世界篇：刊发十大国际新闻、十大国外焦点人物。

◎文化篇：刊发荆楚十大文化热点、中国十大文化热点、宜昌十大文化热点。

◎体育篇：刊发十大国际体育新闻、十大中国体育新闻、十大荆楚体育新闻、十大宜昌体育新闻。

◎娱乐篇：以“爱恨情仇 娱乐圈风起云涌”为题进行梳理。

这一年，我们关注这些人和事。年终盘点还可分现场篇、活动篇、幕后篇、人物篇、爱心篇。

年度评选，岁末盛宴。报纸可推诸如《榜样的力量》等系列展示评选特刊，强力拉动各大行业各大市场广告开发。

【动态盘点】

做各行业各部门各战线各单位的盘点。《三峡商报》首开全国先河，策划“年度宜昌民生报告”，分就业篇、教育篇、卫健篇、住建篇、城管篇等，每篇梳理出10个左右民生事件，提炼“关键词”，每篇两版，报道模式是：①关键词；②事件回访；③事件进展；④市民感言；⑤局长专访；⑥数字民生。××既盘点本土一年民生大事，又跟踪进展，还要看到新一年的民生规划和盘子。

A14 | 国际 | 深圳特区报　2016年12月22日 星期四　主编 吴向阳 编辑 焦子宇 美编 邵芳 校对 杨战

2016年初以来，朝鲜半岛仿佛陷入了恶性循环。

朝鲜分别在1月及9月进行了两次核试验，并连续进行多次弹道导弹发射试验。而美军的战略轰炸机今年两度飞抵半岛，还出动大批尖端战斗力量参与韩美年度联合军演，演习规模创近十年之最。

针对朝鲜的核试验及弹道导弹发射试验，联合国安理会在3月通过“最严厉、最全面”制裁决议，11月，再度通过“升级”版的第2321号制裁决议。然而，韩美不顾各方反对，决定部署“萨德”系统。

一时间，半岛上空阴云密布，局势波诡云谲。

编者按

岁去弦吐箭，2016年迎来岁末年终。

这一年，恐袭阴霾挥之不去，难民问题积重难返。

这一年，欧美社会出现新变化，民粹主义抬头，挑战全球化大潮。

这一年，大国博弈与地缘政治冲突此起彼伏，交替升温。朝鲜半岛局势阴云密布，中东战火肆虐蔓延……国际格局的走向和变革，在碰撞和分歧中带来新的机遇和挑战。

7月21日，在韩国首尔火车站广场，一名来自星州郡的男子在集会上高举反对部署“萨德”系统的标语。　新华社发

“萨德”入韩 半岛局势步步惊心

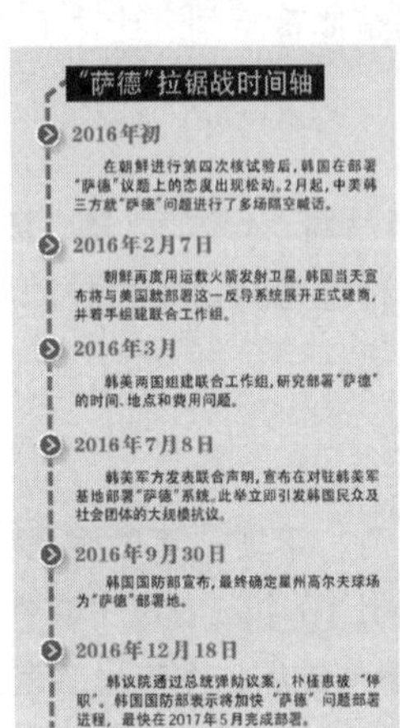

“萨德”拉锯战时间轴

2016年初

在朝鲜进行第四次核试验后，韩国在部署“萨德”议题上的态度出现松动。2月起，中美韩三方就“萨德”问题进行了多场激烈交锋。

2016年2月7日

朝鲜再度用运载火箭发射卫星，韩国当天宣布将与美国就部署这一反导系统展开正式磋商，并着手组建联合工作组。

2016年3月

韩美两国组建联合工作组，研究部署“萨德”的时间、地点和费用问题。

2016年7月8日

韩美军方发表联合声明，宣布在对驻韩美军基地部署“萨德”系统。此举立即引发韩国民众及社会团体的大规模抗议。

2016年9月30日

韩国国防部宣布，最终确定星州高尔夫球场为“萨德”部署地。

2016年12月18日

韩议院通过总统弹劾议案，朴槿惠被“停职”。韩国国防部表示将加快“萨德”问题部署进程，最快在2017年5月完成部署。

新闻 看点

对朝制裁再度“升级” 中国呼吁重启六方会谈

2016年11月30日，联合国安理会一致通过涉朝鲜的第2321号决议，以最强烈的言辞谴责朝鲜9月9日进行核试验，要求朝鲜放弃核武器和导弹计划，并决定对朝鲜实施新制裁措施。

这是继今年3月以来安理会又一次通过涉朝鲜决议。决议禁止朝鲜出口铜、镍、银、锌，并对朝鲜外交使团的活动予以一定限制。其严厉程度堪称3月份制裁决议的“升级版”。

决议出台后，中国常驻联合国代表刘结一表示，半岛局势敏感复杂严峻，有关各方都要着眼大局，相向而行，避免采取任何加剧局势紧张的言论和行动。当务之急是有关各方尽快恢复对话谈判，尽快重启六方会谈，共同为维护半岛无核化进程、实现半岛和平稳定作出真正的努力。

强推“萨德” 引发连锁反应

韩美决定部署“萨德”

2016年7月8日上午，韩美军方在首尔发表联合声明称，由于“朝鲜的核武器及导弹威胁”，韩美决定在驻韩美军基地部署末段高空区域防御系统即“萨德”系统。

韩国国防部国防政策室室长柳济昇当天在联合声明发布会上说，朝鲜进行的核试验和近来一系列中程导弹试射行为严重威胁了包括韩国在内的亚太地区的安全和稳定，“韩美为保护韩国的安全和韩美同盟的军事实力做出了部署‘萨德’系统的决定”。

在发言中，柳济昇称，在韩国部署“萨德”系统不针对任何第三国，只用于应对朝鲜的核与导弹威胁。

9月30日，韩国国防部宣布，经过对3处部署“末段高空区域防御系统”（萨德）候选地的评测，最后确定庆尚北道星州郡的高尔夫球场为“最终”选择。11月，韩国军方与星州高尔夫地块的所有方乐天集团达换地协议。

12月在韩议院通过总统弹劾案，朴槿惠因“亲信干政”事件被“停职”后，韩国防部表示将加快“萨德”问题部署进程，最快在2017年5月完成部署。

中俄坚决反对

在韩美宣布决定部署“萨德”系统的当天，中国和俄罗斯均明确表示反对。

中国外交部在其官方网站发布声明称，美国和韩国不顾包括中方在内有关国家的明确反对立场，宣布将在韩国部署“萨德”反导系统。中方对此表示强烈不满和坚决反对。

中方敦促美韩停止“萨德”反导系统部署进程，不要采取导致地区形势复杂化的行动，不要做损害中国战略安全利益的事情。

而俄罗斯则警告，韩美决定在韩国部署“萨德”反导系统将引发“无可弥补的后果”。

严重撕裂韩国社会

“萨德”部署进程启动之后，韩国国内的反对声潮持续不断。

韩国主要政党有关“萨德”部署的意见始终未能统一，使得本就剑拔弩张的朝野对立情绪进一步加剧。

尽管韩国第一大在野党共同民主党党首金钟仁态度暧昧，但许多该党议员反对部署“萨德”，该党三名新党首候选人均明确表示反对部署“萨德”。

就连执政党新国家党内部也不乏质疑声。据韩国媒体报道，为了反对政府的部署决定，“萨德”计划部署地区的4000余名新国家党党员中已有1000余人递交了退党申请书，誓与“无视民意”的执政党划清界限。

韩国许多民众认为，政府有关部署“萨德”的决策过于草率，应在听取民意后加以调整。据韩国媒体最新发布的民调显示，高达45.8%的受访民众认为“萨德”的军事实用性低，加剧了韩国与别国的矛盾，无益于韩国。

即使是朴槿惠遭“停职”之后，关于“萨德”的争议仍未停歇。12月15日，韩国下届总统大选的热门候选人，共同民主党前党首文在寅在宣布参选的同时，明确表示，在韩国目前形势下，现政府不应该推进“萨德”部署，而应留待下届政府对其重新评估。但三天之后，韩国代理总统黄教安18日接受韩国媒体采访时表示，针对“萨德”入韩问题，政府主要基调不会出现变化，将继续实施现有政策。根据消息人士的说法，为了能尽早完成部署工作，韩国国防部甚至考虑省略掉环境影响评估的环节。

面对“萨德”风波造成的社会撕裂，韩国分析人士指出，部署“萨德”决不是如韩国政府所说的那样，仅仅是一个针对朝鲜核与导弹威胁的武器部署问题，而是事关韩国国家安保、和平统一、国民安危和韩国经济存亡的问题。

“萨德”系统　图解萨德系统交战过程（CFP供图）

部署“萨德” 日本也要“凑热闹”

美国在韩国部署“萨德”反导系统的进程引发中国、俄罗斯等国家严重关切和强烈反对。而据日本媒体最新报道，日本防卫省也正在考虑引进“萨德”系统，与本国升级后的现有反导系统一起组成三层反导体系，应对朝鲜“导弹威胁”。

据日媒报道，日本政府相关人士透露，防卫相稻田朋美将于12月中旬访问美属关岛，已就此事展开最后协调。日本此行计划考察美军最尖端陆基导弹拦截系统“萨德”。有专家认为，这代表着日本之前暴露出来的想要和韩国凑热闹部署“萨德”的政策已经进入实实在在的推进过程中。

中国社会科学院日本研究所外交研究室主任吕耀东认为日本部署“萨德”是毋庸置疑的，只是时间问题。此外，据日本当地媒体透露，日本于2006年和2014年在日本本土部署了两处“萨德”系统同款的X波段雷达。

日本公立的NHK电视台之前也报道称，在中韩就韩国部署“萨德”问题关系紧张之际，日本防卫省也做出决定尽快讨论是否引进“萨德”。同时，日本时事通讯社之前也报道称，在朝鲜发射“远程火箭”后，日本开始加快建设本国导弹防御系统的步伐，计划增加“宙斯盾”导弹驱逐舰的数量，同时升级其搭载的拦截导弹型号。

朴槿惠弹劾案通过 “三宗罪”引发政坛危机

12月9日，韩国国会以234票赞成、56票反对，通过了针对总统朴槿惠的弹劾动议案。现任总统被中止行使权利，这让本就事实瘫痪的韩国政局更加混乱。而引发这场危机的，是在野党及无党派议员为朴槿惠开列的三大“罪状”：

“亲信干政”

10月24日，韩国JTBC电视台报道称，朴槿惠亲信崔顺实的办公电脑中发现了包括44份总统演讲稿在内的200多份文件，且存档时间早于朴槿惠对外发布时间。而崔顺实并没有在政府中任职。这一消息震惊整个韩国社会。

“岁月”号沉船事件应对不力

2014年4月16日，载有476人的韩国“岁月”号客轮在韩全罗南道珍岛郡屏风岛以北海域意外进水并最终沉没。事故发生后，韩国政府因救援不力备受指责。

朴槿惠在“岁月”号沉没当天“消失”7小时，去向成谜。

涉嫌受贿

在对“亲信干政”进行调查中，韩国检方认为，在崔顺实胁迫大企业向其控制财团捐款一案中，朴槿惠涉嫌受贿。

12月6日，国政调查特别委员会在国会举行听证会，尽管三星、现代等企业主管们几乎都表示，与总统府之间不存在权钱交易，但有多位主管暗示，企业难以拒绝青瓦台的出资要求。

而朴槿惠最终遭弹劾被“停职”，一方面是由于“亲信干政”事件的不断发酵，另一方面与其强推“萨德”造成韩国社会、政党之间的严重撕裂与情绪对立，有着密不可分的联系。

图为11月29日，朴槿惠发表第三次对国民讲话时鞠躬。　新华社/美联

展望

“新冷战”阴云笼罩东北亚

美韩部署“萨德”的举动，不仅无法达到防御朝鲜核武器及导弹威胁的目的，反而会加剧朝鲜半岛局势紧张，破坏地区战略平衡，令东北亚地区的安全与稳定面临严重威胁，使东北亚陷入“新冷战”阴云，引发地缘政治深刻变化。

首先，不顾中方反对，强行部署“萨德”，此举必然会伤害中韩关系。

其次，此举对中美关系也造成影响。美国在韩国收集的所有情报和数据实际上是与其整个全球反导系统连通的，可以帮助美国在反导方面获取对中国更大的战略优势。对此，中方不可能无动于衷。

第三，此举将使俄罗斯与韩、美的关系进一步恶化。反导系统部署在韩国，其监视范围覆盖了俄远东地区，俄罗斯对此很可能无法容忍。

韩国在部署“萨德”系统的问题上，把自己绑在美国的战车上，而不顾中俄等重要邻国的战略安全利益，这种做法无助于缓解朝鲜半岛紧张局势，反而会让对抗严重升级。此外，韩国令自己成了大国博弈的一枚棋子，不利于韩国发出代表自身利益的声音，实际上是损人不利己的不智之举。

本版文字整理：吴向阳

本报香港记者站：香港湾仔道188号广生行大厦D座8字楼S室　电话：(00852) 28384295　传真：28345546

2016 年 12 月 22 日《深圳特区报》版面获中国新闻奖三等奖

第104章　春运新闻

“春运”被誉为人类历史上规模最大、周期性的人类大迁徙。在40天里，高达30多亿人次的人口流动，相当于全国人民进行两次大迁移。

春运，乡愁是一张小小的车票，我在这头，家乡在那头。多少悲欢离合、人情冷暖，在车站、在路上、在各个角落上演，一年又一年。

一、策划要点

关键词：出行

走不走得了？即：路上有没有大拥堵？密切关注本土水路、公路、铁路、民航线路班次调整情况。

走不走得好？即：今年本土春运服务质量有何新举措？给人哪些新感觉？全媒体帮市民和打工大军提前播发各地实时“春运路况”，及时提供气象资讯和健康注意事项。

关键词：人物

春运，定格那些有别样符号与意义的人物。

在春运途中遇到哪些困难，看到哪些难忘感人的真情故事，全媒体发起随手拍大行动，记录为春运日夜服务的人、在回家途中给你帮助的人。

全媒体开设专栏“春运瞬间”“春运人”，走近那些特别的、不易被人们发现或极不了解的群体，但是他们又战斗在十分重要的平凡岗位上，如《高科技下的列车掏粪工》《机场装卸工每天搬货七吨》。

关键词：“兔子”

以往春运，“黄牛”撒野，“兔子”猖獗。“黑的”“黑车”“黑导”等五花八门，回家的路险象环生。这些年，中国交通发生历史性巨变，出行条件极大改善，但欺客宰客现象花样翻新，一时难以绝迹。报台网全媒体要发挥舆论监督功能，以“记者暗访”“记者直击”等形式曝光，及时实时直播交通、公安等有关部门的部署和行动。

二、实战心得

随着高铁和高速公路的快速建设，以及移动网络技术的应用，中国人的出行发生了革命性的变化，春运回家难成为历史，春运报道内容也随之发生了重大变化。

报纸上不要罗列“春运数据”。如《火车站发送1.7万人》，数字越大，越冰冷，越苍白。只有在特定的时间点上，这些客流数据才是有价值的新闻。如春运首日、春运最后一天大盘点或某日客流达峰值时，这些数据则是新闻的核心，可放在主标题凸显。新媒体和电视可搞“数说春运”，用一组电子海报呈现春运要闻。

那么，客流新闻的价值点应落在哪里呢？应是这些“热点答疑”：班次充不充足？有没

有旅客滞留？哪些方向车次航班客流最多？客流有什么新变化？出行最多的是哪些人？有什么样的温馨服务？春运期间全媒体开设“春运服务台”专栏，及时报道恶劣天气预报预警、运力安排、班次调整、客票余额、公路路况、交通管制、分流绕行、接驳运输等各类信息。

春运播报，推专栏《回家的路》，安排各路记者微直播旅客春运回家的故事。

情暖回家路。我们的笔墨和镜头要特别关注和关爱那些背井离乡打工的返乡农民工、贫困病患弱势群体，为他们排忧解难。报道的字里行间，向社会传递一个信号：让更多人有尊严地踏上回家之旅，尽到媒体的人文关怀。

还可以将春运报道纳入媒体“新春走基层”活动中，开展实地体验、全程跟拍、陪伴回家、行进式采访报道，记录春运中生动、鲜活、温暖、奋斗的故事，反映交通战线改革发展成就，展示地方经济活力。

【春运首日】

春运前一天，要头版预告“春运大幕明日拉开”，重磅端出本土交通、铁路、交警、航空等部门的春运方案，做解读，抓新政、抓变化、抓服务、抓温馨。

可推诸如“2022 春运特别报道”“春运 @ 回家”“春运，商报伴你行”“春运，我们在一起”等专题专栏报道。

春运首日如何报道？梳理为七大方面，具体如下。

(1) 各方动态。春运首日主体消息，包括本土整体的客流情况、旅客滞留情况、票务情况、春运首日交通格局新变化、水陆铁空交通公交等各方面客流情况。打探为保障春运投入了哪些出行科技。

(2) 民生服务。本土天气、全国天气预告，画新闻地图明示；配发回家路上如何防晕车等“小贴士”、保障财产安全问题等。

(3) 春运探路。春运首日，记者体验“回家”，携无人机航拍，对拥堵路段、恶劣天气、交通事故、交通违法等情况实时滚动直播。打探票价涨幅、超载情况、拥堵、乱收费等。

春运探路报道模式是：①春运新政（这是记者体验的背景和出发点）；②体验路段；③体验时间；④体验记者；⑤上车（船）地点；⑥体验车（船）次；⑦标准票价；⑧体验内容（记录特定时间和地点所见所闻、回家的故事和镜头）。

(4) 查处行动。关注交警、交通、海事等部门如何保驾护航，直播查黑车、查超载、查酒驾等。

(5) 回家故事。关注春运回家路上的归乡人，倾听他们在外打工的经历。抓拍那些婴儿背篓“平安吉祥”图片，营造温馨归途。

(6) 现场直播。用视频影像定格那些春运镜头：回家的孩子，记录那些“背上的旅程”；情侣开车前告别；大包小包挑回家、背回家，回家的扁担；车站里“最美笑脸”；雪中大堵车……派多路记者直击春运首日中的“第一”场景，如第一趟班车、第一列高铁等。

(7) 春运全国。关注公安部、交通运输部等部委春运举措与热点答疑。

【春运当中】

(1) 春运关怀。报道沿海企业为员工回家送的关怀行动，如“富士康员工坐上返乡专车”。风雪不改回家路，志愿者、救助站如何帮助困难人员回家，记录一路温馨，一路感动，如《让家更近，让心更暖（主）300 名志愿者火车站服务旅客出行（副）》。

(2) 春运动态。关注与春运直接打交道的几个部门的春运监管动态，如便衣民警捉“三只手”，监控天眼锁站内外小偷。每天密切关注天气变化。

(3) 春运经济。通过报道回家交通方式、随身携带包裹等的变化，以小见大，反映国家成就、地方经济社会变迁，如《运输企业多举措抢分“春运蛋糕”》。

(4) 春运故事。报道为春运服务的感动人物、暖心故事，如《列车员夫妻，从未同度除夕》；报道售票员、候车厅里的星级服务员、高铁维修工、引航员、行车调度指挥员等一群春运“幕后人”的故事；挖掘自驾出行、旅游过节等春运路上的新故事，讲好“外国人眼中的中国春运”。

(5) 春运事件。春运是全国的春运，要将本地春运和“中国新闻”版上各地春运纳入“一盘棋”报道，重点关注外地春运中出现的春运重大突发事件，曝光“车闹”“机闹”“高铁霸座”等严重不文明行为等。

【春运盘点】

盘哪些点呢？一是水陆空铁客流情况，今后的客流趋势。二是春运期间的旅客投诉情况，相关部门查处的车辆违章情况。三是发现今年整个春运新变化，如本土的运能与服务提升变化，哪些需要改进，哪些线路最忙，哪些线路最淡，为何这样等。四是回放春运中的难忘镜头，重温春运中的温馨和感动。

第105章　社区新闻

从2004年至2018年，美国共有近2000家地方性报纸停业或合并，众多百年老报相继关门倒闭，而“社区报”却分外夺目，活得很滋润。中国各地都市报纷纷向生活化、社区化、本土化转型，《社区新闻》版坐上正席，地方电视社区新闻分量日益加重。

无独有偶，投资大师巴菲特看好报业，出手“抄底”。2012年5月，他买下了旗下有63家报纸的美国通用传媒公司。巴菲特最看中小城市报纸的“社区性”，相信这些报纸有光明的前途。

那么，社区报道到底该如何搞呢？下面予以探讨。

一、策划要点

关键词：真情

远亲不如近邻，近邻不如隔壁。同一屋檐下，温馨邻里情。社区不仅仅有家长里短，也涌动人间真情。聚焦家庭亲情、夫妻爱情、邻里友情、社区真情，倾听那些感人的故事，发掘那些平凡人的闪光点。比如，《解放日报》的通讯《21岁女孩照顾瘫痪养母12年　一段母女缘　一生守护情》，获中国新闻奖二等奖。

关键词：跑腿

报台网开办《记者跑腿》栏目帮社区居民排忧解难，解急难事解烦心事解惑答疑。《都市快报》的《新市井故事》很有名，以记者名字命名报道组（“快报岳海智小组”），“我是记者岳海智，小区有事呼叫我。”接受市民呼叫后，这个小组的记者每天奔跑在杭州各个小区，第一时间了解市民烦心事、突发事、疑难事、新鲜事、有趣事，真心帮助社区百姓排忧解难，以舆论力量从细微处推动城市进步。

以记者名字命名专栏或者工作室，虽能一炮走红，迅速提升影响，但终究不能持续，因为传媒流动性太强。而采用虚拟名字命名，可以较好地避免这一问题，有助于打造媒体持久品牌。

关键词：达人

报台网全媒体推《社区达人》专栏，寻找那些文艺达人、体育达人、创意达人、发明达人、拍客达人、手艺达人、宠物达人、收藏达人……共同见证我们身边的“不寻常”。

【经典案例：陕西头条客户端记者用一个月时间拍摄一位“西迁精神”钟表匠，凝聚成3分43秒短视频《修复时光》，展现他的匠心、坚守，获中国新闻奖三等奖。重庆广播电视集团（总台）以纪实手法拍摄《重庆老手艺》系列报道，获国际传播类中国新闻奖三等奖**】**

受地域限制，地市州盟“达人”资源不及省城，越往后的“达人”似曾相识。怎么办？一要突破地域之限，把各县市区城乡的“达人”都纳进来。二要突破对象之限，除了老人、艺人，“达人”，还可扩大到大人、小孩、残疾人、军人等。

关键词：活动

迈开双脚丈量大地，用镜头记录社区精彩瞬间。

《三峡商报》2004年启动"记者进社区"活动，派记者到社区居委会、街办、区委宣传部挂职；还举办"社区文化节"，展示民间绝活，比拼精彩才艺，提供义诊、商品展示等便民服务。《楚天都市报》记者进社区"挂牌上岗"，记者像片警一样挂牌在社区、小区，联系牌上印着记者的照片和电话，随时欢迎居民们说说身边的新鲜事、感人事、为难事。

二、实战心得

家庭是社会的细胞，社区是城市的根须。城市化的结果，就是人们越来越社区化。新闻强调"现场"。现场在哪里呢？它往往不在办公室，不在各种新闻发布会上，不在手机的那一端，而在城市的各个角落，在社区，在工厂，在形形色色的人群中间。

社区那些事多如"芝麻"，却是人们最真实的生活。淘金者说，琐碎的沙砾中闪耀着金子。社区是新闻的"富矿"，但绝不是"露天矿"，要靠记者沉下去，挖下去，分选出"矿"与"石"，然后从"矿"中提炼出"金子"。

那么，到社区抓哪些新闻呢？常见的有以下10类。

(1) 小区烦恼。直播生活垃圾满天飞、停车无序恼人烦、噪音污染苦不堪。下面是一组好标题：《下水道"反胃" 污水横流20米》《公园唱歌，您老能否小点声》《断电何其苦 毛贼何其恶 不到两天，百多处电线被盗》《人行道上，"长出"一截钢筋 行人频遭暗算，市政部门表示将处理》。

(2) 邻里纠纷。婆婆妈妈的事也要认真说，如《车停楼下，两度遭人"破相" 监控留影，"黑手"竟是邻居》。

(3) 大爱大义。挖掘小区邻里之间相互关爱的故事，如《近邻情深，我是您的孩子您的眼》。挖掘那些平凡草根、贫困家庭、逆境人物身上涌动的人间大爱、小善大义，那些当今中国最欠缺最呼唤最可贵的品质，张扬之，使其焕发感人的力量。家常叙事，也要处处见细节，笔笔有真情，如"妻子照顾瘫痪丈夫20年，一辈子心手相牵"。《北京晚报》的消息《张品正带着"奶奶"出嫁25年》，获中国新闻奖二等奖；《长沙晚报》的消息《3.5万救命钱留给病友》，获中国新闻奖一等奖。

(4) 社区新风，如《丰泽新村有栋"清华楼" 5年走出四个清华大学生》。

(5) 家庭悲剧，如《老大爷家中自杀身亡，多日后邻居闻到异味才发现——您忍心走了，患癌老伴怎么办》《两个儿子斗气忙 八旬老母愁断肠 当初养儿为防老 谁料如今睡楼道》。

(6) 社区人物。走近社区工作者、社区网格员、社区达人等群体。《楚天都市报》开专栏《寻访江城传奇》，分享奇人奇事奇缘。浙江人民广播电台广播专题《有困难，找社区警察王法金》获中国新闻奖二等奖。

(7) 居家生活。关于停水停电停气等，事小影响大。心心点灯，灯暖人心。

(8) 新现象新问题。《北京晚报》的系列报道《社区电梯"生存"状况调查》，获中国新闻奖三等奖。子女外地求学工作，爸妈焦虑又失落，关注城市"空巢"危机。

(9) 社区治理。重点报道入室偷盗、楼道抢劫等治安事件，探讨小区物业管理。

【**经典案例**：获中国新闻奖一等奖的北京卫视《向前一步》节目，聚焦城市进程中亟待解决的热点、难点问题，搭建一个由城市规划专家、人民调解员、心理专家、法律专家等组

成的多样调解团，请政府工作人员、社区居民面对面对话，从而促进民生问题的解决】。

(10) 社区故事。《三秦都市报》的消息《收养脑瘫儿 14 年 环卫工夫妇感动众人》获中国新闻奖二等奖。车站楼道酒店大街拾到弃婴，如何报道？《半岛都市报》的《谁狠心抛弃刚刚满月的你 谁安慰身世不明爱哭的你》，标题巧用歌词，催人泪下。

要办好一个社区新闻版，要用好专栏去支撑版面，用专栏去引导记者和受众用户。如《都市快报》的《小区黑板报》版块下设子栏目："帮你顶一下""小区包打听""马上调查""有点火大""被感动了""好事传千里""帮你问""问到底"等，总有一款合你心。

一年忙到头，真正做成了几件事？要对这一年粉丝关心的、烦恼的、欣喜的小区事项，做个梳理，回访报道，看它"现在到底咋样了"。既给粉丝一个交代，也表达一种姿态：小区无小事，你在我心上。

如何写活社区新闻？我们以为要做好三点。

一是发掘"凡人壮举"。发现小人物身上的"大"——由小人物彰显大境界，用小故事描写大生活，以小情节刻画大情感。全媒记者可盯着一个人 10 年或一辈子不放，见证他每个节点的变化与变迁，折射当地和国家的变化。

二是"以小见大，大题小做"。写大稿要写小事，小事其实最大。这体现了辩证法原理。要善于用小故事讲好大方针、大政策。从生活海洋的"小"事中，去捕捉、筛选有价值的"大"新闻。从那些具有生命力和闪耀亮点的小事中，去揭示深刻的思想、高尚的情怀、耐人寻味的哲理，反映社会大主题。

三是坚持"三多三少"。即多讲微观事件，少说过程概貌；多用描写式语言，少用干瘪的叙述式语言；多用群众的方言俗语、民谚民谣，少用概念化语言。好的文字在于简单、质朴、原生态而直抵人心。还原普通人，力图把他们的故事写得活灵活现、栩栩如生、熠熠生辉。

"社区新闻"竞相上马，"火"中有忧，有些问题应当引起媒体的重视。

◎《社区新闻》老龄化严重，给人感觉成了"老年版"。如何让《社区新闻》多一点年轻人、多一点活力、多一点靓色？我们要多发掘和报道社区中的年轻社工，讲她们的故事，讲她们的感悟。我们不能拘泥于社区居委会、街办，要挖掘一些社区成功创业就业的典型。

◎社区提供的工作稿子多，这些稿子情节单一，梗概多，故事性差。如何让社区报道多一点"新闻味"，少一点"工作味"？要从宣传稿子中剥出"肉"来，把"肉"单独挑出来，用"显微笔法"放大，讲有细节有情节的故事。

◎增加有浓厚本土色彩和天然贴近性的"方言播报"。很多"方言"正在消失，有的地方甚至到了要抢救"方言"的境地。新媒体用方言讲本地人本地事，以拉家常、聊天的方式"说"新闻。"方言说新闻"实质是抢救保护非物质文化遗产。

第106章 动物新闻

2012年7月22日，央视全媒体直播“东非野生动物大迁徙”奇观，拉开了全球电视媒体首次在非洲对野生动物迁徙直播大幕，央视为此花巨资特派庞大的摄制组横跨非洲播报。央视经典节目《动物世界》自1981年12月31日开播至今，影响了几代中国人。

稍加留意，你会发现：动物新闻成了《新闻联播》的“酱醋茶”。今天，动物新闻作为一个新闻品种，已成为各大媒体吸睛卖萌的“宠儿”。

目前，中国的野生动物状况亟待改善。生态文明建设，正以前所未有的力度推进。重视动物新闻，就是对人类朋友的特别呵护，也是对建设美丽中国的生动实践。

一、策划要点

关键词：温情

关爱动物，共享和谐。人与动物之间相依相偎、温馨动人的瞬间，看着让人心里暖暖，爱意浓浓。暂且把这类新闻归为“趣味新闻”。告诉你一个“编辑不二法则”：当版面上没什么大事时，我们就比生活趣味，把那些有生活趣味的图片或新闻放大重处。

酷暑严寒，公园里的动物如何消暑过冬？缺料时，就去多拍拍节假日动物园里的快乐镜头，或温情，或捧腹。

【**经典案例：**《重庆晚报》的通讯《4幼崽困珊瑚坝水中央 狗妈妈每天渡长江喂奶》获中国新闻奖三等奖。《中国铁道建筑报》的消息《请过路吧，亲爱的藏羚羊》获中国新闻奖二等奖。《华商报》摄影作品《人类母爱抢救小金丝猴》获中国新闻奖二等奖。】

关键词：伤害

四五月份，动物发情季节。猫狗咬伤案高发，狂犬病致死时有发生。记者可从动物医院和防疫部门狗咬伤专科获取信息。

曝光贩卖走私野生动物。直播森林公安等设卡堵截贩卖“国宝”的人，市场查访贩卖青蛙、蛇的人。《中国林业报》(现为《中国绿色时报》)的，其通讯《西安动物园干了什么勾当》获中国新闻奖三等奖。

虐待动物，令人发指。虐狗虐兔虐猫事件，经网络发酵，惊动全国。2002年，清华学子刘海洋硫酸泼熊事件，我们在分析各媒体报道后发现一条清晰的报道路径，即事件追踪、伤熊救治、爱心行动、各方评说、深层思考、话题议说。引出的系列话题关键词有：作案动机、心理危机、道德缺位、高校教育缺陷、情绪教育等。

关注另类虐待，如《武汉动物园动物闹罢工 小狗每天要跳绳400次》。

关键词：动物福利

“动物福利”即人与动物应该是平等的，动物得到的保护不仅在生存权，还应体现其生存方式及生存质量，如《河马寒冬泡温泉 一月水费3000元》。

关键词：活动

直播花样迭出的宠物运动会，如广州国际宠物节暨世界名犬大赛、大连国际名犬邀请赛，相关报道如《万余世界名种鱼同台斗秀》《重庆举办世界名犬大赛 宠物狗化妆花1500元》。《三峡商报》曾发起举办“首届宜昌宠物大赛”，传播全新宠物文化和观念，促进宠物产业健康发展。

全媒体还可在10月4日动物日来临之际，举办动物摄影大赛。比如，《猴子泡温泉看手机》萌照，获全球年度最佳野生动物摄影师大赛特等奖。

二、实战心得

什么叫新闻？曾任纽约《太阳报》采访部主任勃加特有句“名言”：狗咬人不是新闻，人咬狗才是新闻。后来，人们又将新闻定义进行了丰富和发展，名狗咬人、狗咬名人、名狗咬名人也是新闻。

如 2012 年一位台胞吴先生在湖北孝感探亲被狗咬伤脚趾，一个月后突发狂犬病，生命垂危，花 10 万美元紧急包机返台治疗。

其实，“狗咬人”也是新闻，如《春节期间“狗咬人”咋这么多（主）光市立五院就收治了 56 名伤者（副）》。2012 年 6 月，山东蓬莱市发生一起“狗咬人，人打狗，犬主打死人”的人间悲剧，反映的深层次问题是：人命竟不如狗。

近年来，狗被车撞引发的纠纷，“狗咬人”“狗咬狗”引发的官司越来越多，如《的哥拒载宠物狗被打断肋骨》。大街上、公园里，遛狼狗令人胆战心惊；城管全城捕狗行动，都是值得关注的大新闻。这涉及怎样养狗、怎样管理宠物等深层次问题。

人与动物和谐共处，是动物新闻报道的出发点和落脚点。报台网全媒体要去唤醒人们敬畏生命的良知，学会用众生平等的平常心去看待动物。因为，保护动物就是保护人类家园。比如，《海南日报》的消息《赞！这座桥为保护越冬候鸟装矮灯》获中国新闻奖二等奖。

动物新闻做得好，特别容易出成果。如《一别 20 年 今又啼两岸 猴群回迁西陵峡》《羊儿转场“坐上”了火车》《欢迎“孕妇”来，不舞彩旗　喜送“母子”去，不敲锣鼓（引）请过路吧 亲爱的藏羚羊（主）》都是获大奖的好新闻。美国《国家地理》《中国国家地理》年度摄影大奖，动物摄影均占了相当重的分量。

常见的动物新闻有以下 9 类。

(1) 动物情缘。猫狗正走入越来越多的城市家庭，养猫养狗已成一部分人的精神寄托。下面是一组好标题：《动物日小狗走失主人大哭》《宠物依赖症缠上空巢老人》《狗狗植芯片悄然现榕城　宠物走失市民不再愁》。

(2) 救治保护。关注本地“国宝”的生存状态及所受到的特别保护。西双版纳电视台消息《野象肇事 保险买单》、电视专题《营救野象》，均获中国新闻奖二等奖；辽宁广播电视台电视专题《拯救“斑海豹”》、湖北广播电视总台电视消息《围堰爆破　先为鱼儿拉警报》、山西广播电视总台电视消息《113 只野生白天鹅成功获救》、青海电视台消息《探寻藏羚羊神秘“产房”》、《湖北日报》组照《人退鹿进八千亩》，均获中国新闻奖三等奖。

(3) 不速之客。动物进小区闯民宅，反映的是自然生态环境的改善。广西广播电视台的电视消息《“人退猴进” 和谐共生》，获中国新闻奖三等奖。为了拍摄到猴子跑进玉米地的画面，记者连续 4 天从凌晨 5 点半到傍晚 6 点进行蹲守抓拍。班玛县广播电视台的电视消息《三江源首次拍摄到黄喉貂生活画》，获中国新闻奖三等奖。

(4) 动物异常。气候变化和环境污染、人为干扰以及地震等，导致蜗牛逛街、蟾蜍上岸等动物反常现象增多，情况严重或引发人们恐慌。如《点军万条蚯蚓过马路》，其报道模式是：①现场镜头；②周围异常；③居民看法；④专家解释；⑤地震局分析；⑥视频影像。

(5) 悲剧事件。饲养员、游客被咬死咬伤等现象层出不穷。全媒体要聚焦那些伤害动物的典型事件、动物伤人典型事件。生态好了，动物来了，庄稼遭殃了，如“人熊大战”、野猪泛滥。天津电视台电视评论《东方白鹳被毒杀——谁之责？》，获中国新闻奖三等奖。视频影像关注动物肚中的塑料、脖子上的钢丝。

(6) 生存危机。江豚濒临灭绝，中华鲟被船桨打死，群鲸搁浅海滩死亡……重磅关注动物之殇，重磅关注江河海洋油污致动物灾难。江西广播电视台获中国新闻奖二等奖的纪录片《守望江豚》，以搜救受伤江豚“康康”的新闻事件为故事线索，向观众展示保护长江江豚的必要性。透过江豚保护志愿者的视角，首次系统而深入地反映江豚保护的困境和希望，呈现了江豚大量难得一见的镜头。宜宾电视台电视专题《抢救白鲟行动》获中国新闻奖二等奖。《湖南日报》的通讯《洞庭江豚，你在哪里》、武汉人民广播电台广播访谈《远逝的白鳍豚》均获中国新闻奖三等奖。

(7) 物种入侵。关注本土生态遭外来生物破坏，比如松材线虫、红火蚁入侵我国。

(8) 执法行动。揭露野生动物特种养殖的名堂，如《归真堂开放基地看熊样 百余记者目击活熊取胆全过程　环保人士担心“眼见不一定为实”》。直播严厉打击乱捕滥猎、交易、食用野生动物等执法行动。

(9) 宠物商机。名贵宠物令人咋舌，如《天价藏獒!750 万加一辆宝马换不来》《男子悬赏 3 万元寻找失踪牧羊犬》《大学生开宠物摄影室　给狗拍艺术照最高收 1988 元》。

如何把动物新闻写活呢?

一把动物比作人来写，赋予它们情感和形象，使其具有人的声情笑貌、动人神态。不是平铺直叙，而是细腻地呈现新闻现场的“原生态”，让读者看到画面、听到声音、感受到气氛，从而产生效果。

二追求文本创意。2003 年 5 月《晶报》推出特别策划《非典时期的话剧——我的眼睛为什么饱含泪水》。以话剧的表达形式，对人类残害野生动物展开控诉，如《一只蝙蝠的自白》。

【**经典案例:**《三峡晚报》的深度报道《宜昌一饭店“人狗同桌”就餐 邻桌顾客抗议遭拒》引发争议，全国讨论。人狗同桌吃饭，狗用餐馆餐具，记者从中看到的“不是好好玩哟”，而是“狗要平等人更要尊严”这一严肃伦理。】

江西广播电视台广播评论《“藕遇白鹤”是喜是忧》，关注生态保护的新问题“人鸟争食”，提出了未来候鸟保护的市场运作和长远机制新思路，获中国新闻奖二等奖。

“动物比人有趣。”动物没有人类的功利和矫作，它们是那么纯真和生动。一张好的动物新闻照，常成为各大报纸头版的主打；风靡世界的“国宝”熊猫俨然成了“形象大使”，隔三岔五上央视《新闻联播》。

怎样拍摄好动物新闻视频影像？最撼心弦、最揪人心莫不如眼神。比如，《克拉玛依日报》单幅照《请放野生动物一条生路》，获中国新闻奖二等奖。记者定格了一只前腿拖着兽夹的狐狸在戈壁雪地中逃生，回望的双眼中流露出让人揪心、痛惜和自责的神情。让我们俯下身子，真诚地凝视动物的眼睛，定格动物的神态，捕捉动物的情感。

一位动物摄影家说：“现在再不拍怕来不及了，很多动物已经濒危，快快用我们的镜头唤醒人类拯救地球吧。”

你可以拍摄人类对野生动物犯下的罪恶，也可拍下保护和救赎。若你专注拍摄某一类动

物，比如拍摄国内外各种各样的珍稀鸟类，坚持数年，你就会成为这方面的专家，获得意想不到的感悟和收获。

【动物日】

百年前，意大利传教士圣弗朗西斯在阿西西岛森林长期居住，期间他与小动物结下了亲密的关系，每逢10月4日这一天，他都会向所有的动物致敬。后来，人们为了纪念他，就将10月4日定为“世界动物日”。

世界动物日如何报道?

一是报道“开心过节”。可聚焦动物园里乐陶陶的景象，记录关爱动物、善待动物的那些故事。下面是一组好标题：《2000只青蛙蹦蹦跳跳回家》《世界动物日　请动物好好吃一顿》《世界动物日　动物喜洋洋　一顿节日宴吃掉30万》《嘘，动物们在过节呢！昨天是“世界动物日”，吓唬击打动物的不文明行为仍有出现》。

二是聚焦“明星宠物”。直播动物绝技，如《看“动物明星”秀“体操”》《世界动物日：动物明星很忙碌 猩猩过生日》，而《动物日，动物园为老虎举办婚礼》则让人忍俊不禁。

三是关注“动物表情”。用视频影像呈现本地各类“国宝”的节日，观察透视本地野生动物的生存状态。

四是关注动物突发事件。披露本地今年查获的十件伤害动物大案。

第 107 章　视觉新闻

办报办台办网是一门艺术，可能要我们穷尽一生去追求。心理学研究证明，人接受外部信息的过程中，视觉作用最大，占 83%。这就要求传媒人努力改进自己作品的视觉形象。视为先，读在后。掌握视觉传播规律很有必要。

一、策划要点

关键词：创新摄影

摄影家靳宏伟说：“摄影是一门用相机来延伸思考的艺术。”

有资料显示，朝日新闻社东京分社的 44 位摄影记者中，只有 5 位是学摄影的。[①] 摄影记者是体力与脑力并重的职业，比拼的是对新闻的识别、思考、价值判断能力。

新闻照片的核心是“新”，不仅内容新，拍摄角度、表现形式也要新。月月年年都是那些事，要把熟悉的事物拍出陌生感，在主题、角度、光影、情感、细节、意境方面下足功夫，也能拍出大作品。譬如，反映天冷儿童感冒扎堆，常见的镜头是注射室挂满吊瓶挤满家长，新视角是家长抱着孩子排队看专家号，画面同样传递了儿童感冒多这一信息，更有令人想象的空间。

一个摄影记者什么都拍，很难拍出佳作，专注某个题材坚持拍下去，容易出大成果。你可以专心拍鸟、拍猴子、拍某类动物、拍某类现象、拍某类人群等。

【**经典案例：**新华社记者成大林拍摄长城全貌，穿戈壁，过草原，风餐露宿，行程 3 万多公里，历时 3 年。湖北日报摄影记者刘曙松坚持 6 年蹲守长江边抓拍江豚。摄影人周力军坚持 10 年记录深圳“日出之美”，拍摄 3 万余张日出照片，举办《晨曦中的深圳》个人摄影作品展，后又转向聚焦“深圳人晨练身影”。美国摄影家理查德用 3 年时间，在同一时间、同一地点、同一方向、同一角度拍摄金门大桥。南非摄影师米切尔·克罗格追逐闪电 16 年，终拍到壮观场面——三道明亮闪电击中地面时雄伟壮观而又令人生畏的瞬间。】

摄影记者要学会“用镜头讲故事”，用心用情记录历史。记者可分类整理，建人物档案、城市档案，持续多年甚至数十年跟踪拍摄一个人或城市标志性建筑、同一区域，拍摄城市灵魂，沉淀历史，今昔对比，见证变迁。

许多报纸办有“视觉新闻”版，网站和微博微信抖音大量刊发图片报道，以纪实摄影和主题摄影两类为主。纪实摄影，即用系列组照连续记录一个事件，表达一个主题，时间、空间跨度大，方便展开故事。主题摄影，即围绕某一个主题或关键词做同题或同类拍摄，如主题“浪漫七夕”，抓取大街上、酒吧、公园等各场所的浪漫瞬间。

用镜头关注城市的面孔。开辟“城市影像”专栏，记录不同行业不同职业的社会底层人物的生活状态。

今天，“人人都是摄影师、人人都是摄像师”，记者的“绝活”在哪里？在于专业能力和职业追求。

---

① 引自陈勇《文字与摄影报道的换位效应》，原载《新闻前哨》2005 年第 12 期。

关键词：视觉设计

内容决定形式，形式提升内容。对阅读而言，形式也是内容，形式是内容的一个组成部分。无论是报纸电视还是网络新媒体作品，都讲究包装，注重颜值。微信同题大比拼，设计新颖的转发率高。

好稿没排好，被人看一眼的机会也没有；同样，仅仅编好一篇稿子，版式没有冲击力，欠缺意境，也会令人望而却“目”。

2000 年 10 月当记者之前，我在报社印刷厂做过 3 年的报纸广告与产品包装设计，参与办报后发现这些设计与报纸视觉设计差异很大，版面设计大有学问。我认为，一个优秀的全媒编辑，可以不会亲手设计，但应掌握视觉设计方面的常识，懂得媒介审美，能与美编较好地沟通达成共识。

什么是好的版面？摊在眼前，简洁明快、新颖活泼、意蕴悠远。细究则是内容精品、版面精致、形式精彩。版面设计不是陪衬，是为了营造版面重点亮点，为了版面更打眼，为了新闻更耀眼，为了报纸更惹眼。

宁肯每天给读者一颗樱桃，也不要呈递一筐烂杏。视觉设计要随之起舞。

一家媒体要有自己的主色调，形成自己的个性和风格。当读者观众一看到这些颜色，就知道是哪家媒体。整体色调和各版块色调要统一协调，像人穿衣不宜超过三色，忌大块纯色。

版面设计不仅靠好图，还要综合运用生动文字、变化字体、留白、线条、色彩、各类符号等元素，并引入“时尚设计元素”，如：爱心活动将照片设计成爱心图形；报道“项目签约”引入“红地毯”元素；报道元宵节引入“红灯笼”元素；微信大赛引入“手机”元素；天气大降温引入“水滴体”元素；审计新闻用“放大镜”符号，取“审视”之意；贪污新闻用“铁窗”“手铐”元素……

无论是美编还是责编，平时要注重收集一些常用的设计元素，如羊皮卷、朱砂色印章……自建一个设计资料库，做到信手拈来，也避免侵权。

“线”是版面中最灵动的元素，起着连接、支撑以及加固的作用。《新民晚报》版面至今沿用线条，一脉相承，自成一派。许多报纸采用“无线设计”，靠留白来搅动版面“气场”，靠稿件内在逻辑关系黏合统一。可谓各有千秋。

一个好的版面设计给人的总体印象是：①平衡稳重 (左右对称、上下对称、对角对称、中心对称)；②重点突出 (有主次有重点)；③灵动跳跃 (变而不乱、乱中见序)。

版面常见问题：①满乱散 (文字过多，图片小，不透气，排列没章法)；②失衡 (往左倾或往右倒)；③失重 (头重脚轻或头轻脚重)；④平均 (版面并排三大块或四大块，没有层次感)；⑤无图 (除特殊极端情况外，须确保版面至少有一张图)。

在通版编排上，问题尤其突出。根源是没有建立版面的编辑标准。统一版心，通版分几栏 (边栏宽可不等)；确定视觉中心，主图占几栏，其他图占多大，都应有标准，而不是随心所欲。

编辑要善用图片、图表、3D、漫画、插画包装新闻，练就把新闻做细做深的能力。图表类型包括表格、饼形图、柱状图和线性图等。图表可简洁直观地展示某一经济现象在数量上的关系，还原抽象数据的本质，做到化繁为简、一目了然。3D 动画能将枯燥复杂的经济新闻变得既明快清晰又充满生机。央视《新闻联播》非常重视运用可视化图表来播报经济新闻，如“核心信息 + 图表 + 背景 + 象形图 + 卡通图”这样的组合方式。插画要给人丰富的想象空间，或幽默或风趣，增加版面美感。

新闻漫画依然是中国新闻奖的一个品种。今天，报台网全媒体要有意识地组建自己的漫画动漫创作团队，善于用漫画来讲好新闻故事。我们既要打造自己的新闻漫画品牌，又要借动漫等技巧来增强新媒体作品创意。《光明日报》与清华大学美术学院合作推出《身边的变画——游》，通过 7 幅漫画描绘 70 年来人们出游方式的发展变化，获中国新闻奖一等奖。

【**经典案例：**湖南红网新媒体集团时刻新闻客户端推出的《H5| 改革开放 40 年·长沙有多“长”》，获新媒体报道界面类中国新闻奖一等奖。作品以“手绘长卷 + 动画 + 视频 + 拼图游戏”的融媒体表达形式，新颖灵动展示了长沙历史之“长”、城市之“长”、经济之“长”、交通之“长”、速度之“长”、活力之“长”、智能之“长”、创新之“长”、信息之“长”、艺术之“长”、幸福之“长”，全面呈现 40 年改革开放之路、长沙崛起之道。】

要搞视觉化写作。文本表达上，为读者呈现所报道的场景及形象，提供充足的想象空间。要多用动词，多讲故事，让事物活起来。心理学家曾做过实验，一个句子超过 100 字，一个段落超过四五百字就容易引起读者的“阅读疲劳”。“短句式”往往一句话就是一个自然段，一个段落通常不超过 100 字。《东莞时报》曾规定，一段不超过三句，一句不超过三个逗号。

下面这些中国新闻奖作品都是“短句式”：《胜利的号角 和平的宣示》共 2022 字，分为 36 个自然段，平均每个自然段只有 56 个字；《马氏“兄弟”跨越二十年的诚信》共 1386 字，分为 26 个自然段，平均每个自然段不到 54 个字；《629 户人的藏乡走出 359 名大学生》共 943 字，分为 11 个自然段，平均每个自然段不到 86 个字。

关键词：拍客活动

传统媒体受版面、时长所限，能发表的影像视频凤毛麟角，而全媒体传播则给了全媒记者作品更广阔的展示平台。

拍客队伍庞大，报台网全媒体要搭建平台，充分为我所用。微信下部开设拍客专栏，刊发城市美景。《都市快报》每天刊登粉丝拍摄的“最有意思的照片”，不惜头版、整版，甚至数版。

欲调动“拍客”，应多搞议题设置，多搞应景应时之举，甚至重金征集，评比作品。及时捕捉网上本土最火视频新闻，组织记者补充采访予以丰富，合成剪辑，全媒推送。这样，全媒体就会凝聚“旺盛人气”。有了人气，就会有财气！

人人都会老去，人人都有怀旧情怀。《广州日报》的《老照片》旧闻专版，征集老照片及亲朋好友讲述照片背后的故事，颇受好评。

二、实战心得

对于视觉新闻，我不敢妄言。因为我没有当过专职摄影记者的经历，只是在 2005 年至 2007 年负责过《三峡商报》摄影部，出门采访，“两栖作战”，拍过一些新闻图片，只能算摸到一点新闻摄影的门道。

从 2004 年至 2010 年这 7 年夜班，我先后主编《三峡商报》头版、要闻版、时事版、视觉版。和图片打交道，是我每天工作的重要一环。怎样为一版选一张好图？怎样的照片堪称好图？怎样剪裁和编排图片？我从总编们和同行们那里学了点“真经”。

编辑要懂点摄影语言。在这一章，我们不谈新闻摄影怎么拍，而是从一个编辑的视角，

一个读者的视角，谈谈新闻图片的策划、选择、处理，旨在帮助你提高视觉素养。

【视觉策划】

图片是版面的视觉中心。美国波特恩传媒研究所发现新闻报道的“眼球轨迹”规律：读者首先被彩色的照片所吸引，然后依次转向标题、图片说明、简讯以及其他一些视觉元素。[①]

无论是静态图片，还是电视画面、短视频，都讲究构图，都离不开策划，从选题到拍摄、剪辑、标题、文案等，都需要策划。全媒体时代，捕捉具有决定性意义的瞬间，其带来的惊人传播量超出人们的想象。故全媒记者要提升新闻预见力，即策划力。

记者要胸有全局。部室主任要加强选题策划，责任编辑要指挥摄影记者，也可以说编辑是摄影摄像记者的“军师”。编辑要把报道和版面的意图事先告知记者，如需要哪类图片，什么样的画面。如果没有事先的沟通和谋划，到了晚上，编辑就会为找不到一张合适的图片而叫苦犯难，只得滥竽充数。

【图片选择】

作为编辑，你可不必具备摄影记者那样的拍摄能力，但要有识图能力，能赏能说。

识图就是要弄明白何谓好的新闻图片。全国好新闻照片的评比标准是“五求”：求真、求新、求活、求情、求意。我们还可以拿“四把尺子”量：一是画面真实，有生活气息；二是生动感人；三是能反映新闻事件的关键情节；四是有内涵有张力。亦可用“三段公式”表示：“好新闻图片 = 新闻价值 + 形象价值 + 图说精妙”。

这就涉及新闻图片的“双重价值”问题。如何掂量取舍？我们认为，两张不同图片，在新闻价值同等条件下，优先挑选形象价值高的；形象价值同等条件下，优先挑选新闻价值大的。有时画面效果不尽如人意，却能延伸思考，能使新闻增辉出彩，应以新闻价值优先。

摄影记者的绝活在于抓拍细节，巧妙地运用镜头语言把人物的喜怒哀乐表现好。特写神情、神态、动作，以及富有本地域本民族特色的细节，如服饰、装饰等。有冲击力的图片不一定都是大场面、突发性的，一个忧郁无助的眼神、一张布满皱纹饱经沧桑的脸庞、一双长满老茧的粗手等，都能给人强烈的冲击力、震撼感。

细节有时只是一个眼神、一只手、一个动作，甚至一个瞬间。《我要读书》中的大眼睛女孩揪心的眼神，呼唤出影响中国的希望工程。1945 年 8 月 15 日纽约《胜利日之吻》成为永恒的经典。地震后泪流满面的老人、遇难者的残腿、病床上的小伤员等细节，反映地震给人们带来的巨大痛苦，这比残垣断壁给人的震撼要强烈得多。

一幅好的新闻照片要为观者打开思考的窗，让画面形象“说话”。不论影调、结构、画面，最重要的是记录事实，传情达意。画面中既要表达“看”，也要有“见”，把主题立场反射给受众。

全媒体平台每天要用到大量的图片，考虑到不菲的成本，地方媒体购买专业图库图片的不多，而随意从网络下载会产生很多问题，一是不清晰碍阅读，二是易构成侵权。为此，媒体要构建全媒体图库，从平时发稿、通讯员来稿、新华社图片库下载，累积一年就相当可观，并可反复使用。责编、美编也要用心积攒备用图，随时调用，而不是拿“没有图”当借口，敷衍了事。

有图未必有真相。网上与本地有关的视频影像，引发关注和争议的，报台网全媒体要及时介入，调查核实，还原真相。

---

① 引自董素青《都市报要闻版的“面相”》，原载《青年记者》2007 年第 3 期。

【图片处理】

好图片是拍出来的，也是裁剪出来的，要做好减法。恰当的裁剪可让平淡变奇特，让平庸变精彩。很少有新闻图片是不做裁剪的。图片裁剪放大是一门艺术。它不是随心所欲地切割，去掉哪些、保留哪些，要根据文字和主题的需要，形成相得益彰的效果。

经过长年积累，我们摸索了一套“六更”图片裁剪方法，即：通过剪辑放大处理，使主次更分明，主角更突出，细节更凸显，情感更张扬，对比更强烈，主题更鲜明。简言之，就是删除冗余、无效的画面，放大有效信息至恰到好处。

如何制作图片标题

好的图片标题，可起到突出新闻主题、延伸图片意境、升华主题思想的效果。

◎意在手先。比如，教师节学生们给老师送花，取意《花儿送花忙》；车厢里年轻人闭目养神，老人站着，取意《一车睡客》；风沙蔽日，取意《春天的烦恼》；街头流浪儿，取意《爸爸妈妈在哪里》；洪水中失去家园的妇女，取意《她们默默承受牺牲》；战士送来救命粮，取意《灾区来了子弟兵》；一群孩子和做“骑驴”生意的小姑娘，取意《童年的反差》；跪地求婚，取意《爱情诚可跪》；轮滑族暴增，取意《无与“轮”比的疯狂》……

◎提问叩问，如图片标题《谁是林森？》《日本小姑娘你在哪里？》。“领导慰问困难群众”可拟什么标题？常见《温暖送给困难群众》，而《您的生活还好吗》则技高一筹，既送了温暖，又把领导的亲民形象跃然纸上。

◎直接引语，如《“叔叔救我”5 岁娃被卡健身器》。

如何撰写图片说明

无论是报纸，还是微信、客户端，很多图片都没有说明。一问编辑，还振振有词：图片一看就懂，还有必要配个说明吗？难道不是画蛇添足吗？殊不知，文字说明能让图片“锦上添花”，给图片“赋能”“加分”“增色”。图片说明要去开掘“画外音”，即画面中没有表现但又有价值的信息。一个完整的图片说明，新闻“五要素”须俱全，关键事实要清晰，文字要凝练诗意。

如何艺术地摆放图片

◎单个图片放在版上哪个位置？发多大？没有定法，一切以是否有利于营造视觉中心和版面重点来掂量。

◎多图或组图编辑规律：或按空间排列，或按时间顺序，或按事件发展过程布局，忌时空倒置、秩序紊乱。先确定一张主图，主图要能点题、视觉最佳。

版面上最好有各种不同视角的图片。全景展示场面和气势；中景体现气氛和状态；近景表达感情和动作；特写反映细节和表情。

“视觉新闻”版，除了以摄影报道新闻事件外，还可增加“解释”“背景”“手记”“记者旁白”等元素，让版面增添厚重感。如《湖北日报》“摄影画刊”专版模式：除图片外，文字部分由主稿、背景、名词解释、专家评说、数据等组成，将整个事件立体地、全方位地呈现。

提醒：报台网全媒体上的图片（新闻图片、广告图片、插画）应当注明来源，否则版权官司会找上门来。

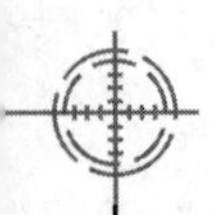

第 108 章　深度新闻

“一张纸，三百字。”这句口头禅曾经风行报界数十年。“短消息、快讯”等碎片化资讯被网络新媒体垄断后，信息量不再是报台的优势。创新报道形式，提供有价值观点，把新闻做深做透，成为全媒体未来的方向和新的竞争热点。

一、策划要点

关键词：选题

深度报道，选题第一，写作第二。线索监控、选题精准、反应快速、整合突破，可以说是媒体打造深度品牌的四大关键环节，而选题精准则是深度报道成功的一半。

常见的深度选题有三大类：一是全国和地方热点事件的延伸报道，开发新闻第二落点；二是与公众利益密切相关，眼下群众生活中的那些热点、焦点、难点问题；三是从大局和中心出发捕捉选题，做重大政策解读，做重大主题系列成就宣传。

如何搞深度选题，我们可借鉴央视《焦点访谈》的节目定位：时事追踪报道，新闻背景分析，社会热点透视，大众话题评说。

无热点不深度。全媒记者要具备较强的翻译事实、解剖问题、洞悉现象的能力。对于热点报道，一般采用“动态报道 + 深度揭秘 (解读、对话、落地互动)”模式推进。

选题亦有标准。它是热乎乎的还是冷若冰霜的？它能否满足读者期待？它能否触动受众心弦？《南方都市报》深度选题的价值判断标准是：它能否推动法治的建设、政治的文明、道德的彰显、社会的进步。

关键词：问题

何谓深度报道？美国《时代》周刊发行人亨利 • 鲁斯把深度报道称作“发现问题的报道”。

没有“问题”，就没有“深度”。“问题”是深度报道的“药引子”“导火索”。爱因斯坦说：“提出一个问题比解决一个问题更重要。”记者发现问题的能力，要比“提笔作文”更重要。

很多深度报道之所以让人读不下去，主要是：开头或核心提示“不见问题”，小标题“不见问题”，正文也“不见问题”。很多深度报道“开头”让人看不懂，看不到几个“为何”“怎样”。“新闻由头”要“冒油”啊！

问题是什么？问题是好奇，是悬念；问题是议题，是看点；问题是吊人胃口；问题是深度的引爆点、推进剂。行文时我们要厘清到底想“针对什么？”“表达什么？”直接把问题摆在最显耀处。

前后问题要环环相扣，层递解剖。要把问题放到大局中看，放到全行业中看，放到全市全省全国甚至全球去看。

关键词：观点

“令人惊不如令人喜，令人喜不如令人思。”清代著名画家戴醇士谈作画如是说。做报道亦同。“令人惊”靠新鲜，“令人喜”靠简明，“令人思”则靠深刻。

全媒体时代，资讯海量但缺少思想。观点就是价值，多元的观点和见解是稀缺产品。时评靠卖观点，深度靠卖观点，消息也靠卖观点。

深度报道，赢在思想。文不在长短，在于精深。深度不是信息密度的累积。

高度决定影响力，深度决定引导力。我们不仅要看到山下的“瀑布”“溪流”，更要翻越山巅“旷视千里”；我们不仅要看到水面上的“泡沫”，更要透视静水下的“深流”。

一篇深度报道通常围绕一个方面展开。若有多个观点，可搞连续报道、系列解读。如成就宣传就从多方面全方位打组合拳。

有分量，才更有力量。有深度，才更有力度。

深度报道不能一个人“自话自说”，从头说到底。让新闻事实本身说话，所有的“说话”都自有出处。兼听则明。“权威分析”“专家评说”不搞“独断”，让各方观点得到充分呈现，要至少采集两个以上专家的差异化观点。

二、实战心得

何为深度报道?《新闻学大辞典》给深度报道这样定义：它是运用解释、分析、预测等方法，从历史渊源、因果关系、矛盾演变、影响作用、发展趋势等方面报道新闻的形式。有专家认为，无论什么形式，只要触及新闻事件的本质，那就是深度报道。

这是一个难言“独家新闻”的时代。一机在手，世界尽在“掌”握。新媒体实时直播已颠覆了传统的新闻定义，由报道“新近”发生的新闻变成了报道“正在”发生的新闻。很多信息（事件概貌）在新媒体上泛滥，报台再做动态或转载则意义不大。

没有时效性，没有海量资讯，没有互动平台，报台如何在激烈的新闻大战中立于不败之地? 不比时效比实效，不比海量比独到，不比互动比活动，不比速度比深度。

我们所作的深度应是视角的广度、观点的高度、背景的厚度、情感的浓度、逻辑的强度。

比如，同获中国新闻奖的《中国青年报》的调查性报道《大学女教师患癌被开除事件调查》、《大众日报》的分析性报道《“三无”民企离国家大奖有多远》。

人们常说的同题报道，其实是对同源信息的报道。如何同源不同质、同题不同味? 必须想得更深。唯有“深度”成就“独家”，唯有“深入”成就“深度”。

深度报道是媒体的核心竞争力。成功的深度皆源自精心的策划。

对于报纸而言，“本土硬新闻是主菜主食，是生活必需品。深度报道是山珍海味，是锦上添花。”每个记者都要做一个有深度的杂家，平时多写点深度报道。

很多新闻年复一年“似曾相识”。如何让“老生常谈”复活变鲜? 唯有求新求深。

深度就是真相。2012 年殉职叙利亚的英国“独眼龙”女记者科尔文有句名言：“记者的职责就是说出真相。”挖掘深度，采掘真相。真相来自问题，真相来自细节，真相来自求证。

【深度稿荒】

深度报道日益稀缺。

深度稿荒问题，在地市州盟报是“家常便饭”。“发两篇歇三天”，难以打造一张报纸的深度品牌。

深度不深，有名无实。深度缺料，拼拼凑凑。深度报道需要解决“三多三少”问题，即：说现象的多，论事件的少；领导命题的多，自己策划的少；冷门的多，热点的少。折射的是报道策划不深不专不细的问题。

我们说要从热点中找深度。热点从哪里来？不仅仅是小范围小地域的热点，还有全市全国人民关注的热点。既要围绕本地中心工作的重点做热点，又要围绕全国或网上热议的事件、话题、现象做落地。

深耕本土，强化深度。除国内外大事外，人们最希望了解的是日常生活中关系自己切身利益的新闻，发生在身边的趣闻奇事。多做热点事件真相的深度透视，多做当前社会现象的深度剖析，多做突发事件的深度调查，多做重大主题小处切入的深度报道。

如何解决深度稿荒？这是一个系统工程。可实施三大举措：一是高分高酬，一个深度版稿件打分是常规新闻的好几倍，“重赏”之下必有“智者”；二是纳入全编辑部考核，规定各部室最低深度稿件任务；三是天天开好策划会，编辑部的采前会就是策划会，每天议往后三天的策划，并尽可能确保深度版，且版面前置。深度选题，责任到人，实行责任追究。

【深度写作】

深度报道，即全方位、多角度、多侧面反映事物与事态，回顾过去，剖析现在，预见未来。好的深度报道都有描写、有悬念、有情节、有故事，能够抓住受众用户眼球，打动受众用户心灵，产生情感共鸣。

深度写作要领：有头有尾有过程、特点细节观点新、引语描述写进文、背景运用层次深。

我们来探讨一下深度写作“7W”模式。通常“5W”即When(何时)、Where(何地)、What(什么)、Who(何人)、Why(为何)，共同构成了“新闻五要素”。实践发现，如果单纯满足“5W”，只是快餐新闻。真正的新闻营养，还应增加Whole(整体)和Wide(宽度)。Whole呈现事件的全过程全貌；Wide有延伸的意味。我们体会，这两个W不仅包括了How(怎样)，即不仅告诉受众用户“发生了什么”，还解答了“为什么发生”和“未来会怎样”，并提供了更宽更厚更丰富的新闻。

◎深度开头。一个好的“开头”是报道成功的彩头，有多种“开头”方法：或开门见山，直奔主题；或悬疑设问，引起好奇；或矛盾前置，制造紧张；或以人物、事件为切入徐徐展开。

深度特写比较流行的开场白写法是“环境描写”，即白描人物出场或所处的工作环境、生活环境、现场场景，增强带入感，以起到烘托人物的意境。

◎深度布局。要么渐次推进，堆积情感，要么倒叙回溯，层层剥笋，要么迂回曲折，参差多态。

用好新闻链接。新闻链接呈现新闻事件的来龙去脉、前因后果，既能弄清事物的过去、把握事物的现状，预测事物的未来，加深对事物认识的深度，还可配“记者手记”讲述体会感悟。

对于人物关系复杂的报道，可制作“人物关系表”，以帮助读者厘清脉络。

◎深度分题，即做小标题。大文章分若干节，每节里讲某一方面的内容，全文脉络清晰，一目了然。可用段落中“沁人的话语”做小标题，也可用作者提炼的“评论”“观点”做小标题，也可按事件“发生→发展→高潮→结局”的过程或顺序做小标题，也可借用比喻、对比、排比等修辞手法做小标题。

◎深度手法。深度就是讲故事，讲一个有描写、有悬念、有情节、有细节的故事。清华大学新闻学者李希光教授说：“记者就是寻找故事与讲故事的人。”

经常碰到记者这样说：“这个事没有新进展，问题还没解决无法再深入。”其实，文末抛出问题或悬而待解的命题，以期引起社会重视和解决，也是深度报道的一种做法。记者无须对自己的调查给出结论和答案，不当“判官”，是非曲直，留下空间，让受众自己去判断、去猜想、去深思。

写宏观报道需要宏观视角，如成就宣传。写小事情、小人物、小片段要以小见大，微中见宏，对微观事实做宏观审视，“钻进去跳出来”，钻不进去，就看不到细节，找不准感觉；跳不出来，就看不到全貌，认不清本质。

业界推崇“华尔街日报体”深度写作模式。其通常以一个具体的事例（小故事、小人物、小场景、小细节）开头，然后再自然过渡，进入新闻主体部分，接下来将所要传递的新闻大主题、大背景和盘托出，集中力量深化主题，结尾再呼应开头，回归到开头的人物身上，升华主题，锦上添花。

2012 年 12 月，我值夜班时，深度部主任反映新进硕士记者采写的深度文章《“高薪”难请月嫂的背后》，写作手法“以前没看到过，很新鲜”。其笔法跳跃，时空转换，灵活自如。看似分割的各时间点按先后有序串联，各场景和细节铺陈，如画徐徐展开。我审读后认为是“蒙太奇写法”，并与作者确认。这也是我从业以来在《三峡商报》第一次看到有记者用此写法改进文风，当晚便和几个主任、编辑在一起学习讨论了“蒙太奇写法”。为便于理解，做如下翻译：选取几个最主要的、最有特征性的、含义最深的场景作为“点”，将每个点展开，写得比较细腻且有故事，然后各个点都巧妙地上升到“面”的高度来托出带有全局性的问题、现象、举措等，且每个点面自成一体，前后贯通，逐层推进，从头至尾融合成一个完整的故事或连环画。

深度不等于长篇。选题要贴心，信息要有益。创新全媒体表达，通过创意让核心信息、有价值信息“跳”出来，如将枯燥数字做成可视化图表，将大篇幅分解成若干小块等。

第 109 章　专刊专题新闻

无专刊不成报，无专题不成台。报纸专刊专题为广告服务，核心目的就是拉动广告。不能拉动广告的专刊不是好专刊，好专刊同样要新闻性强，好看好用。

做经营，搞广告，拓市场，赢份额，离不开策划。从本质上讲，全媒体报道策划、产品策划、经营策划是相通的。

一、策划要点

关键词：新闻

专刊专题新闻其实就是服务特定对象的民生新闻。它首先姓“专”，对准某个行业、某个市场，说话要专业，要受用，产生专门的影响；落脚点还是民生新闻，要追求新闻第一，价值第一。如果脱离群众，脱离生活，脱离市场，就不是“三贴近”，而是“三脱远”了。

专刊专题最忌搞成关系稿的“自留地”和“菜园子”。其纯度虽不同于常规新闻，有关系稿之嫌，其关键是要找到新闻性和客户关联性之间的平衡点，打好“擦边球”。譬如，报道某店香辣虾做得好，则是关系稿。而以此为由头，搜罗全城香辣虾地图，打探这些香辣虾在什么地方、有什么特色、环境、价格以及做法、吃法讲究等，就成了对市民有实用价值的好专题。

对于一个可预见的重要事件或政策，新闻、专刊和广告如何介入？我们要学会联想。即它对地区、行业、市场、企业将带来什么影响？深度剖析之，就会产生很多思路。

专刊专题姓“专”，有三层内涵：一要让一批懂市场的“专家型”记者编辑来办，记者要成为行业策划人；二要写“专题”报道，集中火力攻一个主题或话题，忌散乱滥发；三要深度开掘，深入挖掘行业热点难点，解读政策法规，回应市民疑惑，提供实用资讯。

关键词：节庆

对报台网全媒体而言，天天都是节日。我们既要会把“小节”炒成“大节”，又要擅长“造节”。一句话，就是要让粉丝和社会觉得我们这个媒体活力四射、热气腾腾。这些节日节点，是媒体经营的抓手。只要把握时机，创新开拓，一件接着一件做，一年接着一年干，媒体经营就永远有源头活水。

但凡碰到节，就要尽最大可能搞活动搞策划。列出一些重大节日、假日、纪念日等，找出适合做专题策划的“节点”，如“五一消费宝典”“十一消费特刊”等。具体参阅“节日新闻策划”篇章。

这些年，报台网热衷于炒作自己的“报庆”“台庆”“网庆”。这不是一两场活动就打发的庆典日，而是庆典月，甚至是庆典季、感恩季。为什么媒体要这么高调？因为我们从事的就是一个张扬的事，笔头镜头不能老是说别人的好，也回头看一看写一写扬一扬自己。借“庆”造势，提升品牌，扩大影响，收获效益。

除了“生日炒作”，还有“读者节”“观众节”“听众节”“粉丝节”。浙江广电集团盛大举办“中国电视观众节”，口气不小，但很成功。2018 天津融媒体粉丝狂欢节暨 2018 天津购物节在当地会展中心举行，这已是第六届了。

【**经典案例:** 2011年8月至10月,《三峡商报》首届读者节,请读者坐上席,请读者来剪彩,让读者多受益,策划了25大主题活动,50余天轮番上演,取得了读者、商报、客户三方共赢的震撼效果。】

关键词:活动

在移动互联网冲击下,受众用户被分流,各类媒体聚合用户愈来愈难。报台网如何才能把流失的粉丝找回来、聚拢来?光靠内容"一条腿走路",独木难支,另一条腿就是活动!报台网全媒体只有活起来,粉丝才会动起来。

媒体靠什么搅动一座城?靠什么感动一座城?靠什么撼动一座城?靠活动!靠品牌活动,要让活动有品位、有品质、有品牌。

活动也是媒体的核心竞争力。以高效活动创造品牌价值,以整合营销代替随机经营,实现信息资源价值开发的最大化。

常见的媒体活动策划主要有10大类:①节日经济(逢节出特刊);②中心主题(如国庆城庆企业庆);③行业会议(如金融年会、合作社年会);④高峰论坛(如地产高峰论坛);⑤商务会展(如博览会);⑥体娱赛事(如马拉松、明星演艺活动);⑦评选授牌(如3·15市民信赖品牌、企业/人物评选);⑧团购体验(如微信福利);⑨社会公益(如公益组织论坛);⑩考察交流(如媒体组织商家进行"一带一路"考察)。

媒体要积极谋划,与部办委局、商会、协会联合搞评选,如开展"十佳诚信律师"评选、"十大爱民警察"评选、"十大杰出(优秀)青年企业家"评选。

各县市区举办的活动、论坛,报台网全媒体要积极介入、联办,做专题出特刊,对活动进行全方位解读,提升活动影响,同时创造良好的经济效益。

报台网全媒体办活动要做到"五位一体":①活动报道(专题浓墨重彩);②活动推广(铺天盖地全媒传播);③招商开发(全员上阵兵团作战);④系列特刊(经营创收盆满钵满);⑤活动盛典(高端精彩,荣耀升华)。五指成拳,方能出击有力,产生大效果。

活动策划三原则:以活动养活动、实现经营创收、提升传媒品牌。

报台网全媒体举办大型活动或会展,要考虑场地、组织、接待、邀请、安保、交通、电力、天气、宣传等多方面细节。细节决定成败,细节彰显专业。要做预演彩排,活动过程中做好检查监控工作。要同公安、交通、城管、电力、气象等部门密切沟通。要做全媒推广造势。如果是请明星,要考虑档期、行程、随行人数、票务档次、住宿安排、餐饮讲究等。设奖,要考虑"奖项立意"。

我们发现活动参与者中老年人居多,年轻人越来越少。报台网全媒体要构建新的价值生成体系、新的社会动员机制和新的资源整合平台。一要打造全媒体矩阵平台,与域内外媒体深度合作,抱团取暖;二要打造全媒体公益组织、民间社团,靠社团聚人气;三是要靠组织发动组团参加。媒体平时要与一些企事业单位、民间社团、群团组织建立"铁关系"。

活动要重视反馈和评价。自己说好不算好,用户说好才是真的好。中央广电总台也常在《新闻联播》中强化观众对自己办的活动的反响报道。

当市场低迷时,就举办各行各业的评选活动、高峰论坛。一届接着一届办,打造成区域知名品牌活动。

可是,同样的活动年年办,也会疲怠。怎么办?年年换个"主题","副题"一脉相承。年年都会有新焦点新热点,人们关注什么,我们就办什么活动。

媒体办活动不同于社会机构办活动,既要活动成功,又要报道出彩。很多重大活动报道

为什么失败？问题根源是没有建立重大活动全媒体宣传总负责制。要加强对重大活动报道的全媒体策划、统筹、协调、督办。指挥不能流于形式，要落细落小，落到每条报道，落到责任人，按报道方案、按流程发稿。重大活动报道一定要抓大放小，突出主题和主体活动。主体消息要呈现活动目的、意义、过程和效果，防止活动报道碎片化。责编和美编平时要储备和借鉴重大活动报道经典版面。版面如何编排，参照“视觉新闻”章节。

无论是新闻活动还是经营活动，都要有“符号”意识。对活动的邀请、接待、背景、展陈、道具、会刊以及图片视频，都应彰显本媒的“符号”，如报台网名称、LOGO标识等。留下痕迹，就是定格历史，就是画龙点睛。

根据多年“活动办报”经验，我们整理了一份报台网全媒体操办重大活动的“七剑心法”。

◎联合发文。但凡大型活动，都要争取多部门联合印发“红头文件”，部办委局团体参与多，层次高，推进容易，影响大。

◎老总挂帅。重大活动，媒体“一把手”挂帅领衔，各部门形成合力，最大化开发资源。

◎兵团作战。成立活动组委会，视情下设活动组、综合组、招商组、宣传组、会务组、安保组、后勤组、应急组等，分工明晰，责任到人。

◎活动抱团。单一活动难以作出较大响动和效益，数个甚至一二十个子活动在一段时间、一个区域内轮番上演，人气沸腾，商家热捧。

◎全媒联动。互换媒体资源，宣传铺天盖地，营造浓厚氛围。报纸、电视、广播、头条号、微博、微信、抖音、网站、通讯社、户外屏媒、周边兄弟媒体、自媒体联盟等形成“大合唱”。

◎检查督办。务必搞现场彩排检查，开好督办会。实行全过程督办，不督办检查，员工就不上心，活动就原地踏步，广告招商就无进展。

◎总结表彰。经常搞活动员工会倦怠，需要不断地进行新的刺激。不总结不知收获，不分享不知差距，不表彰则后续乏力，今后类似活动难举办。

二、实战心得

据不完全统计，2017—2020年，全国先后有110多家报纸停刊，多数为都市报。一批电视频道相继关停，一批网络媒体停更合并。全国现存1700多种报纸，活下来的依旧在倔强生长。

地方新媒体经营在日益做大，但远未强大到撑起报台大厦。既要加快发展非报产业，又要创新开拓广告市场。广告依然是报纸的根，是电视的命，是网络新媒体的血脉，是当前我们必须精耕细作的粮仓。

纵观全国，地产、汽车、商业、建材的报台广告份额持续断崖式下跌，教育市场、文旅市场、医疗市场广告全面萎缩。市场的边界正在消失，媒体过去按行业来划分市场开发的那一套现在不灵了，必须颠覆性重构生态，整合资源，集中力量办大事。

(1) 经营战略迭代。市场变了，生态变了，战略必须随之调整。媒体要探索新的商业模式与服务模式，创造新的收入流，培育新的持续盈利能力。

【**经典案例：**长江日报社全面整合《长江日报》《武汉晚报》《武汉晨报》和长江网采编经营资源与力量，构建事业部体制，改变了由集团管理媒体、各媒体抓采编经营的层级化治理结构。2019年探索“1+6”经营模式，即长江融媒运营中心，包括长江日报城市运营研究院、长江日报楚才教育研究院、长江日报财经传媒研究院、长江日报地铁商圈研究院、长江日报传播研究院、武晚传媒研究院。】

重构组织形态，整合资源力量。金字塔管理向扁平化转变，以产品为中心，以用户需求为导向，以项目组形式打造一个个作战单元，类似于特种部队，平时独立作战，有重大任务时，根据需要随时重组。

【**经典案例：**2019年重庆日报报业集团旗下重报都市传媒集团撤销原有15个经营单位建制，根据产品和项目，重新设置12个经营事业部和6个二级运营公司。其中，12个事业部分别是媒介营销事业部、城市营销事业部、版权事业部、渝商事业部、资产运营管理部、商品营销事业部、灯光艺术事业部、节会事业部、文创事业部、教育事业部、影视营销中心、文体事业部。6个二级运营公司分别是新闻国旅集团公司、对外文化交流中心、新女报集团公司、轨道传媒公司、华龙文惠公司、当代金融传媒公司。】

(2) 搞全媒全案营销策划。传媒学者范以锦认为传统媒体转型应打造"双平台"，一个是优质新闻内容平台，另一个是"泛内容"变现平台。既要继续办好新闻，用新闻为经营赋能，又要全面建设泛内容，进军所有内容形态。增强各平台、节目、网络、直播、主播等的带货力。推特刊、做直播、拍片子、办论坛、接会务、搞展陈、出图书、管景区、售门票、新媒体代运维……多元服务何其多也。

(3) 从营销产品到营销城市。报台网要由综合信息提供商向综合服务运营商转型。积极招投标承接政府外包项目，比如全国全省全市会务和赛事的接待、宣传、推广工作，再结合媒体资源不断增值招商，扩大中标价值。

从影响地方到策动中国。媒体要从区域方位、中国视野、国家战略去谋划经营项目，为城市发展增添新动能。

【**经典案例：**河北日报报业集团旗下华糖传媒公司举办"中国糖酒食品经销商发展论坛"，成为全国知名品牌，已累计召开200多场，参会经销商10多万人次。论坛以省为单位巡回办展，单场活动赞助高达百万元以上。】

借势蹭热，提升城市魅力。这个势是指有势能的人、名称、环境，甚至是一句话、一个观念、一个场所等。比如，地方媒体将央视品牌节目落地再造，克隆央视《中国诗词大会》形式和赛制，报台网全媒体与地方全阅办、教育部门等联办本地诗词大会。江苏卫视热播《最强大脑》，《荆门晚报》邀请世界记忆大师举办荆门版"最强大脑"讲座。

(4) 创新重大主题成就展示。政务广告市场稳定而巨大，可开发题材丰富，如区庆、县庆、市庆、党庆、国庆等都是成就宣传良机。每个行业推一个特刊或系列专题片，每个县市区推出一个特刊、系列专题片、专场推介活动，持续时间长，跨度大，效益显著。这既是对行业、企业、地方的一次盛大检阅，也彰显媒体的影响力。

【**经典案例：**2009年纪念新中国成立60周年，《三峡晚报》策划"宜昌荣耀"大型评选，分"名人名家奖""名企名牌奖""名校名院奖"和"名镇名村奖"等多个奖项。2011年纪念中国共产党成立90周年，《三峡日报》推出《捷报献给党》144版主题纪念特刊。2012年党的十八大召开，《三峡商报》除了推各县市区成就展示特刊，还策划"贡献人物、卓越企业、知名品牌、公益人物"盛大评选活动，既形成了强势看点，又极大地拉动了广告开发。】

可以用诸如"××骄傲""××力量""××脊梁""××标杆""伟大的跨越"等年度热词为系列特刊定调，为重要活动定名。

此外，还可抓住"城镇荣誉""企业荣誉"等命名表彰契机做重磅专题策划。如2012年稻花香酒所在镇被命名为"中国白酒名镇"，《三峡晚报》重磅策划"喜迎十八大　进军500亿——中国白酒名镇·样本龙泉·稻花香特刊"。像文明城市表彰、全国全省现场会等重要时刻，皆可全案策划，重磅开发。

(5) 发掘盲点，形成新增长点。举例：广告人多重视“三八”“3·15”“十一”这样的热门节日，但对于“睡眠日”“爱牙日”“粮食日”等“冷门日子”，看不到潜在商机。《都市快报》在“3·21 睡眠日”重磅推出“睡眠日特刊”，举办“杭州睡眠产业高峰论坛”，把与睡眠有关的产品广告一网打尽。在盛夏酷暑广告淡季，该报又在冷门中看到火热商机，重磅推出“冬病夏治完全手册”，将与冬病夏治有关的杭州各大中医馆、针灸科及产品悉数展示，取得了新闻专刊服务和广告开发的双丰收。《三峡日报》10 月 16 日粮食日曾推“放心粮油”特刊，让人眼前一亮。

报台网要挺过寒冬，仍然要秉承“以策划竞争代替自然竞争，以活动营销激活市场，以专刊专题开发增量广告”的经营思路。用创意激活市场，用项目拉动广告，用活动提升品牌。“活动 + 特刊”模式依然有效。

下面是常见的几类专题专刊，略作浅议。

【金融地产】

近年来，全国报台地产广告陡然跌入冰河期，媒体人惊呼天变了。其实，天一直都在那里，只是风向变了。2019 年 3 月，我们对湖北省 5 家主要地市州报社做了考察，一个体会是，地产楼市广告并没有减少，而是在向优质新媒体整体性转移。

【经典案例：《温州晚报》入股合伙打造“温州房哥”微信公众号，走市场化去记者化去报纸之路，房哥团队除了自采，还高酬邀社会精英供稿，以持续稳定地生产专业化原创内容，成为全国房地产领域的头部公众号，超过腾讯平台 98.04% 的运营者。开设一手楼盘、二手房源、交房案例、购房知识的“楼市宝典”菜单，展示装修案例、监理案例、装修疑难、验房监理的“装修宝典”菜单，提供品牌合作、建材团购、咨询投诉的“房哥服务”菜单。**】**

见证城市点滴嬗变，提供最新前沿资讯。媒体要当好市民置业顾问，为市民提供全方位、多层次、宽领域的购房信息、房产投资风向、精准购房指导。

举办春季房产交易会、秋季房产交易会、城市群住博会、十佳明星楼盘评选、中国名盘 50 强、商业地产高峰论坛、名校周边楼盘巡礼、金牌户型评选、年度最具投资价值商业地产评选等。

报台网全媒体可针对某个地产项目做整体打包策划，以取得收入份额最大化，甚至代理楼盘营销。

关注本地装修行业动态，开设装修课堂、问诊居家装修，披露装修陷阱，聚焦装修纠纷。搞本地装饰公司及装修产品大展示。征集评选本地优秀设计，举办本地知名设计师作品展。举办春秋家装展、装饰业高峰论坛等。

金融保险证券，“钱”景广阔。专刊就是帮市民理财，让钱生钱。提供炒股及基金、黄金、收藏、邮品等投资观点、实用信息，密切关注行情波动、未来趋势、风险警示，当好市民的理财顾问。

打造理财文化节，展示各金融机构形象。重点聚焦本地金融机构大型金融讲座，摘录专家观点或搞专家专访、对话。抓住当下理财热点，做透视解读，与机构联合开展少儿财商教育。

【节庆会展】

报台网可举办时尚博览会、婚博会、时尚文化节等节庆会展活动，每届都搞数十个子活动。比如，《三峡商报》曾举办“K 歌之王”争霸赛、红歌会、三峡之星模特大赛、环球小姐三峡选拔赛、湖北微笑大使宜昌选拔赛等本土娱乐赛事，克隆当年电视最火爆的娱乐节目，由报媒搭台，同样产生轰动效应。

【**经典案例：**2012 年 7 月 28 日，盐阜大众报报业集团主办亚洲巨星盐城演唱会，并与新乡日报社等全国地市党报联手，多次跨地区举办大型演唱会。仅 12 场演唱会，营业收入高达 1.7 亿元，并带动盐阜报业广告收入连续三年年均增长 25%。首开全国地市报先河，签约韩国明星，全面代理其在国内的演艺、代言、推广，还投资拍摄电视剧。】

【医卫康养】

医疗广告市场长期高位稳定。开发方式主要是对当地医院、重点专科做形象展示，对医院重点学科带头人、专科专家做系列专版专题报道。

健康专刊，不仅仅是求医问药，介绍医院、医生、药品、诊治手段，人们也关心心理健康、营养、健身、戒除不良嗜好和环境健康。要把最新的、最正确的医疗信息传递给受众用户。

报纸健康新闻的标题要让人“瞟一眼”就懂，一看就知道该怎么做，不该怎么做，如《想降血糖记一点——不要先吃菜后吃饭》。

报台网全媒体要随季节病做提前预防式或同步介入式报道。如专家教您防范儿童“秋季病”，可策划“秋季病”防治系列报道或节目。具体详见“节气与天气新闻”章节和“卫健新闻策划”篇章。《长江日报》老牌专栏《我谈我病》，广泛搜集读者战胜疾病的偏方、单方、验方，并请专家点评，还结集成书，多次再版。

战线记者要善于捕捉著名人物突发事件，第一时间做健康落地议题。2011 年 12 月 17 日，朝鲜最高领导人金正日在专列上突发急性心肌梗死，经抢救无效逝世。由此触发健康议题设置：心肌梗死为何如此凶险？这种疾病有哪些高危人群？有哪些诱因及典型症状？本地发病率高不高？推出落地报道：《金正日为何突然去世？心肌梗死为何如此凶险？（主）杭州心血管内科专家分析给你听“冠状动脉从 30 岁开始就可能会闭塞，年轻人千万不能掉以轻心”》。2012 年股神巴菲特被确诊患前列腺癌，《都市快报》的《健康真好》版块以此为由头推出“杭州老人前列腺癌大调查”深度报道。

巧抓最热门最出位娱乐人物事件做健康联想，如关注“挤胸女”联想，有文章《为拼“事业线” 胸部被挤得青筋毕露（引）医生说，胸罩太紧当心越勒越小（主）青春期女孩什么时候戴胸罩？（副）》。

报台网可发起举办区域医院院长高峰论坛、民营医院高峰论坛等。逢全省全市卫健大会，要提前谋划特刊。《辽沈晚报》和企业还联合举办全国药品保健品交易会。

全媒体要围绕时令做美食养生策划报道开发广告，具体参见“节气与天气新闻”章节。

报台网新媒体短视频要垂直深耕本土特色美食、小吃和餐饮文化，打造城市品牌。美食专题一定要讲新闻故事。如因电视剧《甄嬛传》火爆而做的落地报道《年羹尧最爱小炒肉 董小宛只吃茶泡饭》。

举办本地酒店行业“金枕头”奖评选、年度餐饮业十大风云人物暨餐饮企业 30 强评选等。举办本土厨艺大赛、养生节。比如，《晶报》打造科学养生文化节，推荐养生书籍、养生名品、养生粮品、养生景点、养生餐厅、养生机构、养生品牌。

举办区域民宿展暨民宿高峰论坛，以及举办区域养老与康养产业发展高峰论坛，评选表彰一批领军人物和标杆企业。

【教育研学】

扫描本地教育动态，就家长和学生关注的热点疑点难点做观察解析。晒晒民办幼儿园、民办中小学和公办初高中、职校，策划系列形象展示专题。组建研学旅行社，依托小记者团和新媒体手段，开发本地及全国研学市场巨量“蛋糕”。

【**经典案例：**黄石日报社整合两报教育资源，成立大教育事业部，垂直深耕教育服务细分市场。除了传统广告业务外，还承接教育行业的活动策划、创意出版、音视频制作、教材编撰等业务，服务范围从管理部门到学校，从公立学校到民办学校，从小学到大学，从学生到老师实现了行业全覆盖，教育市场年收入逐年增长，2018 年达到 700 万元。】

【文化旅游】

全媒体要充分挖掘本地旅行社、景点景区资源，除了报道文旅动态，要抓住节点节庆猛做文旅特刊。全面向新媒体文旅转型，比如搞旅游直播、抖音挑战赛，进军线上线下旅游业务。旅游报道和业务拓宽视野要放眼全球，本地旅游旺季就炒本地，淡季就炒域外，长年做美景推介。举办本地文旅产业发展高峰论坛、乡村旅游高峰论坛、全域旅游的高峰论坛、古镇名村高峰论坛等，承接本地文旅政务活动。

【**经典案例：**2018 年《东楚晚报》通过拍摄宣传片、开发售票小程序、票务代理等方式，成功将文旅市场营收份额较上年翻了一番，并承接营运了黄石园博园，派出由策划专员、全媒记者、周刊编辑、财务人员组成的项目小组，提供市场营销、整合传播、直播服务等。】

《十堰晚报》秦楚网旗下湖北当当旅游，为各县市区策划不同主题的旅游活动，依托自身全媒体平台为各地景区推广特色线路产品，打造一批特色农产品品牌，承接境内外旅游团，探索出了一条 “旅游 +”的发展新模式。

报台网可举办汽车业界老总年会暨我最喜爱的汽车品牌评选、春秋大型车展等。

第110章 全媒体新闻

2019年1月25日，中共中央政治局就全媒体时代和媒体融合发展举行第十二次集体学习。“课堂”设在人民日报社新媒体大厦，这在我们党的历史上，史无前例，对中国新闻事业来说，是一件具有里程碑意义的大事。习近平总书记强调，推动媒体融合发展、建设全媒体成为我们面临的一项紧迫课题。要运用信息革命成果，推动媒体融合向纵深发展，做大做强主流舆论，巩固全党全国人民团结奋斗的共同思想基础，为实现“两个一百年”奋斗目标、实现中华民族伟大复兴的中国梦提供强大精神力量和舆论支持。

这进一步昭示，意识形态工作是党的一项极端重要的工作，新闻舆论工作是治国理政、定国安邦的大事。做好党的新闻舆论工作，事关旗帜和道路，事关贯彻落实党的理论和路线方针政策，事关顺利推进党和国家各项事业，事关全党全国各族人民凝聚力和向心力，事关党和国家前途命运。

全媒体转型如何搞？全媒体报道如何做？课题重大，牵涉甚广。结合这些年的转型实操，谈点浅见，权当投砾引珠、抛砖引玉。

一、策划要点

关键词：微信

微信自2011年诞生以来，已成为全球用户信息传播和消费的主要平台，集文字、图片、视频、音频、动图、动漫、表情包、互动等多媒体技术融合于一体。走过了粉丝红利、团队红利、内容红利、资本红利4个阶段，目前粉丝红利阶段已结束，正处于团队红利和内容红利阶段，对于具有内容生产优势的传统媒体来说，还有发展机会。比如，深圳报业集团代运营新媒体项目逾200个，其中《晶报》代运营政务新媒体126个，不仅年创收上千万元，还充分发挥了主流媒体在新媒体管控中的头雁效应。

【**经典案例：**2019年3月3日至9日的清博指数显示，《十堰晚报》微信公众号居全国地市报官微第1名，全国报纸微信排名第14位，湖北微信公众号之首。2018年、2019年《十堰晚报》微信广告创收稳定在1100万元以上。严格管控内容，广告符合市民需求的才能编发，排队最长达半个月，堪称地方媒体奇迹。】

报台网如何运营微信？首先要明确战略定位，厘清选题方向、版块栏目、标题制作、文本表达的生产标准等，并在微信公众号上聚合各类功能菜单，构成以“官方微信+N个垂直微信”为矩阵的微信生态圈。

(1) 微信生产。微信采编每天都是大战，比传统报台网激烈得多，内容采摄、制作编审前后方配合极端重要，事关成败。抢发重要信息，记者获知线索后第一时间要告知编辑，编辑立即开始搜集素材和准备模板，前后方密切配合，边写稿边制作，边编排边预审，速战速决。新媒体编辑自主能动地组稿，比报纸编辑要求更高。只有下力更大，用心更多，才能做好这项工作。比如，信息比较单一或简短时，编辑要对新闻延伸拓展，搜罗相关报道，筛选重要信息，进行拼合组装，丰富页面信息量，而不是简单打发。这就要求编辑有敏锐的新闻判断力和一定的策划力。本书恰好可助一臂之力。

高点击量微信作品共同特点：简明生动的文字，疏朗得体的编排，相得益彰的图片，画龙点睛的视频。

一条微信可以穿插配发 10 条视频。为增强现场感，还可将其他视频转换成 GIF 动图，直接播放且不限次数，画面直观生动。

(2) 微信选题。微信靠什么抓人？满足刚需、情感共鸣、争议话题。微信每天如何做选题，具体参见本书各章节。

微信如何选头条？头条 = 新闻价值 + 宣传价值 + 实用价值。即用新闻报道去弘扬时代主旋律，传递社会正能量，及时为群众提供管用有效的服务。写好头条、选好头条，考验传媒人的综合能力，体现的是政治责任、传播责任和文化责任。

我们研究政务微信排行榜发现一个奇特的现象：许多县级媒体微信公众号阅读量远远超过省级和地市州的。这是为什么呢？原乡情浓！每个人的心里都住着一个故乡。这些微信乡土选题多，展现了家乡今昔变化和风土人情，唤醒了人们的牵挂和乡愁，关注的人更多些。所以，微信要以情动人。

(3) 微信文本。要符合国家语言文字规范标准。推崇断句、诗意地表达，把一句话拆成若干断句。行文要像“家书”对话，以朋友语气聊天扯白，和粉丝谈“情”秀“爱”。一开场就是以“我”(或“小姐姐”或虚拟主持)来讲故事，将受众用户带入到故事中，吸引人往下读。一个好的开头，一定是有画面感，有代入感，或者直接表达情绪和观点，或者以悬念推动故事进展。

微信创作，创意无限，没有固定体例，要兼收并蓄，博采众长，充分吸收音乐、美术、诗词歌赋等各种手法，为我所用。比如，采用方言、脱口秀、章回小说等形式，用大量的比喻、类比的手法，将深奥难懂的信息通俗化。

微信制作建议：字号为 14~15 pt，行间距以 1.5~1.75(倍)为佳，字间距以 1.5~2(倍)为佳。文字颜色要不伤眼，尽量避免使用全黑色。正文重点信息变黑体刷海蓝色以强调，便于人们快速抓取信息。文字整体不要超过 3 种字体，配色不要超过 3 种。常用的是两端对齐和居中对齐。两侧边距以 5~10 px 为佳。

(4) 微信标题。标题决定打开率，内容决定转发率。同一个新闻，发在不同平台上的标题和篇幅应是不一样的，不能照搬照转报纸电视标题。无论是新闻还是软文，都要考虑标题能不能增加打开率，能不能引发好奇。

好题材、好标题自带光环、自带流量。分析“10 万 +”的标题，大致有以下几类：利诱式、悬念式、反常式、恐慌式、激发式、夸张式、揭秘式、引语式、知乎式、问答式、如何式、幽默式、蹭热式、名人效应、傍名媒等。

微信标题制作有规律可循，有如下口诀：你我带入，畅谈梦想，紧蹭热点，设置悬念，驱动好奇，切中痛点，抛出争议，制造矛盾，颠覆认知，正话反说，专业权威，善用拟人，突出好处，利益关联，引发共鸣，满足需求。

比如，综合运用招呼式、知乎式标题，如《成都未来 9 条地铁穿城过，哪条经过你的家？》。以《习奥瀛台夜话，到底聊什么》为例，这条微信的文本以简单、通俗、有趣的语言，对严肃的时政报道做出通俗化的解释和阐述，引发用户的阅读兴趣。

常见的微信体有：“一图带您”体、“速览”“速读”体、“一图秒懂”体、“一分钟”体、“刚刚”体、“最新”体、“突发”体、“邀请函”体、“重磅”体、“沸腾”体、“震撼”体、“数读”体、“揪心”体、“揭秘”体、“泪目”体、“厉害”体、“暖哭”体、“超赞”体，等等。比如，《一分钟！习近平 2019 年两会讲话“干货”全掌握》。

媒体要自觉抵制耸人听闻、低俗庸俗媚俗标题。拒绝标题党，比如“震惊”“超可怕”“出大事了”“99.9%！”。标题党不仅自断生路，更是媒体末路。

(5) 微信推送。微信不同于其他媒介，它是基于用户关系而形成的强连接。微信订阅号80% 的阅读来自朋友圈的分享，只有 20% 的“铁杆粉丝”每天会主动去订阅号挑选内容。

所以，微信内容要“准确、精练、生动”，准确是第一位的，养成“推送之前从头至尾再检查一遍”的习惯。一天到底推多少条合适？与其每天推很多条，不如攻一条，做到极致。有道是：少即是多，精即是好。

微信要差异化，打造个性特色。对时政类微信，可这样做：早晨，推送硬新闻以及与人们出行和生活有关的服务资讯；中午，推送行业新闻或与工作有关的资讯；晚上，推送休闲娱乐、软新闻。同行已推，同题慎跟，除非你的粉丝量本土最大。

依照微信发酵裂变规律， 每晚 7 点前是黄金推送时间。转发最佳时间是晚上 9 点左右，因为大家习惯在睡前浏览一下朋友圈；次之是早上 6 点左右，因为大家习惯早上醒来以后看看朋友圈；周末，中午 12 点左右比较好。一条新闻一般 20 多个小时后点击率达到峰值，但非新闻类文章，可以几次发酵，一次又一次掀起点击率高潮。

不能一转了之。媒体全员转发朋友圈要精心打磨推介语，可以放到留言中并置顶。微信后台留言一定要及时回复，与粉丝互动，增强用户体验。

(6) 微信广告。报纸追求硬广强推，新媒体要巧妙地把广告藏在新闻中，含蓄隐晦，潜移默化，润物无声，沁人心脾。除了页面上、中、下贴片广告，微信搞植入式广告为上策。

(7) 微信活动。得粉丝者得天下。尽管粉丝红利期已过，但是增粉和留粉永远是微信工作的核心。通过不断推出微信福利和活动，让众多粉丝成为忠粉和活粉。就连粉丝量高居全国媒体榜首的人民日报微信公众号，还经常性地给粉丝送流量福利。微信可联合超市给网民送月饼，联合景区送门票，年关送年货，经常搞有奖游戏。四川日报微信公众号曾举办“书香天府·四川十大校长荐书”大型线下互动活动，线上吸引上万网友参与，线下走进各大高校与学子现场互动。“荆门旅游”微信公众号推出“寻找最美春天”随手拍摄影大赛，竟吸引70 万人次参与。

四类投票，引流增粉。一是开展技能评选、最美评选、楷模评选等人物类投票，二是开展文明城市评选、网红地点评选、试点项目评选等地区类投票，三是开展满意单位评选、十佳十差单位评选等政务类投票，四是开展物品、美食、回忆、知识等情趣类投票。

(8) 微信品牌。微信公众号已走向品牌化。媒体人员流动大，将优秀主播或记者与栏目深度绑定，短期会提升微信影响力，但长远会加速栏目老化。比较好的方式是打造虚拟记者或虚拟主播。

比如，环球网微信创立“环环”虚拟主持，以第一人称的方式表达环球网的观点与立场。“武汉农业”微信团队叫“小农女”，为这个角色设计了卡通动漫形象，开发一系列表情包，还拍摄卡通宣传片，强化品牌认同感。《湖北日报》微信打造“楚楚”卡通，推“楚楚说两会”系列。

关键词：短视频

2018 年是短视频爆发元年。《中国互联网络发展状况统计报告》显示，截至 2020 年 12 月，我国网民规模 9.89 亿，手机网民规模 9.86 亿，短视频用户规模 9.27 亿。Cisco 研究数据显示，估计到 2021 年，全球约 78% 的移动数据流量来自视频。华为认为，在 5G 和 AI 赋能下，视频行业将跨入新蓝海。

无视频不新闻。复旦大学传播与国家治理研究中心主任李良荣教授认为，短视频将成为未来新闻发布的主要方式。中国人民大学新闻学院宋建武教授认为，“主流媒体不把握短视频这个机会，就会没有未来。”

不要囿于报纸社，报社本质是报道社。要从纸媒体向全媒体转型。纸媒既要建设好自己的“网络电视台”，也要打造好自己的“微型电影制片厂”。电视台做短视频更具优势，大屏重振，小屏盛放。

【经典案例：浙报集团把“新闻视频化，视频专业化”作为核心战略，组建《浙江日报》、浙江在线全媒体视频影像部，共60多人，主要承担专业短视频新闻与视频直播生产，主要产品为“浙视频”。深圳报业集团将短视频确立为融媒体内容生产的首要突破口，设栏目、开频道，将全报社一半员工培训成视频制作能手。《温州都市报》成立“温都影视制作中心”，已拍微电影、情景剧、公益片等影视作品数十部，温都影视全年创收数百万元。《十堰晚报》秦楚网全媒体编辑部推行全员视频化。环球网入驻各类视频平台。】

全民拍视频，大量短视频还没有引起关注就被信息洪流所吞没。播种感动，获得点赞；播种收获，获得转发；播种认同，获得评论；播种价值，获得关注。

报台网到底如何发展短视频业务？可以主打三类：一类是视频化新闻；二类是感动中国视频，捕捉最美瞬间、正能量故事；三类是垂直细分知识服务视频。

新媒体视频要“去电视化”，即专注做适合手机观看的新闻视频。广电要对节目碎片化处理，以适应移动传播需求。纸媒新闻视频要“短平快”——短，即小而精，将最佳场景最动人瞬间拍出来，抖音短视频15秒为宜，一般1分钟，最多3～5分钟；平，即不搞高大上，可省去同期声，省去播音，省去配乐，省去字幕，省去特效，只搞干货，开门见山(好作品字幕、音乐、解说词、摘要简介、片花等很重要)；快，即快速推送，连拍连制连发。

重点围绕重大主题、突发热点、日常新闻三大块，打造爆款。

(1) 重大主题短视频。其可细分为主题宣传、形势宣传、成就宣传、典型宣传、公益宣传，要攻创精品。“浙视频”将做好重大主题报道定位为首要任务。让重大主题报道“动”起来、“活”起来，力争政治价值和审美价值达到最佳。大主题用小故事来反映，以人物或特色案例为线，由点到面讲述，画龙点睛收尾，不拖泥带水。“双线”拍摄，是一种常用的拍摄方式。针对一个场景采用多机位、多角度的机位布局拍摄。重大主题短视频做出彩，将提升媒体高端影响力，实现社会效益和经济效益双丰收。比如，以短视频、图片为主呈现的“飞阅大长沙”新闻活动为《长沙晚报》带来700多万元的经济效益。

【经典案例：人民日报社客户端获中国新闻奖特别奖的《“中国一分钟”系列微视频》，在推出3集国家形象系列宣传片《中国一分钟》后，相继推出“中国一分钟·地方篇”和各主题篇，系列架构起改革开放40年成就的整体风貌。微视频跳出40年“大成就”“大历史”的宏观视角，从“一分钟”小切口进入，记录中国在这个时间刻度内发生的变化，让“有意义”的内容更“有意思”。】

(2) 突发热点短视频。介入地方、全国、全球的强热点、大事件，具体参见本书相关章节。

(3) 日常新闻短视频。浙报集团不放过重要时令节点的短视频策划，不放过平凡生活中的感人故事，在日常新闻报道中寻找亮点和爆点。《温州都市报》直播团队打造品牌栏目《9后吐真言》，根据时令和当下热点做话题性街头海采视频，形成了稳定的生产。如何做时令节点视频，具体参见本书相关章节。

守正创新，方有未来。报台网全媒体有别于自媒体和商业媒体，当有所为有所不为。要彰显主流价值，短视频以暖新闻为引爆点，捕捉生活中温情、感动的片段，传递突发事件、热点事件中的正能量，引导人们向善向美。梨视频总编辑李鑫说，“感人的、美好的事物总是最容易传播的。”

段子、恶搞、无厘头的短视频往往拥有较强的刺激性，短时间能掀起“无意义的狂欢”，来得快走得也快。我们要讲品位、讲格调、讲责任，充分整合资源，从战略的高度和经营产业角度来谋划新媒体，在以下五类细分短视频领域进行深耕，前景广阔。

(1) 本土美食短视频。挖掘本土名吃、名菜、名店、名厨。2018年，我参与策划的《中国楚菜》项目，获湖北省政府50万元数字出版资金扶持。襄阳广播电视台推10集，每集10分钟的《知味襄阳》纪录片，既有美食又有故事，既有美景又有文化，既有乡土情怀又有城市繁华。

(2) 本土旅游短视频。全域旅游蓬勃发展，文旅融合好戏连台。2016年，我参与策划的《湖北旅游名村出版资源数据库》项目，获湖北省政府80万元数字出版资金扶持，深入全省100个“湖北旅游名村”进行了专题拍摄。

(3) 本土非遗短视频。《寻找手艺》火爆网络，三个纪录片外行，拍摄了全国199名手艺人，没有华丽的画面，只有真诚的、真实的、安静的中国人自己的故事。湖北广播电视台长江云推出《“文脉颂中华”•VR湖北非遗博物馆》，展示了105个湖北国家级非遗项目，形成湖北非遗移动数据库。2017年，我策划的《湖北民间故事家讲述作品》项目，获湖北省政府150万元数字出版资金扶持，我们赴全省各地对省级以上民间故事家进行了专题拍摄。

我们认为，媒体还要从战略层面构建特色短视频数据库或出版传播资源数字化平台，然后运用各种手段对存量资源进行持续开发利用。

(4) 本土人物短视频。《中国青年报》打造《出彩90后》系列视频，画面以9:16的尺寸为标准，更加突显视频人物。报台网可策划“一把手”微访谈、青年企业家系列访谈，对话创业人物。可将访谈剪辑成金句视频，全网播放；微博同步开辟话题，成为热搜。

(5) 人文纪录短视频。搞地方人物口述史，建立本土文化的影像档案。比如，宁波市鄞州区广播电视台广播系列报道《鄞州：改革开放微型口述史》，选取近30位境内外各行各业的典型，讲述当地在40年间从典型的农业县发展成为全国对外贸易最发达地区之一的故事，具有微观社会学意义，获中国新闻奖三等奖。

方言是地方历史文化的活化石。除了主流的时政新闻及影视剧须按国家规定使用普通话之外，民生新闻、脱口秀、喜剧类综艺节目、相声小品甚至天气预报、路况信息等均可搞成方言节目。

短视频选题的策划能力和编辑制作能力是传媒的核心竞争力。短视频主题要鲜明，叙事结构要紧凑，将事情的前因后果交代清楚。

转型搞视频，文字记者有“三怕”：一怕不会拍，二怕不会剪，三怕不会说。短视频怎么拍？应拍摄“推、拉、摇、移、跟”等运动镜头和与之相关的空镜头(即“远、全、中、近、特”5种景别)；而且时刻留意周边环境，抓拍精彩瞬间。只要灵活运用，短视频也可拍出气势恢宏、震撼心灵的大片效果。

短视频如何剪辑？摄录相对容易，其实后期的剪辑、字幕、音乐等嵌入方面的技巧和特效制作，也不难。短视频从脚本、导演、拍摄到剪辑，一个人均可搞定。不同手机有不同屏幕尺寸，将视频尺寸设为横屏1920×1080像素，960×540像素；竖屏设为1080×1920像素，540×960像素，这两种规格在任何手机上都有良好的播放效果。

短视频的前30秒，相当于文章的导语。澎湃视频要求“开始5秒钟就要吸引眼球”。以悬念为开端，是常用手法。运用蒙太奇手法，把故事进行碎片化处理，从而吊起观众的胃口。巧用倒叙、插叙等多种叙述方式，采用故事化表达。

"短视频+短文字"组合推送，效果更好。通过各类微信公众号、微博以及今日头条、抖音、快手等进行全网传播，各版本内容、时长要有差异，不能雷同。视频要品牌化，有自己品牌的片头片尾。"浙视频"要求重要时间节点均要快速发稿，所有图片新闻10分钟以内、短视频新闻15分钟以内播放到手机和电脑端上。

关键词：直播

2016年是移动直播元年。无直播，不新闻。直播业务已成为报台网转型融合、重点发力的一个领域，使直播业务与新闻报道、主题宣传、活动策划、业务经营等深度融合。

(1) 直播什么？直播形式分为视频直播、图文直播，具体视情采用。报台网全媒体可开展六大类直播：重要政务直播、重大突发直播、公务执法直播（如直播法院查老赖、市监执法、交警查酒驾）、帮办服务直播（如帮女郎直播）、公益行动直播、商业活动直播。

【**经典案例：**苏州广播电视台与各级法院对接合作，开展《直击大案庭审》《抓老赖大直播》等新闻直播行动。全年新闻事件类直播超过1000场。江苏新闻微信公众号移动直播《严查"百吨王"》，网络直播全省交警、交通运输执法部门查处超限超载车辆，直播运用了现场直播、短片、图示、讨论等报道手段，获中国新闻奖三等奖。】

每逢重要活动、重大突发事件，立即启动全天候直播。比如，《东楚晚报》承接省运会的龙舟赛、气排赛、排舞、职工足球、轮滑等赛事的直播，创收不菲。

每天直播什么，逢节日节气节点做哪些直播选题，具体参见本书相关章节。

(2) 怎么直播？不同直播需求，配备不同的设备，有的报社给每名记者配一套手持微单云台。直播采集设备以"高清摄像机+高端数码单反+无人机+手机"为组合。无人机在纪录片拍摄、灾难航拍、突发性事件直播中作用突出。

直播平台可以境内外搭配，多语种交叉传播。除了自身客户端外，充分利用第三方直播平台：境内有新华社现场云、今日头条直播、微博直播；境外有"脸书"直播等。

直播准备。直播像打仗，事前策划，方案先行。主播要提前踩点，实地探访，掌握新闻背景资料及与新闻事件有关的材料，将信息消化后形成自己的语言，做到场景随时变换，主播随机应变。媒体直播要传播主流价值和提供信息服务。否则，此类直播就会变得无聊又无趣，非常空洞。

直播前要全媒预告，大造声势。网站、"三微"推预告海报和短视频，报台发直播消息。

直播开始前半小时，直播团队要进入状态。

前后方配合极端重要。直播前，摄像师要提前赶赴现场，熟悉拍摄环境，联系后方视频编辑整理相关资料。直播一结束，对原创视频进行快速剪辑、分发回传、火速推送。然后，报台以正统新闻报道进行权威播报。

【**经典案例：**浙江新闻客户端作品《浙江一小时•急救 | 记者跟拍直升机到山区接病人》，获移动直播类中国新闻奖二等奖。其关注浙江空中急救网络，记者亲身体验一位患者的急救案例，展现了浙江省为民打造的"一小时医疗圈"，体现浙江医疗事业的发展水平。】

(3) 打造直播品牌。要在直播品牌LOGO、标准色、宣传语、画面、音乐、节奏等方面，设计媒体直播形象识别系统。报台网要构建"直播方案策划、直播前海报预告、直播中实时推送、直播后实时回看"这一套完整的操作规范流程；打造一支集"采、摄、说"三栖作战能力于一身的全媒记者队伍。

二、实战心得

媒体融合发展是传媒业一场前所未有的深刻变革。现在，舆论生态、媒体格局、传播方式已发生深刻变化。报社由一个以日和周为传播周期的传统媒体集团，升级为一个全时间、全空间、全角度传播的全程媒体集团；由一个主要以图文为主要表达形式的平面媒体集团，升级为以图文、音频、视频、VR、H5、互动程序、大数据直接导入等多元综合表达形式的全息媒体集团；由一个主要以自我原创为主的单向传播媒体集团，升级为统合机构媒体与自媒体内容生产的全员媒体集团；由一个单一的新闻内容生产者，升级为提供内容、信息、服务与社交一体化解决方案的全效媒体集团。①

今天已经没有严格意义上的传统媒体了，大家都在努力构建由“纸媒（广电）+ 网站 + 客户端 + 双微矩阵 + 短视频矩阵 + 第三方平台账号矩阵 + 户外联播网”等聚合而成的全媒体。

融到深处，回归内容。提供优质内容是媒体安身立命之本。做好内容是新闻人的初心和使命。

我们拼什么内容

方向比迈步更重要。一机在手，信息全有。生活服务、健康知识、历史钩沉、娱乐视频等泛资讯大规模进入新媒体内容生态。信息飞沫化、空洞化、庸俗化，给受众用户带来了审美疲劳，甚至信息麻木。大量的信息像饲料，热量很高，营养很少。人间正道是有价值的内容。

什么内容才有价值？告别自我，关注受众，满足需要。内容要有趣、有用、有感、有品。我们认为，情趣在先，很多人点击不是为了增长知识升华自己，而是为了消遣宣泄放松。有用次之，就是内容要和用户建立强关系而不是弱关系，洞察用户需求，给出解决方案。内容有感，就是让人有获得感、满足感，感同身受，触动用户，激发共鸣。有品就是内容要有品质有品位，传播主流价值，凝聚社会共识。

现在大量的新媒体内容东抄西转，没有自己的灵魂和内核，留粉增粉难。我们要知道用户需要什么、想看什么、关心什么，并且提供相应的优质产品，不断迭代产品形态。加强产品策划、资源整合、力量调度，打造一批镇版稿件、霸屏报道、爆款产品。

融媒体作品长什么样

2018 年，中国新闻奖增设“媒体融合”奖项 50 个名额，分为短视频新闻、移动直播、新媒体创意互动、新媒体品牌栏目、新媒体报道界面、融合创新 6 大类组织评选，推荐一批重量级、现象级、代表性、标志性的媒体融合作品，一批彰显新媒体时代记者职业精神和职业素养的全媒体现场报道，一批代表媒体融合进展新水平的创新创意成果。从中我们可以发现，融媒体作品种类丰富，形态多样，创新空间巨大，给传媒人比拼智慧带来了无限可能。

常见新媒体产品形态有音频报道、图文报道、视频短片、现场直播、图文实时直播等。未来，或许会有更多的媒介形态出现。

到底怎么搞？线上线下，一字之差，如隔沧海。从纸端到指端，改变几多难啊！调查发现，仅贯彻移动优先一项，相当多的传统媒体人不关心、不行动、不转发。新媒体产品每天怎么生产，策划什么选题，打造哪些产品，摄录怎么搞，剪辑怎么做，很多采编人员心里没有谱，表现得很迷惘、很焦虑、很畏难，犹如“光手逮刺猬——无从下手”。

我们该怎么做内容

(1) 厘清各媒体的定位和特色。要像重视母平台一样重视“两微一端一抖”及第三方平台

① 引自孔和平《全程全息全员全效　建设新型主流媒体》，原载《新湘评论》2019 年第 9 期。

账号，不视为主媒附属，精心孕育孵化，助其自我生长。找准定位，明确理念，确立报道类型、行文风格，打造特色项目、特色产品，并一以贯之。优化纸媒，做强“指媒”。《羊城晚报》提出把精品、本土、专业还给报纸，把快速、广泛、巨量还给网媒。让报纸和新媒体均有各自的鲜明特色，向社会提供符合自身特点的新闻信息服务。

新闻不是生活刚需，不看新闻也不会掉块肉。我们的内容要和用户发生连接，要有用，有信息密度。各类新媒体要找准自己的优势资源，专注一个行业或一小块领域，精耕细作，做专、做深、做实、做透，做小而美，也可以风生水起。比如，人民日报社微博专栏《你好，明天》，每晚零点前后，用 140 字评析当下最受瞩目的热点事件，配海报或视频发布，一坚持就是 7 年，获新媒体品牌栏目类中国新闻奖三等奖。

【**经典案例：**《钱江晚报》垂直类教育公众号“升学宝”，提供有用的升学信息和有效的个性化服务，先后推出校园微新闻大赛、民办学校推荐评优、百名金牌班主任出题等策划项目。系列举措，值得借鉴：增粉方面，联手各校建立分众式粉丝群，各校老师 24 小时在线实时回答家长提问；内容方面，推学霸故事、中高考服务资讯、校园师生创意趣闻、作文大赛；服务方面，提供数据查询，开发学区查询频道、高考查询、学生午餐查询等。活动方面，给各校提供全案策划，发动高中校长在平台上拼口才、拼书法、拼寄语，帮助各校设计各类入校体验活动等，吸引家长通过公众号报名；开设微店，线上销售教育产品，如名师图书、教具文具、在线课程团购等，与本地名师、名校长、名作者合作，荐新书，办读者见面会，策划爆款图书。】

(2) 建立高效的发稿联动机制。移动时代，采编重心已发生重大变化，过去以报广电、夜班加工为重心，现在则转向以“数字媒体 5+2”“白 + 黑 24 小时”发稿。发稿优先顺序调整为微博、微视（抖音）、客户端、网站、微信和广播、电视、报纸。一般性的消息以快讯形式在微博、抖音、网站、客户端发布；重大热点、深度、独家和评论发在微信和报广电。要重构全媒体工作时间表和生产流程。人民日报社“中央厨房”建立全新采编流程、工作机制，探索新闻产品“一次策划、一次采集、多种生产、多元传播、全天滚动、全球覆盖”的新模式。

内容要符合各媒介特点：微博求快发，微信求精选，网站求海量，视频求形象，报纸求权威，电视求生动，客户端求聚合，LED 屏求简洁。“两微”内容要短而精，客户端内容要“大而全”。客户端打破媒介限制，实现广播、电视、报纸、PC、两微一端一抖等多类型媒介的融合，形成集“新闻 + 政务 + 服务 + 电商”于一体的综合性媒体信息服务平台。

(3) 实施全媒体布局全网传播。衡量媒体影响力，全网总点击量是核心指标之一。建设全媒体、全天候、多元化新型主流媒体，实现传播效益的最大化，不要局限于自己的一亩三分地。我们要不断深化与境内外媒体、商业媒体、社交媒体等的交流合作，以全网协作分发催生裂变传播。报、广、电、网、端、微、屏全平台推送，内外协同，多屏互动。地方媒体要打通“央媒 + 头部平台”的全渠道，积极入驻第三方互联网平台，即入驻中宣部学习强国平台、人民日报社“全国党媒信息公共平台”、新华社现场云；入驻今日头条、抖音、快手、喜马拉雅；优质报道推送至 YouTube、Twitter、Facebook、海外 OTT、TVB Anywhere、ITalkTV、华视传媒等海外媒体和社交平台。

传媒专家陈国权说，中国 93% 的报纸创办了自有 App，99% 的报纸内容入驻各类聚合类客户端。“两微一端一抖”是基本阵地，快手和头条号相当于加杠杆。

如何持续稳定地生产互联网新闻产品

融合发展的探索时代正在逐渐远去，模式化发展时代已然到来。各媒体都建设了“中央厨房”，为不让它成为摆设，就要加强策划、调度、督导。我们不仅要会炒特色“私房菜”，也要善搞精品大制作。

在日常生产过程中，新媒体工作存在诸多问题，如随意性强、编辑风格不统一、标题制作问题大、文辞表达僵硬、栏目意识不强、管理考核复杂等。我们的体会是，新媒体内容生产，时时刻刻都似打仗，要敢打必胜、打赢必争——争分夺秒、争先恐后、争创一流。

体制机制是管全局管长远的根本所在。撇开这些因素，要办好新媒体，我们认为，要持之以恒地做好以下5件事，即：策划引领创新、协同事半功倍、表达可视轻悦、互动每时每刻、把关一剑封喉。

(1) 策划引领创新。新闻策划工作如同媒体的航向灯，能给编辑、记者们指引一段时间内的报道计划、报道方向和报道重点，减少采编工作的盲目性、随意性和不确定性，做到有的放矢，事半功倍。

一个报道的成功在于策划。媒体失声，多因策划缺失所致。每逢重大节点，人民日报社新媒体中心都会不断开展头脑风暴，围绕主题设计新媒体产品。荆楚网实行“日日有策划，周周有活动，人人都是产品经理”。要搞一体化策划，整体作战，全面融合。提倡以编辑为主导策划选题，确定选题方向和报道方向。

引导力强弱直接和议题设置的优劣相关。报台网全媒体的议题设置一定要紧紧围绕中心、服务大局。要精心组织主题宣传、形势宣传、政策宣传、成就宣传、典型宣传。大手笔要大气磅礴，小动作要清新迷人。比如，中央广播电视总台全力打造总台“头条工程”，精心培育领袖宣传品牌。光明日报融媒体中心成立重大题材工作室，专门致力于重大题材融媒体产品的策划、制作与推广。

(2) 协同事半功倍。融媒体产品的生产，比传统媒体报道复杂得多。新媒体编辑所面临的压力和挑战远比传统媒体编辑大得多。比如，一件VR作品、纪录片需数月拍摄。其策划、统筹、编导、摄制、美工、技术等支持团队可能高达数十人，统筹协同特别重要，事关项目成败。

平时，我们就要做好对本土地标建筑和基础设施的摄制素材储备。逢新闻大战，划分文字、图片、视频等若干小组，按分工要求提前准备原始素材和半成品，结合前方采访的动态，快速生成报道。逢大事喜事，客户端采用“一键分发、大图置顶、全面飘红”宣传策略，使用开屏广告、首页飘窗、轮播图、H5等手段让报道丰富灵活。

客户端阅报屏的内容推送，有滚动式、大标题式、海报式、视频流等形式。遵循“20318”原则，即确保用户在距离阅报屏20米开外、20秒内路过，就能看到3幅海报新闻内容，在阅报屏前驻足1分钟，可阅览8幅海报新闻，做到当天最新最重要的新闻能一目了然。

省市报台网与兄弟省市媒体、地方媒体，报台网内部各媒体之间都要相互借力，做到大联动大协同大联合。

【**经典案例：**《川报观察》联合人民日报全国党媒公共平台及对口援建省市的38家党报党端，推出大型联合采访“川越十年”，19个采访组重访灾区、探寻巨变。湖北广播电视台策划推出“2018对话长江荆楚行——长江流域省级新闻广播大型融媒体新闻行动”，打响了19省市新闻广播牵手合作的“第一枪”。每到一处，微博、微信图文报道即刻发出，无人机采集、移动网络视频直播等随时跟上。该台发起的融媒体行动“喜迎十九大 重走党史路——全国党端在联动”，活动历时一个月，两万公里寻访路，十多家党媒采访组足迹遍布海内外。】

(3) 表达可视轻悦。信息轰炸不是办法，铺天盖地未必就是占领，做到直击心灵、发人深省，才是有效的舆论引导。安妮特·西蒙斯说，“关注”是现代社会最宝贵的资源。没人关注就没有效果，点击量大不等于影响力大。

新媒体作品如何让人一见倾心？创新话语表达，新闻可视化是关键。一要一目了然，能让人快速抓取内容；二要一语中的，信息真实准确，说到点子上；三要一见钟情，能打动人，感染人，令人情不自禁转发。

记者要有悟性，作品要有灵性，呈现方式要有悦性。要搞人本传播，新闻报道和软文都要可视化、轻悦化。把数据表格化图形化；文本口语化，亲切活泼、浅白风趣，将枯燥的政策发布以“拉家常”的方式讲给受众用户，把他们当成朋友、邻居。没有表达创新、形式创意和价值创造，正面宣传报道很难“入眼入脑入心”。

“团结湖参考”创始人兼主编蔡方华认为，新媒体要有情感交流。在写法上，一是语法语态不要时评腔；二是尽量使用口语写作，能用短句子写的不用长句子，禁止使用复合句式；三是避免文章中过度论证，反复论证只会把读者赶走。

(4) 互动每时每刻。如何增加粉丝？如何沉淀用户？高质量报道是增强媒介粉丝黏性的根本，我们还要借助组织力量、邀请码、红包福利等手段，实现用户积累。

全媒体之间相互导流，要成为编辑（主播）自觉。报上印二维码，扫码看微信、看抖音等。视频片尾都要标注“关注后续报道请看 ×× 台 ××（节目）”或“关注详细报道请看 ×× 日 ×× 报”。

一流的媒体做生态，二流的媒体做平台，三流的媒体做产品。打造品牌活动，为内容生产赋能增值，积累用户和流量。比如，征集粉丝走进美丽乡村、走进龙头企业、走进核心景区，进行体验观光；开展道德模范、地方好人、十大新闻人物、最美医生等评选活动。

团结一批专业人士、关键意见领袖。许多头部大号已形成“专业团队 + 专业作者 + 同行审议”的内容生产模式。比如，人民日报社“侠客岛”公众号聘请兼职团队供稿，聚合了一大批社会研究机构的专业人士。该号打造“侠客风云会”高端品牌，邀请“岛友”走进中联部等，还在全国各地举办侠客岛观影会。

(5) 把关一剑封喉。职业媒体人不是“乌合之众”，岂能生产精神垃圾、有毒鸡汤？

导向是所有媒体的生命线。一批大号大 V 踩线被封，商业价值瞬间归零。传媒必须始终坚持正确的政治方向、舆论导向、价值取向。守正创新，行稳致远。逢重大突发事件、社会敏感热点，报台网全媒体要依规依纪密集饱和发布，发挥舆论场上的主心骨、定盘星、压舱石作用。

版权把关很重要。报台网全媒体不是自媒体，马虎大意就会侵权。图片、动图、视频下载以及留言都是风险，把关不慎后果难测。

【全媒型专家型】

不日新者必日退。

媒体转型，媒体人也必须转型。人民日报社采取“兴趣化组合，项目制施工”模式，全社 250 多名编辑记者组建了 50 个全媒体工作室，“全能编辑”“网红记者”不断涌现。

互联网已经成为舆论斗争的主战场、主阵地、最前沿，主流媒体要充分发挥主力军作用。新闻宣传工作的本质就是群众工作，新闻传播规律的根本就是群众路线规律。新闻媒体承担着组织群众、宣传群众、凝聚群众、服务群众的庄严使命。走进了群众，并不等于融入了群众；融入了群众，并不等于掌握了群众。没有“十八般武艺”，没有“几把刷子”，怎么能适应全媒体时代的作战方式？

有的记者抱怨，我现在是一个人要干以前几个人的活，干好一样都够呛，哪能样样精通。殊不知，解放军都是合成旅、单兵王了，记者能不变吗？

国家高级人力资源管理师、互联网公司 CEO 戴贺同认为，新媒体人才应知应会的知识技能有 4 个方面，即：新媒体运营管理、文案编辑、网络美工、活动策划。

加快知识更新，掌握“看家本领”。要能策划、精采写、会摄像、懂剪辑、善表达。全媒型、专家型记者、编辑应该是：采编拍导剪样样在行，对镜能说会道、大方得体。而搞短视频、专题片、纪录片的，还要会撰写解说词、脚本写作、剧本创作等。

纸媒记者最大的短板就是镜头前的表达能力较弱。镜头前的表达包括语言表达和非语言表达两方面。前者包括气息调控、停连、重音、节奏、语气等，后者主要包括形象设计、手势语言和肢体语言等。这些都需要培训学习。

我们要学会从“纸上”走到镜头前。敢出镜，能上镜。外景主播，应具备三个特质：一有颜值，朝气蓬勃，活力四射；二有素质，具备策划能力、访谈能力、拍摄能力；三有气质，腹有诗书，能流畅讲述新闻事件并作出精彩评说。出境记者临危不乱，从容应对各种突发情况，不仅使采访变得轻松、愉悦，也是业务纯熟的象征。

出境有技巧。记者要突出“我”的位置和视角，可以统一开场白：“大家好，我是 ××（媒体）记者 ××，我现在是在……我看到……我听到……”之类的话语，能给观众很强的代入感。为使自己“出口成章”，平时要多练习口语化表达，采访要拟提纲打腹稿。

一个编辑到底能运营多少公号？ 2018 年，上市公司浙江瀚叶公告，拟作价 38 亿元购买拥有 981 个公众号的深圳量子云科技有限公司 100% 的股权。量子云公司编辑部人数 50 人，人均运营将近 20 个号。由此印证，一个新媒体编辑的能量是惊人的！

媒体融合正在重新定义新闻生产，技术赋能让新闻产品拥有了无限的创意想象，新闻事业迎来广阔的蓝海。舞台更大，挑战更大。传统媒体人转型的最大障碍在技术。这道坎我们必须迈过去！

(1) 常用的新媒体手段包括：图文（含特刊、画册、图书）、无人机航拍、音频、视频直播、短视频、H5、VR 视频、MV、MTV、宣传片、专题片、纪录片、3D 动画、动漫、报纸电子号外、电子海报、手绘长图、小程序、表情包等。其中，H5 是第五代超级文本标记语言 (HTML) 的简称，即最新一代的网页。H5 作品可兼容文字、图表、图片、音频、视频、动画、动漫等多种艺术表现形式，让人耳目一新。

【**经典案例：**2017 年，人民日报社客户端推出的“军装照”H5 交互产品，获媒体融合类中国新闻奖一等奖。由腾讯旗下的天天 P 图提供技术支持合作，高峰时部署了 4000 台腾讯云服务器。作品契合了“大势”，满足了广大网友的情感诉求，让用户有很强的代入感，愿意分享。】

(2) 常用的新媒体软件有以下几种。

◎微信制作软件：135 编辑器、96 编辑器、365 编辑器、秀米图文排版、壹伴。

◎短视频编辑软件：来画、爱美刻、会声会影、蜜蜂剪辑、Premiere、AfterEffect。

◎手机视频剪辑软件：剪映、快剪辑、极拍、乐秀。

◎动画视频制作软件：万彩动画大师。

◎ H5 页面制作软件：人人秀、易企秀、MAKA、兔展。

◎电子请柬制作软件：喜帖吧。

◎广告及动图贴片软件：Photoshop、CorelDRAW、Flash。

上述软件网上都有详细的制作教程，很快就可以上手。为了大大降低时间人力成本、提高质量效率，报台网全媒体可以花点小钱购买图片、视频、海报、广告素材，比如摄图网、我图网、红动中国设计网等，均有丰富的素材和模板。地方媒体机构要想打造一流的新型主

流媒体，必须构建区域垄断性图片交易数据库、视频交易数据库，一方面为自身快速高效生产提供支撑，另一方面能带来可观的版权收入。

新媒体业务外延那么大，种类那么多，每个都是蓝海，报台网不可能全面进军，什么都有等于什么都没有，什么都做等于什么都做不好。用任正非的话说，对准一个“城墙口”不懈冲锋。

【智媒体】

2019 年是 5G 商用元年。专家们认为，5G 时代，传媒将集中在移动端上呈现。将无须巨大的转播车，在背囊里装个水壶大小的 5G 中继装置，即可将电视影像传送到电视台。随着 5G、大数据、人工智能、区块链等技术的蓬勃发展，一系列颠覆性巨变将在传媒领域以超乎人们想象的方式发生。

未来已来，遇见可期。第四次工业革命将巨大而深刻地改变我们的生活和社会，推动“线下”生活向“线上”转移，“线上”将成为人们社会生活的“主阵地”。传媒人必须做好迎接新时代大潮的准备。

新型主流媒体建设如火如荼。当前，人工智能主播已走上前台，新华社正在搭建“媒体大脑”智能平台，智能场景“粉墨登场”。有识之士认为，媒体融合向纵深推进，将由“融媒”向“智媒”转型，构建由智能媒体、智慧媒体、智库媒体组成的智媒体。

【**经典案例：**目前，封面新闻已迭代到 5.0 版，实现全面视频化，推荐算法、机器写作、机器生成语音、人脸识别、图像识别、智能营销等多个技术突破，智媒体已初长成。】

报台网全媒体要因势而谋、应势而动、顺势而为。传媒人要以归零心态，不断刷新互联网思维，精通全媒体专业技能。

【**经典案例：**海南日报报业集团“南海网”由“海南门户”向“南海门户”战略转型，成为具有环南海影响力的区域性国际综合门户网站。网站的定位确定后，相应的平台及内容布局也随之展开，主要以六大项目为总抓手，逐步实施南海网的国际化：一是建设面向东南亚的多语种视频直播平台；二是增设东南亚各语种频道；三是设立南海全媒体直播中心；四是构建南海智库平台和南海舆论平台；五是建设“南洋客”客户端；六是在东南亚各国设立南海网记者站。】

“这是最好的时代，这是最坏的时代。”世界是“屏”的，淘汰我们的，不是行业对手，也不是新的媒体，而是自己的转型跟不上时代前进的步伐。

与时代同步，为人民而歌。

第 111 章　其他特定日新闻

2 月 29 日，是国际女性表白日，宜求婚。如果这一天男人拒绝了表白，则需要购买物品送给对方，以示安慰。

农历二月初二，龙抬头，又称“春龙节”“春耕节”，标志一年的农事活动即将开始，民间称“二月二，龙抬头；大仓满，小仓流”。二月二剃龙头，一年都有精神头。报台网全媒体可直播这一天人们“剃龙头”“剃喜头”，理发店搞创意发型。

3 月 20 日，是国际幸福日。幸福和福祉是全世界人类生活中的普遍目标和期望。

3 月 21 日，是世界森林日，又称“世界林业节”。关注本地珍稀树种遭盗伐，探究真相，揪出黑手，追问责任。

4 月 26 日，是世界知识产权日，如《知识产权日，深圳警方“亮”战果》。

5 月 8 日，是世界微笑日。微笑是人类最好的心态，微笑是人类最靓的表情，微笑是人类最美的语言。报台网全媒体可拍摄城市笑脸、灾区笑脸。

5 月 15 日，是国际家庭日，旨在提高社会和公众对家庭问题的认识，促进家庭的和睦、幸福和进步。这一天还是中国证监会设立的全国投资者保护宣传日；也是全国碘缺乏病防治日，亦称全国碘缺乏病宣传日；以及世界正畸健康日，亦是全世界正畸医师的节日。

5 月 20 日，是网络情人节，与 3 • 14 白色情人节、2 • 14 西方情人节、农历七夕中国情人节，共同构成四大“情人节”。报台网全媒体可隆重组织郊游会友传情活动，“大声说出你的爱”。

5 月 20 日，是世界计量日。这一天还是中国母乳喂养日、中国学生营养日。水表、电表、气表、的士计价器、眼镜、加油机、报警器、血压计、菜市场里的秤等，事关民生。

◎执法报道。计量日查“鬼秤”“黑心秤”，对市民日常计量器具免费检验，如《计量日活动免费检珠宝》《显示屏程序被做手脚　加油机“撒谎”称“满了”》《血压计“体检”　2/3 不合格》《计量抽查　干菜合格率最低》。披露“计量十大违法案件”。

◎活动直播。走进计量实验室，近距离感受计量与现实生活的紧密关系，如《居民抱怨电表跑得快　“世界计量日”专家来释疑》《现场教市民防短斤缺两》。

8 月 8 日，是中国“爸爸节”，又名中国父亲节，亦称中国男子节，诞生于 1945 年 8 月 8 日，当时正值抗战时期，上海部分爱国人士发起“爸爸节”来颂扬、纪念为国捐躯的父亲们。

弘扬中国精神，唤起人们重视经过血与火诞生的中国爸爸节，自觉淡化西方“父亲节”。

◎知晓。可做街头同题海采直播，如《国产“爸爸节”几乎无人知晓》《今天是“爸爸节”您知道吗？》。

◎呼唤。相关报道有《8 月 8 日是“爸爸节”？商家搞促销 市民不买账》《“中国父亲节”为何遭冷遇？请牢记本土有个“爸爸节”》等。

8 月 15 日，是日本投降日。报道基调：把历史刻在碑上，把国难刻在心上。我们对日本右翼动向密切关注并深刻揭露，警醒国人，如《8 • 15 日本投降日 麻生反省小泉“拜鬼”》。

9 月 3 日，是抗战胜利纪念日。动态报道本地或全国开展的一系列纪念活动，重温当年腥风血雨，筑起新的长城。逢重要节点如抗战胜利大整数年，重磅策划特刊专题。

9 月 18 日，是全民国防教育日。1931 年 9 月 18，日军制造“九 • 一八”事变，发动侵华战争。

当日预告：《今天：全民国防教育日 我市举办国家安全形势报告会》。

当日活动可采用“消息 + 特写 + 现象 + 专访 + 影像 + 链接”的报道模式，具体如下。

◎消息：国防教育日当天本地的总体活动情况，如《防灾警报试鸣 25 万市民参演》。

◎特写：撷取几个生动画面展开，如“多个部门和居民参加逃生演练”。

◎现象：听到防空警报市民该往何处疏散隐蔽，如《防空警报响起，市民不知往哪跑》。

◎专访：本地人防办负责人谈新形势下的人防工作，展示人防工程，如《地下车库 80% 都是人防工程》，展示本地人防建设成就。

◎影像：捕捉大人小孩拿国旗在楼顶鸣警器前聆听警报的画面。

◎链接：警报响起，你能辨出三种信号吗?

全媒体还可重点报道各大中小学举办的特色国防教育活动。

9 月 20 日，是公民道德宣传日，旨在更广泛地动员社会各界关心、支持和参与道德建设，促进公民道德素质和社会文明程度的提高。可策划城市全媒体公益广告，请道德模范代言。

9 月 22 日，是世界无车日。9 月 16 日至 22 日，是中国公共交通周。该活动并不是拒绝汽车，而是要唤起民众对环境问题的重视。媒体要倡导：9 月 22 日这一天，让我们恢复行走和活动的自由，体味平静生活的快乐；少开一天车，为地球母亲减轻一些负担；少开一天车，或许就能拭去天空中的一道灰色；多走一步路，或许就能擦亮一颗星星。

◎提前预告：如《明天无车日，请您骑车走路出门》《“无车日”请给爱车放个假 9 月 22 日尾号单数小车限行》。

◎当天提醒：如《今日“无车日” 出行首选公交车》《今天，扬州公车停开一天》《今天“无车日” 让我们多走走路》《城市无车日 一起来骑车》。

◎动态报道：如《“无车日”50 万人乘公交出行》《“无车日”书记市长乘公交》。

◎现场直播：如《无车日，单车乐》《无车日，有点堵》《兰州“无车日”又成“堵车日”》《无车日，街头“宁静”，交警清静》《“无车日”环城路内静悄悄》《无车日迎亲 新郎蹬三轮接回娇妻》。

全媒体可捕捉各地“无车日”新举措新现象。记者兵分几路直播海采“无车日，说说您的感受”，倾听市民心声，如“步行：发现城市的美”“骑行：强身健体”“公交：今天特别快”“出租车：一路畅通”。还可拍摄视频影像，如步行上学、单骑环游、拥挤的车流，以及同一地点两天车流对比图等。

◎突发事件：如《昨天“无车日”有三位车主相当蛮横（引）强行闯关还要拔拳打交警打协警（主）》《无车日仍有私家车闯禁行区 巡警开出 179 张罚单》。

◎特色活动：游都市看变化，推荐自行车骑游活动路线，如《无车日，本报邀您骑车环游》。《重庆晚报》举办“无车日”文艺演出，表演歌舞、车技、相声等。

◎深度思考：无车日能带来什么？少开车，大气质量能改善多少？如《无车日禁行路段污染降半》。“无车日”不应只是“一日之事”，还可探讨城市的解堵之策。

◎另类视野。关注车轮下的野生动物。在未修公路之前，野生动物可以自由自在地穿行、觅食或寻求配偶。越来越多的公路像一张巨网，将原本完整的生态系统肢解、隔离，甚至推向萎缩。更有无数动物在道路上丧生，呼吁重视生命与自然和谐。

10 月第一个周一，是世界建筑日。这一天也是世界人居日，旨在审视城市化以及我们的居住环境、建筑特色、文化价值被忽略等带有普遍性的问题。全媒体聚焦本土最美建筑、最美人居，展示本土地产企业形象。

10 月 16 日，是世界粮食日，旨在全社会倡导“厉行节约，反对浪费”，抨击“舌尖上的浪费”，曝光奢侈行为，倡导“光盘行动”，崇尚“我‘光盘’我光荣”新风。

◎动态报道。报道粮食日当天本地举办的主题宣传活动，抓特色，如《一半学生不知世界粮食日》《粮食端上餐桌前啥模样？ 幼儿园教小朋友分辨“五谷杂粮”》。

如何选购大米？大米生虫长霉怎么办？如何鉴别面粉？如《世界粮食日　专家教你选米储油》。报台网全媒体可策划举办大型粮油展，推荐放心粮油品牌。

◎抨击浪费。“谁知盘中餐，粒粒皆辛苦”。结合《反食品浪费法》，记者在“世界粮食日”来临之际走访餐馆饭店、小区，直播那些浪费粮食的场景，如《世界粮食日记者调查发现：三亚粮食浪费现象随处可见》《垃圾桶写来感谢信》。餐桌剩饭多，谁怜盘中餐？直播高校餐桌浪费。

◎本土粮况。粮食安全牵动全球经济命脉，如《全球多少人挨饿？ 10 亿》。本地粮食价格到底如何，如《市民所吃大米和油全由外地调入》《宜昌粮仓能满足市民吃上一年》。粮价乃“百价之基”，可关注国内外粮价波动。

◎热点事件。民以食为天。近年来局部环境恶化种出“有毒稻米”，如《重金属镉污染土壤侵入稻米 市场 10% 大米镉超标》。关注粮食种植环境、粮食转基因问题、粮食虫灾农药问题等。重点关注良田遭侵占事件，关注大米市场“新宠”，严打大米市场假冒伪劣，如《公安县查处 4 家玩“巧”米厂　大米抹植物油抛光》。

◎同题海采。关注市民饮食习惯改变和膳食结构变化，如《小米荞麦成市民餐桌新时尚》。校园海采“是否喜欢学校的菜肴”，从而引出话题：学校食堂、单位食堂如何办？

◎新闻纵深。不要忽略这些看似不起眼的米粒，节粮不仅意味着增产，还意味着降低能耗，如《全市每人每天节约 1 粒米　等于一年开发良田 332 亩》《吃蛇等于助鼠吃粮食　一条蛇等于 600 斤粮食》。

10 月 17 日，是国际消除贫困日。请看一组报道：各方声音，如《体验贫困，试试 6.3 元过一天》；记者体验，如《6.3 元，在宜昌能买到哪些吃的？》；专家提醒，如《营养学专家提醒：尝试 6.3 元吃三餐需量力而行》；相关链接。

10 月 31 日，是世界勤俭日。一粥一饭，当思来之不易，旨在号召人们勤俭节约，以共同应对日益严重的资源危机，进而促进社会的健康可持续发展。

◎预告报道，如《“世界勤俭日”：今天你勤俭节约了吗？》。

◎动态报道，如《“世界勤俭日”小学生学勤俭》。

◎同题海采。街头海采“你知道世界勤俭日吗？”如《世界勤俭日　鲜有市民知》《商家热炒万圣节　鲜有人知“勤俭日”》。还可请市民讲述作为家庭人、单位人和社会人对勤俭的理解，如《兰州市民如数家珍说“勤俭”》。

◎勤俭人物。“勤俭达人”告诉你在日常生活中如何勤俭节约，如《“抠门”老翁三年捐款一万多》。

◎现场直播。校园食堂、饭店直击画面，如《部分大学生只知享受不知勤俭》《浪费现象惊心　节俭美德遇冷》《世界勤俭日里看用餐状况　学校倒饭多酒店剩菜少》《酒楼劝说顾客打包剩菜》。

◎特色活动。世界勤俭日来临之际，《辽沈晚报》联合社区组织“社区主妇精明大赛”，精明主妇们给大伙展示勤俭持家的“绝招”。

11 月 16 日，是国际宽容日，旨在通过教育、宣传等途径倡导宽容理念。

11 月 17 日，是国际大学生节，又称“世界学生日”，旨在加强全世界大学生的团结和友谊。全媒体关注在此间举办的大学生艺术节、音乐节、电影节、动画节等，展现学生风采。

11月第三个周日，是世界道路交通事故受害者纪念日，旨在缅怀逝者，警示生者。关注受害者亲属的困境和精神创伤，提醒社会改进道路交通安全，加强预防措施。据悉，全世界每天有近3500人死于交通事故。

11月19日，是世界厕所日，旨在致力于全球性的厕所文化，倡导厕所清洁、舒适、健康。良好的如厕环境不仅为人们日常生活所必需，也是一个国家经济实力的强弱，文明程度甚至是价值取向的一个重要标志，也是维护人的基本尊严。习近平总书记多次就“厕所革命”作出指示。全媒记者要关注城乡及景区厕所发展和管理状况，倾听人们心声，如《世界厕所日，记者调查发现——城区多数银行网点无公共厕所》《女生致信校长女厕该扩建了》。

11月21日，是世界问候日，旨在促进人类相亲相爱。预告报道，如《明天“世界问候日”你怎么问候他人？》《“问候日”说声“你好”》。中山广播电视台这一天在公园广场车站举办“陌生人间传递爱心玫瑰”活动。次日报道，如《“问候日”遇“问候尴尬”》《昨天是世界问候日，你收到问候了吗？你向别人问好了吗？（引）请不要吝啬微笑和问候（主）》，后附链接，如问候语的变迁，各国问候大观。

11月25日，是国际反家庭暴力日，旨在消除针对妇女的家庭暴力。关注本土热暴力和冷暴力事件，倡导科学有效沟通，建设和睦家庭。

12月2日，是全国交通安全日，旨在广泛发动全社会共同关注交通安全，大力提升全民交通安全意识、法治意识和文明意识。

12月12日，是要爱日。在这一天，勇敢地表达爱。婚姻登记处直播，聆听当日结婚领证的爱情故事。

12月31日，是主妇休息日。家务重任这一天由男人一肩挑起。记者可在当天搞街头海采，询问主妇：“今天您休息了吗？”

参考文献

[1] 国务院新闻办公室，中央文献研究室，中国外文局．习近平谈治国理政 [M]．北京：外文出版社，2014.

[2] 中央宣传部 (国务院新闻办公室)，中央文献研究室，中国外文局．习近平谈治国理政 (第二卷) [M]. 北京：外文出版社，2017.

[3] 中国共产党第十九次全国代表大会文件汇编 [M]．北京：人民出版社，2017.

[4] 习近平新闻思想讲义 (2018 年版) 编写组．习近平新闻思想讲义 (2018 年版)[M]. 北京：人民出版社，学习出版社，2018.

[5] 柳斌杰，蒋建国．新闻记者培训教材 2013(全 2 册) [M]．北京：人民出版社，2013.

[6] 李良荣．新闻学概论 [M]．6 版．上海：复旦大学出版社，2018.

[7] 艾丰．新闻写作方法论 [M]．北京：人民日报出版社，2010.

[8] 樊凡，时统宇．经济新闻范文评析 [M]．北京：新华出版社，2001.

[9] 彭朝丞．获奖消息赏析 [M]．北京：人民日报出版社，2001.

[10] 王义桅．“一带一路”：中国崛起的天下担当 [M]．北京：人民出版社，2017.

[11] 中国报业协会主管主办《中国报业》杂志 .

[12] 人民日报社主办《新闻战线》杂志 .

[13] 湖北日报传媒集团、湖北省新闻工作者协会主办《新闻前哨》杂志 .

[14] 中国地市报研究会主办《中国地市报人》杂志 .

[15] 中华全国新闻工作者协会主办的中国记协网公告之历届中国新闻奖获奖作品目录 .

附录

新闻、活动日历大全

（所有日历均可做全媒体新闻报道，“☆”标节点可重磅策划特刊专题）

1月

☆ 1月1日元旦、全国冬泳日

☆ 1月10日中国人民警察节

1月最后一个周日为国际麻风日

农历十二月初八为腊八节

农历大年三十春节

2月

2月2日世界湿地日

2月4日世界癌症日

2月10日国际气象节

2月14日情人节

2月29日国际女性表白日

☆ 农历十二月二十三小年

农历十二月三十大年

☆ 农历正月初一春节

☆ 正月十五元宵节

3月

农历二月初二春龙节

☆ 3月3日全国爱耳日、世界野生动植物日

☆ 3月5日学雷锋日

3月6日世界青光眼日

☆ 3月8日国际劳动妇女节

3月9日保护母亲河日

☆ 3月12日中国植树节

☆ 3月15日国际消费者权益日

3月16日手拉手情系贫困小伙伴全国行动日

3月20日国际幸福日、世界口腔健康日

☆ 3月21日世界森林日、世界儿歌日、国际诗歌节、世界睡眠日、世界唐氏综合征日、国际消除种族歧视日

☆ 3月22日世界水日

3月22日—28日中国水周

3月23日国际诗歌日、世界气象日

3月24日世界防治结核病日

3月27日世界戏剧日

3月第二个周四为世界肾脏病日

3月第三个周二为国际社工日，当周为社工宣传周

3月最后一个周一为全国中小学生安全教育日

3月最后一个周六为地球一小时

3月第3周为世界青光眼周

4月

4月1日国际爱鸟日

4月1日—7日爱鸟周

4月2日国际儿童图书日、世界自闭症日

☆ 4月5日清明节

4月7日世界卫生日

4月9日国际护胃日（国际养胃日）

4月11日世界帕金森病日

4月15日全民国家安全教育日

☆ 4月15日—21日全国肿瘤防治周

4月16日世界嗓音日

4月17日世界血友病日

4月20日世界高尿酸日、世界痛风日
4月21日全国企业家活动日
4月22日世界地球日
☆4月23日世界读书日、图书版权日、中国海军节
4月24日中国航天日
4月25日全国儿童预防接种宣传日
☆4月26日世界知识产权日
4月30日国际不打小孩日
4月第二个周六全国爱鼻日
4月最后一周全国职业病防治宣传周
4月全国爱国卫生月
农历三月三中国华服日

5月

☆5月1日国际劳动节
☆5月4日中国青年节
5月5日全国防治碘缺乏病日、国际助产士日、世界手卫生日、世界肺动脉高压日
☆5月8日世界红十字日、世界微笑日
5月9日全国无走失日
☆5月10日中国品牌日
5月11日世界防治肥胖日
☆5月12日国际护士节、全国防灾减灾日
5月15日国际家庭日、全国碘缺乏病防治日、世界正畸健康日、全国投资者保护宣传日
5月15日所在周为全国城市节水宣传周
☆5月17日世界电信日
5月18日国际博物馆日、血管健康日
☆5月19日中国旅游日、世界肝炎日、世界家庭医生日
5月20日网络情人节、世界计量日、全国学生营养日、全国母乳喂养宣传日、世界蜜蜂日
☆5月21日国际茶日
5月22日国际生物多样性日
5月23日全国肾脏关爱日
☆5月25日全国护肤日、国际失踪儿童日
☆5月30日全国科技工作者日
5月31日世界无烟日
5月第一个周二为世界哮喘日
☆5月第二周全国职业教育活动周
5月第二个周六为世界候鸟日
☆5月第二个周日为母亲节
☆5月第三个周日为全国助残日
☆5月第三周为全民营养周、全国科技活动周
5月25日所在周为甲状腺宣传周
全国护足护肤周，各地时间不等
☆5月全国消费促进月

6月

☆6月1日国际儿童节、世界牛奶日
☆6月5日世界环境日
☆6月6日全国爱眼日
6月7日世界行走日
6月8日世界海洋日暨全国海洋宣传日
☆6月9日国际档案日
☆6月14日世界献血日、信用记录关爱日
6月17日世界防治荒漠化与干旱日
6月20日世界难民日
6月23日国际奥林匹克日
6月25日全国土地日
☆6月26日国际禁毒日、联合国宪章日
☆农历五月初五端午节
6月第二周为全国节能宣传周，节能周第三天为全国低碳日
6月第二个周六为文化和自然遗产日
6月第三个周日为父亲节
☆6月全国安全生产月、全民禁毒宣传月

7月

☆7月1日中国共产党成立纪念日、香港回归纪念日
7月7日中国人民抗日战争纪念日
☆7月8日世界过敏日
7月11日世界人口日、中国航海日
☆7月15日世界青年技能日

7月26日世界语日

☆7月28日世界肝炎日

7月第一个周六为国际合作社日

8月

☆农历七月初七七夕节

农历七月十五中元节

8月1日建军节

8月8日中国男子节、爸爸节、全民健身日

8月11日全国肢残人日

8月13日国际左撇子日

8月15日日本投降纪念日

☆8月19日中国医师节

8月25日全国残疾预防日

☆8月26日全国律师咨询日

9月

农历八月初五中秋节

9月1日胆囊健康日

9月3日抗战胜利纪念日

☆9月5日中华慈善日、国际慈善日

9月9日毛主席逝世纪念日

☆9月10日中国教师节、世界预防自杀日

9月12日中国预防出生缺陷日

9月16日中国脑健康日、国际臭氧层保护日

9月16日—22日中国城市公共交通周

9月17中华老年痴呆防治日、世界骑行日

9月18日全民国防教育日

☆9月20日全国爱牙日、公民道德宣传日、统计开放日

9月21日世界老年痴呆日（世界阿尔茨海默病日）、国际和平日

9月22日世界无车日

9月26日世界避孕日

☆9月27日世界旅游日

9月28日孔子诞辰纪念日

9月30日中国烈士纪念日

9月第三周为全国义诊周、全国减盐周

9月第二个周六为世界急救日

9月第三个周日为世界清洁日

9月第三个周日为全国科普日

☆9月最后一个周日为世界心脏日、国际聋人节

☆9月全国质量月，期间举办质量开放日，脑健康月

☆秋分为中国农民丰收节

10月

☆农历九月初九重阳节

☆10月1日国庆节、国际老人节、国际音乐日

10月4日世界动物日

10月5日世界教师节

☆10月8日全国高血压日

10月9日世界邮政日

☆10月10日世界精神卫生日、世界居室卫生日

10月11日世界镇痛日

10月12日世界关节炎日

☆10月13日国际减灾日、世界保健日、中国少年先锋队诞辰日

10月14日世界标准日

10月15日国际盲人节、全球洗手日、世界农村妇女日

☆10月16日世界粮食日、世界脊椎日

☆10月17日国际消除贫困日、全国扶贫日

10月18日世界防乳癌关爱日、世界更年期关怀日

☆10月20日世界骨质疏松日、世界厨师日

☆10月20日—26日中国厨师节

10月22日世界传统医药日

10月26日环卫工人节

☆10月28日世界男性健康日

10月29日世界卒中日

☆10月31日世界勤俭日、世界城市日

☆10月第一个周一为世界建筑日、世界人居日

10 月第二个周四为世界视觉日

10 月为世界乳腺癌防治月

11 月全球肺癌关注月、全国消防宣传月

农历十月初一寒衣节、祭祖节

11 月

☆ 11 月 8 日中国记者节

☆ 11 月 9 日中国消防宣传日

11 月 10 日世界青年节

11 月 11 日光棍节

11 月 12 日世界肺炎日

11 月 13 日世界有爱日

☆ 11 月 14 日世界糖尿病日

11 月 16 日国际宽容日

11 月 17 日国际大学生节、国际肺癌日

11 月 19 日世界厕所日、中国厕所革命宣传日

11 月 20 日国际儿童日、中国心梗急救日

11 月 21 日世界问候日

11 月 25 日国际反家庭暴力日、心血管养护日

11 月 26 日全国心力衰竭日

11 月第三个周三为世界慢阻肺日

11 月第三个周日为世界道路交通事故受害者纪念日

12 月

12 月 1 日世界艾滋病日

☆ 12 月 2 日全国交通安全日

12 月 3 日国际残疾人日

☆ 12 月 4 日全国法制宣传日、国家宪法日

12 月 5 日国际志愿者日

12 月 7 日国际民航日

12 月 9 日“一二·九”运动纪念日、世界足球日、国际反腐败日

12 月 10 日世界人权日

12 月 12 日要爱日

12 月 13 日南京大屠杀死难者国家公祭日

12 月 20 日澳门回归纪念日

12 月 21 日国际篮球日

12 月 26 日毛主席诞辰纪念日

12 月 31 日家庭主妇休息日

后记

时间如马，新闻如眼。

2013 年，在时任湖北省委宣传部副部长、省记协主席文成国同志关心下，《新闻策划实战宝典》得以问世。短短八年间，信息海量汹涌来袭，传媒行业风云激荡，新闻理念发生重大转变，新鲜经验层出不穷。

这八年，随着个人岗位调整，我看待事物的视角不断转换，跳出报纸搞经营，跨入出版看新闻，立足文化搞产业，之后又回归报纸，搞新媒体，有了全新的观察思考。在新的语境下，那时的一些观点和案例今天看来已不合时宜，很有必要调整完善。根据专家和读者的建议，我们花了三年时间，对《新闻策划实战宝典》进行系统梳理、全面修订，并对自 1990 年以来 30 届中国新闻奖作品成果进行了消化吸收，集结成这本全新宝典。本次修订，保留了该书结构安排和基本内容，但在此基础上做了大幅修改，增补调整了 30 万字内容。根据出版社的建议，重拟为现在的书名，更为贴切。

本书得以出版，我要感谢湖北日报传媒集团副总编辑、高级记者张晓峰给予的宝贵指导。

由衷地感谢清华大学出版社编辑在两年时间里不厌其烦、精雕细作地对本书进行了高达九次的编辑、审校工作，使本书的质量大幅提升。

最后，我还要特别感谢我的父母和妻儿，正是他们的默默付出和殷殷鼓励，让我一路前行。

作为新闻工作者，我们有幸一次次见证历史。在全面建设社会主义现代化国家的新征程上，需要每一位新闻工作者用心用情用功记录伟大时代，讲好中国故事，传播好中国声音。新闻天地广阔，大有作为。

传媒业正面临百年未有之大变局。报台网正在加速转型，媒体融合正向纵深迈进。纵使一些报纸停刊、一些电视频道关停，但新闻永远存在。传媒的未来要靠创意驱动，唯有创新才有出路，唯有策划才能立足。探讨新闻策划永不过时。

新闻之路漫长修远，策划之道永无止境。

是为后记。

李德明

2021.5.27

中国新闻奖作品和经典案例所涉媒体一览表

(320 家)

日报系列(80 家):

人民日报、经济日报、光明日报、工人日报、农民日报、北京日报、解放日报、重庆日报、天津日报、南方日报、浙江日报、湖北日报、湖南日报、陕西日报、大众日报、河南日报、河北日报、安徽日报、江西日报、新华日报、海南日报、云南日报、贵州日报、广西日报、甘肃日报、青海日报、西藏日报、吉林日报、辽宁日报、黑龙江日报、内蒙古日报、兵团日报、深圳特区报、广州日报、南京日报、杭州日报、长江日报、沈阳日报、长春日报、海口日报、石家庄日报、厦门日报、苏州日报、青岛日报、金华日报、三峡日报、荆州日报、襄阳日报、鄂州日报、黄石日报、诸暨日报、淮安日报、嘉兴日报、江门日报、延安日报、海宁日报、扬州日报、温州日报、萧山日报、永康日报、河源日报、南阳日报、遵义日报、湖州日报、桂林日报、玉林日报、绍兴日报、克拉玛依日报、新乡日报、盐阜大众报、大连日报、江城日报、通辽日报、延边日报、乌兰察布日报、雅安日报、河池日报、北海日报、锡林郭勒盟日报、运城日报。

晚报系列(48 家):

新民晚报、羊城晚报、钱江晚报、扬子晚报、北京晚报、重庆晚报、合肥晚报、今晚报、新晚报、长沙晚报、西安晚报、齐鲁晚报、山西晚报、燕赵晚报、辽沈晚报、春城晚报、郑州晚报、兰州晚报、贵阳晚报、长春晚报、新安晚报、厦门晚报、武汉晚报、十堰晚报、荆门晚报、东楚晚报、三峡晚报、荆州晚报、襄阳晚报、大江晚报、城市晚报、江城晚报、温州晚报、南湖晚报、常州晚报、绍兴晚报、浔阳晚报、泉州晚报、大连晚报、抚顺晚报、青岛晚报、聊城晚报、威海晚报、千山晚报、株洲晚报、京江晚报、吉安晚报、漯河晚报。

都市报系列(50 家):

南方都市报、华西都市报、楚天都市报、三湘都市报、燕赵都市报、三秦都市报、温州都市报、江南都市报、海峡都市报、西海都市报、南国都市报、半岛都市报、都市快报、华商报、深圳商报、河南商报、重庆商报、每日商报、长江商报、东南商报、鲁南商报、安徽商报、成都商报、新快报、三峡商报、东莞时报、青年时报、江南时报、济南时报、都市时报、海东时报、新闻晨报、潇湘晨报、重庆晨报、南京晨报、淮北晨报、都市晨报、兰州晨报、济源晨报、现代快报、青岛早报、北京青年报、南国早报、生活报、东南早报、新京报、晶报、东方今报、云南信息报、海南特区报。

广电系列(77 家):

中央广播电视总台(中央电视台、中央人民广播电台、中国国际广播电台)、北京广播电视台(北京电视台、北京卫视、北京人民广播电台)、上海广播电视台(上海电视台、上海人民广播电台)、天津卫视、天津电视台、天津人民广播电台、浙江广播电视集团(浙江电视台、浙江卫视、浙江人民广播电台)、江苏广播电视总台(江苏电视台、江苏卫视)、山东广播电视台(山东卫视、山东人民广播电台)、安徽广播电视台(安徽电视台)、广东卫视、山西广播电视台(山西广播电视总台、山西电视台)、河南人民广播电台(河南电视台、河南人民广播电台)、河北电视台、河北人民广播电台、湖北广播电视台(湖北广播电视总台、湖北电视台、湖北人民广播电台)、湖南广播电视台(湖南人民广播电台、湖南卫视)、重庆广播电视集团(总台)、四川广播电视台、陕西广播电视台(陕西人民广播电台)、江西广播电视台、广西广播电视台、黑龙江电视台、黑龙江人民广播电台、内蒙古广播电视台(内蒙古电视台)、吉林广播电视台(吉林电视台、吉林人民广播电台)、辽宁广播电视台、新疆人民广播电台、西藏人民广播电台、宁夏人民广播电台、福建新闻广播、广东人民广播电台、广西广播电视台、广州广播电视台、南京电视台、杭州文化广播电视集团(杭州电视台)、深圳广播电视台、武汉广播电视台(武汉广播电视总台、武汉人民广播电台)、苏州广播电视台(苏州广播电视总台)、南通人民广播电台、宜昌三峡广播电视台、襄阳广播电视台、荆门广播电视台、中山广播电视台、承德人民广播电台、深圳卫视、沧州电视台、太原电视台、青海电视台、宜宾电视台、吉安广播电视台、济宁广播电视台、大庆电视台、辽源电视台、西双版纳电视台、宁波市鄞州区广播电视台、海峡之声广播电台、齐齐哈尔人民广播电台、沈阳广播电视台、班玛县广播电视台、建瓯市广播电视台。

网络新媒体系列(53 家):

人民网、新华网、环球网、荆楚网、南方网、南海网、中国江苏网、中国江西网、浙江在线、华声在线、深圳新闻网、温州新闻网、大江网、云南网、长江网、秦楚网、新浪网、凤凰网、搜狐、网易、凤凰网、云视网、长江云、央视新闻客户端、人民网官方微信公众号、央视财经微信公众号、“侠客岛”微信公众号、四川日报微信公众号、湖南日报微信公众号、江苏新闻微信公众号、兵团日报微信公众号、南京日报微信公众号、南京零距离微博、十堰晚报微信公众号、荆门晚报微信公众号、“升学宝”微信公众号、“荆门旅游”微信公众号、“温州房哥”微信公众号、央视财经客户端、澎湃新闻、川报观察、新湖南客户端、浙江新闻客户端、津云客户端、新福建客户端、时刻新闻客户端、陕西头条客户端、央视频 App、漳州市“龙文融媒”抖音号、龙视新闻抖音账号、华商报大风视频腾讯企鹅号、封面新闻、新花城客户端。

其他媒体(12 家):

新华社、解放军报、工人日报、中国老年报、中国青年报、中国日报、文汇报、人民公安报、河北青年报、快乐老人报、中国铁道建筑报、中国林业报。

备注:上述所涉媒体为历年中国新闻奖作品原选送单位和经典案例入选单位。为体现记录历史的忠实性和严肃性,本书出现的个别媒体现已被关停合并的,名称发生变更的,不重复计列;隶属关系发生变化的,统一归并到现单位,统计时仍按当时获奖媒体名称予以单独计列。